法 律 出 版 社
主题出版重点出版物

中华人民共和国立法史
1949–2019 年

Legislative History
of the People's Republic of China

中华人民共和国立法史

（1949-2019年）

Legislative History of the People´s Republic of China

(1949-2019)

主　编
张　生
编　著
（以姓氏笔画为序）
田纯才　刘舟祺　邹亚莎　张生　罗冠男

法律出版社
LAW PRESS · CHINA

作者简介及分工

张　生　男,1970 年出生,辽宁兴城人,法学博士,现任中国社会科学院法学研究所研究员、博士研究生导师,法制史研究室主任。兼任中国法律史学会常务理事,中国法学会法学教育研究会常务理事。

主持全书编著工作,编写本书第一章第一节至第四节。

邹亚莎　女,1982 年出生,河北保定人,法学博士,现任北京科技大学文法学院副教授、硕士生导师。

编写本书第四章(第四节除外)、第五章。

罗冠男　女,1983 年出生,安徽淮南人,意大利罗马第二大学法学博士,现任中国政法大学法律史学研究院副教授、硕士生导师。

编写本书第三章第一节、第二节和第四章第四节、第六章。

田纯才　男,1988 年出生,河南濮阳人,现为中国政法大学法律史专业博士研究生。

负责全书统稿,编写本书导论、第一章第五节、第二章、第七章。

刘舟祺　男,1992 年出生,湖北武汉人,现为中国社会科学院大学(研究生院)法律史专业博士研究生。编写本书第三章第二节、第三节和第八章、第九章。

目　录

导 论 中华人民共和国立法历程

建立中国共产党、成立中华人民共和国、推进改革开放和中国特色社会主义事业,是"五四运动"以来中国发生的三大历史性事件,是近代以来实现中华民族伟大复兴的三大里程碑。[1] 1949年10月中华人民共和国的成立,是中国划时代的重大历史事件,也是20世纪世界重大历史事件之一,掀开了中国历史新篇章,根本改变了中国历史发展方向,也深刻影响了世界历史发展进程,具有深远的历史意义。[2] 中华人民共和国成立70年来,经历了艰难曲折而又波澜壮阔的发展历程,中国找到了一条符合本国国情的中国特色社会主义发展道路。中华人民共和国的成立,"彻底改变了近代以后100多年中国积贫积弱、受人欺凌的悲惨命运,中华民族走上了实现伟大复兴的壮阔道路。"[3]

中华人民共和国70年的风雨历程表明,全面依法治国是坚持和发展中国特色社会主义的本质要求和重要保障,是实现国家治理体系和治理能力现代化的必然要求,事关执政兴国,事关人民幸福安康,事关国家长治久安。法律是治国之重器,良法是善治之前提。有法可依是依法治国的前提,科学立法是全面依法治国的基础。70年来,中华人民共和国立法走过了一条从建立、加强到削弱、取消再到恢复、发展和繁荣的马鞍形前进道路,整体而言其历程可分为改革开放之前中华人民共和国立法的初创与曲折及改革开放之后中国特色社会主义法律体系的形成与完善两个时期。

一、中华人民共和国立法的初创与曲折

(一)中华人民共和国立法的萌芽(1927—1949年)

中华人民共和国的立法,在中国立法史上具有一定的特殊性,它在初创时期是在强调废除旧法制、吸收新民主主义革命时期人民民主政权法制建设经验并向苏联学习的基础上建立起来的。新民主主义革命时期人民民主政权的立法成果和经

---

〔1〕 习近平:《在庆祝改革开放40周年大会上的讲话》,载《人民日报》12月19日,第2版。

〔2〕 姜辉、龚云:《论中华人民共和国成立的伟大历史意义》,载《光明日报》2019年5月29日,第11版。

〔3〕 习近平:《在庆祝中华人民共和国成立70周年大会上的讲话》,载《人民日报》2019年10月2日版。

验,在许多方面为中华人民共和国立法所吸收和借鉴,可以说是中华人民共和国立法的萌芽。[4]

1927 年,中国共产党领导的人民武装开始建立革命根据地,建立工农兵民主政权,并开始制定根据地法律法规。1931 年 11 月,中华苏维埃第一次全国代表大会在瑞金召开,宣布中华苏维埃共和国成立,选举产生了全国苏维埃临时中央执行委员会和人民委员会,制定了《中华苏维埃共和国宪法大纲》《中华苏维埃共和国土地法》《中华苏维埃共和国劳动法》《中华苏维埃共和国婚姻法》《中华苏维埃共和国惩治反革命条例》等适用于所有根据地的法律、法令、单行法规。这一时期的立法具有较强的针对性、实用性,形式上较为简单,具有浓厚的地方色彩,但在当时发挥了应有的作用,为中国共产党积累了领导立法的初步经验。

抗日战争时期,中国共产党领导的各抗日民主根据地先后组织选举产生了各级参议会,并由其选出同级政府。各根据地的参议会和政府制定了大量法律、法令、法规,如陕甘宁边区制定了《陕甘宁边区抗战时期施政纲领》《陕甘宁边区各级参议会组织条例》《陕甘宁边区各级参议会选举条例》《陕甘宁边区婚姻条例》《陕甘宁边区保障人权财权条例》《陕甘宁边区抗战时期惩治汉奸条例(草案)》《陕甘宁边区抗战时期惩治盗匪条例(草案)》等法律、法规,对取得抗日战争胜利,维护根据地政治、经济、文化发展和社会稳定起到了积极作用。

解放战争时期,随着战争的不断胜利和解放区的日益扩大,各解放区的政权建设和法制建设继续发展。一些解放区开始建立由选举产生的各级人民代表会议,并由其选出各级人民政府。解放战争后期,解放区迅速扩大,在来不及组织普遍选举的地方建立了临时性质的政权组织——军事管制委员会,并通过委任的方式组成当地人民政府,由军事管制委员会和人民政府邀请各界代表人物举行各界人民代表会议。1947 年 7 月,中共中央工作委员会召开全国土地会议,9 月通过了《中国土地法大纲》,10 月 10 日由中共中央正式公布施行。《中国土地法大纲》提出废除封建半封建剥削土地制度、实行耕者有其田的土地制度、没收官僚资本、保护民族工商业、保护人民民主权利等纲领,是这一时期最重要的立法。(见图 0-1)

图 0-1　宣传《中国土地法大纲》

解放区工作人员把《中国土地法大纲》抄写在墙上,进行宣传

中华人民共和国成立前夕,中国共产党开始领导对国民党法制采取清理措施。

[4] 杨一凡、陈寒枫、张群主编:《中华人民共和国法制史》,中国社会科学出版社 2010 年版,第 2 页。

1949 年 1 月，中共中央发表《关于时局的声明》，提出惩办战犯和废除伪宪法、伪法统等和平谈判条件。2 月，中共中央发布《关于废除国民党的六法全书与确定解放区的司法原则的指示》，规定在人民的新法律没有系统发布之前，以共产党的政策及人民政府与人民解放军所发布的各项纲领、法律、条例、决议为依据。4 月，华北人民政府发布训令，决定废除国民党政府的"六法全书"及其一切法律，规定各级人民政府的司法审判，不得再援引其条文。

（二）中华人民共和国立法的初创（1949—1954 年）

在即将取得解放战争全国性胜利的形势下，1948 年 4 月 30 日，中共中央发布《纪念"五一"劳动节口号》，号召各民主党派、各人民团体及社会贤达，迅速召开政治协商会议，讨论并实现召集人民代表大会，成立民主联合政府。1949 年 6 月，新政治协商会议筹备会在北平召开全体会议，通过《新政治协商会议筹备会组织条例》，在筹备会常务委员会下设相关小组，负责起草新政治协商会议组织条例、共同纲领和中华人民民主共和国政府方案。1949 年 9 月，中国人民政治协商会议第一届全体会议在北平召开，在第一届全国人大召开前代行全国人民代表大会职权。会议先后通过《中国人民政治协商会议组织法》、《中华人民共和国中央人民政府组织法》和具有临时宪法性质的《中国人民政治协商会议共同纲领》，选举产生了中央人民政府委员会，为中华人民共和国的成立提供了法制依据。（见图 0－2）

图 0－2　中华人民共和国中央人民政府成立典礼

1949 年 10 月 1 日，中华人民共和国开国大典在北京举行，宣告中央人民政府的成立

中华人民共和国成立初期，面临着组建和巩固新生政权、恢复和发展国民经济、实现和保障人民当家作主的艰巨任务。根据各级政权建设的需要，1949 年 11 月，中央人民政府委员会通过市、县、省各界人民代表会议组织通则；1951 年 3 月，

中央人民政府通过《人民法院暂行组织条例》《中央人民政府最高人民检察署暂行组织条例》《各级地方人民检察署组织通则》。1949 年 12 月,中央人民政府政务院先后制定《政务院及其所属各机关组织通则》和《大行政区人民政府委员会组织通则》;1950 年 1 月,政务院制定县、市、省人民政府组织通则;1950 年 11 月,政务院制定大城市区各界人民代表会议组织通则和人民政府组织通则。此外,这一时期中央人民政府还通过或批准了《工会法》《婚姻法》《土地改革法》《惩治反革命条例》《妨害国家货币治罪暂行条例》《惩治贪污条例》和公私企业管理、劳动保护等方面一系列法律、法令,为建立和巩固新生政权,建立新的社会秩序,推进抗美援朝、土地改革和镇压反革命三大运动,提供了法制保障。

图 0－3　选民投票

1953 年 12 月 6 日,北京市西单区的选民参加投票,选举人大代表

与此同时,中共中央和中央人民政府为建立人民代表大会制度着手准备。1953 年 1 月,中央人民政府委员会通过《关于召开全国人民代表大会及地方各级人民代表大会的决议》,决定成立宪法起草委员会和选举法起草委员会;1953 年 2 月,中央人民政府委员会通过《全国人民代表大会及地方各级人民代表大会选举法》。1953 年 7 月到 1954 年 5 月,在全国范围内开展了基层人民代表大会代表的普选,开启了中华人民共和国民主法制建设的历史进程。(见图 0－3)

(三)中华人民共和国立法的曲折发展(1954—1966 年)

1954 年 9 月,第一届全国人民代表大会第一次会议召开,通过了中华人民共和国第一部《宪法》,确立了人民民主和社会主义原则,确立了人民代表大会的根本政治制度,规定了公民的基本权利和义务,同时制定了《全国人民代表大会组织法》《国务院组织法》《地方各级人民代表大会及地方各级人民委员会组织法》《人民法院组织法》《人民检察院组织法》,确立了国家生活的基本原则。根据《宪法》的规定,全国人大是最高国家权力机关,是行使国家立法权的唯一机关,形成了高度集中的立法体制。为了加强国家立法工作,加快法制建设步伐,1955 年 7 月召开的第一届全国人大第二次会议通过《关于授权常务委员会制定单行法规的决议》,授权全国人大常委会根据《宪法》的精神和实际需要,适时制定单行法规。此后至 1966 年“文化大革命”前,全国人大及其常委会共制定《兵役法》《中国人民解放军军官服役条例》《城市居民委员会组织条例》《城市街道办事处组织条例》《公安派出所组织条例》《人民警察条例》《治安管理处罚条例》《农业生产合作社示范章程》等法律、法令 130 多部。这个时期的民主法制建设,为建设中国特色社会主义法律体系

提供了宝贵经验。

1956 年,中共八大作出中国社会的主要矛盾已经转变为人民对于建立先进的工业国的要求同落后的农业国的现实之间的矛盾和人民对于经济文化迅速发展的需要同当前经济文化不能满足人民需要的状况之间的矛盾的判断,提出“国家必须根据需要,逐步地系统地制定完备的法律”。这一指导思想为中华人民共和国立法的发展提供了指导。但是,从 1957 年反“右派”斗争扩大化开始,党和国家在指导方针上产生严重失误,经历了曲折的发展过程。[5] 1958 年,中共八大二次会议改变了对国内主要矛盾的提法,强调无产阶级同资产阶级的斗争、社会主义道路同资本主义道路的斗争始终是中国的主要矛盾。此后,“左”倾思想和法律虚无主义日益抬头。1957—1966 年十年间,全国人大及其常委会在较长一段时间未能正常开展活动,立法职能未能有效发挥,一些本应当制定出来的基本法律没有制定出来。如刑法从 1950 年开始起草,到 1963 年先后形成 33 稿,但受到各种活动的冲击,始终未能公布。刑事诉讼法、民法、民事诉讼法的起草工作也多次陷入停滞,最终没有制定出来。

(四)中华人民共和国立法的重大挫折(1966—1978 年)

1966 年 5 月 16 日,中共中央发出《中国共产党中央委员会通知》(《五·一六通知》),“文化大革命”正式开始。此后,党和国家的各级组织普遍受到冲击,陷入瘫痪半瘫痪状态。自 1966 年 6 月第三届全国人大常委会第三十三次会议后,在长达八年的时间里,全国人大及其常委会没有召开一次会议,立法工作全部停止。“文化大革命”完全置法制于不顾,全部依靠文件、领导人讲话和“两报一刊”(《人民日报》、《解放军报》和《红旗》杂志)社论等非国家手段实施国家政治、经济、文化等诸方面的指导和管理。1975 年 1 月,第四届全国人大第一次会议在极端严格的保密措施下秘密举行,通过了新的《中华人民共和国宪法》,把党和国家长期以来形成的“左”的思想政治路线和“文化大革命”中的许多错误写入《宪法》,使 1975 年《宪法》产生许多严重缺陷。“文化大革命”期间,中国的民主法制建设遭到严重破坏,中华人民共和国立法工作遭遇重大挫折。

1976 年 10 月,中共中央采取措施结束了“文化大革命”。在“文化大革命”结束后的两年间,党和国家的工作虽然有所前进,但并没有从指导思想上彻底清理“文化大革命”的错误,实现历史的转折,而是继续肯定“文化大革命”的“左”倾理论,在“以阶级斗争为纲”的框架内“抓纲治国”,结果导致在前进道路上出现徘徊局面,立法工作没有大的起色。1978 年 2 月,第五届全国人大第一次会议通过新的《中华人

---

〔5〕《关于建国以来党的若干历史问题的决议》(1981 年 6 月 27 日中国共产党第十一届中央委员会第六次全体会议通过),载《人民日报》1981 年 7 月 1 日,第 1 版。

民共和国宪法》,恢复了 1954 年《宪法》的一些制度,但 1978 年《宪法》沿袭了 1975 年《宪法》的一些错误规定,保留了一些已经过时的理论观点和不符合实际情况的规定,难以适应新形势的需要。

二、中国特色社会主义法律体系的形成与完善

(一)中国特色社会主义法律体系的奠基(1978—1982 年)

1978 年 12 月,中共十一届三中全会深刻总结中华人民共和国成立以来正、反两方面的经验教训,作出了把党和国家工作重点转移到经济建设上来、实行改革开放的历史性决策,并提出"为了保障人民民主,必须加强社会主义法制,使民主制度化、法律化,使这种制度和法律具有稳定性、连续性和极大的权威,做到有法可依、有法必依、执法必严、违法必究",强调"从现在起,应当把立法工作摆到全国人民代表大会及其常务委员会的重要议程上来"。这次会议开启了中国改革开放和社会主义民主法制建设的历史新时期。

这个时期立法工作的重点是,恢复和重建国家秩序,实行和推进改革开放。1979 年 2 月,第五届全国人大常委会第六次会议决定设立全国人民代表大会常务委员会法制委员会。1979 年上半年,全国人大常委会法制委员会会同有关部门拟定了《地方各级人民代表大会和地方各级人民政府组织法》等 7 个法律草案。1979 年 7 月,第五届全国人大第二次会议通过《关于修正〈中华人民共和国宪法〉若干规定的决议》,规定县和县以上的地方各级人民代表大会设立常务委员会,将县级人民代表大会代表改为由选民直接选举。同时,第五届全国人大第二次会议制定了《全国人民代表大会和地方各级人民代表大会选举法》《地方各级人民代表大会和地方各级人民政府组织法》《人民法院组织法》《人民检察院组织法》《刑法》《刑事诉讼法》《中外合资经营企业法》7 部法律,标志着中华人民共和国立法工作在中断二十多年后取得重大突破,拉开了新时期中国大规模立法工作的序幕。[6]

(二)中国特色社会主义法律体系的发展(1982—1992 年)

1982 年 12 月,为适应国家经济、政治、文化、社会生活等各方面发生的巨大变化,第五届全国人大第五次会议通过了新的《中华人民共和国宪法》,确立了国家的根本制度、根本任务和国家生活的基本原则,为新时期改革开放和社会主义现代化建设提供了根本保障,标志着中国民主法制建设进入新的历史阶段。为"发挥中央和地方两个积极性",1979 年《地方各级人民代表大会和地方各级人民政府组织法》赋予省、自治区、直辖市人民代表大会及其常务委员会制定地方性法规的权力,标

---

〔6〕 全国人大常委会法制工作委员会研究室编:《我国改革开放 40 年立法成就概述》,法律出版社 2019 年版,第 27 页。

志着中华人民共和国的立法体制发生重大变革。1982年《宪法》在宪法层面对立法体制进行了改革，赋予国务院制定行政法规的权力，授予国务院各部、各委员会发布规章的权力，确认省、直辖市人大及其常委会制定地方性法规的权力，确认民族自治地方人大制定自治条例和单行条例的权力。1982年修正的《地方各级人民代表大会和地方各级人民政府组织法》授予省、自治区、直辖市人民政府制定规章的权力；1986年修正的《地方各级人民代表大会和地方各级人民政府组织法》授予省、自治区人民政府所在的市和经国务院批准的较大的市的人大及其常委会制定地方性法规的权力。

这一时期，为适应以经济建设为中心、推进改革开放的需要，全国人大及其常委会把制定有关经济方面的法律作为立法工作的重点。1981年年底和1986年，《经济合同法》和《企业破产法（试行）》先后通过。1986年4月，第六届全国人大第四次会议通过作为民事基本法律的《民法通则》，在此前后全国人大常委会制定了《商标法》《专利法》《著作权法》等一系列民商事单行法规。继《刑事诉讼法》之后，1982年和1989年，《民事诉讼法（试行）》和《行政诉讼法》先后通过，三大基本诉讼法律制度得以建立。继《中外合资经营企业法》后，《外资企业法》和《中外合作经营企业法》相继制定，构建起比较全面的对外开放法律框架，为实施对外开放战略提供了重要法律保障。此外，为贯彻落实“一国两制”方针，全国人大制定了《香港特别行政区基本法》；为加强民族团结，发展社会主义民主，维护公民合法权益，全国人大及其常委会制定了《民族区域自治法》《村民委员会组织法》等法律；为保护和改善生活环境与生态环境，全国人大常委会制定了《水污染防治法》和《大气污染防治法》等法律；为促进教育和文化事业发展，全国人大及其常委会制定了《义务教育法》《文物保护法》等法律。这个时期立法工作取得的成就，为中国特色社会主义法律体系的形成奠定了重要基础。〔7〕

（三）中国特色社会主义法律体系的初步形成（1992—2002年）

1992年年初，邓小平视察武昌、珠海、深圳、上海等地并发表“南方谈话”，10月中共十四大作出建立社会主义市场经济体制的战略决策，中国改革开放和社会主义现代化建设进入新的历史阶段。1993年11月，中共十四届三中全会明确提出“社会主义市场经济体制的建立和完善，必须有完备的法制来规范和保障。要高度重视法制建设，做到改革开放与法制建设的统一，学会用法律手段管理经济”。1993年3月，第八届全国人大第一次会议通过的《宪法修正案》明确规定：“国家实行社会主义市场经济。”“国家加强经济立法，完善宏观调控。”此后，全国人大及其

〔7〕 国务院新闻办公室：《中国特色社会主义法律体系》白皮书（2011年10月27日发布），载中国政府网：http://www.gov.cn/jrzg/2011-10/27/content_1979498.htm，最后访问日期：2019年8月1日。

常委会按照建立社会主义市场经济体制的要求,加快经济立法,在规范市场主体、维护市场秩序、加强宏观调控、促进对外开放等方面,制定了《公司法》《合伙企业法》《商业银行法》《乡镇企业法》《反不正当竞争法》《消费者权益保护法》《产品质量法》《拍卖法》《担保法》《海商法》《保险法》《票据法》《城市房地产管理法》《广告法》《注册会计师法》《仲裁法》《审计法》《预算法》《中国人民银行法》《对外贸易法》《劳动法》等法律。为完善刑事法律,1996 年 3 月,第八届全国人大第四次会议修改《刑事诉讼法》,完善了刑事诉讼程序;1997 年 3 月,第八届全国人大第五次会议修订《刑法》,形成了一部统一的、比较完备的刑法典。为规范和监督权力的行使,全国人大及其常委会制定了《行政处罚法》《国家赔偿法》《法官法》《检察官法》《律师法》等法律;为进一步加强对环境和资源的保护,制定了《固体废物污染环境防治法》等法律,修改了《矿产资源法》等法律。这一时期,中国立法不仅数量多,质量也有所提高,为形成中国特色社会主义法律体系奠定了基础。

随着社会主义市场经济体制的逐步建立、对外开放水平的不断提高、民主法制建设的深入推进和各项事业的全面发展。1997 年 9 月,中共十五大提出了 21 世纪第一个十年国民经济和社会发展的远景目标,确立了"依法治国,建设社会主义法治国家"的基本方略,明确提出到 2010 年形成中国特色社会主义法律体系。按照这一目标要求,1999 年 3 月,第九届全国人大第二次会议通过《宪法修正案》,把"中华人民共和国实行依法治国,建设社会主义法治国家"写入《宪法》。此后,为保障和促进社会主义市场经济的发展,适应加入世界贸易组织的需要,全国人大及其常委会继续抓紧开展经济领域立法,制定了《证券法》《合同法》《招标投标法》《信托法》《个人独资企业法》《农村土地承包法》《政府采购法》等法律,修改了《对外贸易法》《中外合资经营企业法》《中外合作经营企业法》《外资企业法》《专利法》《商标法》《著作权法》等法律;为发展社会主义民主、繁荣社会主义文化、保护生态环境、发展社会事业,制定了《行政复议法》《高等教育法》《职业病防治法》等法律,修改了《工会法》《文物保护法》《海洋环境保护法》《药品管理法》等法律;为保证法律有效实施,全国人大常委会还对《刑法》《香港特别行政区基本法》等法律的有关规定作出法律解释。

值得一提的是,为规范国家立法活动,健全立法制度,2000 年 3 月,全国人大通过《立法法》,对中国的立法体制作了全面规定和进一步完善,使法律、法规及规章的制定更加规范化、制度化,并对立法权限和授权立法作了规定,赋予经济特区所在地的市以较大的市立法权,中华人民共和国的立法体制得以确立和完善。

经过这一阶段的立法实践,在第九届全国人大任期内,构成中国特色社会主义法律体系的各个法律部门已经齐全,每个法律部门中主要的法律已经基本制定出来,加上国务院制定的行政法规和地方人大制定的地方性法规,以宪法为核心的中国特色社会主义法律体系已经初步形成。[8]

(四)中国特色社会主义法律体系的形成(2002—2012年)

进入21世纪,根据中共十六大、十七大确定的在21世纪前20年全面建设惠及十几亿人口的更高水平的小康社会这一目标,为了使社会主义民主更加完善,社会主义法制更加完备,依法治国基本方略得到全面落实,更好保障人民权益和社会公平正义,促进社会和谐,全国人大及其常委会进一步加强立法工作,不断提高立法质量。围绕中共十五大提出的,到2010年形成中国特色社会主义法律体系的目标,全国人大及其常委会坚持从国情和实际出发,坚持科学立法、民主立法,在提高立法质量的前提下,抓紧制定在法律体系中起支架作用的法律,及时修改与经济社会发展不相适应的法律规定,集中开展法律清理工作,督促有关方面清理行政法规和地方性法规、制定法律配套法规。

2004年3月,第十届全国人大第二次会议通过《宪法修正案》,把"国家尊重和保障人权""公民的合法的私有财产不受侵犯"等内容写入宪法,推动了中国经济、政治、文化和社会等各方面的发展和进步。为维护国家主权和领土完整,促进国家和平统一,全国人大制定了《反分裂国家法》;为发展社会主义民主政治,全国人大常委会制定了《各级人民代表大会常务委员会监督法》《行政许可法》《行政强制法》等法律;为保护公民、法人和其他组织的合法权益,保障和促进社会主义市场经济的健康发展,全国人大及其常委会制定了《物权法》《侵权责任法》《企业破产法》《反垄断法》《反洗钱法》《企业所得税法》《车船税法》《企业国有资产法》《银行业监督管理法》等法律;为完善社会保障制度,保障和改善民生,全国人大常委会制定了《社会保险法》《劳动合同法》《就业促进法》《人民调解法》《劳动争议调解仲裁法》《食品安全法》等法律;为节约资源,保护环境,建设资源节约型、环境友好型社会,全国人大常委会制定了《可再生能源法》《循环经济促进法》《环境影响评价法》等法律。此外,全国人大及其常委会还制定和修改了一批加强社会管理、维护社会秩序等方面的法律。

与全国人大及其常委会制定各项法律相适应,根据宪法和法律规定的立法权限,国务院、地方人大及其常委会还制定了大量行政法规和地方性法规,为促进中国社会主义民主法制建设,推动中国特色社会主义法律体系形成,发挥了重要作用。为了维护国家法制统一,促进法律体系科学和谐统一,中国各级立法机关先后多次开展法律法规清理工作,全国人大常委会、国务院、地方人大及其常委会集中开展了对法律法规的全面清理工作,基本解决了法律法规中存在的明显不适应、不

---

[8] 李鹏:《全国人民代表大会常务委员会工作报告——2003年3月10日在第十届全国人民代表大会第一次会议上》,载《人民日报》2003年3月22日,第1版。

一致、不协调等问题。

在第十届全国人大任期内,以宪法为核心,由七个法律部门、三个层次法律规范构成的中国特色社会主义法律体系已经基本形成,国家经济、政治、文化、社会生活的各个方面基本做到有法可依。[9]

到 2010 年年底,中国涵盖社会关系各个方面的法律部门已经齐全,各法律部门中基本的、主要的法律已经制定,相应的行政法规和地方性法规比较完备,法律体系内部总体做到科学统一。经过长期共同努力,一个立足中国国情和实际、适应改革开放和社会主义现代化建设需要、集中体现党和人民意志,以宪法为统帅,以宪法相关法、民法商法、行政法、经济法、社会法、刑法、诉讼与非诉讼程序法等多个法律部门的法律为主干,由法律、行政法规、地方性法规三个层次的法律规范构成的中国特色社会主义法律体系如期形成,社会主义经济建设、政治建设、文化建设、社会建设、生态文明建设实现有法可依。这是中国社会主义民主法制建设史上的重要里程碑,是中国特色社会主义制度走向成熟的重要标志,具有重大的现实意义和深远的历史意义。[10]

(五)中国特色社会主义法律体系的完善(2012 年至今)

2012 年 11 月召开的中共十八大开启了中国特色社会主义新时代。[11] 十八大报告强调,法治是治国理政的基本方式,要推进科学立法、严格执法、公正司法、全民守法,坚持法律面前人人平等,保证有法必依、执法必严、违法必究。2014 年 10 月,中共十八届四中全会召开,这是第一次以依法治国作为主题的中共中央全会,全会通过《中共中央关于全面推进依法治国若干重大问题的决定》,强调建设中国特色社会主义法治体系,必须坚持立法先行,发挥立法的引领和推动作用,抓住提高立法质量这个关键。要把公正、公平、公开原则贯穿立法全过程,完善立法体制机制,坚持立改废释并举,增强法律法规的及时性、系统性、针对性、有效性。该决定提出健全宪法实施和监督制度,完善立法体制,深入推进科学立法、民主立法,加强重点领域立法的任务。2017 年 10 月,中共十九大强调,全面依法治国是中国特色社会主义的本质要求和重要保障,必须把党的领导贯彻落实到依法治国全过程和各方面,坚定不移走中国特色社会主义法治道路,完善以宪法为核心的中国特色社会主

〔9〕 吴邦国:《全国人大常委会工作报告——2013 年 3 月 8 日在第十二届全国人民代表大会第一次会议上》,载《中国人大》2008 年第 6 期。

〔10〕 吴邦国:《全国人民代表大会常务委员会工作报告——2013 年 3 月 8 日在第十二届全国人民代表大会第一次会议上》,载《人民日报》2013 年 3 月 21 日,第 1 版。

〔11〕 参见中共中央党史研究室理论研究中心:《牢牢把握社会主义初级阶段的基本国情》,载《求是》2017 年第 22 期。

义法律体系，建设中国特色社会主义法治体系，建设社会主义法治国家。[12]

中共十八大以来，全国人大及其常委会着力加强重点领域立法，完善以宪法为核心的中国特色社会主义法律体系。截至2018年12月底，中国现行有效的法律271件，有关法律问题和重大问题的决定119件，行政法规759件，地方性法规12000余件。[13]

2014年以来，全国人大及其常委会对宪法进行了完善，健全了保证宪法实施的法律制度。2014年11月，全国人大常委会决定设立国家宪法日，加强宪法宣传教育，大力弘扬宪法精神；2015年7月，全国人大常委会决定建立宪法宣誓制度，规定国家工作人员就职时公开进行宪法宣誓。2015年8月和2019年6月，全国人大常委会决定在中国人民抗日战争暨世界反法西斯战争胜利70周年和中华人民共和国成立70周年之际，实施宪法规定的特赦制度，作出对部分服刑罪犯实行特赦的决定。2015年12月，全国人大常委会通过《国家勋章和国家荣誉称号法》，落实宪法规定的国家功勋荣誉表彰制度；2017年9月，全国人大常委会通过《国歌法》，同此前已经施行的《国旗法》《国徽法》一道，维护宪法确立的国家重要象征和标志的尊严。[14] 2018年3月，第十三届全国人大第一次会议通过《宪法修正案》和《监察法》，充实坚持和加强中国共产党全面领导的内容，完善宪法确立的国家根本任务、奋斗目标和国家领导体制，确立国家监察制度，实现国家监察全面覆盖，夯实了国家长治久安的制度根基。[15]

2015年3月，第十二届全国人大第三次会议对《立法法》作出修改，进一步完善了立法体制。修订后的《立法法》赋予所有设区的市（包括广东省东莞市等不设区的地级市）、自治州等地方立法权，明确设区的市、自治州的人大及其常委会可以对城乡建设与管理、环境保护、历史文化保护等方面的事项制定地方性法规。同时，修订后的《立法法》落实税收法定原则，完善专属立法权制度，并进一步健全授权立法制度，实现立法和改革决策相衔接。

2013年以来，全国人大及其常委会全面加强了重点领域立法。这一时期中国立法的重心从经济立法为主转向经济、社会等各领域立法的均衡发展。

一是加快国家安全法治建设。为贯彻落实总体国家安全观，保持政治定力，把

---

〔12〕 习近平：《决胜全面建成小康社会　夺取新时代中国特色社会主义伟大胜利——在中国共产党第十九次全国代表大会上的报告》，载《人民日报》2017年10月28日，第2版。

〔13〕 全国人大常委会法制工作委员会编：《中华人民共和国法律汇编（2018）》，法律出版社2019年版，第26页。

〔14〕 张德江：《全国人民代表大会常务委员会工作报告——2018年3月11日在第十三届全国人民代表大会第一次会议上》，载《人民日报》2018年3月25日，第1版。

〔15〕 栗战书：《全国人民代表大会常务委员会工作报告——2019年3月8日在第十三届全国人民代表大会第二次会议上》，载《中国人大》2019年第6期。

握立法时机,全国人大及其常委会相继出台《国家安全法》《反间谍法》《反恐怖主义法》《境外非政府组织境内活动管理法》《网络安全法》《国家情报法》《国防交通法》《军事设施保护法》《核安全法》等一批法律,为维护国家安全、核心利益和重大利益提供了有力法制保障。

二是推进编纂和制定民法典。第十二届全国人大常委会研究提出“两步走”工作思路:先制定在民法典中起统领作用的民法总则;再编纂各分编,争取到 2020 年形成统一的民法典。2017 年 3 月,第十二届全国人大第五次会议通过《民法总则》,完成民法典开篇之作。2018 年以来,第十三届全国人大常委会在过去工作的基础上,完成 6 编共 1034 条的民法典各分编草案,先后审议了《合同编(草案)》《侵权责任编(草案)》《物权编(草案)》《人格权编(草案)》《婚姻家庭编(草案)》《继承编(草案)》,朝着 2020 年完成民法典编纂任务目标迈出了坚实步伐。

三是加强市场经济立法。全国人大常委会提出贯彻落实税收法定原则的实施意见,明确改革路径和到 2020 年相关立法工作安排。第十二届全国人大常委会制定了《环境保护税法》《烟叶税法》《船舶吨税法》,修改了《企业所得税法》,第十三届全国人大常委会制定了《耕地占用税法》《车辆购置税法》,修改了《企业所得税法》《个人所得税法》。全国人大常委会开展了产权保护法律清理工作,修改了《反不正当竞争法》《中小企业促进法》《农民专业合作社法》《促进科技成果转化法》《标准化法》《商标法》《广告法》,制定了《旅游法》《资产评估法》。此外,为巩固和扩大改革开放成果,在新的历史起点上推进改革开放和社会主义现代化建设,第十三届全国人大第二次会议通过《外商投资法》,第十三届全国人大常委会制定了《电子商务法》,修改了《农村土地承包法》《公司法》《民用航空法》《电力法》《港口法》等法律。

四是加快生态文明建设立法步伐。第十二届全国人大常委会全面修订了《环境保护法》,修改了《大气污染防治法》《水污染防治法》《海洋环境保护法》《野生动物保护法》,建立生态环境和资源保护公益诉讼制度,构建最严格的生态环境保护法律制度。第十三届全国人大常委会制定了《土壤污染防治法》,修改了《环境影响评价法》《环境噪声污染防治法》,完善严格保护生态环境的法律制度。

五是为完善社会和民生领域立法。第十二届全国人大常委会全面修订了《食品安全法》,制定了《慈善法》《中医药法》《反家庭暴力法》《特种设备安全法》,修改了《安全生产法》《消费者权益保护法》,还制定了《公共文化服务保障法》《公共图书馆法》《电影产业促进法》,改变了中国文化领域立法相对滞后的局面。第十三届全国人大常委会修改了《社会保险法》,制定了《疫苗管理法》,并两次审议了《基本医疗卫生与健康促进法(草案)》。

三、中华人民共和国立法的经验与启示

中华人民共和国成立 70 年来，尤其是改革开放 40 多年来，中国立法取得了举世瞩目的成就，中国特色社会主义法律体系形成并不断走向完善，为推进全面依法治国、建设中国特色社会主义法治体系、建设社会主义法治国家提供了坚实的法制保障。中国实现立法思路从“先改革，后立法”“边改革，边立法”转向“凡属重大改革都要于法有据”，立法主体从全国人大及其常委会逐步扩大到所有设区的市，立法理念从“有比没有好，快搞比慢搞好”转向“以提高立法质量为中心”，立法重心从以经济立法为主转向注重各领域立法的均衡发展，立法内容从“宜粗不宜细”转向注重法律的“可执行性、可操作性”，立法形式从以制定法律为主转向立、改、废、释、编、授等多种立法手段并重，立法过程从有限开放转向公开透明。[16] 中华人民共和国 70 年的立法实践积累了丰富的经验，也经历了许多发人深省的沉痛教训，对做好新时代立法，继续推进全面依法治国具有深刻启示。

一是必须坚持中国共产党的领导、人民当家作主和全面依法治国有机统一。中国共产党是中国的执政党，中国共产党的领导被《宪法》确定为中国特色社会主义最本质的特征。党的领导、人民当家作主和依法治国是一个联系紧密、内在统一的整体。中共十一届三中全会在总结历史经验教训的基础上强调“为了保障人民民主，必须加强社会主义法制，使民主制度化，使这种制度具有稳定性、连续性和极大的权威”。中华人民共和国立法和法制建设的经验表明，必须在实践中坚持党的领导、人民当家作主和依法治国的有机统一，尤其是要处理好权与法、党的政策与国家法律的关系。历史证明，以党代政、以言代法、以政策代替法律，只能削弱党的领导。[17] 1982 年 9 月，中共十二大通过的《中国共产党章程》明确提出“党必须在宪法和法律的范围内活动”，同年 12 月全国人大通过的《宪法》明确规定“任何组织或者个人都不得有超越宪法和法律的特权”，为处理权与法、政策与法律的关系提供了根本遵循。1997 年，中共十五大明确把依法治国确定为治理国家的基本方式，把建设中国特色社会主义法治国家确定为社会主义现代化建设的重要目标。进入 21 世纪，中国共产党面临着加强党的执政能力建设的新任务，2004 年中共十六届四中全会提出科学执政、民主执政、依法执政的新课题，强调加强党对立法工作的领导，善于使党的主张通过法定程序成为国家意志，使制度和法律不因领导人的改变而改变、不因领导人看法和注意力的改变而改变，要求全党要牢固树立法制观念，坚持在宪法和法律范围内活动，带头维护宪法和法律的权威。2014 年，中共十八届

---

〔16〕 参见胡健：《改革开放四十年立法工作的七个转变》，载《中国法律评论》2018 年第 5 期。

〔17〕 李步云：《党必须在宪法和法律的范围内活动》，载李步云：《中国法治之路》，中国社会科学出版社 2013 年版，第 71 页。

四中全会强调依法执政是依法治国的关键,维护宪法法律权威就是维护党和人民共同意志的权威,捍卫宪法法律尊严就是捍卫党和人民共同意志的尊严,保证宪法法律实施就是保证党和人民共同意志的实现。(见图0-4)正确处理党的领导、人民当家作主和依法治国的关系,坚持宪法和法律至上,是做好立法的前提。

图0-4 会议现场

2014年9月5日,庆祝全国人民代表大会成立60周年大会在北京人民大会堂举行

二是必须坚持和完善人民代表大会制度,不断改进立法技术,提高立法质量。立善法于天下则天下治,立善法于一国则一国治。历史的经验证明,良法是善治之前提。中共十八届四中全会强调,建设中国特色社会主义法治体系,必须坚持立法先行,发挥立法的引领和推动作用,抓住提高立法质量这个关键。人民代表大会制度是中华人民共和国的根本政治制度,是中华人民共和国的政体。加强立法工作,提高立法质量,很关键的一个环节是注意发挥人大在立法工作中的主导作用,防止国家立法权部门化,部门立法权利益化,部门利益通过部门立法合法化。[18] 必须深入推进科学立法、民主立法,不断完善立法体制,改进立法技术,提高立法质量。坚持科学立法是中国立法的基本要求。实现科学立法,要求立法工作应当秉持科学立法的精神、采用科学立法的方法、符合科学立法的规律、遵循科学立法的程序、完善科学立法的技术。坚持科学立法应当尊重立法工作自身的规律,立法工作既着眼于法律的现实可行性,又注意法律的前瞻性;既着眼于通过立法肯定改革成果,又注意为深化改革留有空间和余地;既着眼于加快国家立法的步伐,又注意发挥地方人大依法制定地方性法规的积极性。民主立法是中国立法一向秉持的基本方针。早在1954年《宪法》的立法过程中,立法机关即采取了"开门立法"的方针,全

〔18〕 封丽霞:《健全人大主导立法工作的体制机制》,载《学习时报》2014年11月3日版。

社会上下广泛参与其中。但由于多种原因的限制,中国"民主立法"的体制和机制直到20世纪90年代中期才逐步实现和推广。2008年4月,全国人大常委会委员会会议决定,今后全国人大常委会审议的法律草案,一般都予以公开,向社会广泛征求意见,公开征求意见的做法为2015年修订的《立法法》所明确,立法听证成为加强民主立法性的一个重要形式。[19] 发挥人大在立法工作中的主导作用,还应当综合运用立、改、废、释、编、授等多种立法手段,通过法律解释明确法律具体含义促进法律有效实施,适时开展法律清理保证法律体系内部统一,并继续有计划、有重点地推进法典编纂工作,努力推动法律体系科学规范、相互协调。

三是要完善法治实施体系、法治监督体系和法治保障体系,维护法律的权威。法律必须被信仰,否则它将形同虚设。[20] 法律的生命力在于实施,法律的权威也在于实施。在推进全面依法治国的进程中,依法执政是关键,科学立法是前提,严格执法是重点,公正司法是防线,全民守法是基础,法律的切实实施和法律权威的建立离不开严格执法、公正司法和全面守法的实践。中华人民共和国成立以来的法治实践表明,立法的实际效果要靠执法、司法的实践来检验,要以全面守法的法律文化相支撑,必须坚持以人为本,尊重和保障人权,在严格执法、公正司法的实践中让人民群众感受法律的权威、建立法治的信仰。必须深入推进依法行政,加快法治政府建设。各级政府要在法治轨道上开展工作,创新执法体制,完善执法程序,推进综合执法,严格执法责任,建立权责统一、权威高效的依法行政体制,加快建设职能科学、权责法定、执法严明、公开公正、廉洁高效、守法诚信的法治政府。必须保证公正司法,提高司法公信力。公正是法治的生命线,要发挥司法公正对社会公正的引领作用,完善司法管理体制和司法权力运行机制,规范司法行为,加强对司法活动的监督,努力让人民群众在每一个司法案件中感受到公平正义。必须增强全民法治观念,推进法治社会建设。法律的权威源自人民的内心拥护和真诚信仰,必须弘扬法治精神,建设法治文化,增强全社会厉行法治的积极性和主动性,形成守法光荣、违法可耻的社会氛围,使全体人民都成为社会主义法治的忠实崇尚者、自觉遵守者、坚定捍卫者。要做到严格执法、公正司法、全民守法,离不开法治人才建设,更离不开严密的法律监督体系,要根据《立法法》《各级人民代表大会常务委员会监督法》《全国人民代表大会和地方各级人民代表大会代表法》的规定,加强人大对"一府两院"的监督,推进法律实施,并着力推进普法和法治文化建设,抓住领导干部这一关键少数,提高全民的法律素质。

四是要坚持中国国情与特色,学习借鉴国外立法成果和立法经验。立法必须

---

〔19〕 蒋传光等:《新中国法治简史》,人民出版社2011年版,第103页。

〔20〕 [美]伯尔曼:《法律与宗教》,梁治平译,商务印书馆2012年版,第7页。

从中国的基本国情出发,深刻认识和正确把握中国发展的阶段性特征,坚持以经济建设为中心,坚持改革开放,紧紧围绕全面建成小康社会的奋斗目标,围绕促进经济建设、政治建设、文化建设、社会建设和生态文明建设协调发展来开展立法,为化解矛盾、解决纠纷、打击犯罪、维护稳定、实现社会公平正义奠定行之有效的法制基础。必须正确处理立法和改革的关系,坚持立法与改革开放和现代化建设相适应,把实践证明是正确的经验用法律形式肯定下来,巩固改革开放和现代化建设成果,为改革开放和现代化建设提供良好的法制环境。改革开放以来,中国立法思路经历了一个从"先改革,后立法",转向"边改革,边立法",再到转向"凡属重大改革都要于法有据"的过程。未来,必须正确处理立法和改革的关系,实现立法和改革决策相衔接,做到重大改革于法有据、立法主动适应改革和经济社会发展需要,法律立法的保障和引领作用。中国的立法必须深入挖掘中华传统法律资源,吸收中华优秀法律文化,〔21〕同时要学习借鉴国外立法中好的、有益的成分,认真研究国外立法的有益经验,在不照搬别国立法模式的前提下,注意收集、整理国外有关的法律规定并加以研究、比较,从中汲取对中国有用的东西。〔22〕对于其中反映市场经济规律性、共同性的内容,以及国际交往中形成的国际法规范和惯例,大胆地吸收和借鉴,移植适合中国实际的法律规定并在实践中逐步完善。

四、本书的内容与结构

在一定意义上,人类文明史就是法律和立法的发展史。立法,既可以作为动词使用,也可以作为名词使用。作为动词,立法既指制定和认可法律,也可指对法律的解释、补充、修改、编纂和废止;既指作为代议机关的立法机关的立法活动,在一定情况下也指行政机关的委任立法(授权立法)、行政立法和司法机关的"法官造法"(司法解释)。作为名词,立法既指民事、刑事、行政、经济、社会、政治等的立法形式(立法结果),也指国际公法、国际私法、国际经济法的立法形式(立法结果),在特定情况下还可以指宪制立法。〔23〕

在中国,立法包括法律、行政法规、地方性法规、自治条例和单行条例的制定、修改和废止,还包括国务院部门规章、地方政府规章、军事法规、军事规章和司法解释的制定、修改和废止,体系庞大,内容复杂。本书以"中华人民共和国立法"为研究对象,在法律层级上,以宪法和法律为主,包括全国人大及其常务委员会和中华人

---

〔21〕 参见张生:《中华文明的历史生命力:文化理念与制度体系的融贯统一》,载《现代法学》2018 年第 1 期。

〔22〕 李林:《改革开放 30 年与中国立法发展(下)》,载《北京联合大学学报》(人文社会科学版)2009 年第 2 期。

〔23〕 夏勇主编:《法理讲义:关于法律的道理与学问》,北京大学出版社 2010 年版,第 489 页。

民共和国成立初期政协全体会议、中央人民政府委员会的立法。在横向上,包括宪法和宪法相关法、民法商法、行政法、经济法、社会法、刑法、诉讼与非诉讼程序法等法律部门;在纵向上,包括1949年中华人民共和国成立前夕政协第一届全体会议至2019年6月第十三届全国人大常委会第十一次会议之间,宪法和法律的制定、修改和废止。

宪法是国家的根本法,在中国特色社会主义法律体系中居于统帅地位。宪法相关法是与宪法相配套、直接保障宪法实施和国家政权运作等方面的法律规范,调整国家政治关系,主要包括国家机构的产生、组织、职权和基本工作原则方面的法律,民族区域自治制度、特别行政区制度、基层群众自治制度方面的法律,维护国家主权、领土完整、国家安全、国家标志象征方面的法律,保障公民基本政治权利方面的法律。本书第一章介绍了中华人民共和国宪法和宪法相关法的立法沿革、立法重点和立法特色,包括《宪法》《全国人民代表大会和地方各级人民代表大会选举法》《全国人民代表大会和地方各级人民代表大会代表法》《立法法》《各级人民代表大会常务委员会监督法》《监察法》等宪法相关法。其中,对宪法的介绍始于1949年9月政协第一届全体会议通过的具有临时宪法性质的《共同纲领》,截至2018年3月第十三届全国人大第一次会议通过的《宪法修正案》;对宪法相关法的介绍始于1953年2月中央人民政府委员会第二十二次会议通过的《全国人民代表大会及地方各级人民代表大会选举法》,截至2018年第十三届全国人大第一次会议通过的《监察法》。

国家机构组织法是宪法相关法的重要组成部分,考虑到国家机关组织法立法起步较早,且内容丰富,本书第二章专门对其立法沿革进行介绍,包括全国人大组织法、国务院组织法、地方组织法、司法机关组织法等。同时,考虑到中国人民政治协商会议作为最广泛的爱国统一战线组织和村民委员会、城市居民委员会作为基层群众性自治组织在国家政治生活中的重要作用,该章将政协组织制度和基层群众性自治组织法律制度纳入。对国家机构组织法的介绍始于1949年9月政协第一届全体会议通过的《中央人民政府组织法》,截至2019年4月第十三届全国人大常委会第十次会议修订的《法官法》和《检察官法》。

行政法是关于行政权的授予、行政权的行使以及对行政权的监督的法律规范,调整的是行政机关与行政管理相对人之间因行政管理活动发生的关系,遵循职权法定、程序法定、公正公开、有效监督等原则,既保障行政机关依法行使职权,又注重保障公民、法人和其他组织的权利。本书第三章介绍了中华人民共和国行政法立法的概况,包括行政组织法、行政行为法、行政监督与行政救济法等,始于1957年6月第一届全国人大常委会第七十六次会议通过的《人民警察条例》,截至2019年6月第十三届全国人大常委会第十一次会议通过的《疫苗管理法》。

民法是调整平等主体的公民之间、法人之间、公民和法人之间的财产关系和人身关系的法律规范,遵循民事主体地位平等、意思自治、公平、诚实信用等基本原则。本书第四章对中华人民共和国民事立法沿革进行了回顾,包括民法总则、债法、物权法、亲属法与继承法、知识产权法和涉外民事关系法律适用法等,并将相关法律纳入其中,始于1950年4月中央人民政府委员会第七次会议通过的《婚姻法》,截至2019年4月第十三届全国人大常委会第十次会议修改的《商标法》。

商法调整商事主体之间的商事关系,遵循民法的基本原则,同时秉承保障商事交易自由、等价有偿、便捷安全等原则。本书第五章对中华人民共和国商事立法沿革进行了介绍,包括商事主体法(企业与公司法、破产法)、金融法(包括银行法、保险法、证券法、信托法、票据法等)、海商法,始于1979年7月第五届全国人大第二次会议通过的《中外合资经营企业法》,截至2018年10月第十三届全国人大常委会第六次会议修改的《公司法》。

经济法是调整国家从社会整体利益出发,对经济活动实行干预、管理或者调控所产生的社会经济关系的法律规范。经济法为国家对市场经济进行适度干预和宏观调控提供法律手段和制度框架,防止市场经济的自发性和盲目性所导致的弊端。本书第六章对中华人民共和国的经济立法沿革进行了回顾,包括宏观调控法、市场监管法、行业监管法、财政税收法和对外经济贸易法等,始于1980年9月第五届全国人大第三次会议通过的《个人所得税法》,截至2019年4月第十三届全国人大常委会第十次会议修改的《车船税法》。

社会法是调整劳动关系、社会保障、社会福利和特定群体权益保障等方面的法律规范,遵循公平和谐和国家适度干预原则,通过国家和社会积极履行责任,对劳动者、失业者、丧失劳动能力的人以及其他需要扶助的特定人群的权益提供必要的保障,维护社会公平,促进社会和谐。本书第七章对中国人民共和国的社会立法进行了介绍,包括社会组织法、劳动法、社会保障法、特定群体保护法等,始于1950年6月中央人民政府委员会第八次会议通过的《工会法》,截至2018年12月第十三届全国人大常委会第七次会议修改的《社会保险法》。

刑法是规定犯罪与刑罚的法律规范。它通过规范国家的刑罚权,惩罚犯罪,保护人民,维护社会秩序和公共安全,保障国家安全。中国刑法确立了罪刑法定、法律面前人人平等、罪刑相适应等基本原则,并根据经济社会发展变化的实际,适时对刑法进行修改和解释,不断完善刑事法律制度。本书第八章回顾了中华人民共和国刑事立法的沿革,始于1951年2月中央人民政府委员会第十一次会议批准的《惩治反革命条例》,截至2017年11月第十二届全国人大常委会第三十次会议通过的《刑法修正案(十)》。

诉讼与非诉讼程序法是规范解决社会纠纷的诉讼活动与非诉讼活动的法律规

范。诉讼法律制度是规范国家司法活动解决社会纠纷的法律规范，非诉讼程序法律制度是规范仲裁机构或者人民调解组织解决社会纠纷的法律规范。本书第九章对中华人民共和国诉讼与非诉讼程序立法进行了介绍，包括刑事诉讼法、民事诉讼法、行政诉讼法、调解、仲裁及其他程序法等，始于 1979 年 7 月第五届全国人大第二次会议通过的《刑事诉讼法》，截至 2018 年 10 月第十三届全国人大常委会第六次会议修改的《刑事诉讼法》。

第一章　中华人民共和国宪法和宪法相关法的发展

第一节　共 同 纲 领

一、旧政协的破坏与新政协的筹备

1945 年 4 月 24 日，在抗日战争即将胜利之际，毛泽东在中共七大上作了题为《论联合政府》的报告，向全国人民表明了中国共产党的主张：在广泛民主的基础上，依照一个共同纲领，成立包括各党各派和无党派人士在内的联合政府。同年 8 月 28 日，为了争取和平、建立联合政府，毛泽东、周恩来、王若飞代表中国共产党抵达重庆，开始了与国民党历时 43 天的谈判。10 月 10 日，签订了《国共双方代表会谈纪要》，即“双十协定”，在协议中商定于次年召开具有广泛代表性的政治协商会议〔1〕，协商确定组织成立联合政府及相关事宜。1946 年 1 月 10 日至 31 日，按照“双十协定”的约定，由国民党代表 8 人、共产党代表 7 人、民主同盟代表 9 人、青年党代表 5 人和社会贤达代表 9 人参加的政治协商会议在重庆召开（史称“旧政协”）。“旧政协”通过了《关于政府组织问题》《和平建国纲领》《关于国民大会问题的协议》《关于宪法草案问题的协议》《关于军事问题的协议》，确定了组建联合政府、起草宪法、召开国民代表大会等重要事项。在“旧政协”召开的同一天，国民党代表张群和中国共产党代表周恩来签署了《关于停止国内冲突的命令与声明》，当天下午国共双方向所属军队下达了停战命令。在中国共产党和爱好和平的民主力量共同努力下，国共两党实现了暂时的和平，民主的联合政府也为中国人民所期待。

然而在“旧政协”开会期间，国民党当局连续派遣特务跟踪威胁到会的政协代表，扰乱会场，谩骂、殴打会议主持人、政协代表和到会群众，打伤政协代表郭沫若、张东荪等人，制造了“沧白堂事件”。“旧政协”闭幕之后，国民党当局又制造了“较场口血案”，暴露出国民党反动派破坏政协决议、坚持独裁内战、践踏人民民主权利

〔1〕“政治协商会议”是中国共产党代表与国民党代表王世杰在重庆谈判期间提出来的，提出这个名词的是王世杰，但真正赋予其民主协商政治组织含义的是中国共产党。

的真实面目。国民党政府也从来没有实质性地遵守停战协议,在停战命令签发之后,即开始秘密派军队抢占战略要点,积极部署内战。在 1946 年 3 月 1 日至 17 日召开的国民党六届二中全会上,蒋介石否定了“旧政协”所作出的决议。6 月 26 日,以蒋介石为代表的国民政府撕毁停战协定,对中国共产党领导的解放区发起了进攻。同年 11 月 15 日,国民党在中国共产党和其他民主团体缺席的情况下,单方面召开伪国民代表大会,在 12 月 25 日三读通过了“中华民国宪法”。“旧政协”的广泛民主基础和协商组织联合政府的计划被彻底破坏了。

中国共产党领导人民军队不断取得胜利。1947 年 10 月 10 日中国人民解放军总部公布了毛泽东起草,朱德、彭德怀署名的《中国人民解放军宣言》,亦称《双十宣言》。在宣言中提出了中国共产党的各项政治主张,其中最为迫切的任务是:“联合工农兵学商各被压迫阶级、各人民团体、各民主党派、各少数民族、各地华侨和其他爱国分子,组成民族统一战线,打倒蒋介石独裁政府,成立民主联合政府。”1948 年 4 月 30 日,中国共产党中央委员会发布了《纪念“五一”劳动节口号》,中共中央号召“各民主党派、各人民团体、各社会贤达迅速召开政治协商会议,讨论并实现召集人民代表大会,成立民主联合政府”,随即得到了各民主党派、无党派人士的热烈响应。8 月,中共中央将筹建新政治协商会议作为重要工作任务。在周恩来的部署和安排下,海内外的民主人士分别到达东北解放区和河北省建屏县(1958 年并入平山县)李家庄。10 月,中共中央将党中央的城市工作部改组为统一战线工作部,由李维汉任部长。在建屏县李家庄,中共中央统战部与周建人等民主人士协商,起草了《关于召开新的政治协商会议诸问题(草案)》。中共中央将该草案交东北局,指派高岗、李富春与到达哈尔滨的沈钧儒、谭平山、张伯钧、朱学范等民主人士进一步协商、修订,然后由中央将《关于召开新的政治协商会议诸问题》发往海内外各民主党派和主要民主人士征求意见。在起草《关于召开新的政治协商会议诸问题(草案)》的同时,作为对《纪念“五一”劳动节口号》关于成立民主联合政府的响应,在毛泽东、周恩来的直接领导下,李维汉主持起草了《中国人民民主革命纲领草案》,计划在北平解放后提交给即将召开的中共七届二中全会审议。《中国人民民主革命纲领草案》包括 1 个简短的序言和 46 条正文,正文又分为总则、政治、军事、土地改革、经济财政、文化教育、社会政策、少数民族、华侨、外交等 10 个部分,规定了人民民主革命纲领的基本原则是“新民主主义亦即革命三民主义”;规定了人民是国家的主人,“国家的一切权力出自人民大众,属于人民大众”;规定了社会经济、民族政策、华侨和外交方面的基本政策。草案完成后曾分送刘少奇、朱德、陆定一、胡乔木、齐燕铭等人审阅,后来成为起草共同纲领的基础。当时在哈尔滨的各民主党派人士,也曾尝试起草民主革命纲领,但在战争环境下未形成满意的成果。1948 年 11 月,在第一稿的基础上又完成了《中国人民民主革命纲领草案》的第二稿。第二稿将原来正文的 10 个部分整合为 3 个部分,内容也作了一定的改动:第一部分"人民解放战争的历史任务",第二部分"建立人民民主共和国的基本纲领",第三部分"战时具体纲领"。第二稿在内容上更加侧重对战时任务的规定,动员全国人民力量,支援解放战争,带有浓厚的政治宣言色彩。第二稿对于人民民主联合政府的建立程序也作出新的规定,不再是先召开政治协商会议,由政协会议讨论召开人民代表大会,再由人民代表大会选举产生临时中央政府;而是为了适应形势的迅速发展,由政治协商会议直接选举临时中央政府。

1949 年 3 月 5 日至 13 日,中共七届二中全会在河北建屏县西柏坡村召开。该会议是中国革命胜利前夕召开的一次重要会议,由于已起草完成的《中国人民民主革命纲领草案》第二稿还不够成熟,未提交给会议讨论,但本次会议精神成为政治协商纲领的指导思想。毛泽东主持了会议并代表中央政治局作了政治报告,刘少奇、周恩来、朱德分别作了专题报告。会议批准了由中国共产党发起,各民主党派、人民团体和无党派民主人士协同,召开没有反动派参加的新的政治协商会议、成立民主联合政府的建议。

二、共同纲领的起草

1949 年 6 月 15 日至 19 日,新政治协商会议筹备会第一次全体会议在北平中南海勤政殿召开。出席筹备会的共 23 个界别,134 名代表。会议由周恩来担任筹备会的临时主席,中共中央主席毛泽东在开幕式上作了重要讲话。毛泽东在讲话中指明了政治协商会议的组织构成和政治任务:"必须召集一个包含民主党派、各人民团体、各界民主人士、国内少数民族和海外华侨的代表人物的政治协商会议,宣告中华人民民主共和国的成立,并选举代表这个共和国的民主联合政府……这是一个共同的政治基础。"[2]会议在听取了周恩来关于《新政治协商会议筹备会组织条例(草案)》的说明之后,通过了该条例。会议依据组织条例,选举产生了由 21 人组成的筹备会常务委员会,常务委员会内部推选毛泽东为主任,周恩来、李济深、沈钧儒、郭沫若、陈叔通为副主任,李维汉为秘书长。(见图 1-1)为了尽快完成召开新政协和建立民主联合政府的各项准备工作,筹备会决定常务委员会分设 6 个工作组:第一小组由李维汉任组长,负责拟定参加新政协会议的单位以及各单位代表的名单;第二小组由谭平山任组长,负责起草新政协的组织条例;第三小组由周恩来任组长,负责起草新政协共同纲领;第四小组由董必武任组长,负责拟定联合政府的组成方案;第五小组由郭沫若任组长,负责起草新政协第一届全体会议宣言;第六小组由马叙伦任组长,负责拟定国旗、国歌、国徽的方案。

---

〔2〕《毛主席等七人在新的政治协商会议筹备会上的讲词》,载《人民日报》1949 年 6 月 20 日,第 1 版。

图 1－1　会议合影

新政治协商会议筹备会常务委员会合影

在 6 月至 8 月，以周恩来为组长的政协筹备会决定常务委员会第三小组，积极推进政治协商会议纲领的起草工作。6 月 18 日，第三小组举行第一次全体会议，确定了三项工作：其一，推定起草共同纲领草案的负责单位，经讨论决定，委托中共中央起草共同纲领草案，在 7 月 15 日以前完成；其二，印发起草工作所需要的各种参考资料，包括中国共产党提交给旧政协的“纲领草案”和“和平建国纲领”，以及已经起草的《中国人民民主革命纲领草案》，各党派团体已经发表的政治纲领和政治主张，各党派团体对共同纲领的意见和建议，其他各新民主主义国家的纲领，以及世界上主要国家的宪法；其三，确定小组内部分工，经讨论小组成员分为五个专题工作组，即政治法律、财政经济、文化教育、国防外交、其他（包括华侨、少数民族、群众团体、宗教问题）工作组。

中共中央接受政协筹备会常务委员会第三小组的委托后，共同纲领的起草工作仍然由周恩来负责。经过 2 个月的起草工作，共同纲领草案初稿完成。8 月 22 日周恩来将草案送交毛泽东审阅。毛泽东认真审读了草案初稿，删改了几段文字，之后再提交给新政协筹备会常务委员会。这一次起草共同纲领草案，将文件名称改为“新民主主义的共同纲领”，明确共同纲领的主要任务是建设新民主主义的共和国。《新民主主义的共同纲领》草案初稿分为三大部分：第一部分是简短的序言，第二部分是“一般纲领”，第三部分是“具体纲领”。草案初稿删除了《中国人民民主革命纲领草案》中作为独立部分的“人民解放战争的历史任务”，只是将其作为“具体纲领”的内容之一。在“一般纲领部分”把“奉行新民主主义”作为长期合作的“统一战线纲领”，明确了“新民主主义国家”是工人阶级领导的以工农联盟为基础的团结各民主阶级、各民族的人民民主专政,规定了“新民主主义的政治制度”是民主集中制的人民代表大会制度。在“具体纲领”部分主要包括“解放全中国”“政治法律”“财政经济”“文化教育”“国防”“外交侨务”等方面,共计45个条文。《新民主主义的共同纲领》草案初稿较以往的草案在主题、结构和内容方面都有很大的改进,成为共同纲领的直接底稿。

9月6日下午,新政协筹备会常务委员会第三小组在中南海勤政殿举行第二次会议,会议由第三小组副组长许德珩主持,出席会议的有24人和小组秘书宦乡。周恩来向会议提交了《新民主主义的共同纲领》草案初稿,请与会代表讨论。在讨论过程中,对草案初稿进行了两方面的重大修订:其一,将原来的文件名称《新民主主义的共同纲领》改为《中国人民政治协商会议共同纲领》,在当前的历史时期,政治协商会议具有政治协商统一战线组织和代行国家权力的双重性质;其二,在内容结构方面,共同纲领的正文不再区分“一般纲领”和“具体纲领”,在序言之后分为七章。在常务委员会第三小组讨论之后,在9月13日、16日分别召开了新政协筹备会常委会第五次、第六次会议,对草案的内容再次修订,并分送到达北平的政协代表进行分组讨论。先后经过起草小组、常务委员会第三小组、新政协筹备会和政协分组会议的7次讨论,最终形成了草案定稿。

三、共同纲领的通过与中华人民共和国的成立

经过近3个月的准备,召开新政协的筹备工作相继完成,9月17日召开了新政协筹备会第二次全体会议。会议由周恩来、沈钧儒、陈叔通主持,出席会议的有126名代表。

会议听取了周恩来关于筹备工作报告,一致同意将“新政治协商会议”改为“中国人民政治协商会议”[3];将《新民主主义的共同纲领草案》改为《中国人民政治协商会议共同纲领草案》。在结构上,不再区分“一般纲领”和“具体纲领”,而是在“序言”之后,分为七章。在内容上,又有非常多的修改,例如根据章乃器的提议,删去对领土的列举,改为概括性规定;根据罗隆基的提议,在总纲第5条,增加了对“人身自由”的规定。进入到起草的最后阶段,毛泽东分别在9月3日、5日、6日、11日,先后四次对草案进行修改,前后修改了200多处。[4] 会议还审议通过了《中国人民政治协商会议组织法(草案)》《中国人民政治协商会议共同纲领(草案)》《中

---

〔3〕 在1949年8月26日至27日召开的新政协筹备会常务委员会第四次会议上,周恩来建议将“新政治协商会议”改为“中国人民政治协商会议”,理由是“新政治协商会议”与1946年有国民党参加的“旧政治协商会议”没有内在的延续性,“新”与“旧”不能反映内在的本质差异;特别是中华人民共和国成立以后,仍然需要固定的统一战线组织。常务委员会同意了该建议。

〔4〕 许崇德:《中华人民共和国宪法史》,福建人民出版社2005年版,第31页。

华人民共和国中央人民政府组织法(草案)》,准备把这三个草案提交即将召开的中国人民政治协商会议第一届全体会议审议。

9 月 21 日,中国人民政治协商会议第一届全体会议在北平中南海怀仁堂隆重开幕。(见图 1 - 2)出席会议的有 662 名代表,分别来自 14 个党派、9 个区域单位、16 个人民团体、人民解放军以及特邀代表,会议设由 89 人组成的主席团。主席团推举毛泽东、刘少奇、周恩来、林伯渠、李济深、谭平山、张澜、黄炎培、沈钧儒、朱德、宋庆龄等 31 人组成主席团常务委员会,林伯渠为秘书长,齐燕铭等 9 人为副秘书长。22 日,根据主席团的提议,政协全体会议分设《中国人民政治协商会议组织法(草案)》整理委员会、《中国人民政治协商会议共同纲领(草案)》整理委员会、《中华人民共和国中央人民政府组织法(草案)》整理委员会等 9 个分组委员会,负责审议各项草案或专题工作。

图 1 - 2　会议现场

中国人民政治协商会议第一届全体会议现场

1949 年 9 月 27 日,政协第一届全体会议审议通过了《中国人民政治协商会议组织法》和《中华人民共和国中央人民政府组织法》,还通过了有关国都、纪元、国歌、国旗等四项议案。28 日,政协各分组会议和《中国人民政治协商会议共同纲领(草案)》整理委员会分别召开会议,对《中国人民政治协商会议共同纲领(草案)》进行了讨论。29 日,政治协商会议第一届全体会议通过了《中国人民政治协商会议共同纲领》(以下简称《共同纲领》)。《共同纲领》和《中央人民政府组织法》《中国人民政治协商会议组织法》并称为"三大宪章",是中华人民共和国建立的法律基础。从 1949 年 10 月到 1954 年宪法的颁布,以《共同纲领》为主体的"三大宪章"发挥着中华人民共和国根本法的作用。

图 1 - 3　《共同纲领》文本

发挥临时宪法作用的《中国人民政治协商会议共同纲领》

《共同纲领》(见图 1 - 3)由序言和正文两部分构成,全文 6000 余字。正文部分共计 60 条,分为 7 章:第一章总纲,有 11 个条文;第二章政权机构,有 8 个条文;第三章军事制度,有 6 个条文;第四章经济政策,有 15 个条文;第五章文化教育政策,有 9 个条文;第六章民族政策,有 4

个条文;第七章外交政策,有7个条文。其主要包括三方面的内容:

第一,关于中华人民共和国的性质和任务。《共同纲领》第1条规定:“中华人民共和国为新民主主义即人民民主主义的国家,实行工人阶级领导的、以工农联盟为基础的、团结各民主阶级和国内各民族的人民民主专政,反对帝国主义、封建主义和官僚资本主义,为中国的独立、民主、和平、统一和富强而奋斗。”

第二,关于人民的权利和义务。《共同纲领》第9条规定:“中华人民共和国境内各民族,均有平等的权利和义务。”第4条和第5条规定:“中华人民共和国人民依法有选举权和被选举权。”“中华人民共和国人民有思想、言论、集会、结社、通讯、人身、居住、迁徙、宗教信仰及示威游行的自由权。”第8条规定了国民的义务:“中华人民共和国国民均有保卫祖国、遵守法律、遵守劳动纪律、爱护公共财产、应征公役兵役和缴纳赋税的义务。”

第三,关于中华人民共和国的政权制度、军事制度及经济、文化教育、民族、外交政策等。对于政权制度,《共同纲领》第12条规定:“中华人民共和国的国家政权属于人民。人民行使国家政权的机关为各级人民代表大会和各级人民政府。各级人民代表大会由人民用普选方法产生之。各级人民代表大会选举各级人民政府,各级人民代表大会闭会期间,各级人民政府为行使各级政权的机关。国家最高政权机关为全国人民代表大会。全国人民代表大会闭会期间,中央人民政府为行使国家政权的最高机关。”政治协商制度是中国政治制度的一个重要内容,根据《共同纲领》第13条的规定,“中国人民政治协商会议为人民民主统一的组织形式”;“在普选的全国人民代表大会召开以前,由中国人民政治协商会议的全体会议执行全国人民代表大会的职权”;“在普选的全国人民代表大会召开以后,中国人民政治协商会议就有关国家建设事业的根本大计及其他重要措施,向全国人民代表大会或中央人民政府提出建议案”。对于军事制度,《共同纲领》第20条规定:“中华人民共和国建立统一的军队,即人民解放军和人民公安部队,受中央人民政府人民革命军事委员会统率,实行统一的指挥,统一的制度,统一的编制,统一的纪律。”国家将加强军队现代化建设,以巩固国防。对于经济政策,纲领作了15条规定,其中《共同纲领》第26条规定了经济建设的根本方针:“中华人民共和国经济建设的根本方针,是以公私兼顾、劳资两利、城乡互助、内外交流的政策,达到发展生产、繁荣经济的目的。……调剂国营经济、合作社经济、农民和手工业者的个体经济、私人资本主义经济和国家资本主义经济,使各种社会经济成分在国营经济领导之下,分工合作,各得其所,以促进整个社会经济的发展。”国营经济作为社会主义性质的经济力量,是社会经济中的主导,国家努力推进经济各方面的社会主义改造。

对于文化教育政策,《共同纲领》第41条规定:“中华人民共和国的文化教育为新民主主义的,即民族的、科学的、大众的文化教育。人民政府的文化教育工作,应以提高人民文化水平、培养国家建设人才、肃清封建的、买办的、法西斯主义的思想、发展为人民服务的思想为主要任务。”对于民族政策，根据《共同纲领》第50条至第53条的规定，“中华人民共和国境内各民族一律平等，实行团结互助”；“各少数民族聚居的地区，应实行民族的区域自治，按照民族聚居的人口多少和区域大少，分别建立各种民族自治机关”；“各少数民族均有发展其语言文学、保持或改革其风俗习惯及宗教信仰的自由”。为了实现共同繁荣富强，人民政府应帮助少数民族的人民大众发展其政治、经济、文化、教育的建设事业。对于外交政策，《共同纲领》第54条规定：“中华人民共和国外交政策的原则，为保障本国独立、自由和领土主权的完整，拥护国际的持久和平和各国人民间的友好合作，反对帝国主义的侵略政策和战争政策。”对旧有的条约和协定，中央人民政府应加以审查，按其内容，分别予以承认，或废除，或修改，或重订。

《共同纲领》是中国共产党建设新民主主义社会理论的具体体现，是中华人民共和国的第一部宪法性文件，在一定时期内发挥着临时宪法的作用，是中华人民共和国得以建立的法律基础和施政准则。

1949年10月1日，中央人民政府主席毛泽东率全体政府委员在北京就职，并主持召开中央人民政府委员会第一次会议。会议全体一致决议：宣告中华人民共和国中央人民政府成立，接受《共同纲领》为本政府的施政方针。会议选举林伯渠为中央人民政府委员会秘书长，任命周恩来为中央人民政府政务院总理兼外交部长，毛泽东为中央人民政府人民革命军事委员会主席，朱德为中国人民解放军总司令，沈钧儒为中央人民政府最高人民法院院长，罗荣桓为中央人民政府最高人民检察署检察长。下午3时，在北京天安门广场举行了有30万军民参加的开国大典，毛泽东升起了第一面五星红旗，庄严宣告“中华人民共和国中央人民政府已于本日成立”，并宣读了中央人民政府公告。

第二节　1954年宪法

一、召开全国人大和制定宪法的决定

根据《中国人民政治协商会议组织法》第6条关于“中国人民政治协商会议全体会议，每三年开会一次”的规定，在1952年就应该召开全国政治协商会议第二次全体会议。但是三年来中国取得了超乎预期的成就，军事行动大多已经结束，土地改革已经基本完成，各界人民已经组织起来了，举办全国选举工作的条件已经成熟。鉴于此，中共中央认为可以适应形势发展的需要，在一年之内召开全国人民代表大会和地方各级人民代表大会，选举产生各级政府，制定正式的宪法。

1952年10月，苏共中央准备召开第十九次全国代表大会，邀请中国共产党派

代表团参加,中共中央决定由刘少奇率代表团出席。10月2日,刘少奇和陈毅、李富春、刘长胜等抵达莫斯科。10月8日,刘少奇代表中共中央向苏共十九大致贺辞。此后,刘少奇受毛泽东的委托,给斯大林写了一封长信。信中通报了中共中央关于对农业、手工业和资本主义工商业实行社会主义改造,使中国逐步过渡到社会主义的一些设想,以及关于召开全国人民代表大会和制定宪法等问题。斯大林于10月24日和28日两次会见刘少奇及中共代表团其他成员,明确表示赞同中共关于向社会主义过渡的设想,还建议:为使中国更好地开展建设事业,中国应尽早召开全国人民代表大会和制定宪法。刘少奇及时将情况向毛泽东和中共中央作了详细汇报,中共中央和毛泽东接受了斯大林的建议。在1952年10月2日至1953年1月6日,刘少奇在苏联访问、休养期间,他还考察了苏联1936年宪法、国家机构的组织与职能等方面的情况,为中国制定正式宪法做准备。

1952年12月24日,李济深主持召开政协全国委员会常务委员会扩大会议,周恩来代表中共中央向会议提议:"由政协全国委员会向中央人民政府建议,在1953年召开全国人民代表大会,制定宪法。"政协全国委员会常务委员会扩大会议经过热烈讨论,一致同意中共中央的提议,并向中央人民政府委员会提出关于召开全国人民代表大会、制定正式宪法的建议。

1953年1月13日,中央人民政府委员会举行第二十次会议,周恩来首先就召开全国人民代表大会及地方各级人民代表大会问题作了报告,会议讨论了政协全国委员会常务委员会扩大会议所提的建议,在讨论结束时毛泽东发表了重要讲话。关于"全国政治协商会议还要不要再搞一届,然后召开全国人大"的问题,毛泽东的意见是:召开全国人大,"与其明年办,就不如今年办。如果过两年再开一次政治协商会议后召开全国人大也不好办,不如索性就开全国人民代表大会"。[5] 就各位委员所谈到的召开各级人民代表大会、进行选举的必要性而言,毛泽东说:"陈叔通委员讲,做了这个工作,可以使人民民主更加发扬。确实如此,北京郊区乡政府民主选举的结果,百分之五十的乡长被选掉了,因为这百分之五十的人做了坏事,人民不高兴他们。为了发扬民主,对政权组织,特别是县、乡两级,来一次全国普选,很有必要。……所以为了发扬民主,为了加强经济建设,为了加强反对帝国主义的斗争,就要办选举,搞宪法。"[6]讨论通过《关于召开全国人民代表大会及地方各级人民代表大会的决议》之后,会议还决定成立中华人民共和国宪法起草委员会。毛泽东在会上拿出了事先准备好的宪法起草委员会成员名单,他解释了起草委员会组成的原则:除共产党之外,按照大的民主党派如民革、民盟、民建等各2位委员,其余民主

---

〔5〕《毛泽东文集》(第6卷),人民出版社1999年版,第258页。
〔6〕《毛泽东文集》(第6卷),人民出版社1999年版,第258~259页。

党派和人民团体各1位委员，秘书长由中共中央统战部长李维汉担任，田家英[7]协助秘书长工作。会议对毛泽东提出的组成名单报以热烈的掌声，掌声和欢呼声持续达数分钟之久。宪法起草委员会由33人组成，委员会主席由毛泽东担任，委员有：朱德、宋庆龄、李济深、李维汉、何香凝、沈钧儒、沈雁冰、周恩来、林伯渠、林枫、胡乔木、高岗、乌兰夫、马寅初、马叙伦、陈云、陈叔通、陈嘉庚、陈伯达、张澜、郭沫若、习仲勋、黄炎培、彭德怀、程潜、董必武、刘少奇、邓小平、邓子恢、赛福鼎、薄一波、饶漱石。

按照当时的估计，在1953年年内就可以召开全国人民代表大会，通过宪法。但是召开全国人民代表大会，必须先完成基层选举，逐级召开地方各级人民代表大会，在此基础上才能产生全国人民代表大会的代表，组成全国人民代表大会。宪法的起草也需要做大量的准备工作，草案需要经过反复讨论、征求意见、多次修订，才能提交全国人民代表大会表决通过。正是因为有大量准备工作要做，有很多程序要逐一完成，原计划在年内召开全国人民代表大会是不现实的。本着实事求是的原则，中央人民政府委员会于1953年9月18日召开的第二十八次会议上，听取政务院副总理邓小平所作的客观情况说明之后，通过了《关于推迟召开全国人民代表大会及地方各级人民代表大会的决议》。直到各项准备工作都完成以后，在一年以后才召开全国人民代表大会，通过宪法。

二、宪法草案初稿的形成

1953年11月至12月，毛泽东指定陈伯达执笔起草一个宪法草案，作为讨论的底本。1954年1月，中共中央成立了党内宪法起草小组，由毛泽东亲自领导，成员包括陈伯达、胡乔木、田家英等。1月7日宪法起草小组在杭州西湖集中开始工作，9日拟定了整个宪法起草工作计划和时间表：第一步，由宪法起草小组拟定出一个较为完善的宪法草案初稿，将初稿送中央主要领导征求意见，1月完成；第二步，对初稿复议一次，指定邓小平、李维汉参加，完善之后交政治局委员和在京中央委员讨论通过，2月完成；第三步，初稿提交宪法起草委员会讨论，在3月讨论初步通过；第四步，宪法起草小组对初稿进行修订，再提交中央政治局讨论，之后再交宪法起草委员会讨论通过，4月完成；第五步，由宪法起草委员会将宪法草案公布，交全国人民讨论4个月，在9月根据人民所提意见加以修订，之后提交全国人民代表大会讨论通过。此后，宪法的起草、修订工作基本按照这一计划展开，有些环节虽有延误，但大体按照时间表完成了宪法制定工作。

在宪法起草小组工作过程中，1月15日毛泽东给在北京的中央政治局委员和中央委员发电报，要求从即日起，抽出时间重点阅读和研究以下宪法文献：(1)1936

〔7〕 当时担任毛泽东的秘书。

年苏联宪法和斯大林报告；（2）1918年苏俄宪法；（3）罗马尼亚、波兰、民主德国、捷克斯洛伐克等国宪法；（4）1946年法国宪法；（5）1913年天坛宪草、1923年曹锟宪法、1946年蒋介石宪法。[8] 以便为接下来讨论宪法问题做准备。宪法起草小组经过一个多月的努力工作，拟定了一个宪法草案初稿（比原计划延迟了半个月的时间）。2月17日草案初稿完成之后，在毛泽东的主持下，起草小组通读通改。2月24日完成“二读稿”。2月26日完成“三读稿”。3月初，毛泽东修改审定了《宪法草案初稿说明》，并第一次署上了“中华人民共和国宪法草案初稿起草小组”的落款。该文讲了五个问题，其中，在第二个问题里，毛泽东对设立国家主席解释说：“为保证国家安全起见，设了个主席。我们中国是一个大国，叠床架屋地设个主席，目的是使国家更加安全。有议长（当时曾考虑设议长），有总理，又有个主席，就更安全些，不至于三个地方同时都出毛病。如果全国人民代表大会出了毛病，那毫无办法，只好等四年再说（当时宪法规定，全国人民代表大会代表每届任期四年）。设国家主席，在国务院与全国人民代表大会常务委员会之间有个缓冲作用。”同时，他还提出了设立国家副主席的问题。毛泽东在宪法草案的最初稿上批示：“设副主席一人，主席因故不能执行职务时由副主席代理之。”后来，毛泽东又在草案读稿上批示：“副主席受委托得代行主席部分职权，此点必须加入。”他还说：“资本主义国家的总统可以解散国会，我们的主席不能解散全国代表大会，相反地，全国代表大会倒可以罢免主席。国家主席是由全国人民代表大会选出来的，并服从于它。”在毛泽东的再三坚持下，将“全国人民代表大会有权罢免国家主席”写入了宪法。

2月28日和3月1日，刘少奇在北京主持召开中央政治局扩大会议，讨论并基本通过了宪法草案初稿的“三读稿”。会议还决定由董必武、彭真、张际春三人，负责根据政治局扩大会议讨论的意见，对“三读稿”进行修改。在京讨论意见及时汇总，交给宪法起草小组加以借鉴。3月9日，杭州宪法起草小组提交了“四读稿”，为中共中央政治局会议进一步讨论修改宪法草案，提供了一个比较成熟的稿本。宪法起草小组从1月9日正式开始工作，到3月9日完成党内宪法草案，工作了两个月的时间，为宪法起草委员会开展工作奠定了基础。3月12日、13日和15日，刘少奇再次主持召开中央政治局扩大会议，讨论了“四读稿”，并同意扩大范围讨论修改后，提交宪法起草委员会。会议还决定：（1）以陈伯达、胡乔木、董必武、彭真、邓小平、李维汉、张际春、田家英8人组成宪法小组，负责初稿的最后修改；（2）组成宪法起草委员会办公室，李维汉任秘书长。至此，宪法草案初稿的起草工作告一段落。在3月中旬，周恩来、董必武还邀请党外的宪法起草委员会委员就宪法草案初稿进行讨论，经过反复讨论、多次修订，最后形成了提交给宪法起草委员会的《中华人民

[8] 《毛泽东文集》（第6卷），人民出版社1999年版，第320、321页。

共和国宪法草案(初稿)》。

三、宪法草案的讨论与完善

1954 年 3 月 17 日,毛泽东和宪法起草小组一行从杭州回到北京,立即着手召集宪法起草委员会会议,讨论宪法草案。3 月 23 日下午,中华人民共和国宪法起草委员会第一次全体会议在中南海勤政殿举行,会议由委员会主席毛泽东主持,出席会议的委员有宋庆龄、李济深、李维汉、何香凝、沈钧儒、沈雁冰、周恩来、胡乔木、乌兰夫、马寅初、马叙伦、陈云、陈叔通、陈伯达、张澜、郭沫若、习仲勋、黄炎培、彭德怀、程潜、董必武、刘少奇、邓小平、邓子辉、薄一波等 25 人。毛泽东代表党中央向会议提出了《中华人民共和国宪法草案(初稿)》,陈伯达作了《关于〈中华人民共和国宪法草案(初稿)〉起草工作的说明》,毛泽东对起草过程又作了简要说明:"宪法起草小组自 1 月 7 日开始工作,3 月 9 日工作结束,起草小组进行了一度工作后,由董老(董必武)、彭真、张际春等同志组成了研究小组,还请了周鲠生先生和钱端升先生为法律顾问,叶圣陶先生和吕叔湘先生为语文顾问,又搞了个把月,同时送中共中央也讨论了 3 次,每次都有很多修改。"[9]之后在 2 个月的时间里由起草委员会对草案初稿进行讨论和修改,妥善之后再提请中央人民政府委员会作为正式草案批准公布。

5 月 27 日、28 日、29 日、31 日,6 月 8 日,宪法起草委员会相继召开第二、三、四、五、六次会议,会议均由刘少奇主持,对宪法草案逐章逐条、逐字逐句地进行反复讨论与修订。6 月 11 日,宪法起草委员会召开第七次会议,毛泽东出席并主持会议。齐燕铭宣读《中华人民共和国宪法草案》全文 106 条,之后围绕"民族自治地方""统率武装力量""加强中央的力量"等问题展开了进一步的讨论。在齐燕铭宣读了《中华人民共和国宪法起草委员会关于宪法起草工作经过的报告》之后,会议主持人毛泽东宣布就宪法草案和起草报告进行举手表决,宪法起草委员会全体一致通过。

宪法起草委员会从 3 月 23 日到 6 月 11 日,历时 81 天,先后召开 7 次全体会议,这期间政协全国委员会以及各大行政区、各省市领导机关、武装部队领导机关,各民主党派、各人民团体的各级机关,组织了 8000 多人参加对宪法草案(初稿)的讨论,形成 5900 多条意见和建议,对《中华人民共和国宪法草案》的形成发挥了重大作用。宪法起草委员会按照民主党派、无党派人数、人民团体、华侨、少数民族、国家机关,以及教育、科学、文化、卫生等界别,设立 17 个座谈小组,每一小组设 2 ~ 4 名召集人。每个小组分别召集所属界别的座谈会,逐条就宪法草案初稿展开讨论;各小组再在召集人李维汉的协调下,举行联席会议,梳理各组的座谈成果;各小组联

---

〔9〕《共和国第一部宪法诞生记》,载《半月谈》1999 年第 9 期。

席会议将讨论的意见、建议加以汇总和整理分析,形成系统的意见汇编提交给宪法起草委员会,作为修订草案初稿的参考。

6月14日,中央人民政府委员会召开第三十次会议,听取《中华人民共和国宪法起草委员会关于宪法起草工作经过的报告》,毛泽东在会上作了关于《中华人民共和国宪法草案》的重要讲话[10],他讲到为什么大家都认为这个宪法草案是好的呢?在起草过程上,"起草宪法采取了领导机关的意见和广大群众的意见相结合的方法"。在内容上,"主要有两条:一是总结了经验,一条是结合了原则性和灵活性"。他还说:"一个团体要有一个章程,一个国家也要有一个章程,宪法就是一个总章程,是根本大法。用宪法这样一个根本大法的形式,把人民民主和社会主义原则固定下来,使全国人民有一条清楚的轨道,使全国人民感到有一条清楚明确的和正确的道路可以走,就可以提高全国人民的积极性。"

经过与会委员的热烈讨论,最后中央人民政府委员会第三十次会议作出如下决议:中央人民政府委员会一致通过宪法起草委员会起草的《中华人民共和国宪法草案》,并向全国公布,发动人民群众积极提出自己对草案的意见;宪法起草委员会收集各界群众的意见,加以研究,向第一届全国人民代表大会第一次会议召开前完成宪法草案的修改工作。

宪法草案一经公布,全国各地展开了广泛宣传学习和讨论活动。从6月15日到9月初,将近3个月的时间里,全国参加讨论的共有1.5亿多人次,提出的修改和补充意见多达52万条。全国各地的意见由各省、自治区、直辖市随时汇总,及时把材料送到宪法起草委员会办公室,再由宪法起草委员会办公室归纳分类,最后刊印成《全民讨论意见汇编》。9月8日、12日,宪法起草委员会召开第八次、第九次会议,结合各方面的意见,对宪法草案又进行了修订。

9月10日以后,各地陆续到北京参加全国人民代表大会的代表,对宪法草案又提出了一些意见。在人大代表所提出的意见中,有两条是必须接受加以修改的。9月14日,在宪法草案提交给全国人民代表大会的前一天,中央人民政府委员会召开了一次临时会议,临时会议由毛泽东主持,对宪法草案又作了两处修改。第一处修改是宪法序言第三段,在"第一届全国人民代表大会"下面加"第一次会议"5个字,下面有具体时间,写成"1954年9月某日"。同一段落内,"我国的第一部宪法"改为"中华人民共和国宪法"。对于宪法序言第三段的改动属于文字表述性的修改,但是必须修改。第二处修改是针对宪法草案第3条第3款,"各民族……都有保持或者改革自己的风俗习惯和宗教信仰的自由"中的"和宗教信仰"5个字。来自西藏的代表提出"改革信仰"的写法不好,最后修改为:删去"和宗教信仰"5个字,整个

〔10〕《毛泽东文集》(第6卷),人民出版社1999年版,第325~330页。

句子改为"都有保持或者改革自己的风俗习惯的自由"。

9 月 15 日下午,第一届全国人民代表大会第一次会议在北京中南海怀仁堂隆重开幕,报到代表 1211 人,当天实际参会代表 1141 人。毛泽东主持开幕式,并致开幕词。刘少奇代表宪法起草委员会向大会作了《关于中华人民共和国宪法草案的报告》,该报告共分为四个部分:第一部分"中华人民共和国宪法草案是历史经验的总结",第二部分"关于宪法草案基本内容的若干说明",第三部分"关于全民讨论中提出的对宪法草案的意见",第四部分"结论:宪法草案是代表全国各族人民利益的"。

9 月 16 日、17 日、18 日,连续 3 天讨论宪法草案及其报告。16 日,有李济深、张澜、达赖喇嘛·丹增嘉措、张治中等 30 位代表发言;17 日有赛福鼎、许广平、舒舍予、胡耀邦等 28 位代表发言;18 日,有吴玉章、叶剑英、刘文辉等 31 位代表发言。

20 日下午,第一届全国人大第一次会议以无记名投票的方式通过《中华人民共和国宪法》。当天出席会议的代表有 1197 人,发出选票 1197 张,同意票 1197 张。当执行主席宣布投票结果的时候,与会代表全体起立,整个会场一片欢腾,热烈的掌声和"中华人民共和国万岁""毛主席万岁""中国共产党万岁"的欢呼声持续了 5 分钟。

四、1954 年宪法的主要内容

1954 年宪法(见图 1 - 4)由序言和正文 106 条组成,序言分为 6 个自然段,有 900 多字(含标点符号在内)。正文分为第一章总纲,20 个条文;第二章国家机构,分为 6 节,64 个条文;第三章公民的基本权利和义务,19 个条文;第四章国旗、国徽、首都,3 个条文。宪法主要包括以下四个方面的内容:

第一,明确规定了国家的性质和政治制度。《宪法》第 1 条表明了国家的性质,该条规定:"中华人民共和国是工人阶级领导的、以工农联盟为基础的人民民主国家。"《宪法》第 2 条规定了国家的基本政治制度是人民代表大会制,该条第 1 款规定:"中华人民共和国的一切权力属于人民。人民行使权力的机关是全国人民代表大会和地方各级人民代表大会。"

图 1 - 4　《宪法》

中华人民共和国第一部宪法

第二,明确了国家在过渡时期的总任务。宪法在序言的第二自然段中明确阐述了过渡时期和这一时期的总任务:"从中华人民共和国成立到社会主义社会建成,这是一个过渡时期。国家在过渡时期的总任务是逐步实现国家的社会主义工业化,逐步完成对农业、手工业和资本主义工商业的社会主义改造。"《宪法》第4条概括了实现"总目标"所依靠的力量和实现途径:"中华人民共和国依靠国家机关和社会力量,通过社会主义工业化和社会主义改造,保证逐步消灭剥削制度,建立社会主义社会。"

第三,规定了公民的广泛权利和相应的义务。根据《宪法》第85条至第99条的规定,"中华人民共和国公民在法律上一律平等";除了患精神病的人和依照法律被剥夺选举权和被选举权的人,"中华人民共和国年满十八岁的公民,不分民族、种族、性别、职业、社会出身、宗教信仰、教育程度、财产状况、居住期限,都有选举权和被选举权";"中华人民共和国公民有言论、出版、集会、结社、游行、示威的自由";"中华人民共和国公民有宗教信仰的自由";公民的住宅不受侵犯,通信秘密受法律的保护,有居住和迁徙的自由等。《宪法》第100条至第103条规定了公民应尽的义务:"中华人民共和国公民必须遵守宪法和法律,遵守劳动纪律,遵守公共秩序,尊重社会公德";有爱护和保卫公共财产、保卫祖国、依照法律纳税和服兵役的义务。

第四,规定了在统一前提下的民族区域自治制度。宪法序言第五自然段中阐述了自由平等、友爱互助的民族关系,"我国各民族已经团结成为一个自由平等的民族大家庭"。《宪法》第3条分为4款规定:"中华人民共和国是统一的多民族的国家";"各民族一律平等。禁止对任何民族的歧视和压迫,禁止破坏各民族团结的行为";"各民族都有使用和发展自己的语言文字的自由,都有保持或者改革自己的风俗习惯的自由";"各少数民族聚居的地方实行区域自治。各民族自治地方都是中华人民共和国不可分离的部分"。第70条第1款规定:"自治区、自治州、自治县的自治机关依照宪法和法律规定的权限行使自治权。"各级民族自治机关可以依照当地民族的政治、经济和文化的特点,制定自治条例和单行条例,报请全国人民代表大会常务委员会批准。

1954年宪法是中国第一部社会主义类型宪法,体现了人民民主和社会主义两大原则。第一届全国人大第一次会议还制定颁布了《中华人民共和国全国人民代表大会和地方各级人民委员会组织法》《中华人民共和国国务院组织法》《中华人民共和国地方各级人民代表大会组织法》《中华人民共和国人民法院组织法》《中华人民共和国人民检察院组织法》等法律;选举或决定了全国人民代表大会常务委员会、国家主席和副主席、国务院总理和副总理、最高人民法院院长、最高人民检察院检察长的人选。

在宪法颁布后的一段时间里,宪法得到了较好实施,人民代表大会制度运行良好。第一届全国人大常委会共举行了110次会议,第二届全国人大常委会共举行了137次会议,在立法和国家建设方面都发挥了重要作用。第三届全国人大常委会在

1965 年 1 月 19 日至 1966 年 7 月 7 日，共举行了 33 次会议，此后由于因“文化大革命”的影响，未能正常履行宪法职能。直至 1975 年 1 月 20 日，第四届全国人大常委会第一次会议的召开，期间有 9 年多的时间停止行使职权。

第三节　1975 年宪法和 1978 年宪法

一、1975 年宪法

1970 年 3 月 8 日，毛泽东提出召开第四届全国人大和修改宪法的意见。随后中央政治局遵照毛泽东修改宪法的意见，成立了由康生、张春桥、吴法宪、李作鹏、纪登奎组成的宪法工作小组。7 月 17 日，中共中央成立了 57 人组成的修改宪法起草委员会，由毛泽东担任主任，林彪担任副主任。

中共九届二中全会通过了《中华人民共和国宪法修改草案》。原计划第四届全国人大在 1970 年 9 月 15 日召开，由于 1970 年 8 月底中共九届二中全会上发动的揭发批判陈伯达的“批陈整风”运动，在 1971 年 9 月 13 日发生的“九·一三”事件和随之而来的“批林批孔”运动，第四届全国人大未能如期召开，《宪法修改草案》也被搁置。直到 1973 年 9 月中共十大之后，中共中央发布了《关于准备召开四届人大的通知》，决定由张春桥负责，对九届二中全会通过的宪法草案加以修订，并起草修改宪法的报告。从 1973 年 9 月到 1974 年年底，先后有多个宪法修改草案和修改宪法的报告，报送中央审阅。1975 年 1 月 8 日至 10 日，中共十届二中全会召开。会议在周恩来的主持下，讨论通过了《中华人民共和国宪法修改草案》《关于修改宪法的报告》《政府工作报告》，准备提交给即将召开的四届全国人大。

1975 年 1 月 13 日，第四届全国人大第一次会议在北京开幕，本次人民代表大会的 2885 名代表由“民主协商”产生，出席会议的有 2864 名。张春桥受中共中央的委托，向大会作了《关于修改宪法的报告》，与会代表全体一致通过了修改后的《中华人民共和国宪法》。

1975 年宪法大体延续了 1954 年宪法的结构，但条文数量大幅度减少。1975 年宪法由序言和正文组成，序言分为 8 个自然段，有 800 个字（含标点符号在内），与 1954 年宪法序言相比文字数量变化不大，在内容上增加了“取得了无产阶级文化大革命的伟大胜利”，将中共十大形成的“党的基本路线”“基本政策”写入宪法，深受“左”倾错误思想的影响，使“无产阶级专政下继续革命的理论和实践”成为宪法序言的重要内容。

正文分为四章，共计 30 条。第一章总纲，15 个条文，占整部宪法条文数量的一半，并将“大鸣、大放、大辩论、大字报”作为“人民群众创造的社会主义革命的新形式”写入总纲部分；第二章国家机构，分文 5 节，只有 10 个条文；第三章公民的基本权利和义务,仅有4个条文;第四章国旗、国徽、首都,以1个条文加以概括规定。正文部分条文过于简约,且总纲占了一半的条文数量,结构明显失衡。1975年宪法诞生之际,全国正处在“文化大革命”时期,该宪法未能恢复正常社会秩序,在“文化大革命”结束之后,很快被再次修订。

二、1978年宪法

1977年8月12日至18日,中共十一大在北京召开。出席会议的代表有1502人,代表全国3500多万名中共党员,中共中央主席华国锋主持会议并代表中央委员会向大会作了政治报告,中央副主席叶剑英作了关于修改党章的报告。会议虽然宣告了“文化大革命”的结束,但未能完全清除“文化大革命”的“左”倾错误;大会修订通过的党章虽然增加了建设社会主义现代化强国、加强民主集中制等方面的内容,但仍然保留了“无产阶级专政下继续革命”的旧有的错误理论。中共十一大未能实现思想的拨乱反正,这影响到宪法修订工作。

中共十一大以后,由新选举产生的中共中央政治局直接负责宪法的修订工作。1977年10月15日和11月2日,中共中央先后向全国发布了“关于向党内外群众征求对修改宪法意见”的通知及其补充通知,通知明确要求:征求意见的对象要广泛,包括工人、农民、解放军战士、知识分子、各级党政军干部,以及民主党派、爱国人士、少数民族、归国华侨等,特别是党外人士要占一定比例;对于宪法的修改意见,要在11月20日以前报送中央;11月下旬,中共中央将召开具有广泛代表性的宪法座谈会,进一步征求宪法修订意见。在广泛征求意见和座谈研讨的基础上,形成了《中华人民共和国宪法修改草案》《关于修改宪法的报告》。1978年2月18日至23日,中共十一届二中全会在北京召开。全会讨论通过了准备提交给第五届全国人大的《政府工作报告》《1976—1985年发展国民经济十年规划纲要(草案)》《中华人民共和国宪法修改草案》《关于修改宪法的报告》四个文件。

第五届全国人大第一次会议于1978年2月26日至3月5日在北京召开。出席会议的代表共3497人,会议的主题是动员全国各族人民团结起来,为建设社会主义的现代化强国而奋斗。叶剑英受中共中央的委托,向大会作了《关于修改宪法的报告》,报告分为“关于新时期的总任务”“关于宪法条文的修改”“关于宪法的实施”三部分。

1978年宪法与1954年宪法、1975年宪法结构基本相同,分为序言和正文两部分。序言由8个自然段组成,共1100余字;正文共计60条,分为四章,第一章总纲,有19个条文;第二章分为5节,有24个条文;第三章公民的基本权利和义务,有16个条文;第四章国旗、国徽、国歌、首都,有1个条文。1978年宪法比1975年宪法,条文增加一倍,但与1954宪法相比,仍较为简陋,并且延续了“文化大革命”时期的一些错误的理论和原则，在“国家机构”一章中仍然保留了地方各级总揽大权的“革命委员会”体制。随着中国共产党拨乱反正工作的持续开展，“文化大革命”的错误得到全面纠正，1978 年宪法因其内容问题逐渐显得不符合时代的需要，不久即开始进行全面修正。

第四节　1982 年宪法

一、1982 年宪法的制定

1978 年 12 月 18 日至 22 日，中共十一届三中全会在北京召开。会议由时任中共中央主席华国锋主持。全会的中心议题是根据邓小平的指示讨论把全党的工作重点转移到经济建设上来。这次会议实现了中国共产党历史上伟大的转折，纠正了“文化大革命”中的“左”倾错误，重新确立了正确的思想路线、政治路线和组织路线，确定了改革开放的重大战略方针。关于社会主义法制建设，在《中国共产党第十一届中央委员会第三次全体会议公报》中特别指出：“从现在起，应当把立法工作摆到全国人民代表大会及其常务委员会的重要议程上来。检察机关和司法机关要保持应有的独立性；要忠实于法律和制度，忠实于人民利益，忠实于事实真相；要保证人民在自己的法律面前人人平等，不允许任何人有超于法律之上的特权。”“根据党的历史的经验教训，全会决定健全党的民主集中制，健全党规党法，严肃党纪。”

1979 年 2 月，第五届全国人大常委会第六次会议决定设立以彭真为主任的法制委员会，由 80 人组成，协助全国人大常委会加强法制工作，承担起加快立法的繁重任务。7 月 1 日，第五届全国人大第二次会议通过了《中华人民共和国刑法》《中华人民共和国刑事诉讼法》《中华人民共和国地方各级人民代表大会和地方各级人民政府组织法》《中华人民共和国全国人民代表大会和地方各级人民代表大会选举法》《中华人民共和国人民法院组织法》《中华人民共和国人民检察院组织法》《中华人民共和国中外合资经营企业法》七部法律。同时，还通过了《关于修正〈中华人民共和国宪法〉若干规定的决议》，决议的主要内容包括：一是县级以上地方各级人大设常委会；二是将地方各级革命委员会改为地方各级人民政府；三是人大代表直接选举由乡级扩大到县级。该决议成为制定 1982 年宪法的前奏。

1980 年 8 月 18 日，中共中央政治局召开扩大会议，邓小平在会上作了《党和国家领导制度的改革》的重要讲话。针对党和国家领导制度、干部制度所出现的官僚主义、权力过分集中、家长制、终身制和形形色色的特权现象，他在讲话中指出：过去发生的各种错误，固然与某些领导人的思想作风有关，但是组织制度、工作制度方面的问题更重要。制度问题更带有根本性、全局性、稳定性和长期性，必须引起全党的高度重视。为加强制度建设，邓小平提出：“中央将向五届人大三次会议提出修改宪法的建议。要使我们的宪法更加完备、周密、准确,能够切实保障人民真正享有管理国家各级组织和各项企业事业的权力,享有充分的公民权利,要使各民族真正实行民族区域自治,要改善各级人民代表大会制度,等等。关于不允许权力过分集中的原则,也将在宪法上表现出来。"[11]

1980 年 8 月 30 日,中共中央向第五届全国人大第三次会议主席团提出《关于修改宪法和成立宪法修改委员会的建议》,该建议称:由于受当时历史条件的限制和两年来所发生的巨大变化,1978 年宪法许多内容已经很不适应当前政治经济生活和人民对于建设现代化国家的需要,为了完善无产阶级专政的国家制度,发展社会主义民主,健全社会主义法制,切实保障人民的权利,发挥社会主义制度的优越性,需要对宪法做比较系统的修改。中共中央提出了修改宪法的具体建议:全国人民代表大会成立宪法修改委员会主持宪法修改工作,并于 1981 年上半年公布宪法修改草案,交付全民讨论,经第五届全国人大第四次会议讨论通过,下一届全国人大将按照修改后的宪法产生和开展工作。建议附有中华人民共和国宪法修改委员会名单草案,一并提交全国人大审议。9 月 6 日下午,第五届全国人大第三次会议主席团召开第三次会议,会议由主席团常务主席谭震林主持,讨论通过了中共中央提出的《关于修改宪法和成立宪法修改委员会的建议》,决定将该建议和宪法修改委员会名单草案,提请大会审议。9 日下午,主席团召开第四次会议,主席团常务主席韦国清主持了会议,讨论通过了第五届全国人大第三次会议关于修改宪法和成立宪法修改委员会的决议案草案。10 日,第五届全国人大第三次会议审议通过了《关于修改宪法和成立宪法修改委员会的决议》,该决议同意中共中央关于修改宪法的建议,通过了由叶剑英担任主任委员,宋庆龄、彭真担任副主任委员,包括 103 名委员在内的宪法修改委员会名单;并决定:由宪法修改委员会主持修改 1978 年宪法,提出宪法修改草案,由全国人大常委会公布,交付全国人民讨论,再由宪法修改委员会根据讨论意见加以修改后,提交本届全国人大第四次会议审议。决议通过后,宪法修改委员会即开始着手修宪工作,但由于工作量浩繁、各个讨论环节的细致入微,宪法修改进程比原计划迟延了一年,未能如期将宪法修改草案提交给第五届全国人大四次会议审议,而是在 1982 年 12 月初,由第五届全国人大第五次会议审议通过。

(一)宪法修改草案的起草

1980 年 9 月 15 日,叶剑英主持召开宪法修改委员会第一次全体会议,并就修改 1978 年宪法的原则发表讲话。叶剑英强调,这次修改宪法领导和群众相结合的

---

[11] 邓小平:《党和国家领导制度的改革》,载《邓小平文选》(第 2 卷),人民出版社 1994 年版,第 338 页。

正确方法,采取多种形式发动人民群众积极参加这项工作;这次修订宪法要认真总结新中国建立以来制定和修改宪法的历史经验,一定要从中国的实际情况出发,以我们的经验为基础,同时也要参考当代外国宪法,尤其是一些社会主义国家的宪法,吸收其中好的先进的东西。为了高质量、高效率地完成修宪任务,会议决定成立宪法修改委员会秘书处,由胡乔木担任秘书长,吴冷西、胡绳、甘祠森、张友渔、叶笃义、邢亦民、王汉斌为副秘书长。修改宪法的具体工作在 1981 年 7 月之前是胡乔木主持,之后由彭真直接主持。

1981 年 6 月 27 日至 29 日,中共十一届六中全会在北京举行,全会通过了《关于建国以来党的若干历史问题的决议》,标志着党完成了指导思想上的拨乱反正。决议总结了中华人民共和国成立以来正反两方面的经验、特别是"文化大革命"的教训,特别指出,在剥削阶级作为阶级消灭以后,阶级斗争已经不是主要矛盾。由于国内的因素和国际的影响,阶级斗争还将在一定范围内长期存在,在某种条件下还有可能激化。既要反对把阶级斗争扩大化的观点,又要反对认为阶级斗争已经熄灭的观点。明确了党和国家工作的重点:在社会主义改造基本完成以后,中国所要解决的主要矛盾,是人民日益增长的物质文化需要同落后的社会生产之间的矛盾,党和国家工作的重点必须转移到以经济建设为中心的社会主义现代化建设上来。在进行社会主义现代化建设的过程中,四项基本原则是全党团结和全国各族人民团结的共同的政治基础,就是要在坚持社会主义道路,坚持人民民主专政即无产阶级专政,坚持共产党的领导,坚持马克思列宁主义、毛泽东思想这四项基本原则的基础上,把全党、全军和全国各族人民的意志和力量进一步集中到建设社会主义现代化强国这个伟大目标上来。决议还特别指出:逐步建设高度民主的社会主义政治制度,是社会主义革命的根本任务之一;必须根据民主集中制的原则加强各级国家机关的建设,使各级人民代表大会及其常设机构成为有权威的人民权力机关,在基层政权和基层社会生活中逐步实现人民的直接民主,特别要着重努力发展各城乡企业中劳动群众对于企业事务的民主管理。决议所提出党和国家的重点工作、四项基本原则、建设高度民主的社会主义政治制度等这些内容,成为修订宪法的基本遵循。

从 1980 年 9 月 17 日,宪法修改委员会秘书处召开第一次会议,到 1981 年 4 月,大约用了 8 个月的时间,秘书处先后开会十余次,完成了宪法修改草案讨论稿(五稿)。在这 8 个月的时间里,宪法修改委员会秘书处主要是做了四件事。一是认真学习、研究中共十一届三中全会、六中全会决议,领会、掌握党对历史经验的总结和党在历史新时期的路线方针政策。二是广泛征求意见,首先是把 1954 年宪法和 1978 年宪法发给各部门、各地方、各方面,请他们对这两部宪法哪些留、哪些删、哪些改、哪些加,提出意见;与此同时,前后邀请各方面的人士,包括中央国家机关和民主党派、人民团体的负责人,还有专家,先后召开了 13 次座谈会,听取意见。三是收集、研究 35 个国家的宪法,还有国民党的中华民国宪法,用以参考、借鉴。在征求意见过程中,大家提出了许多好意见;同时,在一些重大问题上也有不同主张,一时又定不下来。因此,秘书处最初起草的稿子对宪法总体结构和有些章节、条文写了两个甚至几个方案,便于比较、研究。四是在政治学习、广泛征求意见、比较研究的基础上,宪法修改委员会秘书处通过专题研究、集体研讨的方式,完成了一个宪法修改草案讨论稿(第一稿)。该讨论稿分为 3 章,共 155 条:第一章总纲,分为五节(政治制度,经济制度,文化、科学和教育,政党、政协和人民团体,国防和外交),33 个条文;第二章公民基本权利和义务,21 个条文;第三章国家机构,分为八节(全国人民代表大会、全国人民代表大会常务委员会、中华人民共和国主席、国务院、地方各级人民代表大会和地方各级人民政府、民族自治地方的自治机关、人民法院、人民检察院),有 101 个条文。此后,秘书处又在 2 月 28 日完成了草案讨论稿第二稿,4 月 1 日完成了草案讨论稿第三稿,4 月 20 日完成了草案讨论稿第四稿,5 月 1 日完成了草案讨论稿第五稿。虽然完成了五稿,但秘书处对宪法草案中的一些重大问题都还不够满意,如宪法序言的内容应该如何安排、如何表述?人民代表大会是实行一院制,还是两院制?在民族问题上实行民族区域自治制度,是民族自治,还是区域自治?设不设国家主席?农村人民公社是坚持政社合一还是政社分开?秘书处总结形成了《关于修改宪法的一些主要问题的报告(草案)》,一些主要问题还在持续研究之中。

鉴于国家正在进行体制改革,有些重大问题正在实践研究解决过程中,宪法修改草案难于形成妥善的定稿。1981 年 12 月,宪法修改委员会副主任委员彭真向第五届全国人大第四次会议提交了《关于建议推迟修改宪法完成期限的说明》,该说明指出:由于宪法修改工作关系重大,牵涉到各方面一系列复杂的问题,目前国家仍处在改革中,为慎重地进行宪法修改工作,需要把完成期限适当推迟。宪法修改委员会在说明中建议:仍按原决定的步骤,由全国人大常委会公布宪法修改草案,交付全国各族人民讨论,再由宪法修改委员会根据讨论意见修改后,提交 1982 年召开的第五届全国人大第五次会议审议(比原计划要推迟一年)。第五届全国人大第四次会议于 12 月 13 日通过了《关于推迟审议宪法修改草案的决议》,将宪法修改草案的审议工作推迟到第五届全国人大第五次会议进行。

1982 年 2 月 27 日至 3 月 16 日,宪法修改委员会第二次全体会议在人民大会堂召开。除了秘书处提供给各位委员的《中华人民共和国宪法修改草案(讨论稿)的说明》以外,胡乔木还对草案作了重要解释:草案加强了人民民主,也就加强了以人民民主为基础的人民民主专政和民主集中制;草案扩大了人大常委会的权利,也扩充了国务院的职权;恢复设置国家主席;关于地方制度和民族自治制度,也作了一些新的规定。彭真主持会议，对秘书处起草的《中华人民共和国宪法修改草案（讨论稿）》进行逐章逐节逐条的讨论和完善。4 月 12 日至 20 日，彭真主持召开宪法修改委员会第三次全体会议，由工作人员逐条宣读草案，逐字逐句地进行讨论。本次会议形成了一个比较成熟的《中华人民共和国宪法修改草案》，以及《关于中华人民共和国宪法修改草案的说明》。

（二）宪法修改草案的公布与讨论

1982 年 4 月 22 日，第五届全国人大常委会第二十三次会议在北京人民大会堂召开。彭真代表宪法修改委员会向全国人大常委会提出《中华人民共和国宪法修改草案》，并作了《关于中华人民共和国宪法修改草案的说明》。在听取了彭真所作的说明之后，人大常委会进行了为期两天的分组讨论，讨论中提出的意见转交宪法修改委员会，在全民讨论之后修改时一并研究采纳。4 月 26 日，第五届全国人大常委会第二十三次会议举行全体会议，通过了《关于公布〈中华人民共和国宪法修改草案〉的决议》：同意宪法修改委员会的建议，决定公布《中华人民共和国宪法修改草案》，交付全国各族人民讨论；全国各级国家机关、军队、政党组织、企事业单位和街道、农村人民公社等基层组织，在 1982 年 5 月至 8 月安排必要时间组织讨论《中华人民共和国宪法修改草案》，提出修改意见，并逐级上报；全国各族人民、各单位所提出的意见，在 1982 年 8 月底以前报送宪法修改委员会，由宪法修改委员会根据所提意见对宪法修改草案做进一步修改后，提请第五届全国人大第五次会议审议。

宪法修改草案公布后，全国掀起了全民学习和讨论的热潮。从 4 月 26 日至 8 月底，在 4 个月的时间里，宪法委员会秘书处办公室又收到社会各界人士对宪法修改草案提出的大量意见和建议，80% 至 90% 的成年公民都参加了讨论，写信的有年迈的老学者，也有在校学习的中学生，有各机关单位的系统意见，还有各团体学会的专业意见，全国人民对修改宪法的重视和对参与国家政治管理事务的热情空前高涨。宪法修改委员会根据第五届全国人大常委会第二十三次会议的讨论意见和汇总的全民讨论意见，对宪法修改草案作了认真地修改，经过宪法修改委员会第四次会议（11 月 4 日至 9 日）、第五次会议（11 月 23 日）的进一步完善，经过两年零两个月的起草工作最终形成了成熟的草案，提请第五届全国人大第五次会议审议。

（三）1982 年宪法的审议通过

1982 年 11 月 25 日，第五届全国人大第五次会议主席团举行第一次会议，会议由全国人大常委会副委员长兼秘书长杨尚昆主持。由于宪法修改委员会向全国人大提出宪法修改草案后已经完成了它的任务，所以主席团会议作出决定：在本次会议期间，在主席团领导下设立一个宪法工作小组，根据代表们在讨论中提出的意见,对宪法修改草案进行必要的修改;宪法工作小组由胡绳担任组长。

11 月 26 日,第五届全国人大第五次会议在人民大会堂隆重开幕。彭真受叶剑英委托,代表宪法修改委员会,在第五届全国人大第五次会议上作关于宪法修改草案的报告。在报告中他明确阐释了宪法的指导思想:“宪法修改草案的总的指导思想是四项基本原则,这就是坚持社会主义道路,坚持人民民主专政,坚持中国共产党的领导,坚持马克思列宁主义、毛泽东思想。这四项基本原则是全国各族人民团结前进的共同的政治基础,也是社会主义现代化建设顺利进行的根本保证。”〔12〕关于国家的性质,他在报告中指出:“人民民主专政的国家性质决定,在我国,人民,只有人民,才是国家和社会的主人。宪法修改草案明确规定:‘中华人民共和国的一切权力属于人民。’这是我国国家制度的核心内容和根本准则。”〔13〕宪法修改草案进一步完善了人民代表大会制度,加强了人大常委会对政府的监督权,彭真说:“以人民利益为根据,以宪法、法律为准绳,是就是,非就非。对的,就肯定,就支持;错的,就否定,就纠正。不批准就是否定。它错了,违法了,你也不管,那还怎么代表人民?”“人大常委会对政府工作的监督,主要是监督它是否违宪、违法,是否正确执行国家的方针、政策,是否符合人民的根本利益。”〔14〕在报告中,彭真对宪法修改草案中国家机构、经济制度、国家统一和民族团结等内容作了详尽的说明。

在听取了关于宪法修改草案的报告之后,第五届全国人大第五次会议对草案进行了分组讨论,主席团领导下的宪法工作小组又把代表们提出的补充和修改意见,加以分析和采纳,进一步完善了宪法修改草案。

12 月 4 日,第五届全国人大第五次会议对宪法修改草案进行投票表决。首先宣读《中华人民共和国宪法修改草案》全文,之后大会通过了以陈志彬(中国人民解放军代表)和杜棣华(上海市代表)为总监票人的 62 名监票人名单。监票人按照投票程序核对了出席会议的代表人数,本次人民代表大会共有代表 3421 人,当天出席会议的代表 3040 人。根据本次会议议定的宪法表决办法,采取无记名投票的方式,经过 2/3 以上的绝对多数通过方为有效。工作人员将同时用汉文、蒙古文、藏文、维吾尔文、哈萨克文、朝鲜文印有“中华人民共和国宪法表决票”的粉红色表决票发给各位代表。经投票、计票,下午 5 时 45 分,大会执行主席习仲勋宣布:根据监票人的报告,有效票 3040 张,其中赞成票 3037 张,反对票 0 票,弃权票 3 张。习仲勋宣布《中华人民共和国宪法》已经由本次会议通过。随之,人民大会堂的会场响起了经久不息的掌声。

---

〔12〕 彭真:《论新时期的社会主义民主与法制建设》,中央文献出版社 1989 年版,第 143 页。
〔13〕 彭真:《论新时期的社会主义民主与法制建设》,中央文献出版社 1989 年版,第 148 页。
〔14〕 彭真:《论新时期的社会主义民主与法制建设》,中央文献出版社 1989 年版,第 198 页。

12 月 4 日，在《宪法》表决通过后，第五届全国人大第五次会议主席团发布了《中华人民共和国全国人民代表大会公告》，将《宪法》公布实施。同日，第五届全国人大第五次会议还通过了《关于中华人民共和国国歌的决议》："恢复《义勇军进行曲》为中华人民共和国国歌，撤销本届全国人民代表大会第一次会议 1978 年 3 月 5 日通过的关于中华人民共和国国歌的决定。"

二、1982 年宪法的主要内容

1982 年宪法分为序言和正文两部分。序言部分共 13 个自然段；正文部分共 138 条，分为 4 章：第一章总纲，有 32 个条文；第二章公民的基本权利和义务，有 24 个条文；第三章国家机构，分为全国人民代表大会、中华人民共和国主席、国务院、中央军事委员会、地方各级人民代表大会和地方各级人民政府、民族自治地方的自治机关、人民法院和人民检察院等七节，有 79 个条文；第四章国旗、国徽、首都，有 3 个条文。宪法主要包括以下四个方面的内容：

第一，明确了国家的总任务和总的指导思想。宪法序言第七自然段中指出："国家的根本任务是集中力量进行社会主义现代化建设。""坚持社会主义道路，坚持人民民主专政，坚持共产党的领导，坚持马克思列宁主义、毛泽东思想"四项基本原则是实现总任务的指导思想。

第二，关于国家机构的规定更为科学。由于全国人大每年只召开一次全体会议，宪法列举兼概括地规定了人大常委会的职权，扩大和充实了人大常委会的权力，更好地体现了《宪法》第 2 条的规定："中华人民共和国的一切权力属于人民"，"人民行使国家权力的机关是全国人民代表大会和地方各级人民代表大会"。宪法恢复了设立国家主席的规定，取消了实际存在的领导职务终身制的问题；"国务院实行总理负责制。各部、各委员会实行部长、主任负责制"，提高行政效能。新设第四节"中央军事委员会"，"中华人民共和国中央军事委员会领导全国武装力量"，以宪法明确国家武装力量的领导权。

第三，关于经济制度的规定，在很大程度上反映了改革开放的基本精神，在社会主义公有制为主体的前提下，多种经济形式并存。宪法规定国营经济是国民经济中的主导力量，集体经济是中国农村经济中的主要形式，国营经济和集体经济都是社会主义公有制，是中国社会主义经济的基础。城乡劳动者个体经济是社会主义公有制经济的补充，国家保护个体经营者的合法权利。在计划经济的体制内，注重发挥市场调节作用，国家通过经济计划的综合平衡和市场调节的作用，保证国民经济按比例的协调发展。

第四，维护祖国统一和民族团结。宪法序言第九自然段："台湾是中华人民共和国的神圣领土的一部分。完成统一祖国的大业是包括台湾同胞在内的全中国人民的神圣职责。”《宪法》第 31 条规定:“国家在必要时得设立特别行政区。在特别行政区内实行的制度按照具体情况由全国人民代表大会以法律规定。”以上有关祖国统一的宣示、特别行政区的规定,为我国香港特别行政区、我国澳门特别行政区的回归和我国台湾地区的统一提供了一国两制的宪法依据。

宪法序言第十一自然段中规定:“中华人民共和国是全国各族人民共同缔造的统一的多民族国家。平等、团结、互助的社会主义民族关系已经确立,并将继续加强。”为维护民族团结,促进全国各民族的共同繁荣,“要反对大民族主义,主要是大汉族主义,也要反对地方民族主义”,还增加了有关民族区域自治的新内容。

1982 年宪法总体上延续了 1954 年宪法的内容,所不同的是:1954 年宪法的第二章是“国家机构”、第三章是“公民基本权利和义务”;1982 年宪法的第二章规定“公民的基本权利和义务”,第三章为“国家机构”。这一变化不是简单的章节顺序的调整,而是结构性的变化。将“公民的基本权利和义务”置于“国家机构”之前,更好地体现了《宪法》第 3 条第 1 款所规定的“中华人民共和国的一切权力属于人民”,彰显了人民主权原则。另外,从内容上来看,1982 年宪法的正文部分有 138 个条文,比 1954 年宪法的 106 个条文、1975 年宪法 30 个条文、1978 年宪法 60 个条文,都更为丰富。

三、历次宪法修正案

(一)1988 年宪法修正案

1978 年 11 月,安徽省凤阳县凤梨公社小岗村率先试行“包产到户”,随后“家庭联产承包责任制”在全国范围内推广开来。城市经济也得到了巨大的发展,截至 1984 年,中国城市企业,包括工业、建筑业、交通业、商业和服务业的企业,已有 100 多万个,职工共达 8000 多万人。仅城市工业企业提供的税收和利润,就占全国财政收入的 80% 以上。

1984 年 10 月,中共十二届三中全会通过了《关于经济体制改革的决定》,决定分析了中国当前的经济和政治形势,总结了中国社会主义建设正反两方面的经验,特别是 1978 年以来城乡经济体制改革的经验,一致认为:进一步贯彻执行对内搞活经济、对外实行开放的方针,加快以城市为重点的整个经济体制改革的步伐,以利于更好地开创社会主义现代化建设的新局面。决定指出:改革是当前中国形势发展的迫切需要,改革是为了建立充满生机的社会主义经济体制,增强企业活力是经济体制改革的中心环节,建立自觉运用价值规律的计划体制,建立合理的价格体系,实行政企职责分开,建立多种形式的经济责任制,积极发展多种经济形式,启用一代新人,造就一支社会主义经济管理干部的宏大队伍,加强党的领导,保证改革的顺利进行。

1987 年 10 月 25 日至 11 月 1 日，中共十三大在北京召开，十三大报告系统阐述了关于社会主义初级阶段的理论和党在社会主义初级阶段的基本路线。报告指出："我国社会已经是社会主义社会，我们必须坚持而不能离开社会主义"；"我国的社会主义社会还处在初级阶段，我们必须从这个实际出发，而不能超越这个阶段"。根据社会主义初级阶段理论，中国共产党制定的基本路线是：领导和团结各族人民，以经济建设为中心，坚持四项基本原则，坚持改革开放，自力更生，艰苦创业，为把我国建设成为富强、民主、文明的社会主义现代化国家而奋斗。

1988 年 2 月 28 日，根据中共十二届三中全会《关于经济体制改革的决定》、中共十三大的精神，中共中央向全国人大常委会提出《关于修改中华人民共和国宪法个别条款的建议》，建议主要包括两项内容：一是关于确认私营经济的法律地位；二是关于允许土地使用权转让。第六届全国人大常委会第二十五次会议研究了经济改革的实践经验，接受了中共中央的建议，提出《宪法修正案（草案）》，并决定将草案提交第七届全国人大第一次会议审议，拟增加"保护私营经济"和"土地使用权可以依照法律规定转让"的内容，为经济发展提供宪法保障。此后，中共中央向全国人大常委会提出宪法修订建议，启动修宪程序成为一个惯例。

3 月 25 日至 4 月 13 日，第七届全国人大第一次会议在北京召开，会议通过了两条宪法修正。

第 1 条修正案，《宪法》第 11 条增加规定："国家允许私营经济在法律规定的范围内存在和发展。私营经济是社会主义公有制经济的补充。国家保护私营经济的合法权利和利益，对私营经济实行引导、监督和管理。"第 1 条宪法修正案确认了"私营经济是社会主义公有制经济的补充"的法律地位，允许其在法律规定范围内存在和发展，保护其合法权利和利益，从而丰富了中国经济成分，形成了公有制经济和多种非公有制经济（包括私营经济、个体经济和"三资"企业）并存，以公有经济为主体，以多种非公有经济为补充的新体系。

第 2 条宪法修正案，《宪法》第 10 条第 4 款"任何组织或者个人不得侵占、买卖、出租或者以其他形式非法转让土地"修改为"任何组织或个人不得侵占、买卖或者以其他形式非法转让土地。土地的使用权可以依照法律的规定转让"。

该修正案允许土地所有权和使用权加以分离，土地使用权可以依法加以转移，提高了土地的利用率，有利于企业的发展。

本次宪法修正案只有两条，是对经济改革经验的宪法确认，对经济体制改革的制度性推进。中共十三大关于社会主义初级阶段理论和社会主义初级阶段"一个中心，两个基本点"的总路线，未写入宪法修正案。

（二）1993 年宪法修正案

1992 年 1 月 18 日至 2 月 21 日，邓小平先后到武昌、深圳、珠海、上海等地进行调研和视察,发表了一系列重要谈话。他谈话的主旨是要坚定不移地全面贯彻执行党的基本路线,解放思想,实事求是,排除各种干扰,抓住有利时机,深化改革,加快改革开放的步伐,迅速发展经济。邓小平的南方谈话促进了"以经济建设为中心,坚持四项基本原则,坚持改革开放"总路线的贯彻执行。

1992 年 10 月 12 日至 18 日,中共十四大在北京举行,江泽民在会上作了《加快改革开放和现代化建设步伐　夺取有中国特色社会主义事业的更大胜利》的报告。报告以邓小平同志建设有中国特色社会主义的理论为指导,认真总结十一届三中全会以来 14 年的实践经验,动员全党同志和全国各族人民,进一步解放思想,把握有利时机,加快改革开放和现代化建设步伐。中共十四大对推动社会主义市场经济体制的建立,加快经济改革步伐产生了积极作用。1993 年 2 月 14 日,中共中央向第七届全国人大常委会提出了关于修改宪法部分内容的建议。2 月 22 日,第七届全国人大常委会第三十次会议讨论并同意这项建议。3 月 14 日,中共中央又向第八届全国人大第一次会议主席团提出了《关于修改宪法部分内容的补充建议》。

1993 年 3 月 29 日,第八届全国人大第一次会议通过了第 3 条至第 11 条宪法修正案。这是全国人大对宪法的第二次修正,修正案的主要内容如表 1 - 1 所示:

表 1 - 1　1993 年宪法修正案(第 3 条至第 11 条)修正部分

修正案类别	修正案条文	修正内容	条数及占比
序言	第 3 条	《宪法》序言第七自然段后两句:"今后国家的根本任务是集中力量进行社会主义现代化建设。中国各族人民将继续在中国共产党领导下,在马克思列宁主义、毛泽东思想指引下,坚持人民民主专政,坚持社会主义道路,不断完善社会主义的各项制度,发展社会主义民主,健全社会主义法制,自力更生,艰苦奋斗,逐步实现工业、农业、国防和科学技术的现代化,把我国建设成为高度文明、高度民主的社会主义国家。"修改为:"我国正处于社会主义初级阶段。国家的根本任务是,根据建设有中国特色社会主义的理论,集中力量进行社会主义现代化建设。中国各族人民将继续在中国共产党领导下,在马克思列宁主义、毛泽东思想指引下,坚持人民民主专政,坚持社会主义道路,坚持改革开放,不断完善社会主义的各项制度,发展社会主义民主,健全社会主义法制,自力更生,艰苦奋斗,逐步实现工业、农业、国防和科学技术的现代化,把我国建设成为富强、民主、文明的社会主义国家。"	2 条,占修正案 22.22%
	第 4 条	《宪法》序言第十自然段末尾增加:"中国共产党领导的多党合作和政治协商制度将长期存在和发展。"	

续表

修正案类别	修正案条文	修正内容	条数及占比
总纲	第5条	《宪法》第7条:“国营经济是社会主义全民所有制经济,是国民经济中的主导力量。国家保障国营经济的巩固和发展。”修改为:“国有经济,即社会主义全民所有制经济,是国民经济中的主导力量。国家保障国有经济的巩固和发展。”	5条,占修正案55.56%
	第6条	《宪法》第8条第1款:“农村人民公社、农业生产合作社和其他生产、供销、信用、消费等各种形式的合作经济,是社会主义劳动群众集体所有制经济。参加农村集体经济组织的劳动者,有权在法律规定的范围内经营自留地、自留山、家庭副业和饲养自留畜。”修改为:“农村中的家庭联产承包为主的责任制和生产、供销、信用、消费等各种形式的合作经济,是社会主义劳动群众集体所有制经济。参加农村集体经济组织的劳动者,有权在法律规定的范围内经营自留地、自留山、家庭副业和饲养自留畜。”	
	第7条	《宪法》第15条:“国家在社会主义公有制基础上实行计划经济。国家通过经济计划的综合平衡和市场调节的辅助作用,保证国民经济按比例地协调发展。”“禁止任何组织或者个人扰乱社会经济秩序,破坏国家经济计划。”修改为:“国家实行社会主义市场经济。”“国家加强经济立法,完善宏观调控。”“国家依法禁止任何组织或者个人扰乱社会经济秩序。”	
	第8条	《宪法》第16条:“国营企业在服从国家的统一领导和全面完成国家计划的前提下,在法律规定的范围内,有经营管理的自主权。”“国营企业依照法律规定,通过职工代表大会和其他形式,实行民主管理。”修改为:“国有企业在法律规定的范围内有权自主经营。”“国有企业依照法律规定,通过职工代表大会和其他形式,实行民主管理。”	
	第9条	《宪法》第17条:“集体经济组织在接受国家计划指导和遵守有关法律的前提下,有独立进行经济活动的自主权。”“集体经济组织依照法律规定实行民主管理,由它的全体劳动者选举和罢免管理人员,决定经营管理的重大问题。”修改为:“集体经济组织在遵守有关法律的前提下,有独立进行经济活动的自主权。”“集体经济组织实行民主管理,依照法律规定选举和罢免管理人员,决定经营管理的重大问题。”	
公民基本权利	第10条	《宪法》第42条第3款:“劳动是一切有劳动能力的公民的光荣职责。国营企业和城乡集体经济组织的劳动者都应当以国家主人翁的态度对待自己的劳动。国家提倡社会主义劳动竞赛,奖励劳动模范和先进工作者。国家提倡公民从事义务劳动。”修改为:“劳动是一切有劳动能力的公民的光荣职责。国有企业和城乡集体经济组织的劳动者都应当以国家主人翁的态度对待自己的劳动。国家提倡社会主义劳动竞赛,奖励劳动模范和先进工作者。国家提倡公民从事义务劳动。”	1条,占修正案11.11%

续表

修正案类别	修正案条文	修正内容	条数及占比
国家机构	第11条	《宪法》第98条:"省、直辖市、设区的市的人民代表大会每届任期五年。县、不设区的市、市辖区、乡、民族乡、镇的人民代表大会每届任期三年。"修改为:"省、直辖市、县、市、市辖区的人民代表大会每届任期五年。乡、民族乡、镇的人民代表大会每届任期三年。"	1条,占修正案11.11%

本次修正案涉及宪法序言(2条)、总纲(5条)、公民基本权利义务(1条)、国家机构(1条),将"有中国特色社会主义的理论""中国共产党领导的多党合作和政治协商制度""国家实行社会主义市场经济"写入宪法,将"国营经济"改为"国有经济","农村中的家庭联产承包为主的责任制"作为劳动群众集体所有制经济的一种形式写入宪法。县、不设区的市、市辖区的人民代表大会每届任期从3年改为5年,与全国、省级、设区的市的人民代表大会任期一致。

(三)1999年宪法修正案

中共十五大于1997年9月12日至18日在北京召开,江泽民代表第十四届中央委员会向大会作了题为《高举邓小平理论伟大旗帜　把建设有中国特色社会主义事业全面推向二十一世纪》的报告。十五大报告首次使用了"邓小平理论"的科学概念,并把这一理论作为指引党继续前进的旗帜,大会通过的《中国共产党章程修正案》把邓小平理论确立为党的指导思想,明确规定中国共产党以马克思列宁主义、毛泽东思想、邓小平理论作为自己的行动指南。十五大进一步阐述了社会主义初级阶段理论,明确提出了党在这个阶段的基本纲领,正式提出了"依法治国,建设社会主义法治国家"的治国方略,这是我们党执政史上具有历史里程碑意义的重大决策。对于法制建设,报告指出:加强立法工作,提高立法质量,到2010年形成有中国特色社会主义法律体系。维护宪法和法律的尊严,坚持法律面前人人平等,任何人、任何组织都没有超越法律的特权。

根据中共十五大以及经济体制改革的精神,中共中央向全国人大常委会提出了修改宪法的意见。第九届全国人大第二次会议于1999年3月5日至16日在北京举行,审议通过了《中华人民共和国宪法修正案》。这是全国人大对宪法的第三次修正,修正案的主要内容如表1-2所示:

表 1-2　1999 年宪法修正案(第 12 条至第 17 条)修正部分

修正案类别	修正案条文	修正内容	条数及占比
序言	第 12 条	《宪法》序言第七自然段:“中国新民主主义革命的胜利和社会主义事业的成就,都是中国共产党领导中国各族人民,在马克思列宁主义、毛泽东思想的指引下,坚持真理,修正错误,战胜许多艰难险阻而取得的。我国正处于社会主义初级阶段。国家的根本任务是,根据建设有中国特色社会主义的理论,集中力量进行社会主义现代化建设。中国各族人民将继续在中国共产党领导下,在马克思列宁主义、毛泽东思想指引下,坚持人民民主专政,坚持社会主义道路,坚持改革开放,不断完善社会主义的各项制度,发展社会主义民主,健全社会主义法制,自力更生,艰苦奋斗,逐步实现工业、农业、国防和科学技术的现代化,把我国建设成为富强、民主、文明的社会主义国家。”修改为:“中国新民主主义革命的胜利和社会主义事业的成就,是中国共产党领导中国各族人民,在马克思列宁主义、毛泽东思想的指引下,坚持真理,修正错误,战胜许多艰难险阻而取得的。我国将长期处于社会主义初级阶段。国家的根本任务是,沿着建设有中国特色社会主义的道路,集中力量进行社会主义现代化建设。中国各族人民将继续在中国共产党领导下,在马克思列宁主义、毛泽东思想、邓小平理论指引下,坚持人民民主专政,坚持社会主义道路,坚持改革开放,不断完善社会主义的各项制度,发展社会主义市场经济,发展社会主义民主,健全社会主义法制,自力更生,艰苦奋斗,逐步实现工业、农业、国防和科学技术的现代化,把我国建设成为富强、民主、文明的社会主义国家。”	1 条,占修正案 16.67%
总纲	第 13 条	《宪法》第 5 条增加一款,作为第一款,规定:“中华人民共和国实行依法治国,建设社会主义法治国家。”	5 条,占修正案 83.33%
	第 14 条	《宪法》第 6 条:“中华人民共和国的社会主义经济制度的基础是生产资料的社会主义公有制,即全民所有制和劳动群众集体所有制。”“社会主义公有制消灭人剥削人的制度,实行各尽所能,按劳分配的原则。”修改为:“中华人民共和国的社会主义经济制度的基础是生产资料的社会主义公有制,即全民所有制和劳动群众集体所有制。社会主义公有制消灭人剥削人的制度,实行各尽所能、按劳分配的原则。”“国家在社会主义初级阶段,坚持公有制为主体、多种所有制经济共同发展的基本经济制度,坚持按劳分配为主体、多种分配方式并存的分配制度。”	
	第 15 条	《宪法》第 8 条第 1 款:“农村中的家庭联产承包为主的责任制和生产、供销、信用、消费等各种形式的合作经济,是社会主义劳动群众集体所有制经济。参加农村集体经济组织的劳动者,有权在法律规定的范围内经营自留地、自留山、家庭副业和饲养自留畜。”修改为:“农村集体经济组织实行家庭承包经营为基础、统分结合的双层经营体制。农村中的生产、供销、信用、消费等各种形式的合作经济,是社会主义劳动群众集体所有制经济。参加农村集体经济组织的劳动者,有权在法律规定的范围内经营自留地、自留山、家庭副业和饲养自留畜。”	

续表

修正案类别	修正案条文	修正内容	条数及占比
总纲	第16条	《宪法》第11条:“在法律规定范围内的城乡劳动者个体经济,是社会主义公有制经济的补充。国家保护个体经济的合法的权利和利益。”“国家通过行政管理,指导、帮助和监督个体经济。”“国家允许私营经济在法律规定的范围内存在和发展。私营经济是社会主义公有制经济的补充。国家保护私营经济的合法的权利和利益,对私营经济实行引导、监督和管理。”修改为:“在法律规定范围内的个体经济、私营经济等非公有制经济,是社会主义市场经济的重要组成部分。”“国家保护个体经济、私营经济的合法的权利和利益。国家对个体经济、私营经济实行引导、监督和管理。”	
	第17条	《宪法》第28条:“国家维护社会秩序,镇压叛国和其他反革命的活动,制裁危害社会治安、破坏社会主义经济和其他犯罪的活动,惩办和改造犯罪分子。”修改为:“国家维护社会秩序,镇压叛国和其他危害国家安全的犯罪活动,制裁危害社会治安、破坏社会主义经济和其他犯罪的活动,惩办和改造犯罪分子。”	

本次修正案涉及宪法序言(1条)和总纲(5条)部分,将“依法治国,建设社会主义法治国家”的治国方略和“邓小平思想”的指导地位写入宪法,将基本经济制度和分配制度完整表述为:“国家在社会主义初级阶段,坚持公有制为主体、多种所有制经济共同发展的基本经济制度,坚持按劳分配为主体、多种分配方式并存的分配制度。”根据社会主义初级阶段的主要任务,刑事法律的实践经验,废除了反革命罪,代之以危害公共安全罪。

(四)2004年宪法修正案

中共十六大于2002年11月8日至14日在北京召开,江泽民代表第十五届中央委员会向大会作了题为《全面建设小康社会　开创中国特色社会主义事业新局面》的报告。中共十六大报告高举邓小平理论伟大旗帜,全面贯彻“三个代表”重要思想,对推进经济体制改革、政治体制改革、文化体会改革,全面建设小康社会,加快推进社会主义现代化作出了重要部署。中共十六届三中全会,于2003年10月11日至14日在北京举行,会议在贯彻中共十六大精神的基础上,审议通过了《中共中央关于完善社会主义市场经济体制若干问题的决定》和《中共中央关于修改宪法部分内容的建议》两个文件。随后,中共中央向第十届人大常委会提出了《关于修改宪法部分内容的建议》。2004年3月5日至14日,第十届全国人大第二次会议在北京召开,会议审议通过了《中华人民共和国宪法修正案》。

这是全国人大对宪法的第四次修正,修正案的主要内容如表1-3所示:

表 1－3　2004 年宪法修正案（第 18 条至第 31 条）修正部分

修正案类别	修正案条文	修正内容	条数及占比
序言	第 18 条	《宪法》序言第七自然段中“在马克思列宁主义、毛泽东思想、邓小平理论指引下”修改为“在马克思列宁主义、毛泽东思想、邓小平理论和‘三个代表’重要思想指引下”，“沿着建设有中国特色社会主义的道路”修改为“沿着中国特色社会主义道路”，“逐步实现工业、农业、国防和科学技术的现代化”之后增加“推动物质文明、政治文明和精神文明协调发展”。	2 条，占修正案 14.29%
	第 19 条	《宪法》序言第十自然段第二句“在长期的革命和建设过程中，已经结成由中国共产党领导的，有各民主党派和各人民团体参加的，包括全体社会主义劳动者、拥护社会主义的爱国者和拥护祖国统一的爱国者的广泛的爱国统一战线，这个统一战线将继续巩固和发展。”修改为：“在长期的革命和建设过程中，已经结成由中国共产党领导的，有各民主党派和各人民团体参加的，包括全体社会主义劳动者、社会主义事业的建设者、拥护社会主义的爱国者和拥护祖国统一的爱国者的广泛的爱国统一战线，这个统一战线将继续巩固和发展。”	
总纲	第 20 条	《宪法》第 10 条第 3 款“国家为了公共利益的需要，可以依照法律规定对土地实行征用。”修改为：“国家为了公共利益的需要，可以依照法律规定对土地实行征收或者征用并给予补偿。”	4 条，占修正案 28.57%
	第 21 条	《宪法》第 11 条第 2 款“国家保护个体经济、私营经济的合法的权利和利益。国家对个体经济、私营经济实行引导、监督和管理。”修改为：“国家保护个体经济、私营经济等非公有制经济的合法的权利和利益。国家鼓励、支持和引导非公有制经济的发展，并对非公有制经济依法实行监督和管理。”	
	第 22 条	《宪法》第 13 条“国家保护公民的合法的收入、储蓄、房屋和其他合法财产的所有权。”“国家依照法律规定保护公民的私有财产的继承权。”修改为：“公民的合法的私有财产不受侵犯。”“国家依照法律规定保护公民的私有财产权和继承权。”“国家为了公共利益的需要，可以依照法律规定对公民的私有财产实行征收或者征用并给予补偿。”	
	第 23 条	《宪法》第 14 条增加一款，作为第 4 款：“国家建立健全同经济发展水平相适应的社会保障制度。”	

续表

修正案类别	修正案条文	修正内容	条数及占比
公民基本权利	第24条	《宪法》第33条增加一款,作为第3款:"国家尊重和保障人权。"第三款相应地改为第四款。	1条,占修正案7.14%
国家机构	第25条	《宪法》第59条第1款"全国人民代表大会由省、自治区、直辖市和军队选出的代表组成。各少数民族都应当有适当名额的代表。"修改为:"全国人民代表大会由省、自治区、直辖市、特别行政区和军队选出的代表组成。各少数民族都应当有适当名额的代表。"	6条,占修正案42.86%
	第26条	《宪法》第67条全国人民代表大会常务委员会职权第20项"(二十)决定全国或者个别省、自治区、直辖市的戒严"修改为"(二十)决定全国或者个别省、自治区、直辖市进入紧急状态"。	
	第27条	《宪法》第80条"中华人民共和国主席根据全国人民代表大会的决定和全国人民代表大会常务委员会的决定,公布法律,任免国务院总理、副总理、国务委员、各部部长、各委员会主任、审计长、秘书长,授予国家的勋章和荣誉称号,发布特赦令,发布戒严令,宣布战争状态,发布动员令。"修改为:"中华人民共和国主席根据全国人民代表大会的决定和全国人民代表大会常务委员会的决定,公布法律,任免国务院总理、副总理、国务委员、各部部长、各委员会主任、审计长、秘书长,授予国家的勋章和荣誉称号,发布特赦令,宣布进入紧急状态,宣布战争状态,发布动员令。"	
	第28条	《宪法》第81条"中华人民共和国主席代表中华人民共和国,接受外国使节;根据全国人民代表大会常务委员会的决定,派遣和召回驻外全权代表,批准和废除同外国缔结的条约和重要协定。"修改为:"中华人民共和国主席代表中华人民共和国,进行国事活动,接受外国使节;根据全国人民代表大会常务委员会的决定,派遣和召回驻外全权代表,批准和废除同外国缔结的条约和重要协定。"	
	第29条	《宪法》第89条国务院职权第16项"(十六)决定省、自治区、直辖市的范围内部分地区的戒严"修改为"(十六)依照法律规定决定省、自治区、直辖市的范围内部分地区进入紧急状态"。	
	第30条	《宪法》第98条"省、直辖市、县、市、市辖区的人民代表大会每届任期五年。乡、民族乡、镇的人民代表大会每届任期三年。"修改为:"地方各级人民代表大会每届任期五年。"	
国旗、国歌、国徽、首都	第31条	《宪法》第四章章名"国旗、国徽、首都"修改为"国旗、国歌、国徽、首都"。《宪法》第136条增加一款,作为第2款:"中华人民共和国国歌是《义勇军进行曲》。"	1条,占修正案7.14%

本次修正案涉及宪法序言(2 条),总纲(4 条),公民基本权利义务(1 条),国家机构(6 条),国旗、国歌、国徽、首都(1 条)等 5 个部分,宪法修正案在序言第七自然段,将“三个代表”重要思想、“推动物质文明、政治文明和精神文明协调发展”写入宪法,将“有中国特色社会主义的道路”改为“中国特色社会主义的道路”。在总纲部分,增加了“可以依照法律规定对公民的私有财产实行征收或者征用并给予补偿”“国家鼓励、支持和引导非公有制经济的发展”“公民的合法的私有财产不受侵犯”“国家建立健全同经济发展水平相适应的社会保障制度”等条款,以宪法确认了经济体制改革的制度成果。在公民基本权利和义务部分,增加一款“国家尊重和保障人权”,标志着人权保障的法制化。在国家机构部分,全国人大代表的构成,增加了特别行政区的代表;将“戒严”改为“紧急状态”,适应各种突发事件的处理需要;在国家主席的职权中,增加规定“国事活动”;乡、民族乡、镇的人民代表大会每届任期从 3 年改为 5 年,统一了各级人民代表大会的任期。宪法第四章章名“国旗、国徽、首都”修改为“国旗、国歌、国徽、首都”,增加规定了《义勇军进行曲》为国歌。

(五)2018 年宪法修正案

2012 年 11 月 8 日召开的中共十八大对全面推进依法治国作出重大部署,强调把法治作为治国理政的基本方式。中共十八届三中全会于 2013 年 11 月 9 日至 12 日在北京召开,中共中央总书记习近平主持会议,中央成立全面深化改革领导小组,负责改革总体设计、统筹协调、整体推进、督促落实,各级党委要切实履行对改革的领导责任。会议通过了《中共中央关于全面深化改革若干重大问题的决定》,决定丰富和完善了社会主义理论,巩固和发展了社会主义制度,提出“推进国家治理体系与治理能力现代化”,对加强社会主义民主政治制度建设和推进法治中国建设提出明确要求。中共十八届四中全会于 2014 年 10 月 20 日至 23 日在北京召开,首次以全会的形式专题研究部署全面推进依法治国这一基本治国方略。为贯彻落实中共十八大作出的战略部署,加快建设社会主义法治国家,中国共产党第十八届中央委员会第四次全体会议研究了全面推进依法治国若干重大问题,通过了《中共中央关于全面推进依法治国若干重大问题的决定》。决定提出:全面推进依法治国,就要在中国共产党领导下,坚持中国特色社会主义制度,贯彻中国特色社会主义法治理论,形成完备的法律规范体系、高效的法治实施体系、严密的法治监督体系、有力的法治保障体系,形成完善的党内法规体系,坚持依法治国、依法执政、依法行政共同推进,坚持法治国家、法治政府、法治社会一体建设,实现科学立法、严格执法、公正司法、全民守法,促进国家治理体系和治理能力现代化。十八届四中全会首次聚焦法治,也是执政党痛定思痛之后的选择,为以宪法为统领的中国特色社会主义法治体系的完善提出了明确的要求。

中共十九大于 2017 年 10 月 18 日至 24 日在北京召开。习近平代表第十八届中央委员会向大会作了题为《决胜全面建成小康社会　夺取新时代中国特色社会主义伟大胜利》的报告。十九大报告确定了“新时代中国特色社会主义思想和基本方略”,开启了“全面建设社会主义现代化国家新征程”;在“贯彻新发展理念,建设现代化经济体系”,“健全人民当家作主制度体系,发展社会主义民主政治”,“坚定不移全面从严治党,不断提高党的执政能力和领导水平”等方面总结了经验,明确了建设目标,对宪法的修订工作具有重要指导意义。

为修订宪法做准备,中共中央于2017年9月29日成立了宪法修改小组,负责征求各方面意见,形成宪法修订的初步方案。宪法修改小组以书面征求意见和座谈会的方式,广泛征求了各方面的意见,11月13日第一轮征求意见,12月12日第二轮征求意见,12月15日征求党外人士的意见。在广泛征求意见的基础上,根据十九大精神,宪法修改小组拟定了《中共中央关于修改宪法部分内容的建议(草稿)》。中共中央政治局2017年12月27日召开会议,决定2018年1月在北京召开中共十九届二中全会,主要议程是,讨论研究修改宪法部分内容的建议。中共中央政治局听取了《中共中央关于修改宪法部分内容的建议(草稿)》在党内外一定范围征求意见的情况报告,决定根据这次会议讨论的意见进行修改后将文件稿提请十九届二中全会审议。2018年1月2日至3日,就《中共中央关于修改宪法部分内容的建议(草案)》进一步广泛征求各界代表的意见。

中共十九届二中全会于2018年1月18日至19日在北京举行。中共中央总书记习近平作了重要讲话,全会一致认为:“为更好发挥宪法在新时代坚持和发展中国特色社会主义中的重大作用,需要对宪法作出适当修改,把党和人民在实践中取得的重大理论创新、实践创新、制度创新成果上升为宪法规定。”全会提出,这次宪法修改必须贯彻以下原则:“坚持党的领导,坚持中国特色社会主义法治道路,坚持正确政治方向;严格依法按程序进行;充分发扬民主、广泛凝聚共识,确保反映人民意志、得到人民拥护;坚持对宪法作部分修改、不作大改的原则,做到既顺应党和人民事业发展要求,又遵循宪法法律发展规律,保持宪法连续性、稳定性、权威性。”〔15〕张德江就建议草案向全会作了说明,之后全会审议通过了《中共中央关于修改宪法部分内容的建议》。1月26日,中共中央向全国人大常委会提出了《中共中央关于修改宪法部分内容的建议》。

3月11日,第十三届全国人大第一次会议第三次全体会议经投票表决通过了《中华人民共和国宪法修正案》。这是对1982年宪法的第五次修订,共计21条修正案,其修正内容如表1-4所示:

---

〔15〕《中国共产党第十九届中央委员会第二次全体会议公报》,载《人民日报》2018年1月20日,第1版。

表 1－4　2018 年宪法修正案(第 32 条至第 52 条)修正部分

修正案类别	修正案条文	修正内容	条数及占比
序言	第 32 条	《宪法》序言第七自然段中“在马克思列宁主义、毛泽东思想、邓小平理论和‘三个代表’重要思想指引下”修改为“在马克思列宁主义、毛泽东思想、邓小平理论、‘三个代表’重要思想、科学发展观、习近平新时代中国特色社会主义思想指引下”；“健全社会主义法制”修改为“健全社会主义法治”；在“自力更生，艰苦奋斗”前增写“贯彻新发展理念”；“推动物质文明、政治文明和精神文明协调发展，把我国建设成为富强、民主、文明的社会主义国家”修改为“推动物质文明、政治文明、精神文明、社会文明、生态文明协调发展，把我国建设成为富强民主文明和谐美丽的社会主义现代化强国，实现中华民族伟大复兴”。	4 条，占修正案 19.05%
	第 33 条	《宪法》序言第十自然段中“在长期的革命和建设过程中”修改为“在长期的革命、建设、改革过程中”；“包括全体社会主义劳动者、社会主义事业的建设者、拥护社会主义的爱国者和拥护祖国统一的爱国者的广泛的爱国统一战线”修改为“包括全体社会主义劳动者、社会主义事业的建设者、拥护社会主义的爱国者、拥护祖国统一和致力于中华民族伟大复兴的爱国者的广泛的爱国统一战线”。	
	第 34 条	《宪法》序言第十一自然段中“平等、团结、互助的社会主义民族关系已经确立，并将继续加强。”修改为：“平等团结互助和谐的社会主义民族关系已经确立，并将继续加强。”	
	第 35 条	《宪法》序言第十二自然段中“中国革命和建设的成就是同世界人民的支持分不开的”，修改为“中国革命、建设、改革的成就是同世界人民的支持分不开的”；“中国坚持独立自主的对外政策，坚持互相尊重主权和领土完整、互不侵犯、互不干涉内政、平等互利、和平共处的五项原则”后增加“坚持和平发展道路，坚持互利共赢开放战略”；“发展同各国的外交关系和经济、文化的交流”修改为“发展同各国的外交关系和经济、文化交流，推动构建人类命运共同体”。	
总纲	第 36 条	《宪法》第 1 条第 2 款“社会主义制度是中华人民共和国的根本制度。”后增写一句，内容为：“中国共产党领导是中国特色社会主义最本质的特征。”	5 条，占修正案 23.81%
	第 37 条	《宪法》第 3 条第 3 款“国家行政机关、审判机关、检察机关都由人民代表大会产生，对它负责，受它监督。”修改为：“国家行政机关、监察机关、审判机关、检察机关都由人民代表大会产生，对它负责，受它监督。”	
	第 38 条	《宪法》第 4 条第 1 款中“国家保障各少数民族的合法的权利和利益，维护和发展各民族的平等、团结、互助关系。”修改为：“国家保障各少数民族的合法的权利和利益，维护和发展各民族的平等团结互助和谐关系。”	

续表

修正案类别	修正案条文	修正内容	条数及占比
总纲	第 39 条	《宪法》第 24 条第 2 款中“国家提倡爱祖国、爱人民、爱劳动、爱科学、爱社会主义的公德”修改为“国家倡导社会主义核心价值观,提倡爱祖国、爱人民、爱劳动、爱科学、爱社会主义的公德”。	
	第 40 条	《宪法》第 27 条增加一款,作为第 3 款:“国家工作人员就职时应当依照法律规定公开进行宪法宣誓。”	
国家机构	第 41 条	《宪法》第 62 条“全国人民代表大会行使下列职权”中增加一项,作为第 7 项“(七)选举国家监察委员会主任”,第 7 项至第 15 项相应改为第 8 项至第 16 项。	12 条,占修正案 57.14%
	第 42 条	《宪法》第 63 条“全国人民代表大会有权罢免下列人员”中增加一项,作为第 4 项“(四)国家监察委员会主任”,第 4 项、第 5 项相应改为第 5 项、第 6 项。	
	第 43 条	《宪法》第 65 条第 4 款“全国人民代表大会常务委员会的组成人员不得担任国家行政机关、审判机关和检察机关的职务。”修改为:“全国人民代表大会常务委员会的组成人员不得担任国家行政机关、监察机关、审判机关和检察机关的职务。”	
	第 44 条	《宪法》第 67 条“全国人民代表大会常务委员会行使下列职权”中第六项“(六)监督国务院、中央军事委员会、最高人民法院和最高人民检察院的工作”修改为“(六)监督国务院、中央军事委员会、国家监察委员会、最高人民法院和最高人民检察院的工作”;增加一项,作为第十一项“(十一)根据国家监察委员会主任的提请,任免国家监察委员会副主任、委员”,第 11 项至第 21 项相应改为第 12 项至第 22 项。 《宪法》第 70 条第 1 款中“全国人民代表大会设立民族委员会、法律委员会、财政经济委员会、教育科学文化卫生委员会、外事委员会、华侨委员会和其他需要设立的专门委员会。”修改为:“全国人民代表大会设立民族委员会、宪法和法律委员会、财政经济委员会、教育科学文化卫生委员会、外事委员会、华侨委员会和其他需要设立的专门委员会。”	
	第 45 条	《宪法》第 79 条第 3 款“中华人民共和国主席、副主席每届任期同全国人民代表大会每届任期相同,连续任职不得超过两届。”修改为:“中华人民共和国主席、副主席每届任期同全国人民代表大会每届任期相同。”	
	第 46 条	《宪法》第 89 条“国务院行使下列职权”中第 6 项“(六)领导和管理经济工作和城乡建设”修改为“(六)领导和管理经济工作和城乡建设、生态文明建设”;第 8 项“(八)领导和管理民政、公安、司法行政和监察等工作”修改为“(八)领导和管理民政、公安、司法行政等工作”。	

续表

修正案类别	修正案条文	修正内容	条数及占比
国家机构	第 47 条	《宪法》第 100 条增加一款,作为第 2 款:“设区的市的人民代表大会和它们的常务委员会,在不同宪法、法律、行政法规和本省、自治区的地方性法规相抵触的前提下,可以依照法律规定制定地方性法规,报本省、自治区人民代表大会常务委员会批准后施行。”	
	第 48 条	《宪法》第 101 条第 2 款中“县级以上的地方各级人民代表大会选举并且有权罢免本级人民法院院长和本级人民检察院检察长。”修改为:“县级以上的地方各级人民代表大会选举并且有权罢免本级监察委员会主任、本级人民法院院长和本级人民检察院检察长。”	
	第 49 条	《宪法》第 103 条第 3 款“县级以上的地方各级人民代表大会常务委员会的组成人员不得担任国家行政机关、审判机关和检察机关的职务。”修改为:“县级以上的地方各级人民代表大会常务委员会的组成人员不得担任国家行政机关、监察机关、审判机关和检察机关的职务。”	
	第 50 条	《宪法》第 104 条中“监督本级人民政府、人民法院和人民检察院的工作”修改为“监督本级人民政府、监察委员会、人民法院和人民检察院的工作”。	
	第 51 条	《宪法》第 107 条第 1 款“县级以上地方各级人民政府依照法律规定的权限,管理本行政区域内的经济、教育、科学、文化、卫生、体育事业、城乡建设事业和财政、民政、公安、民族事务、司法行政、监察、计划生育等行政工作,发布决定和命令,任免、培训、考核和奖惩行政工作人员。”修改为:“县级以上地方各级人民政府依照法律规定的权限,管理本行政区域内的经济、教育、科学、文化、卫生、体育事业、城乡建设事业和财政、民政、公安、民族事务、司法行政、计划生育等行政工作,发布决定和命令,任免、培训、考核和奖惩行政工作人员。”	
	第 52 条	《宪法》第三章“国家机构”中增加一节,作为第七节“监察委员会”;增加五条,分别作为第 123 条至第 127 条。	

在序言部分共有 4 条修正案(第 32 条至第 35 条),将“科学发展观、习近平新时代中国特色社会主义思想”“贯彻新发展理念”“实现中华民族伟大复兴”“社会文明、生态文明”写入宪法,完善了宪法的指导思想,明确了奋斗目标,丰富了民族政策、外交政策。在总纲部分共有 5 条修正案(第 36 条至第 40 条),其中在宪法第 1 条第 2 款之后增写“中国共产党领导是中国特色社会主义最本质的特征”,明确规定中国共产党的执政地位,体现了党的领导、人民当家作主和依法治国的有机统一;在国家机构序列中增加“监察委员会”,将“倡导社会主义核心价值观”“宪法宣

誓”制度〔16〕写入宪法。第三章国家机构部分共有12条修正案(第41条至第52条),主要包括三方面的内容:其一,完善国家领导体制,删去了国家主席“连续任职不得超过两届”的内容,实现党的总书记、国家主席、中央军委主席在制度上“三位一体”的设置;其二,完善人民代表大会制度,将原来的“法律委员会”改为“宪法与法律委员会”,加强宪法的实施与监督,设区的市的人民代表大会和它们的常务委员会,可以依照法律规定制定地方性法规〔17〕;其三,增设“监察委员会”,概括规定了监察委员会的性质地位、人员组成、任期任届、领导体制、工作机制等,体现了深化国家监察体制改革,推进国家治理体系和治理能力现代化的制度成果,为《监察法》的制定提供了宪法依据。

本次宪法的修订所形成的21条修正案,其中有部分修正案属于文字性的修订,例如第41条、第42条、第43条、第48条、第49条、第50条、第51条都是在中央和地方国家机构序列增加或删除行政监察机关(属于行政机构序列),总体而言,这次宪法修订丰富了指导思想,完善了人民代表大会制度、国家领导体制,推进了国家治理体系的现代化,体现了“对宪法作部分修改、不作大改的原则,做到既顺应党和人民事业发展要求,又遵循宪法法律发展规律,保持宪法连续性、稳定性、权威性”。

第五节　宪法相关法

一、选举法

1953年1月13日,中央人民政府委员会举行第二十次会议,政务院总理周恩来在会上对召开全国人民代表大会和地方各级人民代表大会问题作了说明,会议通过《关于召开全国人民代表大会及地方各级人民代表大会的决议》,决议于1953年召开由人民用普选方法产生的乡、县、省(市)各级人民代表大会,并在此基础上接着召开全国人民代表大会。为了进行起草选举法的工作,会议决议成立选举法起草委员会,以周恩来为主席,成员包括邓小平、彭真、李维汉、陈毅、谢觉哉、章伯钧、章乃器、许德珩等23人。〔18〕

选举法起草委员会成立后,按照中央人民政府《关于召开全国人民代表大会及

〔16〕 2015年7月1日第十二届全国人大常委会第十五次会议通过《关于实行宪法宣誓制度的决定》,2018年2月24日第十二届全国人大常委会第三十三次会议修订了宣誓誓词。

〔17〕 《宪法》第100条后增加1款,作为第2款:“设区的市的人民代表大会和它们的常务委员会,在不同宪法、法律、行政法规和本省、自治区的地方性法规相抵触的前提下,可以依照法律规定制定地方性法规,报本省、自治区人民代表大会常务委员会批准后施行。”该修正案是对2015年3月第十二届全国人大第三次会议《关于修改〈中华人民共和国立法法〉的决定》的概括性采纳。

〔18〕 参见《中央人民政府委员会关于召开全国人民代表大会及地方各级人民代表大会的决议》,载《人民日报》1953年1月15日版。

地方各级人民代表大会的决议》,根据《共同纲领》有关实行普选问题的规定,研究中华人民共和国成立三年多中国人民民主专政的实际情况,吸取苏联选举的经验,并征求各方面的意见,经过多次的讨论和修改,拟定了《全国人民代表大会及地方各级人民代表大会选举法(草案)》。1953 年 2 月 11 日,中央人民政府委员会召开第二十二次会议,选举法起草委员会委员、中央人民政府政务院副总理邓小平就《全国人民代表大会及地方各级人民代表大会选举法(草案)》作说明。会议通过了《中华人民共和国全国人民代表大会及地方各级人民代表大会选举法》。同年 3 月 1 日,毛泽东签署中央人民政府命令,将《全国人民代表大会及地方各级人民代表大会选举法》(以下简称 1953 年《选举法》)公布施行。

1953 年《选举法》包括"总则""地方各级人民代表大会代表名额""全国人民代表大会代表名额""各少数民族的选举""选举委员会""选民登记""代表候选人的提出""选举程序""对破坏选举的制裁""附则"等 10 章,共 66 条。1953 年《选举法》建立了具有普遍性的选举制度,规定:"凡年满十八周岁之中华人民共和国公民,不分民族和种族、性别、职业、社会出身、宗教信仰、教育程度、财产状况和居住期限,均有选举权和被选举权。"由于中国当时的社会情况、缺乏选举经验以及文盲尚多等实际条件,1953 年《选举法》规定了直接选举和间接选举相结合的选举方式,无记名投票和举手表决相结合的选举方法。在乡、镇、市辖区及不设区的市等基层政权单位实行直接的选举,而在县以上则实行间接的选举;在县以上采用无记名投票方法,而在乡、镇、市辖区及不设区的市等基层政权单位则一般地采用举手表决的方法。为真实地反映中国的现实生活,使全国各民族各阶层在各级人民代表大会中有与其地位相当的代表,1953 年《选举法》适当照顾了地区和单位,在城市与乡村间、汉族与少数民族间,作了不同比例的规定。1953 年《选举法》规定了城市和乡村应选代表的不同的人口比例,各省每 80 万人选举 1 名全国人民代表大会代表,而中央直辖市和人口在 50 万以上的省辖工业市则每 10 万人就可选举 1 名全国人民代表大会代表,对省、市、县人民代表大会代表都作了同样性质的规定。这样做就某种方面来说是不完全平等的,[19]但这是为了反映工人阶级对于国家的领导作用,同时标明中国工业化的发展方向,因而被认为不但是很合理的,而且是完全必需的。

1953 年 2 月 11 日召开的中央人民政府委员会第二十二次会议还通过《中央选举委员会名单》,任命刘少奇为中央选举委员会主席,任命朱德、宋庆龄、邓小平、李维汉、郭沫若、习仲勋、谢觉哉等 28 人为中央选举委员会委员。[20] 1953 年 7 月到

---

〔19〕 邓小平:《关于〈中华人民共和国全国人民代表大会及地方各级人民代表大会选举法(草案)〉的说明》,载《人民日报》1953 年 3 月 3 日,第 1 版。

〔20〕 参见《中央人民政府委员会举行会议　通过人民代表大会选举法　同时通过中央选举委员会名单》,载《人民日报》1953 年 2 月 12 日版。

1954 年 5 月,全国范围内开展了基层人民代表大会代表的普选。截至 1954 年 8 月,当时全国 25 个省、内蒙古自治区和 14 个中央直辖市,普遍举行了第一届人民代表大会第一次会议,选出了全国人民代表大会的代表。[21]

"文化大革命"结束后,1979 年上半年全国人大常委会法制委员会会同民政部起草了新的《全国人民代表大会和地方各级人民代表大会选举法(草案)》。1979 年 7 月 1 日,第五届全国人大第二次会议通过《中华人民共和国全国人民代表大会和地方各级人民代表大会选举法》,7 月 4 日全国人大常委会委员长叶剑英签署第二号委员长令公布,自 1980 年 1 月 1 日起施行。《全国人民代表大会和地方各级人民代表大会选举法》(以下简称 1979 年《选举法》)包括"总则""地方各级人民代表大会代表名额""全国人民代表大会代表名额""各少数民族的选举""选区划分""选民登记""代表候选人的提出""选举程序""对代表的监督、罢免和补选""对破坏选举的制裁""附则"等 11 章,共 44 条。1979 年《选举法》是在 1953 年《选举法》的基础上起草和制定的,规定县(自治县、自治州)、省(自治区)和全国三级人大中农村与城市每一代表所代表的人口数的比例分别为 4∶1、5∶1 和 8∶1。1979 年《选举法》把直接选举人民代表大会代表的范围扩大到县一级,并将候选人和应选人等额选举改为候选人的名额多于应选人的名额。

1982 年 12 月 10 日,第五届全国人大第五次会议对 1979 年《选举法》作出第一次修改,1986 年 12 月 2 日,第六届全国人大常委会第十八次会议对 1979 年《选举法》作出第二次修改,分别对少数民族代表比例、代表候选人推荐、全国人大代表名额及分配、选民登记手续、代表的辞职、补选和罢免等问题作了新的规定。1995 年 2 月 28 日,第八届全国人大常委会第十二次会议对 1979 年《选举法》作出第三次修改,修改后的《选举法》共 53 条,调整了农村与城市每一代表所代表的人口数的比例,将省、自治区和全国两级人大中农村与城市每一代表所代表的人口数的比例,从原来的 5∶1、8∶1 修改为4∶1,还对选区划分、预选、选举时间、罢免程序等作了规定。2004 年 10 月 27 日,第十届全国人大常委会第十二次会议对 1979 年《选举法》作出第四次修改,完善了关于直接选举时确定正式代表候选人的方式、介绍代表候选人、罢免和对破坏选举的制裁的规定。

2010 年 3 月 14 日,第十一届全国人大第三次会议对 1979 年《选举法》作出第五次修改,修改后的《选举法》共 57 条,规定城乡按相同人口比例选举人大代表,全国人大代表名额由全国人大常委会根据各省、自治区、直辖市的人口数按照每一代表所代表的城乡人口数相同的原则并按照保证各地区、各民族、各方面都有适当数

---

〔21〕 参见《各地区各单位选出全国人民代表大会代表 当选代表共一千二百二十六名》,载《人民日报》1954 年 8 月 25 日版。

量代表的要求进行分配。修改后的《选举法》还对人大代表的广泛性、选举机构、保障选民和代表的选举权、对破坏选举行为的调查处理等作了规定。2015 年 8 月 29 日,第十二届全国人大常委会第十六次会议对 1979 年《选举法》作出第六次修改,增加了关于加强代表选举工作的内容。

二、代表法

各级人大是由各级人大代表组成的。《宪法》和有关法律对人大代表的权利、义务作了规定,民主法制和人民代表大会制度的发展对代表履行职责提出了进一步规范化、制度化的要求。〔22〕

从第六届全国人大以来,许多代表提出议案和建议,要求制定代表法。第七届全国人大常委会在工作要点提出研究制定全国人大代表工作条例。1989 年 7 月,全国人大常委会委员长会议要求抓紧起草代表法,委托全国人大常委会办公厅负责起草工作。全国人大常委会办公厅于 1990 年 4 月起草出《代表法(草案讨论稿)》,送各省、自治区、直辖市、中央和国家有关部门和法律专家征求意见。在此基础上,全国人大常委会办公厅对草案讨论稿进行了修改,形成了《代表法(草案)》。1991 年 12 月、1992 年 2 日,第七届全国人大常委会第二十三次、第二十四次会议两次审议了《代表法(草案)》。全国人大常委会办公厅和法制工作委员会根据常委会的审议意见,对草案进行了修改。〔23〕 经第七届全国人大常委会第二十四次会议审议,决定将草案提请第七届全国人大第五次会议审议。1992 年 3 月,第七届全国人大第五次会议召开,3 月 27 日全国人大常委会副秘书长曹志在会上作《关于〈中华人民共和国全国人民代表大会和地方各级人民代表大会代表法(草案)〉的说明》。

1992 年 4 月 3 日,第七届全国人大第五次会议通过《中华人民共和国全国人民代表大会和地方各级人民代表大会代表法》,同日国家主席杨尚昆签署第五十六号主席令公布,自公布之日起施行。《全国人民代表大会和地方各级人民代表大会代表法》(以下简称《代表法》)包括“总则”“代表在本级人民代表大会会议期间的工作”“代表在本级人民代表大会闭会期间的活动”“代表执行职务的保障”“停止执行代表职务和代表资格终止”“附则”等 6 章,共 44 条。《代表法》在总则中明确规定:“全国人民代表大会代表是最高国家权力机关组成人员,地方各级人民代表大会代表是地方各级国家权力机关组成人员。”关于代表在本级人大会议期间的工作,《代表法》增加了全国人大会议期间对最高人民法院和最高人民检察院提出质

〔22〕 参见《曹志作代表法草案说明时提出制定代表法完善人民代表大会制度》,载《人民日报》1992 年 3 月 28 日版。

〔23〕 曹志:《关于〈中华人民共和国全国人民代表大会和地方各级人民代表大会代表法(草案)〉的说明》,载《全国人民代表大会常务委员会公报》1992 年第 2 号。

询案的规定。关于代表在本级人民代表大会闭会期间的活动,《代表法》对代表在闭会期间执行代表职务作了较为系统的规定,包括组成代表小组开展活动,进行视察,应邀列席本级人大常委会会议和有关会议,采取多种方式听取和反映人民群众的意见,依法参加特定问题的调查委员会等。《代表法》将视察作为人民代表大会闭会期间代表活动的重要方式之一,规定:"县级以上的各级人民代表大会代表根据本级人民代表大会常务委员会的统一安排,对本级或者下级国家机关和有关单位的工作进行视察。"关于县级以上各级人大常委会同本级人大代表的联系,《代表法》规定:"县级以上的各级人民代表大会常务委员会应当采取多种方式同本级人民代表大会代表保持联系";"县级以上的地方各级人民代表大会常务委员会,应当为本行政区域内的代表执行代表职务提供必要的条件"。同时,《代表法》还规定:"代表的活动经费,应当列入本级财政预算";"一切组织和个人都应当尊重代表的权利,支持代表执行代表职务"。这些规定,为保障代表开展活动创造了条件。

2009年8月27日,第十一届全国人大常委会第十次会议通过《关于修改部分法律的决定》,对《代表法》涉及《刑法》和《治安管理处罚条例》的内容根据《刑法》和《治安管理处罚法》的最新规定进行修改。

《代表法》施行后,随着中国经济社会和民主法制建设的发展,代表的构成、素质以及履职的环境等都发生了很大变化,代表履职出现了一些新情况、新问题,一些代表履职不够积极主动,没有严格依照法律的规定履职,同时在一些地方,代表依法履职缺乏必要的条件,影响了代表作用的发挥,需要重新予以规范和明确。[24] 2005年6月,中共中央转发中共全国人大常委会党组《关于进一步发挥全国人大代表作用,加强全国人大常委会制度建设的若干意见》,以《代表法》为基础,进一步支持、规范和保障人大代表依法行使权力、履行职责。第十三届全国人大常委会组成后,提出在深入总结实践经验的基础上,将该意见的精神上升为法律规定,对《代表法》进行必要的修改和完善。从2009年年底开始,全国人大常委会法制工作委员会会同全国人大常委会办公厅着手研究《代表法》的修改,经过调查研究、分析论证,形成了《代表法修正案(草案)》。2010年8月,第十一届全国人大常委会第十六次会议首次审议《代表法修正案(草案)》,8月23日全国人大常委会法制工作委员会主任李适时在会上作《关于〈中华人民共和国全国人民代表大会和地方各级人民代表大会代表法修正案(草案)〉的说明》。2010年10月28日,第十一届全国人大常委会第十七次会议通过《关于修改〈中华人民共和国全国人民代表大会和地方各级人民代表大会代表法〉的决定》,同日国家主席胡锦涛签署第三十八号主席令公布,

〔24〕 李适时:《关于〈中华人民共和国全国人民代表大会和地方各级人民代表大会代表法修正案(草案)〉的说明》,载《全国人民代表大会常务委员会公报》2010年第7号。

自公布之日起施行。修改后的《代表法》共52条,其中第五章更名为"对代表的监督"。修改的重点包括进一步明确人大代表的权利和义务,进一步细化人大代表的履职规范,进一步加强对人大代表履职的保障,进一步强化对人大代表的监督,还根据《地方各级人民代表大会和地方各级人民政府组织法》等法律的规定,作了一些衔接性规定。

2015年8月29日,第十二届全国人大常委会第十六次会议通过《关于修改〈中华人民共和国地方各级人民代表大会和地方各级人民政府组织法〉、〈中华人民共和国全国人民代表大会和地方各级人民代表大会选举法〉、〈中华人民共和国全国人民代表大会和地方各级人民代表大会代表法〉的决定》,加强了《代表法》中有关代表工作的规定。

三、立法法

立法法是关于国家立法制度的重要法律。根据中共十一届三中全会关于发展社会主义民主、健全社会主义法制的精神,1982年《宪法》对中国立法体制进行了改革。《宪法》《全国人民代表大会组织法》《地方各级人民代表大会和地方各级人民政府组织法》对立法权限的划分、立法程序、法律解释等问题作了基本规定,《全国人民代表大会议事规则》和《全国人民代表大会常务委员会议事规则》对法律的制定程序又进一步作了具体规定。实践中,中国立法工作在取得显著成果的同时,在实际工作中也存在一些问题,包括法规、规章的规定同法律相抵触或者法规之间、规章之间、法规与规章之间相互矛盾、冲突等,这些问题损害了国家法制的统一和尊严,也给执法造成困难。因此,需要根据《宪法》制定《立法法》,对法律、法规以及规章的制定作出统一规定,使之更加规范化、制度化。[25]

根据全国人大常委会立法规划,全国人大常委会法制工作委员会从1993年起着手进行《立法法》起草工作,多次召开各有关方面和法律专家参加的座谈会,进行讨论研究,三次将《立法法(草案征求意见稿)》印发中央有关机关和各省、自治区、直辖市的人大常委会广泛征求意见,反复修改,形成了《立法法(草案)》。[26] 1999年10月和12月,第九届全国人大常委会第十二、第十三次会议对草案进行了审议,决定提请第九届全国人大第三次会议审议。2000年3月,第九届全国人大第三次会议召开,3月9日全国人民代表大会常务委员会法制工作委员会主任顾昂然在会上作《关于〈中华人民共和国立法法(草案)〉的说明》。

---

〔25〕 参见《张春生就立法法草案作说明时指出:立法法是关于国家立法制度的重要法律》,载《人民日报》1999年10月26日,第3版。

〔26〕 顾昂然:《关于〈中华人民共和国立法法(草案)〉的说明》,载《全国人民代表大会常务委员会公报》2002年第2号。

2000年3月15日,第九届全国人大第三次会议通过《中华人民共和国立法法》,同日国家主席江泽民签署第三十一号主席令公布,自2000年7月1日起施行。《立法法》包括“总则”“法律”(含“立法权限”“全国人民代表大会立法程序”“全国人民代表大会常务委员会立法程序”“法律解释”“其他规定”5节)、“行政法规”、“地方性法规、自治条例和单行条例、规章”(含“地方性法规、自治条例和单行条例”和“规章”2节)、“适用与备案”和“附则”等6章,共94条。根据《立法法》的规定,法律、行政法规、地方性法规、自治条例和单行条例的制定、修改和废止适用《立法法》,国务院部门规章和地方政府规章的制定、修改和废止程序依照《立法法》的有关规定执行,军事法规的制定和修改、宪法的修改、基本法的修改和解释不适用《立法法》。《立法法》明确规定了立法活动应当遵循的基本原则,包括立法遵循宪法的基本原则,维护法制的统一和尊严,应当体现人民的意志、维护人民的利益,坚持从实际出发的指导思想,应当依照法定的权限和程序进行等。《立法法》对全国人大及其常委会与国务院、中央与地方之间在立法事项方面的具体划分作了规定,规定国家政治制度、犯罪与刑罚、民事基本制度、基本经济制度、诉讼和仲裁制度等10类重大事项,只能由全国人大及其常委会立法。《立法法》明确了法律、行政法规、地方性法规、自治条例和单行条例、规章的适用规则,明确它们相互间的效力等级,规定上位法的效力高于下位法,特别规定优于一般规定,新的规定优于旧的规定,法律不溯及既往。此外,《立法法》还对立法程序作了规定,将法律案的提出、审议、表决和公布四个环节的程序法律化、制度化,强调全国人大常委会审议法律案一般实行三审制。

为了适应立法工作新形势新任务的需要,2013年起全国人大常委会法制工作委员会着手《立法法》修改研究工作,在充分沟通协商、深入研究论证的基础上,形成了《立法法(修正案草案)》,分别于2014年8月和12月,经第十二届全国人大常委会第十次、十二次会议两次审议,决定将《立法法(修正案草案)》提请第十二届全国人大第三次会议审议。2015年3月15日,第十二届全国人大第三次会议通过《关于修改〈中华人民共和国立法法〉的决定》,自当日起施行。(见图1-5)修改后的《立法法》共105条,其中第五章更名为“适用与备案审查”。经过修改,《立法法》确定的立法体制进一步完善,赋予了所有设区的市(包括广东省中山市等不设区的地级市)地方立法权,落实了税收法定原则,明确“税种的设立、税率的确定和税收征收管理等税收基本制度”只能由法律规定。同时,修改后的《立法法》还对发挥人大在立法工作中的主导作用,深入推进科学立法、民主立法,完善制定行政法规的程序,加强备案审查,加强对司法解释的规范和监督,规定“最高人民法院、最高人民检察院以外的审判机关和检察机关,不得作出具体应用法律的解释”。

图 1－5　会议现场

第十二届全国人大第三次会议表决《关于修改〈中华人民共和国立法法的决定(草案)〉》

四、监督法

监督宪法和法律的实施，监督政府、法院、检察院的工作，是各级人大及其常委会的一项重要职责，宪法和有关法律对各级人大及其常委会行使监督权作了一系列规定。1990 年 3 月，中共十三届六中全会通过的《关于加强党同人民群众联系的决定》中，建议全国人大常委会拟定实行工作监督和法律监督的《全国人民代表大会和地方各级人民代表大会监督法》。第七届和第八届全国人大期间，全国人大法律委员会进行了《全国人民代表大会和地方各级人民代表大会监督法》的起草研究工作。第九届全国人大组成以后，《全国人民代表大会和地方各级人民代表大会监督法》列入了全国人大常委会立法规划，全国人大法律委员会继续开展了《全国人民代表大会和地方各级人民代表大会监督法》的起草研究工作，并草拟了《全国人民代表大会和地方各级人民代表大会监督法(草案)》。[27]

2002 年 8 月，第九届全国人大常委会第二十九次会议首次审议《全国人民代表大会和地方各级人民代表大会监督法(草案)》，全国人大法律委员会主任委员王维澄在会上作《关于〈中华人民共和国全国人民代表大会和地方各级人民代表大会监督法(草案)〉的说明》。《全国人民代表大会和地方各级人民代表大会监督法(草案)》提请首次审议后，在一些重大问题上，如述职评议、个案监督、重大建设项目的决定等，意见分歧较大，全国人大常委会组成人员认为草案创新性不强，基本上是

---

〔27〕 王维澄:《关于〈中华人民共和国全国人民代表大会和地方各级人民代表大会监督法(草案)〉的说明》，载《全国人民代表大会常务委员会公报》2006 年第 7 号。

对宪法和法律有关规定的汇总,新的内容不多,没有充分反映地方人大及其常委会在开展监督工作方面的经验和做法,可能会影响地方人大及其常委会在监督工作方面的探索,因而一直未能再次提请常委会审议。[28] 直到两年后,2004 年 8 月,第十届全国人大常委会第十一次会议才第二次审议《全国人民代表大会和地方各级人民代表大会监督法(草案)》。全国人大常委会组成人员和各方面对草案也提出了不少修改意见,在有的重要问题上,意见分歧还比较大,希望并建议对草案进一步修改完善。2006 年 6 月,第十届全国人大常委会第二十二次会议第三次审议《全国人民代表大会和地方各级人民代表大会监督法(草案)》。全国人大常委会组成人员在审议中认为,应对各级人大和县级以上人大常委会对"一府两院"的监督权加以区分,建议将监督法的调整范围确定为规范人大常委会的监督工作,相应地将法律名称修改为"全国人民代表大会常务委员会和县级以上地方各级人民代表大会常务委员会监督法"。[29] 2006 年 8 月,第十届全国人大常委会第二十三次会议第四次审议《全国人民代表大会和地方各级人民代表大会监督法(草案)》。有一些全国人大常委会组成人员、全国人大专门委员会委员、全国人大代表和省级人大常委会负责人提出草案的名称太长,全国人大法律委员会经研究建议将法律的名称修改为《各级人民代表大会常务委员会监督法》。[30]

2006 年 8 月 27 日,第十届全国人大常委会第二十三次会议通过《中华人民共和国各级人民代表大会常务委员会监督法》(以下简称《各级人民代表大会常务委员会监督法》),同日国家主席胡锦涛签署第五十三号主席令公布,自 2007 年 1 月 1 日起施行。《各级人民代表大会常务委员会监督法》包括"总则""听取和审议人民政府、人民法院和人民检察院的专项工作报告""审查和批准决算,听取和审议国民经济和社会发展计划、预算的执行情况报告,听取和审议审计工作报告""法律法规实施情况的检查""规范性文件的备案审查""询问和质询""特定问题调查""撤职案的审议和决定""附则"等 9 章,共 48 条。关于听取和审议专项工作报告,《各级人民代表大会常务委员会监督法》规定,各级人大常委会每年选择若干关系改革发展稳定大局和群众切身利益、社会普遍关注的重大问题,有计划地安排听取和审议本级人民政府、人民法院和人民检察院的专项工作报告;常委会认为必要时可以对专项工作报告作出决议,本级人民政府、人民法院或者人民检察院应当在决议规定

[28] 杨景宇:《全国人大法律委员会关于〈中华人民共和国全国人民代表大会和地方各级人民代表大会监督法(草案)〉修改情况的汇报》,载《全国人民代表大会常务委员会公报》2006 年第 7 号。

[29] 乔晓阳:《全国人大法律委员会关于〈中华人民共和国全国人民代表大会和地方各级人民代表大会监督法(草案)〉修改情况的汇报》,载《全国人民代表大会常务委员会公报》2006 年第 7 号。

[30] 乔晓阳:《全国人大法律委员会关于〈中华人民共和国全国人民代表大会常务委员会和县级以上地方各级人民代表大会常务委员会监督法(草案)〉审议结果的报告》,载《全国人民代表大会常务委员会公报》2006 年第 7 号。

的期限内将执行决议的情况向常务委员会报告。关于法律法规实施情况检查,《各级人民代表大会常务委员会监督法》规定,各级人大常委会每年选择若干关系改革发展稳定大局和群众切身利益、社会普遍关注的重大问题,有计划地对有关法律、法规实施情况组织执法检查;常委会组成人员对执法检查报告的审议意见连同执法检查报告,一并交由本级人民政府、人民法院或者人民检察院研究处理,人民政府、人民法院或者人民检察院应当将研究处理情况由其办事机构送交本级人大有关专门委员会或常委会有关工作机构征求意见后向常委会提出报告。

五、监察法

监察制度是中国传统政治制度的重要组成部分,民国时期孙中山先生借鉴古代御史监察制度,将监察权、考试权与西方的立法、行政、司法三权并列,提出"五权宪法"理论,并将其付诸实践。

中国共产党在成立之初即十分重视。1927 年 4 月,中共五大即决定设立中央监察委员会;1928 年 7 月,中共六大将"监察委员会"改为"审查委员会",选举产生了以刘少奇为书记的中央审查委员会。1949 年 9 月通过的《共同纲领》规定:"在县市以上的各级人民政府内,设人民监察机关";10 月,中央人民政府委员会第三次会议决定成立中央人民政府人民监察委员会,任命谭平山为人民监察委员会主任;11 月,中共中央作出《关于成立中央及各级党的纪律检查委员会的决定》,成立了由朱德等 11 人组成的中共中央纪律检查委员会。1954 年 9 月,根据《宪法》和《国务院组织法》,政务院改为国务院,人民监察委员会改为监察部,钱瑛任监察部部长;1955 年 3 月,中共全国代表会议通过《关于成立党的中央和地方监察委员会的决议》,决定成立中央和地方监察委员会,选举产生了由董必武等 21 人组成的中央监察委员会。1959 年 4 月,因国家管理体制调整,第二届全国人大第一次会议决议撤销监察部;1969 年 4 月,中共九大通过的《党章》取消了党的监察机关的条款,撤销了中央监察委员会。

"文化大革命"结束后,1977 年 8 月,中共十一大通过的《党章》重新恢复了设置党的纪律检查委员会的条款;1978 年 12 月,中共十一届三中全会选举产生了新的中共中央纪律检查委员会,选举陈云为中央纪律检查委员会第一书记;1986 年 12 月,第六届全国人大常委会第十八次会议决定设立监察部,任命尉健行为监察部部长。1990 年 11 月 23 日国务院第七十二次常务会议通过《中华人民共和国行政监察条例》,1990 年 12 月 9 日国务院总理李鹏签署第六十九号国务院令公布施行。《行政监察条例》包括"总则""监察机关和监察人员""监察机关的管辖""监察机关的职权""监察程序""罚则""附则"等 7 章,共 51 条,以行政法规的形式确立了行政监察制度的基本规范。1993 年 1 月,中共中央、国务院决定中央纪律检查委员会与监察部合署办公,实行一套工作机构、两个机关名称,履行党的纪律检查和政府行政监察两项职能。1997 年 5 月 9 日,第八届全国人大常委会第二十五次会议通过《中华人民共和国行政监察法》(以下简称《行政监察法》),同日国家主席江泽民签署第八十五号公布,自公布之日起施行。《行政监察法》包括“总则”“监察机关和监察人员”“监察机关的职责”“监察机关的权限”“监察程序”“法律责任”“附则”等 7 章,共 48 条,赋予监察机关依法对国家行政机关、国家公务员和国家行政机关任命的其他人员实施监察的权力。2007 年 9 月,国家预防腐败局揭牌,监察部部长马馼兼任国家预防腐败局局长。

中共十八大以来,中央坚持反腐败无禁区、全覆盖、零容忍,反腐败斗争压倒性态势不断形成并巩固发展。而根据《行政监察法》的规定,行政监察对象主要是行政机关及其工作人员,还没有做到对所有行使公权力的公职人员全覆盖,不能适应反腐败斗争新形势、新要求。2016 年 11 月,中共中央办公厅印发《关于在北京市、山西省、浙江省开展国家监察体制改革试点方案》,[31] 12 月,第十二届全国人大常委会第二十五次会议通过《关于在北京市、山西省、浙江省开展国家监察体制改革试点工作的决定》,实行监察体制改革,设立监察委员会,整合反腐败资源力量,扩大监察范围,丰富监察手段,实现对行使公权力的公职人员监察全面覆盖,建立集中统一、权威高效的监察体系。2017 年 10 月,中共十九大提出深化国家监察体制改革,将试点工作在全国推开,组建国家、省、市、县监察委员会,实现对所有行使公权力的公职人员监察全覆盖,强调制定国家监察法,依法赋予监察委员会职责权限和调查手段,用留置取代“两规”措施;同月,中共中央办公厅印发《关于在全国各地推开国家监察体制改革试点方案》,[32] 11 月,第十二届全国人大常委会第三十次会议通过《关于在全国各地推开国家监察体制改革试点工作的决定》,在全国各地推开国家监察体制改革试点工作。

2016 年 10 月,中共中央纪委会同全国人大常委会法制工作委员会共同组成国家监察立法工作专班,在吸收改革试点地区的实践经验的基础上形成了《监察法(草案)》。2017 年 6 月中旬,中共中央政治局常委会会议审议并原则同意全国人大常委会党组关于《监察法(草案)》几个主要问题的请示。2017 年 6 月下旬,第十二届全国人大常委会第二十八次会议对《监察法(草案)》进行了初次审议;2017 年 12 月,第十二届全国人大常委会第三十一次会议对《监察法(草案)》进行再次审议,决定将草案提请全国人大审议。2018 年 1 月,全国人大常委会根据《宪法修正案(草

---

〔31〕 参见《中办印发〈关于在北京市、山西省、浙江省开展国家监察体制改革试点方案〉》,载《人民日报》2016 年 11 月 8 日,第 2 版。

〔32〕 参见《中办印发〈关于在全国各地推开国家监察体制改革试点方案〉》,载《人民日报》2017 年 10 月 30 日版。

案)》精神对《监察法(草案)》作进一步修改,经中央政治局常委会会议原则同意并作进一步完善后,提请第十三届全国人大第一次会议审议。[33]（见图1-6)2018年3月,第十三届全国人大第一次会议召开,3月13日,第十二届全国人大常委会副委员长李建国在会上作《关于〈中华人民共和国监察法(草案)〉的说明》。

图1-6　会议现场

第十三届全国人大第一次会议对《监察法(草案)》进行表决

2018年3月11日,第十三届全国人大第一次会议通过《宪法修正案》,增加了有关监察委员会的规定。3月20日,第十三届全国人大第一次会议通过《中华人民共和国监察法》,同日国家主席习近平签署第三号主席令公布,自公布之日起施行。《监察法》包括“总则”“监察机关及其职责”“监察范围和管辖”“监察权限”“监察程序”“反腐败国际合作”“对监察机关和监察人员的监督”“法律责任”“附则”等9章,共69条。关于监察工作的原则,《监察法》规定,监察委员会依照法律规定独立行使监察权,不受行政机关、社会团体和个人的干涉;关于监察工作的方针,《监察法》规定,国家监察工作坚持标本兼治、综合治理,强化监督问责,严厉惩治腐败。按照实现对所有行使公权力的公职人员监察全覆盖的要求,《监察法》规定,监察机关对中国共产党机关、人大及其常委会机关、人民政府、监察委员会、人民法院、人民检察院、政协各级委员会机关、民主党派机关和工商联机关的公务员及参照《公务员法》管理的人员,法律、法规授权或者受国家机关依法委托管理公共事务的组织中从事公务的人员,国有企业管理人,公办的教育、科研、文化、医疗卫生、体育等单位中从事管理的人员,基层群众性自治组织中从事管理的人员,其他依法履行公职的人员进行监察。为保证监察机关有效履行监察职能,《监察法》赋予监察机关必

〔33〕 李建国:《关于〈中华人民共和国立法法(草案)〉的说明》,载《全国人民代表大会常务委员会公报》2018年第2号。

要的权限,对被调查人涉嫌贪污贿赂、失职渎职等严重职务违法或者职务犯罪,监察机关已经掌握其部分违法犯罪事实及证据,仍有重要问题需要进一步调查,并有涉及案情重大、复杂,可能逃跑、自杀,可能串供或者伪造、隐匿、毁灭证据等情形之一的,经监察机关依法审批,可以将其留置在特定场所。为保证监察机关正确行使权力,《监察法》在"监察程序"一章中,对监督、调查、处置工作程序作出严格规定,包括报案或者举报的处理,问题线索的管理和处置,决定立案调查,搜查、查封、扣押等程序,要求对讯问和重要取证工作全程录音录像,严格涉案财物处理等。

根据《宪法》的有关规定,2018 年 3 月 18 日,第十三届全国人大第一次会议选举杨晓渡为国家监察委员会主任。根据《宪法》和《监察法》有关规定,2018 年 3 月 21 日,第十三届全国人大常委会第一次会议任命了 6 名国家监察委员会副主任和 10 名国家监察委员会委员。2018 年 3 月 23 日,中华人民共和国国家监察委员会正式揭牌,并举行宪法宣誓仪式。

改革开放之后,1990 年 6 月 28 日和 1991 年 3 月 2 日,第七届全国人大常委会第十四次会议、第十八次会议分别通过《国旗法》和《国徽法》,2009 年 8 月 27 日全国人大常委会对《国旗法》和《国徽法》作出部分修改;2017 年 9 月 1 日,第十二届全国人大常委会第二十九次会议通过《国歌法》。2015 年 12 月 27 日,第十二届全国人大常委会第十八次会议通过《国家勋章和国家荣誉称号法》。

1989 年 10 月 31 日,第七届全国人大常委会第十次会议通过《集会游行示威法》,2009 年 8 月 27 日全国人大常委会对《集会游行示威法》作出部分修改。1996 年 3 月 1 日,第八届全国人大常委会第十八次会议通过《戒严法》。

1990 年 4 月 4 日,第七届全国人大第三次会议通过《香港特别行政区基本法》;1996 年 12 月 30 日,第八届全国人大常委会第二十三次会议通过《香港特别行政区驻军法》。1993 年 3 月 31 日,第八届全国人大第一次会议通过《澳门特别行政区基本法》;1999 年 6 月 28 日,第九届全国人大常委会第十次会议通过《澳门特别行政区驻军法》。

2005 年 3 月 14 日,第十届全国人大第三次会议通过《反分裂国家法》。1993 年 2 月 22 日,第七届全国人大第三十次会议通过《国家安全法》,2009 年 8 月 27 日,全国人大常委会对《国家安全法》作出部分修改;2015 年 7 月 1 日,第十二届全国人大常委会第十五次会议通过新的《国家安全法》。1997 年 3 月 14 日,第八届全国人大第五次会议通过《国防法》,2009 年 8 月 27 日,全国人大常委会对《国防法》作出部分修改。2014 年 11 月 1 日,第十二届全国人大常委会第十一次会议通过《反间谍法》。

1980 年 9 月 10 日,第五届全国人大第三次会议通过《国籍法》。1986 年 9 月 5 日第六届全国人大常委会第十七次会议,以及 1990 年 10 月 30 日第七届全国人大常委会第十六次会议分别通过《外交特权与豁免条例》和《领事特权与豁免条例》。1990 年 12 月 28 日，第七届全国人大常委会第十七次会议通过《缔结条约程序法》。1992 年 2 月 25 日第七届全国人大常委会第二十四次会议，以及 1998 年 6 月 26 日第九届全国人大常委会第三次会议分别通过《领海及毗连区法》和《专属经济区和大陆架法》。

自此，以宪法为核心并与宪法相配套，直接保障宪法实施和国家政权运作、调整国家政治关系的宪法相关法逐渐完善，为实行依宪治国提供了法制保障。

第二章　中华人民共和国国家机构组织立法的发展

国家机构是国家为实现其职能而建立起来的一整套国家机关体系的总称。根据现行《宪法》第三章的规定，中华人民共和国的国家机构由全国人民代表大会、中华人民共和国主席、国务院、中央军事委员会、地方各级人民代表大会和地方各级人民政府、民族自治地方的自治机关、监察委员会、人民法院和人民检察院组成。1949年中华人民共和国成立以来，经过70年的发展，中国建立了体系庞大、组织严密、职能广泛的国家机构，并形成了完备的国家机构组织法律制度。横向上看，根据行使职权的性质，中国的国家机构分为国家权力统一原则下的权力机关、行政机关、监察机关和司法机关（包括审判机关和检察机关）等；纵向上看，根据行使职权的地域范围，中国的国家机构分为中央国家机关和地方国家机关。

中国共产党领导的多党合作和政治协商制度是中国的一项基本政治制度，中国人民政治协商会议是实行中国共产党领导的多党合作和政治协商制度的重要政治形式和组织形式。根据《宪法》，中国人民政治协商会议是有广泛代表性的统一战线组织，不属于国家机构，不行使国家职能。1954年第一届全国人民代表大会召开前，中国人民政治协商会议代行人民代表大会职能，在中华人民共和国的成立和国家机构创建方面发挥了重要作用。村民委员会和城市居民委员会是村民和城市居民自我管理、自我教育、自我服务的基层群众性自治组织，本身也不是国家机关，不行使国家职能，但其在基层社会治理中起到的作用是不可替代的。考虑到人民政治协商会议和村民委员会、居民委员会在中国政治生活和国家治理中的地位和作用，本书将中国人民政治协商会议的组织制度和基层群众自治组织法律制度纳入本章一并介绍。

第一节　最高国家权力机关和最高国家行政机关组织法

人民代表大会制度是中华人民共和国的根本政治制度。1949年《共同纲领》规定："中华人民共和国的国家政权属于人民。人民行使国家政权的机关为各级人民代表大会和各级人民政府。”“国家最高政权机关为全国人民代表大会。全国人民代表大会闭会期间，中央人民政府为行使国家政权的最高机关。”在普选的全国人民代表大会召开前，由中国人民政治协商会议的全体会议执行全国人民代表大会的职权，制定《中央人民政府组织法》，选举中央人民政府委员会，并付之以行使国家权力的职权。

1954 年《宪法》规定：“中华人民共和国的一切权力属于人民。人民行使权力的机关是全国人民代表大会和地方各级人民代表大会。”全国人民代表大会是最高国家权力机关；国务院，即中央人民政府，是最高国家权力机关的执行机关，是最高国家行政机关。这一规定为其后历次修宪所继承。根据《宪法》，全国人大分别于 1954 年和 1982 年制定了《全国人民代表大会组织法》和《国务院组织法》。

一、中央人民政府组织法

中国人民政治协商会议第一届全体会议于 1949 年 9 月 21 日至 30 日在北平举行。9 月 22 日，董必武代表新政协筹备常委会第四小组汇报关于草拟《中华人民共和国中央人民政府组织法》的经过及其基本内容。

根据董必武的报告，1949 年 6 月 18 日新政协筹备会第四小组举行第一次全体会，广泛交换了意见，并推举张志让等 7 人准备讨论提纲。7 月 8 日第四小组第二次全体会议根据提纲起草委员会所提“政府组织法中的基本问题”进行讨论，基本意见趋于一致，并推定了董必武、张奚若等 5 人负责起草政府组织法的初步草案。起草委员会先后开会 3 次，并征询了钱端升、王之相、邓初民等专家的意见，写成了“政府组织法”的草案初稿。8 月 17 日第四小组召开第三次全体会议，修正通过了组织法的初步草案，提交新政协筹备会常务委员会。8 月 27 日筹备会第四次常务委员会指定了黄炎培、马叙伦、张奚若、李立三和董必武对初步草案再研究修改一次。9 月 13 日筹备会第五次常务委员会对《中华人民共和国中央人民政府组织法（草案）》作文字修改后，在 9 月 17 日新政协筹备会第二次全体会议中获原则通过。[1]

1949 年 9 月 27 日，中国人民政治协商会议第一届全体会议通过《中华人民共和国中央人民政府组织法》（以下简称《中央人民政府组织法》）。《中央人民政府组织法》包括“总纲”“中央人民政府委员会”“政务院”“人民革命军事委员会”“最高人民法院及最高人民检察署”“本组织法的修改权及解释权”等 6 章，共 31 条。

根据《中央人民政府组织法》，中央人民政府为行使国家政权的最高机关。（见图 2－1）

---

〔1〕 参见《董必武报告：〈中华人民共和国中央人民政府组织法〉草拟的经过及基本内容》，载《人民日报》1949 年 9 月 23 日，第 1 版。

关于政府组织的原则,《中央人民政府组织法》第 2 条规定:“中华人民共和国政府是基于民主集中原则的人民代表大会制的政府。”董必武在报告中指出,民主集中制,具体的表现是人民代表大会制的政府,即人民行使国家政权的机关为各级人民代表大会和各级人民政府。他强调,民主集中制的原则与旧民主主义三权分立的原则截然相反,中央人民政府是议行合一的,是一切权力集中于人民代表大会的政府。[2]

图 2-1　印章

中华人民共和国成立初期的中央人民政府印章

关于中央人民政府的地位和职权,《中央人民政府组织法》第 4 条规定:“中央人民政府委员会对外代表中华人民共和国,对内领导国家政权。”第 5 条规定:“中央人民政府委员会组织政务院,以为国家政务的最高执行机关;组织人民革命军事委员会,以为国家军事的最高统辖机关;组织最高人民法院及最高人民检察署,以为国家的最高审判机关及检察机关。”《中央人民政府组织法》第 7 条规定了中央人民政府委员会包括任免政务院、人民革命军事委员会、最高人民法院、最高人民检察署领导人在内的 10 项职权。可见,中央人民政府是行使国家政权的最高机关,中央人民政府委员会实际上集立法权、行政权、司法权等于一身,统一领导政务院、人民革命军事委员会、最高人民法院和最高人民检察署。[3]

关于中央人民政府委员会的构成及产生、运作方式,《中央人民政府组织法》第 6 条规定:“中央人民政府委员会,由中国人民政治协商会议的全体会议选举中央人民政府主席一人,副主席六人,委员五十六人,并由中央人民政府委员会互选秘书长一人组成之。”第 10 条规定:“中央人民政府委员会的会议,两个月举行一次,由主席负责召集。……中央人民政府委员会的会议,须有委员过半数的出席始得开会,须有出席委员过半数的同意始得通过决议。”1949 年 9 月 30 日,政协第一届全体会议选举毛泽东为中央人民政府主席(见图 2-2),选举朱德、刘少奇、宋庆龄、李济深、张澜、高岗为中央人民政府副主席,选举陈毅、贺龙等 56 人为中央人民政府委员会委员。10 月 1 日,中央人民政府委员会第一次会议选举林伯渠为中央人民政府秘书长。

---

〔2〕 参见《董必武报告:〈中华人民共和国中央人民政府组织法〉草拟的经过及其基本内容》,载《人民日报》1949 年 9 月 23 日版。

〔3〕 参见杨一凡、陈寒枫、张群主编:《中华人民共和国法制史》,社会科学文献出版社 2010 年版,第 97 页。

图 2－2　会议现场

毛泽东在政协第一届全体会议上当选中央人民政府主席

根据《中央人民政府组织法》的规定，政务院为国家政务的最高执行机关。（见图 2－3）

关于政务院的构成及产生、运作方式，《中央人民政府组织法》第 13 条规定：“政务院由中央人民政府委员会任命总理一人，副总理若干人，秘书长一人，政务委员若干人组成之。政务委员得兼任各委员会的主任委员和各部的部长。”政务院总理主持政务院全院事宜，政务院政务会议，每周举行一次，由总理负责召集。根据《中央人民政府组织法》第 18 条，政务院设政治法律委员会、财政经济委员会、文化教育委员会、人民监察委员会及外交部、内务部、法制委员会、科学院、海关总署、人民银行等 30 个部、会、院、署、行。政法、财经、文教三个委员会分别负责指导与其工作有关的部、会、院、署、行，人民监察委员会负责监察政府机关和公务人员是否履行其职责。1949 年 10 月 1 日，中央人民政府委员会第一次会议任命周恩来为政务院总理兼外交部部长；10 月 19 日，中央人民政府委员会第三次会议任命董必武、陈云、郭沫若、黄炎培为政务院副总理，任命谭平山、谢觉哉等 15 人为政务委员，任命李维汉为政务院秘书长。

图 2－3　印章

中华人民共和国成立初期的政务院印章

1949 年 12 月 2 日，政务院第九次政务会议通过《政务院及其所属各机关组织通则》，对政务院及所属委、部、会、院、署、行、厅等各机关的内设机构设置及负责人的称谓、任免权限作了原则规定。

二、全国人民代表大会组织法

(一)1954年全国人民代表大会组织法

1953年1月13日,中央人民政府委员会第二十次会议决议成立宪法起草委员会。宪法起草委员会组织起草小组分别起草了《全国人民代表大会组织法》等五个法律草案,1954年9月12日,宪法起草委员会第九次全体会议修正通过了五个草案,提交第一届全国人民代表大会第一次会议审议。[4]

1954年9月20日下午,第一届全国人大第一次会议一致通过《中华人民共和国宪法》,并通过《中华人民共和国全国人民代表大会组织法》(以下简称《全国人民代表大会组织法》)。《全国人民代表大会组织法》包括"全国人民代表大会会议""全国人民代表大会常务委员会""全国人民代表大会各委员会""全国人民代表大会代表"等4章,共38条。

根据《宪法》规定,全国人民代表大会是最高国家权力机关,全国人民代表大会是行使国家立法权的唯一机关;全国人民代表大会由省、自治区、直辖市、军队和华侨选出的代表组成,全国人民代表大会每届任期4年;全国人民代表大会会议每年举行一次,由全国人民代表大会常务委员会召集。

《全国人民代表大会组织法》第1条明确,每届全国人民代表大会第一次会议,在本届全国人民代表大会代表选举完成后的两个月内由上届全国人民代表大会常务委员会召集。该法第3条规定,全国人民代表大会代表按照选出代表的选举单位分别组成代表小组。各代表小组在全国人民代表大会每次会议举行前,就全国人民代表大会常务委员会提出的关于会议的准备事项交换意见。第4条、第5条规定,全国人民代表大会在每次会议开始的时候,选举本次会议的主席团和秘书长,主席团主持全国人民代表大会会议。根据《全国人民代表大会组织法》的规定,国家主席、副主席,全国人大代表、主席团、常务委员会和各委员会,国务院,可以向全国人民代表大会提出议案;向全国人民代表大会提出的议案,由主席团提请全国人民代表大会会议讨论,或者交付有关委员会单独审查或者联合审查后提请全国人民代表大会会议讨论。

根据《宪法》的规定,全国人民代表大会常务委员会是全国人民代表大会的常设机关,由常务委员会委员长、副委员长若干人、秘书长和委员若干人组成。《全国人民代表大会组织法》明确,常务委员会委员长、副委员长、秘书长和委员,由每届全国人民代表大会在第一次会议中选出。1954年9月27日,第一届全国人大第一

---

[4] 参见《中华人民共和国宪法起草委员会举行会议 通过关于宪法草案的报告 并通过全国人民代表大会组织法等五草案》,载《人民日报》1954年9月13日版。

次会议以无记名方式投票选举刘少奇为第一届全国人大常委会委员长，宋庆龄、林伯渠等13人为第一届全国人大常委会副委员长，彭真为第一届全国人大常委会秘书长，王昆仑、王维舟、古大存、司徒美堂等65人为第一届全国人大常委会委员。《全国人民代表大会组织法》规定，委员长主持常务委员会会议和常务委员会的工作，常务委员会会议由委员长召集，每月2次。国家主席、副主席，全国人大常委会委员长、副委员长和委员，民族委员会和法案委员会，国务院，可以向常务委员会提出议案。向常务委员会提出的议案，由委员长提请常务委员会会议讨论，或者交付有关委员会单独审查或者联合审查后提请常务委员会会议讨论。

根据《宪法》的规定，全国人大设立民族委员会、法案委员会、预算委员会、代表资格审查委员会和其他需要设立的委员会，民族委员会和法案委员会在全国人大闭会期间受全国人大常委会的领导。《全国人民代表大会组织法》规定，各委员会协助全国人民代表大会工作，在全国人民代表大会闭会期间，民族委员会和法案委员会协助全国人民代表大会常务委员会工作。全国人大各委员会都由主任委员一人、副主任委员若干人和委员若干人组成，主任委员主持委员会会议和委员会的工作。

根据《宪法》的规定，全国人大代表有权向国务院或者国务院各部、各委员会提出质问，受质问的机关必须负责答复。全国人大代表，非经全国人大许可，在全国人大闭会期间非经全国人大常委会许可，不受逮捕或者审判。全国人民代表大会代表受原选举单位的监督。《全国人民代表大会组织法》进一步明确，全国人大可以列席原选举单位的人民代表大会会议，全国人大代表执行代表职务时国家根据需要给以适当的津贴和物质上的便利。

1954年《全国人民代表大会组织法》实施后，第一届、第二届全国人民代表大会分别召开了5次会议、4次会议，第三届、第四届全国人民代表大会分别召开了1次会议。

（二）1982年全国人民代表大会组织法

1982年，第五届全国人大第五次会议通过新《宪法》。在此之前，全国人大常委会办公厅和法制委员会草拟了新的《全国人民代表大会组织法》，分别送请中央各部门和各省、自治区、直辖市征求意见，并根据各方面的意见作了修改，经第五届全国人大常委会第二十五次会议审议决定提请第五届全国人大第五次会议大会审议。

1982年12月6日，第五届全国人大第五次会议审议《全国人民代表大会组织法（草案）》《国务院组织法（草案）》《人民法院组织法（草案）》《人民检察院组织法（草案）》4个法律草案，全国人大常委会副委员长兼法制委员会主任习仲勋作说明。[5] 12月10日，第五届全国人大第五次会议通过《中华人民共和国全国人民代

[5] 习仲勋：《关于四个法律案的说明》，载《人民日报》1982年12月16日，第1版。

表大会组织法》,同日第五届全国人大第五次会议主席团发布公告公布施行。新的《全国人民代表大会组织法》包括“全国人民代表大会会议”“全国人民代表大会常务委员会”“全国人民代表大会各委员会”“全国人民代表大会代表”等 4 章,共 46 条。

1982 年《宪法》进一步加强人民代表大会制度,扩大全国人大常委会的职权。1982 年《宪法》规定全国人民代表大会每届任期 5 年,并将原来属于全国人大的一部分职权交由其常委会行使,扩大全国人大常委会的职权和加强其组织。全国人大及其常委会行使国家立法权;除基本法律应当由全国人大制定以外,其他法律由全国人大常委会制定。人大常委会委员不得担任国家行政机关、审判机关和检察机关的职务,实际上将有相当数量的委员是专职的。为了加强全国人大的工作,还将增设一些专门委员会,在全国人大及其常委会领导下,研究、审议和拟订有关议案。[6]

1982 年《全国人民代表大会组织法》改全国人大“代表小组”为“代表团”,规定:“全国人民代表大会代表按照选举单位组成代表团。”新的《全国人民代表大会组织法》规定:全国人大主席团,全国人大常委会,全国人大各专门委员会,国务院,中央军事委员会,最高人民法院,最高人民检察院,可以向全国人大提出属于全国人大职权范围内的议案,由主席团决定交各代表团审议,或者并交有关的专门委员会审议、提出报告,再由主席团审议决定提交大会表决;一个代表团或者 30 名以上的代表,可以向全国人大提出属于全国人大职权范围内的议案,由主席团决定是否列入大会议程,或者先交有关的专门委员会审议、提出是否列入大会议程的意见,再决定是否列入大会议程。

新的《全国人民代表大会组织法》将全国人大常委会的召开由每月两次改为每两个月一次,增加了全国人大常委会可以根据需要设立工作委员会的规定,明确常务委员会委员长、副委员长、秘书长组成委员长会议,处理常务委员会的重要日常工作。《全国人民代表大会组织法》规定:全国人大各专门委员会,国务院,中央军事委员会,最高人民法院,最高人民检察院,可以向常务委员会提出属于常务委员会职权范围内的议案,由委员长会议决定提请常务委员会会议审议,或者先交有关的专门委员会审议、提出报告,再提请常务委员会会议审议;常务委员会组成人员 10 人以上可以向常务委员会提出属于常务委员会职权范围内的议案,由委员长会议决定是否提请常务委员会会议审议,或者先交有关的专门委员会审议、提出报告,再决定是否提请常务委员会会议审议。

---

〔6〕 彭真:《关于〈中华人民共和国宪法(修改草案)〉的报告》,载《人民日报》1982 年 12 月 6 日,第 1 版。

1982 年《全国人民代表大会组织法》增加了关于“质询案”的规定。在全国人大会议期间，一个代表团或者 30 名以上的代表，可以书面提出对国务院和国务院各部、各委员会的质询案，由主席团决定交受质询机关书面答复，或者由受质询机关的领导人在主席团会议上或者有关的专门委员会会议上或者有关的代表团会议上口头答复。在常务委员会会议期间，常务委员会组成人员 10 人以上，可以向常务委员会书面提出对国务院和国务院各部、各委员会的质询案，由委员长会议决定交受质询机关书面答复，或者由受质询机关的领导人在常务委员会会议上或者有关的专门委员会会议上口头答复。

1982 年《宪法》规定，全国人大设立民族委员会、法律委员会、财政经济委员会、教育科学文化卫生委员会、外事委员会、华侨委员会和其他需要设立的专门委员会。《全国人民代表大会组织法》第 35 条明确，全国人大可以设立“全国人民代表大会认为需要设立的其他专门委员会”。1988 年 3 月，第七届全国人大第一次会议决定设立全国人大内务司法委员会；1993 年 3 月，第八届全国人大第一次会议决定设立全国人大环境保护委员会，并在 1994 年 3 月第八届全国人大第二次会议上更名为全国人大环境与资源保护委员会；1998 年 3 月，第九届全国人大第一次会议决定设立全国人大农业与农村委员会；2018 年 3 月，第十三届全国人大第一次会议决定设立全国人大社会建设委员会，并将全国人大法律委员会更名为全国人大宪法和法律委员会，将全国人大内务司法委员会更名为全国人大监察和司法委员会。1982 年《全国人民代表大会组织法》第 28 条第 1 款规定：“常务委员会可以根据需要设立工作委员会。”1983 年 9 月 2 日，第六届全国人大常委会第二次会议决定将全国人大常委会法制委员会改为全国人大常委会法制工作委员会；1998 年 12 月 29 日，第九届全国人大常委会第六次会议决定设立全国人大常委会预算工作委员会。1990 年 4 月 4 日，第七届全国人大第三次会议批准香港特别行政区基本法起草委员会关于设立全国人大常委会香港特别行政区基本法委员会的建议，决定在《香港特别行政区基本法》实施时设立全国人大常委会香港特别行政区基本法委员会，1997 年 6 月 27 日，第八届全国人大常委会第二十六次会议通过全国人大常委会香港特别行政区基本法委员会名单；1993 年 3 月 31 日，第八届全国人大第一次会议批准澳门特别行政区基本法起草委员会关于设立全国人大常委会澳门特别行政区基本法委员会的建议，决定在《澳门特别行政区基本法》实施时设立全国人大常委会澳门特别行政区基本法委员会，1999 年 12 月 17 日，第九届全国人大常委会第十三次会议通过全国人大常委会澳门特别行政区基本法委员会组成人员名单。

为便于依法行使职权，提高议事效率，1987 年 11 月 24 日，第六届全国人大常委会第二十三次会议通过《全国人民代表大会常务委员会议事规则》，1989 年 4 月 4 日，第七届全国人大第二次会议通过《全国人民代表大会议事规则》，自此全国人民代表大会组织法律制度更加完善。

三、国务院组织法

(一)1954 年国务院组织法

1954 年 9 月 12 日,宪法起草委员会第九次全体会议修正通过了起草小组起草的《国务院组织法(草案)》,提交第一届全国人大第一次会议审议。[7]

1954 年 9 月 21 日,第一届全国人大第一次会议通过《中华人民共和国国务院组织法》(以下简称《国务院组织法》),9 月 28 日国家主席毛泽东发布命令公布施行。《国务院组织法》共 9 条,不分章。

1954 年《宪法》规定,国务院,即中央人民政府,是最高国家权力机关的执行机关,是最高国家行政机关。这里的"中央人民政府"已不同于 1949 年《共同纲领》确定的"中央人民政府",而成为单纯的最高国家行政机关。《宪法》规定,国务院由总理、副总理若干人、各部部长、各委员会主任和秘书长组成。全国人大根据国家主席的提名,决定国务院总理的人选,根据国务院总理的提名,决定国务院组成人员的人选;全国人大常委会在全国人大闭会期间,决定国务院副总理、各部部长、各委员会主任、秘书长的个别任免。1954 年 9 月 27 日,根据国家主席毛泽东的提名,第一届全国人大第一次会议决定周恩来为国务院总理;9 月 28 日,根据国务院周恩来的提名,决定陈云、邓小平等 10 人为国务院副总理,习仲勋为国务院秘书长。《宪法》规定,总理领导国务院的工作,主持国务院会议。《国务院组织法》明确,国务院会议分为国务院全体会议和国务院常务会议。国务院全体会议由总理、副总理、各部部长、各委员会主任、秘书长组成,每月举行一次,在必要的时候由总理临时召集;国务院常务会议由总理、副总理、秘书长组成。

《国务院组织法》第 2 条具体列出了包括内务部、外交部、国防部和国家计划委员会、民族事务委员会等 35 个部和委员会的国务院组成部门(见图 2-4),并规定国务院各部和各委员会的增加、减少或者合并,经总理提出,由全国人大决定,在全国人大闭会期间由全国人大常委会决定。在《宪法》制定过程中,有人提议在《宪法》具体列出国务院所属各部、各委员会的名称,这个意见没有被宪法起草委员会采纳。宪法起草委员会认为,随着国家建设工作的发展,国务院的机构在一定的情况下需要有某些变动,所在《宪法》没有具体列出国务院所属各部门的名称,以免宪法的频繁修改。同时,宪法起草委员会认为,国务院各部和各委员会的名称,可以在

---

[7] 参见《中华人民共和国宪法起草委员会举行会议　通过关于宪法草案的报告　并通过全国人民代表大会组织法等五草案》,载《人民日报》1954 年 9 月 13 日版。

《国务院组织法》内另行规定。[8]《国务院组织法》第6条规定，国务院可以按照需要设立若干直属机构，主办各项专门业务。这些机构的设立、合并或者撤销，由总理提请全国人民代表大会常务委员会批准。

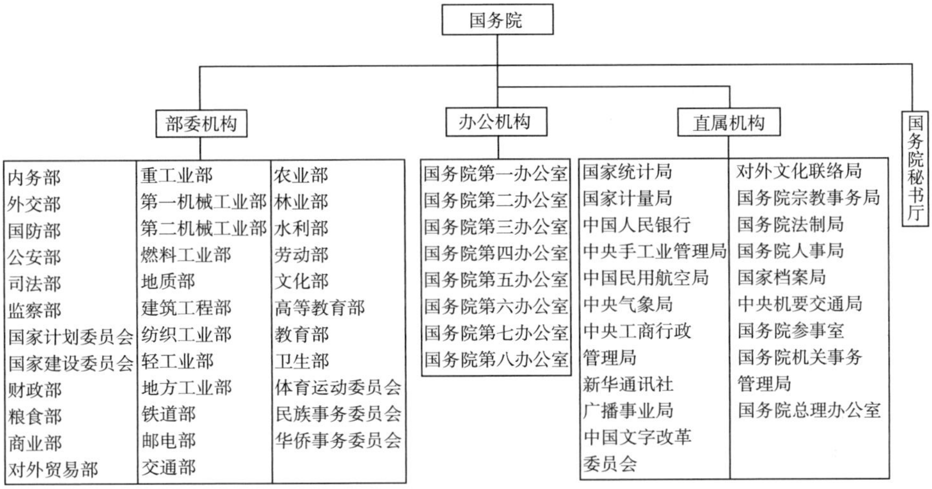

图2-4　1954年国务院组织机构

1954年《国务院组织法》实施后，1955年7月30日，第一届全国人大第二次会议通过《关于撤销燃料工业部设立煤炭工业部、电力工业部、石油工业部、农产品采购部并修改中华人民共和国国务院组织法第二条第一款条文的决议》，对《国务院组织法》进行修改。

（二）1982年国务院组织法

1982年，根据立法安排，国务院重新拟定了《国务院组织法（草案）》，分别送请中央各部门和各省、自治区、直辖市征求意见，并根据各方面的意见作了修改，经第五届全国人大常委会第二十五次会议审议决定提请第五届全国人大第五次会议大会审议。1982年12月10日，第五届全国人大第五次会议通过《中华人民共和国国务院组织法》，同日全国人大常委会委员长叶剑英签署第十四号委员长令公布施行。新的《国务院组织法》共11条，不分章。

1982年《宪法》规定，国务院实行总理负责制，总理领导国务院的工作，召集和主持国务院常务会议和国务院全体会议。新的《国务院组织法》明确，国务院会议分为国务院全体会议和国务院常务会议，全体会议由国务院全体成员组成，常务会议由总理、副总理、国务委员、秘书长组成。总理召集和主持国务院全体会议和国务

[8] 刘少奇：《关于〈中华人民共和国宪法（草案）〉的报告》，载《人民日报》1954年9月16日，第1版。

院常务会议。国务院工作中的重大问题,必须经国务院常务会议或者国务院全体会议讨论决定。新的《国务院组织法》取消了“国务院全体会议每月举行一次”的规定,对于国务院会议的期限,在法律上不作硬性的规定。同时,新的《国务院组织法》增加了有关“国务委员”的规定,明确“国务委员受总理委托,负责某些方面的工作或者专项任务,并且可以代表国务院进行外事活动”。

关于国务院组成部门的规定,新的《国务院组织法》没有将国务院设置的部委逐一列出。这是鉴于1954 年《国务院组织法》实施20 多年间部委设置变动较多,随着国家行政管理体制和经济管理体制改革的逐步推行,势必还会有所变化,为了保持法律的稳定性和严肃性,《国务院组织法》不再具体列举部委的名称,只是原则规定:“国务院各部、各委员会的设立、撤销或者合并,经总理提出,由全国人民代表大会决定;在全国人民代表大会闭会期间,由全国人民代表大会常务委员会决定。”同时,新的《国务院组织法》规定国务院直属机构的设置由国务院决定,而不再须经全国人大常委会批准。这是因为直属机构的负责人不是国务院组成人员,他们的任免并不经过全国人大常委会批准,因而这些机构的设置可以不报全国人大常委会批准。[9]

1982 年《国务院组织法》实施后,1998 年 7 月 31 日,国务院第六次常务会议曾讨论并原则通过《国务院组织法(修订草案)》,决定经进一步修改后提交全国人大常委会审议。[10] 国务院在 1982 年后,又分别于 1988 年、1993 年、1998 年、2003 年、2008 年、2013 年和 2018 年七次通过《关于国务院机构改革和职能转变方案的决定》,国务院也分别于 1998 年、2003 年、2005 年、2008 年、2013 年和 2018 年 6 次印发《国务院工作规则》,完善了国务院组织法律制度。

第二节　地方国家权力机关和地方国家行政机关组织法

1949 年《共同纲领》规定:“人民行使国家政权的机关为各级人民代表大会和各级人民政府。各级人民代表大会由人民用普选方法产生之。各级人民代表大会选举各级人民政府。各级人民代表大会闭会期间,各级人民政府为行使各级政权的机关。”“在普选的地方人民代表大会召开以前,由地方各界人民代表会议逐步地代行人民代表大会的职权。”中华人民共和国成立后,中央人民政府及其政务院先后颁布了地方各级政权机关组织法律制度。1954 年《宪法》规定:地方各级人民代表大会都是地方国家权力机关;地方各级人民委员会,即地方各级人民政府,是地方

〔9〕 习仲勋:《关于四个法律案的说明》,载《人民日报》1982 年 12 月 16 日,第 1 版。

〔10〕 参见《朱镕基主持召开国务院第六次常务会　讨论并原则通过〈国务院组织法(修订草案)〉等》,载《人民日报》1998 年 8 月 2 日版。

各级人民代表大会的执行机关，是地方各级国家行政机关。1982 年《宪法》规定：地方各级人民代表大会是地方国家权力机关；地方各级人民政府是地方各级国家权力机关的执行机关，是地方各级国家行政机关。

根据《宪法》，全国人大于 1954 年制定了《地方各级人民代表大会和地方各级人民委员会组织法》，于 1979 年制定了《地方各级人民代表大会和地方各级人民政府组织法》，其后全国人大及其常委会先后对《地方各级人民代表大会和地方各级人民政府组织法》进行了修正。此外，全国人大 1984 年制定的《民族区域自治法》对民族自治地方自治机关的组成和职权作了规定。

一、中华人民共和国成立初期的地方组织立法

1949 年 10 月 1 日中华人民共和国成立后，随着解放战争在全国范围内取得胜利和土地改革等运动的开展，地方政权建设面临着繁重的任务。中华人民共和国成立初期，中央人民政府及其政务院先后制定了一系列地方国家机关组织通则，为地方政权建设提供了制度保障。

1949 年 11 月 28 日，中央人民政府政务院第八次政务会议通过《省各界人民代表会议组织通则》《市各界人民代表会议组织通则》《县各界人民代表会议组织通则》，并经 12 月 2 日中央人民政府委员会第四次会议通过；1949 年 12 月 16 日，政务院第十一次政务会议通过《大行政区人民政府委员会组织通则》（大行政区军政委员会适用此组织通则）；1950 年 1 月 6 日，政务院第十四次政务会议通过《省人民政府组织通则》《市人民政府组织通则》《县人民政府组织通则》；1950 年 11 月 3 日，政务院第五十七次政务会议通过《大城市区各界人民代表会议组织通则》和《大城市区人民政府组织通则》；1950 年 12 月 8 日，政务院第六十二次政务会议通过《区各界人民代表会议组织通则》《乡（行政村）人民代表会议组织通则》《区人民政府及区公所组织通则》《乡（行政村）人民政府组织通则》。

根据《大行政区人民政府委员会组织通则》，各大行政区人民政府委员会是各该区所辖省（市）高一级的地方政权机关，也是中央人民政府政务院领导地方政府工作的代表机关，实际上是介于中央和省（直辖市）之间的一级政权机关。关于大行政区人民政府委员会（军政委员会）的产生办法，通则规定，大行政区军政委员会由政务院提请中央人民政府任命；在条件许可时应召集各大行政区的各界人民代表会议，代行人民代表大会职权，产生大行政区人民政府委员会；凡军事行动已经结束，土地改革已经彻底实现，各界人民已有充分组织的大行政区，即应实行普选，召开大行政区的人民代表大会，正式选举大行政区的人民政府委员会。各大行政区人民政府委员会由主席一人、副主席若干人、委员若干人组成，主席主持全体委员会议并领导大行政区人民政府委员会的工作，各大行政区人民政府委员会全体

委员会议每 3 个月举行一次。各大行政区人民政府委员会应根据工作需要,设立政法、财经、文教、监察等部门工作机构和最高人民法院分院、最高人民检察署分署,中央直接领导的企事业单位受所在地大行政区政府指导。[11] 1952 年 11 月 15 日,中央人民政府委员会第十九次会议作出《关于改变大行政区人民政府(军政委员会)机构与任务的决定》,大行政区人民政府或军政委员会一律改为行政委员会,大区行政委员会是代表中央人民政府在各该地区进行领导与监督地方政府的机关。此后,大区领导机关不再是地方政权机关,而仅仅是中央人民政府派出机关。1954 年 4 月 27 日,中共中央政治局扩大会议决定撤销大区一级党政机关。6 月 19 日,中央人民政府委员会第三十二次会议通过了《关于撤销大区一级行政机构和合并若干省、市建制的决定》,同年 8 月至 11 月六个大区的行政委员会先后撤销。

根据《省各界人民代表会议组织通则》,省各界人民代表会议由省人民政府呈请中央人民政府批准后召集,代行省人民代表大会听取与审查省人民政府工作报告、决定省的施政方针和政策、选举省人民政府委员会在内的职权。省各界人民代表会议代表任期 2 年,可以连选连任,参加单位及代表名额由省人民政府和省各界人民代表会议协商委员会共同商定。省各界人民代表会议休会期间,设省各界人民代表会议协商委员会,由省各界人民代表会议选举主席一人、副主席若干人及委员若干人组成,协商委员会由主席负责召集并主持会议。省各界人民代表会议每 1 年召开一次,协商委员会每 3 个月召集一次。[12] 根据《省人民政府组织通则》,省人民政府委员会为省一级的地方政权机关,受主管大行政区人民政府委员会(或军政委员会)的直接领导,在不设大行政区人民政府的地区受中央人民政府政务院的直接领导,由省人民代表大会(或省各界人民代表会议)选举省人民政府主席一人、副主席若干人及委员若干人组成,并层报中央人民政府委员会批准任命。省人民政府委员会的任期为 2 年,可以连选连任,由省人民政府主席主持会议并领导工作,省人民政府委员会全体委员会议每月举行一次,省人民政府行政会议每周举行一次。省人民政府委员会根据工作需要设立办公厅及公安、民政、财政、工商、文教等部门机构、财经委员会、人民监察委员会和省人民法院、省人民检察署。《省人民政府组织通则》规定,各省可以根据需要划为若干专员区,各设专员 1 人及副专员 1 至 2 人,专员公署为省人民政府委员会之派出机关。[13]

根据《市各界人民代表会议组织通则》,市各界人民代表会议由市军事管制委

---

〔11〕 参见《大行政区人民政府委员会组织通则(大行政区军政委员会适用此组织通则)》,载《人民日报》1949 年 12 月 19 日版。

〔12〕 参见《市、县、省各界人民代表会议及政务院各机关组织通则·省各界人民代表会议组织通则》,载《人民日报》1949 年 12 月 5 日版。

〔13〕 参见《省、市、县人民政府组织通则·省人民政府组织通则》,载《人民日报》1950 年 1 月 8 日版。

员会及市人民政府召开，在军事管制初期是军事管制委员会和市人民政府传达政策、联系群众的协议机关，经直属上级人民政府批准可代行市人民代表大会听取与审查市人民政府的工作报告、决定市的施政方针和政策、选举市人民政府委员会等职权。代行市人民代表大会职权期间，市各界人民代表会议代表任期1年，可以连选连任，参加单位及代表名额分配由军事管制委员会、市人民政府和上届市各界人民代表会议协商委员会共同商定。市各界人民代表会议休会期间，设市各界人民代表会议协商委员会，由市各界人民代表会议选举主席一人、副主席若干人及委员若干人组成，协商委员会由主席负责召集并主持会议。市各界人民代表会议每3个月召开一次，协商委员会每月召集一次。[14] 根据《市人民政府组织通则》，市人民政府委员会为市地方政权机关，按其隶属关系分别受中央或大行政区或省的直接领导，由市人民代表大会（或市各界人民代表会议）选举市长一人（必要时得设副市长）及委员若干人组成，并提请上级人民政府转请政务院或由政务院转请中央人民政府委员会批准任命。市人民政府委员会的任期为1年，可以连选连任，由市长主持会议并领导工作，市人民政府委员会全体委员会议每月举行一次，市人民政府行政会议每周举行一次。市人民政府委员会根据工作需要设立秘书厅及民政、公安、财政、建设、文教等部门机构、财经委员会、人民监察委员会和市人民法院、市人民检察署。[15]

根据《县各界人民代表会议组织通则》，县各界人民代表会议由县人民政府召开，经省人民政府批准可代行县人民代表大会听取与审查县人民政府的工作报告、审查与通过县人民政府的预决算、选举县人民政府委员会等职权。代行县人民代表大会职权期间，县各界人民代表会议代表任期1年，可以连选连任，参加单位及代表名额分配由县人民政府决定。县各界人民代表会议每3个月召开一次，休会期间设常务委员会，由县各界人民代表会议选举主席一人、副主席若干人及委员若干组成。[16] 根据《县人民政府组织通则》，县人民政府委员会为县一级的地方政权机关，受省人民政府委员会的领导及主管区专员的监督指导，由县人民代表大会（或县各界人民代表会议）选举县长一人（必要时得设副县长）及委员若干人组成，并报请省人民政府层报中央人民政府政务院批准任命。县人民政府委员会的任期为1年，可以连选连任，由县长主持会议并领导工作，县人民政府委员会全体委员会议每月举行一次，县人民政府行政会议每周举行一次。县人民政府委员会根据工作

---

〔14〕 参见《市、县、省各界人民代表会议及政务院各机关组织通则·省各界人民代表会议组织通则》，载《人民日报》1949年12月5日版。

〔15〕 参见《省、市、县人民政府组织通则·市人民政府组织通则》，载《人民日报》1950年1月8日版。

〔16〕 参见《市、县、省各界人民代表会议及政务院各机关组织通则·县各界人民代表会议组织通则》，载《人民日报》1949年12月5日版。

需要设立秘书及民政、财政、教育、公安等部门机构、人民监察委员会和县人民法院、县人民检察署。[17]

根据《大城市区各界人民代表会议组织通则》,大城市的区各界人民代表会议由区人民政府召集,经市人民政府批准可代行区人民代表大会听取与审查区人民政府的工作报告、选举区人民政府委员会等职权。代行区人民代表大会期间,区各界人民代表会议代表任期1年,可以连选连任;参加单位及代表名额分配,第一届由区人民政府邀集本区内的人民团体等代表组成之区各界人民代表会议筹备委员会商定,以后由区人民政府与上届区各界人民代表会议协商委员会商定,均须经市人民政府批准。区各界人民代表会议每3个月召开一次,设区协商委员会,由区各界人民代表会议选举主席一人、副主席及委员若干人组成。[18] 根据《大城市区人民政府组织通则》,大城市的区人民政府委员会为区一级的地方政权机关,受市人民政府委员会的领导,由区人民代表大会(或区各界人民代表会议)选举区长一人、副区长及委员若干人组成,并提请市人民政府批准任命。区人民政府委员会的任期为1年,可以连选连任,由区长主持会议并领导工作,区人民政府委员会全体委员会议每月举行一次,区人民政府行政会议每周举行一次。区人民政府由市人民政府根据工作需要和精简原则,设秘书室及民政、文教、卫生等部门机构。[19]

根据《区各界人民代表会议组织通则》,凡需作为一级政权的区,设区各界人民代表会议,由区人民政府召开,经县人民政府批准代行区人民代表大会听取与审查区人民政府的工作报告、选举区人民政府委员会等职权。代行区人民代表大会期间,区各界人民代表会议代表任期1年,可以连选连任,参加单位及代表名额分配由区人民政府拟定,报经县人民政府批准。区各界人民代表会议每3个月召开一次,区各界人民代表会议设主席一人、副主席若干人,可由区长、副区长兼任。[20] 根据《区人民政府及区公所组织通则》,作为一级政权的区设区人民政府,受县人民政府领导,由区人民代表大会(或区各界人民代表会议)选举区长一人、副区长及委员各若干人组成,由县人民政府报请省人民政府批准任命。区人民政府委员会任期为1年,可以连选连任,由区长主持会议并领导工作,区人民政府委员会全体委员会议每月召开一次。区人民政府设秘书一人及助理员若干人,分工办理各项工作。不需作为一级政权的区设区公所,为县人民政府的派出机关,副区长、秘书及助理员若干人,由县人民政府委派,执行县人民政府交办事项,并指导、监督与协助所辖乡人

---

[17] 参见《省、市、县人民政府组织通则·县人民政府组织通则》,载《人民日报》1950年1月8日版。
[18] 参见《大城市区各界人民代表会议组织通则》,载《人民日报》1950年11月14日版。
[19] 参见《大城市区人民政府组织通则》,载《人民日报》1950年11月14日版。
[20] 参见《区各界人民代表会议组织通则》,载《人民日报》1950年12月31日版。

民政府的工作。[21]

根据《乡(行政村)人民代表会议组织通则》,乡(行政村,下同)人民代表会议由乡人民政府召开之,一般代行乡人民代表大会职权,行使听取与审查乡人民政府的工作报告等职权,经县人民政府批准可选举乡人民政府委员会。乡人民代表会议代表任期1年,可连选连任,按居民居住的自然情况划分选区由选民选举。乡人民代表会议每月召开一次,不设常驻机构,设主席一人、副主席若干人,可由乡长、副乡长兼任。[22] 根据《乡(行政村)人民政府组织通则》,乡人民政府委员会为乡一级的地方政权机关,受区人民政府领导,在不设区人民政府的地区受县人民政府领导及区公所的监督指导,由乡人民代表大会(或乡人民代表会议)选举乡长一人、副乡长及委员各若干人组成,报县人民政府批准任命。乡人民政府委员会任期为1年,可以连选连任,由乡长主持会议并领导工作,乡人民政府委员会会议每10天或半月开会一次召开一次。乡人民政府设文书一人,在乡长领导下办理文书事宜。[23]

二、1954年地方组织法

1954年9月12日,宪法起草委员会第九次全体会议修正通过了起草小组起草的《地方各级人民代表大会及地方各级人民委员会组织法(草案)》,提交第一届全国人大第一次会议审议。[24]

1954年9月21日上午,第一届全国人大第一次会议通过《中华人民共和国地方各级人民代表大会和地方各级人民委员会组织法》(以下简称1954年《地方组织法》)。1954年《地方组织法》包括“总则”“各级地方人民代表大会”“地方各级人民委员会”等3章,共42条。

1954年《宪法》规定,中华人民共和国的行政区划为:全国分为省、自治区、直辖市;省、自治区分为自治州、县、自治县、市;县、自治县分为乡、民族乡、镇。省、直辖市、县、市、市辖区、乡,民族乡、镇设立人民代表大会和人民委员会,其中地方各级人民代表大会都是地方国家权力机关,地方各级人民委员会,即地方各级人民政府,是地方各级人民代表大会的执行机关,是地方各级国家行政机关。根据《宪法》,1954年《地方组织法》对地方各级人民代表大会和地方各级人民委员会的性质、产生办法、任期、职权、履职方式等作了规定。

---

〔21〕 参见《区人民政府及区公所组织通则》,载《人民日报》1950年12月31日版。

〔22〕 参见《乡(行政村)人民代表会议组织通则》,载《人民日报》1950年12月31日版。

〔23〕 参见《乡(行政村)人民政府组织通则》,载《人民日报》1950年12月31日版。

〔24〕 参见《中华人民共和国宪法起草委员会举行会议　通过关于宪法草案的报告并通过全国人民代表大会组织法等五草案》,载《人民日报》1954年9月13日版。

1954年《地方组织法》第二章对“地方各级人民代表大会”作了规定,共20条。关于地方各级人民代表大会的产生方式,第4条规定:“省、直辖市、县、设区的市的人民代表大会代表由下一级的人民代表大会选举;不设区的市、市辖区、乡、民族乡、镇的人民代表大会代表由选民直接选举。”关于地方各级人民代表大会的任期,第5条规定:“省人民代表大会每届任期四年。直辖市、县、市、市辖区、乡、民族乡、镇的人民代表大会每届任期两年。”关于地方各级人民代表大会的职权,第6条和第7条分别规定了县级以上的地方各级人民代表大会和乡、民族乡、镇人民代表大会在本行政区域内行使各12项职权。关于地方各级人民代表大会的召集和开会,第9条和第10条规定,地方各级人民代表大会会议由本级人民委员会召集。省、直辖市、县、市、市辖区的人民代表大会会议每年举行两次,交通不便的省可以每年举行一次;乡、民族乡、镇的人民代表大会会议每3个月举行一次。地方各级人民代表大会举行会议的时候,代表和主席团,本级人民委员会,都可以提出议案;代表向本级人民委员会或者本级人民委员会所属各工作部门提出的质问,经过主席团提交受质问的机关,受质问的机关必须在会议中负责答复。

与全国人民代表大会不同,地方各级人民代表大会不设常务委员会,而仅在举行会议的时候,选举主席团主持会议;县级以上的人民代表大会会议设秘书长一人,副秘书长若干人。关于这一点,刘少奇在报告中指出,地方各级人民代表大会没有国家立法权,工作的繁重程度与全国人民代表大会无法相提并论。而且越是下级的人民代表大会,因为地区越小,就越易于召集会议。所以地方各级人民代表大会不需要在人民委员会以外再设立常务机关。此外,地方各级人民委员会是地方各级人民代表大会的执行机关,同时也行使人民代表大会的常务机关的职权。另外设立人民代表大会的常务机关,反而会使机构重叠,造成不便。[25]

根据1954年《地方组织法》的规定,上一级国家行政机关和下一级国家行政机关是领导与被领导的关系,全国地方各级人民委员会都是国务院统一领导下的国家行政机关,都服从国务院。1954年《地方组织法》第三章对“各级人民委员会”作了规定,共20条。关于地方各级委员会的产生方式,第25条第1款规定:“地方各级人民委员会分别由本级人民代表大会选举省长、市长、县长、区长、乡长、镇长各一人,副省长、副市长、副县长、副区长、副乡长、副镇长各若干人和委员各若干人组成。”关于地方各级人民委员会的任期,第26条第1款规定:“省人民委员会每届任期四年。直辖市、县、市、市辖区、乡、民族乡、镇的人民委员会每届任期两年。”关于地方各级委员会的职权,第27条和第28条分别规定了县级以上的人民委员会和乡、民族乡、镇人民委员会在本行政区域内行使的17项和11项职权。

---

〔25〕 刘少奇:《关于中华人民共和国宪法草案的报告》,载《人民日报》1954年9月16日,第1版。

1954 年《地方组织法》第 42 条规定:“省人民委员会在必要的时候,经国务院批准,可以设立若干专员公署,作为它的派出机关。县人民委员会在必要的时候,经省人民委员会批准,可以设立若干区公所,作为它的派出机关。市辖区、不设区的市的人民委员会在必要的时候,经上一级人民委员会批准,可以设立若干街道办事处,作为它的派出机关。”1959 年 9 月 17 日,第二届全国人大常委会第九次会议通过《关于直辖市和较大的市可以领导县、自治县的决定》,为密切城市和农村的经济关系、促进工农业的相互支援、便利劳动力的调配,决定直辖市和较大的市可以领导县、自治县。自此,在《宪法》规定的行政区划之外,中国地方政权组织形式得到调整。

随着农业社会主义改造的完成,尤其是“大跃进”和人民公社化运动开始后,中国农村地区的经济结构发生了重大变化。1962 年 9 月 27 日,中共八届十中全会通过《农村人民公社工作条例(修正草案)》,条例包括“农村人民公社”“公社”“生产大队”“生产队”“社员家庭副业”“社员”“干部”“人民公社各级监察组织”“人民公社中的党组织”等 9 章,共 60 条。《农村人民公社条例(修正草案)》第 1 条第 1 款规定:“农村人民公社是政社合一的组织,是我国社会主义社会在农村中的基层单位,又是我国社会主义政权在农村中的基层单位。”第 7 条第 1 款规定:“公社社员代表大会,就是乡人民代表大会。公社社员的代表,就是乡人民代表大会的代表。”第 9 条规定:“公社管理委员会,在行政上,就是乡人民委员会(乡人民政府),受县人民委员会(县人民政府)和县人民委员会派出机关的领导。……公社的社长,就是乡长。”1975 年 1 月 17 日,第四届全国人大第一次会议通过的《宪法》第 7 条第 1 款确认了“农村人民公社是政社合一的组织”。因此,在人民公社运动开展以来,中国的基层政权形式发生了重大变化,已经在实质上废止了 1954 年《宪法》和 1954 年《地方组织法》关于乡、民族乡人民代表大会和人民委员会的制度设计。

三、1979 年地方组织法

“文化大革命”中,地方各级人民政府被改为“革命委员会”。1975 年 1 月 17 日,第四届全国人大第一次会议通过的《宪法》第二章“国家机构”第三节以“地方各级人民代表大会和地方各级革命委员会”为题,规定:“地方各级革命委员会是地方各级人民代表大会的常设机关,同时又是地方各级人民政府。”将“革命委员会”在《宪法》上确定下来。1978 年 3 月 5 日,第五届全国人大第一次会议通过的《宪法》继承了对“各级地方革命委员会”的规定。1978 年《宪法》第 33 条第 1 款规定:“中华人民共和国的行政区域划分如下:(一)全国分为省、自治区、直辖市;(二)省、自治区分为自治州、县、自治县、市;(三)县、自治县分为人民公社、镇。”第 34 条第 1 款规定:“省、直辖市、县、市、市辖区、人民公社、镇设立人民代表大会和革命委员会。”第 38 条第 1 款明确:“自治区、自治州、自治县的自治机关是人民代表大会和革命委员会。”1979 年 7 月 1 日,第五届全国人大第二次会议通过《关于修正〈中华人民共和国宪法〉若干规定的决议》,将第 34 条第 1 款修改为:“省、直辖市、县、市、市辖区、镇设立人民代表大会和人民政府;人民公社设立人民代表大会和管理委员会。”

1979 年 2 月 23 日,第五届全国人大常委会第六次会议决定设立全国人民代表大会常务委员会法制委员会。1979 年上半年,全国人大常委会法制委员会会同有关部门拟定了《地方各级人民代表大会和地方各级人民政府组织法(草案)》《全国人民代表大会和地方各级人民代表大会选举法(草案)》《人民法院组织法(草案)》《人民检察院组织法(草案)》等七个法律草案,并交第五届全国人大第二次会议审议。1979 年 6 月 26 日,全国人大法案委员会主任、全国人大常委会法制委员会主任彭真就七个法律草案作说明。6 月 30 日,第五届全国人大第二次会议主席团会议通过《第五届全国人民代表大会法案委员会关于七个法律草案的审查报告》。

1979 年 7 月 1 日,第五届全国人大第二次会议通过《中华人民共和国地方各级人民代表大会和地方各级人民政府组织法》(以下简称 1979 年《地方组织法》),7 月 4 日,全国人大常委会委员长叶剑英签署第一号委员长令公布,自 1980 年 1 月 1 日起施行。1979 年《地方组织法》包括“总则”“各级人民代表大会”“县级以上的地方各级人民代表大会常务委员会”“地方各级人民政府”等 4 章,共 42 条。

与 1954 年《地方组织法》相比,1979 年《地方组织法》的改革主要体现在以下方面:

一是关于地方各级人民代表大会和地方各级人民政府的任期和开会周期的规定,1979 年《地方组织法》将省、自治区、直辖市的人民代表大会每届任期由 4 年延长为 5 年,自治州、县、自治县、市、市辖区的人民代表大会每届任期由 2 年延长为 3 年。将省、直辖市、县、市、市辖区的人民代表大会会议每年举行两次和乡、民族乡、镇的人民代表大会会议每 3 个月举行一次的开会周期统一为“地方各级人民代表大会会议每年至少举行一次”。

二是县以上地方各级人民代表大会设立常务委员会,由主任和副主任、委员若干人组成,规定常务委员会会议每 2 个月至少举行一次,并明确常务委员会的组成人员不兼任本级人民政府、人民法院、人民检察院的组成人员。地方人民代表大会及其常务委员会是地方的国家权力机关,地方人民政府是地方的行政机关。地方人民政府的组成人员由地方人民代表大会及其常务委员会分别选举、罢免或者任免。地方人民政府对地方人民代表大会及其常务委员会负责并报告工作。由于这个改革,“在全国县以上各级地方范围内,人民经过自己的代表、代表大会和它的常务委员会,将大大加强对县以上地方各级人民政府的管理和监督,大大加强自己行使管理国家的权利”。[26]

三是“发挥中央和地方两个积极性”，按照中国的实际情况和进行政治、经济、文化改革和建设的经验，规定省、自治区、直辖市人民代表大会及其常务委员会根据本行政区域的具体情况和实际需要，在和国家宪法、法律、政策、法令、政令不抵触的前提下，可以制订和颁布地方性法规。

四是把直接选举人民代表大会代表的范围扩大到县一级，规定：“县、自治县、不设区的市、市辖区、人民公社、镇的人民代表大会代表由选民直接选举。”这是因为，“在一个县的范围内，群众对于本县国家机关和国家工作人员的情况是比较熟悉和了解的，实行直接选举不仅可以比较容易地保证民主选举，而且便于人民群众对县级国家机关和国家工作人员实行有效的监督”。[27]

五是规定地方各级人民代表大会代表有向人民代表大会和它的常务委员会反映群众的意见和要求的权利和义务。在人民代表大会举行会议的时候，代表有权向本级人民政府，或者本级人民政府所属各工作部门提出质询，经过大会主席团提交受质询的机关，受质询的机关必须在会议中负责答复。为了保证代表能够充分行使代表职权，规定县级以上地方各级人民代表大会代表非经本级人民代表大会常务委员会同意，不受逮捕或者审判。

六是完善了地方各级人民政府的产生方式。根据 1979 年《地方组织法》，县级以上的地方各级人民代表大会决定省长、副省长，自治区主席、副主席，市长、副市长，州长、副州长，县长、副县长，区长、副区长的人选；县级以上的地方各级人民代表大会常务委员会在本级人民代表大会闭会期间，决定副省长、自治区副主席、副市长、副州长、副县长、副区长的个别任免；在省长、自治区主席、市长、州长、县长、区长因故不能担任职务的时候，决定代理的人选。

1979 年 9 月 13 日，第五届全国人大常委会第十一次会议通过《关于省、自治区、直辖市可以在一九七九年设立人民代表大会常务委员会和将革命委员会改为人民政府的决议》，启动设立人民代表大会常务委员会和将革命委员会改为人民政府工作。

1982 年 12 月 4 日，第五届全国人大第五次会议通过的《宪法》改变了农村人民公社“政社合一”的规定，恢复“乡、民族乡”，将“人民公社管理委员会”改为“乡、民族乡人民政府”。12 月 10 日，第五届全国人大第五次会议通过《关于修改〈中华人民共和国地方各级人民代表大会和地方各级人民政府组织法〉的若干规定的决议》，对 1979 年《地方组织法》进行相应修改。修改主要体现在如下方面：一是根据

---

〔26〕 彭真：《关于七个法律草案的说明》，载《人民日报》1979 年 7 月 1 日，第 1 版。

〔27〕 彭真：《关于七个法律草案的说明》，载《人民日报》1979 年 7 月 1 日，第 1 版。

《宪法》规定,明确:“地方各级人民政府分别实行省长、自治区主席、市长、州长、县长、区长、乡长、镇长负责制。”二是进一步扩大了地方立法权的范围,赋予省、自治区的人民政府所在地的市和经国务院批准的较大的市人民代表大会及其常务委员会制定地方性法规的权力,并赋予省、自治区、直辖市以及省、自治区的人民政府所在地的市和经国务院批准的较大的市的人民政府制定规章的权力。三是进一步延长了县乡两级人民代表大会和人民政府的任期,规定:“县、自治县、不设区的市、市辖区、乡、民族乡、镇的人民政府每届任期三年。”

1982年,中共中央发布51号文件《改革地区体制,实行市领导县体制的通知》,1983年,中共中央、国务院发出《关于地市州党政机关机构改革若干问题的通知》,中国掀起市管县体制改革浪潮,市管县体制已成为中国大多数地区的行政区划体制。

1986年12月2日,第六届全国人大常委会第十八次会议决定对《地方组织法》做出修改,修改后的《地方组织法》包括“总则”“地方各级人民代表大会”“县级以上的地方各级人民代表大会常务委员会”“地方各级人民政府”“附则”等5章,共60条。修改后的《地方组织法》完善了地方各级人民代表大会的组织机构,第14条规定:“乡、民族乡、镇的人民代表大会举行会议的时候,选举主席团。由主席团主持会议,并负责召集下一次的本级人民代表大会会议。”根据第25条的规定,“省、自治区、直辖市、自治州、设区的市的人民代表大会根据需要,可以设法制(政法)委员会、财政经济委员会、教育科学文化卫生委员会等专门委员会”。第36条明确,县、自治县、不设区的市、市辖区的人民代表大会常务委员会不设秘书长。新法还进一步加强了对代表履职的法律保障,第29条明确规定:“地方各级人民代表大会代表、常务委员会组成人员,在人民代表大会和常务委员会会议上的发言和表决,不受法律追究。”1995年2月28日第八届全国人大常委会第十二次会议修订的《地方组织法》将县、自治县、市、市辖区人民代表大会和人民政府的任期延长为5年,并进一步完善了地方各级人民代表大会的组织机构,根据其第14条的规定,“乡、民族乡、镇的人民代表大会设主席,并可以设副主席一人至二人”。根据第15条的规定,“乡、民族乡、镇的人民代表大会主席、副主席为主席团的成员”。第53条规定,县级以上各级地方人民代表大会的常务委员会根据工作需要,设立办事机构和其他工作机构。2004年10月27日第十届全国人大常委会第十二次会议修订的《地方组织法》进一步延长了乡、民族乡、镇人民代表大会、人民政府的任期,统一规定地方各级人民代表大会和地方各级人民政府每届任期5年。2015年8月29日,第十二届全国人大常委会第十六次会议再次对《地方组织法》作出修改,进一步加强了乡、民族乡、镇等基层人民代表大会工作,强化基层人大主席团和主席、副主席的职能。

四、民族自治机关组织法律制度

民族区域自治制度，是指各少数民族在国家统一领导下，依据宪法的规定，以少数民族聚居区为基础建立民族自治地方，设立自治机关，行使自治权，实现各民族人民当家作主的基本政治制度。[28]

民族问题是中国近代民族民主革命中的重要问题，中国共产党在实践中逐步明确提出符合中国国情的民族区域自治作为解决中国民族问题的基本政策。1941年5月《陕甘宁边区施政纲领》第17条规定："依据民族平等原则，实行蒙、回民族与汉族在政治经济文化上的平等权利，建立蒙、回民族的自治区……"[29] 1945年10月，中共中央在关于内蒙古工作方针的指示中指出："对内蒙的基本方针，在目前是实行民族区域自治。"1946年2月明确指出："根据和平建国纲领要求民族平等自治，但不应提出独立自治口号。"在这一方针指导下，1947年5月1日，内蒙古自治政府成立，选举乌兰夫为主席，确定了较完整的民族区域自治制度的概念。

1949年《共同纲领》中明确规定："各少数民族聚居的地区，应实行民族的区域自治，按照民族聚居的人口多少和区域大小，分别建立各种民族自治机关。"1954年《宪法》规定："各少数民族聚居的地方实行区域自治。各民族自治地方都是中华人民共和国不可分离的部分。"并把民族自治地方分为自治区、自治州、自治县三级。此后，民族区域自治被明确载入历次宪法，成为中华人民共和国的一项重要政治制度。1955年10月、1958年3月、10月和1965年9月，新疆维吾尔自治区、广西僮族自治区（1965年更名为"广西壮族自治区"）、宁夏回族自治区（见图2-5）和西藏自治区先后成立。截至2018年年底，全国共建有5个自治区、30个自治州和120个自治县（自治旗）。[30]

民族区域自治地方的自治机关（以下简称民族自治机关）是指依照宪法、地方组织法和民族区域自治法的规定，在民族区域自治地方设立的，依法行使同级地方国家机关职权并同时行使自治权的地方政权机关。[31] 民族自治机关具有双重性质，既行使普通地方国家机关的职权，又依照宪法、民族区域自治法和其他法律所规定的权限行使自治权。关于民族组织机构的组织法律制度，规定在宪法和民族区域自治法中，始于1952年的《民族区域自治实施纲要》。

---

〔28〕 胡锦光、韩大元：《中国宪法》，法律出版社2007年版，第426页。

〔29〕 韩延龙、常兆儒：《中国新民主主义革命时期根据地法制文献选编》（第1卷），中国法制出版社1989年版，第36页。

〔30〕 参见《2018年12月中华人民共和国县以上行政区划代码》，载民政部网站：http://www.mca.gov.cn/article/sj/xzqh/2019/，最后访问日期：2019年8月1日。

〔31〕 莫纪宏主编：《宪法学》，社会科学文献出版社2004年版，第472页。

图2-5　会议现场

1958年10月,宁夏回族自治区第一届人民代表大会第一次会议召开,标志着宁夏回族自治区正式成立

1951年12月,中央人民政府民族事务委员会第二次(扩大)会议通过《民族区域自治实施纲要(草案)》,交中央人民政府审核。[32] 1952年2月12日,中央人民政府政务院第一百二十五次政务会议召开,会议听取和批准中央人民政府民族事务委员会主任委员李维汉所作的《关于中央人民政府民族事务委员会第二次(扩大)会议的报告》,原则通过《民族区域自治实施纲要》。[33] 1952年8月8日,中央人民政府委员会第十八次会议听取了中央人民政府委员、民族事务委员会副主任委员乌兰夫《关于〈中华人民共和国民族区域自治实施纲要〉的报告》,批准了《中华人民共和国民族区域自治实施纲要》(以下简称《民族区域自治实施纲要》),8月9日中央人民政府主席毛泽东签署命令公布施行。[34]

《民族区域自治实施纲要》包括"总则""自治区""自治机关""自治权利""自治区内的民族关系""上级人民政府的领导原则""附则"等7章,共40条。根据《民族区域自治实施纲要》的规定,民族自治机关是与自治区行政地位相当的一级地方政权,其建立和组织应该依据民主集中制和人民代表大会制的基本原则;具体形式,可依照实行区域自治的大多数人民及与人民有联系的领袖人物的志愿,使能适合各少数民族当前发展阶段的面貌,成为实行区域自治的民族的人民容易了解和

〔32〕 参见《中央民族事务委员会举行第二次会议　讨论民族区域自治等问题　会议通过民族区域自治实施纲要草案》,载《人民日报》1952年1月20日版。

〔33〕 参见《政务院举行一二五次会议》,载《人民日报》1952年2月23日版。

〔34〕 参见《中央人民政府委员会第十六、十七、十八次会议　通过一九五二年度国家财政收支预算　并通过调整中央及地方人民政府机构等项决议》,载《人民日报》1952年8月11日版。

乐于亲近的方式。[35] 自治机关主要应由实行区域自治的民族人员组成，同时必须使自治区内其他民族都有适当数量的人员参加。民族自治机关在中央人民政府和上级人民政府法令所规定的范围内，依其自治权限，各民族自治区域的上级人民政府，应该重视对于自治区域的领导，这对于各自治区域的建立和发展有决定性作用。《民族区域自治实施纲要》规定了民族自治机关行使的政治、经济、文化、生活的各方面的政治权利，包括采用少数民族文字、发展各民族文化教育事业、管理自治区域财政、发展自治区域地方经济、组织自治区域公安部队和民兵等。

1954 年《宪法》规定，民族自治机关的组织，应当根据宪法规定的关于地方国家机关的组织的基本原则；自治机关行使宪法规定的地方国家机关的职权；此外，自治机关依照法律规定的权限管理本地方的财政，依照国家的军事制度组织本地方的公安部队，可以依照当地民族的政治、经济和文化的特点，制定自治条例和单行条例。1975 年《宪法》明确，民族自治机关是人民代表大会和革命委员会。1982 年《宪法》规定，民族自治机关是民族自治地方的人民代表大会和人民政府，并明确"自治区主席、自治州州长、自治县县长由实行区域自治的民族的公民担任"。

中华人民共和国成立后，民族区域自治的实行，虽然经过一些曲折，但仍然取得了巨大的成绩，对于保障各少数民族自主管理本民族内部事务的权利，保障民族的团结和国家的统一、独立，抵御外来的侵略和颠覆，起到了巨大作用。改革开放后，尤其是随着 1982 年《宪法》的施行，《民族区域自治实施纲要》已不能适应社会主义现代化建设新时期的需要。在总结三十多年经验教训的基础上，全国人大民族委员会拟定了《民族区域自治法（草案）》，以保障民族区域自治制度的健康发展。1984 年 5 月，第六届全国人大第二次会议审议《民族区域自治法（草案）》，全国人大常委会副委员长、全国人大民族委员会主任委员阿沛·阿旺晋美在会上作《关于〈中华人民共和国民族区域自治法（草案）〉的说明》。[36] 1984 年 5 月 31 日，第六届全国人大第二次会议通过《中华人民共和国民族区域自治法》（以下简称《民族区域自治法》），同日国家主席李先念签署第十三号主席令公布，自 1984 年 10 月 1 日起施行。

《民族区域自治法》包括"序言""总则""民族自治地方的建立和自治机关的组成""自治机关的自治权""民族自治地方的人民法院和人民检察院""民族自治地方内的民族关系""上级国家机关的领导和帮助""附则"等 7 章，共 67 条。《民族区

〔35〕 乌兰夫：《关于〈中华人民共和国民族区域自治实施纲要〉的报告》，载《人民日报》1952 年 8 月 13 日版。

〔36〕 阿沛·阿旺晋美：《关于〈中华人民共和国民族区域自治法（草案）〉的说明》，载《全国人民代表大会常务委员会公报》1984 年第 2 号。

域自治法》明确,民族自治机关是民族自治地方的人民代表大会和人民政府,既是一般地方国家机关,又是自治机关。《民族区域自治法》规定,自治区主席、自治州州长、自治县县长由实行区域自治的民族的公民担任,人大常委会应当有实行区域自治的民族的公民担任主任或者副主任,民族自治地方的人民政府的组成人员要尽量配备少数民族人员。这些规定在于保障自治机关内各少数民族应有的代表性,有利于自治机关加强同当地人民群众的联系,贯彻执行民族区域自治制度。关于民族自治机关的自治权,《民族区域自治法》除了规定民族自治机关可以制定自治条例和单行条例外,还规定在不违背宪法和法律的原则下,有权采取特殊政策和灵活措施。此外,《民族区域自治法》赋予自治机关自主管理和安排地方性的经济文化建设事业的权利,规定自治机关"有管理地方财政的自治权",民族自治地方在财政方面不但享有较大的自主权,而且得到了国家的特殊照顾。同时,《民族区域自治法》对自治机关"在国家计划的指导下,自主地安排和管理地方性的经济建设事业",管理本地方的教育、科学、文化、卫生、体育事业作了一系列的具体规定。

《民族区域自治法》施行10年后,尤其是随着1994年分税制财政管理体制的实施,《民族区域自治法》的一些规定已不适应新的情况,一些全国人大代表相继提出修法议案。《民族区域自治法》的修改工作,先后列入第八届和第九届全国人大常委会立法规划。第九届全国人大常委会成立了《民族区域自治法》修改小组,在民族自治地方进行了深入系统的调查研究,并多次征求中央有关部门的意见,经过协商、交换意见,在主要问题上达成共识后,形成了《民族区域自治法修正案(草案)》。2000年10月,第九届全国人大常委会第十八次会议首次审议《民族区域自治法修正案(草案)》,全国人大常委会副委员长铁木尔·达瓦买提在会上作《关于〈中华人民共和国民族区域自治法修正案(草案)〉的说明》。[37] 2001年2月28日,第九届全国人大常委会第二十次会议通过《关于修改〈中华人民共和国民族区域自治法〉的决定》,同日国家主席江泽民签署第四十六号主席令公布,自公布之日起施行。修改后的《民族区域自治法》共74条,在民族自治机关的组织及职权方面,按照"划分收支、分级包干"的财政体制改为分税制财政管理体制的现实调整并加强了国家对民族自治地方的财政支持力度,第32条第3款规定:"民族自治地方在全国统一的财政体制下,通过国家实行的规范的财政转移支付制度,享受上级财政的照顾。"第62条规定:"随着国民经济的发展和财政收入的增长,上级财政逐步加大对民族自治地方财政转移支付力度。……"

---

〔37〕 铁木尔·达瓦买提:《关于〈中华人民共和国民族区域自治法修正案(草案)〉的说明》,载《全国人民代表大会常务委员会公报》2001年第2号。

第三节　司法机关组织法

司法机关是行使司法权的国家机关，是国家机构的基本组成部分，是依法成立的行使相关国家职权的司法组织。在中国，司法机关包括人民法院、人民检察院两大类。

1949 年《共同纲领》提出，“废除国民党反动政府一切压迫人民的法律、法令和司法制度，制定保护人民的法律、法令，建立人民司法制度”。《中央人民政府组织法》对中央人民政府最高人民法院、中央人民政府最高人民检察署作出了简明的规定。1949 年年底至 1950 年年初中央人民政府政务院通过的《大行政区人民政府委员会组织通则》《省人民政府组织通则》《市人民政府组织通则》《县人民政府组织通则》也对地方人民法院和人民检察署作出了相关规定。

1954 年以来，中央人民政府和全国人民代表大会及其常务委员会先后制定了相关法律，对各级人民法院、人民检察院（署）组织法律制度进行了完善。根据《宪法》规定，全国人大分别于 1954 年和 1979 年两次制定了《人民法院组织法》《人民检察院组织法》，1983 年及以后全国人大常委会先后对 1979 年制定的《人民法院组织法》和《人民检察院组织法》进行了修改。此外，全国人大常委会 1995 年通过的《法官法》《检察官法》和 2018 年通过的《人民陪审员法》中的相关规定，也构成司法机关组织法律制度的重要组成部分。

一、审判机关组织法

（一）中华人民共和国成立初期的审判机关组织立法

《中央人民政府组织法》规定最高人民法院为全国最高审判机关，负责领导和监督全国各级审判机关的审判工作。最高人民法院设院长一人，副院长若干人，委员若干人，由中央人民政府委员会任免。1949 年 10 月 1 日，中央人民政府委员会第一次会议任命沈钧儒为中央人民政府最高人民法院院长。

1951 年 9 月 3 日，中央人民政府委员会第十二次会议通过《中华人民共和国人民法院暂行组织条例》，9 月 4 日中央人民政府公布施行。中央人民政府法制委员会代理主任委员许德珩在会上就条例草案作说明。《人民法院暂行组织条例》包括“通则”“县级人民法院”“省级人民法院”“最高人民法院”“人民法院与人民检察署的工作关系”和“附则”等 6 章，共 39 条。

根据许德珩的说明，在 1948 年冬，中共中央法律委员会即根据老解放区的长期的人民司法工作经验着手起草《人民法院暂行组织条例》。1950 年春季以来，中央人民政府法制委员会在此基础上继续研究修改，不断总结地方人民法院的工作经验,并参考了苏联的法院组织法及其他有关材料,完成了初稿,之后又经过 1950 年第一届全国司法会议初步讨论,并征询了中央人民政府各有关部门和地方司法机关的意见,反复修改多次,先后提请政务院政治法律委员会和政协全国委员会常委会审查修正后,提请中央人民政府委员会审查核定。[38]

《人民法院暂行组织条例》将人民法院定位为中华人民共和国的国家机器和解放了的中国人民的重要武器之一,其任务是通过审判和向人民进行遵守法纪宣传教育,来实现其"巩固人民民主专政,维护新民主主义的社会秩序,保卫人民的革命成果和一切合法权益"的基本目的。关于人民法院的领导方式,《人民法院暂行组织条例》采取了"双重领导"原则,即下级法院应该受上级法院和同级人民政府委员会双重领导和监督。关于人民法院的等级和审级,《人民法院暂行组织条例》确立了"三级两审"制,全国分为县级人民法院、省级人民法院和最高人民法院三级,基本上实行两审终审制,以县级人民法院为基本的第一审法院,省级人民法院为基本的第二审法院;一般的以二审为终审,但在特殊情况下,得以三审或一审为终审。关于人民法院的审判组织,《人民法院暂行组织条例》规定县级人民法院遇有重要或疑难的案件应由审判员三人合议审判,省级人民法院均采取审判员三人合议审判制,各级人民法院均应设置刑事庭、民事庭,县级人民法院和省级人民法院可以设立审判委员会。此外,《人民法院暂行组织条例》还规定各族人民均有使用本民族语言进行诉讼的权利,确立了公开审判、人民陪审、就地调查、就地审判和巡回审判等制度。

在《人民法院暂行组织条例》之前,1950 年 7 月 14 日政务院第四十一次政务会议通过《人民法庭组织通则》,报中央人民政府主席批准后于 1950 年 7 月 20 日公布实施。[39] 人民法庭是土地改革运动中,省及省以上人民政府根据需要在县、市以命令或批准方式成立的特别法庭,其任务是"运用司法程序,惩治危害人民与国家利益、阴谋暴乱、破坏社会治安的恶霸、土匪、特务、反革命分子及违抗土地改革法令的罪犯,以巩固人民民主专政,顺利地完成土地改革"。《人民法庭组织通则》规定,县(市)人民法庭及其分庭对匪特反革命分子之死刑的判决,按规定批准执行,不得上诉。此后,在"三反""五反"运动中,政务院先后在 1952 年 3 月 24 日、3 月 30 日和 4 月 3 日发布《关于"五反"运动中成立人民法庭的规定》《关于"三反"运动中成立人民法庭的规定》《关于中央一级各机关"三反"运动中成立人民法庭的通知》,以保障"三反""五反"运动的顺利进行。

---

〔38〕 许德珩:《关于〈中华人民共和国人民法院暂行组织条例〉的说明》,载《人民日报》1951 年 9 月 5 日,第 3 版。

〔39〕 参见《政务院周恩来总理发出院令 公布人民法庭组织通则 此项通则业经毛主席批准施行》,载《人民日报》1950 年 7 月 21 日版。

（二）1954 年人民法院组织法

1953 年，宪法起草委员会组织起草小组分别起草了《全国人民代表大会组织法》等五个法律草案。其中《人民法院组织法》起草小组由最高人民法院和司法部负责，司法部副部长李木庵、最高人民法院委员兼刑事审判庭庭长贾潜和最高人民法院委员兼司法部办公厅主任王怀安组成三人小组负责起草工作，李木庵任组长。起草根据起草中的宪法草案，借鉴土地革命时期以来革命根据地的司法经验，并参考世界各国的法制资料。初稿完成后，经当时中共中央主管政法工作的领导人彭真、董必武和中央人民政府各委、院、部负责人讨论修改完善，交中共中央通过后，提交第一届全国人大第一次会议审议。〔40〕

1954 年 9 月 21 日下午，第一届全国人大第一次会议通过《中华人民共和国人民法院组织法》（以下简称《人民法院组织法》）。根据《宪法》和《人民法院组织法》，1954 年 9 月 27 日，第一届全国人大第一次会议选举董必武为最高人民法院院长。《人民法院组织法》包括“总则”“人民法院的组织和职权”“人民法院的审判人员和其他人员”等 3 章，共 40 条。

关于人民法院的性质和任务，《人民法院组织法》规定，人民法院的任务是审判刑事案件和民事案件，并且通过审判活动，惩办一切犯罪分子，解决民事纠纷，以保卫人民民主制度，维护公共秩序，保护公共财产，保护公民的权利和合法利益，保障国家的社会主义建设和社会主义改造事业的顺利进行。1954 年《宪法》第 78 条规定：“人民法院独立进行审判，只服从法律。”《人民法院组织法》第 4 条确认了审判独立的原则，并在第 5 条确定人民法院审判案件对于一切公民在适用法律上一律平等。

关于人民法院的领导方式和审级制度，《人民法院组织法》规定上级人民法院与下级人民法院是监督与被监督关系，第 14 条规定第 1 款、第 2 款：“最高人民法院对全国人民代表大会负责并报告工作；在全国人民代表大会闭会期间，对全国人民代表大会常务委员会负责并报告工作。地方各级人民法院对本级人民代表大会负责并报告工作。下级人民法院的审判工作受上级人民法院监督。”《人民法院组织法》改“三级两审”为“四级两审”制，规定全国分为最高人民法院、高级人民法院、中级人民法院和基层人民法院四级，实行两审终审制。

关于人民法院的设置和产生方式，《人民法院组织法》第 2 条规定：“高级人民法院和专门人民法院的设置，由司法部报请国务院批准；中级人民法院和基层人民法院的设置，由省、自治区、直辖市的司法行政机关报请省、直辖市人民委员会或者

〔40〕 参见王怀安：《1954 年〈人民法院组织法〉的起草经过》，张向阳采访整理，载孙琬钟、应勇主编：《董必武法学思想研究文集》（第七辑），人民法院出版社 2008 年版，第 12 页。

自治区自治机关批准。”基层人民法院由院长一人、副院长一人或者二人和审判员若干人组成,可以设刑事审判庭和民事审判庭;中级人民法院由院长一人、副院长一人或者二人、庭长若干人、副庭长若干人和审判员若干人组成,设刑事审判庭和民事审判庭,在必要的时候可以设其他审判庭;高级人民法院和最高人民法院由院长一人、副院长若干人、庭长若干人、副庭长若干人和审判员若干人组成,设刑事审判庭、民事审判庭和其他需要设的审判庭。地方各级人民法院院长由地方各级人民代表大会选举,副院长、庭长、副庭长和审判员由地方各级人民委员会任免;最高人民法院院长由全国人民代表大会选举,副院长、庭长、副庭长和审判员由全国人民代表大会常务委员会任免。

1954 年《人民法院组织法》第 14 条第 3 款规定:“各级人民法院的司法行政工作由司法行政机构管理。”第 34 条第 2 款规定:“地方各级人民法院助理审判员由上一级司法行政机关任免。最高人民法院助理审判员由司法部任免。”确定了司法行政机关在人民法院行政管理中的地位和权力。1958 年 6 月至 8 月召开的第四届全国司法工作会议对司法部党组进行了错误批判,1959 年 4 月 28 日第二届全国人大第一次会议决议撤销司法部,原司法部主管的工作由最高人民法院管理。直至 1979 年 9 月 13 日,第五届全国人大常委会第十一次会议决定加强全国司法行政工作,重建司法部。在此期间,人民法院的司法行政工作管理机制发生重大调整。

(三)1979 年人民法院组织法

1978 年年底中共十一届三中全会召开后,中国的经济、政治形势发生了重大变革,在此之前的 1978 年 3 月 5 日第五届全国人大第一次会议通过新《宪法》,加之 1979 年上半年开始起草的《刑事诉讼法》即将审议通过,《人民法院组织法》面临着修改的任务。

1979 年 7 月 1 日,第五届全国人大第二次会议通过《中华人民共和国人民法院组织法》,7 月 5 日全国人大常委会委员长叶剑英签署第三号委员长令公布,自 1980 年 1 月 1 日起施行。新的《人民法院组织法》包括“总则”“人民法院的组织和职权”“人民法院的审判人员和其他人员”等 3 章,共 42 条。1979 年《人民法院组织法》是在 1954 年《人民法院组织法》基础上修改的,原则修改较少,[41] 除了重申法院“独立进行审判,只服从法律”等原有的重要规定以外,还明确人民法院的任务包括“保护社会主义的全民所有的财产、劳动群众集体所有的财产,保护公民私人所有的合法财产,保护公民的人身权利、民主权利和其他权利”,“死刑案件由最高人民法院判决或者核准”。

1980 年 9 月 29 日,第五届全国人大常委会第十六次会议决定成立最高人民法

---

〔41〕 彭真:《关于七个法律草案的说明》,载《人民日报》1979 年 7 月 1 日,第 1 版。

院特别法庭，审判林彪、江青反革命集团主犯。任命最高人民法院院长江华兼特别法庭庭长，中国人民解放军副总参谋长伍修权、最高人民法院副院长曾汉周、中国人民解放军总政治部副主任黄玉昆为副庭长，王文正等31人为审判员。1981年3月6日，鉴于审判任务已经完成，第五届全国人大常委会第十七次会议决定撤销最高人民法院特别法庭。

1983年8月底至9月初，第六届全国人大常委会第二次会议举行，全国人大常委会秘书长、法制委员会副主任王汉斌在会议上就修改《人民法院组织法》和《人民检察院组织法》作说明。王汉斌指出，1979年的《人民法院组织法》和《人民检察院组织法》“有些规定需要根据宪法和实践经验作适当修改”。[42] 1983年9月2日，会议通过《关于修改〈中华人民共和国人民法院组织法〉的决定》，对《人民法院组织法》作出修改，同日国家主席李先念签署第五号主席令公布施行。修改后的《人民法院组织法》共3章、40条。修订主要体现在以下方面：一是根据1982年《宪法》规定，将“人民法院独立进行审判，只服从法律”的原则修改为“人民法院依照法律规定独立行使审判权，不受行政机关、社会团体和个人的干涉”。二是修改死刑复核的权限，规定对于杀人、强奸、抢劫、爆炸以及其他严重危害公共安全和社会治安判处死刑的案件的核准权，最高人民法院可以授权省、自治区、直辖市的高级人民法院行使。三是修改关于人民法院司法行政工作的规定，删去“各级人民法院的司法行政工作由司法行政机关管理”和“各级人民法院的设置、人员编制和办公机构由司法行政机关另行规定”的表述，各级人民法院的助理审判员改由本级人民法院任免。四是修改关于人民法院内设机构的规定，增加有关基层人民法院、中级人民法院设置经济审判庭的规定。五是增加有关审判人员专业性的要求，规定“人民法院的审判人员必须具有法律专业知识”。

1986年12月2日，第六届全国人大常委会第十八次会议决定修改《地方各级人民代表大会和地方各级人民政府组织法》，《人民法院组织法》也作出相应修改，在省内按地区设立的和在直辖市内设立的中级人民法院院长从“由省、直辖市人民代表大会选举”改为“由省、自治区、直辖市的人民代表大会常务委员会任免”。

进入21世纪后，2001年3月最高人民法院印发《人民法院制服管理办法（试行）》，2002年1月最高人民法院先后印发《人民法院法槌使用规定（试行）》和《人民法院法官袍穿着规定》，人民法院的正规化、专业化建设不断加强。

1983年《人民法院组织法》修改后近20年的死刑复核权下放实践，造成程序虚置、适用标准不统一等诸多弊端，且不利于贯彻“慎杀、少杀”的死刑控制政策。因

---

〔42〕 参见《王汉斌在六届人大常委会二次会议上说明　为什么修改人民法院和人民检察院组织法》，载《人民日报》1983年9月3日，第4版。

此在20世纪90年代末学界即开始就死刑案件二审和死刑复核程序展开讨论,2001年最高人民法院曾命令“刀下留人”后又被二审法院维持死刑裁定并最终执行死刑的董伟案,更是将死刑复核权的讨论推向高潮。在2004年召开的第十届全国人大第二次会议上,收回死刑复核权已成为全国人大代表的共同呼声。[43] 2005年10月26日,最高人民法院发布“二五改革纲要”,明确提出要将死刑复核权从各高级人民法院收回。2006年10月31日,第十届全国人大常委会第二十四次会议决定修改《人民法院组织法》,规定:“死刑除依法由最高人民法院判决的以外,应当报请最高人民法院核准。”自2007年1月1日起,死刑复核权收归最高人民法院统一行使。

(四)2018年人民法院组织法

《人民法院组织法》自1979年颁布施行近40年来,仅在1983年、1986年、2006年作了局部修改,总体上已经不能适应中国司法实践和司法制度发展的需要。特别是2013年以来,随着全面深化司法体制改革的推进,法院全面推进以司法责任制为核心的重大基础性改革,对立法层面健全完善有关法院管理体制、组织体系、队伍建设以及履职保障等提出了迫切需求。鉴于此,全国人大内务司法委员会在全面深化司法改革部署之初便开始推动《人民法院组织法》修订工作,与最高人民法院共同促成全国人大常委会于2013年将《人民法院组织法》修改正式纳入立法规划。最高人民法院成立了《人民法院组织法》修改研究小组,部署研究起草《人民法院组织法修改建议稿》并明确了分工。在及时总结改革试点经验的基础上,最高人民法院聚焦实践中需要解决的重大问题,经广泛征求意见、反复研究论证,于2016年9月正式向全国人大内务司法委员会提交了《人民法院组织法修改建议稿》。[44]

全国人大内务司法委员会在最高人民法院《人民法院组织法修改建议稿》的基础上,开展了调研论证,形成《人民法院组织法(修订草案)》,并于2017年8月提交第十二届全国人大常委会第二十九次会议第一次审议。首次审议后,由全国人大常委会法制工作委员会牵头组织研究论证,于2018年6月提交第十三届全国人大常委会第三次会议二次审议。全国人大常委会于2018年6月29日发布公告,广泛征求社会各界的意见。全国人大常委会法制工作委员会在梳理反馈意见的基础上,进一步修改完善修订草案。

2018年10月23日,第十三届全国人大常委会第六次会议审议《人民法院组织法(修订草案)》第三次审议稿,并于10月26日表决通过,同日国家主席习近平签

---

〔43〕 刘武俊:《死刑核准权应当尽快由最高法院统一行使》,载《民主与法制时报》2004年5月13日版。

〔44〕 参见孙航:《推动审判体系和审判能力现代化——最高人民法院研究室负责人就人民法院组织法修改答记者问》,载中国法院网:https://www.chinacourt.org/article/detail/2018/10/id/3549681.shtml,最后访问日期:2019年7月18日。

署第十一号主席令公布，自 2019 年 1 月 1 日起施行。修订后的《人民法院组织法》包括“总则”“人民法院的设置和职权”“人民法院的审判组织”“人民法院的人员组成”“人民法院行使职权的保障”“附则”等 6 章，共 59 条。本次《人民法院组织法》的修订是一次全面、大幅度的修改，不仅条文数量从原有 40 条增加到 59 条，而且在体系框架上作了较大调整，主要有以下方面：一是完善了人民法院工作原则。总则第 4 条至第 11 条分别规定了人民法院依法独立行使审判权、审判案件在适用法律上一律平等、坚持司法公正、实行司法公开、实行司法责任制、自觉接受人大及其常委会和人民群众的监督等。二是健全了人民法院组织体系。第 15 条明确规定了专门人民法院包括军事法院和海事法院、知识产权法院以及金融法院等，第 19 条明确规定了最高人民法院可以设巡回法庭，为人民法院组织体系发展提供了广阔的空间。三是完善了最高人民法院职能。第 16 条明确规定最高人民法院可以审理按照全国人大常委会的规定提起的上诉、抗诉案件，为完善最高人民法院审判职能提供了重要的依据。第 19 条明确了最高人民法院巡回法庭审理的案件不再限于“跨行政区划重大行政、民商事案件”。第 18 条明确规定了最高人民法院可以发布指导性案例，巩固了案例指导制度方面的改革探索，对统一全国法院的法律适用和裁判标准将发挥重大作用。

审判委员会制度是 2018 年《人民法院组织法》修订的重点。修订后的《人民法院组织法》第 36 条至第 39 条分别规定了审判委员会的组成、职能、议事规则、启动程序、决定效力、责任承担及公开机制等内容，亮点主要体现在三个方面：一是理顺了审判委员会与专业委员会的关系。为充分发挥审判委员会职能，结合审判工作实际，最高人民法院和部分高、中级法院探索设立了刑事或民事专业委员会。第 36 条明确规定审判委员会会议分为全体会议和专业委员会会议，这理顺了审判委员会和专业委员会的关系，即明确专业委员会只属于审判委员会的会议形式之一，而不是审判委员会新的组织机构。二是界定了审判委员会的职能。第 37 条明确规定审判委员会只讨论决定重大、疑难、复杂案件的法律适用，而不是案件事实认定；第 39 条规定审判委员会讨论案件由合议庭对其汇报的事实负责。同时，第 37 条还规定最高人民法院发布的指导性案例，由审判委员会专业委员会会议讨论通过。三是完善了审判委员会的运行机制。厘清了合议庭与审判委员会的关系，严格审判委员会讨论决定案件的启动程序，即规定由审判长提出申请、院长批准，并规定审判委员会讨论案件的决定，合议庭应当执行。在此基础上，规定了审判委员会委员对本人发表的意见和表决负责，严格落实“让审理者裁判，由裁判者负责”，切实贯彻落实司法责任制总体要求。此外，除法律规定不宜公开的情形之外，还规定了审判委员会讨论案件的决定及其理由应当在裁判文书中公开，进一步拓展司法公开的深度。

加强法官正规化专业化职业化建设是深化司法体制改革的重要目标。《人民法院组织法》修订中也积极回应了这方面的目标需求。一是严格法官入职程序和条件,第47条明确规定初任法官须经法律遴选委员会专业能力的审核。院长应当具有法学专业知识和法律职业经历,副院长、审判委员会委员应当从法官、检察官或者具备相应条件的人员中产生。二是建立了法官遴选机制,规定上级法院的法官,一般从下级人民法院的法官中择优遴选。三是加强对法官的履职保障。第48条规定法官助理在法官指导下办理审查案件资料、草拟法律文书等审判辅助事务,将促使法官从事务性工作中"解脱"出来,确保法官有更多的精力专心对纠纷作出公正裁判。第52条规定任何单位或者个人不得要求法官从事超出法定职责范围的事务,确保法官专司裁判工作。第58条规定人民法院要加强信息化建设,运用现代信息技术提高审判工作效率。四是明确了法官培训制度,第55条规定法官应当接受理论和业务培训。

(五)法官法

为了建立适应改革开放和社会主义现代化建设需要的法官制度,最高人民法院从1986年开始进行《法官法》的起草工作。1988年年底,第七届全国人大常委会将《法官法》列入立法规划;1993年,第八届全国人大常委会再次将《法官法》列入立法规划。在此期间,最高人民法院作了广泛的调查研究,多次征求中央有关部门和各级人民法院的意见,邀请专家学者进行了论证,并于1991年8月开始先后在上海、黑龙江、广西、吉林、云南部分法院和海南全省法院进行试点。起草过程历时8年,易稿30多次,形成了《法官法(草案)》。

1994年5月,《法官法(草案)》提交第八届全国人大常委会第七次会议第一次审议,最高人民法院院长任建新在会上作《关于〈中华人民共和国法官法(草案)〉的说明》。[45] 根据说明,制定《法官法》是实现对法官管理的科学化、法制化的需要,是保证法官素质的需要,是严肃执法的需要,是对法官从严管理的需要。1994年12月,第八届全国人大常委会第十一次会议第二次审议《法官法(草案)》,全国人大法律委员会副主任委员王叔文作关于《法官法(草案)》审议结果的报告。1995年2月,第八届全国人大常委会第十二次会议第三次审议《法官法(草案)》,全国人大法律委员会主任委员薛驹作关于《法官法(草案修改稿)》修改意见的汇报。

1995年2月28日,第八届全国人大常委会第十二次会议通过《中华人民共和国法官法》(以下简称《法官法》),同日国家主席江泽民签署第三十八号主席令公布,自当年7月1日起施行。《法官法》包括"总则""职责""义务和权利""法官的

〔45〕 任建新:《〈中华人民共和国法官法(草案)〉的说明》,载《全国人民代表大会常务委员会公报》1995年第1号。

条件”“任免”“任职回避”“法官的等级”“考核”“培训”“奖励”“惩戒”“工资保险福利”“辞职辞退”“退休”“申诉控告”“法官考评委员会”“附则”等17章，共49条。与之前的法律法规相比，《法官法》的创新主要体现在以下四个方面：

一是明确了法官的任职条件。根据《法官法》的规定，除政治、年龄、品德和身体条件外，担任法官必须具备一定的法律专业背景和从业经历，即“高等院校法律专业毕业或者高等院校非法律专业毕业具有法律专业知识，工作满二年”，“获得法律专业学士学位，工作满一年”或“获得法律专业硕士学位、法律专业博士学位”。最高人民法院在《法官法（草案）》中提出“实行法官资格制度”，规定法官资格，须经国家法官资格考试，并经考核合格后由最高人民法院法官委员会批准，方可取得法官资格。全国人大常委会在审议中认为，依照法律规定，除了助理审判员由本级人民法院任命外，其他审判人员都是由各级人大及其常委会选举或者任命，在未经选举或者任命之前不宜先由最高人民法院授予法官资格，因此建议删去上述规定，并将法官“资格”修改为“法官的条件”。此外，最高人民法院还在草案中提出“建立法官逐级选拔制度”，规定上级人民法院的法官一般应从下级人民法院的法官中择优选用。全国人大常委会在审议中认为，为了与宪法关于各级人民法院对产生它的权力机关负责，上级人民法院监督下级人民法院的审判工作的规定相衔接，建议删去上述规定。

二是初步建立了法官保障制度。《法官法》第三章规定了法官享有的8项权利，并在第十章、第十二章、第十四章规定了法官的奖励、工资福利和退休待遇。最高人民法院在草案中提出“法官依法履行职务，受法律保护”，并从四个方面规定了对法官的保障措施：(1)法官依法审判案件和履行其他职责所进行的活动、发表的意见，不受追究；(2)法官非因法定事由和非经法定程序，不被免职、降职、辞退、调动或者处分；(3)法官人身、财产和住所安全受法律保护；(4)法官有获得劳动报酬，享受保险、福利待遇的权利，并规定“法官工资适当从优”。全国人大常委会在审议中认为，工资问题不宜在各单项法律中作出专门规定，避免各部门在工资上的攀比，建议删去这一规定。

三是设立了法官考评委员会。《法官法》规定人民法院设法官考评委员会，法官考评委员会的职责是指导对法官的培训、考核、评议工作。最高人民法院在草案中提出，设立“法官委员会”，作为管理法官的机构。根据中国的实际情况，设立最高人民法院法官委员会、高级人民法院法官委员会和中级人民法院法官委员会三级法官委员会，分级管理法官，负责提出法官任免的建议，对法官的衔级、考核、调动、培训、奖惩、申诉、控告等进行管理。全国人大常委会在审议中认为，草案关于法官委员会的一些规定应当与《宪法》《地方各级人民代表大会和地方各级人民政府组织法》关于审判人员任免的规定相衔接，建议将法官委员会修改为法官考评委员会,删去对人民法院院长的选举和罢免提出建议以及管理下级法院法官的规定。

四是建立了法官等级制度。最高人民法院在草案及说明中提出,参照军人、外交人员和其他专门衔级制度建立专门的法官衔级制度,并在草案中对四级法院法官设五等十二级,即首席大法官、大法官(设二级)、高级法官(设三级)、中级法官(设四级)、初级法官(设二级)。全国人大常委会在审议中认为审判人员不同于军官和民警,不宜实行衔级制度,建议将"衔级"修改为"职务等级"。最终,《法官法》将"法官衔级"改为"法官的等级",规定:"法官的级别分为十二级。最高人民法院院长为首席大法官,二级至十二级法官分为大法官、高级法官、法官。"1997年12月12日中共中央组织部、人事部和最高人民法院下发《中华人民共和国法官等级暂行规定》,此后各级人民法院开始了法官等级评定工作。2002年3月21日,最高人民法院在北京市召开了首次中国大法官会议,会议举行了全国法院大法官颁证仪式,中华人民共和国首席大法官、最高人民法院院长肖扬宣读首批大法官名单并向一级大法官祝铭山和曹建明、万鄂湘、张军等40名二级大法官颁发了证书。

《法官法》通过和施行后,随着国家法治进程的逐步推进和人民法院改革的逐步深化,最高人民法院起草了《法官法修正案(草案)》,于2000年7月3日提交第九届全国人大常委会第十六次会议审议。2001年6月30日,第九届全国人大常委会第二十二次会议通过《关于修改〈中华人民共和国法官法〉的决定》,同日国家主席江泽民签署第五十三号主席令公布,自2002年1月1日起施行。修改后的《法官法》增加为53条,修改的内容主要包括:一是关于法官任职的条件,将法官任职的最低学历要求由"高等院校法律专业毕业或者高等院校非法律专业毕业具有法律专业知识"提升为"高等院校法律专业本科毕业或者高等院校非法律专业本科毕业具有法律专业知识",并明确规定初任法官需从通过国家统一司法考试取得资格的人员中择优提出人选。二是关于法官离职后和法官近亲属任职回避,规定:"法官从人民法院离任后二年内,不得以律师身份担任诉讼代理人或者辩护人。法官从人民法院离任后,不得担任原任职法院办理案件的诉讼代理人或者辩护人。法官的配偶、子女不得担任该法官所任职法院办理案件的诉讼代理人或者辩护人。"根据国家司法考试即将改为国家统一法律职业资格考试的形势,2017年9月1日第十二届全国人大常委会第二十九次会议对《法官法》作出部分修改,规定:"初任法官采用考试、考核的办法,按照德才兼备的标准,从通过国家统一法律职业资格考试取得法律职业资格并且具备法官条件的人员中择优提出人选。"

随着全面依法治国方略逐步推进,司法体制改革不断深化,法院工作出现了许多新情况新问题,对法院队伍建设和法官管理体制提出了新的更高要求。2015年8月起,最高人民法院围绕《法官法》所涉重点问题开展了深入细致的研究论证,专门成立《法官法》修改研究小组，多次召开专题会议研究部署法官法修改工作，并分类别、分层次开展一系列调研工作，组织翻译了14个国家和地区的法官法和法院组织法资料，广泛征求了中央有关部门和研究机构等各方面意见和建议，与全国人大内务司法委员会、全国人大常委会法制工作委员会等有关部门沟通协商，对《法官法》修改的内容达成共识。2017年5月19日、6月15日和9月11日，最高人民法院分别召开会议，讨论了并最终形成了《法官法(修订草案)》。

2017年12月，《法官法(修订草案)》交第十二届全国人大常委会第三十一次会议第一次审议，最高人民法院院长周强作《关于〈中华人民共和国法官法(修订草案)〉的说明》。[46] 经审议，全国人大常委会决定将该修订草案在中国人大网公布，向社会公众征求意见。2018年12月，《法官法(修订草案)》交第十三届全国人大常委会第七次会议第二次审议。经审议，会议决定将《法官法(修订草案)》二次审议稿再次在中国人大网公布，向社会公众征求意见。2019年4月，全国人大常委会第三次审议《法官法(修订草案)》。2019年4月23日，第十三届全国人大常委会第十次会议修订通过《法官法》，同日国家主席习近平签署第二十七号主席令公布，自当年10月1日起施行。修订后的《法官法》包括"总则""法官的职责、义务和权利""法官的条件和遴选""法官的任免""法官的管理""法官的考核、奖励和惩戒""法官的职业保障""附则"等8章，共69条，修订的内容主要包括以下五个方面：

一是进一步明确了法官任职条件。修订后的《法官法》增加担任法官必须"从事法律工作满五年"的规定，对于获得法律硕士、法学硕士学位或者获得法学博士学位的，从事法律工作的年限分别放宽至四年、三年。同时，根据"建立终身禁止从事法律职业制度"的要求，修订后的《法官法》在不得担任法官情形中，增加"被吊销律师、公证员执业证书或者被仲裁委员会除名的"规定。此外，修订后的《法官法》增加了"从律师或者法学教学、研究人员等从事法律职业的人员中公开选拔法官"的规定。

二是改进了法官遴选程序。修订后的《法官法》增加了法官遴选委员会的内容，规定："省、自治区、直辖市设立法官遴选委员会，负责初任法官人选专业能力的审核。"同时确立了法官逐级遴选制度，规定："初任法官一般到基层人民法院任职。上级人民法院法官一般逐级遴选；最高人民法院和高级人民法院法官可以从下两级人民法院遴选。参加上级人民法院遴选的法官应当在下级人民法院担任法官一定年限，并具有遴选职位相关工作经历。"

三是明确了法官兼职禁止和任职回避。为落实有关法学高校和法律实务部门

---

[46] 周强：《关于〈中华人民共和国法官法(修订草案)〉的说明》，载中国人大网：http://www.npc.gov.cn/zgrdw/npc/xinwen/2019-04/23/content_2086166.htm，最后访问日期：2019年8月29日。

之间相互交流的精神,修订后的《法官法》规定:“法官因工作需要,经单位选派或者批准,可以在高等学校、科研院所协助开展实践性教学、研究工作。”增强了对被开除公职法官的从业禁止,规定开除公职的法官不得担任诉讼代理人或辩护人。此外,修订后的《法官法》还细化了法官任职回避的范围,规定法官应当实行任职回避的情形包括:配偶、父母、子女担任该法官所任职人民法院辖区内律师事务所的合伙人或者设立人的,以及在该法官所任职人民法院辖区内以律师身份担任诉讼代理人、辩护人,或者为诉讼案件当事人提供其他有偿法律服务的。

四是建立了法官惩戒制度。修订后的《法官法》增加了关于法官惩戒委员会的规定,最高人民法院和省、自治区、直辖市设立法官惩戒委员会,负责从专业角度审查认定法官是否存在违反审判职责的行为,提出构成故意违反职责、存在重大过失、存在一般过失或者没有违反职责等审查意见。同时,根据修订后的《法官法》规定,法官惩戒委员会审议惩戒事项时,当事法官有权申请有关人员回避,有权进行陈述、举证、辩解;当事法官对审查意见有异议的,可以向惩戒委员会提出,惩戒委员会应当对异议及其理由进行审查,作出决定。

五是完善了法官履职保障。修订后的《法官法》以一章专门规定“法官的职业保障”,明确规定:“人民法院设立法官权益保障委员会,维护法官合法权益,保障法官依法履行职责。”《法官法》保障法官依法行使审判权,规定:“任何单位或者个人不得要求法官从事超出法定职责范围的事务。对任何干涉法官办理案件的行为,法官有权拒绝并予以全面如实记录和报告;有违纪违法情形的,由有关机关根据情节轻重追究有关责任人员、行为人的责任。”针对近年屡见不鲜的侵害法官及其近亲属人身安全事件,修订后的《法官法》强化了对法官及其近亲属人身权益的保护措施。关于法官的工资待遇,修订后的《法官法》规定法官实行与其职责相适应的工资制度,按照法官等级享有国家规定的工资待遇,并建立与公务员工资同步调整机制。

(六)人民陪审员法

1951年的《人民法院暂行组织条例》第6条规定:“为便于人民参与审判,人民法院应视案件性质,实行人民陪审制。”1954年《人民法院组织法》第8条规定:“人民法院审判第一审案件,实行人民陪审员制度,但是简单的民事案件、轻微的刑事案件和法律另有规定的案件除外。”第35条规定:“有选举权和被选举权的年满二十三岁的公民,可以被选举为人民陪审员,但是被剥夺过政治权利的人除外。”1979年《人民法院组织法》延续了这一规定。1983年《人民法院组织法》将人民陪审员参加一审的规定修订为“人民法院审判第一审案件,由审判员组成合议庭或者由审判员和人民陪审员组成合议庭进行;简单的民事案件、轻微的刑事案件和法律另有规定的案件,可以由审判员一人独任审判”,并延续了关于人民陪审员任职资格的规定。除此之外,1979 年和 1996 年的《刑事诉讼法》、1982 年的《民事诉讼法(试行)》、1991 年的《民事诉讼法》以及 1989 年的《行政诉讼法》均有关于人民陪审员参加案件一审合议庭的规定,并在历次修订中得到保留和确认。

1963 年 2 月 11 日,最高人民法院下发《关于结合基层普选选举人民陪审员的通知》;2004 年 12 月 13 日,最高人民法院、司法部印发《关于人民陪审员选任、培训、考核工作的实施意见》。其间,最高人民法院、司法部等机关先后数次制定并下发关于人民陪审员的司法解释、部门规章或规范性文件,但直到 2004 年全国人大及其常委会一直未能就人民陪审员制度专门立法或通过有关决定。

2004 年 8 月 28 日,第十届全国人大常委会第十一次会议通过《关于完善人民陪审员制度的决定》,自 2005 年 5 月 1 日起施行。《关于完善人民陪审员制度的决定》共 20 条,对人民陪审员的选任条件、选任程序、任期、参审范围、参审机制、参审职权、退出和惩戒机制、履职保障制度等作出了较为全面的规定。根据《关于完善人民陪审员制度的决定》,人民代表大会常务委员会的组成人员,人民法院、人民检察院、公安机关、国家安全机关、司法行政机关的工作人员和执业律师等人员,不得担任人民陪审员;符合担任人民陪审员条件的公民,可以由其所在单位或者户籍所在地的基层组织向基层人民法院推荐,或者本人提出申请,由基层人民法院会同同级人民政府司法行政机关进行审查,并由基层人民法院院长提出人民陪审员人选,提请同级人民代表大会常务委员会任命。基层人民法院审判案件依法应当由人民陪审员参加合议庭审判的,应当在人民陪审员名单中随机抽取确定。中级人民法院、高级人民法院审判案件依法应当由人民陪审员参加合议庭审判的,在其所在城市的基层人民法院的人民陪审员名单中随机抽取确定。

长期以来,人民陪审员制度在推进司法民主、促进司法公正、提高司法公信等方面一直发挥着重要作用,但仍存在一些需要改进和完善的地方,如人民陪审员的广泛性和代表性不足,"驻庭陪审、编外法官""陪而不审、审而不议"现象仍然存在,管理机制不健全,履职保障机制不完善等。2014 年 10 月,中共十八届四中全会通过的《中共中央关于全面推进依法治国若干重大问题的决定》要求"完善人民陪审员制度,保障公民陪审权利,扩大参审范围,完善随机抽选方式,提高人民陪审制度公信度"。2015 年 4 月 1 日,中央全面深化改革领导小组第十一次会议审议通过《人民陪审员制度改革试点方案》;同年 4 月 24 日,第十二届全国人大常委会第十四次会议通过《关于授权在部分地区开展人民陪审员制度改革试点工作的决定》。2015 年 5 月,最高人民法院和司法部联合发布《人民陪审员制度改革试点工作实施办法》,开始了新一轮人民陪审员制度改革试点。为了进一步研究试点改革中的有关问题,2017 年 4 月,全国人大常委会决定,试点期限延长一年。延长期满,最高人民法院应当就试点情况向全国人大常委会作出报告。试点开展以来,各试点法院积极扩大选任范围、完善参审机制、合理区分事实审和法律审、健全保障机制,试点工作成效显著。在试点过程中,有不少人大代表、政协委员、专家学者提出,建议在总结改革试点经验的基础上,制定专门的《人民陪审员法》。经过 2 年多试点,各地法院已经探索出许多可复制、可推广的经验做法,其中所涉重点难点问题也基本形成共识,立法条件已经具备。

最高人民法院根据试点取得的经验和教训,起草了《人民陪审员法(草案)》,于 2017 年 12 月 22 日交第十二届全国人大常委会第三十一次会议第一次审议,最高人民法院院长周强作关于该草案的说明。根据说明,制定《人民陪审员法》立足充分保障人民群众参与司法的民主权利,坚持人民陪审员选任的广泛性和代表性,强调充分发挥人民陪审员的参审作用。[47] 2018 年 4 月,全国人大常委会对《人民陪审员法(草案)》进行第二次审议。2018 年 4 月 27 日,第十三届全国人大常委会第二次会议通过《中华人民共和国人民陪审员法》(以下简称《人民陪审员法》),同日国家主席习近平签署第四号主席令公布,自公布之日起施行。《人民陪审员法》共 32 条,主要内容包括以下几个方面:

关于人民陪审员的选任。一是放宽了选任入口。在总结改革试点经验的基础上,将学历要求从原有规定中的大专以上降低到一般具有高中以上文化程度。考虑到提高年龄要求有利于更好地发挥陪审员富有社会阅历、了解社情民意的优势,将担任人民陪审员的年龄从 23 周岁提高到 28 周岁。二是改革了选任方式。在坚持陪审员应当是随机抽选产生的前提下,因审判活动需要,一定比例的人民陪审员可以通过个人申请和组织推荐的方式产生。三是明确随机抽选来源。根据《人民陪审员法》规定,人民陪审员从符合条件的当地常住居民名单中随机抽选,而不是从选民名单中随机抽选产生,以避免选民名单信息更新的滞后性。

关于事实审和法律审区分。《人民陪审员法》规定人民陪审员参加的合议庭组成采用三人合议庭和七人合议庭两种模式。在三人合议庭中,以不区分事实审与法律审为宜,人民陪审员与法官有同等权利;对一些社会影响重大的案件,由三名法官和四名人民陪审员组成七人合议庭,人民陪审员在法官的指引下只参与审理事实认定问题,不审理法律适用问题。因此,《人民陪审员法》第 21 条、第 22 条对三人合议庭与七人合议庭的评议规则分别作出规定,三人合议庭不区分事实审和法律审,七人合议庭审判案件时,人民陪审员只参与审理事实认定问题,不参与审理法律适用问题。

关于人民陪审员参审范围。通过合理界定人民陪审员参审案件的范围,让陪

---

〔47〕 周强:《〈中华人民共和国人民陪审员法(草案)〉的说明》,载《全国人民代表大会常务委员会公报》2018 年第 3 号。

审制度在国家治理和司法体系中发挥应有作用，又有助于解决实践中长期存在的“陪而不审、审而不议”等问题。《人民陪审员法》第 15 条规定，涉及群体利益、公共利益的，人民群众广泛关注的或者其他社会影响较大的第一审刑事、民事、行政案件，均可以适用陪审制，法律规定由法官独任审理或者由法官组成合议庭审理的除外；第 16 条进一步明确七人合议庭的案件参审范围，并作了类型化处理：第一类是社会影响重大的可能判处十年以上有期徒刑、无期徒刑、死刑的刑事案件；第二类是行政诉讼法和民事诉讼法规定的公益诉讼案件；第三类是涉及征地拆迁、环境保护、食品药品安全等社会影响重大的案件；第四类其他社会影响重大的案件。此外，参审范围还包括当事人申请适用的案件。

关于人民陪审员履职保障。《人民陪审员法》第 28 条第 1 款规定：“人民陪审员的人身和住所安全受法律保护。任何单位和个人不得对人民陪审员及其近亲属打击报复。”第 29 条第 1 款规定：“人民陪审员参加审判活动期间，所在单位不得克扣或者变相克扣其工资、奖金及其他福利待遇。”第 30 条规定：“人民陪审员参加审判活动期间，由人民法院依照有关规定按实际工作日给予补助。”并明确“人民陪审员因参加审判活动而支出的交通、就餐等费用，由人民法院依照有关规定给予补助”。

此外，关于人民陪审员任期，《人民陪审员法》第 13 条规定：“人民陪审员的任期为五年，一般不得连任。”此规定旨在让更多的公民有可能参与到审判活动中。关于提交审委会讨论规则，第 23 条第 2 款规定：“合议庭组成人员意见有重大分歧的，人民陪审员或者法官可以要求合议庭将案件提请院长决定是否提交审判委员会讨论决定。”这一规定赋予了法官和人民陪审员对等的审判权力，同时又可以最大程度上保证案件审理的质量和效率。关于参审案件数上限，为了有效防止“驻庭陪审员”“编外法官”的出现，第 24 条规定：“人民法院应当结合本辖区实际情况，合理确定每名人民陪审员年度参加审判案件的数量上限，并向社会公告。”

二、检察机关组织立法

（一）中华人民共和国成立初期的检察机关组织立法

《中央人民政府组织法》规定最高人民检察署对政府机关、公务人员和全国国民之严格遵守法律，负最高的检察责任。最高人民检察署设检察长一人、副检察长若干人和委员若干人，由中央人民政府委员会任免。1949 年 10 月 1 日，中央人民政府委员会第一次会议任免罗荣桓为中央人民政府最高人民检察署检察长。

1951 年 9 月 3 日，中央人民政府委员会第十二次会议通过《中华人民共和国最高人民检察署暂行组织条例》和《各级地方人民检察署组织通则》，9 月 4 日中央人民政府公布施行。最高人民检察署副检察长李六如在会上就条例草案作说明。《最高人民检察署暂行组织条例》共 17 条,《各级地方人民检察署组织通则》共7 条。

根据李六如的说明,中央人民政府成立之初即开始组织最高人民检察署,1949 年 12 月《最高人民检察署试行组织条例》经中央人民政府主席批准暂试行。此后,最高人民检察署一方面加强自身机构建设,另一方面推动建立各地人民检察机构。在各地人民检察机构建立过程中,各地普遍要求早日颁行《各级地方人民检察署组织通则》,明确规定各级人民检察署的组织、职权、领导及与其他有关机关的关系,以使全国检察机关有一致遵守的法则。最高人民检察署为适应这一需要,于 1950 年 11 月综合各地经验拟就《各级地方人民检察署组织通则》草案,同时因《最高人民检察署试行组织条例》第 2 条关于全国各级检察署均独立行使职权的规定不完全适合于当时的实际情况,所以最高人民检察署将其一并加以修正,分送中央各有关机关征求意见,又经过反复讨论修改后,于 1951 年 4 月 11 日提经政协全国委员会常委会政法组修正,并于 8 月 30 日提经政协全国委员会常委会审查修正后,提请中央人民政府委员会审查批准。[48]

关于人民检察署的组织,最高人民检察署为全国最高检察机关,一方面直接行使检察权,另一方面更重要的是领导下级人民检察署行使检察权。为便于指导地方人民检察署进行检察工作,特在各大行政区设立最高人民检察署分署;省(行署)及中央或大行政区直辖市设省(行署、市)人民检察署,省人民检察署可以在专区设分署;县及市设县或市人民检察署。鉴于当时各地普设人民检察署仍有困难,《最高人民检察署暂行组织条例》第 3 条第 2 项明定:“前项二、三两款之职权,在下级检察署尚未设立的地区,得暂委托各该地公安机关执行。”但为保证它能在上级人民检察署指导下正确执行检察业务,又于第 2 项后段规定:“但其执行检察业务时须受上级检察署的指导。”

关于人民检察署的任务与职权,人民检察署是中央人民政府成立时新建立的机关,是人民民主专政的重要武器之一,以保卫共同纲领和人民政府的各项法律、法令、政策之实施与巩固人民革命政权、保护广大人民利益为任务。为实现这一目的,《最高人民检察署暂行组织条例》和《各级地方人民检察署组织通则》在各级人民检察署的职权内,专门在检察一般刑事案件以外,增加检察反革命案件的规定,并且把反革命案件规定在一般刑事案件的上面。

关于各级人民检察署的领导问题,改原《最高人民检察署试行组织条例》中采取的垂直领导原则为双重领导,并在《各级地方人民检察署组织通则》中规定各级地方人民检察署受上级检察署的领导,同时又为各级人民政府的组成部分,受同级

---

[48] 李六如:《关于〈最高人民检察署暂行组织条例〉修正案和〈各级地方人民检察署组织通则〉草案的说明》,载《人民日报》1951 年 9 月 5 日,第 3 版。

人民政府委员会的领导。

关于人民检察署与其他有关机关的分工合作,《各级地方人民检察署组织通则》一方面规定了地方人民检察署与上级人民检察署及同级人民政府委员会的关系,另一方面又规定了地方人民检察署与同级司法、公安、监察及其他有关机关的关系。

（二）1954 年人民检察院组织法

1954 年 9 月 21 日下午,第一届全国人大第一次会议通过《中华人民共和国人民检察院组织法》(以下简称《人民检察院组织法》)。根据《宪法》和《人民检察院组织法》,1954 年 9 月 27 日,第一届全国人大第一次会议选举张鼎丞为中华人民共和国最高人民检察院检察长。《人民检察院组织法》包括“总则”“人民检察院行使职权的程序”“人民检察院人员的任免”3 章,共 22 条。

关于人民检察院的性质和职权,1954 年《宪法》规定:“中华人民共和国最高人民检察院对于国务院所属各部门、地方各级国家机关、国家机关工作人员和公民是否遵守法律,行使检察权。地方各级人民检察院和专门人民检察院,依照法律规定的范围行使检察权。”根据《人民检察院组织法》,地方各级人民检察院对于地方国家机关的决议、命令和措施是否合法,国家机关工作人员和公民是否遵守法律,实行监督;对于刑事案件进行侦查,提起公诉,支持公诉;对于侦查机关的侦查活动是否合法,实行监督;对于人民法院的审判活动是否合法,实行监督;对于刑事案件判决的执行和劳动改造机关的活动是否合法,实行监督;对于有关国家和人民利益的重要民事案件有权提起诉讼或者参加诉讼。最高人民检察院检察长列席最高人民法院审判委员会会议;地方各级人民检察院检察长有权列席本级人民法院审判委员会会议。

关于人民检察院的设置和领导方式。根据《人民检察院组织法》,全国设立最高人民检察院、地方各级人民检察院,地方各级人民检察院分为省、自治区、直辖市、自治州、县、市、自治县人民检察院,省、自治区、直辖市人民检察院按照需要可以设立分院,直辖市和设区的市人民检察院按照需要可以设立市辖区人民检察院。这在实际上确立了最高人民检察院、省级人民检察院、省级人民检察院分院、县级人民检察院四级人民检察院等级。《人民检察院组织法》规定“地方各级人民检察院和专门人民检察院在上级人民检察院的领导下,并且一律在最高人民检察院的统一领导下,进行工作”,实行上下级人民检察院为领导与被领导关系的“垂直领导”模式。

关于人民检察院人员和任免方式。根据《人民检察院组织法》,各级人民检察院各设检察长一人、副检察长若干人和检察员若干人。最高人民检察院检察长由全国人民代表大会选举,副检察长由全国人民代表大会常务委员会任免,检察员和检察委员会委员由最高人民检察院检察长提请全国人民代表大会常务委员会任免。省、自治区和直辖市的人民检察院的检察长、副检察长、检察员和检察委员会委员,由最高人民检察院提请全国人民代表大会常务委员会批准任免;省、自治区、直辖市的人民检察院分院和县、市、自治州、自治县、市辖区的人民检察院的检察长、副检察长、检察员和检察委员会委员,由省、自治区、直辖市的人民检察院提请最高人民检察院批准任免。

"大跃进"运动中,1960年11月,中共中央发出《关于中央政法机关精简机构和改变管理体制批复》,决定公安部、最高人民法院、最高人民检察院合署办公,最高人民检察院保留二三十人,最高人民法院保留五十人左右,各设一个办公室,分别处理检察、法院的必要业务工作。这一问题在1962年七千人大会后得到纠正。"文化大革命"中,1967年8月7日,谢富治在公安部全体工作人员大会上提出要把公检法机关从"政治、思想、理论、组织上彻底砸烂"。到1968年上半年,全国各级政法机关遭到严重破坏,其中受害最为严重的是检察机关。1968年3月20日,中共中央、中央军委、中央文革发出通知,决定向最高人民法院、最高人民检察院派驻军事代表,全国各地检察机关陆续实行军管。1968年12月,最高人民法院军代表、最高人民检察院军代表、内务部军代表和公安部领导小组联合提出《关于撤销最高检、内务部、内务办三个单位,公安部、最高法留下少数人的请示报告》,报告经毛泽东批示后,最高人民检察院、军事检察院和地方各级人民检察院先后被撤销。1975年1月17日,第四届全国人民代表大会第一次会议修正通过的《宪法》第25条规定,"检察机关的职权由各级公安机关行使"。检察机关被撤销的事实,在宪法上得到确认。

(三)1979年人民检察院组织法

1978年3月5日,第五届全国人大第一次会议通过的新《宪法》恢复了关于人民检察院的规定。1979年7月1日,第五届全国人大第二次会议通过《中华人民共和国人民检察院组织法》,7月5日全国人大常委会叶剑英签署第四号委员长令公布,自1980年1月1日起施行。新的《人民检察院组织法》包括"总则""人民检察院行使职权的程序""人民检察院的机构设置和人员的任免"3章,共28条。

1979年《人民检察院组织法》是在1954年《人民检察院组织法》基础上修改的,并作了较大的修改,[49]主要体现在如下方面:一是确定检察院的性质是国家的法律监督机关。根据这一性质定位,《人民检察院组织法》规定检察院"独立行使检察权,不受其他行政机关、团体和个人的干涉";各级人民检察院都设立检察委员会,实行民主集中制,讨论决定重大案件和其他重大问题。二是强化检察院上下级领

〔49〕 彭真:《关于七个法律草案的说明》,载《人民日报》1979年7月1日,第1版。

导关系,《人民检察院组织法》明确全国人民检察院分为四级:最高人民检察院;省、自治区、直辖市人民检察院;省、自治区、直辖市人民检察院分院,自治州和省辖市人民检察院;县、市、自治县和市辖区人民检察院。地方各级人民检察院对同级人民代表大会和它的常务委员会负责并报告工作,同时受上级人民检察院领导,以保证检察院对全国实行统一的法律监督。三是明确检察院对于国家机关和国家工作人员的监督,只限于违反刑法,需要追究刑事责任的案件。至于一般违反党纪、政纪并不触犯刑法的案件,概由党的纪律检查部门和政府机关去处理。四是进一步修改人民检察院机构设置和人员任免规定,《人民检察院组织法》规定:"最高人民检察院设置刑事、法纪、监所、经济等检察厅,并且可以按照需要,设立其他业务机构。地方各级人民检察院和专门人民检察院可以设置相应的业务机构。"地方各级人民检察院检察长由同级人民代表大会民主选举产生,并报上级人民检察院检察长提请该级人民代表大会常务委员会批准;地方各级人民检察院副检察长、检察委员会委员和检察员由同级人民代表大会常务委员会任免。省、自治区、直辖市的人民检察院检察长、副检察长、检察委员会委员,在本级人民代表大会或它的常务委员会选举产生或任命以后,都要报经最高人民检察院检察长提请全国人民代表大会常务委员会批准。

1980 年 9 月 29 日,第五届全国人大常委会第十六次会议决定成立最高人民检察院特别检察厅,对林彪、江青反革命集团案进行检察起诉。任命最高人民检察院检察长黄火青兼特别检察厅厅长,最高人民检察院副检察长喻屏、中国人民解放军总政治部副主任史进前为副厅长,马纯一等 21 人为检察员。1981 年 3 月 6 日,鉴于检察起诉任务已经完成,第五届全国人大常委会第十七次会议决定撤销最高人民检察院特别检察厅。

1983 年 9 月 2 日,第六届全国人大常委会第二次会议通过《关于修改〈中华人民共和国人民检察院组织法〉的决定》,对《人民检察院组织法》作出修改,同日国家主席李先念签署第六号主席令公布施行。修改主要体现在地方各级人民检察院人员的任免程序方面。1979 年《人民检察院组织法》规定,各级人民检察院检察长、副检察长和检察委员会委员的任免,须报请上级人民检察院检察长提请该级人大常委会批准。各地反映报批的名单太多,人大常委会难以一一审批。1982 年《宪法》已规定全国人大常委会只批准省一级人民检察院检察长的任免,不必批准省级副检察长和检察委员会委员的任免。根据这一精神,将第 22 条第 2 款修改为:"省、自治区、直辖市人民检察院检察长的任免,须报最高人民检察院检察长提请全国人民代表大会常务委员会批准。"并将第 23 条第 2 款修改为:"自治州、省辖市、县、市、市辖区人民检察院检察长的任免,须报上一级人民检察院检察长提请该级人民代表大会常务委员会批准。"

1986 年 12 月 2 日,第六届全国人大常委会第十八次会议决定修改《地方各级人民代表大会和地方各级人民政府组织法》,《人民检察院组织法》也作出相应修改,省、自治区、直辖市人民检察院分院检察长从“由省、自治区、直辖市人民代表大会选举和罢免”改为“由省、自治区、直辖市人民检察院检察长提请本级人民代表大会常务委员会任免”。

进入 21 世纪后,2003 年最高人民检察院印发《人民检察院服装管理规定(试行)》,人民检察院的正规化、专业化建设迈向新的历史阶段。

(四)2018 年人民检察组织法

1979 年《人民检察院组织法》明确了检察机关在国家机构中的性质、地位、作用和职责,对构建人民检察院组织体系、加强法律监督工作、确立中国特色社会主义检察制度发挥了重要作用。40 年来,随着中国经济社会飞速发展,民主法治建设日臻完善,先后出台和修订完善的刑事、民事和行政诉讼法等相关法律赋予了检察机关一系列新的职能。尤其是全面依法治国的深化和国家监察体制改革、司法体制改革的推进,检察机关的机构设置、职权配置、检察权运行方式和保障机制等都发生了深刻变化,这些都需要在检察院组织法中予以体现。《人民检察院组织法》修改曾先后被列入第八届、第九届、第十届全国人大常委会立法规划。但是由于在一些问题上无法达成共识未能完成。随着司法改革的稳步推进,一些涉及检察职权配置、增强法律监督措施的改革文件陆续出台,一些争议问题陆续得到了解决,修改《人民检察院组织法》的时机逐渐成熟。

2013 年,修改《人民检察院组织法》列入第十二届全国人大常委会立法规划的一类立法项目,并明确由原全国人大内务司法委员会牵头。全国人大内务司法委员会提出,这次修法的幅度为“大改”而非“中改”和“小改”,必须是全面的、系统的修订和改进。[50] 最高人民检察院成立了《人民检察院组织法》修改工作领导小组和修改专班,深入调查研究,广泛征求意见,向全国人大内务司法委员会报送了《人民检察院组织法修改草案(建议稿)》。全国人大内务司法委员会充分吸取最高人民检察院意见,又征求了相关中央国家机关和社会各界的意见,形成了《人民检察院组织法(修订草案)》。2017 年 8 月,第十二届全国人大常委会第二十九次会议对草案进行了第一次审议。第十三届全国人大常委会继续将《人民检察院组织法》的修改列入立法规划。2018 年 6 月,《人民检察院组织法(修订草案)》提请第十三届全国人大常委会第三次会议进行了第二次审议。

2018 年 10 月,第十三届全国人大常委会第六次会议审议《人民检察院组织法

---

〔50〕 参见董凡超:《开启检察制度新里程:最高检相关负责人就新修订的人民检察院组织法答记者问》,载《法制日报》2018 年 10 月 30 日,第 2 版。

(修订草案)》第三次审议稿,并于10月26日表决通过,同日国家主席习近平签署第十二号主席令公布,自2019年1月1日起施行。修订后的《人民检察院组织法》包括"总则""人民检察院的设置和职权""人民检察院的办案组织""人民检察院的人员组成""人民检察院行使职权的保障""附则"6章,共53条。修订后的《人民检察院组织法》不仅条文数量较1979年《人民检察院组织法》增加了近一倍,体例、内容上也做了较大修改完善。主要体现在以下方面:

一是明确了人民检察院的性质和任务。围绕坚持宪法定位,规定:"人民检察院是国家的法律监督机关。人民检察院通过行使检察权,追诉犯罪,维护国家安全和社会秩序,维护个人和组织的合法权益,维护国家利益和社会公共利益,保障法律正确实施,维护社会公平正义,维护国家法制统一、尊严和权威,保障中国特色社会主义建设的顺利进行。"

二是完善了检察工作的基本原则和工作体制。增加了检察院设置法定原则、司法公正原则、司法公开原则、司法责任制原则、接受人民群众监督原则等基本原则。关于人民检察院的领导体制,规定:"最高人民检察院是最高检察机关。最高人民检察院领导地方各级人民检察院和专门人民检察院的工作,上级人民检察院领导下级人民检察院的工作。"关于人民检察院与同级人民代表大会及其常务委员会的关系,明确"最高人民检察院对全国人民代表大会及其常务委员会负责并报告工作。地方各级人民检察院对本级人民代表大会及其常务委员会负责并报告工作"。同时,强调"各级人民代表大会及其常务委员会对本级人民检察院的工作实施监督"。

三是完善了人民检察院设置的有关规定。在严格按照宪法确立的人民检察院分为最高人民检察院、地方各级人民检察院、军事检察院等专门检察院的基础上,增加规定地方各级人民检察院分为省级人民检察院、设区的市级人民检察院、基层人民检察院。明确了省级人民检察院和设区的市级人民检察院可以在辖区内特定区域设立人民检察院,作为派出机构。增加规定,在新疆生产建设兵团设立的人民检察院的组织、案件管辖范围和检察官任免,依照全国人民代表大会常务委员会的有关规定。明确专门人民检察院的设置、组织、职权和检察官任免,由全国人民代表大会常务委员会规定。

四是完善了人民检察院内设机构的有关规定。第一,规定了人民检察院内设机构的设置,明确了人民检察院根据检察工作需要,设必要的业务机构。为贯彻司法改革要求,合理精简整合人民检察院内设机构,规定检察官员额较少的设区的市级检察院和基层人民检察院,可以设综合业务机构。检察院可以设必要的检察辅助机构和行政管理机构。第二,规定了派驻检察室和巡回检察监督方式,人民检察院根据检察工作需要,可以在监狱、看守所等场所设立检察室,行使派出它的人民检察院的部分职权,也可以对上述场所进行巡回检察。这一规定为检察机关完善派驻检察室和巡回检察相结合的监督工作机制提供了法律依据。

五是完善了人民检察院行使职权的措施和方式。规定:"人民检察院行使本法第二十条规定的法律监督职权,可以进行调查核实,并依法提出抗诉、纠正意见、检察建议。有关单位应当予以配合,并及时将采纳纠正意见、检察建议的情况书面回复人民检察院。""抗诉、纠正意见、检察建议的适用范围及其程序,依照法律有关规定。"检察机关调查核实的方式主要包括调阅、借阅案卷材料和其他文件资料,查询、调取、复制相关证据资料,向有关单位及其工作人员了解情况,向当事人或者案外人询问取证等。抗诉、纠正意见和检察建议是检察机关行使法律监督职权的主要方式,要求有关单位及时将采纳纠正意见、检察建议的情况书面回复人民检察院,对提升纠正意见、检察建议的监督实效具有重要意义。

六是增加规定检察长或者检察长委托的副检察长可以列席同级人民法院审判委员会会议。检察长列席同级人民法院审判委员会会议是检察机关履行法律监督职能的重要方式,将这一制度写入《人民检察院组织法》是对司法改革成果的法律化、制度化。

七是增加规定人民监督员对人民检察院的办案活动实行监督。规定没有将监督范围限定在办理刑事案件,为检察机关在民事、行政检察和公益诉讼等领域进一步拓展人民监督员监督范围留下空间。

八是完善了人民检察院的办案组织。按照司法责任制的要求,完善了独任检察官和检察官办案组运行机制,规定"人民检察院办理案件,根据案件情况可以由一名检察官独任办理,也可以由两名以上检察官组成办案组办理。由检察官办案组办理的,检察长应当指定一名检察官担任主办检察官,组织、指挥办案组办理案件"。完善了检察委员会的职能、组成、议事程序、决定的效力等规定。

九是明确了人民检察院的组成人员。规定人民检察院由检察长、副检察长、检察委员会委员和检察员等人员组成,明确了各级人民检察院组成人员的任免程序。明确人民检察院组成人员的任职条件。规定检察官、检察辅助人员和司法行政人员实行分类管理。明确检察官实行员额制。检察官员额根据人民检察院案件数量、经济社会发展情况、人口数量和人民检察院层级等因素确定。最高人民检察院检察官员额,由最高人民检察院商有关部门确定。地方各级人民检察院检察官员额,在省、自治区、直辖市内实行总量控制,动态管理。

十是完善了人民检察院行使职权的保障。防止对检察权的外部干预,明确"任何单位或者个人不得要求检察官从事超出法定职责范围的事务。对于领导干部干预司法活动、插手具体案件处理,或者人民检察院内部人员过问案件情况的,办案人员应当全面如实记录并报告;有违法违纪情形的,由有关机关根据情节轻重追究行为人的责任”。规定人民检察院采取必要措施,维护办案安全。对妨碍人民检察院依法行使职权的违法犯罪行为,依法追究法律责任。此外还对检察机关编制管理、经费保障、人员培训、信息化建设等作出了规定。

(五)检察官法

为实现检察官管理的科学化、法制化,完善中国检察官制度,1988 年 7 月,最高人民检察院组织专门班子开始起草《检察官法》,为此进行了调查研究,认真总结中国检察官管理的成功经验,研究借鉴外国检察官管理的有益做法,广泛听取各级人民检察院及中央有关部委的意见,邀请高等院校、研究机构的专家、学者进行论证,并在地方检察院开展了试点工作。1988 年年底,第七届全国人大常委会将《检察官法》纳入立法规划。1988 年至 1994 年,最高人民检察院经过反复研究、先后 26 次修改,形成了《检察官法(草案)》。

1994 年 5 月,《检察官法(草案)》提交第八届全国人大常委会第七次会议第一次审议,最高人民检察院检察长张思卿在会上作关于《检察官法(草案)》的说明。[51] 根据说明,制定《检察官法》对完善检察官管理,规范检察官行为,提高检察官素质和执法水平,具有重要意义。1994 年 12 月,第八届全国人大常委会第十一次会议第二次审议《检察官法(草案)》,全国人大法律委员会副主任委员王叔文作关于《检察官法(草案)》审议结果的报告。1995 年 2 月,第八届全国人大常委会第十二次会议第三次审议《检察官法(草案)》,全国人大法律委员会主任委员薛驹作关于《检察官法(草案修改稿)》修改意见的汇报。

1995 年 2 月 28 日,第八届全国人大常委会第十二次会议通过《中华人民共和国检察官法》(以下简称《检察官法》),同日国家主席江泽民签署第三十九号主席令公布,自当年 7 月 1 日起施行。《检察官法》包括“总则”“职责”“义务和权利”“检察官的条件”“任免”“任职回避”“检察官的等级”“考核”“培训”“奖励”“惩戒”“工资保险福利”“辞职辞退”“退休”“申诉控告”“检察官考评委员会”“附则”17 章,共 52 条。与之前的法律法规相比,《检察官法》的创新主要体现在以下方面:

一是明确了检察官的职责。人民检察院是国家的法律监督机关,《检察官法》具体规定了检察官的职责,包括依法进行法律监督工作、代表国家进行公诉、对法律规定由人民检察院直接受理的犯罪案件进行侦查和法律规定的其他职责,担任领导职务的检察官“还应当履行与其职务相适应的职责”。为了保障检察官依法履行职责,《检察官法》规定了检察官所应享有的权利,包括获得履行检察职责所应有的职权和工作条件,非因法定事由并经法定程序,不得被免职、降职、辞职、辞退或者

[51] 张思卿:《〈中华人民共和国检察官法(草案)〉的说明》,载《全国人民代表大会常务委员会公报》1995 年第 1 号。

处分,获得劳动报酬,享受保险、福利待遇,人身、财产和住所安全受法律保护等。《检察官法》第十五章规定了检察官有申诉控告权,规定“对检察官处分错误的,应当及时予以纠正”。

二是明确了检察官的任职条件。《检察官法》采用与《法官法》类似的规定,即除政治、年龄、品德和身体条件外,担任检察官必须具备一定的法律专业背景和从业经历,即“高等院校法律专业毕业或者高等院校非法律专业毕业具有法律专业知识,工作满二年”、“获得法律专业学士学位,工作满一年”或“获得法律专业硕士学位、法律专业博士学位”。与《法官法(草案)》类似,最高人民检察院在《检察官法(草案)》中规定,检察官在任命前必须通过考试并经考核先取得检察官资格,检察官资格由最高人民检察院授予,并规定了检察官逐级选拔制度。基于与《法官法(草案)》相同的理由,全国人大常委会在审议中建议将“检察官资格”改为“检察官的条件”,并删除逐级选拔的规定。

三是建立了检察官等级制度。最高人民检察院在草案中规定实行检察官衔级制度,认为衔级制度有利于建立检察官等级序列,适应检察官履行职责的特殊要求,为检察官执行职务提供方便,激励检察官不断进取,严格履行法律监督职责。经全国人大常委会审议,最终《检察官法》规定:“检察官的级别分为十二级。最高人民检察院检察长为首席大检察官,二级至十二级检察官分为大检察官、高级检察官、检察官。”1997年12月15日中共中央组织部、人事部和最高人民检察院下发《中华人民共和国检察官等级暂行规定》,此后和法院一样,各级人民检察院开始了检察官等级评定工作。2002年3月21日,最高人民检察院在北京举行首次大检察官等级评定及颁证仪式,中华人民共和国首席大检察官、最高人民检察院检察长韩杼滨向一级大检察官梁国庆和胡克惠等40名二级大检察官颁发了大检察官等级证书。

《法官法》通过和施行后,为进一步完善检察官管理制度,以适应依法治国、建设高素质专业化检察官队伍的需要,最高人民检察院起草了《检察官法修正案(草案)》,于2000年7月3日提交第九届全国人大常委会第十六次会议审议。2001年6月30日,第九届全国人大常委会第二十二次会议通过《关于修改〈中华人民共和国检察官法〉的决定》,同日国家主席江泽民签署第五十四号主席令公布,自2002年1月1日起施行。修改后的《检察官法》增加为56条,修改的内容主要包括:一是关于检察官任职的条件,与《法官法》规定的任职条件一样,修改后的《检察官法》将检察官任职最低学历要求中、高等院校毕业提升为高等院校本科毕业,并增加了“通过国家统一司法考试”的要求。二是关于检察官的选用,根据“上级人民检察院领导下级人民检察院”的性质,修改后的《检察官法》增加规定:“上级人民检察院发现下级人民检察院检察官的任命有违反本法规定的条件的,应当责令下级人民检察院依法撤销该项任命，或者要求下级人民检察院依法提请同级人民代表大会常务委员会撤销该项任命。”根据国家司法考试即将改为国家统一法律职业资格考试的形势，2017 年 9 月 1 日第十二届全国人大常委会第二十九次会议对《检察官法》作出部分修改，规定：“初任检察官采用考试、考核的办法，按照德才兼备的标准，从通过国家统一法律职业资格考试取得法律职业资格并且具备检察官条件的人员中择优提出人选。”

全面依法治国方略逐步推进，司法体制改革不断深化，要求对《检察官法》进行修改完善，这是巩固深化司法体制改革成果的必然要求，是推进检察官队伍正规化、专业化、职业化建设的客观需要，也是完善中国特色社会主义法律体系的重要内容。2015 年 6 月《检察官法》修订列入第十二届全国人大常委会立法规划以后，最高人民检察院党组专门成立了修改小组。修改小组深入各省区市调研，组织召开法学专家论证会，反复征求各省级检察院意见，并委托部分专家、部分省级检察院起草专家意见稿和地方建议稿，广泛征求中央有关部门意见，多次沟通协商，反复推敲、修改完善，形成了《检察官法（修订草案）》。《检察官法》的修订以推进检察官正规化、专业化、职业化为目标，以确保检察权依法独立公正行使为核心，以强化检察官职责、管理和保障为重点，充分吸收司法体制改革成果，力争将检察官法修改成为与党中央要求相适应、与形势相符合、体现检察官职业特点规律的法律制度。修订坚持一般性与特殊性相结合，总结吸收司法体制改革经验与推进改革成果法律化相结合，注重与宪法、人民检察院组织法等相衔接，坚持立足我国国情与借鉴域外有益经验相结合。

2017 年 12 月，《检察官法（修订草案）》提交第十二届全国人大常委会第三十一次第一次审议，最高人民检察院检察长曹建明作关于《检察官法（修订草案）》的说明。[52] 经审议，全国人大常委会决定将该修订草案在中国人大网公布，向社会公众征求意见。2018 年 12 月，《检察官法（修订草案）》提交第十三届全国人大常委会第七次会议第二次审议。经审议，会议决定将《检察官法（修订草案）》二次审议稿再次在中国人大网公布，向社会公众征求意见。2019 年 4 月，全国人大常委会第三次审议《检察官法（修订草案）》。2019 年 4 月 23 日，第十三届全国人大常委会第十次会议修订通过《检察官法》，同日国家主席习近平签署第二十八号主席令公布，自当年 10 月 1 日起施行。修订后的《检察官法》包括“总则”“检察官的职责、义务和权利”“检察官的条件和遴选”“检察官的任免”“检察官的管理”“检察官的考核、奖励和惩戒”“检察官的职业保障”“附则”8 章，共 70 条。修订后的《检察官法》进一步

---

〔52〕 曹建明：《〈中华人民共和国检察官法（修订草案）〉的说明》，载中国人大网：http://www.npc.gov.cn/zgrdw/npc/xinwen/2019-04/23/content_2086185.htm，最后访问日期：2019 年 8 月 29 日。

明确了检察官任职条件,改进了检察官遴选程序,明确了检察官兼职禁止和任职回避,完善了检察官惩戒制度,完善了检察官履职保障,修订重点与《法官法》类似,兹不赘述。

第四节　人民政治协商会议组织制度

中国共产党领导的多党合作和政治协商制度是中华人民共和国的一项基本政治制度,是具有中国特色的社会主义政党制度。中国人民政治协商会议是中国人民爱国统一战线的组织,是中国共产党领导的多党合作和政治协商的重要机构。1949 年新政治协商会议筹备会和中国人民政治协商会议第一届全体会议先后召开,通过了《中国人民政治协商会议组织法》等制度。政协第一届全体会议在中华人民共和国成立的过程中发挥了特殊的作用,它在代行全国人民代表大会职权的同时,又行使政治协商的重要职能,完成"协商建国"的历史使命。

第一届全国人大召开后,全国政协不再代行全国人大职权,1954 年 12 月全国政协二届一次会议通过《中国人民政治协商会议章程》,政协作为爱国统一战线组织,继续在国家政治生活中发挥了独特而重要的作用。1982 年《宪法》序言明确规定:"中国人民政治协商会议是有广泛代表性的统一战线组织,过去发挥了重要的历史作用,今后在国家政治生活、社会生活和对外友好活动中,在进行社会主义现代化建设、维护国家的统一和团结的斗争中,将进一步发挥它的重要作用。"1993 年《宪法修正案》进一步规定:"中国共产党领导的多党合作和政治协商制度将长期存在和发展。"

一、新政治协商会议筹备会组织条例

1948 年 4 月 30 日,中共中央发布《纪念五一劳动节口号》,号召各民主党派、各人民团体及社会贤达,迅速召开政治协商会议,讨论并实现召集人民代表大会,成立民主联合政府。各民主党派、各人民团体、各界民主人士、海外华侨等相继发表声明、宣言和通电,响应中共中央"五一"号召。随后,响应中共中央"五一"号召的各民主党派、各人民团体、各界民主人士、少数民族人士和海外华侨的代表人士,从全国各地和国外陆续到达解放区,与中共代表共同协商召开新政协的有关事宜。同年 11 月 25 日,中共中央代表与到达哈尔滨的各界民主人士代表就成立新政治协商会议筹备会等问题达成协议。

1949 年 6 月 11 日,中国共产党和赞成"五一口号"的各民主党派、人民团体及无党派民主人士在北平香山举行新政治协商会议筹备会预备会议,商定参加新政协筹备会的单位为 23 个,共 134 人。同月 15 日,新政治协商会议筹备会第一次全

体会议在中南海勤政殿举行,毛泽东在筹备会开幕典礼上发表讲话;19 日,周恩来在会上作《新政治协商会议筹备会组织条例(草案)》的报告,会议一致通过《新政治协商会议筹备会组织条例》,自通过之日起施行。[53]

《新政治协商会议筹备会组织条例》共 9 条,确定筹备会负责进行新政协的一切筹备事宜,中心任务包括:商决并邀请参加新政协的单位和代表;决定新政协开会时间、地点及议程;拟定新政协组织条例草案;制定共同纲领草案;提出建立中华人民共和国政府的方案。

根据《新政治协商会议筹备会组织条例》第 4 条,新政协筹备会设常务委员 21 人,组成常务委员会。筹备会第一次全体会议选举出筹备会常务委员 21 人,负责筹备会的日常事务。常委会又推选毛泽东为主任,周恩来、李济深、沈钧儒、郭沫若、陈叔通为副主任,并决定李维汉为秘书长。

《新政治协商会议筹备会组织条例》第 7 条规定:“常务委员会得按工作需要,设立各种小组,并由常务委员会指定各小组组长副组长。”筹备会常务委员会第一次会议通过《各单位代表参加小组的办法》,规定在常务委员会领导下设 6 个小组,其中第二小组由 21 人组成,任务是起草新政治协商会议组织条例(后定名为《中国人民政治协商会议组织法》),组长和副组长分别由筹备会常务委员会委员、三民主义同志联合会代表谭平山和副秘书长、中国民主同盟代表周新民担任。第四小组由 25 人组成,任务是草拟中华人民民主共和国政府方案(后定名为《中华人民共和国中央人民政府组织法》)。组长和副组长由中国共产党代表董必武和筹备会常务委员、中国民主建国会代表黄炎培(离北平时由张奚若代)担任。

新政协筹备会第一次全体会议于 1949 年 6 月 19 日结束,历时 5 天。会议闭幕后,筹备会常务委员会先后召开了 8 次会议,各个小组经过 3 个月的积极准备,完成了各项准备工作。9 月 17 日,在北平召开了新政协筹备会第二次全体会议,审议并基本通过新政协各项文件草案,并决定将新的政治协商会议改名为“中国人民政治协商会议”。[54] 9 月 21 日,中国人民政治协商会议第一届全体会议在北平隆重举行,宣告中国人民政治协商会议正式成立。

二、中国人民政治协商会议组织法

中国人民政治协商会议第一届全体会议于 1949 年 9 月 21 日至 9 月 30 日在北平举行。9 月 22 日,谭平山代表筹备会第二小组报告《中国人民政治协商会议组织

---

〔53〕 参见《准备召开新政协会议成立民主联合政府　新政协筹备会在北平成立》,载《人民日报》1949 年 6 月 20 日,第 1 版。

〔54〕 参见朱汉:《中国人民政协即将召开　筹备会举行第二次全体会议　周恩来代表常委会报告筹备工作　一致通过中国人民政协组织法等重要草案》,载《人民日报》1949 年 9 月 18 日,第 1 版。

法》起草经过和主要内容。[55]

根据谭平山的报告,新政协筹备会常委会第二小组先后开会四次。第一次会议于 1949 年 6 月 28 日召集,推定 5 人起草讨论提纲。第二次会议研讨新政协组织的基本原则及其性质、职权、与政府的关系等,推定谭平山等 9 人组织起草委员会。初稿完成后,经多方征询意见,一再修改,于 8 月 18 日提交第三次小组会议整理后,即提交新政协筹备会常委会第四次会议通过。此后,该小组召开第四次会议再加整理,送交常委会提交筹备会第二次会议在原则上通过。

9 月 27 日,政协第一届全体会议通过《中国人民政治协商会议组织法》,自通过之日起施行。《中国人民政治协商会议组织法》包括"总则""参加单位及代表""全体会议""全国委员会""地方委员会""附则"6 章,共 20 条。

关于政协的性质,《中国人民政治协商会议组织法》第 1 条明确中国人民政治协商会议为全中国人民民主统一战线的组织。政协的参加单位及代表范围相当广泛,既有以工人阶级为领导的四个阶级联盟的组织力量,又有若干爱国民主分子的代表人物在内,还包括区域和军队的单位。

关于政协的组织形式,《中国人民政治协商会议组织法》确立了全体会议、全国委员会、常务委员会三层结构。该法第三章对"全体会议"作了规定,其中第 6 条规定:"中国人民政协全体会议,每三年开会一次,由全国委员会召集之。全国委员会认为有必要时,得提前或延期召集之。"第 7 条规定了全体会议的职权,共五项:制定或修改中国人民政治协商会议组织法;制定或修改中国人民政治协商会议共同纲领;在全国人民代表大会召开以前,执行全国人民代表大会的职权;在全国人民代表大会召开以后,向全国人民代表大会或中央人民政府委员会提出建议案;选举中国人民政协全国委员会。关于中国人民政治协商会议全体会议的职权,谭平山在报告中强调,"全体会议职权的大小,则因全国人民代表大会已否召开而有不同。草案规定在全国人民代表大会召开以前,执行全国人民代表大会的职权,不仅有立法权(制定或修改中央人民政府组织法)和选举权(选举中央人民政府委员会),并有提出决议权;在全国人民代表大会召开以后,则仅有建议权了"。

《中国人民政治协商会议组织法》第四章对"全国委员会"作了规定,其中第 13 条规定政协闭幕后,即由政协全体会议所选出的全国委员会,来保证实现全体会议及全国委员会的决议,随时向政府提出意见,从实际上帮助政府,保证各党派在政权中的合作,展开地方的统一战线工作,使下届全体会议易于召集,使政协内部的团结加强。第 15 条规定,政协全国委员会互选常务委员若干人、主席一人、副主席若干人,组织常务委员会主持会务。1949 年 9 月 30 日,政协第一届全国全体会议

---

〔55〕 参见《谭平山报告:人民政协组织法起草经过》,载《人民日报》1949 年 9 月 23 日,第 1 版。

选举产生由180人组成的中国人民政治协商会议第一届全国委员会。10月9日，政协第一届全国委员会在北京中南海勤政殿举行第一次会议，选举产生了由28人组成的政协第一届全国委员会常务委员会，选举毛泽东为全国委员会主席，周恩来、李济深、沈钧儒、郭沫若、陈叔通为副主席，李维汉为秘书长。此后，政协第一届全国委员会分别于1950年6月14日至23日、1951年10月23日至11月1日和1953年2月4日至7日在北京召开了第二次会议、第三次会议和第四次会议。

三、中国人民政治协商会议章程

根据第一届全国人民代表大会即将召开和《中华人民共和国宪法》即将颁布的形势，1953年2月7日，政协第一届全国委员会第四次会议决议，依据新的情况对《中国人民政治协商会议组织法》重新加以研究和修改，并委托常务委员会承担此项工作。根据这一决议，政协第一届全国委员会常务委员会组织起草小组，草拟《中国人民政治协商会议章程》。起草小组经过反复研究，拟定了《中国人民政治协商会议章程（草案）》。1954年12月15日，政协第一届全国委员会常务委员会第六十三次会议举行扩大会议，讨论并通过了《中国人民政治协商会议章程（草案）》。

1954年12月21日至25日，政协第二届全国委员会第一次会议在北京举行。12月22日，政协第一届全国委员会常务委员会委员章伯钧在会上作了关于《中国人民政治协商会议章程（草案）》的说明。章伯钧在说明中指出，随着一届全国人大第一次会议的召开和宪法的颁布，原《中国人民政治协商会议组织法》已经不完全适合于当时的情况，将原《中国人民政治协商会议组织法》更定名为《中国人民政治协商会议章程》表明了政协作为“人民民主统一战线的组织”的性质，也可以与国家机关的组织法和条例有所区别，避免同国家权力机关所通过的具有强制性的法律效力的“法”和“条例”相混淆。[56]

1954年12月25日，政协第二届全国委员会第一次会议通过《中国人民政治协商会议章程》（以下简称1954年《章程》）。1954年《章程》包括“总纲”和“组织总则”、“全国委员会”、“地方委员会”3章，共25条。其中，“总纲”明确了中国人民政治协商会议的性质是“团结全国各民族、各民主阶级、各民主党派、各人民团体、国外华侨和其他爱国民主人士的人民民主统一战线的组织”，它的性质不同于国家机关，也不同于一般的人民团体。

1954年《章程》的第一章规定了政协全国委员会和地方委员会的基本的组织原则，将原来的全体会议、全国委员会、常务委员会三层结构，改为全国委员会全体会

〔56〕　章伯钧：《关于〈中国人民政治协商会议章程（草案）〉的说明》，载《人民日报》1954年12月26日，第2版。

议和常务委员会两层。1954 年 12 月 25 日,全国政协二届一次会议推举毛泽东为政协第二届全国委员会名誉主席,选举周恩来为政协第二届全国委员会主席,宋庆龄、董必武、李济深、张澜等 16 人为副主席,邢西萍为秘书长,会议还选举了政协第二届全国委员会常务委员 65 人。

1954 年《章程》第 3 条、第 4 条确立了民主集中制的表则,体现了政协的政治上的统一性和充分的民主精神。第 7 条确定了政协全国委员会和各级地方委员会对下一级地方委员会的关系是指导关系。1954 年《章程》的第二章规定了政协全国委员会的任务和职权,规定"全国委员会每届任期四年","全国委员会全体会议每年举行一次"。1954 年《章程》第三章第 17 条规定:"省、自治区、直辖市和市设中国人民政治协商会议的省委员会、自治区委员会、直辖市委员会和市委员会。其他地方有必要的时候也可以设地方委员会。"把政协的省、自治区委员会的任期规定为每届 4 年,直辖市、市委员会的任期规定为每届 2 年。章伯钧在报告中指出,地方委员会的设立范围应当依据各地社会关系和民族关系的实际情况和实际需要而定,县主要是农业区,社会关系比较简单,因此除少数的县在有必要的时候可以设地方委员会外,大部分的县不需要设地方委员会。

1954 年《章程》实施后至 1966 年"文化大革命"爆发前,政协第二届全国委员会、第三届全国委员会和第四届全国委员会分别召开了 3 次、4 次和 1 次全体会议。"文化大革命"中,政协系统陷入瘫痪,长期未能正常开会。

"文化大革命"结束后,随着 1978 年 3 月 5 日新《宪法》的颁布,政协第五届全国委员会第一次会议于 1978 年 3 月 8 日通过新的《中国人民政治协商会议章程》(以下简称 1978 年《章程》)。1978 年《章程》包括"总纲"和"组织总则"、"工作总则"、"全国委员会"、"地方委员会"4 章,共 27 条。1978 年《章程》把中国共产党同各爱国民主党派"长期共存、互相监督"的方针写入总纲,并强调"无产阶级专政下的继续革命"理论。1978 年《章程》把政协的全国委员会和省、自治区、直辖市委员会的任期统一规定为 5 年。与 1954 年《章程》相比,1978 年《章程》进一步限制了政协地方委员会的设置范围,规定:"省、自治区、直辖市设中国人民政治协商会议的省委员会、自治区委员会、直辖市委员会。其他地方有必要的时候也可以设地方委员会。"在实际操作中把"其他地方"限定为省会市以及"统一战线工作较多的例如重庆那样的大城市"。[57]

1978 年 12 月中国共产党十一届三中全会标志着中国进入了改革开放和社会主义现代化建设的历史新时期。1982 年 12 月 4 日,第五届全国人大第五次会议通

[57] 韦国清:《关于修改〈中国人民政治协商会议章程〉的说明》,载《人民日报》1978 年 3 月 10 日,第 3 版。

过新《宪法》。12 月 11 日，政协第五届全国委员会第五次会议通过的新的《中国人民政治协商会议章程》（以下简称 1982 年《章程》）。1982 年《章程》包括“总纲”和“工作总则”、“组织总则”、“全国委员会”、“地方委员会”、“附则”5 章，共 50 条。1982 年《章程》把中国共产党同各民主党派、无党派民主人士“长期共存、互相监督”，“肝胆相照、荣辱与共”的方针写进“总纲”。1982 年《章程》明确建立“最广泛的爱国统一战线”，扩大了政协地方委员会的设立范围，其中第 39 条规定：“省、自治区、直辖市设中国人民政治协商会议的省、自治区、直辖市委员会；自治州、设区的市、县、自治县、不设区的市和市辖区，凡有条件的地方，均可设立中国人民政治协商会议各该地方的地方委员会。”关于政协各级委员会的任期，1982 年《章程》规定，政协的全国委员会每届任期 5 年，省、自治区、直辖市、自治州、设区的市的地方委员会每届任期 5 年，县、自治县、不设区的市和市辖区的地方委员会每届任期 3 年；1993 年 3 月 27 日，政协第八届全国委员会第一次会议通过决议，将政协的省、自治区、直辖市、自治州、设区的市、县、自治县、不设区的市和市辖区的地方委员会每届任期统一为 5 年。

1982 年《章程》实施以来，分别于 1993 年 3 月 27 日、1994 年 3 月 19 日、2000 年 3 月 11 日、2004 年 3 月 12 日和 2018 年 3 月 15 日由政协第八届全国委员会第一次会议、第八届全国委员会第二次会议、第九届全国委员会第三次会议、第十届全国委员会第二次会议和第十三届全国委员会第一次会议修订。其中，2004 年修订的《章程》明确把“中国共产党领导的多党合作和政治协商制度是我国的一项基本政治制度”写进“总纲”，并明确“中国人民政治协商会议全国委员会和地方委员会的主要职能是政治协商、民主监督、参政议政”。2018 年修订的《章程》在“总纲”部分明确“中国共产党领导的多党合作和政治协商制度是我国的一项基本政治制度，是具有中国特色的社会主义政党制度”，增加“委员”一章作为第三章，删除第五章“附则”，增加“会徽”一章作为第六章，修订后的《章程》包括“总纲”和“工作总则”、“组织总则”、“委员”、“全国委员会”、“地方委员会”、“会徽”6 章，共 63 条。

第五节　基层群众性自治组织法律制度

基层群众自治制度，是依照宪法和法律，由居民（村民）选举的成员组成居民（村民）委员会，实行自我管理，自我教育，自我服务，自我监督的制度。基层群众自治制度是在中华人民共和国成立后的民主实践中逐步形成的，首先发育于城市，并在改革开放以后在农村发展成熟。1982 年《宪法》规定：“城市和农村按居民居住地区设立的居民委员会或者村民委员会是基层群众性自治组织。”其赋予了基层群众性自治组织宪法地位。2007 年 10 月，中共十七大将“基层群众自治制度”首次写入党代会报告,正式将其与人民代表大会制度、中国共产党领导的多党合作和政治协商制度、民族区域自治制度一起,纳入了中国特色社会主义政治制度范畴。2017 年 10 月,中共十九大报告强调,坚持和完善人民代表大会制度、中国共产党领导的多党合作和政治协商制度、民族区域自治制度、基层群众自治制度,基层群众自治制度在中国政治生活中的地位更加突出。

一、村民委员会组织法

中华人民共和国成立之初,尤其在土地改革运动中,对农村基层政权建设进行了探索。1950 年 12 月 8 日,中央人民政府政务院第六十二次政务会议通过《乡(行政村)人民代表会议组织通则》和《乡(行政村)人民政府组织通则》,对村级政权建设进行指导。随着农业合作化运动的推进和农业社会主义改造基本完成,生产大队、生产队在农村政治、经济生活和农村基层治理中的地位日益凸显。1962 年 9 月,中共八届十中全会通过的《农村人民公社工作条例(修正草案)》规定,在保留三级组织的人民公社中,生产大队的一切重大事情,都由生产大队社员代表大会决定;生产大队管理委员会,在公社管理委员会的领导下,管理本大队范围内各生产队的生产工作和行政工作;生产队是人民公社中的基本核算单位。生产大队实际上成为人民公社领导下农村行使国家职能的基层政权组织。

改革开放后,随着家庭联产承包责任制的推广,生产大队、生产队的管理模式已逐渐不能适应农村形势的需要。1982 年《宪法》颁布后,全国各地按照宪法的规定,在人民公社实行政社分开、建立乡政府的同时,有领导、有计划、有步骤地开展了建立村民委员会的工作。1983 年 10 月,中共中央、国务院印发《关于实行政社分开建立乡政府的通知》,对按村民居住状况设立村民委员会工作进行了部署。截至 1986 年 12 月,全国共建立村民委员会 86.6 万多个。为了便于村民委员会开展工作,一些省、自治区、直辖市先后制定了《村民委员会工作简则》。民政部在调查研究的基础上,参照一些地方制定的《村民委员会工作简则》,于 1984 年上半年着手《村民委员会组织条例(草案)》的起草工作。起草过程中曾多次征求各地、各部门的意见。在此基础上,经过反复修改,民政部完成《村民委员会组织条例(草案)》的起草工作。

1987 年 1 月 12 日,第六届全国人大常委会第十九次会议召开,《村民委员会组织条例(草案)》交会议第一次审议,民政部副部长邹恩同作关于草案的说明。[58] 1987 年 3 月,第六届全国人大常委会第二十次会议对《村民委员会组织条例(草

[58] 邹恩同:《关于〈中华人民共和国村民委员会组织条例(草案)〉的说明》,载中国人大网:http://www.npc.gov.cn/wxzl/gongbao/1987-01/12/content_1481512.htm,最后访问日期:2019 年 8 月 29 日。

案)》进行第二次审议。其间,全国人大常委会委员长会议提出临时动议,建议将《村民委员会组织条例(草案)》列入第六届全国人大第五次会议议程。全国人大常委会委员会彭真在出席3月16日举行的第六届全国人大常委会第二十次会议联组会时对《村民委员会组织条例》的意义予以高度评价,指出"《村民委员会组织条例》关系八亿农民,是一个重要的基本法"。强调"把村民委员会搞好,等于办好八亿农民的民主训练班,使人人养成民主生活的习惯。这是发展社会主义民主的一项很重要的基础工作"。[59] 3月17日,第六届全国人大常委会第二十次会议通过第六届全国人民代表大会第五次会议议程(草案),将《村民委员会组织条例(草案)》提交第六届全国人大第五次会议审议。

1987年3月25日,第六届全国人大第五次会议开幕,会议对《村民委员会组织条例(草案)》进行了审议。经过试行,再根据实践经验进一步修改后,提请大会审议通过公布施行。4月9日,全国人大常委会副委员长、全国人大法律委员会主任委员彭冲在第六届全国人大第五次会议主席团第四次会议上作关于《中华人民共和国村民委员会组织法(草案)》的决定(草案)的说明。彭冲指出,村民委员会实行基层群众自治原则,对于发展社会主义民主具有重要意义。《村民委员会组织条例》是个重要的基本的法律,建议将本法的名称改为《中华人民共和国村民委员会组织法》。同时,也指出农村的实际情况和基层工作的困难,认为有些问题还需要进一步调查研究,建议修改后试行。[60] 4月11日,第六届全国人大第五次会议通过《关于〈中华人民共和国村民委员会组织法(草案)〉的决定》,授权全国人大常委会根据宪法规定的原则,参照大会审议中代表提出的意见,进一步调查研究,总结经验,审议修改后颁布试行。

1987年11月,第六届全国人大常委会第二十三次会议再次审议《村民委员会组织法(草案)》,并于11月24日通过《中华人民共和国村民委员会组织法(试行)》(以下简称《村民委员会组织法(试行)》),同日国家主席李先念签署第五十九号主席令公布,自1988年6月1日起施行。《村民委员会组织法(试行)》共21条,主要包括如下内容:

关于村民委员会的性质和村民委员会与乡、民族乡、镇人民政府的关系,《村民委员会组织法(试行)》重申"村民委员会是村民自我管理、自我教育、自我服务的基层群众性自治组织"的性质定位,并在第3条规定:"乡、民族乡、镇的人民政府对村

---

〔59〕 参见《村民委员会组织条例草案关系八亿农民　委员长会议建议提请人大五次会议审议　彭真说搞好村民委员会是发展社会主义民主的一项重要基础工作》,载《人民日报》1987年3月17日,第1版。

〔60〕 彭冲:《关于〈中华人民共和国村民委员会组织法(草案)〉的决定(草案)的说明》,载《全国人民代表大会常务委员会公报》1987年第3号。

民委员会的工作给予指导、支持和帮助。村民委员会协助乡、民族乡、镇的人民政府开展工作。”关于村民委员会的规模和机构设置,《村民委员会组织法(试行)》第 7 条规定,“村民委员会根据村民居住状况、人口多少,按照便于群众自治的原则设立”,“村民委员会的设立、撤销、范围调整,由乡、民族乡、镇的人民政府提出,经村民会议讨论同意后,报县级人民政府批准”。关于村民委员会的机构设置,《村民委员会组织法(试行)》第 14 条规定:“村民委员会根据需要设人民调解、治安保卫、公共卫生等委员会。村民委员会成员可以兼任下属委员会的成员。”关于村民委员会的组成人员、产生方法和任期,《村民委员会组织法(试行)》第 9 条规定,“村民委员会主任、副主任和委员,由村民直接选举产生”。关于村民委员会的每届任期,考虑到群众性自治组织的任期不宜过长,频繁更换不利于工作,《村民委员会组织法(试行)》第 9 条规定,“村民委员会每届任期 3 年,其成员可以连选连任”。关于村民委员会组成人员的工作报酬,《村民委员会组织法(试行)》第 8 条规定:“村民委员会成员不脱离生产,根据情况,可以给予适当补贴。”

1988 年 6 月 1 日《村民委员会组织法(试行)》施行后,对于扩大基层民主,保证农村基层群众直接行使民主权利,改善干群关系,维护农村社会稳定,起了重要作用。实践证明,试行法规定的基本原则和主要制度是正确的,试行很有成效。但是各地试行法执行的情况差别很大,在一些地方基层干部欺压群众、腐化堕落、损害广大农民利益的情况时有发生,有的甚至相当严重。因此急需对《村民委员会组织法(试行)》予以修订,以进一步完善村民自治制度,推进农村基层民主建设,密切党群、干群关系,促进农村的经济发展和社会稳定。为此,国务院法制办公室、民政部经过认真调查研究,总结 10 年来《村民委员会组织法(试行)》实施中的经验并征求中央有关部门和一些地方的意见,起草了《村民委员会组织法(修订草案)》。1998 年 6 月 22 日,《村民委员会组织法(修订草案)》提交第九届全国人大常委会第三次会议首次审议,民政部部长多吉才让作关于该修订草案的说明。

1998 年 11 月 4 日,第九届全国人大常委会第五次会议修订通过《中华人民共和国村民委员会组织法》(以下简称《村民委员会组织法》),同日国家主席江泽民签署第九号主席令公布,自公布之日起施行。《村民委员会组织法》共 30 条,针对实际村民委员会建设中的问题,主要在选人、议事、监督三个关键环节上作了补充、完善。一是完善了村民委员会选举制度。第 14 条规定:“选举村民委员会,由本村有选举权的村民直接提名候选人。候选人的名额应当多于应选名额。选举村民委员会,有选举权的村民的过半数投票,选举有效;候选人获得参加投票的村民的过半数的选票,始得当选。”第 16 条规定:“本村五分之一以上有选举权的村民联名,可以要求罢免村民委员会成员。”二是完善民主决策、民主监督制度。《村民委员会组织法》规定,涉及村民利益的重要事项,村民委员会必须提请村民会议讨论决定,并明确了事项范围。为了切实加强群众对村委会干部的民主监督,《村民委员会组织法》相应地对民主监督制度作了补充,第 22 条规定:“村民委员会实行村务公开制度。……村民委员会应当保证公布内容的真实性,并接受村民的查询。”

1998 年 11 月《村民委员会组织法》公布施行后,对推进以民主选举、民主决策、民主管理和民主监督为主要内容的村民自治发挥了重要作用,村民自治制度已经发展成为中国民主政治的重要组成部分。但随着农村经济社会的发展,特别是城乡户籍制度、农村税费制度改革的深化,在实行村民自治中也遇到一些新的情况和问题,有必要在总结实践经验的基础上,尽快修订《村民委员会组织法》。民政部、国务院法制办公室在总结《村民委员会组织法》实施经验的基础上,多次征求中央有关部门、地方人民政府和专家、学者的意见,经过反复研究修改,形成了《村民委员会组织法(修订草案)》,并在 2009 年 12 月 2 日经国务院第九十次常务会议讨论通过。2009 年 12 月 22 日,《村民委员会组织法(修订草案)》提交第十一届全国人大常委会第十二次会议首次审议,民政部部长李学举作关于该修订草案的说明。[61]

2010 年 10 月 28 日,第十一届全国人大常委会第十七次会议修订通过《村民委员会组织法》,同日国家主席胡锦涛签署第三十七号主席令公布,自公布之日起施行。修订后的《村民委员会组织法》包括“总则”“村民委员会的组成和职责”“村民委员会的选举”“村民会议和村民代表会议”“民主管理和民主监督”“附则”6 章,共 41 条。修订主要体现在以下方面:

一是进一步完善了村民委员会成员的选举和罢免程序。修订后的《村民委员会组织法》完善了村民选举委员会的组成和推选程序,增加了选民登记的内容,完善了对村民委员会成员的罢免程序。第 16 条规定:“本村五分之一以上有选举权的村民或者三分之一以上的村民代表联名,可以提出罢免村民委员会成员的要求,并说明要求罢免的理由。被提出罢免的村民委员会成员有权提出申辩意见。罢免村民委员会成员,须有登记参加选举的村民过半数投票,并须经投票的村民过半数通过。”二是进一步完善了民主议事制度。修订后的《村民委员会组织法》进一步充实了村民会议讨论决定的事项,完善了村民代表会议的组成和议事程序,增加了村民小组会议制度。第 26 条规定:“村民代表会议由村民委员会召集。村民代表会议每季度召开一次。有五分之一以上的村民代表提议,应当召集村民代表会议。村民代表会议有三分之二以上的组成人员参加方可召开,所作决定应当经到会人员的过半数同意。”三是进一步完善了民主管理和民主监督制度。修订后的《村民委员会组织法》增加了村务监督机构,完善了民主评议的内容,增加了村务档案制度,

---

[61] 李学举:《关于〈中华人民共和国村民委员会组织法(修订草案)〉的说明》,载《全国人民代表大会常务委员会公报》2009 年第 7 号。

完善了村民委员会成员任期和离任审计制度。第 32 条规定,“村应当建立村务监督委员会或者其他形式的村务监督机构,负责村民民主理财,监督村务公开等制度的落实”,“村务监督机构成员向村民会议和村民代表会议负责,可以列席村民委员会会议”。

2018 年 12 月 29 日,第十三届全国人大常委会第七次会议对《村民委员会组织法》作出修改,调整了村民委员会的任期。修改后的《村民委员会组织法》第 11 条第 2 款规定:“村民委员会每届任期五年,届满应当及时举行换届选举。村民委员会成员可以连选连任。”

二、城市居民委员会组织法

1951 年,中央人民政府内务部开始在上海和天津等城市试点建立城市居民委员会和街道办事处;1953 年 11 月第二次全国民政会议作出有关建立与整顿居民委员会和街道办事处的决定,到 1954 年 12 月全国已有 22 个省、市、自治区的 80 多个城市建立起居民委员会和街道办事处。[62] 这对全国性的居民委员会立法提出了迫切的需求,也为全国性的居民委员会立法积累了宝贵的经验。

1954 年 10 月 31 日,国务院第二次全体会议举行,会议通过了《城市居民委员会组织条例(草案)》《城市街道办事处组织条例(草案)》《公安派出所组织条例(草案)》,提交全国人民代表大会常务委员会审议。12 月 31 日,第一届全国人大常委会第四次会议在北京召开,会议讨论和审议上述三个法律草案。内务部部长谢觉哉就《城市居民委员会组织条例(草案)》和《城市街道办事处组织条例(草案)》作说明。根据谢觉哉的说明,中华人民共和国成立以来各个城市的街道居民组织在协助政府组织和教育城市街道居民,贯彻法律、法令和政策,开展各项社会改革运动,办理居民公共福利事项等方面,发挥了很大的作用,街道居民组织形式也有了许多新的创造,并积累了比较丰富的工作经验。谢觉哉指出,今后随着城市建设的飞跃发展,进一步整顿和健全街道居民组织,把街道居民工作很好地担当起来,从而使市、区人民委员会得以集中主要力量于许多重大建设方面,是非常必要的。[63]

1954 年 12 月 31 日,第一届全国人大常委会第四次会议通过《城市居民委员会组织条例》、《城市街道办事处组织条例》和《公安派出所组织条例》。《城市居民委员会组织条例》共 10 条。关于居民委员会的性质和任务,《城市居民委员会组织条例》规定“居民委员会是群众自治性的居民组织”,设立居民委员会的目的在于“加

〔62〕 内务部宣传组:《在城市建立居民委员会和街道办事处的情况和经验》,载《人民日报》1954 年 12 月 6 日,第 3 版。

〔63〕 参见《全国人民代表大会常委会第四次会议 通过城市居民委员会等组织条例》,载《人民日报》1955 年 1 月 1 日,第 1 版。

强城市中街道居民的组织和工作，增进居民的公共福利”，其任务则包括向当地人民委员会或者它的派出机关反映居民的意见和要求、领导群众性的治安保卫工作、调解居民间的纠纷等。关于居民委员会的组织，《城市居民委员会组织条例》规定居民委员会下设居民小组，居民委员会设委员 7 人至 17 人，由居民小组各选委员一人组成，由委员互推主任 1 人、副主任 1 人至 3 人，任期 1 年。关于居民委员会和其他单位的关系，《城市居民委员会组织条例》规定，机关、学校和较大的企业等单位，一般地不参加居民委员会，但应支持居民委员会的工作，遵守居民委员会的有关决议；市、市辖区的人民委员会的工作部门和其他机关，必须经市、市辖区的人民委员会批准统一布置方能向居民委员会或者它的工作委员会布置任务。关于居民委员会的经费和补助，《城市居民委员会组织条例》规定，居民委员会的公杂费和居民委员会委员的生活补助费，由省、直辖市的人民委员会统一拨发；除办理居民的共同福利事项所需的费用外，居民委员会不得向居民进行任何募捐或筹款。

《城市居民委员会组织条例》在很长时间内对于城市基层群众性自治组织的建设和发展发挥了极其重要的作用，但是经过 30 多年的发展，它逐渐与中国城市的政治、经济、文化以及街道居民人口构成的新情况不相适应。1982 年 12 月 4 日第五届全国人大第五次会议通过的新《宪法》第 111 条规定：“城市和农村按居民居住地区设立的居民委员会或者村民委员会是基层群众性自治组织。”首次赋予了居民委员会以宪法地位。为了适应城市形势发展的新需要，民政部于 1979 年至 1981 年曾着手修改《城市居民委员会组织条例》，将条例发至各省、自治区、直辖市征求意见。1984 年以来又根据 1982 年《宪法》的规定，在进行大量调查研究的基础上多次进行修改，在修改过程中征求了各省、自治区、直辖市和中央有关部门及部分大专院校、法学研究机构和街道办事处、居民委员会的意见，形成了《城市居民委员会组织法（草案）》。

1989 年 8 月 29 日，《城市居民委员会组织法（草案）》交第七届全国人大常委会第九次会议第一次审议，民政部部长崔乃夫作关于草案的说明。根据崔乃夫的说明，《城市居民委员会组织法（草案）》是根据新《宪法》的规定，结合中国城市的实际情况，同时参照 1987 年的《村民委员会组织法（试行）》的基本精神起草的，目的是使新的法律适合当时城市新的情况，真正把居民委员会建设成为充分发扬民主，坚持群众路线，由群众进行自我管理、自我教育、自我服务的基础群众性自治组织。[64] 同年 10 月，全国人大常委会对《城市居民委员会组织法（草案）》进行第二次审议；12 月，全国人大常委会对《城市居民委员会组织法（草案）》进行第三次

〔64〕 崔乃夫：《关于〈中华人民共和国城市居民委员会组织法（草案）〉的说明》，载《全国人民代表大会常务委员会公报》1989 年第 6 号。

审议。

1989 年 12 月 26 日,第七届全国人大常委会第十一次会议通过《中华人民共和国城市居民委员会组织法》,同日国家主席杨尚昆签署第二十一号主席令公布,自 1990 年 1 月 1 日起施行。1989 年《城市居民委员会组织法》共 23 条,与 1954 年的《城市居民委员会组织条例》相比,修改的内容主要包括如下方面:

关于居民委员会的任务,《城市居民委员会组织法》增加了“宣传宪法、法律、法规和国家的政策,维护居民的合法权益,教育居民履行依法应尽的义务,爱护公共财产,开展多种形式的社会主义精神文明建设活动”和“协助人民政府或者它的派出机关做好与居民利益有关的公共卫生、计划生育、优抚救济、青少年教育等项工作”的内容。

关于居民委员会的组成人员及其产生方法,为了发展社会主义民主,实现基层社会生活的直接民主,同时考虑到城市居民的实际状况,《城市居民委员会组织法》规定,“居民委员会主任、副主任和委员,由本居住区全体有选举权的居民或者由每户派代表选举产生”。除了依法被剥夺政治权利的人以外,凡是年满 18 周岁的本居住区居民,不分民族、种族、性别、职业、家庭出身、宗教信仰、教育程度、财产状况、居住期限,都有选举权和被选举权。为监督居民委员会的工作,《城市居民委员会组织法》还规定,居民委员会向居民会议负责并报告工作。

关于居民委员会的任期,从保持居民委员会工作的稳定性出发,《城市居民委员会组织法》把居民委员会的任期由《城市居民委员会组织条例》规定 1 年延长为 3 年,规定:“居民委员会每届任期三年,其成员可以连选连任。”

关于居民委员会的经费和补助,《城市居民委员会组织法》规定“居民委员会的工作经费和来源,居民委员会成员的生活补贴费的范围、标准和来源,由不设区的市、市辖区的人民政府或者上级人民政府规定并拨付”,同时规定,只要居民委员会有经济收入,“经居民会议同意,可以从居民委员会的经济收入中给予适当补助”。为保障居民委员会工作顺利进行,《城市居民委员会组织法》规定:“居民委员会的办公用房,由当地人民政府统筹解决。”

2018 年 12 月 29 日,第十三届全国人大常委会第七次会议对《城市居民委员会组织法》作出修改,调整了居民委员会的产生方式和任期。修改后的《城市居民委员会组织法》第 8 条第 1 款规定:“居民委员会主任、副主任和委员,由本居住地区全体有选举权的居民或者由每户派代表选举产生;根据居民意见,也可以由每个居民小组选举代表二至三人选举产生。居民委员会每届任期五年,其成员可以连选连任。”

第三章　中华人民共和国行政法制的发展

改革开放40年以来，行政法作为调整政府与公民关系的法律部门，在依法行政、构建法治政府理念的指引之下，得到了长足的发展。中国行政立法主要经历了四个阶段：一是1978年至1986年为“起步阶段”，本阶段行政监督救济法律展开探索，《中外合资经营企业所得税法》等法律规定企业或者个人对税收争议有申请行政复议和提起行政诉讼的权利，1982年《民事诉讼法（试行）》中第3条第2款建立了行政诉讼制度的雏形。二是1987年至1996年为“发展阶段”，1987年中共十三大报告指出“必须加强行政立法，为行政活动提供基本的规范和程序”，1993年中共十四届三中全会决定指出“各级政府都要依法行政、依法办事”，1989年《行政诉讼法》出台、1994年《国家赔偿法》出台、1996年《行政处罚法》出台，行政法制建设得到充分发展。三是1997年至2011年为“体系形成阶段”，1997年中共十五大报告将“依法治国”确立为治国基本方略，提出“建设社会主义法治国家”，1999年以上内容被写入宪法中。1997年《行政监察法》、1999年《行政复议法》相继出台，2000年制定的《立法法》对国务院及其各部门、地方人民政府的立法权限作了规定，规范了行政立法行为。2005年《公务员法》出台。四是2012年至今为“深化阶段”，2012年中共十八大报告提出“全面推进依法治国”，2014年中共十八届四中全会通过了《中共中央关于全面推进依法治国若干重大问题的决定》，行政法治也得到进一步发展，2014年、2017年《行政诉讼法》进行两次修正，2018年《行政监察法》修改为《监察法》，国家监察委员会成立，大力推进反腐建设，为构建法治政府提供强大助力。[1]

著名行政法学者王名扬教授曾经对行政法的主要问题进行了描述：“哪些法律问题是全部行政法的共同问题呢？行政法是调整行政活动的法律，是一个动态法律，行政法的共同问题就是行政活动的共同问题。行政活动无论实质内容如何，都包含下列几个问题：（1）进行行政活动必须有一定的组织（行政组织），否则各种活动不能联为一体，达到共同的目的。（2）进行行政活动必须具备一定的活动手段，

〔1〕 参见全国人大常委会法制工作委员会研究室编：《我国改革开放40年立法成就概述》，法律出版社2019年版，第277～282页。

否则行政活动无从开展。行政活动的手段的法律问题是行政法学研究的主要问题。(3)行政活动的内容虽然千差万别,但是归纳起来可以分为几种主要方式,每种方式有某些共同的法律原则(行政活动的主要方式)。(4)任何行政活动无论业务性质如何,都必须以公共利益为目的,符合法律的规定,行政活动必须受到一定的监督(行政活动的监督)。(5)行政活动违反法律侵犯公民的权利时,进行活动的主体必须承担一定的责任(行政活动的赔偿责任)。以上几个共同的法律问题是一般行政法学研究的对象。”[2]事实上,根据行政法的主要问题,学者们一般从学理意义上将行政法划分为“行政组织法”“行政行为法”“行政程序法”“行政监督与行政救济法”四类。

本章按照以上类别将中国现行行政法各部门进行分组,为简明起见,“行政组织法”中关于国家机关组织的一部分已在宪法及其相关法类一章进行论述,现将《公务员法》等在其他章节中未及介绍的内容安置于此。“行政行为法”内容繁多,《行政许可法》《行程处罚法》《行政强制法》等内容,均在此列,将作为重点进行论述。“行政程序法”散见于《行政处罚法》《行政复议法》《行政诉讼法》等法律中,无专门立法,且《行政诉讼法》已安排于第七章“诉讼法与非诉程序法类”中,故不设专节,在各法中进行分别介绍。“行政监督与行政救济法”按学理包括《行政诉讼法》在内,但是《行政诉讼法》已另作安排,故在此仅对《行政复议法》与《行政赔偿法》予以展开。

第一节 行政组织法

日本著名行政法学家盐野宏指出:“行政组织法是规范行政机关的法。而该行政机关则是以其所归属的行政主体的存在为前提的。”[3]因此,本节将除了在宪法相关法部分已经介绍之外的规范行政机关及其工作人员的法律均纳入其中。《律师法》从法律文件名上看虽然并不直接与行政机关及其工作人员相关,但是与司法行政组织及其管理密切相关,因此与《人民警察法》《公证法》《监狱法》一并在本节介绍。

一、公务员法

中华人民共和国成立之后,一直沿用民主革命时期的干部制度。1980 年,邓小平提出,要“坚决解放思想,克服重重障碍,打破老框框,勇于改革不合时宜的组织

〔2〕 参见王名扬:《法国行政法》,北京大学出版社 2016 年版,第 29 页。
〔3〕 参见[日]盐野宏:《行政组织法》,杨建顺译,北京大学出版社 2008 年版,第 1 页。

制度、人事制度”。[4] 1984年下半年，中央将干部立法工作提上日程。1987年，中共十三大提出“要对‘国家干部’进行合理分解，改革集中统一管理的现状，建立科学的分类管理体制”，“当前干部人事制度改革的重点，是建立国家公务员制度”。1992年召开的中共十四大再次提出了尽快推行国家公务员制度的要求。1993年8月，国务院颁布了《国家公务员暂行条例》，随后又制定了与之相配套的13个暂行规定和13个暂行办法，初步形成了一套公务员管理的法规体系。

2001年1月开始，中央组织部和人事部牵头成立了国家公务员法起草领导小组，在4年当中十三次易其稿。2005年4月27日，《公务员法》在第十届全国人大常委会第十五次会议上通过，2006年1月1日起施行。这是中国第一部干部人事管理的综合法律。法律全文共18章107条，对公务员录用、考核、职务任免、职务升降、职务职级、奖励、纪律与处分、培训、交流、回避、工资福利保险、辞职辞退、退休、申诉控告、职位聘任、法律责任及公务员的权利义务、公务员的管理机构和《公务员法》的适用范围等内容都作出了全面规定。与1993年的《国家公务员暂行条例》相比，《公务员法》增添了19条，内容也有不少亮点。比如，重新界定了公务员的范围，公务员不再局限于政府机关工作人员，只要同时具备依法履行公职的、纳入行政编制的、由国家财政负担工资福利的这三个条件，都是公务员，所以除国家机关工作人员外，还包括中国共产党和民主党派机关的工作人员、法官、检察官等。另外，《公务员法》将竞争上岗与公开选拔作为晋升方式，优化工资制度安排，创新公务员激励制度。

2017年9月1日，第十二届全国人大常委会第二十九次会议通过了《关于修改〈中华人民共和国法官法〉等八部法律的决定》，对《公务员法》作出修改，自2018年1月1日起施行。此次修改的内容不多，仅在第23条“报考公务员，除应当具备本法第十一条规定的条件外，还应当具备省级以上公务员主管部门规定的拟任职位所要求的资格条件”中增加一款，作为第2款：“国家对行政机关中初次从事行政处罚决定审核、行政复议、行政裁决、法律顾问的公务员实行统一法律职业资格考试制度，由国务院司法行政部门商有关部门组织实施。”另外，将第45条第3款“确定初任法官、初任检察官的任职人选，可以面向社会，从通过国家统一司法考试取得资格的人员中公开选拔”修改为：“确定初任法官、初任检察官的任职人选，可以面向社会，从通过国家统一法律职业资格考试取得法律职业资格的人员中公开选拔。”

2005年通过的《公务员法》自施行以来，对公务员制度体系完善和公务员队伍建设都发挥了重要的作用，但是随着党和国家事业发展的新形势，出现了公务员队伍建设的新问题和新情况，需要对《公务员法》作出相应的修改完善。2016年11

---

[4] 邓小平：《党和国家领导制度的改革》，载《邓小平文选》（第2卷），人民出版社1994年版，第326页。

月,中央领导同志在审议《关于建立公务员职务与职级并行制度的试点意见》时指出,要统筹做好《公务员法》修订工作。2017 年 6 月,中央组织部、人力资源社会保障部、国家公务员局正式启动《公务员法》修改工作。由全国人大常委会法工委、全国人大内司委和国务院法制办及部分省市公务员主管部门的同志组成修法工作小组,研究起草了公务员法修订草案初稿,在充分征求社会各界的意见之后,将修订草案提交 2018 年 10 月 22 日第十三届全国人大常委会第六次会议审议,全国人大常委会法制工作委员会主任沈春耀在会上对草案作了说明,他指出:修订《公务员法》是贯彻落实习近平新时代中国特色社会主义思想的需要,是坚持和加强党对公务员工作领导的需要,也是深入推进公务员分类改革的需要。修订草案的主要内容包括:将科学发展观、习近平新时代中国特色社会主义思想写入总则;调整完善公务员职务、职级及分类管理等有关规定;调整充实从严管理干部有关规定,如将现行公务员法第九章章名"惩戒"修改为"监督与惩戒",增加了有关加强公务员监督的规定,增加了"违反国家的民族和宗教政策,破坏民族团结和社会稳定""不担当不作为""违反家庭美德"等禁止性纪律规定,并且充实健全了激励保障机制有关规定。[5]

第十三届全国人大常委会第六次会议对《公务员法(修订草案)》进行了初审后,全国人大常委会法制工作委员会就修订草案充分征求了社会各界的意见,对修订草案作了修改完善。2018 年 12 月 23 日全国人大宪法和法律委员会在关于《公务员法(修订草案)》审议结果的报告中指出:修订草案经过审议修改,已经比较成熟。同时,提出几条主要修改意见。修订草案于 2018 年 12 月 29 日第十三届全国人大常委会第七次会议通过。

修订后的《公务员法》由原来的 18 章 107 条调整为 18 章 113 条,增加了 6 条,实质性修改 49 条,个别文字修改 16 条,条文顺序调整 2 条,主要的修改变化体现在:突出了政治要求,把习近平新时代中国特色社会主义思想作为公务员制度必须长期坚持的指导思想;调整完善公务员职务、职级等有关规定;进一步推进公务员分类改革,改造非领导职务为职级,实行职务与职级并行制度;调整充实从严管理干部有关规定。将第九章章名"惩戒"调整为"监督与惩戒",增加了加强公务员监督和公务员应当遵守的纪律等规定,修改完善了回避情形、责令辞职、离职后从业限制等规定,增加了在录用、聘任等工作中违纪违法有关法律责任的规定;贯彻落实党中央关于加强正向激励的要求,健全完善公务员激励保障机制;并根据公务员

---

〔5〕 沈春耀:《关于〈中华人民共和国公务员法(修订草案)〉的说明》,载中国人大网:http://www.npc.gov.cn/zgrdw/npc/lfzt/rlyw/2018-12/29/content_2071725.htm,最后访问日期:2019 年 6 月 23 日。

管理实践需要,对分类考录、分类考核、分类培训等进一步提出明确要求。[6]

二、人民警察法

1957年6月25日,中华人民共和国第一届全国人民代表大会常务委员会第七十六次会议通过了《人民警察条例》,这一条例共11条,不足2000字,却是中华人民共和国首部关于人民警察的立法。直到20世纪80年代,《人民警察条例》仍在适用,但是其中的缺失和漏洞常常使人民警察处于危险和尴尬的境地。例如,由于缺乏警务保障方面的规定,人民警察在执行职务时,屡遭犯罪分子的暴力袭击。据公安部的统计,1990年至1993年,全国公安干警在执行公务中因受暴力袭击牺牲236人、受伤17078人。在北京还发生过民警在公休日在公共汽车上与违法分子搏斗,却被违法者提起行政诉讼的案件。[7]

早在1980年,随着《刑法》《刑事诉讼法》的实施,人民警察在执法过程的很多问题亟须法律解决。1981年下半年,公安部部长赵苍璧主持召开公安部党组会议,第一次提出了警察立法的问题,并决定由公安部副部长凌云、席国光分管这一工作,1982年1月5日,正式拟出了8章11条的《人民警察法》第一稿草案。在之后的10多年间,仅经公安部党组会议和部长办公会议讨论修改过的草案就达40多稿。1988年2月27日,公安部重新成立了以副部长俞雷为首的警察法起草工作领导小组。一年以后,公安部党组会议决定,将《人民警察警衔条例》与《人民警察法》的起草工作同时进行。由于当时制定《人民警察警衔条例》更为迫切,因而起草警察法的工作一度缓了下来。1991年7月29日,在公安部部长陶驷驹的督促下,公安部正式向国务院提交了《人民警察法(送审稿)》。1993年7月,公安部再次调整了警察法起草领导小组,由部长助理罗锋负责起草工作。起草小组关于《人民警察法》是"大警察法"还是"小警察法",以及名称中的"人民"二字要不要去掉都进行了讨论,讨论的结果是这部警察法是"大警察法",既适用于公安机关人民警察,也适用于国家安全机关、监狱、劳动教养管理机关的人民警察。而名称中的"人民"二字也要保留。[8]

1994年12月21日,《人民警察法(草案)》提交第八届全国人大常委会第十一次会议审议,公安部部长陶驷驹作了关于该草案的说明。1995年2月28日上午,第八届全国人大常委会第十二次会议最后一次全体会议,对包括《人民警察法》在

---

〔6〕 参见《中国公务员制度的重大改革和完善——中共中央组织部负责人就修订公务员法答记者问》,载中国人大网:http://www.npc.gov.cn/zgrdw/npc/cwhhy/13jcwh/2019-01/02/content_2070106.htm,最后访问日期:2019年6月23日。

〔7〕 参见马永梅:《庄严的承诺——〈人民警察法〉出台的内幕新闻》,载《人民公安》1995年第6期。

〔8〕 参见马永梅:《庄严的承诺——〈人民警察法〉出台的内幕新闻》,载《人民公安》1995年第6期。

内的7个法律草案进行表决,《人民警察法》以126票赞成,2票弃权,0票反对通过,同日国家主席江泽民签署第四十号主席令公布,自公布之日起施行。1957年6月25日公布的《人民警察条例》同时废止。法律全文共8章52条,除总则和附则外,对人民警察的职权、义务和纪律、组织管理、警务保障、执法监督和法律责任都作了专章规定,明确了人民警察的概念、体制、任务和权限等。

2012年10月26日第十一届全国人大常委会第二十九次会议通过了《关于修改〈中华人民共和国人民警察法〉的决定》,对《人民警察法》进行了修订,自2013年1月1日起施行。此次仅对一条进行了修改,即原来的第6条第11项"对被判处管制、拘役、剥夺政治权利的罪犯和监外执行的罪犯执行刑罚,对被宣告缓刑、假释的罪犯实行监督、考察"修改为"对被判处拘役、剥夺政治权利的罪犯执行刑罚"。目前,随着形势的发展,对《人民警察法》的全面修订已经提上了日程,根据第十三届全国人大常委会公布的立法规划,共有116件法律草案的工作进展进行了公布。全国民警和辅警最关心的《人民警察法》修改属于第二类项目47件法律草案中的一项"需要抓紧工作、条件成熟时提请审议的法律草案"。

三、公证法

中华人民共和国的公证制度是借鉴苏联公证制度创立、形成和发展起来的,在中华人民共和国成立初期,除基于国际惯例办理的少量涉外公证外,国内基本没有公证业务,"文化大革命"期间更是几近取消。改革开放之后,公证服务才开始恢复。1979年司法部着手推动公证制度的建设与发展工作。1982年4月13日,国务院制定的《公证暂行条例》是中华人民共和国第一部公证法规。但是,自20世纪90年代以来,中国在公证机构组织形式、人员准入、管理模式等方面进行了一系列的探索,在很多方面突破了《公证暂行条例》的规定,如行政体制的公证处改为事业体制等。为适应中国经济社会发展需要,需要尽快建立比较完备的公证法律制度,2004年12月25日,《公证法(草案)》首次提请第十届全国人大常委会第十三次会议审议,并由2005年8月28日第十届全国人大常委会第十七次会议通过,自2006年3月1日起施行,这是中国第一部有关公证工作的法律。(见图3-1)法律全文共7章47条,除总则和附则外,对公证机构、公证员、公证程序、公证效力和法律责任都作了专章规定,是中国建立起有中国特色社会主义公证制度的基本法。

2015年4月24日,第十二届全国人大常委会第十四次会议通过了《关于修改〈中华人民共和国义务教育法〉等五部法律的决定》,同日,国家主席习近平签署第二十五号主席令公布,自公布之日起施行。此次仅修改了一条,将第46条"公证费的收费标准由国务院财政部门、价格主管部门会同国务院司法行政部门制定"修改为“公证费的收费标准由省、自治区、直辖市人民政府价格主管部门会同同级司法行政部门制定”。

图 3－1　宣誓仪式

昆明市举行公证员宣誓仪式暨《公证法》主题宣誓活动

2017 年 9 月 1 日第十二届全国人大常委会第二十九次会议通过了《关于修改〈中华人民共和国法官法〉等八部法律的决定》，自 2018 年 1 月 1 日起施行。此次修改仅将第 18 条第 4 项“（四）通过国家司法考试”修改为“（四）通过国家统一法律职业资格考试取得法律职业资格”；将第 20 条第 4 项“（四）被吊销执业证书的”修改为“（四）被吊销公证员、律师执业证书的”；在第 42 条中增加一款，作为第 3 款：“被吊销公证员执业证书的，不得担任辩护人、诉讼代理人，但系刑事诉讼、民事诉讼、行政诉讼当事人的监护人、近亲属的除外。”

四、律师法

中华人民共和国成立后，开始建立自己的律师制度，1954 年《宪法》中规定了“被告人有权获得辩护”，1956 年 1 月，国务院批准了司法部《关于建立律师工作的请示报告》，[9] 并于 1956 年 7 月颁布了《律师收费暂行办法》。

1980 年 8 月 26 日，第五届全国人大常委会第十五次会议出台了《律师暂行条例》，是中国关于律师的第一部法规。1993 年 12 月，国务院批准了司法部《关于深化律师工作改革的方案》，1996 年 5 月 15 日第八届全国人大常委会第十九次会议通过《律师法》，同日国家主席江泽民签署第六十七号主席令公布，自 1997 年 1 月 1 日起施行，《律师暂行条例》同时废止。

---

〔9〕　参见《紧扣时代脉搏　中国律师唱响奋进凯歌》，载中国政府法制信息网：http://www.chinalaw.gov.cn/Department/content/2019－07/05/613_3227591.html，最后访问日期：2019 年 10 月 4 日。

《律师法》全文共8章53条,除总则和附则外,对律师执业条件,律师事务所,执业律师的业务和权利、义务,律师协会,法律援助,法律责任都作了专章规定。与《律师暂行条例》相比,在律师性质、司法行政部门与律师和律师事务所的关系、律师执业条件等方面,都作出了更加完善细致的规定。

根据2001年12月29日第九届全国人大常委会第二十五次会议《关于修改〈中华人民共和国律师法〉的决定》第一次修正,自2002年1月1日起施行。此次修改是为了配合国家司法考试改革,将第6条“国家实行律师资格全国统一考试制度。具有高等院校法学专科以上学历或者同等专业水平,以及高等院校其他专业本科以上学历的人员,经律师资格考试合格的,由国务院司法行政部门授予律师资格。律师资格全国统一考试办法,由国务院司法行政部门制定”修改为“取得律师资格应当经过国家统一的司法考试。具有高等院校法律专业本科以上学历,或者高等院校其他专业本科以上学历具有法律专业知识的人员,经国家司法考试合格的,取得资格。适用前款规定的学历条件确有困难的地方,经国务院司法行政部门审核确定,在一定期限内,可以将学历条件放宽为高等院校法律专业专科学历”。同时,该决定施行前已经符合原《律师法》规定的律师资格考试的学历条件的人员,仍然可以报名参加2002年国家司法考试,考试合格的,取得资格。

随着中国律师事业的快速发展,1996年通过的《律师法》从立法指导思想到具体制度设计等许多方面已明显滞后,无法适应新时期律师管理工作和律师事业进一步发展的需要。例如,1996年《律师法》对律师执业权利的保障较弱,实践中普遍存在所谓“三难”问题,即律师会见难、阅卷难和调查取证难,导致律师办理刑事辩护案件的数量在刑事诉讼案件中的比重逐年下降。2004年6月,司法部启动了《律师法》修订工作,先后易稿近20次。2007年6月13日,国务院常务会议审议并原则通过了《律师法》修订草案。同年6月15日,温家宝总理签署议案,将《律师法》修订草案提请全国人大常委会审议。6月26日、8月26日、10月25日,第十届全国人大常委会第二十八次、第二十九次和第三十次会议对《律师法(修订草案)》先后进行了三次审议。在此期间,对该修订草案又作出了修改。2007年10月28日,第十届全国人大常委会第三十次会议修订通过了《律师法》,自2008年6月1日起施行。

此次修改贯彻了中共十六大提出的“拓展和规范法律服务”的要求和中央转发的中央司法体制改革领导小组《关于司法体制和工作机制改革的初步意见》[10]的精神,增加了关于律师职业法律属性的规定,明确了律师职业的法律定位,建立了

〔10〕 参见《司法部关于贯彻落实〈建立健全教育、制度、监督并重的惩治和预防腐败体系实施纲要〉的实施意见》,载《中国司法》2005年第10期。

特许律师执业制度，完善了兼职律师制度，调整和完善了律师事务所的组织形式，强化和改进了对律师和律师事务所执业的监督管理措施，调整司法行政部门对律师和律师事务所监管职能的层级配置，强化了对律师执业权利的保障措施，改进了律师司法行政管理与律师协会行业管理“两结合”管理体制，强化了律师协会（见图3－2）实行行业自律的地位和作用。[11]

图3－2　中华全国律师协会会徽

外形与内形为一大一小两个同心圆，象征律师协会的凝聚力与向心力；整个画面设计为众多个体的组合共同托起五颗灿烂的五角星，寓意着由广大律师组成的律师协会，沿着有中国特色律师制度的道路，在党和政府的领导和支持下，开拓进取，不断壮大

2012年10月26日第十一届全国人大常委会第二十九次会议通过《关于修改〈中华人民共和国律师法〉的决定》，对《律师法》第二次修正，自2013年1月1日起施行。此次修改集中在第四章“律师的业务和权利、义务”部分，如将第28条律师可以从事的业务第3项“接受刑事案件犯罪嫌疑人的委托，为其提供法律咨询，代理申诉、控告，为被逮捕的犯罪嫌疑人申请取保候审，接受犯罪嫌疑人、被告人的委托或者人民法院的指定，担任辩护人，接受自诉案件自诉人、公诉案件被害人或者其近亲属的委托，担任代理人，参加诉讼”修改为“接受刑事案件犯罪嫌疑人、被告人的委托或者依法接受法律援助机构的指派，担任辩护人，接受自诉案件自诉人、公诉案件被害人或者其近亲属的委托，担任代理人，参加诉讼”。将第31条“律师担任辩护人的，应当根据事实和法律，提出犯罪嫌疑人、被告人无罪、罪轻或者减轻、免除其刑事责任的材料和意见，维护犯罪嫌疑人、被告人的合法权益”修改为“律师担任辩护人的，应当根据事实和法律，提出犯罪嫌疑人、被告人无罪、罪轻或者减轻、免除其刑事责任的材料和意见，维护犯罪嫌疑人、被告人的诉讼权利和其他合法权益”。将第33条“犯罪嫌疑人被侦查机关第一次讯问或者采取强制措施之日起，受委托的律师凭律师执业证书、律师事务所证明和委托书或者法律援助公函，有权会见犯罪嫌疑人、被告人并了解有关案件情况。律师会见犯罪嫌疑人、被告人，不被监听”修改为“律师担任辩护人的，有权持律师执业证书、律师事务所证明和委托书或者法律援助公函，依照刑事诉讼法的规定会见在押或者被监视居住的犯罪嫌疑人、被告人。辩护律师会见犯罪嫌疑人、被告人时不被监听”。将第34条

〔11〕　参见杜春：《关于〈律师法〉修订的若干问题》，载《中国司法》2007年第12期。

“受委托的律师自案件审查起诉之日起,有权查阅、摘抄和复制与案件有关的诉讼文书及案卷材料。受委托的律师自案件被人民法院受理之日起,有权查阅、摘抄和复制与案件有关的所有材料”修改为“律师担任辩护人的,自人民检察院对案件审查起诉之日起,有权查阅、摘抄、复制本案的案卷材料”。将第 37 条第 3 款“律师在参与诉讼活动中因涉嫌犯罪被依法拘留、逮捕的,拘留、逮捕机关应当在拘留、逮捕实施后的二十四小时内通知该律师的家属、所在的律师事务所以及所属的律师协会”修改为“律师在参与诉讼活动中涉嫌犯罪的,侦查机关应当及时通知其所在的律师事务所或者所属的律师协会;被依法拘留、逮捕的,侦查机关应当依照刑事诉讼法的规定通知该律师的家属”。将第 38 条第 2 款“律师对在执业活动中知悉的委托人和其他人不愿泄露的情况和信息,应当予以保密。但是,委托人或者其他人准备或者正在实施的危害国家安全、公共安全以及其他严重危害他人人身、财产安全的犯罪事实和信息除外”修改为“律师对在执业活动中知悉的委托人和其他人不愿泄露的有关情况和信息,应当予以保密。但是,委托人或者其他人准备或者正在实施危害国家安全、公共安全以及严重危害他人人身安全的犯罪事实和信息除外”。

2017 年 9 月 1 日第十二届全国人大常委会第二十九次会议通过了《关于修改〈中华人民共和国法官法〉等八部法律的决定》,对《律师法》进行了第三次修正,自 2018 年 1 月 1 日起施行。此次修改配合国家统一法律职业资格考试的改革,将第 5 条第 1 款第 2 项修改为:“(二)通过国家统一法律职业资格考试取得法律职业资格。”将第 2 款修改为:“实行国家统一法律职业资格考试前取得的国家统一司法考试合格证书、律师资格凭证,与国家统一法律职业资格证书具有同等效力。”将第 6 条第 1 款第 1 项修改为:“(一)国家统一法律职业资格证书。”将第 7 条第 3 项修改为:“(三)被开除公职或者被吊销律师、公证员执业证书的。”在第 53 条中增加一款,作为第 2 款:“被吊销律师执业证书的,不得担任辩护人、诉讼代理人,但系刑事诉讼、民事诉讼、行政诉讼当事人的监护人、近亲属的除外。”

五、监狱法

第八届全国人民代表人会常务委员会第十一次会议通过的《监狱法》,是中华人民共和国第一部规范监狱活动的法律。司法部从 1986 年 3 月着手起草监狱法,经过广泛征求意见,反复论证研究,形成了《监狱法(草案)》,提交 1994 年 10 月 21 日第八届全国人大常委会第十一次会议审议,司法部部长肖扬在会上对该草案作了说明。他指出了制定《监狱法》的必要性和指导思想,并对草案中关于监狱经费的保障和生产,关于法制、道德、文化、技术教育,关于罪犯的义务和权利,关于对未成年犯和女犯的改造,关于监狱发现错案时的处理,关于破坏监管秩序罪的问题进行了说明。[12] 1994 年 12 月 29 日第八届全国人大常委会第十一次会议通过了《监狱法》,同日国家主席江泽民签署第三十五号主席令公布,自公布之日起施行。

法律全文共 7 章 78 条,除总则和附则外,对监狱、刑罚的执行、狱政管理、对罪犯的教育改造、对未成年犯的教育改造都作了专章规定。并且对刑罚执行的程序、狱政管理的各个方面都作了细致规定。

2012 年 10 月 26 日第十一届全国人大常委会第二十九次会议通过了《关于修改〈中华人民共和国监狱法〉的决定》,对《监狱法》进行了修正,自 2013 年 1 月 1 日起施行。此次修正的主要内容有,将第 15 条第 2 款“罪犯在被交付执行刑罚前,剩余刑期在一年以下的,由看守所代为执行”修改为“罪犯在被交付执行刑罚前,剩余刑期在三个月以下的,由看守所代为执行”。关于监外执行,将第 17 条监外执行的两种具体情形修改为概括的情形。将第 27 条“暂予监外执行的罪犯,由居住地公安机关执行。原关押监狱应当及时将罪犯在监内改造情况通报负责执行的公安机关”修改为“对暂予监外执行的罪犯,依法实行社区矫正,由社区矫正机构负责执行。原关押监狱应当及时将罪犯在监内改造情况通报负责执行的社区矫正机构”。将第 28 条“暂予监外执行的情形消失后,刑期未满的,负责执行的公安机关应当及时通知监狱收监;刑期届满的,由原关押监狱办理释放手续。罪犯在暂予监外执行期间死亡的,公安机关应当及时通知原关押监狱”修改为“暂予监外执行的罪犯具有刑事诉讼法规定的应当收监的情形的,社区矫正机构应当及时通知监狱收监;刑期届满的,由原关押监狱办理释放手续。罪犯在暂予监外执行期间死亡的,社区矫正机构应当及时通知原关押监狱”。另外,对假释的社会矫正作出了新的规定,将第 33 条第 2 款“被假释的罪犯由公安机关予以监督。被假释的罪犯,在假释期间有违反法律、行政法规和国务院公安部门有关假释的监督管理规定的行为,尚未构成新的犯罪的,公安机关可以向人民法院提出撤销假释的建议,人民法院应当自收到撤销假释建议书之日起一个月内予以审核裁定。人民法院裁定撤销假释的,由公安机关将罪犯送交监狱收监”修改为“对被假释的罪犯,依法实行社区矫正,由社区矫正机构负责执行。被假释的罪犯,在假释考验期限内有违反法律、行政法规或者国务院有关部门关于假释的监督管理规定的行为,尚未构成新的犯罪的,社区矫正机构应当向人民法院提出撤销假释的建议,人民法院应当自收到撤销假释建议书之日起一个月内予以审核裁定。人民法院裁定撤销假释的,由公安机关将罪犯送交监狱收监”。

---

〔12〕 参见肖扬:《关于〈中华人民共和国监狱法(草案)〉的说明》,载中国人大网:http://www.npc.gov.cn/wxzl/gongbao/2001－01/02/content_5003255.htm,最后访问日期:2019 年 6 月 23 日。

第二节 行政行为法

行政行为法类主要包括了《行政许可法》《行政强制法》《行政处罚法》等概括性较强的法律,还包括了国家针对某一些特殊领域制定的进行专门管理的法律,如《治安管理处罚法》《枪支管理法》《出境入境管理法》《药品管理法》《疫苗管理法》等。事实上,《行政许可法》《行政强制法》《行政处罚法》《治安管理处罚法》等法律内部规定有相关程序,因此不仅归属于行政行为法的范畴,也具有行政程序法的属性,在此一并论述。

一、行政许可法

行政许可,即行政审批,是行政机关依法对社会、经济事务实行事前监督管理的一种重要手段。对其进行专项立法,存在国内与国际两种因素的考量:一是国内行政许可存在过多过滥的弊病,行政许可设定权不明确,设定行政许可的事项不规范,实施行政许可环节过多且手续烦琐,重许可且轻监管,有些行政机关把行政许可作为权力寻租手段,行政机关实施行政许可缺乏公开有效的监督制约机制;二是按照世贸组织协定和中国对外承诺,行政许可应当以透明和规范的方式实施,行政许可条件和程序对贸易的限制不能超过必要的限度,中国工作组报告书对服务贸易的行政许可程序提出了 9 条明确要求,构成了一个承诺。针对以上两重考量,制定《行政许可法》,对于完善国内行政许可制度与规范、对外履行中国承诺、推进行政管理体制改革、从源头上防治贪腐等多方面建设都有重大意义。

全国人大常委会法工委从 1996 年着手行政许可法的调研、起草工作,形成了《行政许可法(征求意见稿)》。第九届全国人大常委会将行政许可法列入立法规划,确定由国务院提出法律草案。据此,国务院法制办公室以征求意见稿为基础,结合清理国务院部门行政审批事项,从 2000 年年初开始行政许可法的起草、调研、论证,就起草这部法律涉及的主要问题,征求了地方人民政府、国务院部门、专家学者的意见。在此基础上,完成了《行政许可法(初稿)》的起草工作,于 2001 年 7 月印发国务院各部门、省级人民政府及较大的市人民政府的法制工作机构和全国人大常委会法工委等单位以及专家学者征求意见;召开 3 个座谈会,听取国务院部分部门、一些地方人民政府和专家学者的意见;几次召开国内外专家参加的论证会,研究了美国、德国、日本等国的行政许可制度;还请南京、宁波、济南、成都 4 个地方人民政府有关部门专门对草案有关行政许可程序的规定提出意见,经反复研究、修改,形成了《行政许可法(草案)》。该草案于 2002 年 6 月 19 日国务院第六十次常务会议讨论通过。草案共 10 章 100 条。2002 年 8 月 23 日,在第九届全国人大常委会第二十九次会议上，国务院法制办公室主任杨景宇受国务院委托作了关于《中华人民共和国行政许可法（草案）》的说明，他指出，按照各方面达成的共识，该草案确立的行政许可制度体现了合法与合理、效能与便民、监督与责任的原则。[13] 经讨论与修改，《行政许可法》由第十届全国人大常委会第四次会议于2003年8月27日通过，同日国家主席胡锦涛签署第七号主席令公布，自2004年7月1日起施行。

《行政许可法》共有8章83条。第一章为“总则”，规定了立法目的、法律概念、适用范围、基本原则等内容。第1条规定了立法目的是“规范行政许可的设定和实施，保护公民、法人和其他组织的合法权益，维护公共利益和社会秩序，保障和监督行政机关有效实施行政管理”；第2条明确了该法所指“行政许可”的内涵为“行政机关根据公民、法人或者其他组织的申请，经依法审查，准予其从事特定活动的行为”；第7条、第8条、第9条、第10条确立了行政相对人针对行政机关实施的行政许可行为有陈述权、申辩权、申请行政复议权、提起行政诉讼权、受损要求补偿赔偿权、行政许可受保护权等权利。第二章规定了“行政许可的设定”，第12条、第13条规定了可以设定及可以不设定行政许可的事项。第14～17条规定不同位阶的法律、法规乃至规章对于行政许可的设置权限。（见表3－1）

第三章为“行政许可的实施机关”，规定了行政机关、法律法规授权的具有管理公共事务职能的组织（以自己的名义实施）、行政机关在其法定职权范围内依法依规委托实施行政许可的其他行政机关（以委托机关的名义实施，且不得转委托）的权限与责任。第四章规定了“行政许可的实施程序”，分别设置了“申请与受理”“审查与决定”“期限”“听证”“变更与延续”“特别规定”。第五章为“行政许可的费用”，规定了行政机关实施行政许可和对行政许可事项进行监督检查，不得收取任何费用；行政机关提供行政许可申请书格式文本，也不得收费。第六章为“监督检查”，规定上级行政机关应当加强对下级行政机关实施行政许可的监督检查，及时纠正行政许可实施中的违法行为；行政机关可以对被许可人生产经营的产品依法进行抽样检查、检验、检测，对其生产经营场所依法进行实地检查。第七章为“法律责任”，规定行政机关及其工作人员违反该法的规定，由其上级行政机关或者监察机关责令改正；情节严重的，对直接负责的主管人员和其他直接责任人员依法给予行政处分；构成犯罪的，依法追究刑事责任。第八章为“附则”。

---

〔13〕 参见杨景宇：《关于〈中华人民共和国行政许可法（草案）〉的说明》，载中国人大网：http://www.npc.gov.cn/wxzl/gongbao/2003－10/30/content_5323224.htm，最后访问日期：2019年6月25日。

表3-1 行政许可设定事项及权限一览

<table>
<tr><th>可以设定行政许可的事项</th><th>设定文件</th><th>设定情形与权限</th><th>对实施行政许可的具体规定的权限</th></tr>
<tr><td rowspan="6">可以设定行政许可的事项(第12条)：
(1)直接涉及国家安全、公共安全、经济宏观调控、生态环境保护以及直接关系人身健康、生命财产安全等特定活动，需要按照法定条件予以批准的事项；
(2)有限自然资源开发利用、公共资源配置以及直接关系公共利益的特定行业的市场准入等，需要赋予特定权利的事项；
(3)提供公众服务并且直接关系公共利益的职业、行业，需要确定具备特殊信誉、特殊条件或者特殊技能等资格、资质的事项；
(4)直接关系公共安全、人身健康、生命财产安全的重要设备、设施、产品、物品，需要按照技术标准、技术规范，通过检验、检测、检疫等方式进行审定的事项；
(5)企业或者其他组织的设立等，需要确定主体资格的事项；
(6)法律、行政法规规定可以设定行政许可的其他事项</td><td>法律</td><td>各种行政许可</td><td>可以进行具体规定</td></tr>
<tr><td>行政法规</td><td>尚未制定法律的情况下</td><td>(1)在法律设定的行政许可事项范围内；
(2)法规、规章对实施上位法设定的行政许可作出的具体规定，不得增设行政许可；对行政许可条件作出的具体规定，不得增设违反上位法的其他条件</td></tr>
<tr><td>国务院决定</td><td>(1)必要时；
(2)实施后，除临时性行政许可事项外，国务院应当及时提请全国人民代表大会及其常务委员会制定法律，或者自行制定行政法规</td><td>—</td></tr>
<tr><td>地方性法规</td><td>尚未制定法律、行政法规的情形下</td><td>(1)在法律、行政法规设定的行政许可事项范围内；(2)同"行政法规"具体规定之二</td></tr>
<tr><td>省、自治区、直辖市人民政府规章</td><td>(1)尚未制定法律、行政法规和地方性法规的，因行政管理的需要，确需立即实施行政许可的，可以设定临时性的行政许可；
(2)临时性的行政许可实施满1年需要继续实施的，应当提请本级人民代表大会及其常务委员会制定地方性法规</td><td>(1)在上位法设定的行政许可事项范围内；
(2)同"行政法规"具体规定之二</td></tr>
<tr><td>其他规范性文件</td><td colspan="2">一律不得设定行政许可</td></tr>
</table>

2019年4月23日，第十三届全国人大常委会第十次会议通过《关于修改〈中华人民共和国建筑法〉等八部法律的决定》，对《行政许可法》予以修改；同日由国家主席习近平签署第二十九号主席令公布，自公布之日起施行。本次修改强化和完善了非歧视原则、对于商业秘密的保护及对于以转让技术作为行政许可的条件的相

关规定。（见表3－2）

表3－2　《行政许可法》修改前后主要内容变化

修改前	修改后
第五条　设定和实施行政许可，应当遵循公开、公平、公正的原则。 有关行政许可的规定应当公布；未经公布的，不得作为实施行政许可的依据。行政许可的实施和结果，除涉及国家秘密、商业秘密或者个人隐私的外，应当公开。 符合法定条件、标准的，申请人有依法取得行政许可的平等权利，行政机关不得歧视	第5条修改为："设定和实施行政许可，应当遵循公开、公平、公正、非歧视的原则。 "有关行政许可的规定应当公布；未经公布的，不得作为实施行政许可的依据。行政许可的实施和结果，除涉及国家秘密、商业秘密或者个人隐私的外，应当公开。未经申请人同意，行政机关及其工作人员、参与专家评审等的人员不得披露申请人提交的商业秘密、未披露信息或者保密商务信息，法律另有规定或者涉及国家安全、重大社会公共利益的除外；行政机关依法公开申请人前述信息的，允许申请人在合理期限内提出异议。 "符合法定条件、标准的，申请人有依法取得行政许可的平等权利，行政机关不得歧视任何人。"
第三十一条　申请人申请行政许可，应当如实向行政机关提交有关材料和反映真实情况，并对其申请材料实质内容的真实性负责。行政机关不得要求申请人提交与其申请的行政许可事项无关的技术资料和其他材料	第31条增加一款，作为第2款："行政机关及其工作人员不得以转让技术作为取得行政许可的条件；不得在实施行政许可的过程中，直接或者间接地要求转让技术。"
第七十二条　行政机关及其工作人员违反本法的规定，有下列情形之一的，由其上级行政机关或者监察机关责令改正；情节严重的，对直接负责的主管人员和其他直接责任人员依法给予行政处分：（一）对符合法定条件的行政许可申请不予受理的；（二）不在办公场所公示依法应当公示的材料的；（三）在受理、审查、决定行政许可过程中，未向申请人、利害关系人履行法定告知义务的；（四）申请人提交的申请材料不齐全、不符合法定形式，不一次告知申请人必须补正的全部内容的；（五）未依法说明不受理行政许可申请或者不予行政许可的理由的；（六）依法应当举行听证而不举行听证的	第72条将增添两项为（五）（六）两项，"（五）违法披露申请人提交的商业秘密、未披露信息或者保密商务信息的；（六）以转让技术作为取得行政许可的条件，或者在实施行政许可的过程中直接或者间接地要求转让技术的"；原（五）（六）改为（七）（八）两项

二、行政处罚法

行政处罚是国家法律责任制度的组成部分，是行政机关依法行政的重要手段。

各级政府为了有效地行使行政管理职权,保障法律的贯彻执行,需要有行政处罚手段。1990 年前后开始,全国人大常委会的工作部门会同中央有关部门及地方人大、政府和各方面的专家对《行政处罚法(草案)》的几个重要问题进行了反复研究、修改。1995 年 10 月,第八届全国人大常委会第十六次会议对《行政处罚法(草案)》进行了初步审议,会后又根据全国人大常委会委员和各地方、各方面的意见,对草案作了补充、修改,经第八届全国人大常委会第十八次会议再次审议,决定提请第八届全国人大四次会议审议。1996 年 3 月 12 日在第八届全国人民代表大会第四次会议上,全国人大常委会秘书长曹志作了关于《中华人民共和国行政处罚法(草案)》的说明。根据对于草案的说明,"由于对行政处罚的一些基本原则没有统一的法律规定,实践中存在一些问题,主要表现在处罚的随意性,特别是有些地方和部门随意罚款,或一事几次罚、几个部门罚等,人民群众很有意见",因此《行政处罚法》的立法主要要解决以下几个问题:(1)行政处罚的设定权不明确,有些行政机关随意设定行政处罚;(2)执罚主体混乱,不少没有行政处罚权的组织和人员实施行政处罚;(3)行政处罚程序缺乏统一明确的规定,缺少必要的监督、制约机制,随意性较大,致使一些行政处罚不当。[14] 1996 年 3 月 17 日第八届全国人民代表大会第四次会议通过了《行政处罚法》,同日国家主席江泽民签署第六十三号主席令公布,自 1996 年 10 月 1 日起施行。

《行政处罚法》分为 8 章,共计 64 条。第一章为"总则",规定了立法目的、基本原则、行政相对人的权利等内容。第 1 条规定,本法的立法目的是"规范行政处罚的设定和实施,保障和监督行政机关有效实施行政管理,维护公共利益和社会秩序,保护公民、法人或者其他组织的合法权益"。行政处罚的基本原则包括处罚法定原则、公正公开原则、以事实为基础原则、违法行为与处罚相适应原则、公布原则、处罚与教育相结合原则。行政相对人(公民、法人或者其他组织)对于行政机关给予的行政处罚享有陈述权、申辩权、行政复议权、行政诉讼权、要求赔偿权,但是与此同时,行政相对人尽管受到行政处罚,但是仍应当依法承担民事或者刑事责任。

第二章为"行政处罚的种类和设定",第 8 条规定行政处罚的种类有 7 种,分别是警告,罚款,没收违法所得、没收非法财物,责令停产停业,暂扣或者吊销许可证或执照,行政拘留,以及法律、行政法规规定的其他行政处罚。第 9 ~ 14 条规定了不同效力等级的法律文件对于行政处罚权的设定权限。(见表 3 – 3)法律对于限制人身自由的行政处罚具有专属保留权,可见《行政处罚法》对于人身自由权利的高度尊重与重视。由此明确了行政处罚种类,解决了过去行政处罚名目过乱过滥的状况。

〔14〕 曹志:《关于〈中华人民共和国行政处罚法(草案)〉的说明》,载《全国人民代表大会常务委员会公报》1996 年第 3 号。

表 3-3　行政处罚设定事项及权限一览

设定行政处罚的文件	设定情形与权限	具体规定的权限
法律	各种行政处罚,且限制人身自由的行政处罚专属于法律设定,其他效力等级法律规范不得设定	可以进行具体规定
行政法规	可以设定除限制人身自由以外的行政处罚	在法律规定的给予行政处罚的行为、种类和幅度的范围内规定
地方性法规	可以设定除限制人身自由、吊销企业营业执照以外的行政处罚	在法律、行政法规规定的给予行政处罚的行为、种类和幅度的范围内规定
国务院部、委员会制定的规章	尚未制定法律、行政法规的,国务院部、委员会制定的规章对违反行政管理秩序的行为,可以设定警告或者一定数量罚款的行政处罚;罚款的限额由国务院规定 国务院可以授权具有行政处罚权的直属机构依照本行所有规定,规定行政处罚	在法律、行政法规规定的给予行政处罚的行为、种类和幅度的范围内作出具体规定
省、自治区、直辖市人民政府和省、自治区人民政府所在地的市人民政府以及经国务院批准的较大的市人民政府制定的规章	尚未制定法律、法规的,本行左列规定的人民政府制定的规章对违反行政管理秩序的行为,可以设定警告或者一定数量罚款的行政处罚;罚款的限额由省、自治区、直辖市人民代表大会常务委员会规定	在法律、法规规定的给予行政处罚的行为、种类和幅度的范围内作出具体规定
其他规范性文件	一律不得设定行政处罚	

第三章为“行政处罚的实施机关”,明确规定行政处罚由具有行政处罚权的行政机关在法定职权范围内实施,确定了行政处罚实施主体的适格性与合法性。国务院或者经国务院授权的省、自治区、直辖市人民政府可以决定一个行政机关行使有关行政机关的行政处罚权,但是对于限制人身自由的行政处罚实施机关,必须限定为公安机关,其他机关不得实施,从而体现了对于限制人身自由的慎重。法律、法规授权的具有管理公共事务职能的组织可以在法定授权范围内实施行政处罚。行政机关可以依法依规委托符合下列条件的组织实施行政处罚:依法成立的管理公共事务的事业组织,具有熟悉有关法律、法规、规章和业务的工作人员,有条件组织对于违法行为进行相应的技术检查或者技术鉴定的特定组织实施;不得委托其他组织或者个人。受委托组织以委托机关名义实施行政

处罚,但不得二次委托。由此确定了行使行政处罚权的机关,排除了行政处罚主体的随意性。

第四章为"行政处罚的管辖和适用"。行政处罚原则上由违法行为发生地的县级以上地方人民政府具有行政处罚权的行政机关管辖。对管辖发生争议的行政机关,应当报请共同的上一级行政机关指定管辖。当事人的违法行为构成犯罪的情况下,行政机关必须将案件移送司法机关,依法追究刑事责任。行政机关对当事人同一个违法行为不得给予两次以上罚款的行政处罚。本章规定了减轻与免除行政处罚的相关情形。违法行为构成犯罪,人民法院判处拘役或者有期徒刑时,行政机关已经给予当事人行政拘留的,应当依法折抵相应刑期。违法行为构成犯罪,人民法院判处罚金时,行政机关已经给予当事人罚款的,应当折抵相应罚金。(见表 3 - 4)

表 3 - 4 《行政处罚法》不同情形下不予处罚与减轻处罚一览

处理结果	对应情形
不予处罚	不满 14 周岁的人有违法行为的(责令监护人加以管教)
	精神病人在不能辨认或者不能控制自己行为时有违法行为的(应当责令其监护人严加看管和治疗)【注意:间歇性精神病人在精神正常时的违法行为,应当予以行政处罚】
	违法行为轻微并及时纠正,没有造成危害后果的
	违法行为在 2 年内未被发现的
从轻或者减轻处罚	主动消除或者减轻违法行为危害后果的
	受他人胁迫有违法行为的
	配合行政机关查处违法行为有立功表现的
	其他依法从轻或者减轻行政处罚的
	已满 14 周岁不满 18 周岁的人有违法行为的

第五章为"行政处罚的决定",明确规定给予行政处罚必须建立在查明事实的基础上,反之违法事实不清的情况下,不得给予行政处罚,作出行政处罚决定之前应当告知当事人作出行政处罚的事实、理由及依据,并告知当事人依法享有的权利,当事人有权进行陈述与申辩,行政机关不得因此加重对当事人的处罚。在此基础上规定了"简易程序""一般程序""听证程序"。其中"简易程序"是针对违法事实确凿并有法定依据,对公民处以 50 元以下、对法人或者其他组织处以 1000 元以下罚款或者警告的行政处罚的,可以当场作出行政处罚决定的处罚程序。执法人员应当向当事人出示证件、填写合法合规的处罚决定书(预定格式、编有号码,载明

当事人的违法行为、行政处罚依据、罚款数额、时间、地点及行政机关名称，并由执法人员签名或者盖章），并当场交付给当事人，并报所属行政机关备案。“一般程序”要求行政机关对于违法行为必须全面、客观、公正地调查，收集有关证据；必要时，依照法律、法规的规定，可以进行检查。行政机关在调查或进行检查时，执法人员不得少于两人，且应当出示证件，进行询问或检查时应当制作笔录。执法人员应当依照直接利害关系原则进行回避。处罚结果有四种：(1)确有应受行政处罚的违法行为的，根据情节轻重及具体情况，作出行政处罚决定；(2)违法行为轻微，依法可以不予行政处罚的，不予行政处罚；(3)违法事实不能成立的，不得给予行政处罚；(4)违法行为已构成犯罪的，移送司法机关。从程序上看，行政机关及其执法人员在作出行政处罚决定之前，不依法向当事人告知给予行政处罚的事实、理由和依据，或者拒绝听取当事人的陈述、申辩，行政处罚决定不能成立，进而确保行政机关依法履行告知义务、当事人享有对自身所享有权利的知情权。“听证程序”是对于行政机关作出责令停产停业、吊销许可证或者执照、较大数额罚款等行政处罚决定而设定的。本章所载内容，目的在于严格限制实施行政处罚的程序，确保行政处罚权在法律确定的轨道上运行。

第六章为“行政处罚的执行”。行政处罚决定依法作出后，当事人应当在规定期限内履行，可以进行行政复议或者诉讼，但是原则上不停止执行。作出罚款决定的行政机关应当与收缴罚款的机构分离，除依法当场收缴的罚款（依法给予 20 元以下罚款或者事后难以执行）外，作出行政处罚决定的行政机关及其执法人员不得自行收缴罚款，当事人应当自收到行政处罚决定书之日起 15 日内，到指定的银行缴纳罚款。银行应当收受罚款，银行接收罚款后应当直接上交国库。当场收缴罚款必须在 2 日内交至行政机关，行政机关在 2 日内缴付指定银行。当事人逾期不履行的，作出行政处罚决定的行政机关可以可以采取三种措施，即每日按罚款数额的 3% 加处罚款，依法将查封、扣押的财物拍卖或者将冻结的存款划拨抵缴罚款，或者申请人民法院强制执行。值得关注的是，第 52 条规定“当事人确有经济困难，需要延期或者分期缴纳罚款的，经当事人申请和行政机关批准，可以暂缓或者分期缴纳”，充分体现了法律对于基本人性的关怀与对于弱势群体的照顾。

第七章为“法律责任”，规定了对于实施行政处罚的行政机关、协助接收罚款的财政部门等机关或机构，存在违法违规情形的，由上级行政机关或者有关部门责令改正，依法对直接负责的主管人员和其他直接责任人员依法给予行政处分。主要包括没有法定行政处罚依据、擅自改变行政处罚种类和幅度、违反行政处罚法定程序、违反委托处罚规定、实施罚款使用非法单据、违法返还罚款或者拍卖款项、对于罚款或者违法所得进行截留或者私分、索取或者收受他人财物或将收缴罚款据为己有、对当事人人身或者财产造成损失损害的、谋取单位私利、玩忽职守不作为等情形。以上情形如涉及犯罪的,应当移交司法机关追究刑事责任。第八章为"附则"。

2009年8月27日第十一届全国人大常委会第十次会议通过《关于修改部分法律的决定》,对《行政处罚法》进行第一次修改,同日国家主席胡锦涛签署第十八号主席令公布,自公布之日起施行。该决定有两处内容是针对《行政处罚法》的修改。第一处是将对于《刑法》某条文的"比照"改为对于《刑法》的"依照",进一步减少法律中形似"类推适用"的成分,强化依法审判、依法行使,因此该决定第3条"对下列法律中关于刑事责任的规定作出修改(一)将下列法律中的'依照刑法第×条的规定'、'比照刑法第×条的规定'修改为'依照刑法有关规定'",本项修改涉及42部法律的相关条文,其中包括《行政处罚法》第61条。第二处是适应《治安管理处罚法》的出台,该决定第4条"对下列法律和有关法律问题的决定中关于治安管理处罚的规定作出修改(一)将下列法律和有关法律问题的决定中引用的'治安管理处罚条例'修改为'治安管理处罚法'",本项涉及82部法律的相关条文,其中包括《行政处罚法》第42条。

2017年9月1日,第十二届全国人大常委会第二十九次会议通过了《关于修改〈中华人民共和国法官法〉等八部法律的决定》,对《行政处罚法》进行第二次修改;同日,国家主席习近平签署第七十六号主席令公布。该决定第8条对《行政处罚法》作出如下修改,在第38条中增加一款,作为第3款:"在行政机关负责人作出决定之前,应当由从事行政处罚决定审核的人员进行审核。行政机关中初次从事行政处罚决定审核的人员,应当通过国家统一法律职业资格考试取得法律职业资格。"该决定自2018年1月1日起施行。该变动是为了适应司法考试变更为国家统一法律职业资格考试这一变革。

《行政处罚法》是明确规定行政处罚权设定与运行的法律,是立法机关限制行政公权侵害行政相对人合法权利的防线。该法两次修改都是为适应新环境而进行的细微修改,并非是大规模的变动,也没有直接变动《行政处罚法》的内部法律结构,更多的基于其他法律的变动而发生的,而非基于自身缺陷而修改。

三、治安管理处罚法

《治安管理处罚法》出台之前,治安管理方面的规制是由《治安管理处罚条例》完成的。早在20世纪50年代末期,中国就已经制定过相关条例。从1957年《治安管理处罚条例》,到2005年《治安管理处罚法》,中间还存在1986年通过、1994年修正的《治安管理处罚条例》。从"条例"上升为"法",治安管理立法工作走过了将近半个世纪。

1957年10月22日,第一届全国人大常委会第八十一次会议通过《治安管理处罚条例》,共计34条,规定“扰乱公共秩序、妨害公共安全、侵犯公民人身权利、损害公私财产,情节轻微,尚不够刑事处分,依照本条例应当受到处罚的行为,是违反治安管理行为”,并确定三种治安处罚方式,即警告、罚款、拘留,以及不同的适用情形。该条例基本上确定了现行《治安管理处罚法》的调整范围和处罚方式,但是由于此时刑事立法尚不完善,治安立法也缺乏可资借鉴的资料,因此1957年《治安管理处罚条例》无论是内容上还是用语上都较为朴素,不甚精确准当;从结构上来看,此条例不甚细致,法条内部尽管存在逻辑,但是没有进行分章处理;从法条条文数量来看,2012年修正过的《治安管理处罚法》共计119条,近乎1957年《治安管理处罚条例》的3倍。该条例因1986年重新通过的《治安管理处罚条例》而废止。

1986年3月15日,在第六届全国人大常委会第十五次会议上,公安部部长阮崇武作了关于《中华人民共和国治安管理处罚条例(修改草案)》的说明,他指出:“现行的《中华人民共和国治安管理处罚条例》,是1957年10月22日经第一届全国人民代表大会常务委员会第八十一次会议通过,由中华人民共和国主席命令公布的。条例的公布实施,对于维护社会秩序,保障公共安全,保护公民的合法权益,起到了重大的积极作用。但是,这个条例从公布到现在已经29年了,我们国家的政治、经济情况发生了很大的变化,特别是党的十一届三中全会以来,随着对外开放和对内搞活经济方针的贯彻执行,以城市为重点的经济体制改革的深入发展,治安管理上出现了许多新的情况,新的问题,原条例越来越不适应形势发展的需要。……这次修改原条例,我们遵循的指导思想是:进一步加强社会秩序特别是公共秩序的管理,为改革和四化建设创造良好的社会环境;通过规范人们参加社会生活的行为,促进社会主义精神文明的建设,使这个条例成为公民自我教育、自我约束的准则和公安机关制裁违法行为的有力武器。条例的修改工作在深入调查研究、总结实践经验的基础上,经过充分酝酿,并广泛征求了各有关部委、各地公安机关和法律专家的意见。修改后的条例草案在体例、内容、罚则和程序方面,都有较大的补充和修改。”

在体例上,为了使该条例的结构更严谨,层次更清楚,便于广大人民群众学习和遵守,将条例草案分为5章45条。从受到治安管理处罚的行为规制方面讲,原条例规定的适用行为有68项,条例修改草案规定了73项,增加了5项。在违反治安管理行为的处罚规定方面,条例修改草案调整了罚款数额。作这样的修改,符合中国经济发展、城乡居民收入增长的实际情况,有利于发挥治安处罚的惩戒、教育作用,体现法律制裁的严肃性。同时,《治安管理处罚条例》是国家管理社会秩序的重要法律,这样适当提高罚款数额,也适应今后形势发展的需要,有利于保持条例的相对稳定性。在裁决权方面。为了在实施治安处罚时切实保障公民的人身自由,对裁决机关和裁决程序也作了必要的修改。在公民申诉方面,条例修改草案对不服裁决的申诉问题作了新的规定,即被裁决受治安管理处罚的人或者被侵害人不服上一级公安机关裁决的,可以向当地人民法院提起诉讼。[15] 经过修改与完善,1986年9月5日,第六届全国人大常委会第十七次会议通过了《治安管理处罚条例》,同日国家主席李先念签署第四十三号主席令公布,于1987年1月1日施行。重新通过的条例基于改革开放的新形势,增补与完善了一些内容,共计45条。1986年《治安管理处罚条例》分为"总则""处罚的种类和运用""违反治安管理行为和处罚""裁决与执行""附则"共计5章,更加具有全面性、体系性与逻辑性。与此同时,由于刑事立法和行政立法经验已经有了较好积累,1986年出台的《治安管理处罚条例》规定的相关事项与法律用语都更为精准适当,这一点从文本上就可以看得出来。1994年5月5日,在第八届全国人大常委会第七次会议上,公安部部长陶驷驹作了关于《中华人民共和国治安管理处罚条例〉的补充规定(草案)》的说明,他指出:"现行的《中华人民共和国治安管理处罚条例》(以下简称《条例》),是第六届全国人民代表大会常务委员会第十七次会议通过,自1987年1月1日起施行的。《条例》实施以来,对维护社会治安秩序,保障社会稳定,起了重要作用。但是,随着社会治安形势的变化,一些新情况、新问题的出现,有些扰乱社会秩序、妨害公共安全、危害公共利益的行为,由于在《条例》中未作规定,难以依法处理。公安部在调查研究、总结经验、广泛征求意见的基础上,草拟了《〈中华人民共和国治安管理处罚条例〉的补充规定(草案)》(以下简称草案)。这个草案已经国务院第十八次常务会议讨论通过。草案共五条,其中第一条至第四条补充规定了18种应受处罚的违反治安管理的行为。对这些行为规定的处罚原则和种类,与原《条例》是一致的。对现实社会生活中存在的这些危害社会治安的行为依法给予处罚,对于进一步加强治安管理,维护社会秩序、公共安全和公共利益,保护公民的合法权益,保障改革开放和社会主义现代化建设的顺利进行,是十分必要的。"[16] 由此可见,1994年对于《治安管理处罚条例》的修改是对于原条例的进一步完善和补充。

1997年8月,公安部会同有关方面启动了《治安管理处罚条例》的修订工作,做了大量的调查研究和论证,反复听取了地方和基层公安机关的意见和建议,于2002年4月将《治安管理处罚法(送审稿)》报送国务院。法制办接到此件后,就送审稿及后来修改形成的修改稿两次征求了全国31个省、自治区、直辖市和国务院40多个部门的意见,就重点问题专门进行了调查研究,召开了专家论证会,并就有关问

---

〔15〕 阮崇武:《关于〈中华人民共和国治安管理处罚条例(修改草案)〉的说明》,载《全国人民代表大会常务委员会公报》1986年第6号。

〔16〕 参见陶驷驹:《关于〈中华人民共和国治安管理处罚条例〉的补充规定(草案)的说明》,载《全国人民代表大会常务委员会公报》1994年第4号。

题专门向全国人大内司委、全国人大常委会法工委作了汇报。在此基础上，经反复研究修改，形成了《治安管理处罚法（草案）》。该草案于 2004 年 9 月 29 日国务院第六十五次常务会议讨论通过。2004 年 10 月 22 日，在第十届全国人大常委会第十二次会议上，公安部副部长田期玉作了关于《中华人民共和国治安管理处罚法（草案）》的说明。他指出，修改《治安管理处罚条例》、进行立法的指导思想包括："（一）适应社会治安形势发展的需要，补充完善治安管理处罚制度，严厉打击和惩治危害社会治安违法行为，为加强社会治安管理提供有力的法律武器。（二）处理好治安管理处罚的法律与刑法、行政处罚法以及其他有关法律的衔接，维护法制统一，防止以罚代刑。（三）在保证违反治安管理行为受到必要惩处的同时，规范警察权的行使，保护公民、法人和其他组织的合法权益不受侵犯。"因此，作出的修改主要包括：(1)根据现实情况增加治安管理处罚行为，包括抗拒人民政府在紧急状态情况下依法发布的法规规章或决定命令的行为、扰乱社会治安及侵犯人身权利的流浪乞讨行为、扰乱大型活动秩序的行为、举办大型活动违反安全规定的行为、投放虚假的危险物质扰乱公共秩序的行为、扰乱重大活动期间治安秩序的行为、以暴力威胁或者其他手段强迫他人劳动的行为、猥亵他人的行为、强买强卖的行为、违反房屋出租管理规定的行为、制造噪声或者以其他方式干扰邻里生活的行为、以卖淫为目的的招嫖拉客的行为、服务业经营者妨害社会管理的行为、饲养动物干扰他人正常生活的行为等；(2)增加了对单位违反治安管理的处罚；(3)增加了处罚的种类，提高了罚款处罚的幅度，减小了对行政拘留处罚的自由裁量幅度；(4)增加了治安管理强制措施的规定；(5)完善了处罚程序，根据行政处罚法的规定和法治原则的要求，充实完善了处罚程序方面的内容；(6)修改了裁决的事项，《治安管理处罚条例》规定公安机关在作出治安管理处罚时，可以一并作出赔偿损失或者负担医疗费用的裁决，并可以强制执行。[17] 这次从条例上升到法律，不仅是效力等级的变动，更重要的是法律规范本身更加完善、周延，能够更好地为规范治安管理处罚权与保障公民私权利而服务。

《治安管理处罚法》由第十届全国人大常委会第十七次会议于 2005 年 8 月 28 日通过，同日国家主席胡锦涛签署第三十八号主席令公布，自 2006 年 3 月 1 日起施行。《治安管理处罚法》分为 6 章，共计 119 条。第一章为"总则"，规定了立法目的、适用范围、基本原则等内容。第 1 条规定立法目的为"维护社会治安秩序，保障公共安全，保护公民、法人和其他组织的合法权益，规范和保障公安机关及其人民警察依法履行治安管理职责"，从"社会秩序和公共安全"到"公民、法人和其他组织

---

〔17〕 田期玉：《关于〈中华人民共和国治安管理处罚法（草案）〉的说明》，载《全国人民代表大会常务委员会公报》2005 年第 6 号。

的合法权益”到“公安机关及其人民警察依法履行治安管理职责”的顺序,以社会秩序和公共安全这一治安最高目标作为出发点,将保障私权利与规范公权力作为落脚点和支撑点,体现了本法价值取向的排序。第 2 条、第 3 条是确定了本法与《刑法》以及《行政处罚法》的衔接问题,规定依照《刑法》相关规定不构成刑事犯罪的违反治安管理行为,由公安机关按照该法给予治安管理处罚,而该法没有具体规定的,可以适用《行政处罚法》的有关规定。此外值得注意的是,在该法基本原则中,除规定以事实为依据原则、处罚与行为相适应原则、公正公开原则、教育与处罚相结合原则之外,第 5 条明确规定“尊重和保障人权,保护公民的人格尊严”,对于人权和人格尊严的尊重与保障,为本法增添了人性主义的光辉。此外第一章还规定了社会综合治理、国务院公安部门负责工作、违反治安管理行为损害人承担民事责任,以及调解与诉讼相协调与衔接的机制。

第二章为“处罚的种类和适用”,第 10 条规定治安管理处罚种类主要有四种,即警告、罚款、行政拘留、吊销公安机关发放的许可证,对于违反治安管理的外国人,可以附加适用限期出境或者驱逐出境。与此同时,本章规定了应当处罚、减轻处罚或者不予处罚的情形。(见表 3 –5)其中醉酒的人、间歇性的精神病人在精神正常的时候违反治安管理的,均应当给予处罚。

表 3 –5　两法中不予处罚与减轻处罚对照

《行政处罚法》处理结果与对应情形		《治安管理处罚法》处理结果与对应情形	
不予处罚	不满 14 周岁的人有违法行为的(责令监护人加以管教)	不予处罚	不满 14 周岁的人违反治安管理的(责令监护人加以管教)
	精神病人在不能辨认或者不能控制自己行为时有违法行为的(应当责令其监护人严加看管和治疗)【注意:间歇性精神病人在精神正常时的违法行为,应当予以行政处罚】		精神病人在不能辨认或者不能控制自己行为时违反治安管理的(应当责令其监护人严加看管和治疗)【注意:间歇性精神病人在精神正常时违反治安管理的,应当予以处罚】
	违法行为轻微并及时纠正,没有造成危害后果的		盲人或者又聋又哑的人违反治安管理的(视情况而定,可以从轻、减轻或者不予处罚)
	违法行为在 2 年内未被发现的		

续表

<table>
<tr><th colspan="2">《行政处罚法》处理结果与对应情形</th><th colspan="2">《治安管理处罚法》处理结果与对应情形</th></tr>
<tr><td rowspan="7">从轻或者减轻处罚</td><td>主动消除或者减轻违法行为危害后果的</td><td rowspan="7">从轻或者减轻处罚</td><td>主动消除或者减轻违法后果，并取得被侵害人谅解的（或不予处罚）</td></tr>
<tr><td>受他人胁迫有违法行为的</td><td>出于他人胁迫或者诱骗的（或不予处罚）</td></tr>
<tr><td>配合行政机关查处违法行为有立功表现的</td><td>主动投案，向公安机关如实陈述自己的违法行为的</td></tr>
<tr><td>其他依法从轻或者减轻行政处罚的</td><td>情节特别轻微的（或不予处罚）</td></tr>
<tr><td>已满 14 周岁不满 18 周岁的人有违法行为的</td><td>已满十四周岁不满十八周岁的人违反治安管理的</td></tr>
<tr><td></td><td>有立功表现的（或不予处罚）</td></tr>
<tr><td></td><td>盲人或者又聋又哑的人违反治安管理的（视情况而定，可以从轻、减轻或者不予处罚）</td></tr>
</table>

应当注意到，《治安管理处罚法》还设定了从重处罚与不执行行政拘留处罚的情形。第 20 条规定，违反治安管理从重处罚的情形包括：有较严重后果的；教唆、胁迫、诱骗他人违反治安管理的；对报案人、控告人、举报人、证人打击报复的；6 个月内曾受过治安管理处罚的。第 21 条规定，依照该法应当给予行政拘留处罚的，不执行行政拘留处罚，有以下四种情形：已满 14 周岁不满 16 周岁的；已满 16 周岁不满 18 周岁，初次违反治安管理的；70 周岁以上的；怀孕或者哺乳自己不满 1 周岁婴儿的。由此可见，该法对于未成年人、老年人、怀孕或者哺乳的妇女的关怀，以及对于指使他人违反治安管理、打击报复者以及破坏治安管理“惯犯”的严惩不贷。

第三章为“违反治安管理的行为和处罚”，下设“扰乱公共秩序的行为和处罚”“妨害公共安全的行为和处罚”“侵犯人身权利、财产权利的行为和处罚”“妨害社会管理的行为和处罚”等内容。第四章为“处罚程序”，包括“调查”“决定”“执行”三节，严格限定了治安管理处罚权的运行轨迹，使之具有行政程序法的意义。第五章为“执法监督”，《行政处罚法》没有构建监督专章，仅在第 54 条规定，“行政机关应当建立健全对行政处罚的监督制度。县级以上人民政府应当加强对行政处罚的监督检查”，而《治安管理处罚法》设立了执法监督的专章，规定公安机关及其人民警察应当依法、公正、严格、高效办理治安案件，文明执法，不得徇私舞弊，禁止对违反治安管理行为人打骂、虐待或者侮辱,应当自觉接受社会和公民的监督,如在执法过程中有违法行为,应当给予行政处分,如构成犯罪,则依法追究刑事责任,造成当事人损失或者损害的,应当依法承担赔偿责任。本专章的设置是重视对于治安管理处罚权进行监督的体现。第六章为“附则”。

2012 年 10 月 26 日,第十一届全国人大常委会第二十九次会议通过《关于修改〈中华人民共和国治安管理处罚法〉的决定》,将第 60 条第 4 项修改为:“被依法执行管制、剥夺政治权利或者在缓刑、暂予监外执行中的罪犯或者被依法采取刑事强制措施的人,有违反法律、行政法规或者国务院有关部门的监督管理规定的行为。”原条文内容为:“有下列行为之一的,处五日以上十日以下拘留,并处二百元以上五百元以下罚款:……(四)被依法执行管制、剥夺政治权利或者在缓刑、保外就医等监外执行中的罪犯或者被依法采取刑事强制措施的人,有违反法律、行政法规和国务院公安部门有关监督管理规定的行为。”这次修改首先明确规定了监外执行包含保外就医,并将违反“国务院公安部门”修改为“国务院有关部门”,对相关监督管理规定的外延予以了扩大。这次调整也是一次微调。

四、行政强制法

在《行政强制法》出台之前,行政机关的行政强制缺乏统一的法律规范,因此在执法过程中存在对某些严重违法行为因缺乏强制手段处理不力或者行政强制手段滥用的情况,主要存在以下几个问题:第一,可以设定行政强制措施的行政机关不明确,即“缺”;第二,行政强制手段形式繁多、表述不一,急需统一,即“乱”;第三,存在没有行政强制权的机关自行实施强制措施,甚至授权、委托其他组织实施行政强制措施,行政强制措施的实施程序尚未法定,随意性较大,容易造成对行政相对人的侵权行为,即“滥”;第四,行政机关履行行政管理职责时,缺少于法有据的强制手段,致使一些严重违法行为得不到有效处理,即“软”。因此,根据第九届全国人大常委会立法规划,法制工作委员会从 1999 年 3 月开始行政强制法的起草工作。起草工作总的指导思想是,推进依法行政,维护公民权益,既赋予行政机关必要的强制手段,保障行政机关依法履行职责,维护公共利益和公共秩序,又对行政强制行为进行规范,避免和防止权力的滥用,保护公民、法人和其他组织的合法权益。在多次调研并广泛征求国务院有关部门、地方人大和一些全国人大代表、专家的意见的基础上,形成了《行政强制法(草案)》。2005 年 12 月 24 日在第十届全国人大常委会第十九次会议上,全国人大常委会法制工作委员会副主任信春鹰作了关于《中华人民共和国行政强制法(草案)》的说明。[18]

经过对《行政强制法(草案)》进行三次审议后,全国人大常委会通过中国人大网向社会公开征求对《行政强制法(草案)》的意见,共收到3800多条意见和建议。2011年4月20日,全国人大常委会第四次审议《行政强制法(草案)》。全国人大常委会法工委会同国务院法制办公室经过梳理和分析发现,截至2010年上半年,行政法规中规定了行政强制措施的有96件。其中,17件是在法律对特定事项作了原则规定,同时授权国务院规定具体管理措施的情况下,国务院在行政法规中规定了行政强制措施。草案四审稿将行政强制措施设定权扩大到法律、行政法规、地方性法规的范围。对此,常委会委员和法律专家认为,应当限制行政法规、地方性法规的强制措施设定权。在草案四审分组讨论过程中,产生了一些意见值得记录下来:

"李重庵委员指出:行政强制措施由法律设定,这是本法的基本原则。新的草案规定,对没有制定法律的,而且属于国务院职权事项的,国务院行政法规可以制定,并且对地方也开了口子。这是对行政强制措施由法律设定原则的突破。为什么开了口子,是因为要承认17件行政法规继续有效。立法要考虑长期效果,能否有一个更妥当的表述,在现阶段法律和法规没有完全衔接好时也可以正常运作。从长远来说,还是应坚持行政强制措施法定原则。

"任茂东委员指出:如何设定行政强制权,一直是行政强制立法中讨论的焦点问题。草案四审稿有进步,但仍有两个问题可能发生:一是如果某一事项属于'地方性事务',但已制定了法律,而法律没有规定行政强制措施,地方性法规却规定了行政强制措施,那就是允许地方性法规与法律不一致;二是如果某一事项虽然没有制定法律,也不属于'地方性事务',如果允许行政法规、地方性法规规定行政强制措施,就等于允许地方人大及其常委会越权行事。任茂东建议,将行政强制设定权规定在中央,将草案对于地方的授权内容删去。

"严以新委员建议:删去地方性法规可以设定行政强制措施的规定。地方政府权力缺少制约,侵犯公民权利的事件时有发生。所以,应当将行政强制措施的设定权收回中央,不给地方行政强制措施的设定权。"[19]

一审到五审,委员们对于不同位阶的法律法规设定行政强制的范围产生过争议。《行政强制法》最终规定了行政强制的种类、设定和实施程序,全国人大常委会法工委有关负责人指出"这等于画下了一道线,明确了什么部门能够制定什么层次

---

〔18〕 参见信春鹰:《关于〈中华人民共和国行政强制法(草案)〉的说明》,载中国人大网:http://www.npc.gov.cn/wxzl/gongbao/2011-09/15/content_1671742.htm,最后访问日期:2019年6月27日。

〔19〕 参见《聚焦行政强制法草案:立法解决行政强制过"乱"》,载中国网:http://www.china.com.cn/news/law/2011-05/05/content_22499795.htm,最后访问日期:2019年6月27日。

的行政强制措施”,将行政强制措施设定权限设定在法律、行政法规、地方性法规的范围内,一方面进行合理配置,另一方面严格限制了行政法规、地方性法规设定行政强制措施的设定权限。[20] 2011 年 6 月 30 日,《行政强制法》在第十一届全国人大常委会第二十一次会议通过,同日国家主席胡锦涛签署第四十九号主席令公布,自 2012 年 1 月 1 日起施行。《行政强制法》12 年的立法过程,集中规定了行政强制措施和行政强制执行,体现了中国立法机关对于公权力运行的立法保持了极为谨慎的态度,对于私权利保障给予了充分的关怀。

《行政强制法》分为 7 章,共计 71 条。第一章“总则”,规定了立法目的、基本概念、基本原则(法定原则、适当原则、教育与强制相结合原则、不得牟利原则、损害赔偿原则等)。第 1 条规定了立法目的,即“规范行政强制的设定和实施,保障和监督行政机关依法履行职责,维护公共利益和社会秩序,保护公民、法人和其他组织的合法权益”。第 8 条强调了行政相对人的权利:“公民、法人或者其他组织对行政机关实施行政强制,享有陈述权、申辩权;有权依法申请行政复议或者提起行政诉讼;因行政机关违法实施行政强制受到损害的,有权依法要求赔偿。公民、法人或者其他组织因人民法院在强制执行中有违法行为或者扩大强制执行范围受到损害的,有权依法要求赔偿。”第 8 条对于行政相对人权利的明确,正是对第 1 条中“保护公民、法人和其他组织的合法权益”的落实。

第二章规定了“行政强制的种类和设定”。第 9 条规定行政强制措施的种类包括五种:限制公民人身权利;查封场所、设施或者财物;扣押财物;冻结存款、汇款;其他行政强制措施。第 12 条规定,行政强制执行的方式有六种:加处罚款或者滞纳金;划拨存款、汇款;拍卖或者依法处理查封、扣押的场所、设施或者财物;排除妨碍、恢复原状;代履行;其他强制执行方式。以上所有内容,即行政强制措施、行政强制执行方式,均应当由法律进行设定,但特殊情况下也可以由行政法规和地方性法规进行规定。(见表 3 - 6)第 14 条和第 15 条规定了行政强制起草单位应当通过听证会、论证会等形式听取意见,并向制定机关说明设定该行政强制的必要性、可能影响等情况,设定机关则应当定期对设定的行政强制进行评价,不当者应当及时修改或者废止,实施机关则可以对该行政措施的实施情况及存在的必要性进行适时评价并及时反馈给设定机关,行政相对人也可以对之提出意见和建议。

---

〔20〕 参见《行政强制法立法十二载透视:呵护公民权益》,载长城网:http://news.hebei.com.cn/system/2011/06/30/011251407.shtml,最后访问日期:2019 年 6 月 27 日。

表 3-6　行政强制措施、行政强制执行设定权限一览

<table>
<tr><th>行政强制措施的设定(第 10 条、第 11 条)</th><th>行政强制执行的设定(第 13 条)</th></tr>
<tr><td>行政强制措施由法律设定</td><td>行政强制执行由法律设定</td></tr>
<tr><td>尚未制定法律,且属于国务院行政管理职权事项的,行政法规可以设定除《行政强制法》第 9 条第 1 项(限制公民人身自由)、第 4 项(冻结存款、汇款)和应当由法律规定的行政强制措施以外的其他行政强制措施</td><td rowspan="4">法律没有规定行政机关强制执行的,作出行政决定的行政机关应当申请人民法院强制执行</td></tr>
<tr><td>尚未制定法律、行政法规,且属于地方性事务的,地方性法规可以设定《行政强制法》第 9 条第 2 项(查封场所、设施或者财务)、第 3 项(扣押财物)的行政强制措施</td></tr>
<tr><td>法律、法规以外的其他规范性文件不得设定行政强制措施</td></tr>
<tr><td>法律对行政强制措施的对象、条件、种类作了规定的,行政法规、地方性法规不得作出扩大规定
法律中未设定行政强制措施的,行政法规、地方性法规不得设定行政强制措施
但是,法律规定特定事项由行政法规规定具体管理措施的,行政法规可以设定除《行政强制法》第 9 条第 1 项(限制公民人身自由)、第 4 项(冻结存款、汇款)和应当由法律规定的行政强制措施以外的其他行政强制措施</td></tr>
</table>

第三章为"行政强制措施实施程序",分为"一般规定""查封、扣押""冻结"。第 17 条明确规定,行政强制措施由法律、法规规定的行政机关在法定职权范围内实施,行政强制措施权不得委托,明确了行政强制措施的执行主体和禁止事项。第四章为"行政机关强制执行程序",下设"一般规定""金钱给付义务的执行""代履行"三小节。第 34 条规定,行政机关依法作出行政决定后,当事人在行政机关决定的期限内不履行义务的,具有行政强制执行权的行政机关依照第四章规定强制执行。第五章为"申请人民法院强制执行",规定当事人在法定期限内不申请行政复议或者提起行政诉讼,又不履行行政决定的,没有行政强制执行权的行政机关可以自期限届满之日起 3 个月内,依照第五章规定申请人民法院强制执行。第六章为"法律责任",规定行政机关及其工作人员实施行政强制、人民法院及其工作人员进行强制执行、协助配合的金融机构在进行划拨的过程中,存在违法或者不当,由上级行政机关或者有关部门责令改正,对直接负责的主管人员和其他直接责任人员依法给予处分。违反《行政强制法》规定,给公民、法人或者其他组织造成损失的,依法给予赔偿;违反本法规定,构成犯罪的,依法追究刑事责任。第七章为"附则"。

《行政强制法》是对行政执行权这一公权力进行确定与规范的法律,通过明确规定该公权力的产生途径、运行轨迹、实际效果,对于行政机关依法行使行政强制措施予以规范,从而实现对于行政相对人的基本权利的保障,体现了立法机关对于良法善治的期许。

五、医疗卫生管理法

医疗卫生管理相关法律有《人口与计划生育法》《药品管理法》《疫苗管理法》《国境卫生检疫法》《传染病防治法》《红十字会法》《母婴保健法》《献血法》等,本部分选取《人口与计划生育法》《药品管理法》《疫苗管理法》三部法律进行介绍。其中《人口与计划生育法》《药品管理法》均具有较强的时代特色,其变迁历史值得关注,而《疫苗管理法》则是较新的立法,故特此加以介绍。

(一)人口与计划生育法

为了应对基数大、增长速度快的人口状况,中国从 20 世纪 70 年代开始推行计划生育政策。1973 年中国成立了计划生育领导小组,1974 年 12 月 31 日中共中央经要求切实落实计划生育工作。[21] 1978 年,计划生育政策的内容写入宪法,规定:"国家提倡和推行计划生育。"1982 年《宪法》第 25 条规定,"国家推行计划生育,使人口的增长同经济和社会发展相适应",其后计划生育政策被确定为基本国策并公布施行。《人口与计划生育法》于 2001 年 12 月 29 日由第九届全国人大常委会第二十五次会议通过,自 2002 年 9 月 1 日起施行。

法律全文共 7 章 47 条,除总则和附则外,对人口发展规划的制订与实施、生育调节、奖励与社会保障、计划生育技术服务、法律责任都进行了专章规定,其核心内容就是第 18 条:"国家稳定现行生育政策,鼓励公民晚婚晚育,提倡一对夫妻生育一个子女;符合法律、法规规定条件的,可以要求安排生育第二个子女。具体办法由省、自治区、直辖市人民代表大会或者其常务委员会规定。"

计划生育政策实施以来,中国经历了迅速从高生育率到低生育率的转变,目前中国人口的主要矛盾已经不再是增长过快,而是人口红利消失、临近超低生育率水平、人口老龄化、出生性别比失调等问题。在这种背景下,以独生子女政策为核心内容的计划生育政策亟待调整。独生子女政策自 20 世纪 80 年代开始严格推行,中间也有所变通,如放开"双独二胎"(夫妻双方为独生子女,可以生育第二个孩子),及部分省份农村地区实施的"一孩半"政策(第一个孩子为女孩,可生育第二个孩子)等。经过反复的调查研究和论证,社会各界普遍认为全面放开"二孩"成为必然的趋势。

2015 年 12 月 27 日第十二届全国人大常委会第十八次会议于通过《关于修改

[21] 参见盛朗:《计划生育经济学初探》,载《人口与计划生育》1999 年第 1 期。

〈中华人民共和国人口与计划生育法〉的决定》自 2016 年 1 月 1 日起施行。此次修正最重要的内容就是放开"二孩",将原第 18 条第 1 款分为两款,作为第 1 款、第 2 款,修改为:"国家提倡一对夫妻生育两个子女。""符合法律、法规规定条件的,可以要求安排再生育子女。具体办法由省、自治区、直辖市人民代表大会或者其常务委员会规定。"增加一款,作为第 4 款:"夫妻双方户籍所在地的省、自治区、直辖市之间关于再生育子女的规定不一致的,按照有利于当事人的原则适用。"

(二)药品管理法

中华人民共和国成立以来,在发展医药卫生事业的同时,中国制定了一系列有关药政管理的办法、规定和条例。"文化大革命"期间,药政管理工作遭到严重破坏,中共十一届三中全会以后,药政管理工作得到了恢复和加强。但是由于药政管理条例缺乏违反者的处罚条款,药政管理方面的法制建设还不健全,致使当时一些药品质量事故得不到及时处理,一些利用假药、劣药骗财害命的犯罪分子得不到应有的惩罚。[22] 因此,迫切需要制定《药品管理法》。1984 年 9 月 20 日第六届全国人大常委会第七次会议通过了《药品管理法》,自 1985 年 7 月 1 日起施行,这是中国第一部药政管理基本法。

《药品管理法》全文共 11 章 60 条,除总则和附则外,对药品生产企业的管理、药品经营企业的管理、医疗单位的药剂管理、药品的管理、药品的包装和分装、特殊管理的药品、药品商标和广告的管理、药品监督和法律责任都作了专章规定。法律规定国家对药品生产、经营企业和医院配制制剂实行"许可证"制度;制药企业生产药品和医院配制制剂,都必须经所在省、自治区、直辖市卫生行政部门审查批准,然后分别发给《药品生产企业许可证》和《制剂许可证》。开办药品经营企业必须由所在地药品生产经营主管部门审查同意,经县级以上卫生行政部门审核批准,并发给《药品经营企业许可证》。药品必须符合国家药品标准或省、自治区、直辖市药品标准,国务院卫生行政部门颁布的《中华人民共和国药典》和药品标准为国家药品标准;药厂生产的药品(中药饮片除外),都必须报经中央或省级卫生行政部门审核批准,发给批准文号;对麻醉药品、精神药品、毒性药品、放射性药品等特殊药品,由国家实行特殊管理,严格控制;加强中药材的管理;规定了进口、出口药品管理原则;明确了假药、劣药的概念,规定了违反《药品管理法》必须承担的法律责任,包括行政处罚和刑事处罚。

1984 年《药品管理法》实施以来,对于保证药品质量,保障人民用药安全、有效,打击制售假、劣药品,发挥了重要的作用。但是随着药品监督管理中出现新情况、新

---

[22] 《保护人民健康的一个重要立法——卫生部负责人就〈中华人民共和国药品管理法〉的公布答〈健康报〉记者问》,载《药学情报通讯》1984 年第 12 期。

问题,需要对其进行修改和完善。同时,全国各地出现的假药、劣药案件,令人触目惊心。例如,1992年9月曝光的“周口假药案”,地处河南沈丘县的周口地区第一兽药厂,在以厂长王志强为首的犯罪团伙的策划下,源源不断地生产出20多种人用和兽用假药。制假时间长达5年,数量多达11141件,至少赚取了300多万元黑心钱。另外,还存在药价疯狂上涨、药品回扣现象、虚假的广告宣传等严重问题,急需加强对药品的监管。[23]

从1999年7月起,国务院法制办和国家药品监督管理局在认真调查研究、总结实践经验的基础上,充分征求各方面的意见,形成了《药品管理法修正案(草案)》,提交2000年8月21日在第九届全国人大常委会第十七次会议审议,国家药品监督管理局负责人在会上对该草案作了说明,指出修改的主要内容包括:体现政府机构改革的成果,简化药品生产企业、经营企业和药品的审批程序;进一步规范对药品生产、经营的监督管理,明确药品生产企业、经营企业必须执行《药品生产质量管理规范》和《药品经营质量管理规范》,统一药品审批,取消药品地方标准,将中药材、中药饮片逐步纳入标准化、规范化管理轨道,建立处方药与非处方药分类管理制度;强化药品监督管理执法,加大对违法行为的处罚、打击力度。[24]

修正案于2001年2月28日第九届全国人大常委会第二十次会议通过,修订后的《药品管理法》,与1984年版本相比,条文从60条增加到106条。从体例上看,修订本将原来的11章变为10章,将原来第七章“特殊管理的药品”删去,并入第五章“药品管理”中,另外还有三章的标题略有调整。从药品监督管理体制上看,原来规定全国药品监督管理工作由国务院卫生行政部门主管,改为由“国务院药品监督管理部门主管”;在药品企业开办审批和管理上,以前开办药品生产企业和经营企业,都须先经当地药品生产经营主管部门审查同意后,再由卫生行政部门审核批准,最后才到工商部门办《营业执照》,即所谓的“二证一照”,现在简化为只需药品监督管理部门批准,并发给《药品生产许可证》或《药品经营许可证》,就可以到工商行政管理部门办理登记手续,即只需“一证一照”。对开办药品企业条件要求、药品企业经营管理、医疗机构药剂管理都有变化,并实行处方药与非处方药分类管理制度。

2013年12月28日第十二届全国人大常委会第六次会议通过《关于修改〈中华人民共和国海洋环境保护法〉等七部法律的决定》。此次仅修改了一条,将第13条“经国务院药品监督管理部门或者国务院药品监督管理部门授权的省、自治区、直辖市人民政府药品监督管理部门批准,药品生产企业可以接受委托生产药品”修改

---

〔23〕 参见阿计:《新世纪第一法:关注药品——〈中华人民共和国药品管理法〉修订纪实》,载《政府法制》2001年第6期。

〔24〕 参见《关于〈中华人民共和国药品管理法修正案(草案)〉的说明》,载中国人大网:http://www.npc.gov.cn/wxzl/gongbao/2001-06/01/content_5136860.htm,最后访问日期:2019年6月29日。

为“经省、自治区、直辖市人民政府药品监督管理部门批准,药品生产企业可以接受委托生产药品”。

2015 年 4 月 24 日第十二届全国人大常委会第十四次会议通过了《关于修改〈中华人民共和国药品管理法〉的决定》。此次修改是为了进一步简化相关的行政程序,例如删去第 7 条“开办药品生产企业”的程序第 1 款中的“凭《药品生产许可证》到工商行政管理部门办理登记注册”;删去第 14 条“开办药品批发企业”的程序第 1 款中的“凭《药品经营许可证》到工商行政管理部门办理登记注册”;删去第 55 条关于政府定价的规定等。

2019 年 4 月,第十三届全国人大常委会第十次会议对《中华人民共和国药品管理法(修订草案)》进行审议,并发表征求意见稿,时间为 2019 年 4 月 26 日至 5 月 25 日。2019 年 8 月 22 日,全国人大宪法和法律委员会作了《关于〈中华人民共和国药品管理法(修订草案)〉的报告》,进一步提出十点完善意见。8 月 26 日,全国人大常委会第十二次会议修订通过《药品管理法》,同时由国家主席习近平以主席令第 31 号予以公布,将于 2019 年 12 月 1 日起施行。本次修订的《药品管理法》明确由国家建立药品供求监测体系,实行药品储备制度、短缺药品清单管理制度、短缺药品优先审评制度等,多部门共同强化药品供应保障机制。专设第三章“药品上市许可持有人”,对持有人的条件、权利、义务予以明确。对药品研制、生产、流通各环节亦予以严格管理。本次修订是 1984 年后第 2 次系统性、结构性修改,能够为公众健康提供有力的法制保障。

(三)疫苗管理法

2018 年 7 月,药品监管部门对吉林长春长生公司进行检查时,发现企业违法违规生产疫苗的行为,随即责令企业停产。长春长生公司违法违规生产疫苗的行为,在全社会引起了强烈的反响,使人们为之愤怒和震惊。同年 10 月,监管部门对其依法作出罚没款 91 亿元等多项行政处罚决定。这一事件是中国制定《疫苗管理法》的直接原因。

此前,关于疫苗的管理,在《药品管理法》《传染病防治法》,以及《疫苗流通和预防接种管理条例》等有关法律中都有规定。但是长春长生事件的发生,让疫苗管理制度中的不足之处凸显出来。长春长生疫苗事件发生后,党中央、国务院高度重视这个问题,多次开会研究,其中有一项重要的要求,就是要进一步完善疫苗的管理制度。全国人大作为立法机关,提出了专门为疫苗管理立法的想法。

在广泛征求各方面意见的基础上,《疫苗管理法(草案)》迅速形成,于 2018 年 12 月 23 日提请第十三届全国人大常委会第七次会议审议。国家药品监督管理局局长焦红在会上就草案进行了说明,她指出:此次立法的总体思路之一,就是总结《药品管理法》《疫苗流通和预防接种管理条例》的实施经验,吸取问题疫苗案件教训,举一反三,堵塞漏洞,系统规定疫苗研制、生产、流通、预防接种管理制度,强化全过程、全链条监管。[25] 2019 年 6 月 29 日,第十三届全国人大常委会第十一次会议表决通过了《疫苗管理法》,自 2019 年 12 月 1 日起施行。此时,距吉林长春长生公司问题疫苗案件的发生还不到 1 年。

法律全文共 11 章 100 条,对疫苗实行最严格的监管,对疫苗的研制、生产、流通、预防接种全过程提出了特别的制度和规定。值得注意的内容有:严厉打击疫苗违法行为,第一次在法律责任中规定对构成犯罪的依法从重追究刑事责任;建立信用记录制度,纳入全国信用信息共享平台,按照规定公示疫苗上市许可持有人及相关人员的严重失信信息,实施联合惩戒;对异常反应监测和处理专门作出了规定等。

六、国家安全管理法

中国国家安全管理方面的立法,包括《反恐怖主义法》《反间谍法》《保守国家秘密法》《人民防空法》《国防动员法》《国防教育法》《国家情报法》《人民武装警察法》《兵役法》《现役军官法》《预备役军官法》。本部分选取《反恐怖主义法》与《反间谍法》制定与修改的历程加以介绍。

(一)反恐怖主义法

恐怖主义已成为当前世界和平与发展的重要威胁,针对中国的恐怖事件近年来日益增多。制定《反恐怖主义法》既是中国防范和打击恐怖主义的现实需要,也是中国作为国际社会一分子应当承担的责任。2011 年 10 月 19 日,第十一届全国人大常委会第二十三次会议通过了《关于加强反恐怖工作有关问题的决定》,这是中国第一个专门针对反恐工作的法律文件,其中对恐怖活动、恐怖活动组织、恐怖活动人员作出了明确界定。

2014 年各地发生多起恐怖事件,在当年 3 月举行的全国两会上,多名代表、委员建议尽快制定反恐怖法。2014 年 4 月,由国家反恐怖工作领导机构牵头,公安部等多家单位参与,着手起草《反恐怖主义法》。在充分的调查研究和征求意见的基础上,形成了《反恐怖主义法(草案)》,提交 2014 年 10 月 27 日第十二届全国人大常委会第十一次会议审议,全国人大常委会法制工作委员会副主任郎胜在会上对该草案进行了说明。[26] 该草案于 2015 年 12 月 27 日由第十二届全国人大常委会第十八次会议通过,自 2016 年 1 月 1 日起施行。同时全国人民代表大会常务委员会《关于加强反恐怖工作有关问题的决定》废止。法律全文共 10 章 97 条,除总则

---

〔25〕 焦红:《关于〈中华人民共和国疫苗管理法(草案)〉的说明》,载中国人大网:http://www.npc.gov.cn/zgrdw/npc/lfzt/rlyw/node_35800.htm,最后访问日期:2019 年 6 月 29 日。

〔26〕 参见郎胜:《关于〈中华人民共和国反恐怖主义法(草案)〉的说明》,载中国人大网:http://www.npc.gov.cn/wxzl/gongbao/2016-02/25/content_1987059.htm,最后访问日期:2019 年 6 月 30 日。

和附则外，对恐怖活动组织和人员的认定、安全防范、情报信息、调查、应对处置、国际合作、保障措施和法律责任都作了专章规定。

2018 年 4 月 27 日第十三届全国人大常委会第二次会议通过了《关于修改〈中华人民共和国国境卫生检疫法〉等六部法律的决定》，对《反恐怖主义法》作出了修正。此次修正仅删去第 40 条第 2 款"检验检疫机关发现涉嫌恐怖活动物品的，应当依法扣留，并立即移送公安机关或者国家安全机关"，同时将第 65 条中的"民政等"修改为"医疗保障等"。

（二）反间谍法

1993 年 2 月 22 日第七届全国人大常委会第三十次会议通过的《国家安全法》，重要内容就是反间谍。随着国际形势的复杂化和间谍活动的多样化、隐蔽化，《国家安全法》的内容已经不能适应反间谍工作的需要。同时，中央国家安全委员会第一次会议提出总体国家安全观后，中央认为必须对国家安全工作从立法的角度予以规范和加强，决定加强国家安全总体立法，制定一部具有综合性、全局性、基础性的新国家安全法，1993 年《国家安全法》显然无法适应这一要求。为此，在 1993 年《国家安全法》基础上修改制定了《反间谍法》，而新的《国家安全法》则从总体国家安全观出发，成为一部综合性的国家安全法。另外，专门的反间谍立法也是国际惯例。〔27〕

2014 年 11 月 1 日，第十二届全国人大常委会第十一次会议经表决通过《反间谍法》，自公布之日起施行。1993 年 2 月 22 日第七届全国人大常委会第三十次会议通过的《国家安全法》同时废止。法律全文共 5 章 40 条，除总则和附则外，对国家安全机关在反间谍工作中的职权、公民和组织的义务和权利、法律责任都作了专章规定。法律首次对间谍行为进行明确的法律定义，指的是境外机构、组织、个人实施或者指使、资助他人实施的，或者境内机构、组织、个人与境外机构、组织、个人相勾结实施的下列行为：一是间谍组织及其代理人实施的危害中华人民共和国国家安全的活动；二是参加间谍组织或者接受间谍组织及其代理人的任务的；三是间谍组织及其代理人以外的其他境外机构、组织、个人实施或者指使、资助他人实施，或者境内机构、组织、个人与其勾结实施的窃取、刺探、收买或者非法提供国家秘密或者情报，或者策动、引诱、收买国家工作人员叛变的活动；四是为敌人指示攻击目标的；五是进行其他间谍活动的。

七、其他社会管理法

行政行为法中除了《行政许可法》《行政强制法》《行政处罚法》《治安管理处罚

---

〔27〕 参见赵坚：《〈反间谍法〉颁布实施四周年！公民如何防范间谍?》，载搜狐网：http://www.sohu.com/a/271397745_100134410，最后访问日期：2019 年 6 月 30 日。

法》以及卫生健康管理法律、国家安全管理法律之外，还存在一些针对更为具体的行政管理领域的立法。这些立法数量较多，内容庞杂，我们将《突发事件应对法》《枪支管理法》《出境入境管理法》《城乡规划法》《环境保护法》等不同门类的法律安置于此，予以介绍。

(一)突发事件应对法

在《突发事件应对法》出台之前，突发事件应对工作中存在一些突出问题：应对突发事件的责任不够明确；一些行政机关应对突发事件的能力不够强，应急处置措施不够充分、有力；突发事件的预防与应急准备、监测与预警、应急处置与救援等制度、机制不够完善；社会广泛参与应对工作的机制还不够健全。

《突发事件应对法》曾以紧急状态法的名称列入十届全国人大常委会立法规划。自2003年5月起，国务院法制办成立起草领导小组，着手该法的研究起草工作，先后委托两所高等院校和一个省级人民政府法制办进行研究并起草建议稿，重点研究了美、俄、德、意、日等10多个国家应对突发事件的法律制度，举办了两次国际研讨会，并多次赴地方调研。在此基础上，先后起草了该法的征求意见稿和草案，两次征求全国人大、全国政协有关单位和有关社会团体、各省级和较大的市级政府、国务院各部门、最高人民法院、中央军委法制局和专家学者的意见，三次送请国务院有关部门和中央军委法制局核稿，多次召开国内座谈会、论证会，听取国务院有关部门、一些地方人民政府和专家学者的意见，并会同国务院办公厅应急预案工作小组就草案与应急预案协调、衔接的问题反复进行研究。

2005年3月，国务院第八十三次常务会议讨论了草案。根据常务会议精神对草案作了进一步修改、完善，就修改的有关内容向全国人大法律委、全国人大常委会法工委作了汇报，并将法名改为突发事件应对法，再次赴有关地方调研，征求有关地方、国务院有关部门和专家学者的意见。经过2年多的反复研究、论证，广泛征求意见，数易其稿，形成了《突发事件应对法(草案)》。草案经2006年5月31日国务院第一百三十八次常务会议讨论通过。2006年6月24日，在第十届全国人大常委会第二十二次会议上，国务院法制办公室主任曹康泰作了关于《中华人民共和国突发事件应急法(草案)》的说明，对该法的调整范围、起草该法的总体思路、突发事件的管理体制、突发事件的预防和应急准备、突发事件的监测和预警、突发事件的应急处置与救援、事后恢复与重建等内容进行了介绍。[28]

2007年8月30日，第十届全国人大常委会第二十九次会议通过《突发事件应对法》，同日国家主席胡锦涛签署第六十九号主席令公布，自2007年11月1日起施

---

〔28〕 参见曹康泰:《关于〈中华人民共和国突发事件应对法(草案)〉的说明》，载中国人大网:http://www.npc.gov.cn/wxzl/gongbao/2007-10/09/content_5374665.htm，最后访问日期:2019年6月30日。

行。《突发事件应对法》共7章70条。第一章“总则”;第二章“预防与应急准备”;第三章“监测与预警”;第四章“应急处置与救援”;第五章“事后恢复与重建”;第六章“法律责任”;第七章“附则”。

(二)枪支管理法

1981年《枪支管理办法》施行。但是此后,由于多方面的原因,枪支管理工作出现了一些新情况、新问题,持枪犯罪案件逐年上升,成为危害社会治安秩序的突出问题之一。枪支非法使用和持有导致了很多社会问题。1991年以来,全国收缴的各类非法枪支就达105万支。枪支泛滥造成群众的安全感下降,购枪自卫又导致了恶性循环。然而,《枪支管理办法》规定的配枪范围过宽、管理措施不够严格、法律责任偏轻等,很难从根本上解决问题。因此,总结《枪支管理办法》实施15年的经验,结合当时实际制定新的枪支管理法,为进一步加强对枪支的严格管理提供法律依据,是十分必要和紧迫的。

公安部于1994年年初着手起草工作。经过反复调查研究、广泛征求意见,数易其稿,于1995年4月向国务院报送了《枪支管理法(送审稿)》。之后,国务院法制局又会同公安部进一步进行调查、研究和修改,形成了《枪支管理法(草案)》,共8章51条,在枪支的配备和配置、制造和配售、日常管理、运输、出入境以及法律责任等方面作了规定。1996年5月11日,在第八届全国人大常委会第十九次会议上,公安部部长陶驷驹作了关于《中华人民共和国枪支管理法(草案)》的说明。[29]《枪支管理法》由第八届全国人大常委会第二十次会议于1996年7月5日通过,同日国家主席江泽民签署第七十二号主席令公布,自1996年10月1日起施行。第一章“总则”,第二章“枪支的配备和配置”,第三章“枪支的制造和民用枪支的配售”,第四章“枪支的日常管理”,第五章“枪支的运输”,第六章“枪支的入境和出境”,第七章“法律责任”,第八章“附则”。

2009年8月27日,第十一届全国人大常委会第十次会议通过《关于修改部分法律的决定》,同日国家主席胡锦涛签署第十八号主席令公布,自公布之日起施行。《关于修改部分法律的决定》涉及《枪支管理法》的地方有两处,均在“三、对下列法律中关于刑事责任的规定作出修改”之中:第一处是“法律中的‘依照刑法第×条的规定’、‘比照刑法第×条的规定’修改为‘依照刑法有关规定’”,涉及《枪支管理法》第40条、第42条、第43条;第二处是“(四)对下列法律中关于追究刑事责任的具体规定作出修改”,其中《枪支管理法》第39条修改为:“违反本法规定,未经许可制造、买卖或者运输枪支的,依照刑法有关规定追究刑事责任。单位有前款行为的,

---

〔29〕 参见陶驷驹:《关于〈中华人民共和国枪支管理法(草案)〉的说明》,载中国人大网:http://www.npc.gov.cn/wxzl/gongbao/1996-05/11/content_1479981.htm,最后访问日期:2019年6月30日。

对单位判处罚金,并对其直接负责的主管人员和其他直接责任人员依照刑法有关规定追究刑事责任。”第41条修改为:“违反本法规定,非法持有、私藏枪支的,非法运输、携带枪支入境、出境的,依照刑法有关规定追究刑事责任。”

2015年4月24日,第十二届全国人大常委会第十四次会议通过《关于修改〈中华人民共和国港口法〉等七部法律的决定》,国家主席习近平签署第二十三号主席令予以公布,自公布之日起施行。第十二届全国人大常委会第十四次会议决定,对《枪支管理法》作出修改,将第7条第1款修改为:“配备公务用枪,由国务院公安部门或者省级人民政府公安机关审批。”

(三)出境入境管理法

1985年11月22日,第六届全国人大常委会通过了《公民出境入境管理法》,同日国家主席李先念签署第三十二号主席令公布,自1986年2月1日起施行。该法共6章,分别是“总则”“出境”“入境”“管理机关”“处罚”“附则”。第12条规定:“因公务出境的中国公民所使用的护照由外交部或者外交部授权的地方外事部门颁发,海员证由港务监督局或者港务监督局授权的港务监督颁发,因私事出境的中国公民所使用的护照由公安部或者公安部授权的地方公安机关颁发。中国公民在国外申请护照、证件,由中国驻外国的外交代表机关、领事机关或者外交部授权的其他驻外机关颁发。”由此明确了出入境管理的具体行政机关。

2009年8月27日,第十一届全国人大常委会第十次会议通过《关于修改部分法律的决定》,同日国家主席胡锦涛签署十八号主席令公布,自公布之日起施行。其中,涉及本法修改的内容仅一条,即在“三、对下列法律中关于刑事责任的规定作出修改”中的“(四)对下列法律中关于追究刑事责任的具体规定作出修改”规定,将《公民出境入境管理法》第16条修改为:“执行本法的国家工作人员,利用职权索取、收受贿赂,或者有其他违法失职行为,情节严重,构成犯罪的,依法追究刑事责任。”

随着经济发展,对于该法进行修改的必要性日益凸显,“随着我国经济社会的快速发展和对外开放的不断扩大,国际交往日益频繁,中国公民出境和外国人入境的数量急剧增多,出境入境管理工作出现了一些新的情况和问题:一是大量外国人来华旅游、访问、从事商务活动,既给我国经济社会发展带来机遇,同时也对国家安全和社会管理提出了更高的要求;二是现行法律规定的签证制度、居留管理制度不够完善,管理上存在漏洞;三是近年来外国人‘非法入境、非法居留、非法就业’问题突出,需要采取有针对性的措施进一步完善有关制度”。公安部在总结出境入境管理制度实施经验的基础上,起草了《出境入境管理法(送审稿)》报请国务院审议。在此基础上,国务院法制办会同公安部、外交部等部门对送审稿进行了反复研究修改,形成了草案,并征求了中央有关单位和地方人民政府的意见。该草案经国务院第一百七十四次常务会议讨论通过。该草案共8章90条,主要就中国公民出境入境、外国人入境出境和外国人在中国停留居留的管理，以及对违反出境入境管理行为的调查、遣返和处罚等作了规定。[30]

第十一届全国人大常委会第二十七次会议于2012年6月30日通过了《出境入境管理法》，同日国家主席胡锦涛签署第五十七号主席令公布，自2013年7月1日起施行。本法共有8章。第一章为"总则"，第二章为"中国公民出境入境"，第三章为"外国人入境出境"（下设"签证""入境出境"两节），第四章为"外国人停留居留"（下设"停留居留""永久居留"两节），第五章为"交通运输工具出境入境边防检查"，第六章为"调查和遣返"，第七章为"法律责任"，第八章为"附则"，共有条文93条。本法较之《公民出境入境管理法》而言，管理的范围产生了较大的扩展，条文数量增加了70多条，可见现实需求使法律内容更加丰富。

（四）城乡规划法

2007年4月24日，《城乡规划法（草案）》提交第十届全国人大常委会第二十七次会议审议，建设部部长汪光焘在会上对草案作了说明。他指出，随着经济社会的发展，规划管理工作也遇到了一些新的问题：比如建立在城乡二元结构上的规划管理制度，以及就城市论城市、就乡村论乡村的规划制订与实施模式，已经不适应现实需要；一些地方在城市建设中脱离实际，不顾环境资源承载力和经济条件，擅自变更规划，批准开发建设，盲目扩大城市建设规模，贪大求洋，急功近利，搞"政绩工程""形象工程"等。建设部在总结城市规划法和村庄集镇规划建设管理条例实施经验的基础上，根据新的形势需要，形成了《城乡规划法（草案）》。并对草案中的相关问题作了说明。[31]

2007年10月28日，第十届全国人大常委会第三十次会通过《城乡规划法》，自2008年1月1日起施行，1989年12月26日第七届全国人大常委会第十一次会议通过的《城市规划法》同时废止。法律全文共7章70条，除总则和附则外，对城乡规划的制定、城乡规划的实施、城乡规划的修改、监督检查和法律责任都进行了专章规定。保障规划制订科学合理，规定城乡规划需接受监督检查，避免随意更改规划，保护历史文化遗产和传统风貌，完善了相关法律责任。[32]

2015年4月24日第十二届全国人大常委会第十四次会议通过《关于修改〈中华人民共和国港口法〉等七部法律的决定》，对《城乡规划法》进行了修正。此次修正仅

---

〔30〕 陶驷驹：《关于〈中华人民共和国公民出入境管理法（草案）〉的说明》，载《全国人民代表大会常务委员会公报》1985年第6号。

〔31〕 汪光焘：《关于〈中华人民共和国城乡规划法（草案）〉的说明》，载中国人大网：http://www.npc.gov.cn/wxzl/gongbao/2008-02/21/content_1481484.htm，最后访问日期：2019年6月30日。

〔32〕 参见《统一城乡规划，提高规划的科学性和权威性——〈中华人民共和国城乡规划法〉解读》，载《司法业务文选》2007年第11期。

对将第24条从事城乡规划编制工作应当具备的条件中第2款第2项“(二)有规定数量的经国务院城乡规划主管部门注册的规划师”修改为“(二)有规定数量的经相关行业协会注册的规划师”,并删去第3款“(三)有规定数量的相关专业技术人员”。

(五)环境保护法

国务院于1973年召开了第一次全国环境保护会议,并转发了《关于保护和改善环境的若干规定(试行草案)》,随后通过了如《工业“三废”排放试行标准》(1973年)、《防止沿海水域污染暂行规定》(1974年)等环境保护法律文件。1978年中共中央批准了国务院环境保护领导小组会议通过的《环境保护工作汇报要点》。1978年第五届全国人民代表大会第一次会议通过的《宪法》,在总纲中规定:“国家保护环境和自然资源,防止污染和其他公害。”华国锋在第五届人大第一次会议作的政府工作报告中指出:“消除污染,保护环境,是一件关系到广大人民健康的大事,必须引起高度重视,并制定环境保护的法令和条例,保证这方面存在的问题得到切实的解决。”经过1年多的起草工作,产生了《环境保护法(试行)》草案,由第五届全国人大常委会第十一次会议于1979年9月13日原则通过。这是中国第一部环境保护法律。在名称之后加了“试行”二字,表明还需进一步充实和完善。[33] 法律全文共7章33条,主要内容包括环境保护的范围、环境保护法的任务、指导思想和基本原则;对环境和自然资源的保护,对工业污染和其他公害的防治,以及环境保护机构和职责、奖励和惩罚等规定。

自1979年颁布的《环境保护法(试行)》是一部中国环境保护的总法,在其颁布实施后的10年间,中国先后颁布了《水污染防治法》《海洋环境保护法》《大气污染防治法》《土地法》《森林法》《草原法》等环境保护专门法,国务院有关部门还颁布了《防止船舶污染海域管理条例》《征收排污费暂行办法》等法规,加上地方人大和政府制定的单行法规、标准等,基本构成了中国环境保护法律体系。而在10年的试行中,环境保护法也出现了不适应形势发展的现象。由国家环保局牵头提出的《环境保护法(修改草案)》提交1989年10月25日第七届全国人大常委会第十次会议审议,国家环境保护局局长曲格平在会上对草案作了说明,他指出,环境保护的立法依据已经发生了变化,而许多在实践中行之有效的制度没有加以确认,有些内容已不适应当时形势发展的需要;并对草案中环境监督管理、环境质量标准和污染物排放标准的制定、排放污染物许可证制度和诉讼时效等问题进行了说明。[34]

《环境保护法》由1989年12月26日第七届全国人大常委会第十一次会议通过,同日国家主席杨尚昆签署第二十二号主席令公布,自公布之日起施行。《环境

〔33〕 凌相权、肖隆安、孙向明:《〈中华人民共和国环境保护法〉问答》,载《环境科学与技术》1980年第1期。

〔34〕 参见曲格平:《关于〈中华人民共和国环境保护法(草案)〉的说明》,载中国人大网:http://www.npc.gov.cn/wxzl/gongbao/2000-12/27/content_5002341.htm,最后访问日期:2019年6月30日。

保护法(试行)》同时废止。法律全文共 6 章 47 条,新增第二章“环境监督和管理”,去掉了原来“环境保护机构和职责”“科学研究和宣传教育”两章,将“奖励和惩罚”一章改为“法律责任”,具体条文也进行了进一步的调整和完善。

从 1995 年八届全国人大三次会议到 2011 年十一届全国人大五次会议,全国人大代表共 2474 人次及台湾代表团、海南代表团提出修改《环境保护法》的议案 78 件,反映《环境保护法》是经济体制改革初期制定的,已经不适应经济社会发展要求,社会各方面要求修改呼声很高。十一届全国人大常委会将修改《环境保护法》列入了五年立法规划的论证项目。2011 年 1 月,全国人大环资委启动了《环境保护法》条文修改工作,成立了以蒲海清副主任委员为组长的修改小组,在广泛征求各方面意见之后,形成了《环境保护法修正案(草案)》,于 2012 年 8 月 27 日提交第十一届全国人大常委会第二十八次会议审议,全国人大环境与资源保护委员会主任委员汪光焘在会上对草案作了说明。[35] 2014 年 4 月 24 日第十二届全国人大常委会第八次会议通过了修正案,自 2015 年 1 月 1 日起施行。

修订后的《环境保护法》共 7 章 70 条,加重了政府和企业在环境保护中的责任,被称为“史上最严的环保法”,此次修改亮点很多,例如,首次在法律中宣示保护环境是国家的基本国策;首次提出把“保护优先”作为环境保护法的一项基本原则;首次将政策环境影响评价纳入环境保护法;首次赋予环境目标责任制以强制效力;首次在环境保护法中明确了环境公益诉讼;首次以专章的形式规定环境信息公开和公众参与等。

第三节　行政救济法

行政监督与行政救济法应当包括《行政监察法》《行政复议法》《行政诉讼法》《国家赔偿法》。《行政监察法》目前已经修改为《监察法》,并置于宪法及其相关法部分进行论述,而《行政诉讼法》在诉讼法类进行论述,因此本节仅对《国家赔偿法》与《行政复议法》进行介绍。应当明确的是,行政监督是对行政行为加以监督的法律,行政救济法是对于已经产生实际损害效果的行政行为进行矫正并对其行为产生的当事人合法权益损失或者损害予以补偿或者赔偿的法律。

一、国家赔偿法

1989 年七届全国人大二次会议制定《行政诉讼法》后,为了保证行政诉讼法规

---

〔35〕 参见汪光焘:《关于〈中华人民共和国环境保护法修正案(草案)〉的说明》,载中国人大网:http://www.npc.gov.cn/wxzl/gongbao/2014-06/23/content_1879667.htm,最后访问日期:2019 年 6 月 30 日。

定的行政赔偿制度的实施,全国人大常委会法制工作委员会即组织有关法律专家组成起草小组,在总结实践经验的基础上,借鉴国外有关国家赔偿的规定,于1992年10月起草了《国家赔偿法(试拟稿)》,印发有关部门、各地方和法律专家征求意见,并进一步调查研究和修改,拟订了《国家赔偿法(草案)》。

1993年10月22日在第八届全国人大常委会第四次会议上,全国人大常委会法制工作委员会副主任胡康生作了关于《中华人民共和国国家赔偿法(草案)》的说明。首先他指出了制定《国家赔偿法》的两大根据与基础:第一,中国《宪法》规定,"由于国家机关和国家工作人员侵犯公民权利而受到损失的人,有依照法律规定取得赔偿的权利",公民享有获得国家赔偿的权利首先是由宪法保障的;第二,1989年通过的《行政诉讼法》规定,"公民、法人或者其他组织的合法权益受到行政机关或者行政机关工作人员作出的具体行政行为侵犯造成损害的,有权请求赔偿",由此建立了国家赔偿诉讼的制度。因此,建立专门的《国家赔偿法》,具体落实《宪法》和《行政诉讼法》中的相关制度和条文,具有重大的意义与必要性。该草案规定了国家赔偿的范围包括行政赔偿和刑事赔偿,并划定了国家赔偿与国家工作人员个人赔偿的界限,而民事审判、行政审判中的错判、军事赔偿等也不是国家赔偿的内容。该草案确定了国家赔偿的计算标准和方式,而确定国家赔偿额度的原则为:第一,要使受害人所受到的损失能够得到适当弥补;第二,考虑国家的经济和财力能够负担的状况;第三,便于计算,简便易行。此外,草案还规定赔偿义务机关和国家赔偿程序。[36] 经讨论与修改,《国家赔偿法》由第八届全国人大常委会第七次会议于1994年5月12日通过,同日国家主席江泽民签署第二十三号主席令公布,自1995年1月1日起施行。

《国家赔偿法》共有6章35条。第一章为"总则",规定了立法目的与国家赔偿权利、义务双方。本法的立法目的为"保障公民、法人和其他组织享有依法取得国家赔偿的权利,促进国家机关依法行使职权",国家赔偿权利主体是"国家机关和国家机关工作人员违法行使职权侵犯公民、法人和其他组织的合法权益造成损害的受害人",国家赔偿义务主体是"本法规定的赔偿义务机关"。第二章、第三章分别为"行政赔偿"与"刑事赔偿",其下均分为"赔偿范围""赔偿请求人和赔偿义务机关""赔偿程序"三节。(见表3-7)

---

〔36〕 参见胡康生:《关于〈中华人民共和国国家赔偿法(草案)〉的说明》,载中国人大网:http://www.npc.gov.cn/wxzl/gongbao/2001-01/02/content_5003162.htm,最后访问日期:2019年6月28日。

表 3－7　行政赔偿与刑事赔偿的范围、主体以及程序的对照

	行政赔偿	刑事赔偿
赔偿范围	1. 行政机关及其工作人员在行使行政职权时有下列侵犯人身权情形之一的，受害人有取得赔偿的权利：(1)违法拘留或者违法采取限制公民人身自由的行政强制措施的；(2)非法拘禁或者以其他方法非法剥夺公民人身自由的；(3)以殴打等暴力行为或者唆使他人以殴打等暴力行为造成公民身体伤害或者死亡的；(4)违法使用武器、警械造成公民身体伤害或者死亡的；(5)造成公民身体伤害或者死亡的其他违法行为 2. 行政机关及其工作人员在行使行政职权时有下列侵犯财产权情形之一的，受害人有取得赔偿的权利：(1)违法实施罚款、吊销许可证和执照、责令停产停业、没收财物等行政处罚的；(2)违法对财产采取查封、扣押、冻结等行政强制措施的；(3)违反国家规定征收财物、摊派费用的；(4)造成财产损害的其他违法行为 3. 属于下列情形之一的，国家不承担赔偿责任：(1)行政机关工作人员与行使职权无关的个人行为；(2)因公民、法人和其他组织自己的行为致使损害发生的；(3)法律规定的其他情形	1. 行使侦查、检察、审判、监狱管理职权的机关及其工作人员在行使职权时有下列侵犯人身权情形之一的，受害人有取得赔偿的权利：(1)对没有犯罪事实或者没有事实证明有犯罪重大嫌疑的人错误拘留的；(2)对没有犯罪事实的人错误逮捕的；(3)依照审判监督程序再审改判无罪，原判刑罚已经执行的；(4)刑讯逼供或者以殴打等暴力行为或者唆使他人以殴打等暴力行为造成公民身体伤害或者死亡的；(5)违法使用武器、警械造成公民身体伤害或者死亡的 2. 行使侦查、检察、审判、监狱管理职权的机关及其工作人员在行使职权时有下列侵犯财产权情形之一的，受害人有取得赔偿的权利：(1)违法对财产采取查封、扣押、冻结、追缴等措施的；(2)依照审判监督程序再审改判无罪，原判罚金、没收财产已经执行的 3. 属于下列情形之一的，国家不承担赔偿责任：(1)因公民自己故意作虚伪供述，或者伪造其他有罪证据被羁押或者被判处刑罚的；(2)依照刑法第 14 条、第 15 条规定不负刑事责任的人被羁押的；(3)依照刑事诉讼法第 11 条规定不追究刑事责任的人被羁押的；(4)行使国家侦查、检察、审判、监狱管理职权的机关的工作人员与行使职权无关的个人行为；(5)因公民自伤、自残故意行为致使损害发生的；(6)法律规定的其他情形
赔偿请求人和赔偿义务机关	行政赔偿请求人： 受害的公民、法人和其他组织有权要求赔偿 受害的公民死亡，其继承人和其他有扶养关系的亲属有权要求赔偿 受害的法人或者其他组织终止，承受其权利的法人或者其他组织有权要求赔偿 行政赔偿义务机关： 行政机关及其工作人员行使行政职权侵犯公民、法人和其他组织的合法权益造成损害的，该行政机关为赔偿义务机关	刑事赔偿请求人(如左)： 受害的公民、法人和其他组织有权要求赔偿 受害的公民死亡，其继承人和其他有扶养关系的亲属有权要求赔偿 受害的法人或者其他组织终止，承受其权利的法人或者其他组织有权要求赔偿

续表

	行政赔偿	刑事赔偿
赔偿请求人和赔偿义务机关	两个以上行政机关共同行使行政职权时侵犯公民、法人和其他组织的合法权益造成损害的,共同行使行政职权的行政机关为共同赔偿义务机关 法律、法规授权的组织在行使授予的行政权力时侵犯公民、法人和其他组织的合法权益造成损害的,被授权的组织为赔偿义务机关 受行政机关委托的组织或者个人在行使受委托的行政权力时侵犯公民、法人和其他组织的合法权益造成损害的,委托的行政机关为赔偿义务机关 赔偿义务机关被撤销的,继续行使其职权的行政机关为赔偿义务机关;没有继续行使其职权的行政机关的,撤销该赔偿义务机关的行政机关为赔偿义务机关 经复议机关复议的,最初造成侵权行为的行政机关为赔偿义务机关,但复议机关的复议决定加重损害的,复议机关对加重的部分履行赔偿义务	刑事赔偿义务机关: 行使国家侦查、检察、审判、监狱管理职权的机关及其工作人员在行使职权时侵犯公民、法人和其他组织的合法权益造成损害的,该机关为赔偿义务机关 对没有犯罪事实或者没有事实证明有犯罪重大嫌疑的人错误拘留的,作出拘留决定的机关为赔偿义务机关 对没有犯罪事实的人错误逮捕的,作出逮捕决定的机关为赔偿义务机关 再审改判无罪的,作出原生效判决的人民法院为赔偿义务机关。二审改判无罪的,作出一审判决的人民法院和作出逮捕决定的机关为共同赔偿义务机关
赔偿程序	1. 提出赔偿申请:赔偿请求人要求赔偿应当先向赔偿义务机关提出,也可以在申请行政复议和提起行政诉讼时一并提出。赔偿请求人可以向共同赔偿义务机关中的任何一个赔偿义务机关要求赔偿,该赔偿义务机关应当先予赔偿。赔偿请求人根据受到的不同损害,可以同时提出数项赔偿要求,要求赔偿应当递交申请书 2. 予以赔偿:赔偿义务机关应当自收到申请之日起2个月内依照本法第四章的规定给予赔偿;逾期不予赔偿或者赔偿请求人对赔偿数额有异议的,赔偿请求人可以自期间届满之日起3个月内向人民法院提起诉讼 3. 内部处理:赔偿义务机关赔偿损失后,应当责令有故意或者重大过失的工作人员或者受委托的组织或者个人承担部分或者全部赔偿费用。对有故意或者重大	1. 提出赔偿申请(如左):赔偿请求人要求赔偿应当先向赔偿义务机关提出,也可以在申请行政复议和提起行政诉讼时一并提出。赔偿请求人可以向共同赔偿义务机关中的任何一个赔偿义务机关要求赔偿,该赔偿义务机关应当先予赔偿。赔偿请求人根据受到的不同损害,可以同时提出数项赔偿要求,要求赔偿应当递交申请书 2. 予以赔偿:赔偿义务机关应当自收到申请之日起2个月内依照本法第四章的规定给予赔偿;逾期不予赔偿或者赔偿请求人对赔偿数额有异议的,赔偿请求人可以自期间届满之日起30日内向其上一级机关申请复议 赔偿义务机关是人民法院的,赔偿请求人可以依照前款规定向其上一级人民法院赔偿委员会申请作出赔偿决定 复议机关应当自收到申请之日起2个月内

续表

	行政赔偿	刑事赔偿
赔偿程序	过失的责任人员，有关机关应当依法给予行政处分；构成犯罪的，应当依法追究刑事责任	作出决定。赔偿请求人不服复议决定的，可以在收到复议决定之日起 30 日内向复议机关所在地的同级人民法院赔偿委员会申请作出赔偿决定；复议机关逾期不作决定的，赔偿请求人可以自期间届满之日起 30 日内向复议机关所在地的同级人民法院赔偿委员会申请作出赔偿决定 中级以上的人民法院设立赔偿委员会，由人民法院 3 名至 7 名审判员组成。赔偿委员会作赔偿决定，实行少数服从多数的原则。赔偿委员会作出的赔偿决定，是发生法律效力的决定，必须执行 3. 内部处理：赔赔偿义务机关赔偿损失后，应当向刑讯逼供或违法使用武器警械造成公民身体伤害或者死亡、贪污受贿、徇私舞弊、枉法裁判行为的工作人员追偿部分或者全部赔偿费用。对上述责任人员，有关机关应当依法给予行政处分；构成犯罪的，应当依法追究刑事责任

第四章为“赔偿方式和计算标准”，规定国家赔偿以支付赔偿金为主要方式，或者对当事人的财产予以返还或者恢复原状。（见表 3－8）分别规定了侵犯当事人人身自由权利、生命健康权、财产权的不同额度或者比例，额度单位为“国家上年度职工年平均工资”（表 3－8 中设为 X）与“国家上年度职工年平均工资”（表 3－8 中设为 Y）。

表 3－8　国家赔偿方式和计算标准

	具体情形	对应赔偿
侵犯公民人身自由	每日的赔偿金案按 X 计算	
侵犯公民生命健康权	造成身体伤害的	医疗费 ＋误工减少收入（每日的赔偿金案按 X 计算，最高额≤5Y）
	造成部分或者全部丧失劳动能力的	医疗费 ＋残疾赔偿金（部分丧失：最高额≤10Y；全部丧失：最高额≤20Y） ＋生活费（全部丧失，对其扶养的无劳动能力的人）
	造成死亡的	死亡赔偿金 ＋丧葬费（总额＝20Y） ＋生活费（对其扶养的无劳动能力的人）

续表

	具体情形	对应赔偿
侵犯公民生命健康权	【备注】生活费的发放标准参照当地民政部门有关生活救济的规定办理。被扶养的人是未成年人的,生活费给付至18周岁止;其他无劳动能力的人,生活费给付至死亡时止	
侵犯公民、法人和其他组织的财产权造成损害的	处罚款、罚金、追缴、没收财产或者违反国家规定征收财物、摊派费用的	返还财产
	查封、扣押、冻结财产的,解除对财产的查封、扣押、冻结,造成财产损坏或者灭失的	能够恢复原状的恢复原状,不能恢复原状的,按照损害程度给付相应的赔偿金; 应当返还的财产灭失的,给付相应的赔偿金
	应当返还的财产损坏的	能够恢复原状的恢复原状,不能恢复原状的,按照损害程度给付相应的赔偿金
	应当返还的财产灭失的	给付相应的赔偿金
	财产拍卖的	给付拍卖所得的价款
	吊销许可证和执照、责令停产停业的	赔偿停产停业期间必要的经常性费用开支
	对财产权造成其他损害的	按照直接损失给予赔偿
【备注】赔偿费用,列入各级财政预算,具体办法由国务院规定		

第五章为“其他规定”,规定了如造成受害人名誉权、荣誉权损害,应当在侵权行为影响的范围内,为受害人消除影响,恢复名誉,赔礼道歉。人民法院在民事诉讼、行政诉讼过程中,违法采取对妨害诉讼的强制措施、保全措施或者对判决、裁定及其他生效法律文书执行错误,赔偿请求人要求赔偿的程序,适用该法刑事赔偿程序的规定。赔偿请求人请求国家赔偿的时效为两年,自国家机关及其工作人员行使职权时的行为被依法确认为违法之日起计算。外国人、外国企业和组织在中华人民共和国领域内要求中华人民共和国国家赔偿的,适用该法。第六章“附则”规定,赔偿义务机关、复议机关和人民法院不得向赔偿请求人收取任何费用,且对赔偿请求人取得的赔偿金不予征税。

2008 年 10 月 23 日在第十一届全国人大常委会第五次会议上,全国人大常委会法制工作委员会主任李适时作了关于《中华人民共和国国家赔偿法修正案(草案)》的说明。他指出修改《国家赔偿法》具有必要性。该法是根据宪法的规定制定于 1994 年 5 月 12 日通过,自 1995 年 1 月 1 日起实施。总体来看,中国国家赔偿制度的建立与实施,在国家的法治化进程中发挥了积极作用。与此同时,该法在实施中也存在一些问题，主要是：赔偿程序的规定比较原则，对赔偿义务机关约束不够，有的机关对应予赔偿的案件拖延不予赔偿，当事人的合法权益难以得到保障；有的地方赔偿经费保障不到位，赔偿金支付机制不尽合理；赔偿项目的规定难以适应变化了的情况。此外，刑事赔偿范围的规定不够明确，实施中存在分歧。这些问题不同程度地阻碍了赔偿请求人及时有效地获得国家赔偿，各有关方面提出对国家赔偿法需要进行必要的修改。全国人大代表共有2053人次提出了61件修改国家赔偿法的议案和14件建议。一些部门、地方和专家学者也从不同角度提出了对《国家赔偿法》的修改意见和建议。根据国家赔偿法的实施情况和各方面的意见，第十届全国人大常委会将修改《国家赔偿法》列入了五年立法规划。根据立法规划的要求，法制工作委员会从2005年年底开始着手《国家赔偿法》的修改工作，向最高人民法院、最高人民检察院、公安部、财政部、司法部、国务院法制办等中央有关部门及部分地方发函征求修改意见，并先后召开了领衔提出修改《国家赔偿法》议案和建议的全国人大代表座谈会、中央有关部门座谈会、法学专家座谈会及国际研讨会，还分别到十个省市进行了调研。此外，对一些国家的国家赔偿法律制度进行了比较研究。2008年以后，按照常委会立法工作计划，法制工作委员会加紧了修改研究工作，在深入调研并认真研究各方面意见的基础上，经同最高人民法院、最高人民检察院、公安部、财政部、司法部、国务院法制办等部门协商沟通，起草了《国家赔偿法修正案（草案）》。〔37〕经过反复讨论与修改，2010年4月29日第十一届全国人大常委会第十四次会议通过《关于修改〈中华人民共和国国家赔偿法〉的决定》，同日国家主席胡锦涛签署第二十九号主席令公布，自2010年12月1日起施行，共计27条。修改主要集中于畅通赔偿请求渠道、完善赔偿办理程序、确定双方举证义务、明确精神损害赔偿、保障赔偿费用支付等内容上。

2012年10月26日第十一届全国人大常委会第二十九次会议通过《关于修改〈中华人民共和国国家赔偿法〉的决定》，将第19条第3项修改为："依照刑事诉讼法第十五条、第一百七十三条第二款、第二百七十三条第二款、第二百七十九条规定不追究刑事责任的人被羁押的。"自2013年1月1日起施行。

二、行政复议法

1998年10月27日，在第九届全国人大常委会第五次会议上，国务院法制办公室主任杨景宇作了关于《中华人民共和国行政复议法（草案）》的说明。他对于制定《行政复议法》的必要性进行了介绍："行政复议是行政机关内部自我纠正错误的一

---

〔37〕 李适时：《关于〈中华人民共和国国家赔偿法修正案（草案）〉的说明》，载《全国人民代表大会常务委员会公报》2010年第4号。

种监督制度……1990年国务院制定的《行政复议条例》,进一步规范、健全和发展了中国的行政复议制度。经过多年实践,行政复议工作积累了不少成功经验。同时,实践中也还存在不少问题,主要是:申请复议的条条框框较多,公民、法人和其他组织申请复议不方便;有的行政机关怕当被告或者怕麻烦,对复议申请应当受理而不受理;有的行政机关'官官相护',对违法的具体行政行为该撤销的不撤销,对不当的具体行政行为该变更的不变更。为了及时、有效地纠正违法的和不当的具体行政行为,切实保护公民、法人和其他组织的合法权益,在认真总结《行政复议条例》实践经验的基础上,制定行政复议法,从制度上进一步完善行政机关内部自我纠正错误的监督机制,是迫切需要的。"起草《行政复议法》遵循了以下原则:(1)体现行政复议作为行政机关内部监督特点,不宜、也不必搬用司法机关办案的程序,使行政复议"司法"化;(2)坚持便民原则,不能让老百姓处处感到不方便;(3)强化对复议活动的监督,严格法律责任,充分发挥行政复议制度快捷、便民,又不需要老百姓支付复议费用的优点,使行政争议尽可能解决在行政机关内部。[38] 经过讨论与完善,《行政复议法》由第九届全国人大常委会第九次会议于1999年4月29日通过,同日国家主席江泽民签署第十六号主席令公布,自1999年10月1日起施行。

《行政复议法》有7章,共计43条。第一章为"总则",规定立法目的、行政复议机关、基本原则、复议与诉讼相衔接等内容。第1条规定立法目的为"防止和纠正违法的或者不当的具体行政行为,保护公民、法人和其他组织的合法权益,保障和监督行政机关依法行使职权"。行政复议机关负责法制工作的机构具体办理行政复议事项,履行下列职责:(1)受理行政复议申请;(2)向有关组织和人员调查取证,查阅文件和资料;(3)审查申请行政复议的具体行政行为是否合法与适当,拟订行政复议决定;(4)处理或者转送对本法第7条所列有关规定的审查申请;(5)对行政机关违反本法规定的行为依照规定的权限和程序提出处理建议;(6)办理因不服行政复议决定提起行政诉讼的应诉事项;(7)法律、法规规定的其他职责。《行政复议法》基本原则有合法、公正、公开、及时、便民的原则,坚持有错必纠,保障法律、法规的正确实施。

第二章为"行政复议范围"。"公民、法人或者其他组织可以依照本法申请行政复议:(1)对行政机关作出的警告、罚款、没收违法所得、没收非法财物、责令停产停业、暂扣或者吊销许可证、暂扣或者吊销执照、行政拘留等行政处罚决定不服的;(2)对行政机关作出的限制人身自由或者查封、扣押、冻结财产等行政强制措施决定不服的;(3)对行政机关作出的有关许可证、执照、资质证、资格证等证书变更、中

---

〔38〕 参见杨景宇:《关于〈中华人民共和国行政复议法(草案)〉的说明》,载中国人大网:http://www.npc.gov.cn/wxzl/gongbao/2000-12/06/content_5007101.htm,最后访问日期:2019年6月29日。

止、撤销的决定不服的;(4)对行政机关作出的关于确认土地、矿藏、水流、森林、山岭、草原、荒地、滩涂、海域等自然资源的所有权或者使用权的决定不服的;(5)认为行政机关侵犯合法的经营自主权的;(6)认为行政机关变更或者废止农业承包合同,侵犯其合法权益的;(7)认为行政机关违法集资、征收财物、摊派费用或者违法要求履行其他义务的;(8)认为符合法定条件,申请行政机关颁发许可证、执照、资质证、资格证等证书,或者申请行政机关审批、登记有关事项,行政机关没有依法办理的;(9)申请行政机关履行保护人身权利、财产权利、受教育权利的法定职责,行政机关没有依法履行的;(10)申请行政机关依法发放抚恤金、社会保险金或者最低生活保障费,行政机关没有依法发放的;(11)认为行政机关的其他具体行政行为侵犯其合法权益的"。公民、法人或者其他组织认为行政机关的具体行政行为所依据规定不合法,在对具体行政行为申请行政复议时,可以一并向行政复议机关提出对该规定的审查申请,包括国务院部门的规定,县级以上地方各级人民政府及其工作部门的规定,乡、镇人民政府的规定(但不含国务院部、委员会规章和地方人民政府规章)。不服行政机关作出的行政处分或者其他人事处理决定,当事人可以依法提出申诉;不服行政机关对民事纠纷作出的调解或者其他处理,当事人可以依法申请仲裁或者向人民法院提起诉讼。

第三章为"行政复议申请"。公民、法人或者其他组织认为具体行政行为侵犯其合法权益,可以自知道该具体行政行为之日起60日内提出行政复议申请。行政复议申请人如下:(1)依照《行政复议法》申请行政复议的公民、法人或者其他组织是申请人;(2)有权申请行政复议的公民死亡的,其近亲属可以申请行政复议;有权申请行政复议的公民为无民事行为能力人或者限制民事行为能力人的,其法定代理人可以代为申请行政复议;有权申请行政复议的法人或者其他组织终止的,承受其权利的法人或者其他组织可以申请行政复议。公民、法人或者其他组织对行政机关的具体行政行为不服申请行政复议的,作出具体行政行为的行政机关是被申请人。同申请行政复议的具体行政行为有利害关系的其他公民、法人或者其他组织,可以作为第三人参加行政复议。申请人、第三人可以委托代理人代为参加行政复议。申请人申请行政复议,可以书面申请,也可以口头申请;口头申请的,行政复议机关应当当场记录申请人的基本情况、行政复议请求、申请行政复议的主要事实、理由和时间。申请人对何种机关、组织的行政行为不服,应向何种机关申请复议。(见表3-9)

表3-9 《行政复议法》规定的对其他行政机关、组织行政行为的复议一览

对谁不服	向谁复议
对县级以上地方各级人民政府工作部门的具体行政行为不服的	由申请人选择,可以向该部门的本级人民政府申请行政复议,也可以向上一级主管部门申请行政复议
对海关、金融、国税、外汇管理等实行垂直领导的行政机关和国家安全机关的具体行政行为不服的	向上一级主管部门申请行政复议
对地方各级人民政府的具体行政行为不服的	向上一级地方人民政府申请行政复议
对省、自治区人民政府依法设立的派出机关所属的县级地方人民政府的具体行政行为不服的	向该派出机关申请行政复议
国务院部门或者省、自治区、直辖市人民政府的具体行政行为不服的	向作出该具体行政行为的国务院部门或者省、自治区、直辖市人民政府申请行政复议
对行政复议决定不服的	可以向人民法院提起行政诉讼;也可以向国务院申请裁决,国务院依照《行政复议法》的规定作出最终裁决
对县级以上地方人民政府依法设立的派出机关的具体行政行为不服的	向设立该派出机关的人民政府申请行政复议
对政府工作部门依法设立的派出机构依照法律、法规或者规章规定,以自己的名义作出的具体行政行为不服的	向设立该派出机构的部门或者该部门的本级地方人民政府申请行政复议
对法律、法规授权的组织的具体行政行为不服的	分别向直接管理该组织的地方人民政府、地方人民政府工作部门或者国务院部门申请行政复议
对两个或者两个以上行政机关以共同的名义作出的具体行政行为不服的	向其共同上一级行政机关申请行政复议
对被撤销的行政机关在撤销前所作出的具体行政行为不服的	向继续行使其职权的行政机关的上一级行政机关申请行政复议

公民、法人或者其他组织申请行政复议,行政复议机关已经依法受理,或者有法律、法规规定行政复议是行政诉讼的前置程序的,在法定行政复议期限内不得向人民法院提起行政诉讼;向人民法院提起行政诉讼,人民法院已经依法受理,不得申请行政复议。可见,行政复议和行政诉讼,均作为行政监督或者救济的手段,总体上是择一性的或具有一定排他性。

第四章为"行政复议受理"。行政复议机关收到行政复议申请后,应当在5日内进行审查,对不符合《行政复议法》规定的行政复议申请,决定不予受理,并书面告知申请人;对符合《行政复议法》的规定,但是不属于本机关受理的行政复议申请,应当告知申请人向有关行政复议机关提出。除此之外,行政复议申请自行政复议机关负责法制工作的机构收到之日起即为受理。

第五章为“行政复议决定”。行政复议原则上采取书面审查的办法,但是申请人提出要求或者行政复议机关负责法制工作的机构认为有必要时,可以向有关组织和人员调查情况,听取申请人、被申请人和第三人的意见。行政复议机关在对被申请人作出的具体行政行为进行审查时,认为其依据不合法,本机关有权处理的,应当在30日内依法处理;无权处理的,应当在7日内按照法定程序转送有权处理的国家机关依法处理。处理期间,中止对具体行政行为的审查。第六章为“法律责任”,第七章为“附则”。(见表3－10)

表3－10　《行政复议法》规定的违法违规行为及对应处分

违反规定或者法律的行为	对应处分
行政复议机关违反《行政复议法》规定,无正当理由不予受理依法提出的行政复议申请或者不按照规定转送行政复议申请的,或者在法定期限内不作出行政复议决定的	对直接负责的主管人员和其他直接责任人员依法给予警告、记过、记大过的行政处分;经责令受理仍不受理或者不按照规定转送行政复议申请,造成严重后果的,依法给予降级、撤职、开除的行政处分
政复议机关工作人员在行政复议活动中,徇私舞弊或者有其他渎职、失职行为的	依法给予警告、记过、记大过的行政处分;情节严重的,依法给予降级、撤职、开除的行政处分;构成犯罪的,依法追究刑事责任
被申请人违反《行政复议法》规定,不提出书面答复或者不提交作出具体行政行为的证据、依据和其他有关材料,或者阻挠、变相阻挠公民、法人或者其他组织依法申请行政复议的	对直接负责的主管人员和其他直接责任人员依法给予警告、记过、记大过的行政处分
被申请人进行报复陷害的	依法给予降级、撤职、开除的行政处分;构成犯罪的,依法追究刑事责任
申请人不履行或者无正当理由拖延履行行政复议决定的	对直接负责的主管人员和其他直接责任人员依法给予警告、记过、记大过的行政处分
经责令履行仍拒不履行的	依法给予降级、撤职、开除的行政处分

2009年8月27日,第十一届全国人大常委会第十次会议通过《关于修改部分法律的决定》,同日由国家主席胡锦涛签署第十八号主席令予以公布,自公布之日起施行。其中涉及《行政复议法》的内容是该决定第2条“对下列法律和法律解释中关于‘征用’的规定作出修改”中的第2项“(二)将下列法律中的‘征用’修改为‘征收’”中第20点“《中华人民共和国行政复议法》第三十条”:

“第三十条　公民、法人或者其他组织认为行政机关的具体行政行为侵犯其已经依法取得的土地、矿藏、水流、森林、山岭、草原、荒地、滩涂、海域等自然资源的所有权或者使用权的,应当先申请行政复议;对行政复议决定不服的,可以依法向人民法院提起行政诉讼。

“根据国务院或者省、自治区、直辖市人民政府对行政区划的勘定、调整或者征收土地的决定,省、自治区、直辖市人民政府确认土地、矿藏、水流、森林、山岭、草原、荒地、滩涂、海域等自然资源的所有权或者使用权的行政复议决定为最终裁决。”

为适应国家统一法律职业资格考试制度的建立,2017 年 9 月 1 日第十二届全国人大常委会第二十九次会议通过了《关于修改〈中华人民共和国法官法〉等八部法律的决定》,同日国家主席习近平签署第七十六号主席令公布,自 2018 年 1 月 1 日起施行。其中第 7 条规定:“对《中华人民共和国行政复议法》作出修改:在第三条中增加一款,作为第二款:‘行政机关中初次从事行政复议的人员,应当通过国家统一法律职业资格考试取得法律职业资格。’”

第四章　中华人民共和国民事立法的发展

孟德斯鸠在《论法的精神》中说，在民法慈母般的眼里，每一个人就是整个国家。民法是调整平等主体之间的财产关系和人身关系的法律，它确立人的法律地位和法律人格，肯定人的权利能力，保护私权，保护一个人从出生到死亡的每一项权利。

中华人民共和国成立之初，党和国家对于民法的重要性就有着清晰的认识。1949 年至 1956 年，中国移植了苏联的民法理论，1950 年颁布了《婚姻法》，并颁布了保护民族工商业、保护典当等债权债务关系的法律法规。1954 年颁布中华人民共和国第一部宪法后，民法典的第一次起草工作随之启动。1962 年，根据毛泽东“不仅刑法要，民法也需要”的指示，全国人大第二次启动民法典的起草工作，并于 1964 年 7 月完成了民法第二次草案。但是，中华人民共和国的两次民法典编纂，均因为政治运动而中止。

1978 年以后，随着改革开放的深入和社会主义市场经济的逐步建立，以及依法治国方略的提出，才真正迎来了民法的春天。虽然 1979 年全国人大常委会启动的第三次民法典的起草，由于社会仍处于转型时期而中断，但这期间完成的民法草案第四稿也成为了此后多个单行法的立法基础。1985 年中国先后颁布了《经济合同法》《商标法》《专利法》等单行法规，1986 年通过了被国外学者誉为“中国的人权宣言”的《民法通则》，1990 年至 2009 年颁布了《著作权法》《担保法》《合同法》《物权法》《侵权责任法》等，形成了民法上的体系。

2002 年第四次民法典的编纂终因立法技术的不成熟、立法机关与法学界的观点分歧而失利。但 2015 年第五次民法典编纂工作的启动，让民法典即将成为现实。2017 年通过《民法总则》后，民法典各编的起草也在紧锣密鼓地进行。根据人大常委会的规划，2020 年民法典各分编将与此前已经出台的民法总则合并为一部完整的民法典草案，提请十三届全国人大三次会议审议。在历经挫折后，期盼已久的民法典即将出台。这是伟大时代的产物，也是对自由、平等和权利的宣言书和最好的保障。本章所勾勒的民法制度的立法进程，正是意欲展现私法在中华人民共和国的确立与发展过程，以及权利观念和对民众保护在中国生成和发展的过程。

第一节 民法总则

一、民法通则

(一)民法典的编纂与《民法通则》的制定

民法总则是大陆法系民法典的开篇,是民法典的重要组成部分,它奠定了整个民法典的基石。从中国的立法实践来看,民法总则的制定与修改与民法典的编纂密不可分。

中华人民共和国成立后,历届政府和领导人都十分重视民法典的起草工作,前后五次启动民法典的编纂。1954 年、1962 年、1979 年、2002 年四次组织民法典编纂。但囿于彼时经济、政治、社会和学术等条件的约束,均未成功。因民法典编纂时机不成熟,1986 年中国只是通过了《民法通则》,它规定了各个民事领域的一般规则。2014 年 10 月,《中共中央关于全面推进依法治国若干重大问题的决定》提出“加强市场法律制度建设,编纂民法典”。2015 年 3 月,民法典的编纂工作正式确定,由全国人大法工委负责,由最高人民法院、最高人民检察院、国务院法制办、中国社会科学院和中国法学会五家单位共同参与民法典编纂工作。按照立法规划,民法典编纂采取“两步走”的工作思路:第一步,编纂民法典总则编;第二步,编纂民法典各分编,分编起草和公布,从而形成统一的民法典。2017 年 3 月 15 日,第十二届全国人大第五次会议通过了《民法总则》。这意味着中国民法典编纂迈出了关键的一步,为民法典的完成奠定了重要的基础。

中华人民共和国成立初期,中央人民政府法制委员会就启动了中国民法典的起草工作。1954 年,第一届全国人大常委会开始民法典的起草,1956 年完成初稿。这次民法典草案以 1922 年的《苏俄民法典》为蓝本,分总则、所有权、债权和继承四编,共计 525 条。因“整风”“反右”等政治运动,民法典的起草工作中断。

1962 年,根据毛泽东“不仅刑法要,民法也需要”的指示,全国人大再次启动民法典的起草工作。1964 年 7 月完成了民法第二次草案。这次草案分总则、财产的所有、财产的流转三编,共 24 章,计 262 条。它起草后没有向外印发,甚至有“积极起草,一条不用”的奇怪指导思想。[1] 由于“文革”到来,民法起草再次中断。

1979 年 11 月,全国人大常委会组建了民法起草小组,开始第三次民法典的起草工作。至 1982 年 5 月先后完成了四个民法草案。民法草案第四稿的内容包括:民法的任务和基本原则、民事主体、财产所有权、合同、智力成果权、财产继承权、民事责任和其他规定,共八编 465 条。但由于当时中国刚刚实行改革开放和市场经济

---

〔1〕 郝铁川:《中国民法典起草的历史》,载《浙江人大》2016 年第 9 期。

体制改革，处于社会转型时期，该草案没有通过。立法机关决定先制定单行法，待时机成熟后再制定民法典。立法机关在民法草案第四稿的基础上着手制定了《民法通则》，并于1986年4月12日第六届全国人大常委会第四次会议通过，自1987年1月1日起实施。虽然是以“通则”的形式出现，却标志着中国民法向法典化、体系化迈出了关键性的一步，并为中国民法的发展奠定了立法基础。[2]

1998年1月，全国人大常务委员会专门成立了民法起草研究工作小组，负责研究编纂民法典草案，拟定了中华人民共和国第五部民法典草案，并在2002年12月23日提交全国人大常委会审议。但由于学界对民法典草案观点的争议过大，制定工作停止。

2014年，中共十八届四中全会在《中共中央关于全面推进依法治国若干重大问题的决定》中，明确提出编纂民法典的立法任务。2015年第五次民法典的编纂工作再次启动。2015年3月，全国人大常委会法工委明确了“两步走”的编纂思路，即先编制民法典总则，再整合其他民商法律为民法典。2017年3月15日第十二届全国人大第五次会议通过了《民法总则》。

（二）《民法通则》的制定与修改

《中华人民共和国民法通则》由1986年4月12日第六届全国人大第四次会议通过，自1987年1月1日起实施。此后，根据2009年8月27日第十一届全国人大常委会第十次会议《关于修改部分法律的决定》，对《民法通则》中不适应社会主义市场经济的部分进行了修正。

《民法通则》作为中华人民共和国第一部民事基本法，为市场经济的发展和社会生活提供了民事法律制度的基本框架。《民法通则》是一部只有156个条文的法律，却不仅规定了民法有关总则的一般性规则，而且对于民事权利、民事责任等都作出了规定，因而是在中国当代社会最急需民法促进社会发展之时出现的一部“小型”民法。[3]《民法通则》中的“通”字包含三层意思：一是它不仅包含总则的一般规定，而且还包含分则的一部分内容。哪些成熟了就规定哪些，哪些需要就规定哪些，不受总则、分则的限制。二是它是民事立法的原则规定。虽然有些部分规定得详细些，有些部分规定得简单些，但总体来说，只是原则性规定……三是它是调整横向财产关系的基本法。一切其他法律部门（婚姻法、劳动法、经济法、土地法、国际贸易法等）中的横向财产关系都要受《民法通则》规范的管辖。各种包含横向财产关系的单行法都要以它的规范为准则。[4]

---

〔2〕 余能斌、侯向磊等：《世纪之交看新中国民商法的发展》，载《法学评论》1998年第5期。

〔3〕 杨立新：《从民法通则到民法总则：中国当代民法的历史性跨越》，载《中国社会科学》2018年第2期。

〔4〕 江平：《〈中华人民共和国民法通则〉剖析》，载《政法论坛》1986年第3期。

《民法通则》共 9 章 156 条,包括基本原则、公民(自然人)、法人、民事法律行为和代理、民事权利、民事责任、诉讼时效、涉外民事关系的法律适用、附则。主要内容为:

《民法通则》第一章"基本原则",共 8 条,主要规定了民法的立法宗旨和基本原则。《民法通则》第 1 条指出了本法的立法宗旨"为了保障公民、法人的合法的民事权益,正确调整民事关系,适应社会主义现代化建设事业发展的需要,根据宪法和中国实际情况,总结民事活动的实践经验,制定本法。"本章第 2 条确定了民法调整"平等主体的公民之间、法人之间、公民和法人之间的财产关系和人身关系"。此前关于民法的调整对象学界有着长期的争论,争论的焦点是企业之间的经济关系应由民法调整还是由经济法调整。这一规定"以法律的形式确定了民法调整的社会关系范围,为中国自第一次民法典编纂以来困扰着理论界和立法界的民法调整对象问题作出了结论;也以立法的方式平息了 1979 年以来民法学界和经济法学界围绕着民法调整对象问题展开的长达七年的理论之争"[5]。同时,规定了当事人在民事活动中地位平等,确定了民法的自愿原则、公平原则、诚实信用原则,强调公民、法人的合法的民事权益受法律保护,任何组织和个人不得侵犯。

第二章"公民(自然人)"一章,共 27 条。本章主要规定了公民的民事权利能力和民事行为能力,规定了监护制度,包括对未成年人和精神病人的监护,建立了宣告失踪和宣告死亡制度,还规定了个体工商户和农村承包经营户及个人合伙等制度。

第三章"法人"一章,共 18 条。本章规定了法人的一般规则,将其界定为"法人是具有民事权利能力和民事行为能力,依法独立享有民事权利和承担民事义务的组织"。规定其民事权利能力和民事行为能力,始于成立时,在法人终止时消灭。本章对其成立的条件、法定代表人、住所等问题作了一般规定。同时,还规定了企业法人、机关法人、事业单位法人和社会团体法人及联营等具体制度。

第四章"民事法律行为和代理"一章,共 17 条。本章第 54 条将民事法律行为界定为"公民或者法人设立、变更、终止民事权利和民事义务的合法行为"。规定了民事法律行为的有效、无效,以及可变更、可撤销的民事法律行为。对于民事法律行为效力的规定颇具社会转型时期的时代特色。同时,本章还较为具体地规定了代理制度。

第五章"民事权利"一章,共 35 条。本章规定了公民所享有的民事权利,包括:(1)财产所有权和与所有权有关的财产权,其中包括所有权、使用权、经营权、承包权、相邻权和继承权。为了使通则更易为人们所理解,法律避免使用"物权"一词。

---

〔5〕 柳经纬:《民法典编纂的历史印记》,载《河南财经政法大学学报》2019 年第 3 期。

这就为概括所有权以外的其他物权带来了困难,因为用"与所有权有关的财产权"来代替"其他物权",只能是相对的准确。因为严格来说,任何财产权,包括债权、知识产权也与所有权有关。[6] (2)债权。在债权部分,《民法通则》规定了合同之债、不当得利之债和无因管理之债,但没有规定侵权行为之债。为了方便理解,将侵权行为放在民事责任一章中去规定。同时,也是出于方便人们理解的目的,把抵押权和留置权放在债权中,而没有放在学理分类的物权部分。(3)人格权。对于宪法中只作政治性、原则性规定的人格权,本法以专节的形式具体加以规范。规定公民享有生命健康权、姓名权、肖像权、名誉权、荣誉权和婚姻自主权,还规定法人享有相应的人格权。在"民事权利"一章对人格权作出专节规定,将人格权提升到与物权、债权和知识产权同样重要的法律地位,这在世界各国民法典编纂中属于第一次,彰显了对人的权利的重视。(4)知识产权。《民法通则》放弃了民法草案四稿中使用的"智力成果权"一词,为与国际接轨,采用了国际通用的"知识产权"的名称,规定著作权、专利权、商标权、发现权、发明权及其他科技成果权六种知识产权。

第六章"民事责任"一章,共 29 条,以四节分别规定民事责任的一般规定、违反合同的民事责任、侵权的民事责任和承担民事责任的方式。从各国民法典的惯例来看,一般都没有关于民事责任的单独规定,对于不同的民事责任,分别由债编、物权编、亲属编、继承编等单独规定。《民法通则》在起草时设想把所有的民事责任放到一起来规定,形成完整的民事责任规则体系。之所以提出这样的想法,不仅是由于当时没有《合同法》《物权法》,也没有《侵权责任法》,必须解决司法实践对民事责任具体规范的急需;更重要的是,立法者想要做出一个民事立法的创新,规定一个完整的民事责任制度。[7]

第七章"诉讼时效"一章,共 7 条。为了防止权利的滥用,督促权利人尽快行使权利,设立了诉讼时效制度,并规定了诉讼时效的期间、诉讼时效的中止与中断。但《民法通则》规定一般的诉讼时效期间为 2 年,有过短之嫌。

第八章对"涉外民事关系的法律适用"问题作了的专章规定,共 9 条。本章主要对涉外物权关系、涉外合同关系、涉外侵权关系、涉外婚姻家庭关系、涉外继承关系等涉外民事关系的法律适用作出了规定。

第九章"附则",共 6 条。本章对本法的变通适用、本法的效力、生效时间作出规定。并对本法中一些词汇作出了法律解释。

2009 年第十一届全国人大常委会第十次会议《关于修改部分法律的决定》,对《民法通则》中明显不适应社会主义市场经济和社会发展要求的规定作出修改,修

---

〔6〕 江平:《〈中华人民共和国民法通则〉剖析》,载《政法论坛》1986 年第 3 期。
〔7〕 杨立新:《从民法通则到民法总则:中国当代民法的历史性跨越》,载《中国社会科学》2018 年第 2 期。

改包括:(1)将《民法通则》第7条修改为:“民事活动应当尊重社会公德,不得损害社会公共利益,扰乱社会经济秩序。”(2)删去第58条第1款第6项:“经济合同违反国家指令性计划的。”

二、民法总则

(一)《民法总则》的起草与出台

根据中共中央的决策部署,十二届全国人大及其常委会将编纂民法典和制定民法总则作为立法工作的重点任务。2016年6月、10月、12月,全国人大常委会先后三次审议了民法总则草案,并且先后三次于会后将草案审议稿在中国人大网公布征求社会公众意见,两次将草案印送全国人大代表征求意见,还将草案印发中央有关部门、地方人大、法学教学科研机构征求意见。与此同时,全国人大常委会于2016年10月和11月在北京、四川、宁夏和上海召开4次座谈会,直接听取中央有关部门,各省、自治区、直辖市人大常委会和部分全国人大代表、基层立法联系点代表、法律实务工作者和专家学者等各方面的意见,并到基层进行实地调研。《民法总则》草案,是在深入调查研究,广泛听取全国人大代表、全国政协委员和社会各界意见的基础上,反复修改形成的,体现了科学立法、民主立法的精神。[8] 2017年3月15日,第十二届全国人大第五次会议召开,《民法总则》获得了高票通过。

(二)《民法总则》主要框架和内容

李建国在第十二届全国人大第五次会议上所作的《〈关于中华人民共和国民法总则(草案)〉的说明》中,指明了民法总则草案的原则。在起草过程中,遵循了编纂民法典的指导思想和基本原则,并注意把握以下几点:一是既坚持问题导向,着力解决社会生活中纷繁复杂的问题,又尊重立法规律,讲法理、讲体系。二是既尊重民事立法的历史延续性,又适应当前经济社会发展的客观要求。三是既传承中国优秀的法律文化传统,又借鉴外国立法的有益经验。中华优秀传统文化的思想精华,与民法的理念和原则是相通的。制定民法总则,必须坚定文化自信,同时,要有世界眼光,善于学习外国的立法经验,借鉴人类法治文明成果,但绝不照搬外国法治理念和模式。[9]

《民法总则》共计11章206条,包括基本规定、自然人、法人、非法人组织、民事权利、民事法律行为、代理、民事责任、诉讼时效、期间计算、附则。主要内容是:

---

〔8〕 李建国:《〈关于中华人民共和国民法总则(草案)〉的说明》,载中国人大网:http://www.npc.gov.cn/npc/xinwen/2017-03/09/content_2013899.htm,最后访问日期:2019年6月16日。

〔9〕 李建国:《〈关于中华人民共和国民法总则(草案)〉的说明》,载中国人大网:http://www.npc.gov.cn/npc/xinwen/2017-03/09/content_2013899.htm,最后访问日期:2019年6月16日。

1. 关于第一章“基本规定”

第一章是基本规定，共12个条文。《民法通则》第一章的名称为“基本原则”，《民法总则》改为“基本规定”，“基本规定”是采纳草案审议时人大代表的意见，以准确地涵盖本章的内容。因为在本章，除了民法的基本原则外，还规定了立法目的、立法依据、调整对象、法律适用条款等内容。关于立法目的，《民法总则》第1条中规定“适应中国特色社会主义发展要求，弘扬社会主义核心价值观”。关于民法的调整对象，《民法总则》第2条规定：“民法调整平等主体的自然人、法人和非法人组织之间的人身关系和财产关系。”与《民法通则》第2条关于“中华人民共和国民法调整平等主体的公民之间、法人之间、公民和法人之间的财产关系和人身关系”的规定相比较，不仅确定了自然人的正式称谓、增加了非法人组织为民事主体，更重要的是调换人身关系和财产关系的先后位置，总则将人身关系放在财产关系之前，体现了对于人的尊严与价值的尊重，突出了民法以人为本的理念。关于民法的基本原则，重申了《民法通则》规定的平等、自愿、公平、诚信原则，删除了等价有偿原则，盖等价有偿并非统一适用于民法的全部。调整了民事活动的界限，将《民法通则》中的社会公德、社会公共利益和社会经济秩序的用语调整为“公序良俗”，以与传统民法相接轨，与法学界的习惯表达保持一致。[10] 增加了“绿色原则”，《民法总则》第9条规定：“民事主体从事民事活动，应当有利于节约资源、保护生态环境。”这样规定，既传承了天地人和、人与自然和谐共生的中国优秀传统文化理念，又体现了中共十八大以来的新发展理念，与中国是人口大国、需要长期处理好人与资源生态的矛盾这样一个国情相适应。[11]

关于民事法律的适用规则，《民法总则》第10条规定：“处理民事纠纷，应当依照法律；法律没有规定的，可以适用习惯，但是不得违背公序良俗。”本条取消了《民法通则》中国家政策的民法法源地位，将民事习惯纳入法源中。但未将法理列为第三种法源，其理由：一是按照中国的国情，在法律规定和习惯之外，还有最高人民法院制定和发布的各种司法解释和指导性案例可供援用或参考。[12] 二是其他法律对民事关系有特别规定的，依照其规定，明确了民法总则与民商事特别法的关系。

2. 关于第二章“自然人”

第二章是关于自然人的规定，共44个条文。较之《民法通则》，《民法总则》不再使用“公民”的概念，仅使用“自然人”的概念，将私法与公法在立法上做了更为清

〔10〕 张志坡：《中国民法的新发展——从〈民法通则〉到〈民法总则〉》，载《辽宁师范大学学报》（社会科学版）2018年第4期。

〔11〕 李建国：《〈关于中华人民共和国民法总则（草案）〉的说明》，载中国人大网：http://www.npc.gov.cn/npc/xinwen/2017-03/09/content_2013899.htm，最后访问日期：2019年6月16日。

〔12〕 梁慧星：《中国民法总则的制定》，载《北方法学》2017年第1期。

晰的界分。《民法总则》引进了德国法关于部分权利能力的最新理论成果,对部分权利能力作了明确规定,其中第 16 条规定了胎儿在涉及遗产继承、接受赠与等利益保护时,视为具有民事权利能力。权利能力制度是承担民事权利和义务资格的唯一核心内涵,避免了人格概念的含混不清,体现了德国汇编法学派高超的立法技术。但是受当时的哲学和社会认识所限,立法者仅将权利能力赋予从出生到死亡阶段的自然人,以及符合法定条件的组织即法人。随着社会的发展和人格尊严观念的提升,并未被赋予权利能力的人的存在形态,例如,胎儿和死者,迫切需要得到法律的保护;不具有法人资格的某些组织也会广泛参与社会交往,产生了作为主体参与法律关系的诉求。〔13〕 除了本章对于胎儿利益的保护外,第 185 条对英雄烈士等死者人格利益的保护以及第三章对法人的部分权利能力的规定,也都体现了这一理论成果。

本章将自然人无行为能力年龄的上限由 10 周岁调整为 8 周岁,同时将无民事行为能力或者限制民事行为能力的成年人的范围界定为“不能辨认自己行为的成年人”和“不能完全辨认自己行为的成年人”,而无论其引起原因是不是《民法通则》中规定的“精神病人”。

《民法总则》借鉴了《老年人权益保障法》的老年监护的意定监护制度,将其扩展至成年人。《民法总则》第 33 条规定:“具有完全民事行为能力的成年人,可以与近亲属、其他愿意担任监护人的个人或者有关组织事先协商,以书面形式确定自己的监护人。协商确定的监护人在该成年人丧失或者部分丧失民事行为能力时,履行监护职责。”这一制度使成年人可以确定自己丧失或者部分丧失民事行为能力时的监护人,符合了世界成年监护制度改革的要求。

此外,本章还明确规定限制民事行为能力人可以独立实施纯获利益的民事法律行为,规定了民政部门作为监护人的情形,规定了遗嘱指定监护人制等。这些变化回应了社会现实的需求,也体现了保障弱者、人文关怀的理念。

3. 关于第三章“法人”

第三章是关于法人的规定,共 45 个条文。随着中国经济社会的发展,新的组织形式不断出现,法人形态发生了较大变化。为适应社会变化,《民法总则》“法人”一章改变了《民法通则》中将法人分为企业法人和非企业法人(包括机关法人、事业单位法人和社团法人)的做法,分为 4 节,包括一般规定、营利法人、非营利法人和特别法人。《民法总则》创造性地使用了“特别法人”的法律术语,将机关法人、农村集体经济组织法人、城镇农村的合作经济组织法人和基层群众性自治组织法人统一

---

〔13〕 杨立新:《从民法通则到民法总则:中国当代民法的历史性跨越》,载《中国社会科学》2018 年第 2 期。

归入特别法人一类。赋予其独立法人地位的理由为：机关设立的目的是履行公共管理等职能，这与其他法人组织存在明显差别；农村集体经济组织具有鲜明的中国特色。赋予其法人地位符合中共中央有关改革精神，有利于完善农村集体经济实现形式和运行机制，增强农村集体经济发展活力；村民委员会、居民委员会等基层群众性自治组织在设立、变更和终止以及行使职能和责任承担上都有其特殊性；城镇、农村的合作经济组织对内具有共益性或者互益性，对外也可以从事经营活动，依照法律的规定取得法人资格后，作为特别法人。[14]

4. 关于第四章“非法人组织”

第四章是关于非法人组织的规定，共 7 个条文。《民法总则》借鉴德国法“非法人团体”的概念，将“非法人组织”认定为自然人、法人之外的第三类民事主体，专章予以规定。这样的篇章设计适应了市场经济主体的多样性，有助于这些组织开展民事活动，有助于发挥多种市场经济主体的积极性。《民法总则》第 102 条规定：“非法人组织是不具有法人资格，但是能够依法以自己的名义从事民事活动的组织。非法人组织包括个人独资企业、合伙企业、不具有法人资格的专业服务机构等。”其与法人的最大区别在于责任的承担上，当非法人组织的财产不足以清偿债务的，其出资人或者设立人承担无限责任。本章还具体规定了非法人组织的登记与设立、无限责任、解散与清算等内容。

5. 关于第五章“民事权利”

第五章是关于民事权利的规定，共 24 个条文。在篇章的顺序上，较之《民法通则》，“民事权利”一章被放到民事法律行为和代理制度之前，凸显了人本主义的思想和对私权保护的重视。本章保留了《民法通则》民事权利一章的基本框架，仍以列举的方式对人格权、身份权、物权、债权、知识产权、继承权、股权和其他投资性权利等进行保护。但在权利的具体内容上规定有所减少，主要是不再发挥民法通则“小民法典”的作用，而回归总则的功能，将具体民事权利留待各分则具体规定。

在民事权利的种类上，增加了一些新型权利或权益，如增加了对自然人的隐私权。强调对个人信息的保护，第 111 条规定：“自然人的个人信息受法律保护。任何组织和个人需要获取他人个人信息的，应当依法取得并确保信息安全，不得非法收集、使用、加工、传输他人个人信息，不得非法买卖、提供或者公开他人个人信息。”增加对数据和网络虚拟财产的保护，第 127 条规定：“法律对数据、网络虚拟财产的保护有规定的，依照其规定。”这些都具有鲜明的时代特色，反应了互联网和大数据

---

〔14〕 李建国：《〈关于中华人民共和国民法总则（草案）〉的说明》，载中国人大网：http://www.npc.gov.cn/npc/xinwen/2017-03/09/content_2013899.htm，最后访问日期：2019 年 6 月 16 日。

时代发展的需要。

6. 关于第六章“民事法律行为”

第六章是关于民事法律行为的规定,共 28 个条文。《民法总则》“民事法律行为”一章对《民法通则》做了较大的改革。其主要原因是《民法通则》关于民事法律行为的规定停留在计划经济时代,不能满足时代的需要,也与 1999 年《合同法》的相关规定存在不小的冲突。为了适应全球经济一体化的发展,本章以意思表示为中心,对相关规则及民事法律行为效力制度作出了统一规定,协调了与《合同法》的关系,注重与国际规则的接轨。其变化主要体现在:(1)扩充了民事法律行为的内涵,将其界定为“民事主体通过意思表示设立、变更、终止民事法律关系的行为”。既包括合法的法律行为,也包括无效、可撤销和效力待定的法律行为,改变了《民法通则》将其界定为“合法行为”而产生的逻辑冲突。(2)对民事法律行为的核心要素“意思表示”作了专节规定。意思表示是构成民事法律行为的基础,在《民法通则》中,只是在第 55 条中将“意思表示真实”作为民事法律行为的生效要件之一列明,并未具体规定。本章对意思表示的方式、生效和撤回等作了具体规定。(3)完善了民事法律行为的效力规则。增加规定了虚假行为的规定,增加了隐藏的法律行为、第三方欺诈的法律行为、第三方胁迫的法律行为;取消了乘人之危的民事行为的规定,取消了关于可变更民事行为的规定,将乘人之危与显失公平的民事法律行为统一规定为一种可撤销的民事法律行为。此外,本章还增加决议行为作为民事法律行为的一种,在附条件的民事法律行为之外增加附期限的法律行为,使民事法律行为的规范体系更加完整。

7. 关于第七章“代理”

第七章是关于代理制度的规定,共 15 个条文。《民法通则》将“民事法律行为和代理”规定在一章中,而《民法总则》将代理规定为单独一章,分为“一般规定”“委托代理”“代理终止”三节,提高了代理制度的地位,细化了对于代理制度的规定。同时,本章改变了《民法通则》中关于代理的分类,明确规定了委托代理和法定代理两种类型,不再将民法通则中的指定代理作为独立的代理类型,而将其视为法定代理的一种特殊类型。本章还完善了代理的一般规则以及委托代理制度,并增加了共同代理、自己代理和双方代理、职务代理,以及无权代理时善意第三人的请求权等内容。

8. 关于第八章“民事责任”

第八章是关于民事责任的规定,共 12 个条文。《民法总则》保留了《民法通则》的特色,仍以专章对民事责任加以规定。但由于违约责任已由《合同法》加以规定,侵权责任已纳入《侵权责任法》,以后民法典的分则编也将有规定,因此,“民事责任”一章不再对此加以规定,其下不再设节,条文也大大减少。

9. 关于第九章“诉讼时效”

第九章是关于诉讼时效的规定，共 12 个条文，主要规定了诉讼时效的期限、诉讼时效的中止、中断以及不适用诉讼时效的情形等。与《民法总则》相比，其主要改变为：一是将《民法通则》规定的 2 年一般诉讼时效期间延长为 3 年，并增加了请求权不适用诉讼时效的规定，以更好地保护债权人合法权益；二是规定“未成年人遭受性侵害的损害赔偿请求权的诉讼时效期间，自受害人年满十八周岁之日起计算”，以加强对未成年人的保护。这些都体现了民法总则对私权保护的加强。

10. 关于第十章“期间计算”

第十章是关于民法上的期间计算的规定，共 5 个条文。从结构上看，“期间计算”的相关内容规定在《民法通则》“附则”当中，在《民法总则》中则将其独立出来，专章加以规定。在内容上，本章在延续《民法通则》对于期间规定的基础上，增加了“终期”的计算方法，并规定“期间的计算方法依照本法的规定，但是法律另有规定或者当事人另有约定的除外”赋予当事人约定期间计算方法的权利。

11. 关于第十一章“附则”

第十一章是附则，共 2 个条文。本章对“以上”“以下”“以内”“届满”等词汇的法律含义进行规定，并规定本法开始施行的时间。

值得注意的是，如前所述，《民法通则》既规定了民法的一些基本制度和一般性规则，也有对合同、所有权及其他财产权、民事责任、涉外民事关系法律适用等具体制度的规定，而《民法总则》仅为民法典的开篇，是对民事基本原则、制度和一般性规则的规定。《民法通则》规定的合同、所有权及其他财产权、民事责任等具体内容还需要在编纂民法典各分编时，对现行分散的法律加以整合修订，纳入分编之中。据此，《民法总则》通过后《民法通则》并没有废止，仍然有效。在法律适用上，《民法总则》没有规定的，适用《民法通则》或单行法的规定；《民法总则》与《民法通则》的规定存在不一致的，根据新法优于旧法的原则，适用《民法总则》的规定。

第二节　债　　法

一、合同法

（一）《合同法》的立法背景

中国古代虽然很早就产生了契约关系，并广泛存在调整契约关系的民事习惯，但清末以前，对此的法律规范较为有限，并无正面、系统地规定合同关系的法律。清政府于 1911 年制定的《大清民律草案》为中国合同立法之开端。草案第一编第五章“法律行为”中，设“契约”一节；第二编“债权”中列债之通则，并专门规定契约通则及具体的 19 种合同，共 366 条。北洋政府时期（1925 年）制定的民国民律草案，在合同方面的规定,大体沿袭《大清民律草案》。1930年南京民国政府制定的民法典债编第一章"通则"中设债之发生、债之标的、债之效力、多数债务人及债权人、债之移转、债之消灭6节,并在第二章"各种之债"分24节规定买卖等24种合同。

中华人民共和国成立以后,国民党的六法全书被废除。合同立法开始了崭新的起点。1950年至1956年,为了恢复国民经济,开展有计划的经济建设,适应当时多种经济成分并存的经济结构,国家在经济领域广泛实行合同制度。至1956年,中央各部委共制定了40多种合同法规。在1956年12月完成的民法草案中,也设有合同通则性规定及买卖等16种合同。1958年以后,生产资料所有制的社会主义改造已经完成,中国实行集中统一的计划经济体制,作为商品交换法律形式的合同制度被取消。[15] 虽然1961年开始,中国曾短暂的恢复过合同法律制度并制定了许多合同法规,但由于时政的变化,1966年以后,合同制度再次被取消。

随着改革开放和中国社会经济的发展,中国先后制定了《经济合同法》《涉外经济合同法》《技术合同法》三部合同法。它们对于维护公民的合法权利,维护正常的市场秩序,促进改革开放和经济发展起了重要的作用。但是自1992年,确立了经济体制改革的目标建立社会主义市场经济体制以来,这三部法律已经不能适应社会发展的需要。主要体现在:一是三部合同法分别适用于国内经济合同、涉外经济合同、技术合同,三部合同法相互间存在不协调甚至矛盾的现象,割裂了国内市场与国际市场、技术市场与其他商品市场的关系,而市场交易应适用统一的交易规则。二是三部合同法内容重复,而合同的订立、合同的效力以及违约责任等方面的规定又较为概括,缺乏规范合同关系基本的规则和制度,缺乏可操作性[16]。三是缺少系统的合同总则性规定。《民法通则》中有关合同的规定,尚无法作为合同法总则适用。实际上,《民法通则》对于三个合同法也未起到"统"的作用。[17] 四是合同法的种类规定过少,合同法的适用范围未能覆盖社会的全部经济生活,大量发生在社会生活中的合同关系缺少规范。特别是在加入世界贸易组织(WTO)前夕(2001年11月10日中国加入WTO),为了与国际接轨,中国急需制定统一的合同法。因此,根据第八届全国人大常委会的立法规划,自1993年10月开始了《合同法》的立法工作。

(二)《合同法》的制定与出台

1993年10月全国人大常委会法制工作委员会在北京召开了专家研讨会,7位专家参与讨论并提出了《中国合同法立法方案》,从此开始了制定统一《合同法》的

---

〔15〕 张广兴:《中华人民共和国合同法的起草》,载《法学研究》1995年第5期。

〔16〕 靳宝兰:《从"三足鼎立"走向统一的合同法——〈中华人民共和国合同法〉起草情况简介》,载《中国人民公安大学学报》(社会科学版)1999年第3期。

〔17〕 张广兴:《中华人民共和国合同法的起草》,载《法学研究》1995年第5期。

立法工作。1995 年 1 月形成了由全国 12 个法律院所的专家学者参与起草的合同法建议稿并提交法工委。1995 年 10 月法工委民法室以专家建议稿为基础起草了合同法试拟稿。1996 年 5 月 27 日至 6 月 7 日，法工委在北京召开会议，修改统一合同法草案，最后形成合同法试拟稿第三稿。其后，在第三稿基础上法工委修改形成了 1995 年 5 月的《合同法（征求意见稿）》。[18]

根据各方面意见修改后，于 1998 年 8 月第九届全国人大常委会第四次会议第一次审议了合同法草案。会后根据常委会的决定，将《合同法（草案）》公布，全面征求意见。共收到中央有关部门、地方、企业事业单位和人民来信对合同法草案的意见 160 多份。李鹏委员长针对审议中提出的主要问题，亲自进行多次调查研究。全国人大法律委员会、财政经济委员会和全国人大常委会法制工作委员会联合召开了有关部门、企业事业单位和法律专家的座谈会，征求意见。根据常委会组成人员的审议意见和各方面的意见，对合同法草案又作了较多的修改、补充。合同法草案经九届全国人大常委会第四次、第五次、第六次、第七次会议审议，决定提请九届全国人大第二次会议审议。[19]

1999 年 3 月 9 日在第九届全国人大第二次会议上，全国人大常委会法制工作委员会主任顾昂然向大会作关于《合同法（草案）》的说明。在说明中，他指出此次制定合同法的指导思想是，"以邓小平理论为指导，坚持从中国实际出发，并借鉴国外的有益经验，制定一部统一的、较为完备的合同法，以保障社会主义市场经济健康发展。注意保持法律的连续性和稳定性，以经济合同法、涉外经济合同法和技术合同法为基础，总结实践经验，加以补充完善。注重可操作性，把近十年来行之有效的有关合同的行政法规和司法解释的规定，尽量吸收进来，对需要增加的，尽可能作出具体规定"。[20] 他的说明分为六个部分：（1）关于调整范围，合同是平等主体的自然人、法人、其他组织之间设立、变更、终止民事权利义务关系的协议。这是根据民法通则的规定作出的。合同法调整的是平等主体之间的民事关系，主要调整法人、其他组织之间的经济贸易合同关系，同时还包括自然人之间的买卖、租赁、借贷、赠与等合同关系。（2）关于基本原则，主要包括平等、自愿原则，公平、诚实信用原则，守法原则。（3）关于合同的订立，合同法草案主要规定了当事人应当具有相应的主体资格；订立合同的形式，合同法草案规定，当事人订立合同，有书面形式、口头形式和其他形式；合同一般包括什么内容；要约、承诺。（4）关于合同的履行，合

---

〔18〕 郭明瑞：《〈合同法〉的立法经验》，载《中国社会科学报》2009 年 11 月 24 日，第 7 版。

〔19〕 顾昂然：《关于〈中华人民共和国合同法（草案）〉的说明》，载中国人大网：http://www.npc.gov.cn/wxzl/gongbao/2000-12/06/content_5007082.htm，最后访问日期：2019 年 6 月 4 日。

〔20〕 顾昂然：《关于〈中华人民共和国合同法（草案）〉的说明》，载中国人大网：http://www.npc.gov.cn/wxzl/gongbao/2000-12/06/content_5007082.htm，最后访问日期：2019 年 6 月 4 日。

同法草案强调全面履行的原则和诚实信用原则,并规定了履行抗辩权、代位权、撤销权等权利义务。(5)关于违约责任,规定了继续履行、采取补救措施或者赔偿损失等违约责任,并规定了定金、预期违约等制度。(6)合同法草案的分则对现行三部合同法规定的购销、供用电、借款、租赁、承揽、建设工程、运输、仓储保管、技术等合同,都予以保留,并增加规定了融资租赁、赠与、委托、行纪、居间等合同。[21]

《中华人民共和国合同法》于 1999 年 3 月 15 日由第九届全国人大第二次会议通过。(见图 4 - 1)《合同法》自 1999 年 10 月 1 日起施行,《经济合同法》《涉外经济合同法》《技术合同法》同时废止。《合同法》对保护合同当事人的合法权益、规范市场交易行为、建立市场经济体制都具有十分重要的意义。

图 4 - 1　会议现场

1999 年 3 月,第九届全国人大第二次会议在北京人民大会堂召开,会议通过《合同法》

《合同法》采用总则和分则的形式,其中总则部分八章,包括合同订立、效力、履行、变更、转让、终止、违约等一般性规定;分则十五章,共规定了 15 类有名合同。全文共 428 条。

1. 关于总则第一章"一般规定"

总则第一章"一般规定"共 8 条,主要对《合同法》的立法目的、合同法的调整范围以及合同法的基本原则作了规定。《合同法》的第 1 条规定了制定《合同法》的目的,即"为了保护合同当事人的合法权益,维护社会经济秩序,促进社会主义现代化建设,制定本法"。改革开放后制定的《经济合同法》《涉外经济合同法》《技术合同

〔21〕 顾昂然:《关于〈中华人民共和国合同法(草案)〉的说明》,载中国人大网:http://www.npc.gov.cn/wxzl/gongbao/2000 - 12/06/content_5007082.htm,最后访问日期:2019 年 6 月 4 日。

法》三部合同法已不能适应改革开放的不断深化和经济的快速发展，也不能涵盖社会生活中广泛存在的合同类型，充分保护当事人的利益。为实现中共十四大关于建立社会主义市场经济体制的要求，以三个合同法为基础，总结实践经验，同时，从中国实际出发，充分借鉴国外合同法律的有益经验制定这部统一的合同法。

《合同法》第2条规定了《合同法》的调整范围："本法所称合同是平等主体的自然人、法人、其他组织之间设立、变更、终止民事权利义务关系的协议。婚姻、收养、监护等有关身份关系的协议，适用其他法律的规定。"提交全国人大常委会审议的合同法草案关于合同的调整范围是这样规定的："本法所称合同是平等主体的公民、法人、其他组织之间设立、变更、终止债权债务关系的协议。"在修改、审议过程中，对"公民"和"债权债务关系"作了修改。有的委员和专家提出，外国人对中国的投资和经济贸易往来，也需要适用合同法，而"公民"一词不能包括这种情况。为此，本条将"公民"修改为"自然人"，这就既包括中国人，也包括外国人和无国籍人。有的委员、部门和专家提出，鉴于对"债权债务关系"一词容易产生不同理解，对合同法调整范围的表述还是用"民事权利义务关系"为好。为此，本条将"债权债务关系"修改为"民事权利义务关系"。[22] 较之三部合同法，统一的合同法的适用范围有所扩大，在合同主体上，既包括中国的自然人、组织之间订立的合同，也包括外国的自然人和组织；在合同的类型上，不仅是经济合同、技术合同，还包括所有当事人设立、变更、终止民事权利义务关系的协议。同时，本法所说的民事权利义务关系，主要是指财产关系，有关婚姻、收养、监护等身份关系的协议不适用合同法的规定。

《合同法》第3条到第7条，分别规定了《合同法》的基本原则。第3条可归纳为平等原则，是指地位平等的合同当事人，在权利义务对等的基础上，在充分自愿的基础上协商一致，订立、修改、履行合同的原则。这一原则贯穿在订立和履行合同的全过程，主要包括：合同当事人的法律地位一律平等；合同中的权利义务对等；合同当事人在自愿的基础上就合同条款达成一致。第4条可归纳为自愿原则。合同当事人可以按照自己的意志决定是否订立合同，并确定和调整合同的权利义务关系。自愿原则包括当事人可以依自己意愿决定是否签订合同，和谁确立合同，自愿决定合同的内容，可以协议补充、协议变更有关内容；双方也可以自愿协议解除合同；并可以约定违约责任，自愿选择解决争议的方式。只要不违背法律、行政法规的强制性规定和公序良俗，合同当事人有权决定。第5条为公平原则，要求合同双方

---

〔22〕《中华人民共和国合同法释义》，载中国人大网：http://www.npc.gov.cn/npc/flsyywd/minshang/2000-11/25/content_8363.htm，最后访问日期：2019年6月4日。

当事人之间的权利义务要基本对等和合理,要大体上平衡,合同风险的分担和违约责任的确定要大体平衡和合理。公平原则是为了防止当事人滥用权力,维护和平衡当事人之间的利益。第6条为诚实信用原则,诚实信用原则是民法中的帝王条款,也是合同法的基本原则。诚实信用原则要求一切民事主体在合同关系中讲究信用,在不损害他人利益、社会利益、国家利益的前提下,谋求自己的利益。诚实信用原则本是社会基本道德的范畴,因其在维护市场秩序,保护公民权利方面的重要作用而上升为法律规范。第7条为遵守法律,不得损害社会公共利益原则。合同不仅涉及双方当事人的利益,在一些情况下可能涉及国家市场秩序、社会公共利益和社会公德。因此,合同法虽然规定自愿原则以鼓励交易,以促进交易的开展,发挥当事人的主动性、积极性和创造性,但合同主体的自愿不是完全无限制的,必须遵守法律、遵守公共秩序和善良风俗,以维护社会秩序和国家利益。第8条规定了依法成立的合同的效力:"依法成立的合同,对当事人具有法律约束力。当事人应当按照约定履行自己的义务,不得擅自变更或者解除合同。依法成立的合同,受法律保护。"所谓受到法律保护,是指当事人如不按照约定履行自己的义务,将承担违约责任,并且以国家强制力保证这种责任的实现。

2. 关于总则第二章"合同的订立"

总则第二章"合同的订立"共35条,对订立合同的主体的资格、合同的形式、合同的主要条款、要约与承诺制度、格式条款、缔约过失责任等作了规定。

《合同法》第9条对合同当事人的资格作了相应的规定,要求当事人订立合同,应当具有相应的民事权利能力和民事行为能力。并规定当事人依法可以委托代理人订立合同。《合同法》第10条规定了合同的形式:"当事人订立合同,有书面形式、口头形式和其他形式。法律、行政法规规定采用书面形式的,应当采用书面形式。当事人约定采用书面形式的,应当采用书面形式。"在制定合同法的过程中,对于合同的形式有不少意见,归纳起来有两种。一种意见认为,合同法应当规定合同必须以书面形式订立,口头合同容易发生争议。另一种意见认为,合同可以书面、口头或者其他形式订立,凡是不违反法律,民事主体双方自愿订立的合同就是有效的,合同法不应对合同再规定限制条件。在起草的过程中,有关合同形式条文的写法也数易其稿。[23] 最终,考虑到口头合同在社会中的广泛存在,以及简易方便的特点,合同法承认其效力,并规定在法律规定和当事人约定书面形式的情况下,应采用书面形式。《合同法》第11条对书面形式做了界定,规定"书面形式是指合同书、信件和数据电文(包括电报、电传、传真、电子数据交换和电子邮件)等可以有形地

---

〔23〕《中华人民共和国合同法释义》,载中国人大网:http://www.npc.gov.cn/npc/flsyywd/minshang/2000-11/25/content_8364.htm,最后访问日期:2019年6月4日。

表现所载内容的形式”。20 世纪七八十年代，在一些发达国家电子数据和电子商务逐渐兴起，为适应这种趋势，美、英、澳等国家修改了相关的证据规则，并承认电子数据和电子合同的效力，联合国国际贸易法委员会第二十九届会议还于 1996 年 6 月通过了《贸易法委员会电子商业示范法》。20 世纪 90 年代，中国电子商务合同应用已初见端倪，一些部门、单位和专家也建议合同法中应当确认采用电子数据交换和电子邮件等形式订立的合同的有效性。为了与国际接轨，并结合中国现实，本条明确规定了电子数据交换和电子邮件作为合同的形式，并以“可以有形地表现所载内容的形式”概括表明并不限于此两种形式。《合同法》第 12 条是对合同主要条款和示范文本的规定，主要是为了提示当事人在订立合同时更好地明确各自的权利义务，减少纠纷的产生。

《合同法》第 13 条规定了订立合同的方式：“当事人订立合同，采取要约、承诺方式。”第 14 条至第 20 条对要约制度作了具体规定。第 21 条至第 31 条规定了承诺制度。当事人订立的过程，是对双方的权利义务协商一致的过程。向对方提出合同条件作出签订合同的意思表示称为“要约”，而另一方如果表示接受就称为“承诺”。在合同法颁布前，中国的民事立法并无有关要约与承诺制度的规定。这导致对于合同成立缺乏具体的判断标准，也不利于双方责任的厘清。为了分清各方当事人的责任，充分保障当事人的权益，合同法具体规定了要约的定义及其构成要件、要约邀请、要约的生效、要约的撤回、要约的撤销、要约的失效、承诺的定义、承诺的方式、承诺的到达时间、承诺的生效时间、承诺的撤回与撤销、承诺对要约内容的变更等内容。

一般情况下，根据《合同法》第 25 条的规定，承诺生效时合同成立，这是较为普遍的情况。第 32 条至第 35 条规定了在书面或数据电文的形式下，合同成立的时间和地点：(1) 当事人采用合同书形式订立合同的，自双方当事人签字或者盖章时合同成立。这是中国企业间订立合同的一般方式。(2) 当事人采用信件、数据电文等形式订立合同的，可以在合同成立之前要求签订确认书。签订确认书时合同成立。在合同成立之前，指的是在承诺生效前。如果当事人在承诺生效后即合同成立后提出签订确认书的要求，则与承诺生效即合同成立的规定相矛盾。(3) 承诺生效的地点为合同成立的地点。采用数据电文形式订立合同的，收件人的主营业地为合同成立的地点；没有主营业地的，其经常居住地为合同成立的地点。当事人另有约定的，按照其约定。

此外，《合同法》第 36 条至第 43 条还对合同缔结过程中的一些情况，如应当采用书面形式而未采用的合同的成立，对没有签字或者盖章的合同书的成立，对依照国家的指令性任务和国家订货任务订立的合同，以及格式条款和缔约过失责任作出了规定。

3. 关于总则第三章“合同的效力”

《合同法》第44条至第59条共16个条文,是关于合同效力的规定。合同的效力,指当事人之间已经成立的合同根据相关法律进行评价所可能发生的各种法律约束力和后果。本章对合同的生效时间、附条件的合同、附期限的合同、效力待定合同、表见代理合同、无效合同、可撤销合同等合同效力的主要问题作了规定,基本上完备了中国的合同效力制度。

较之《民法通则》和废止的三部合同法,新合同法在合同效力上规定的变化主要体现在:第一,缩小了无效合同的范围。为了适应市场经济的发展,赋予市场主体更多的自主权,减少之前实践中大量合同被裁判为无效合同的情况,合同法缩小了无效合同的范围。对于以欺诈、胁迫手段订立的合同,不再统一规定无效,只有在损害国家利益时才为无效;只有违反了法律、行政法规的强制性规定的合同才无效,违反其他法律规范性文件并不必然产生合同无效的效力;对于超越代理权签订的合同,不再规定为无效,而是效力待定的合同。第二,增加了合同可撤销及效力待定合同的规定。关于合同的可撤销条款和效力未定合同条款见于《民法通则》第59条、第66条,《合同法》在此基础上增加了相应条款,完备了立法体系。第三,对撤销权作了限制性规定。对于可变更可撤销合同,当事人请求变更的,人民法院或者仲裁机构不得撤销。另外规定,行使撤销权的期限为享有撤销权的当事人自知道或者应当知道撤销事由之日起1年。其中的“1年”是除斥期间,撤销权因经过这一期间而丧失。

4. 关于总则第四章“合同的履行”

本章共17条,是关于合同履行的规定。合同的履行,是指合同当事人按照合同的约定或者法律的规定,全面适当地完成合同义务,使当事人双方的合同权利义务得以实现的过程。[24] 本章主要规定了合同当事人在合同履行过程中的权利义务以及合同中止履行的条件等。《合同法》第60条规定了合同当事人履行合同全面、诚信履行的原则。第61条、第62条规定了合同条款存在欠缺时的履行规则。对质量、价款、履行地点、履行方式、履行期限、履行费用未做出约定,或者约定不明确,当事人可以协议补充确定。不能达成补充协议的,可以通过合同的有关条款或者交易习惯确定。如果合同当事人依照这一规定仍不能确定有关合同内容的,直接依照第62条法律规定的规则加以确定。第63条规定了执行政府定价或者政府指导价的合同,合同履行过程中价格发生变动时的履行规则。第64条、第65条规定了债务人向第三人履行债务的规则和第三人向债权人履行债务的规则。第66—69条对同时履行抗辩权、后履行抗辩权、不安抗辩权加以规定。此外,本章还规定了债权

---

〔24〕 张广春:《合同的履行(一)》,载《中国审计信息与方法》1999年第8期。

人发生变化时的履行规则、债务人提前履行债务规则、债务人部分履行债务规则、代位权与撤销权等。

5. 关于总则第五章“合同的变更和转让”

本章是关于合同的变更和转让的规定。本章共 14 条，主要规定了：(1)合同的变更。根据《合同法》第 77 条的规定，当事人协商一致可以变更合同。合同的变更，是指合同成立以后、履行完毕之前，由双方当事人协商一致对合同的内容所进行的调整和修改。合同的变更，必须遵守双方的意思表示，经双方达成一致。同时，有关法律、行政法规规定变更合同应当办理批准、登记等手续的，当事人必须履行相应的手续后，变更才有效。合同变更的内容必须明确，不能产生歧义，因此，当双方当事人对合同变更的内容约定不明确的，推定为未变更。(2)合同转让，是指合同当事人依法将合同的全部或者部分权利义务转让给他人的行为。合同的转让是合同主体的改变，而不是合同内容的修改。合同转让一般包括合同权利的转让、合同义务的转让、合同权利义务的一并转让三种。《合同法》第 79—89 条具体对这三类情况的转让条件、当事人的权利义务、责任的承担进行了规定。

6. 关于总则第六章“合同的权利义务终止”

本章共 16 条，是关于合同的权利义务终止的规定。合同权利义务的终止，是指合同当事人双方终止合同关系，使因合同而产生的双方当事人之间的权利、义务关系归于消灭。本章规定了合同终止的法定原因：(1)协议解除，《合同法》第 93 条规定当事人协商一致，可以解除合同。当事人可以约定一方解除合同的条件。解除合同的条件成就时，解除权人可以解除合同。(2)法定解除，是指合同成立后，因符合了法律规定的合同解除条件，当事人一方行使法定解除权而终止合同。《合同法》第 94 条规定了当事人可以解除合同的 5 种法定条件：一是因不可抗力致使不能实现合同目的；二是在履行期限届满之前，当事人一方明确表示或者以自己的行为表明不履行主要债务；三是当事人一方迟延履行主要债务，经催告后在合理期限内仍未履行；四是当事人一方迟延履行债务或者有其他违约行为致使不能实现合同目的；五是法律规定的其他情形。(3)抵销是终止合同关系的一种合法方式，指的是互负债务的当事人依照法律规定或协商一致后，使双方债权债务同时消灭。抵销又具有相互清偿的作用，因此一般发生在履行期限届至的债务间。按照抵销产生的原因，可分为法定抵销和协议抵销两种形式，《合同法》第 99 条和第 100 条对此分别加以了规定。(4)提存，指由于债权人的原因而无法向其交付合同标的物时，债务人将该标的物交给提存机关而使合同权利义务终止的制度。因债权人拒绝受领或者不能受领标的物，导致债务人无法按照约定履行债务，从而承担不利后果，显失公平，因此，合同法规定提存制度以保护债务人的利益。(5)免除，指债权人抛弃债权，使权利义务消灭的行为。《合同法》第 105 条规定：“债权人免除债务人部分或者全部债务的,合同的权利义务部分或者全部终止。"(6)混同,指债权人和债务人同归于一人,致使合同关系及其他债的关系消灭的事实。合同关系是双方当事人的权利义务关系,当债权人和债务人混同,合同失去存在基础,自然应当终止。同时,《合同法》规定,合同权利义务虽然终止,当事人仍应当遵循诚实信用原则,根据交易习惯履行通知、协助、保密等义务。同时,合同权利义务终止,不影响合同中结算和清理条款的效力。

7. 关于总则第七章"违约责任"

总则第七章违约责任共16条,对承担违约责任的方式、预期违约制度、损失赔偿额的确定、违约金制度、定金及违约责任与侵权责任的竞合等内容作出了规定。违约责任是指合同当事人一方不履行合同义务或者履行合同义务不符合约定时,依照法律规定或者合同的约定所应承担的民事责任。《合同法》确定了严格责任原则。所谓严格责任,又称无过错责任,是指违约发生以后,无论违约方的主观是否存在故意或过失,只要违约的结果是因违约方的行为造成,就应承担责任的制度。对于违约责任的种类,《合同法》主要有以下几种:(1)合同的不履行和不适当履行。按照合同是否履行与履行状况,违约行为可分为合同的不履行和不适当履行。合同的不履行,指当事人不履行合同义务。合同的不适当履行,又称不完全给付,指当事人履行合同义务不符合约定的条件。前者指的是全部不履行义务的行为,后者包括部分不履行行为,履行方式不适当,履行地点不适当,其他违反附随义务的行为等。(2)预期违约,即在合同履行期限到来之前,当事人一方明确表示或者以自己的行为表明不履行合同的行为。预期违约制度是借鉴英美法系形成的一项制度,规定于《合同法》第108条:"当事人一方明确表示或者以自己的行为表明不履行合同义务的,对方可以在履行期满之前要求其承担违约责任。"《合同法》规定了承担违约责任的方式有继续履行、采取补救措施、赔偿损失和支付违约金、定金。同时,《合同法》对违约责任的免责事由、违约责任与侵权责任的竞合等作出了规定。

8. 关于总则第八章"其他规定"

本章共7条,对总则其他部分没有规定的一些一般情况加以规定:(1)《合同法》第123条的规定是其他法律对合同另有规定的法律适用。在合同法之外有其他法律对合同另有专门规定的,如《商标法》《著作权法》《保险法》等法律,应优先单行法对有关合同的规定。(2)对无名合同的法律适用。第124条规定,本法分则或者其他法律没有明文规定的合同,适用本法总则的规定,并可以参照本法分则或者其他法律最相类似的规定。(3)合同条款发生争议或者词句不一致的解释问题。根据第125条的规定,当事人对合同条款的理解有争议的,应当按照合同所使用的词句、合同的有关条款、合同的目的、交易习惯以及诚实信用原则,确定该条款的真实意思。合同文本采用两种以上文字订立并约定具有同等效力的,对各文本使用的词句推定具有相同含义。各文本使用的词句不一致的,应当根据合同的目的予以解释。此外,本章还对涉外合同法律适用、对合同的监督处理、对合同争议处理方式等作出了明确规定。

9. 关于合同分则的规定

《合同法》分则共15章,具体规定了买卖合同,供电、水、气、热力合同,赠与合同,借款合同,租赁合同,融资租赁合同,承揽合同,建设工程合同,运输合同,技术合同,保管合同,仓储合同,委托合同,行纪合同,居间合同15大类的独立有名合同。有名合同具体规定了合同当事人的权利义务关系,对于平衡当事人利益、指导司法审判都具有重要意义:其一,有名合同规范具有补充当事人约定的疏漏,使合同内容臻于完善的作用。其二,有名合同规范中设有强制性规范,在当事人的约定损害国家利益、社会公共利益或者第三人利益,或者使当事人之间的利益状态严重失衡时,可以矫正该约定,以保护国家利益、社会公共利益和第三人的利益,保护当事人的合法权益。其三,提供交易的选择。交易者虽然只需依照其需求及能力,基本上即可通过协商折冲,作成互蒙其利的交易,但交易可能遭遇的典型风险何在,如何使其降低,这类规范就可能有一定的提示功能。其四,通过有名合同,对各种典型交易中双方权利义务与风险成本的公平分配,使其负担一定的"指导图像"功能,特别是对于民间不断扩大生产的定型化和合同条款,有其制衡功能。[25] 不过,由于法律的滞后性,合同法分则规定的15种有名合同并不能穷尽社会经济生活中所有的合同形式,因此分则的规定不是限制性的、封闭式的,随着社会的发展,新的合同形式渐成规则,被法律所认可,可以变成有名合同。同时,对于合同法分则没有规定的合同形式,合同法并不依次确定其无效。《合同法》第124条规定,可以适用总则的规定,并可以参照适用分则或者其他法律最相类似的规定,正是针对无名合同而作的。

二、侵权责任法

(一)《侵权责任法》的起草和制定

"无救济则无权利",侵权责任法是重要的民事法律规范,是构建法治社会的基础。中国传统社会虽有关于侵犯他人权利的惩罚措施的规定,却并无系统的侵权法。清末,在西学东渐之下,清政府制定的《大清民律草案》第一次在债权编第八章规定了侵权行为。"侵权行为"一章共33个条文,较为全面地规定了侵权行为的内容、归责原则等基本制度。《大清民律草案》较多借鉴德、日等国立法例,引进西方侵权概念和原则的成果。至民国,经民国《民律草案》《中华民国民法典》之制定,近

---

〔25〕 柳经纬:《合同法》,中国民主法制出版社2014年版,第32页。

代侵权法在中国得以确立。

中华人民共和国的侵权立法始于1986年制定的《民法通则》,其中专设"民事责任"一章,对归责原则、责任方式、典型的侵权类型作了规定,奠定了中国侵权责任法律制度的基础。除《民法通则》外,《消费者权益保护法》《产品质量法》等法律对相关侵权责任也作了一些规定。这些规定对于明确责任,规范人们的行为,指导司法审判具有重要作用。但是,随着经济社会的发展,人们权利意识的增强,新的侵权类型不断出现,已有法律已不能适应社会生活和审判实践的需要。主要体现在:一是有关侵权责任的规定比较原则,一些基本制度缺失。《民法通则》对侵权责任的请求权人、人身损害赔偿的范围和标准、精神损害赔偿的适用范围、共同危险行为、社会安全保障义务等侵权责任的主要内容没有明确规定。二是一些现实生活中矛盾比较突出的特殊侵权行为以及新出现的侵权类型无法可依或者规定比较简单,缺少可操作性。三是一些规定有不一致的地方。例如,关于医疗损害的赔偿,最高人民法院规定的人身损害赔偿标准与《医疗事故处理条例》规定的标准不同,不利于纠纷的解决。四是一些侵权责任的规定比较分散。对于侵权的规则,除了《民法通则》有规定外,一些单行法和最高人民法院的司法解释也有规定。这影响了法律的整体性和统一适用。[26]

统一侵权责任法的起草始于2002年起草完成的《中华人民共和国民法(草案)》(以下简称《民法(草案)》。《民法(草案)》共9编1200多条,其中列有侵权责任法一编。2002年12月,第九届全国人大常委会第三十一次会议初次对《民法(草案)》侵权责任法编进行了审议。由于民法草案涉及内容复杂、广泛,一并研究修改历时较长,十届全国人大常委会采取了分编审议的方式。在物权法由十届全国人大五次会议审议通过后,根据十届、十一届全国人大常委会的立法规划,2008年法制工作委员会对侵权责任法的立法再次启动。在民法草案侵权责任法编的基础上,认真研究了国内规定和国外一般做法,并先后在北京、上海、浙江、黑龙江等地进行调研,召开了法院系统和部分民法专家参加的研讨会,听取各方面意见,形成了侵权责任法草案。草案于2008年12月进行了第二次审议,会后,全国人大常委会法制工作委员会将草案印发各省(区、市)、中央有关部门和法学教学研究机构等单位征求意见。2009年10月第三次审议后,全国人大常委会通过中国人大网向社会公开征求对草案的意见,共收到3468条意见和建议,收到单位和个人修改意见的信函21件。[27] 2009年12月,第十一届全国人大常委会第十二次会议对草案进行了第四次审议,并于12月26日通过了《中华人民共和国侵权责任法》,同日国家主席

〔26〕 扈纪华、石宏:《侵权责任法立法情况介绍》,载《人民司法》2010年第3期。
〔27〕 扈纪华、石宏:《侵权责任法立法情况介绍》,载《人民司法》2010年第3期。

胡锦涛签署第二十一号主席令公布，自 2010 年 7 月 1 日起施行。

（二）《侵权责任法》的原则与主要内容

全国人大法律委员会副主任委员李适时在《全国人民代表大会法律委员会关于〈中华人民共和国侵权责任法（草案）〉主要问题的汇报》中指出制定侵权责任法总的原则是："以邓小平理论和'三个代表'重要思想为指导，贯彻落实科学发展观，贯彻中共十六大和十七大精神，完善侵权责任法律制度，减少民事纠纷，维护广大人民群众的合法权益，促进社会公平正义，促进社会和谐稳定。

侵权责任法是中国特色社会主义法律体系中的支架性法律。制定侵权责任法要适应改革发展稳定的要求，妥善处理好现实性与前瞻性、稳定性与变动性、原则性与可操作性的关系。侵权责任法涉及广大人民群众的切身利益，社会普遍关注。要坚持以人为本，着重解决与人民群众利益密切相关、矛盾突出、各方面意见又比较一致的问题。对现实生活中公民、法人受到的民事侵害，如产品缺陷、机动车交通事故、医疗事故、环境污染、网络侵权、动物致人损害，等等，要充分保护其合法权益，同时要考虑中国现阶段经济社会发展水平，公平合理地确定赔偿范围和赔偿标准。对存在争议，目前还没有把握的一些问题暂不作规定，根据实际情况进一步研究论证。制定侵权责任法要借鉴国外的有益经验，但不照抄照搬，必须从中国的实际出发，总结实践经验，把多年来行之有效的行政法规和司法解释的规定吸收到草案中，进一步完善中国的侵权责任法律制度。"〔28〕

《侵权责任法》以一般条款和具体列举相结合的方式全面保护民事权益，共 12 章，92 条，涉及面广，内容丰富，主要规定了以下内容：

1. 关于第一章"一般规定"

《侵权责任法》第一章"一般规定"共 5 条，主要规定对侵权责任法的立法目的、侵权责任法的适用范围、侵权责任的请求权人、侵权责任与刑事责任和行政责任的关系、侵权责任法与其他法律的关系等内容作了规定。侵权责任法的目的是"保护民事主体的合法权益，明确侵权责任，预防并制裁侵权行为，促进社会和谐稳定"。在侵权责任法的目的中，可以看到作为对于"以被侵权人保护为中心"的指导思想，亦可以窥见作为私法的侵权法在对公共秩序上的追求和社会本位的立法思想。对于侵权责任法的适用范围，各国民法存在差异，法国民法典、日本民法对侵权行为作了概括规定，《德国民法典》没有作概括规定，而是在第 823 条、第 826 条具体规定侵权形态。我国的《侵权责任法》在比较各种模式利弊的基础上，最终采取"概括 +

---

〔28〕 李适时：《全国人民代表大会法律委员会关于〈中华人民共和国侵权责任法（草案）〉主要问题的汇报》，载中国人大网：http://www.npc.gov.cn/huiyi/lfzt/qqzrfca/2010-03/01/content_1867459.htm，最后访问日期：2019 年 6 月 9 日。

列举”的方式。第2条第1款明确侵权责任法的保护对象为“民事权益”,这就把民事权益之外的其他权益排除在侵权责任法的保护范围之外。第2款明确了民事权益的内涵,列举了一些主要的具体的民事权益——“生命权、健康权、姓名权、名誉权、荣誉权、肖像权、隐私权、婚姻自主权、监护权、所有权、用益物权、担保物权、著作权、专利权、商标专用权、发现权、股权、继承权等人身、财产权益。”第3条明确了被侵权人请求权的规定。第4—5条对侵权责任与刑事责任和行政责任的关系、侵权责任法与其他法律的关系等内容作了规定。第4条规定了侵权责任和行政责任、刑事责任竞合时,在财产赔偿和处罚上侵权责任优先的原则。第5条规定了侵权责任法与其他法律对侵权责任另有特别规定的,依特别法规定的原则,这也是特别法优于一般法在侵权领域的适用。

2. 关于第二章“责任构成和责任方式”

《侵权责任法》第二章“责任构成和责任方式”包括第6—25条共20个条文,主要规定了侵权责任的归责原则、共同侵权、侵权责任的承担方式、人身和财产损害赔偿、精神损害赔偿、公平责任等内容。在本章,中国侵权责任制度实行过错责任和无过错责任相结合的“二元”归责原则。过错责任原则是行为人对损害的发生有过错才承担侵权责任,没有过错不承担侵权责任。在过错责任原则中,通常由受害人证明行为人是否有过错,但在一些情况下也适用过错推定。所谓过错推定是指根据法律规定推定行为人有过错,行为人不能证明自己没有过错的,应当承担侵权责任。[29] 过错责任原则是资本主义国家民法的三大支柱性原则之一,是个人自由和权利的体现。但是随着资本主义国家经济社会的发展,工业化的加速,伴随而来的是事故的大量发生,在过错责任制度下,大量受害人得不到赔偿,激化了社会矛盾。无过错责任原则由此得以产生并在各国逐渐被采用。《民法通则》确立了无过错责任原则,《侵权责任法》第7条在此基础上进一步明确了无过错责任原则的内涵。

《侵权责任法》第8条至第14条是关于数人实施侵权行为的规定,并对责任的承担作出了规定。第8条规定了共同侵权制度的构成要件,二人以上共同实施侵权行为,造成他人损害的,应当承担连带责任。第11条属分别侵权制度,二人以上分别实施侵权行为造成同一损害,但每个人的侵权行为都足以造成全部损害的,行为人承担连带责任。第12条同属分别侵权制度,但第11条的构成要件更加严格,要求“每个人的侵权行为都足以造成全部损害”,在不满足第11条的构成要件时,承担按份责任。在起草过程中,有的人提出共同侵权制度属于特殊侵权,分别侵权制度属于一般侵权,一般侵权可以根据《侵权责任法》第6条或者第7条的规定解决,

〔29〕 王胜明主编:《中华人民共和国侵权责任法释义》,法律出版社2013年版,第49页。

可以不作专条规定。经研究,起草者认为,在侵权责任法中同时规定共同侵权与分别侵权,有助于完善数人侵权制度。〔30〕

侵权责任方式是行为人因实施侵权行为所应承担的具体法律后果。随着当代社会侵权形态的多样化,侵权责任方式也需要进一步多元化。《侵权责任法》正体现了这一发展趋势。第 15 条规定了 8 种承担民事责任的方式,包括停止侵害;排除妨碍;消除危险;返还财产;恢复原状;赔偿损失;赔礼道歉;消除影响、恢复名誉等。这些侵权责任的方式,可以单独适用,也可以合并适用,为全面救济被害人的权利提供了法律依据。

《侵权责任法》第 22 条规定了精神损害赔偿制度。大陆法系和英美法系的主要国家都对精神损害赔偿制度作出了规定,但赔偿范围的大小与赔偿责任却有着不小的区别。侵权责任法制定以前,中国当时的法律没有明确规定精神损害赔偿,但 2001 年 2 月 26 日最高人民法院《关于确定民事侵权精神损害赔偿责任若干问题的解释》规定精神损害赔偿的范围。在制定侵权责任法的过程中,对于精神损害赔偿的适用范围及是否规定和如何规定精神损害赔偿额存在不小的争议。最终,在综合各方意见和反复研究的基础上,第 22 条规定,在符合"侵害他人人身权益"但排除侵犯财产权益等情况、"造成他人严重精神损害"但排除一般性精神损害等情况的条件下,被侵权人可以请求精神损害赔偿。

此外,本章还确定了侵害人身的财产损害赔偿范围、死亡赔偿金的确定方法、侵害人身及财产的财产损失计算方法,以及公平责任等。这些条文具有很强的现实针对性,对于明确规则原则,确定具体赔偿范围和标准,指导司法审判均具有重要意义。

3. 关于第三章"不承担责任和减轻责任的情形"

本法第三章"不承担责任和减轻责任的情形"包括第 26—31 条共 6 个条文,规定了六种不承担责任和减轻责任的具体情形。关于本章的章名在立法过程中曾有不同意见。中国社会科学院梁慧星研究员主持起草的中国民法典学者建议稿侵权行为法编、中国人民大学教授杨立新主持起草的侵权责任法(草案)建议稿、中国人民大学教授王利明主持起草的中国民法典学者建议稿中的侵权行为编,均用"抗辩事由"作为章名或者节名。这也是借鉴了大陆法系国家的惯例。欧洲侵权法小组起草的《欧洲侵权法基本原则(草案)》第四篇为"抗辩事由";法国民法典债法改革草案第 1349 条为"免责事由"。侵权责任法没有将"免责事由"作为章名,还将 2002 年 12 月第九届全国人大常委会第三十一次会议审议的《民法(草案)》中的侵权责任法一编使用的"抗辩事由"修改为"不承担责任和减轻责任的情形"。这样修改的

---

〔30〕 王胜明主编:《中华人民共和国侵权责任法释义》,法律出版社 2013 年版,第 78 页。

主要理由是:免责事由与抗辩事由存在一定差异。免责事由是法定的,顾名思义是法定的免除责任的事由。抗辩事由是指被告针对原告的诉讼请求而提出的使自己免责或减轻责任的事由。免责事由是一个小概念,抗辩事由是一个大概念。当事人所主张的抗辩事由,不仅包括法定的免责事由,也包括法律虽无明确规定,但可以使自己免责或减轻责任的事由。使用"免责事由"作为本章的章名,从字面看,不能包括减轻责任的情形,而且"免责"的前提是有责任,但有些情形,如不可抗力,双方都没有责任。使用"抗辩事由"作为章名,又难以一一列举全部的抗辩情形,况且叫"抗辩事由"也不够通俗,不易为民众所理解。所以本章的章名最终被确定为"不承担责任和减轻责任的情形"。[31] 对于"不承担责任和减轻责任的情形"的具体情形,在立法过程中也有深入讨论,最后确定了过失相抵、受害人故意、第三人行为、不可抗力、正当防卫、紧急避险六种具体的情况。

4. 关于第四章"关于责任主体的特殊规定"

本法第四章"关于责任主体的特殊规定"共9条,主要规定了监护人的侵权责任,完全无民事行为能力人暂时丧失意识后造成他人损害的侵权责任,网络侵权责任,学校、幼儿园等教育机构的责任等。本章的规定,在归责原则上或承担主体上具有特殊性:(1)关于无民事行为能力人、限制民事行为能力人之侵权责任归属,既不同于一般的无过错责任,因为无民事行为能力人和限制行为能力人的行为构成了侵权,监护人才承担相应责任;也不同于过错推定责任,监护人如果能够证明其尽到监护责任的,只能减轻其侵权责任,而不能免除。同时,行为人和责任人是分离的,也不同于一般的归责原则。(2)《侵权责任法》第33条对完全民事行为能力人暂时丧失意识后的侵权责任作了规定。完全民事行为能力人对自己的行为暂时没有意识或者失去控制造成他人损害有过错的,应当承担侵权责任;没有过错的,根据行为人的经济状况对受害人适当补偿。这其中的"过错"指的是对导致其丧失意识存在过错,失去意识之后没有过错可言。(3)增加了网络侵权的责任规定。网络用户、网络服务提供者利用网络侵害他人民事权益的,应当承担侵权责任。网络用户利用网络服务实施侵权行为的,被侵权人有权通知网络服务提供者采取删除、屏蔽、断开链接等必要措施。网络服务提供者接到通知后未及时采取必要措施的,对损害的扩大部分与该网络用户承担连带责任。网络服务商不知道的情况下,被侵权人不通知的,网络服务商不承担责任。网络服务提供者知道网络用户利用其网络服务侵害他人民事权益,未采取必要措施的,与该网络用户承担连带责任。(4)对未成年人在学校、幼儿园受到伤害时学校、幼儿园的赔偿责任,根据未成年人的年龄和民事行为能力分别作出规定:一是无民事行为能力人在幼儿园、学校或者

---

〔31〕 王胜明主编:《中华人民共和国侵权责任法释义》(第2版),法律出版社2013年版,第125页。

其他教育机构学习、生活期间受到人身损害的,采过错推定原则,幼儿园、学校或者其他教育机构应当承担赔偿责任,但能够证明尽到教育、管理职责的除外。二是限制民事行为能力人在学校或者其他教育机构学习、生活期间受到人身损害,采用过错责任原则,学校或者其他教育机构未尽到教育、管理职责的,承担相应的赔偿责任。三是无民事行为能力人或者限制民事行为能力人在幼儿园、学校或者其他教育机构学习、生活期间,受到幼儿园、学校或者其他教育机构以外的人员人身损害的,由侵权人承担侵权责任。幼儿园、学校或者其他教育机构未尽到管理职责的,根据补偿责任原则,承担相应的赔偿责任。

5. 第五章至第十一章对不同类型侵权责任的具体规定

第五章"产品责任"共7条,在《产品质量法》的规定基础上,对生产者、销售者、运输者和仓储者的产品责任以及追偿制度作了明确规定。本章的产品责任是指产品缺陷而产生的他人人身、财产安全的侵权责任,而非因产品瑕疵而产生的民事责任。主要包括:(1)因产品缺陷危及他人人身、财产安全的,受害人有权要求生产者、销售者承担消除危险、排除妨碍等侵权责任。其中生产者承担的是无过错责任,销售者承担的是过错责任。(2)产品投入流通后发现存在缺陷的,生产者、销售者应当及时采取警示、召回等补救措施。未及时采取补救措施或者补救措施不力造成损害的,应当承担侵权责任。(3)明知产品存在缺陷仍然生产、销售,造成他人死亡或者健康严重损害的,被侵权人有权请求相应的惩罚性赔偿。

第六章"机动车交通事故责任"包括第48—53条共6个条文,主要规定了机动车发生交通事故的责任承担问题:(1)机动车发生交通事故造成损害承担责任的原则规定,即依照《道路交通安全法》的有关规定承担责任。(2)因租赁、借用等情形机动车所有人与使用人不是同一人时,发生交通事故后属于该机动车一方责任的,由保险公司在机动车强制保险责任限额范围内予以赔偿。不足部分,由机动车使用人承担赔偿责任;机动车所有人对损害的发生有过错的,承担相应的赔偿责任。(3)当事人之间已经以买卖等方式转让并交付机动车但未办理所有权转移登记,发生交通事故后属于该机动车一方责任的,由保险公司在机动车强制保险责任限额范围内予以赔偿。不足部分,由受让人承担赔偿责任。(4)买卖拼装的或者已达到报废标准的机动车,发生交通事故造成损害的,买卖双方承担连带责任。(5)盗窃、抢劫或者抢夺的机动车发生交通事故造成损害的,由盗窃人、抢劫人或者抢夺人承担赔偿责任。(6)规定了机动车驾驶人发生交通事故后逃逸的情况下,责任的承担问题。

第七章是关于"医疗损害责任"的规定,共11个条文。对于医疗损害责任,区分不同情况作了规定:(1)诊疗损害实行过错责任。第54条规定:"患者在诊疗活动中受到损害,医疗机构及其医务人员有过错的,由医疗机构承担赔偿责任。"同时,在一些情况下规定了推定过错责任,第 58 条规定:“患者有损害,因下列情形之一的,推定医疗机构有过错:(一)违反法律、行政法规、规章以及其他有关诊疗规范的规定;(二)隐匿或者拒绝提供与纠纷有关的病历资料;(三)伪造、篡改或者销毁病历资料。”(2)医务人员未尽告知义务的赔偿责任。需要实施手术、特殊检查、特殊治疗的,医务人员应当及时向患者说明医疗风险、替代医疗方案等情况,并取得其书面同意;不宜向患者说明的,应当向患者的近亲属说明,并取得其书面同意。医务人员未尽到这一义务,造成患者损害的,医疗机构应当承担赔偿责任。但抢救危急患者等紧急情况的除外。(3)因药品、消毒药剂、医疗器械的缺陷,或者输入不合格的血液造成患者损害的,实行无过错责任。

第八章关于“环境污染责任”的规定,从第 65—68 条共 4 个条文。主要规定了污染者的无过错责任,污染者应当就法律规定的不承担责任或者减轻责任的情形及其行为与损害之间不存在因果关系承担举证责任。此外,还规定了存在数个污染者的责任承担与第三人的过错污染环境造成损害的责任承担问题。

第九章关于“高度危险责任”的规定,主要包括第 69—77 条共 9 个条文。高度危险责任是指从事高空、高压、易燃、易爆、剧毒、放射性、高速运输工具等对周围环境有高度危险的作业对他人造成损害的赔偿责任。根据本章的规定,对于高度危险作业一般情况下采无过错责任,但根据情况的不同,如因不可抗力、受害人故意、被侵权人对损害结果有重大过失等,可以免除或减轻高度危险作业者的责任。

第十章关于“饲养动物损害责任”的规定,共 7 个条文。在饲养动物损害责任中,根据不同情况作出了责任承担的规定:(1)饲养的动物造成他人损害的,动物饲养人或者管理人应当承担无过错责任,但能够证明损害是因被侵权人故意或者重大过失造成的,可以不承担或者减轻责任。(2)未对动物采取安全措施造成他人损害的,动物饲养人或者管理人应当承担侵权责任。这一条并未规定免责事由,即使被侵权人对损害的发生有过失,动物饲养人或者管理人也不能减轻或者不承担责任。(3)禁止饲养的烈性犬等危险动物造成他人损害的适用无过错责任原则。(4)动物园动物造成他人损害的,对动物园适用推定过错原则。(5)遗弃、逃逸动物在遗弃、逃逸期间造成他人损害的,原动物饲养人或者管理人仍应承担侵权责任。

第十一章包括第 85—91 条共 7 个条文,是关于“物件损害责任”的规定。在本章中没有关于物件损害责任的一般性条款规定,而是具体规定了建筑物、构筑物或者其他设施及其搁置物、悬挂物脱落、坠落损害,建筑物、构筑物或者其他设施倒塌损害,抛掷物、坠落物损害,堆放物损害,障碍通行物损害,林木损害和地下工作物损害七种基本类型的归责原则。起源于罗马法“准私犯”和《法国民法典》“准侵权行为"的物件损害责任,是一种对责任人管领下的物件侵权的替代责任。[32]本章在责任承担方式上,以过错推定原则为一般归责(第85条、第88条、第90条、第91条),同时规定了建设单位和施工单位对于建筑物等倒塌损害承担连带责任,可能加害人对于建筑物抛掷物损害承担补偿责任和相应责任主体的追偿权利。

第三节 物 权 法

一、物权法

(一)《物权法》起草的背景

物权法是确认、利用和保护财产的基本法律,是调整财产关系的重要法律。物权法律制度既涉及国家的基本经济制度,也关系到普通百姓的切身利益,是重要的民事基本法,是中国社会主义市场经济的重要法律制度。

在人类的生存发展中,物质的需求是最基本的需求之一,因此,在人类法制史上,确认和调整对物的归属和利用关系的法律源远流长。在中国,从商朝开始就有关于土地所有制度的规定,此后,从西周直至明清,调整物之所有和使用的法律有着丰富的内容,始终是中国传统社会法律制度的组成部分。1911年8月,中国历史上有了第一部专门调整民事关系的民法典草案——《大清民律草案》。在这部师从大陆法系的法律草案中,采用了总则、债权、物权、亲属、继承的潘德克顿法律体系,物权编是重要的一编。由于清王朝在草案起草完成后随即崩溃,这一草案并未颁行。1929—1931年,南京国民党政权分编草拟、分编公布的《中华民国民法》,物权法是其中的重要内容。

中华人民共和国成立后,我国曾几次尝试起草民法典。第一次是1954年开始,至1956年12月完成民法草案,分为总则、所有权、债权、继承四编,共525条。此后,因"整风""反右"运动的开展导致起草工作中断。第二次是1962年开始,至1964年7月完成民法草案试拟稿,分总则、财产的所有、财产的流转三编。因1964年开始的"四清运动"而中断。这两次起草的民法典草案,都未采用物权概念,未规定物权法编。

中共十一届三中全会后,民法典起草再次提上日程。1979年11月至1982年5月,先后起草了民法草案(一稿至四稿)。至1982年,立法机关考虑到经济体制改革刚刚开始,各种经济关系处在变动中,决定暂停民法典起草,转而采取先分别制定民事单行法,待条件具备时再制定民法典的立法方针。至1985年,已先后颁布经济合同法、涉外经济合同法、继承法、专利法、商标法等单行法。鉴于民事立法中若

[32] 谷艳辉:《物件损害责任制度评析》,载《前沿》2017年第11期。

干基本原则和基本制度不应由单行法分别规定,1986年颁布民法通则。[33]

1986年4月12日六届全国人大四次会议通过的《民法通则》,专门有一节规定了物权。由于对是否采用物权概念发生分歧,此节的名称为“财产所有权和与财产所有权有关的财产权”。其中包含13个条文,主要规定了哪些财产属于国家、集体所有;国家、集体所有的土地、森林、山岭、草原等自然资源可以依法交由单位和个人使用和收益;国家所有的矿藏可以依法由企业开采或者公民采挖;国有企业的经营权和土地承包经营权都属于物权的性质;明确提出公民的个人财产,不仅包括房屋等生活资料,还包括法律允许公民所有的生产资料;对财产所有权的转移时间,财产的共有,埋藏物、隐藏物、遗失物和漂流物的归属及相邻关系等物权内容,均作了简要规定。[34]

1999年3月15日第九届全国人大第二次会议颁行的合同法对社会主义市场经济条件下物的流通进行了规范,进一步明确物的权利归属关系成为一项日益紧迫的任务,物权立法提上议事日程。1999年的宪法修正案将个体经济、私营经济等非公有制经济界定为社会主义市场经济的重要组成部分,2004年3月14日,第十届全国人大第二次会议通过的宪法修正案明确规定“公民的合法的私有财产不受侵犯”,为物权法的制定铺平了道路。

(二)《物权法》的起草过程

1998年1月13日,第八届全国人大常委会王汉斌副委员长邀请五位民法学者座谈民法典起草,五位学者一致认为起草民法典的条件已经具备,王汉斌副委员长遂决定恢复民法典起草工作,并委托九位学者专家组成民法起草工作小组,负责起草民法典草案和物权法草案。

1998年3月25—27日召开民法起草工作小组第一次会议,议定“三步走”的规划:第一步,制定统一合同法,实现市场交易规则的完善、统一和与国际接轨;第二步,从1998年起,用4年至5年的时间制定物权法,实现财产归属关系基本规则的完善、统一和与国际接轨;第三步,在2010年前制定民法典,最终建立完善的法律体系的目标。用4年至5年的时间制定物权法,是“三步走”的第二步。

1998年3月,民法起草工作小组委托梁慧星、王利明教授分别组成物权法起草小组。1999年10月,梁慧星领导的中国社会科学院法学研究所物权法起草小组完成了《中国物权法草案建议稿》。2000年12月,王利明教授领导的中国人民大学民商事法律科学研究中心完成了《中国物权法草案建议稿》。2001年年底,全国人大

---

[33] 梁慧星:《中国物权法的制定》,载中国法学网:http://www.iolaw.org.cn/showArticle.aspx? id=2153,最后访问日期:2019年6月2日。

[34] 《物权法草案面世的台前幕后》,载中国网:http://www.china.com.cn/zhuanti2005/txt/2005-07/20/content_5920031.htm,最后访问日期:2019年6月2日。

常委会法工委在“社科院草案”与“人民大学草案”的基础上，完成了《物权法草案(征求意见稿)》，并发给了各地法院征求意见。[35]

2002 年 1 月下旬，全国人大常委会法工委将《物权法草案(征求意见稿)》印发部分省、自治区、直辖市、较大的市和经济特区，以及中央有关部门和法学教学研究机构等单位征求意见。2002 年 12 月 23 日在第九届全国人大常委会第三十一次会议审议了民法草案，其中第二编为物权法。在会议上全国人大常委会法制工作委员会主任顾昂然对民法草案中的物权法作了说明。民法草案物权法的主要内容包括物权法的调整范围、物权法的基本原则、所有权、用益物权、担保物权、登记制度、物权的保护等内容，此外还对相邻关系、共有、善意取得、拾得遗失物、发现埋藏物、占有等作出了规定。

会后，法工委就民法草案第二编物权法中的主要问题先后在北京、重庆、吉林、辽宁、安徽、江苏等地进行了调研，并与国务院法制办公室、国土资源部、建设部、农业部等部门座谈。

2004 年 7 月、8 月，法制工作委员会分别召开了法院系统和专家的研讨会。法律委员会根据常委会组成人员以及地方、部门和专家的意见，对民法草案第二编物权法进行了修改，形成了《物权法(草案)》。[36]

2004 年 10 月 22 日，第十届全国人大常委会第十二次会议对民法典中物权法草案单独进行第二次审议。在第十届全国人大常委会第十二次会议上，主要修改了国有企业的财产权、农民集体所有权、建筑物区分所有权、特许物权等部分。法律委员会按上述修改意见对民法草案物权法作了修改，提出了物权法草案二次审议稿。

会后，全国人大法律委员会、全国人大常委会法制工作委员会召开座谈会，听取中央有关部门、单位、专家的意见，还就草案二次审议稿中关于不动产登记、国有资产管理、建筑物区分所有权等问题在北京、上海、河北进行了调研。

全国人大法律委员会于 2004 年 11 月 3 日至 5 日召开会议，根据常委会组成人员的审议意见和各方面的意见，对草案二次审议稿进行了逐条审议。会后，法律委员会、法制工作委员会着重从三个方面对草案二次审议稿进行了研究修改：一是突出重点，解决物权法当前急需规范的现实问题；二是对草案二次审议稿涉及的几个重大问题，如不动产登记机构是否统一、农村宅基地使用权能否转让等，作出规定；三是对草案二次审议稿规定的内容尽可能表述得简明扼要、通俗易懂。

2005 年 6 月 8 日、6 月 23 日，全国人大法律委员会召开会议，再次对草案二次审议稿进行了审议。最高人民法院负责人列席了会议。草案二次审议稿原有 22

---

〔35〕 彭东昱：《一路走来物权法》，载《中国人大》2007 年第 4 期。

〔36〕《全国人大法律委员会关于〈中华人民共和国物权法(草案)〉的情况汇报——在十届全国人大常委会第十二次会议上》，载《中国人大》2005 年第 S1 期。

章、共 297 条。经修改,删去 2 章、61 条,增加 33 条,现为 20 章、共 269 条。[37] 在此基础上形成了物权法草案的第三次审议稿。

2005 年 6 月 26 日,第十届全国人大常委会第十六次会议第三次审议了物权法草案。2005 年 7 月 10 日,第十届全国人大常委会将物权法草案向社会公布征求意见。截至 8 月 20 日,立法机关共收到包括 26 个省市和 15 个较大的市的人大常委会、47 个中央有关部门、16 个大公司、22 个法学教学研究机构和法学专家提出的修改建议 11543 件。全国人大法律委员会和全国人大常委会法制工作委员会对上述各方面的意见和常委会组成人员的审议意见进行了综合研究,归纳出意见比较集中的十个问题,并提出了初步修改意见。2005 年 9 月 26 日,吴邦国委员长主持座谈会,听取一些全国人大代表和有关方面对物权法草案几个问题修改方案的意见。全国人大法律委员会根据各方面的意见和多数人的共识,认为物权法的起草应当始终坚持以下原则:一是坚持正确的政治方向;二是坚持从中国的国情和实际出发;三是处理好物权法和其他有关法律的关系。[38] 2005 年 10 月 22 日,第十届全国人大常委会第十八次会议第四次审议了物权法草案,并决定将草案提交全国人民代表大会审议,通过的时间推迟至 2007 年。

2006 年 1 月,受吴邦国委员长委托,盛华仁副委员长主持召开座谈会,听取中央有关部门的负责人和专家对物权法草案几个重大问题的意见。

2006 年 4 月,全国人大法律委员会、全国人大常委会法制工作委员会组织调研组赴上海、江苏、河南、湖南等地,就国有企业财产权、城镇集体所有权、建筑物区分所有权、土地承包经营权、宅基地使用权、土地征收、拆迁补偿等问题进行调研,听取基层群众和有关方面的意见。

2006 年 6 月,全国人大法律委员会、全国人大常委会法制工作委员会召开物权法草案立法论证会,就是否具体界定"公共利益"、能否以"应收账款"作担保等几个专业性较强的问题,听取法学教学、科研单位和有关部门的专家意见。[39]

2006 年 8 月 22 日,第十届全国人大常委会第二十三次会议第五次审议了物权法草案。五审稿提出,从中国的国情和实际出发制定物权法,首要的问题是必须全面、准确地体现中国公有制为主体、多种所有制经济共同发展的基本经济制度。制定物权法,既要体现中国的基本经济制度,也要体现对国家财产、集体财产和私有

[37] 《全国人大法律委员会关于〈中华人民共和国物权法(草案)〉的情况汇报——在十届全国人大常委会第十二次会议上》,载《中国人大》2005 年第 S1 期。

[38] 《全国人大法律委员会关于〈中华人民共和国物权法〉(草案)修改情况的汇报》,载中国人大网:http://www.npc.gov.cn/npc/oldarchives/zht/zgrdw/common/zw.jsp@label=wxzlk&id=342510&pdmc=1502.htm,最后访问日期:2019 年 6 月 2 日。

[39] 彭东昱:《一路走来物权法》,载《中国人大》2007 年第 4 期。

财产平等保护的原则，并增加关于基本经济制度和防止国有企业财产流失的规定。规定无约定车位归业主共有。同时，此稿未对“公共利益”作出界定。对这一问题，全国人大法律委员会建议由有关单行法作出规定为宜。对城镇集体所有权归属等问题认为时机不成熟，未作出界定。

2006 年 9 月，王兆国、盛华仁副委员长受吴邦国委员长委托，主持召开座谈会，进一步听取中央有关部门负责人和专家学者对物权法草案几个重要问题的意见。

2006 年 10 月 27 日，第十届全国人大常委会第二十四次会议第六次审议了物权法草案。第六次审议的物权法草案把维护国家基本经济制度作为物权法的立法目的，把有关基本经济制度的规定作为基本原则写入总则，明确公司财产平等保护，加大国家资产保护力度，并进一步细化征收补偿的规定。

2006 年 12 月 26 日，第十届全国人大常委会第二十五次会议第七次审议了物权法草案。此次草案首次对城镇集体财产作出原则规定，即城镇集体所有的不动产和动产，依照法律、行政法规的规定由本集体享有占有、使用、收益和处分的权利。规定宅基地适用土地管理法等法律规定；删去前几次审议稿中质押公路、桥梁收费权的有关条款；规定哪些财产归国家所有由法律规定，并规定土地承包期届满可继续承包。这次会议决定将物权法草案提交第十届全国人大第五次会议审议表决。

2007 年 1 月 12 日全国人大常委会办公厅将物权法草案发送全国人大代表，并有计划地组织各省市区全国人大代表研读、讨论物权法草案，作好审议准备。2007 年 3 月 5 日，第十届全国人大第五次会议召开，3 月 8 日王兆国副委员长代表常务委员会作关于《物权法（草案）》的说明，近 3000 名人大代表对物权法草案进行了审议，3 月 16 日《物权法》以高票获得通过。（见图 4－2）同日，国家主席胡锦涛签署第六十二号主席令，公布《中华人民共和国物权法》，自 2007 年 10 月 1 日起施行。

（三）《物权法》的主要争议与内容

全国人大常委会副委员长王兆国 2007 年 3 月 8 日在第十届全国人大常委会第五次会议上所做的《关于〈中华人民共和国物权法（草案）〉的说明》，阐释了制定物权法的必要性和原则。

图 4－2　会议现场

2007 年 3 月 16 日，第十届全国人大第五次会议表决通过了《物权法》

中国的《民法通则》《土地管理法》《城市房地产管理法》《农村土地承包法》《担保法》等法律对物权作了不少规定，这些规定对经济社会发展发挥了重要作用。随着改革的深化、开放的扩大和社会主义经济、政治、文化、社会建设的发展，为了适应全面贯彻落实科学发展观、构建社会主义和谐社会的要求,有必要依据宪法,在总结实践经验的基础上制定物权法,对物权制度的共性问题和现实生活中迫切需要规范的问题作出规定,进一步明确物的归属,定分止争,发挥物的效用,保护权利人的物权,完善中国特色社会主义物权制度。

制定物权法是坚持社会主义基本经济制度的需要。坚持公有制为主体、多种所有制经济共同发展是国家在社会主义初级阶段的基本经济制度。通过制定物权法,明确国有财产和集体财产的范围、国家所有权和集体所有权的行使、加强对国有财产和集体财产的保护,有利于巩固和发展公有制经济;明确私有财产的范围、依法对私有财产给予保护,有利于鼓励、支持和引导非公有制经济的发展。

制定物权法是规范社会主义市场经济秩序的需要。产权明晰、公平竞争是发展社会主义市场经济的基本要求。通过制定物权法,确认物的归属,明确所有权和用益物权、担保物权的内容,保障各种市场主体的平等法律地位和发展权利,依法保护权利人的物权,对于发展社会主义市场经济具有重要作用。

制定物权法是维护广大人民群众切身利益的需要。随着改革开放、经济发展,人民群众生活普遍改善,迫切要求切实保护他们通过辛勤劳动积累的合法财产、保护依法享有的土地承包经营权等合法权益。通过制定物权法,明确并保护私人所有权、业主的建筑物区分所有权、土地承包经营权、宅基地使用权,以维护人民群众的切身利益,激发人们创造财富的活力,促进社会和谐。

制定物权法是实现 2010 年形成中国特色社会主义法律体系目标的需要。物权法是民法的重要组成部分,是在中国特色社会主义法律体系中起支架作用、不可或缺的重要法律。制定物权法是在第十届全国人大任期内基本形成中国特色社会主义法律体系的重要步骤。

制定物权法总的原则是:以邓小平理论和“三个代表”重要思想为指导,全面贯彻落实科学发展观,坚持正确的政治方向,从中国的国情和实际出发,全面准确地体现和坚持社会主义基本经济制度;依据宪法和法律规定,对国家、集体和私人的物权实行平等保护的原则,同时针对国有财产流失的情况,加强对国有财产的保护;全面准确地体现现阶段党在农村的基本政策,维护广大农民群众的利益;针对现实生活中迫切需要规范的问题,统筹协调各种利益关系,促进社会和谐。总之,制定物权法必须始终坚持正确的政治方向,坚持物权法的中国特色,坚持一切从实际出发。[40]

---

〔40〕 王兆国:《关于〈中华人民共和国物权法(草案)〉的说明》,载中国人大网:http://www.npc.gov.cn/npc/oldarchives/zht/zgrdw/common/zw.jsp@label=wxzlk&id=360472&pdmc=1502.htm,最后访问日期:2019 年 6 月 2 日。

关于《物权法》的立法争议与主要内容，阐述如下：

1. 总则

物权法共5编19章，247条。第一编“总则”，共3章38个条文。

第一章“基本原则”，共8个条文，分别对立法目的、调整范围、国家基本经济制度、物权法的基本原则、物权法和其他法律的关系等作了规定。第1条指明了立法的目的和依据：“为了维护国家基本经济制度，维护社会主义市场经济秩序，明确物的归属，发挥物的效用，保护权利人的物权，根据宪法，制定本法。”第2条规定物权法的调整范围为“因物的归属和利用而产生的民事关系，适用本法”，并将物分为不动产和动产。界定物权为“权利人依法对特定的物享有直接支配和排他的权利”，将其分为所有权、用益物权和担保物权。

第3—7条规定物权法的基本原则。在立法过程中，有人认为，中国是社会主义国家，国有经济是国民经济中的主导力量，中国的《物权法》要突出保护公有制。有人认为，物权法属于私法，要突出对私有财产的保护。物权法最终把坚持以公有制为主体、多种所有制经济共同发展的基本经济制度作为物权法的基本原则，因此，第3条第1款、第2款明确规定：“国家在社会主义初级阶段，坚持公有制为主体、多种所有制经济共同发展的基本经济制度。”“国家巩固和发展公有制经济，鼓励、支持和引导非公有制经济的发展。”这一基本原则作为物权法的核心，贯穿并体现在整部物权法的始终。同时，物权关系具有平等的关系是物权法存在的前提，没有平等的关系就没有物权法。因此，物权法将保障一切市场主体的平等法律地位和发展权利作为基本原则。

第4条规定：“国家、集体、私人的物权和其他权利人的物权受法律保护，任何单位和个人不得侵犯。”此条平等保护国家、集体和私人的物权的原则，《关于〈中华人民共和国物权法(草案)〉的说明》做了较为详细的说明：“宪法规定：‘国家实行社会主义市场经济’。公平竞争、平等保护、优胜劣汰是市场经济的基本法则。在社会主义市场经济条件下，各种所有制经济形成的市场主体都在统一的市场上运作并发生相互关系，各种市场主体都处于平等地位，享有相同权利，遵守相同规则，承担相同责任。如果对各种市场主体不给予平等保护，解决纠纷的办法、承担的法律责任不一样，就不可能发展社会主义市场经济，也不可能坚持和完善社会主义基本经济制度。为了适应社会主义市场经济发展的要求，党的十六届三中全会进一步明确要‘保障所有市场主体的平等法律地位和发展权利。’即使不进入市场交易的财产，宪法也明确规定：‘公民的合法的私有财产不受侵犯。’‘国家依照法律规定保护公民的私有财产权和继承权。’在财产归属依法确定的前提下，作为物权主体，无论是国家、集体，还是私人，对他们的物权也都应当给予平等保护。平等保护不是说不同所有制经济在国民经济中的地位和作用是相同的。依据宪法规定，公有制经济是主体,国有经济是主导力量,非公有制经济是社会主义市场经济的重要组成部分,他们在国民经济中的地位和作用是不同的。这主要体现在国家宏观调控、公共资源配置、市场准入等方面,在关系国家安全和国民经济命脉的重要行业和关键领域,必须确保国有经济的控制力,而这些是由经济法、行政法予以规定的。”

第 5—7 条分别规定了物权法定原则、物权公示原则、取得和行使物权遵守法律、尊重社会公德原则。第 8 条规定物权法与其他法律关系,其他相关法律对物权另有特别规定的,依照其规定。

第二章“物权的设立、变更、转让和消灭”,对确认物权的规则区分不动产和动产作了规定。第 9 条规定不动产生效的规则——不动产物权登记生效,以及依法属于国家所有的自然资源,所有权可以不登记。本条的规定,是第一章不动产公示原则的具体体现。这也说明不动产物权登记是不动产物权的法定公示手段,是不动产物权设立、变更、转让和消灭的生效要件,也是不动产物权依法获得承认和保护的依据。〔41〕关于本条第 2 款,在立法征求意见的过程中,有一种意见认为,这样规定不利于对国家所有的自然资源的管理,也不利于对自然资源的利用。建议将其修改为国家所有的自然资源也应登记,并具体规定由哪个部门登记、管理、开发和利用。应当指出,在实践中,为了加强对国有自然资源的管理和有效利用,有关管理部门对国有自然资源进行资产性登记。一些法律法规也有资产性登记的规定。但这种资产性登记,与物权法规定的作为公示方法的不动产物权登记性质上是不同的,它只是管理部门为“摸清家底”而从事的一种管理行为,并不产生物权法上效力。〔42〕

第 10—22 条规定了不动产登记机构和国家统一登记制度、登记应提供的材料、登记机关的职责、登记机关禁止从事的行为、登记的效力、合同效力和物权效力的区分、不动产登记簿效力及其管理机构、不动产登记簿与不动产权属证书关系、不动产登记资料查询、复制、不动产更正登记和异议登记、预告登记、登记错误赔偿责任、登记收费问题等。

依照物权公示原则,第 23—27 条规定了动产物权的设立和转让生效的一般原则——除法律另有规定外,自交付时发生效力。第 28—31 条规定了非依法律行为进行的物权变动。存在如下几种情况:一是因人民法院、仲裁委员会的法律文书或者人民政府的征收决定等而发生的物权变动;二是因继承或者受遗赠而取得物权;三是因合法建造、拆除房屋等事实行为设立和消灭物权。

第三章“物权的保护”,对权利人可以通过确认权利、返还原物、消除危险、排除

---

〔41〕《中华人民共和国物权法释义》,载中国人大网:http://www.34law.com/lawfg/twsy/65/twsyfile_4621.shtml,最后访问日期:2019 年 6 月 2 日。

〔42〕《中华人民共和国物权法释义》,载中国人大网:http://www.34law.com/lawfg/twsy/65/twsyfile_4621.shtml,最后访问日期:2019 年 6 月 2 日。

妨害、损害赔偿等多种方法保护物权作了规定。

2. 所有权

第二编"所有权",自第四章至第九章,共 6 章。

第四章"一般规定",对所有权人的权利,征收、征用等作了规定。所有权是物权的基础,所有权是对物的支配权。第 39 条规定了所有权的基本内容,所有权人对自己的不动产或者动产,依法享有占有、使用、收益和处分的权利。这一规定延续了《民法通则》第 71 条对所有权规定的四项内容——占有、使用、收益和处分的权利。

征收、征用是政府对所有权进行限制的行为,不当行使会导致所有权的损害。中国近年来由于社会经济的发展和公共建设的需要,政府征收征用较为频繁。在物权法制定过程中,对于征收问题的争议和意见也比较多,主要集中在征收的公共利益目的和征收补偿两个方面。关于公共利益。有人认为,应在物权法中明确界定公共利益的范围,以限制有的地方政府滥用征收权力,侵害群众利益。在立法过程中,曾将"为了公共利益的需要"修改为"为了发展公益事业、维护国家安全等公共利益的需要",但有关部门和专家认为这样规定仍不清楚。全国人大法律委员会、全国人大常委会法制工作委员会会同国务院法制办、国土资源部等部门以及专家反复研究,一致认为:在不同领域内,在不同情形下,公共利益是不同的,情况相当复杂,物权法难以对公共利益作出统一的具体界定,还是分别由《土地管理法》《城市房地产管理法》等单行法律规定较为切合实际。现行有的法律如《信托法》《测绘法》已经对公共利益的范围作了一些具体界定。[43] 关于征收补偿。有人认为,在现实生括中,存在征收土地的补偿标准过低、补偿不到位的问题,侵害群众利益,建议对补偿问题作出具体规定。有人建议规定为"相应补偿",有人建议规定为"合理补偿",有人建议规定为"充分补偿",有人建议规定"根据市场价格予以补偿"。第 42 条第 2 款、第 3 款就补偿原则和补偿内容作了明确规定。考虑到各地的发展很不平衡,具体的补偿标准和补偿办法,宜由《土地管理法》等有关法律依照本法规定的补偿原则和补偿内容,根据不同情况作出规定。[44] 针对现实生活中补偿不到位和侵占补偿费用的行为,本条第 4 款明确规定,任何单位和个人不得贪污、挪用、私分、截留、拖欠征收补偿费等费用。

第五章"国家所有权和集体所有权、私人所有权",对国有财产的范围,行使国家所有权的主体,加大对国有资产的保护等作了规定;规定了集体财产的范围和归属;规定了私人所有权的内容和对私人所有权的保护。

---

〔43〕《中华人民共和国物权法释义》,载中国人大网:http://www.34law.com/lawfg/twsy/65/twsyfile_4654.shtml,最后访问日期:2019 年 6 月 2 日。

〔44〕《中华人民共和国物权法释义》,载中国人大网:http://www.34law.com/lawfg/twsy/65/twsyfile_4654.shtml,最后访问日期:2019 年 6 月 2 日。

在征求意见过程中,对如何在物权法中确定国有财产的范围存在争议。因此,物权法对国有财产的范围以概括性加具体规定的方式作了规定。第 45 条第 1 款规定:“法律规定属于国家所有的财产,属于国家所有即全民所有。”第 46—52 条以现行法律的规定为依据对国家所有的财产作了列举规定。关于国家所有权的行使,有的认为,由“国务院代表国家行使国家所有权”可操作性不强。有的提出,国有自然资源的所有权实际上有不少是由地方人民政府具体行使的,应规定地方人民政府也有权代表国家具体行使国有自然资源的所有权。有的建议,明确实践中行使所有权的地方各级政府同国务院之间的关系是委托还是授权。有的认为,应该由全国人大常委会代表国家行使国有财产所有权。立法机关经研究认为,依据宪法规定,全国人大常委会是最高国家权力机关,国务院是最高国家权力机关的执行机关。全国人大常委会代表全国人民行使国家权力,依法就关系国家全局的重大问题作出决定,而具体执行机关是国务院。中国的许多法律已经明确规定由国务院代表国家行使所有权。如《土地管理法》第 3 条、《矿产资源法》第 3 条、《水法》第 3 条、《草原法》第 9 条、《海域使用管理法》第 3 条。中共十五届四中全会报告中指出:“国务院代表国家统一行使国有资产所有权,中央和地方政府分级管理国有资产,授权大型企业、企业集团和控股公司经营国有资产。”[45]

第 58—63 条对集体财产的范围和归属作了规定。《物权法》第 124 条第 1 款明确规定:“农村集体经济组织实行家庭承包经营为基础、统分结合的双层经营体制。”并以专章分别规定了“土地承包经营权”和“宅基地使用权”。对于农村集体所有权的立法争议,集中在关于土地承包经营权、宅基地使用权的转让和抵押能否放开的问题。考虑到当时中国农村社会保障体系尚未全面建立,土地承包经营权和宅基地使用权是农民安身立命之本,从全国范围看,现在放开土地承包经营权、宅基地使用权的转让和抵押的条件尚不成熟。为了维护现行法律和现阶段国家有关农村土地政策,并为今后修改有关法律或者调整有关政策留有余地,《物权法》第 128 条规定:“土地承包经营权人依照农村土地承包法的规定,有权将土地承包经营权采取转包、互换、转让等方式流转。”第 153 条规定:“宅基地使用权的取得、行使和转让,适用土地管理法等法律和国家有关规定。”[46]

在物权法草案审议和征求意见过程中,有人提出,物权法应当明确规定,城镇集体财产属于本集体成员集体所有。经反复研究认为,中国的城镇集体企业是在

---

〔45〕《中华人民共和国物权法释义》,载中国人大网:http://www. 34law. com/lawfg/twsy/65/twsyfile_4654. shtml,最后访问日期:2019 年 6 月 2 日。

〔46〕王兆国:《关于〈中华人民共和国物权法(草案)〉的说明》,载中国人大网:http://www. npc. gov. cn/npc/oldarchives/zht/zgrdw/common/zw. jsp@ label = wxzlk&id = 360472&pdmc = 1502. htm,最后访问日期:2019 年 6 月 2 日。

计划经济条件下逐步形成的。在几十年的进程中,几经变化,有些集体企业是由国有企业为安排子女就业、知青回城设立的,有些集体企业是国有企业在改制中为分离辅业、安置富余人员设立的。从在北京、上海、江苏和湖南等地调研的情况看,城镇集体企业产生的历史背景和资金构成十分复杂。目前按照中共十六大以来的精神,城镇集体企业改革还在继续深化。鉴于这种历史和现实的情况,而且城镇集体财产不像农民集体所有的财产属于本集体成员所有那样清晰、稳定,城镇集体企业成员也不像农村集体经济组织成员那样相对固定,因而难以不加区别地规定为"属于本集体成员集体所有"。[47] 因此,第61条从物权的角度作了原则规定,即"城镇集体所有的不动产和动产,依照法律、行政法规的规定由本集体享有占有、使用、收益和处分的权利"。

对私人财产进行保护,既是广大群众的要求,也是社会和社会主义市场经济发展的需要。2004年《宪法修正案》明确规定:"公民的合法的私有财产不受侵犯""国家依照法律规定保护公民的私有财产权和继承权。"《民法通则》第75条明确规定,公民的合法财产受法律保护,禁止任何组织或者个人侵占、哄抢、破坏或者非法查封、扣押、冻结、没收。《物权法》依据《宪法》和《民法通则》对私人所有权的范围和保护作了规定。

第六章至第九章,分别对业主的建筑物区分所有权、相邻关系、共有等作了规定。

建筑物区分所有权是一项复合型权利,系由专有所有权、共有所有权及区分所有人对建筑物及居住于建筑物上的人的行为的管理权所构成。[48] 《物权法》第六章明确规定业主对建筑物内的住宅、经营性用房等专有部分享有所有权,对专有部分以外的共有部分和公用场所享有共有和共同管理的权利和义务。此外,第六章还对小区内的车库、车位的归属,业主委员会的产生、职能,业主和物业服务机构的关系等作了规定。

在现代社会,人们越来越意识到所有权不能是完全绝对的,所有权的行使不能妨碍社会的进步和他人的合法权利,因此,世界各国的立法取向更加注重不动产所有权的"社会性义务",给不动产所有权提出了更多的限制性要求。相邻关系即是为了便利毗邻的不动产所有人、用益物权人或占有人而作的规定。相邻关系是一种物权,但不是独立的物权,而属于所有权中的内容。其实质上是相邻不动产所有人或使用人行使权利的延伸限制。[49] 1986年通过的《民法通则》第83条及最高人

---

〔47〕 王兆国:《关于〈中华人民共和国物权法(草案)〉的说明》,载中国人大网:http://www.npc.gov.cn/npc/oldarchives/zht/zgrdw/common/zw.jsp@label=wxzlk&id=360472&pdmc=1502.htm,最后访问日期:2019年6月2日。

〔48〕 陈华彬:《业主的建筑物区分所有权——评〈物权法草案第六章〉》,载《中外法学》2006年第1期。

〔49〕 王利明:《物权法研究》,中国人民大学出版社2007年版,第501页。

民法院相关的司法解释对不动产相邻关系的原则作了原则性的规定,但较为简单,不足以适应社会的发展。2007 年颁布的《物权法》在此基础上用 9 个条文对相邻关系制度作了规定,以促进不动产所有权的合理行使,维护不动产相邻各方利益的平衡。

1986 年通过的《民法通则》对共有仅在第 78 条作了规定,《物权法》第八章在《民法通则》和最高人民法院《关于贯彻执行〈中华人民共和国民法通则〉若干问题的意见(试行)》(以下简称《民通意见》)的基础上对共有制度作出了规定,共有 13 个条文,与《民法通则》《民通意见》比较,《物权法》在许多方面都予以了改进和完善。第九章"所有权取得的特别规定"一章,主要对善意取得制度、遗失物等取得所有权的特殊形式作了法律规定。

3. 用益物权编

第三编"用益物权",由第十章至第十四章共 5 章加以规定。第十章"一般规定",对用益物权人的权利、自然资源的用益物权制度等作了规定。第十一章至第十四章,对具体的用益物权种类即土地承包经营权、建设用地使用权、宅基地使用权、地役权等分章作了规定。

用益物权一章的特点较为鲜明,从制度内容设计上看,《物权法》对各个具体的用益物权的内涵、设立、变更、转让、消灭等都作了较为详细的规定。为适应社会发展的趋势,首次将海域使用权、探矿权等准物权纳入了物权法的保护范围之内,第 122 条规定:"依法取得的海域使用权受法律保护",第 123 条规定:"依法取得的探矿权、采矿权、取水权和使用水域、滩涂从事养殖、捕捞的权利受法律保护";《物权法》首次承认了空间可以作为独立的权利客体,《物权法》第 136 条规定:"建设用地使用权可以在土地的地表、地上或者地下分别设立。新设立的建设用地使用权,不得损害已设立的用益物权";《物权法》规定的土地承包经营权、宅基地使用权的转让和抵押,既维护现行法律和现阶段国家有关农村土地政策,又为未来法律的修改和政策的调整保留了空间,因此仅作原则性规定,第 128 条规定"土地承包经营权人依照农村土地承包法的规定,有权将土地承包经营权采取转包、互换、转让等方式流转",第 153 条"宅基地使用权的取得、行使和转让,适用土地管理法等法律和国家有关规定"。

在《物权法》的起草过程中,对用益物权的概念和范围的界定有着较多的分歧。2002 年 1 月《物权法草案(征求意见稿)》未对用益物权的概念和范围加以界定。2005 年 7 月《物权法》草案第 123 条将用益物权定义为"对他人所有的不动产,享有占有、使用和收益的权利"。2005 年 10 月《物权法》(草案修改稿)第 122 条则改为"对他人所有的不动产或者动产,享有占有、使用和收益的权利"。此后的修改稿都延续了这一界定,《物权法》第 117 条也沿用 2005 年修改稿的意见:"用益物权人对他人所有的不动产或者动产,依法享有占有、使用和收益的权利。"至此,《物权法》

不但为用益物权设置了定义性规定，而且直接揭示了用益物权的客体范围既包括不动产，也包括动产。但在具体的用益物权种类中，动产用益物权尚付阙如（特别法中也无此类权利），为此学界仍存在一定的争议。[50]

对物权法用益物权的体系构建，立法过程中学界也存在不同意见。其中既有用益物权称谓之争（如将传统民法上的"地上权"表述为"基地使用权"、"土地使用权"抑或"建设用地使用权"），也有用益物权类型取舍之争（主要是典权的存废和居住权的取舍问题）。[51] 在梁慧星教授主持起草的物权法草案专家建议稿（以下简称"梁稿"）中提出的意见是：在物权法中制定用益物权，应当设立基地使用权、农地使用权、邻地利用权和典权。在王利明教授主持起草的物权法草案专家建议稿（以下简称"王稿"）中，提出的意见是：在物权法中制订用益物权，应当设立土地使用权、农村土地承包经营权、宅基地使用权、地役权、典权、空间利用权、特许物权七种用益物权。"王稿"和"梁稿"对用益物权的名称存在争议。此外，"王稿"除了对"梁稿"提出的四种用益物权提出肯定的意见以外，还增加了空间利用权和特许物权的概念，并将宅基地使用权作为一章单独规定。

在 2001 年全国人大法工委召开的第一次物权法研讨会上，专家除了肯定"梁稿"和"王稿"提出的上述意见以外，还提出了一些新的意见。这些意见主要是要增加新的、实践中需要规定的用益物权种类。比较一致的意见为：一是增加典权；二是增加居住权；三是增加空间权；四是增加规定特许物权；五是物权法要更多地规定物役权。在 2005 年 10 月 22 日全国人大常委会讨论的《物权法》（草案修改稿）中，规定了以下用益物权种类：一是土地承包经营权；二是建设用地使用权；三是宅基地使用权；四是地役权；五是居住权。

这次规定延续了草案全民征求意见稿，没有规定典权。简略地规定了分层地上权，是将分层地上权作为建设用地使用权的一种进行规定的，实际上是空间建设用地使用权。同时，将乡村的建设用地使用权归属于建设用地使用权的大概念，作为建设用地使用权中的一个部分。这样实际上是将建设用地使用权作为一个体系对待，其中包括国有的建设用地使用权、空间建设用地使用权和乡村的建设用地使用权。除此之外，在用益物权的一般规定中，对海域使用权和特许物权做了原则性的规定。[52] 物权法颁行时，保留了空间利用权、特许物权、土地承包经营权、建设用地使用权、宅基地使用权、地役权等用益物权类型，对典权和居住权未作规定。

---

〔50〕 参见温世扬：《从〈物权法〉到"物权编"——我国用益物权制度的完善》，载《法律科学》（西北政法大学学报）2018 年第 6 期。

〔51〕 侯水平、黄果天等：《物权法争点详析》，法律出版社 2007 年版，第 261—269 页。

〔52〕 杨立新：《关于完善物权法用益物权体系的若干意见》，载杨立新编：《民商法理争议问题：用益物权》，中国人民大学出版社 2007 年版，第 56 页。

4. 担保物权

第四编"担保物权",第十五章至第十八章共4章。第十五章"一般规定",对担保物权共同适用的规则作了规定。第十六章至第十八章,分别对抵押权、质权、留置权等担保物权作了规定。中国于1995年颁布实施的《担保法》对抵押权、质权和留置权三种担保物权作了较为全面的规定。物权法在担保法的基础上,根据实践中出现的一些新情况、新问题,吸收国外担保物权立法的先进经验,对担保物权制度作了补充、修改和完善。

根据《担保法》第41条、第42条、第64条、第79条的规定,抵押合同或质押合同自登记之日或质物交付质权人占有时生效。这样的规定混淆了抵押合同或者质押合同与抵押权或质权生效的区别,不利于保护债权人的利益。物权法对担保法的规定作了修改,明确区分了担保物权合同成立与担保物权生效。《物权法》第15条规定:"当事人之间订立有关设立、变更、转让和消灭不动产物权的合同,除法律另有规定或者合同另有约定外,自合同成立时生效;未办理物权登记的,不影响合同效力。"第187条规定,以本法第180条第1款第1项至第3项规定的财产或者第5项规定的正在建造的建筑物抵押的,应当办理抵押登记。抵押权自登记时设立。第212条规定:"质权自出质人交付质押财产时设立。"

《担保法》第34条主要规定了不动产可以进行抵押,对动产抵押未作规定。《物权法》扩展了可抵押财产的范围:一是将规定的可以抵押的财产范围扩展到动产如生产设备、原材料、半成品、产品。二是规定未完成的工程,如正在建造的建筑物、船舶、航空器可以抵押。三是在浮动抵押制度中,将未来动产也纳入可以抵押的财产范围中。四是将可供抵押的财产由抵押人"所有"的财产扩大到抵押人"有权处分"的财产。五是将担保财产概括为"法律、行政法规未禁止抵押的其他财产"。《担保法》第34条将抵押物概括为"依法可以抵押的其他财产"。即只有法律明文规定可以抵押的财产才属于抵押物的范围,而《物权法》第180条遵循法不禁止即为合法的规定,实际上是确立了抵押财产范围开放的原则,赋予当事人更大的意思自治权。六是应收账款、可以转让的基金份额可以出质。七是扩大了留置权的适用范围。根据《担保法》第84条的规定,留置权仅产生于保管、运输、加工承揽等合同关系,而不适用其他法律关系。《物权法》第230条第1款规定:"债务人不履行到期债务,债权人可以留置已经合法占有的债务人的动产,并有权就该动产优先受偿。"因此根据此规定,留置权的适用范围不局限于特定的几种法律关系中,只要债务人不履行到期债务,没有法律或者合同的其他规定,债权人就可以留置其合法占有的债务人的动产。

根据《最高人民法院关于适用〈中华人民共和国担保法〉若干问题的解释》的规定,担保物权的行使期限,为担保物权所担保的债权的诉讼时效结束后的二年。

《物权法》第 202 条规定："抵押权人应当在主债权诉讼时效期间行使抵押权；未行使的，人民法院不予保护。"根据《物权法》的规定，抵押权人行使抵押权的时效将与所担保的主债权诉讼时效相同，缩短了抵押权的时效。不过，物权法并未规定质权、留置权时效，但为了避免质权人、留置权人滥用权利、怠于行使权利，物权法赋予了出质人、债务人行使质权、留置权的请求权。

对同一债权上的物的担保与人的担保并存时的责任承担做了修正。《担保法》第 28 条采取了"物的担保责任绝对优先"规则。债权人只能先行使担保物权，在不能完全受偿时，可以就剩余的部分再向保证人主张，保证人仅对物的担保以外的债权额承担保证责任。该规则不利于债权人利益的保障。《物权法》对物的担保与人的担保并存时责任承担规则进行了修正，规定首先债权人应当按照约定实现债权；没有约定或者约定不明确，债务人自己提供物的担保的，债权人应当先就该物的担保实现债权；遵循"物的担保责任与人的担保责任平等"规则，在没有约定或者约定不明确，第三人提供物的担保的，债权人可以就物的担保实现债权，也可以要求保证人承担保证责任。

5. 占有

第五编"占有"，第十九章以 5 个条文对占有制度进行了规定。第 241 条规定了占有的一般规则，第 242—244 条规定了占有人与返还原物请求权人的权利义务，第 245 条规定了占有保护制度。以上条文简略，并不能全面的规定占有制度，而占有又涉及无因管理、不当得利、侵权责任等若干复杂问题，法律并无明确规定，所以导致物权法出台后，关于占有制度的争议比较多。

二、担保法

担保，是指在借贷、买卖、货物运输、加工承揽等经济活动中，债权人要求债务人以财产、信用等促进债权实现的制度。改革开放以来，国民经济持续快速增长的同时，出现了因许多银行贷款有借无还而采用多种担保方式以保障交易安全，这使中国担保行业取得了长足发展，但同时一些问题也逐渐暴露出来，如担保的主体资格不够明确，可作为抵押物的财产不够清楚，当事人在担保中的权利义务不够明确，担保的程序不够健全等，这些都急需立法加以明确。

担保法的起草工作始于 1992 年。在起草过程中广泛听取了有关部门、法院和法律专家的意见，在总结中国担保制度的实践经验的基础上，借鉴国外有关法律规定和国际通行做法，起草了担保法草案。第八届全国人大常委会第十二次会议对《担保法(草案)》进行了初步审议。会后，全国人大常委会法制工作委员会广泛征求意见，并于 6 月 8 日、16 日召开会议，根据全国人大常委会的审议意见和地方、部门、法律专家的意见，对草案进行了审议，同时提出了相应的修改意见。1995 年 6

月30日由第八届全国人大常委会第十四次会议正式通过了《中华人民共和国担保法》,并予公布,自1995年10月1日起施行。

《担保法》共7章96条。第一章总则对该法的立法目的、适用范围、担保方式和基本原则作出了规定,本章是根据担保制度自身的特征做出的规定,对担保制度起着指导作用;第二章是关于保证担保方式的规定,分别对保证人、保证方式、保证合同和保证责任作出了规定;第三章是关于抵押担保方式的规定,对抵押和抵押物、抵押合同和抵押物登记、抵押的效力、抵押权的实现以及最高额抵押作出了规定;第四章是对质押担保方式的规定,对动产质押和权利质押作出了规定;第五章和第六章则分别规定了留置担保方式和定金担保方式;第七章附则对动产与不动产的定义、担保合同的表现形式、担保物折价或变卖的价格确定、本法的例外以及实施日期作出了规定。

担保制度是民商事法律中的一项重要制度,其在维护市场经济秩序健康有序运行、维护当事人合法权益、维护司法公正和法律权威方面有着重要的作用。《担保法》为规制担保制度提供了基本的行为规范。

三、农村土地承包法

《中华人民共和国农村土地承包法》于2002年8月29日由第九届全国人大常委会第二十九次会议通过,并于同日由国家主席江泽民签署第七十三号主席令予以公布。于2009年8月27日第十一届全国人大常委会第十次会议《关于修改部分法律的决定》第一次修正;根据2018年12月29日第十三届全国人大常委会第七次会议《关于修改〈中华人民共和国农村土地承包法〉的决定》进行第二次修正。

《农村土地承包法》的起草工作,始于1999年1月。《农村土地承包法》是1949年中华人民共和国成立以来所通过的第一部涉及农村土地承包的相关法律。其发展历程大致可以分为几个阶段:

第一阶段:按照第九届全国人大常委会立法规划的要求,全国人大农业与农村委员会组成了由有关部门领导和专家学者参加的《农村土地承包法》起草组,于1999年1月着手起草草案。2002年8月29日第九届全国人大常委会第二十九次会议通过了《农村土地承包法》,并于同日由国家主席江泽民签署第七十三号主席令予以公布。

第二阶段:2009年8月27日第十一届全国人大常委会第十次会议通过了《关于修改部分法律的决定》,该决定同意删去《农村土地承包法》第16条、第59条,这是《农村土地承包法》第一次修正。

第三阶段:2018年12月29日,第十三届全国人大常委会第七次会议表决通过了关于修改农村土地承包法的决定。此次农村土地承包法根据国家经济发展和农村土地政策做出了重大修改。

（一）2002 年《农村土地承包法》的制定与出台

以家庭承包经营为基础、统分结合的双层经营体制是党在农村的一项基本政策，调动了广大农民生产的积极性，促进了农村经济的发展。1993 年，中共中央提出"在原定的耕地承包期到期之后，再延长 30 年不变"，受到广大农民的拥护。中共十五届三中全会通过的《中共中央关于农业和农村工作若干重大问题的决定》明确提出："要坚定不移地贯彻土地承包期再延长三十年的政策，同时要抓紧制定确保农村土地承包关系长期稳定的法律法规，赋予农民长期而有保障的土地使用权。"实施二十多年来，中国农村土地承包政策已逐步成熟，农民也亟须立法保障其在农村土地承包中的权利。

按照第九届全国人大常委会立法规划的要求，全国人大农业与农村委员会组成了由有关部门领导和专家学者参加的《农村土地承包法》起草组，于 1999 年 1 月着手起草草案。起草组在深入调查研究和广泛征求意见的基础上，经过反复论证、多次修改，拟定了草案。2002 年 8 月 29 日第九届全国人大常委会第二十九次会议通过，并于同日由国家主席江泽民以签署第七十三号主席令予以公布。

《农村土地承包法》在制定过程主要体现了以下原则：一是以维护农村土地承包关系的长期稳定为第一要义；二是坚持自愿、公开、公平、公正的原则，正确处理国家、集体、农民三者的利益关系；三是在稳定承包关系的基础上，支持和保护土地承包经营权依法自愿、有偿流转；四是注意与延包工作的实践相衔接，确认延包合同有效，本法实施后，凡符合国家有关规定的，不得再进行变更或者调整；五是原则性与灵活性相结合，考虑到各地情况差别很大，对一些问题只作原则性规定，给地方制定具体办法留有一定的空间。[53]

2002 年《农村土地承包法》共 5 章 65 条。分为总则、家庭承包、其他方式的承包、争议的解决和法律责任、附则共五章，突出家庭承包及土地承包经营权的保护和流转。本法所说的农村土地是指农民集体所有和国家所有依法由农民集体使用的耕地、林地、草地，以及依法用于农业的土地等。对农村土地，一般采取农村集体经济组织内部的家庭承包方式，不宜采取家庭承包方式的荒山、荒沟、荒丘、荒滩等农村土地，可以采取招标、拍卖、公开协商等方式承包。

第一章为总则部分，共计 11 条，分别规定了本法的制定目的；农村土地的认定方式；中国实行的农村土地制度；农村土地发包方以及承包方的主体资格限制等内容。

---

〔53〕 柳随年：《关于〈中华人民共和国农村土地承包法（草案）〉的说明》，载中国人大网：http://www.npc.gov.cn/wxzl/gongbao/2002-10/18/content_5300882.htm，最后访问日期：2019 年 7 月 4 日。

第二章分别规定了发包方和承包方的权利和义务;承包的原则和程序;承包期限和承包合同;土地承包经营权的保护;土地承包经营权的流转等五节内容,第二章为《农村土地承包法》重点章节,涉及诸多实体权利条款。《农村土地承包法》确定了耕地的承包期为 30 年。草地的承包期为 30 年至 50 年。林地的承包期为 30 年至 70 年;特殊林木的林地承包期,经国务院林业行政主管部门批准可以延长。

第三章为其他方式的承包,规定了不宜采取家庭承包方式的荒山、荒沟、荒丘、荒滩等农村土地,通过招标、拍卖、公开协商等方式承包的,适用本章规定。并对以其他方式承包农村土地的,作出了特殊规定。

第四章为争议的解决和法律责任。因土地承包经营发生纠纷的,双方当事人可以通过协商解决,请求村民委员会、乡(镇)人民政府等调解、向农村土地承包仲裁机构申请仲裁,向人民法院起诉等方式进行解决。第 53 条规定:"任何组织和个人侵害承包方的土地承包经营权的,应当承担民事责任。"

第五章为附则,对本法实施以前所进行的承包、预留机动地等问题进行了规定,并且赋予各省、自治区、直辖市较大自主权,可根据实际情况,制定实施办法。第 65 条规定:"本法自 2003 年 3 月 1 日起施行。"

(二)2009 年《农村土地承包法》的修正

2009 年 8 月 27 日第十一届全国人大常委会第十次会议通过《关于修改部分法律的决定》,该决定中明确将《农村土地承包法》第 16 条、第 59 条中的"征用"修改为"征收、征用",此为《农村土地承包法》的第一次修正。

(三)2018 年《农村土地承包法》的修正

1. 修改农村土地承包法的必要性

实行以家庭承包经营为基础、统分结合的双层经营体制,是农村改革的重大成果,是《宪法》确立的农村基本经营制度。《农村土地承包法》自 2003 年施行以来,对稳定农村基本经营制度,赋予农民长期而有保障的土地承包经营权,增加农民收入,促进农业、农村经济健康发展和农村社会和谐稳定,发挥了重大作用。

中共十八大以来,中共中央对稳定和完善农村基本经营制度、深化农村集体土地制度改革提出一系列方针政策。中共十九大报告明确提出第二轮土地承包到期后再延长 30 年。从农业农村的现实情况看,随着富余劳动力转移到城镇就业,各类合作社、农业产业化龙头企业等新型经营主体大量涌现,土地流转面积不断扩大,规模化、集约化经营水平不断提升,呈现"家庭承包,多元经营"格局。农业产业化、水利化、机械化及科技进步等,都对完善农村生产关系提出新的要求。把实践检验行之有效的农村土地承包政策和成功经验及时转化为法律规范,是修改农村土地承包法首先要考虑的问题。适应农村生产力发展的新要求,稳定和完善适合国情的农村基本经营制度,是修改农村土地承包法的基本出发点。[54]

2015 年,第十二届全国人大常委会将修改农村土地承包法列入立法规划中,由全国人大农业与农村委员会牵头修改,中央农办、农业部等部门参与。在修改过程中,作了广泛深入的调查研究,认真听取 31 个省的基层干部和农民群众、有关部门和相关专家的意见,形成了农村土地承包法修正案草案。经过三年的调研、论证、沟通协调工作和多次修改,2018 年 12 月 29 日下午,第十三届全国人大常委会第七次会议表决通过了关于修改农村土地承包法的决定。修订后的《农村土地承包法》共 5 章 70 条,自 2019 年 1 月 1 日起施行。

2. 农村土地承包法修改的总体思路及主要内容

农村土地承包法修改的总体思路是:全面贯彻中共十八大、十九大和历次中央全会精神,围绕处理好农民和土地的关系这条主线,坚持农村基本经营制度不动摇,进一步赋予农民充分而有保障的土地权利,为提高农业农村现代化水平,推动实施乡村振兴战略和城乡融合发展,保持农村社会和谐稳定提供制度保障。[55] 修改的主要内容为:

第一,"三权分置"制度的法制化。中共十八届三中全会《中共中央关于全面深化改革若干重大问题的决定》强调:"赋予农民对承包地占有、使用、收益、流转及承包经营权抵押、担保权能,允许农民以承包经营权入股发展农业产业化经营。"2016 年中央一号文件正式提出,"稳定农村土地承包关系,落实集体所有权,稳定农户承包权,放活土地经营权"。由此,农地三权分置被正式明确。修改后的《农村土地承包法》将三权分置制度化法律化。家庭承包方式取得的土地承包经营权可以自己经营,也可以保留土地承包权,流转其承包地的土地经营权,由他人经营。同时,明确了土地承包权和土地经营权的权能。承包方可以自主决定依法采取出租(转包)、入股或者其他方式向他人流转土地经营权。承包方可以用承包地的土地经营权向金融机构融资担保。受让方通过流转取得的土地经营权,经承包方书面同意并向发包方备案,可以向金融机构融资担保。为了加强对土地承包权的保护,承包土地的经营权流转后,承包方与发包方的承包关系不变,承包方的土地承包权不变。

第二,进一步稳定农村土地承包关系。"三农"问题最核心的问题就是维护好农村秩序,维护好农村秩序的关键就在于要稳定农村土地承包关系,修改后的《农村土地承包法》进一步延长了土地的承包期。第 21 条修改为:"耕地的承包期为三十年。草地的承包期为三十年至五十年。林地的承包期为三十年至七十年。前款

---

〔54〕《农村土地承包法修正案草案解读》,载中国人大网:http://www.npc.gov.cn/npc/xinwen/lfgz/2017-11/02/content_2031279.htm,最后访问日期:2019 年 6 月 26 日。

〔55〕柳随年:《关于〈中华人民共和国农村土地承包法(草案)〉的说明》,载中国人大网:http://www.npc.gov.cn/wxzl/gongbao/2002-10/18/content_5300882.htm,最后访问日期:2019 年 7 月 4 日。

规定的耕地承包期届满后再延长三十年,草地、林地承包期届满后依照前款规定相应延长。"

第三,保护进城农民的土地利益。近年来,越来越多的农民选择进城务工,进城后其原有的承包地如何处理一直被社会所热议。修改后的《农村土地承包法》明确保护进城农户的土地承包经营权。第 27 条第 2 款、3 款规定:"国家保护进城农户的土地承包经营权。不得以退出土地承包经营权作为农户进城落户的条件。承包期内,承包农户进城落户的,引导支持其按照自愿有偿原则依法在本集体经济组织内转让土地承包经营权或者将承包地交回发包方,也可以鼓励其流转土地经营权。"

第四,进一步加强对农村妇女土地权益的保护。修改后的《农村土地承包法》为了实现对农村妇女土地权益的保护,增加了两项规定:一是第 16 条强调:"农户内家庭成员依法平等享有承包土地的各项权益。"二是第 24 条第 2 款规定:"土地承包经营权证或者林权证等证书应当将具有土地承包经营权的全部家庭成员列入。"这些新规定都有利于保护农村妇女的土地承包利益。

四、土地管理法

早在 20 世纪 50 年代,中国就进行过土地普查,并且颁布了《铁路留用土地办法》《公路留用土地办法》《国家建设征用土地办法》《水土保持暂行纲要》等土地法规。20 世纪六七十年代,在一些有关的法规中对土地的保护和利用也作过相应的规定。1982 年 2 月 13 日国务院发布了《村镇建房用地管理条例》,1982 年 5 月 14 日国务院公布了《国家建设征用土地条例》,用于规范中国的土地管理。1986 年 6 月 25 日第六届全国人大常委会第十六次会议通过了《中华人民共和国土地管理法》,自 1987 年 1 月 1 日起施行,上述两个条例同时废止。

《土地管理法》共 7 章 57 条,对土地的所有权和使用权、土地的利用和保护、国家建设用地、乡(镇)村建设用地和法律责任进行了分章规定。明确规定立法目的是加强土地管理,维护土地的社会主义公有制,保护、开发土地资源,合理利用土地,切实保护耕地,适应社会主义现代化建设的需要。规定中华人民共和国实行土地的社会主义公有制,即全民所有制和劳动群众集体所有制。法律规定了全民所有的土地范围,承认集体所有的土地的现状,规定了土地的使用权和权属登记、土地有偿使用制度、用地申请审批制度、土地承包制度、建设用地的严格审批程序、对权属争议及侵犯土地所有权和使用权的行为的处理以及违反土地管理法的法律责任。

1988 年 12 月 29 日第七届全国人大常委会第五次会议通过了《关于修改〈中华人民共和国土地管理法〉的决定》,对《土地管理法》进行了第一次修正,自公布之日起施行。

1988 年 4 月 12 日,第七届全国人大常委会第一次会议通过的《宪法修正案》删除了第10条第4款中禁止土地出租规定，同时增加了“土地的使用权可以依照法律的规定转让”的规定。为了适应宪法的修改，及时落实土地使用制度改革的成果，将原《土地管理法》第2条也删除了禁止土地出租的规定，第2条增加两款，作为第4款、第5款：“国有土地和集体所有的土地的使用权可以依法转让。土地使用权转让的具体办法，由国务院另行规定。”“国家依法实行国有土地有偿使用制度。国有土地有偿使用的具体办法，由国务院另行规定。”这些规定为国有土地进入市场奠定了法律基础。同时将第40条修改为：“乡（镇）村公共设施、公益事业建设，需要使用土地的，经乡级人民政府审核，向县级人民政府土地管理部门提出申请，按照省、自治区、直辖市规定的批准权限，由县级以上地方人民政府批准。”

1988年《土地管理法》的修改对法律责任进行了进一步明确规定：“买卖或者以其他形式非法转让土地的，没收非法所得，限期拆除或者没收在买卖或者以其他形式非法转让的土地上新建的建筑物和其他设施，并可以对当事人处以罚款；对主管人员由其所在单位或者上级机关给予行政处分。”“违反法律规定，在耕地上挖土、挖沙、采石、采矿等，严重毁坏种植条件的，或者因开发土地，造成土地沙化、盐渍化、水土流失的，责令限期治理，可以并处罚款。”“本法规定的行政处罚由县级以上地方人民政府土地管理部门决定，本法第四十五条规定的行政处罚可以由乡级人民政府决定。当事人对行政处罚决定不服的，可以在接到处罚决定通知之日起十五日内，向人民法院起诉；期满不起诉又不履行的，由作出处罚决定的机关申请人民法院强制执行。”第52条增加第2款：“受到限期拆除新建建筑物和其他设施的处罚的单位和个人，必须立即停止施工。对继续施工的，作出处罚决定的机关有权制止。拒绝、阻碍土地管理工作人员依法执行职务的，依照治安管理处罚条例的有关规定处罚。”

1986年通过、1988年修正的《土地管理法》在加强土地管理，保护耕地方面，起到了积极的作用。但是随着市场经济的发展，也存在着建设用地“分级限额审批”制度不能控制建设用地总量，缺乏对土地资产管理的规定，造成大量国有土地流失等问题。为了解决中国耕地面积逐渐减少、质量差、后备资源不足的问题，1997年4月15日，中共中央下发了《关于进一步加强土地管理保护耕地的通知》。国家土地管理局成立专门的《土地管理法》修改小组，在深入调查研究、广泛听取意见和借鉴国外经验的基础上，反复研究修改，形成了修订草案，提交1998年4月26日第九届全国人大常委会第二次会议审议。会后根据各方面的意见对修订草案进行了修改，提交第九届全国人大常委会第三次会议二审，1998年8月29日第九届全国人大常委会第四次会议通过，自1999年1月1日起施行。

1998年对《土地管理法》进行了全面的修订，全文只有2条没有修改。修改的核心是确立了以耕地保护为核心的土地用途管制制度，强化了国家管理土地的职能,为严格的土地管理法律制度确定了框架体系。修改的主要内容包括:将“十分珍惜、合理利用土地和切实保护耕地”的基本国策写入法律;立法指导思想从保护建设用地供应转向切实保护耕地,新增“耕地保护”一章,写入了耕地总量动态平衡的目的,明确了省级人民政府保护耕地的责任,确立耕地占补平衡制度;在土地管理方式上,从分级限额审批制度向用途管制制度转变,分级审批制度只根据项目和土地面积,而不根据土地用途来划分,修订后的《土地管理法》第 4 条规定“国家实行土地用途管制制度。国家编制土地利用总体规划,规定土地用途,将土地分为农用地、建设用地和未利用地。严格限制农用地转为建设用地,控制建设用地总量,对耕地实行特殊保护”;新增“监督检查”一章,明确规定了执法监察的主体、对象、执法的手段和行政处罚;删除了 1986 年《土地管理法》中“乡级人民政府负责本行政区域内的土地管理工作”的规定,修订后的《土地管理法》规定“国务院土地行政主管部门统一负责全国土地的管理和监督工作。县级以上地方人民政府土地行政主管部门的设置及其职责,由省、自治区、直辖市人民政府根据国务院有关规定确定。”

以上修改为下一步国土资源管理改革清扫了障碍,改变了过去“有偿使用”和“出让”相等同的做法,规定“建设单位使用国有土地,应当以出让等有偿方式取得”,为之后的土地租赁、土地作价出资等方式留下了法律空间。此外,还注重对公民土地财产权利的保障,强化了对国有土地资产的管理,对进一步推进土地管理改革作了方向性规定。[56]

2004 年 8 月 28 日第十届全国人大常委会第十一次会议《关于修改〈中华人民共和国土地管理法〉的决定》,对《土地管理法》进行了第二次修正。此次修正主要是依据2004 年 3 月 4 日第十届全国人大常委会第二次会议通过的《宪法修正案》第 20 条“国家为了公共利益的需要,可以依照法律规定对土地实行征收或者征用并给予补偿”的规定,将《土地管理法》第 2 条第 4 款“国家为了公共利益的需要,可以依法对集体所有的土地实行征用。”修改为“国家为了公共利益的需要,可以依法对土地实行征收或者征用并给予补偿”。并将第 43 条第 2 款、第 45 条、第 46 条、第 47 条、第 49 条、第 51 条、第 78 条、第 79 条中的“征用”修改为“征收”。

第四节　亲属法与继承法

一、婚姻法

中国社会主义婚姻家庭立法,经历了一个漫长的发展过程。马克思曾经指出,

---

〔56〕 甘藏春:《一部关系中华民族可持续发展的重要法律——〈中华人民共和国土地管理法〉修订简介》,载《人大工作通讯》1998 年第 19 期。

在生产、交换和消费发展到一定阶段上,就会有一定的社会制度、一定的家庭、等级或阶级组织。婚姻家庭制度是一定社会的缩影,中国社会主义婚姻家庭立法的发展过程,就是中国社会变革的反映。其发展历程大致可以分为几个阶段:

第一阶段是从1950年《婚姻法》的制定出台到1980年《婚姻法》的发展变化。这一阶段主要体现在社会主义婚姻家庭立法的初步探索和确定方针,以及取得的成就与历史意义。

第二阶段是从1980年通过的《婚姻法》到2001年修正《婚姻法》的进一步发展。这一阶段主要体现在1980年《婚姻法》修订的时代背景及修订要点。

第三阶段是从2001年《婚姻法》的修正至今。这一阶段主要体现在2001年修正《婚姻法》的特殊时代背景、出台前后的社会争论和此后出台的三个最高人民法院关于适用《婚姻法》的司法解释以及2018年最新出台的关于审理夫妻债务纠纷案件适用法律有关问题的解释。

(一)1950年《婚姻法》

1.1950年《婚姻法》出台前的探索和实践

在中华人民共和国成立前夕,1949年9月《中国人民政治协商会议共同纲领》宣布"中华人民共和国废除束缚妇女的封建制度,妇女在政治的、经济的、文化教育的、社会的生活各方面,均有与男子平等的权利。实行男女婚姻自由。"这一具有临时宪法性质的文件对妇女社会地位的宣告和确定,为后期《婚姻法》的出台奠定了基础。

在前期走访调查的过程中,中共中央妇女运动委员会(以下简称中央妇委)了解到社会对于新婚姻法关注较多的问题在于"离婚自由问题"[57]。这是源于中国社会在封建礼教下桎梏了几百年,广大青年男女长期饱受封建包办婚姻的痛苦,强烈渴望婚姻自由,并且希望通过法律途径结束非自由意志建立的婚姻关系。这在中央妇委对于婚姻问题的专题调查中有所体现:在山西、河北、察哈尔等省已解放的农村中,婚姻案件占民事案件的比例,少的占33.3%,最多的占99%。在北平、天津、西安、哈尔滨等已解放的城郊,婚姻案件少则占民事案件中的11.9%,多的占48.9%。在婚姻案件中离婚及解除婚约的,在上述农村中平均占54%,城市或城郊中少则占51%,多则占84%。离婚原因主要是包办、强迫、买卖婚姻、虐待妇女、重婚、通奸以及遗弃等,约占婚姻案件的70%—80%;女方是原告,提出离婚的约占58%—92%。[58] 这证明婚姻自由是广大群众特别是妇女的迫切要求。

1950年2月28日,最高人民法院给广州市人民法院《关于目前一般婚姻、贪污

---

〔57〕 周由强:《当代中国婚姻法治的变迁(1949—2003)》,中共中央党校2004年博士学位论文。

〔58〕 罗琼、段永强:《罗琼访谈录》,中国妇女出版社2000年版,第102—103页。

案件的处理原则的指示》中指出了目前处理婚姻案件的几点原则性意见[59]:(1)男女婚姻自由,一切包办强迫和买卖婚姻制度均已废除,但在解放前已成事实的不予追究;(2)离婚以自由自愿为原则,革命军人配偶离婚办法,暂时参考前晋冀鲁豫、陕甘宁、晋察冀各边区暂行婚姻条例精神处理;(3)离婚妇女可以要求从家庭财产中分得自己应有的一份;(4)子女不因父母离婚而消灭其血亲关系。

以上这几点原则性意见体现了《婚姻法》的几大基本原则,主要包括:婚姻自由、一夫一妻、夫妻平等、保护妇女和儿童等。

2. 1950年《婚姻法》的制定与出台

早在1948年冬,中央妇委和中共中央法律委员会就已经着手准备起草婚姻法草案,中华人民共和国成立以后,先后经法制委员会与全国民主妇女联合会及其他有关机关代表联席会议原则通过,政务院政治法律委员会第四次会议修正通过,又经过政务院第二十二次会议讨论,并由毛泽东主持、由中央人民政府委员会副主席、委员、政务院总理、副总理和委员以及政协全国委员会常务委员等参加的联席座谈会讨论两次。[60]

与此同时,中央妇委和中共中央法律委员会还向各民主党派、地方司法机关、内务部和部分地方民政机关、妇女团体及其他群众团体、部分少数民族代表等征求意见;研究各解放区相关婚姻条例、人民法院工作报告、专题总结、判决书、调解书、统计材料等,并对有关婚姻问题进行实地调查,理论和实际相结合;还翻译出版了苏联和其他国家有关法典和书籍,参考了中国历史上有关婚姻制度的某些史料。对某些专门性问题(如中表婚与遗传影响问题等)也曾做了些调查研究。[61]

1950年4月13日,陈绍禹在中央人民政府委员会第七次会议上作了《关于中华人民共和国婚姻法起草经过和起草理由的报告》。《中华人民共和国婚姻法》于1950年4月13日经中央人民政府委员会第七次会议通过。1950年4月30日中央人民政府发布《关于公布施行中华人民共和国婚姻法的命令》。

3. 1950年《婚姻法》的历史意义及社会影响

1950年颁布的《婚姻法》是中华人民共和国颁布的第一部法律,是中国人民长期革命斗争,特别是“五四”运动以来反封建斗争经验的结晶之一,是中国广大人民的历史性创造。《婚姻法》的颁布稳定了中华人民共和国成立初期的家庭生活,从“家庭细胞”的微观角度将旧中国所遗留的封建主义逐步清除,建立了新民主主义婚姻制度,建立了平等和睦的新式家庭。中华人民共和国的男女公民,特别是妇女群体,得到了婚姻自由和男女平等的权利,也更积极地参与中华人民共和国的建设

---

[59] 《最高人民法院关于目前对于一般婚姻、贪污案件的处理原则的指示》(1950年2月28日)。
[60] 张希坡:《中国婚姻立法史》,人民出版社2004年版,第204页。
[61] 张希坡:《中国婚姻立法史》,人民出版社2004年版,第204页。

活动和政治生活。

1950年《婚姻法》颁布后，特别是1953年贯彻《婚姻法》运动月后，中国出现了第一次离婚高潮，1953年法院受理的离婚案件高达117万件。据统计，1951年到1956年全国大约就有600万对夫妇离婚，积压已久的社会情绪，终于像地底下的岩浆从火山口喷涌而出。1955年，国务院又颁布了《婚姻登记办法》，这意味着男女双方只需到政府登记即可办理结、离婚事宜，同时也意味着从制度上进一步保护了中国人的婚姻自由。（见图4－3）更多的“父母之命”于此后宣告作废，当代中国的第一次离婚热潮也随之达到顶峰，《婚姻法》的出台改变了许多中国人的生活轨迹，乃至整个中国社会的思维与观念。

当时比较有争议的案件是1955年“罗抱一、刘乐群离婚案”。1945年，刘乐群经人介绍认识了丈夫罗抱一，罗抱一早年参加革命，是共产党员，当时对女方格外温柔体贴。结婚后刘乐群撤往后方生孩子，罗抱一甚至跨过雪山给她送来几十个鸡蛋，“每个都用棉花包好的”。中华人民共和国成立后，两人因工作需要两地分居，聚少离多，刘乐群逐渐感到丈夫的疏离，后来得知丈夫和一个辅仁大学的女大学生有了感情。在刘乐群怀着第三个孩子的时候，罗抱一提出要离婚，但当时组织上“为了挽救即将坠入资产阶级深渊”的罗抱一，不同意罗的要求，并给予他一定的处分，于是怀着双重不满的丈夫开始严酷地对待刘乐群。女方刘乐群在给《中国妇女》杂志编辑部寄来一封信中声泪俱下地控诉丈夫罗抱一的“负心行径”[62]，这封信公开发表在《中国妇女》1955年第11期上，接着杂志社推出了一场关于离婚和婚姻观念的大讨论。全国各地许多读者纷纷参与，主要围绕“婚姻有没有共同的标准?”“罗抱一是否沾染上了资产阶级的细菌?”“无产阶级的婚姻观是否应该被大力提倡?”等问题进行。大律师张思之曾提及自己最不能忘怀的是办理过的“一个半案子”，其中的“半件”民事案就是这起“罗抱一离婚案”。可见，当时这一案件在当时产生了非常大的影响，引发了人们关于婚姻法、关于婚姻本质、关于情与理的思索。

图4－3　登记结婚

20世纪50年代男女自由恋爱登记结婚热潮

[62]《50年婚姻法颁布引发离婚狂潮》，载网易网：http://help.3g.163.com/16/0430/07/BLSR354U00964JT6.Html，最后访问日期：2019年6月26日。

(二)1980年《婚姻法》

1.1980年《婚姻法》修订的时代背景

1978年国家实行改革开放的新政策。1978年是拨乱反正的一年,也是重拾法制的一年,对于婚姻家庭以及妇女运动同样也是极为重要的一年。在过去的10年中,由于政治运动的影响,婚姻法治领域也出现了一些新问题:在谈婚论嫁中"政治成分"成了主要判断因素,自20世纪50年代以来建立的以感情为基础的婚姻家庭关系再次被撕裂;包办婚姻、买卖婚姻、童养媳、借婚姻索取财物等封建陋习再次抬头,民众苦不堪言;更有甚者,许多青年男女因为恋爱婚姻问题而自杀、被杀。显然,1950年制定的《婚姻法》已经不再适应社会的需要,一些新需求、新问题亟须解决。

1978年3月5日第五届全国人大常委会第一次会议修正通过了《宪法》,其中规定:"妇女在政治的、经济的、文化的、社会的和家庭的生活各方面有同男子平等的权利""男女婚姻自主。婚姻、家庭、母亲和儿童受国家的保护""国家提倡和推行计划生育""国家特别关怀青少年的健康成长。"宪法的这一补充修订,可以视为党和国家对于此前"文化大革命"期间社会主义法制破坏严重的经验教训的总结,为切实大力落实"发扬社会主义民主,加强社会主义法制"的方针,也为进一步修改婚姻法提供了法律依据。

1978年10月7日,全国妇联主席康克清向中共中央呈送《关于再度建议修订婚姻法向中央的请示报告》,报告中对于以上存在的新情况新问题进行了陈述,并阐述了修订婚姻法的社会基础和现实需要。[63] 1978年10月,中央政法小组召开的座谈会提出着手修订婚姻法。1978年11月7日,根据中央对全国妇联关于修改婚姻法报告的批示,全国妇联邀请民政部、卫生部、最高人民法院等10个单位的负责人在北京开会,决定成立修改婚姻法小组,全国妇联主席康克清任组长。[64] 在1950年《婚姻法》的基础上,根据30年的实践经验和出现的新情况、新问题,进行了具体的修订工作。1980年9月2日,全国人大常委会法制委员会副主任武新宇作了《关于〈中华人民共和国婚姻法(修改草案)〉的说明》。主要说明以下问题:法定结婚年龄问题、离婚问题、财产继承问题,关于旁系血亲间禁止结婚问题,关于男方成为女方家庭成员的问题,少数民族地区制定变通补充的规定,以及婚姻法的实施等。[65]

修订后的《中华人民共和国婚姻法》于1980年9月10日经第五届全国人大常

---

〔63〕 1978年10月7日,全国妇联主席康克清向中央呈送的《关于再度建议修订婚姻法向中央的请示报告》。

〔64〕 周由强:《当代中国婚姻法治的变迁(1949—2003)》,中共中央党校2004年博士学位论文,第92页。

〔65〕 武新宇:《关于〈中华人民共和国婚姻法(修改草案)〉的说明》,载《国务院公报》1980年第13期。

委会第三次会议正式通过，自1981年1月1日起开始施行。同时宣布1950年5月1日颁布施行的《婚姻法》自本法施行之日起废止。

2. 1980年《婚姻法》的主要修订和补充

1980年《婚姻法》对于1950年《婚姻法》的修改主要可以体为以下几个方面：

第一，婚龄问题。婚龄问题与20世纪70年代实行的"计划生育政策"联系在一起。计划生育是中华人民共和国成立以来对于社会生活风尚和习俗观念的重要转变，在此前人们的普遍观念的"多子多福""养儿防老"，并且由于医疗水平低，人口死亡率高，家庭生育过少不利于生产建设和国防储备。但随着经济水平的发展，中国逐渐呈现了"高生育率、低死亡率"的现象，人口增长速度过快，国家因此出台"计划生育政策"，这一政策同时影响着社会家庭结构和生育观念。由于计划生育政策的影响，对婚龄问题也产生了新的讨论。1950年《婚姻法》对于婚龄的规定是"男20岁，女18岁"，随着社会对于"少生优生""晚婚晚育"的普遍认可，最后在走访调查的基础上，1980年《婚姻法》对于新的婚龄确定为"男22岁，女20岁"。

第二，离婚问题。离婚问题的修订体现了从20世纪50年代相对"过激"的离婚政策，到在社会主义新形势下提倡夫妻之间和谐互助，建设民主和睦的家庭的转变。20世纪50年代出台的《婚姻法》可以视为是对封建礼教枷锁的挣脱和断绝，因此对于离婚问题采取的态度主要是"坚决""充分尊重个人自由"，只要男女一方坚决要求离婚，经调解无效即可离婚。但在《婚姻法》实施的30年中，轻率离婚也导致了道德水平下降，离婚率高居不下的现象，原有的婚姻家庭稳定性被破坏，也在一定程度上损害了家庭作为社会基本单元的凝聚作用。1980年《婚姻法》在修订过程中特别注意了对离婚问题的规定："如感情确已破裂，调解无效，应准予离婚"，并且强调人民法院在审理过程中要注意判断感情是否破裂，这样一来就赋予了法院较大的裁量权，也使离婚问题的解决更加灵活，也更适应社会发展需要。

第三，家庭关系问题。1980年《婚姻法》在家庭关系的规定：(1)夫妻关系上，除了保留原有对夫妻平等权利的规定，还增加了关于"实行计划生育的义务"。(2)亲子关系上，除重申亲子之间互有抚养教育和赡养扶助的义务之外，还增加了"父母不履行抚养义务时，未成年的或不能独立生活的子女，有要求父母付给抚养费的权利""子女不履行赡养义务时，无劳动能力的或生活困难的父母，有要求子女给付抚养费的权利"的规定，并同时明确规定"父母有管教和保护未成年子女的权利和义务，以及对于未成年子女造成的损害，负有赔偿经济损失的义务"。(3)祖孙和兄弟姊妹关系上，这一方面的关系被列入新婚姻法的调整规范。规定"祖父母、外祖父母和孙子女、外孙子女之间存在抚养和赡养的义务，兄、姊，对于未成年的弟、妹有抚养义务”。[66]

3. 1980 年《婚姻法》修订背后的社会讨论

1980 年对《婚姻法》的修改中最难处理的是关于离婚的规定。1950 年《婚姻法》中有关的离婚表述有两点。第一,“男女双方自愿离婚的,准予离婚”。对这一项普遍无异议。第二,“男女一方坚决要求离婚的,经区人民政府和司法机关调解无效时,亦准予离婚”。而这条规定引起了一场争论。

对于第二点的争论:一种观点认为,该规定完全正确,是对人们感情生活的理性尊重。情感是维系婚姻的伦理契约,强制感情已破裂的两人同住屋檐下,只会压制并扭曲人性,随时可能爆发一场后果难料的冲突。持这种观点的人中,城里人、知识界和领导干部居多。一些学者引用恩格斯的经典言论:“没有感情的婚姻是不道德的婚姻。”这种主张,当时被称为“感情说”。

另一种观点认为,一方坚决要求离婚,调解无效就能离,这实际为婚外恋等不道德行为打开了方便之门。他们主张:一方要求离婚,理由正当的,准予离婚;理由不正当的,不准离婚。所谓理由不正当,主要是喜新厌旧、另寻新欢、“第三者插足”之类。这种主张,当时被称为“理由说”。两方各持己见。这一条应该如何修改,其实质是法律支持和提倡何种婚姻的问题。

婚姻自由也包含离婚自由。不能用法的强制力维持感情破裂的婚姻,这是离婚自由的底线。为此,法制委员会在彭真的指导下提出了修改方案:“人民法院审理离婚案件,应当进行调解;如感情确已破裂,调解无效,应准予离婚。”

在表决程序中,争论的焦点主要是“感情确已破裂”这一限制,支持意见认为“合理可行”,反对意见认为“难以操作”,最后表决结果,赞成修改方案占大多数,修改方案获得了通过。[67]

(三)2001 年《婚姻法》的修正

1. 2001 年《婚姻法》的修改和出台

随着改革开放的深入,社会主义市场经济的快速发展,中国在政治、经济、社会、文化等诸多方面都发生了重大变革,婚姻家庭方面也出现了新的风貌和新的问题。

新的风貌主要表现在公民的权利法治意识的增强和婚姻法基本原则的深入人心。进入 21 世纪,人们的思想观念发生了很大的转变,婚姻法所体现的基本原则已经被普遍接受,婚姻自由成为主流,民主和谐的家庭结构也愈加清晰。

新的问题则主要表现在婚恋问题上有放任、轻率的倾向,离婚率逐年上升,家

---

〔66〕 张希坡:《中国婚姻立法史》,人民出版社 2004 年版,第 232 页。

〔67〕 张春生:《1980 年婚姻法修改背后的故事》,载中国人大网:http://www.npc.gov.cn/npc/xinwen/2014-09/29/content_1880290.htm,最后访问日期:2019 年 6 月 26 日。

庭暴力时有发生。在司法实践中,1980 年《婚姻法》存在的缺陷日益显露,比如规定内容过于原则,不便于实际操作、规定的内容已经和社会发展脱节,需要制定新的符合社会发展需要的规定指导婚姻家庭建设等,再次修改婚姻法的呼声愈加强烈。

早在 1990 年,中国法学会婚姻法学研究会编的《当代中国婚姻家庭问题》一书中,就已经提出要完善婚姻家庭法制的立法建议。1993 年,全国人大常委会内务司法委员会主持召开了修改婚姻法的论证会,与会代表一致认为,修改婚姻法是必要的也是可行的。[68]

1995 年 10 月,根据第八届全国人大常委会第十六次会议的决定,将修改婚姻法列入立法规划。全国人大法工委在前期工作的基础上,于 2000 年 8 月形成了婚姻法修正案的第一稿,10 月提交第九届全国人大常委会第十八次会议进行审议。全国人大常委会法制工作委员会副主任胡康生于 10 月 23 日向会议作了《关于〈中华人民共和国婚姻法〉修正案(草案)的说明》[69],主要对重婚问题、家庭暴力、结婚条件及无效婚姻、夫妻财产制、离婚问题,保障老年人权益和关于法律责任等问题加以说明,这些都是对 1980 年《婚姻法》作出较大修改的重点问题。[70]

2000 年 1 月 11 日,全国人大常委会决定将《婚姻法修正案(草案)》向全社会公布,征求全民意见。2000 年 4 月全国妇联在全国范围组织展开《婚姻法》修订民众意愿调查。经过长期调查和反复讨论,2001 年 4 月 28 日,第九届全国人大常委会第二十一次会议正式投票表决通过了《关于修改〈中华人民共和国婚姻法〉的决定》。同日国家主席江泽民签署主席令,公布上述决定,自公布之日起施行。

2. 2001 年《婚姻法》修正的特征

从前述婚姻法的修正背景可知,对于婚姻法的修改需求自 20 世纪 90 年代就已经有所体现,并在中旬开始筹措酝酿。为什么距离上次修订婚姻法仅 10 年间就再次产生了修正婚姻法的需要呢? 这和当时的特殊社会环境和背景有着密切联系。随着改革开放的深入,人们思想变化相对于前几十年而言频率更高,社会各界所接触的信息相对于从前而言也是呈爆炸式增长,许多外国的思潮、观念和生活方式也随着国际间的开放往来而涌入,对中国的原有的社会结构产生了深刻影响。

与此同时,社会主义市场经济的发展极大地刺激了公民在财产方面的自由程度,也催生了在婚姻家庭中对于财产占有、所有、分配和消费的新问题,人们在一段婚姻中除了要求情感上的自由,也越来越关注自身的财产安全和所得收益。一些过去为社会所普遍认同的婚姻家庭观念发生变化,并且反映在公民的社会生活和

---

〔68〕 张希坡:《中国婚姻立法史》,人民出版社 2004 年版,第 245 页。

〔69〕 胡康生:《关于〈中华人民共和国婚姻法〉修正案(草案)的说明》,载中国人大网:http://www.npc.gov.cn/npc/lfzt/rlys/2014-10/24/content_1882720.htm,最后访问日期:2019 年 6 月 26 日。

〔70〕 张希坡:《中国婚姻立法史》,人民出版社 2004 年版,第 246 页。

经济生活中的道德水平下降现象也折射到家庭关系上,使传统的婚姻家庭价值观念体系正在经受严峻的挑战,如"包二奶""家庭暴力"等具有时代背景特色的现象显现,再一次冲击着家庭作为社会单元细胞发挥社会生产和建设的作用,因此对于婚姻法的修正再次提上日程。

此次修正婚姻法同样在社会和学界产生了广泛而深刻的讨论,其中最重要的讨论集中于婚姻法是解决道德问题还是法律问题,这是一个基本问题,关系到婚姻法的整个立法精神以及如何指导实践审判,因此学者们也都纷纷表达了自己的观点。

一些学者、立法者力主应在婚姻家庭法中规定夫妻之间负有忠实义务,且违反此义务之配偶及"第三者"都将承担民事责任。[71] 但这一观点被很多人反对,原因主要在于法律和道德应该存在边界,法律的主要宗旨不是用来制止不道德行为的,而是在于维护社会稳定,保障公民的合法权益。婚姻中的道德问题应该仅保留在道德层面,而不应该和法律规定相混淆。

例如,生命伦理专家邱仁宗认为非婚同居、婚外恋等行为,固然不符合我们倡导的婚姻道德,但如果把对这些行为的惩戒列入法律,不管最初的动机如何,它将必然是残酷的和虚伪的,也是对现代婚姻法制的一种倒退和反动。律师杨支柱提出"婚姻法最重要的是保护私人生活的自主权",法学专家信春鹰提出"感情不能靠法律治理",法学学者王建勋也认为夫妻间的忠实义务更多的是一项法律义务而非道德义务,法律不能也难以控制公民实际的性行为,如果硬要将其规定为法律义务,只会形同虚设,使其遭到蔑视而损害法律的权威。[72]

对于这个问题的讨论体现了在新时代背景下,人们对于法律所发挥的规范作用的要求和态度,这一讨论的不同观点也在法律修正过程中被借鉴吸收。为了方便具体实际操作,2001 年《婚姻法》修正以后,又相继出台了三部关于婚姻法适用的司法解释,对于相关内容做出具体详细规定,用以解决现实中不断出现的新问题。

(四)关于《婚姻法》的司法解释

1. 婚姻法解释(一)

2001 年 12 月 24 日针对审判实践中遇到的法律适用疑难问题,最高人民法院出台了《关于适用〈中华人民共和国婚姻法〉若干问题的解释(一)》(以下简称《婚姻法解释(一)》),针对婚姻法修改后的一些程序性和审判实践中急需解决的问题

---

〔71〕 巫昌祯:《"婚外恋"是违反法律和道德的行为》,载《民主与法制》1997 年第 21 期;夏吟兰:《再谈"第三者"》,载《民主与法制》1997 年第 19 期;邓宏碧:《完善中国婚姻家庭制度的法律思考(下)》,载《现代法学》1997 年第 2 期。

〔72〕 李银河、马忆南主编:《婚姻法修改论争》,光明日报出版社 1999 年版,第 12 页、第 18 页、第 59 页、第 81 页。

作出解释,包括无效婚姻和可撤销婚姻的处理程序及法律后果、有配偶者与他人同居的界定以及夫妻间的财产关系等问题。

第一,无效婚姻和可撤销婚姻。无效婚姻和可撤销婚姻在申请主体上存在差别,《婚姻法解释(一)》规定申请宣告婚姻无效的,可以由利害关系人提出,但利害关系人的范围有严格限制。这一规定是由于婚姻关系更多的是涉及私人领域,本不应该由他人干涉,但如果婚姻关系的非法程度已经涉及他人利益和社会利益,则有必要赋予利害关系人提请宣告婚姻无效的请求。《婚姻法解释(一)》中反映了宣告婚姻无效是国家意志的体现,只要符合婚姻法规定的无效情形就可以宣告无效,而不用考虑当事人的意见。对于无效婚姻的判决可以一审宣判,并且不可上诉。[73]在可撤销婚姻方面,明确规定的可撤销婚姻只有胁迫婚姻这一种,《婚姻法》第11条规定:"因胁迫结婚的,受胁迫的一方可以向婚姻登记机关或人民法院请求撤销该婚姻。受胁迫的一方撤销婚姻的请求,应当自结婚登记之日起一年内提出。被非法限制人身自由的当事人请求撤销婚姻的,应当自恢复人身自由之日起一年内提出。"《婚姻法解释(一)》第10条针对上述法条进行了解释规定:"婚姻法第十一条所称的'胁迫',是指行为人以给另一方当事人或者其近亲属的生命、身体健康、名誉、财产等方面造成损害为要挟,迫使另一方当事人违背真实意愿结婚的情况。因受胁迫而请求撤销婚姻的,只能是受胁迫一方的婚姻关系当事人本人。"由此我们可以发现,请求撤销受胁迫婚姻的效力的主体只能是受胁迫一方本人,其他人均无权提出。这样的立法意图主要是因为赋予受胁迫一方请求撤销婚姻的权利,可以使其自由表达自己的意愿,无须再由他人介入,也可以最大限度尊重个人生活。

第二,对"有配偶者与他人同居"的界定。这一概念经常会和"婚外恋""重婚"等行为联系起来,因此有必要在司法解释中对其进行明确界定。"有配偶与他人同居"的情形是指有配偶者与婚外异性,不以夫妻名义持续、稳定地共同居住。这和"重婚"不同,重婚是指有配偶而重婚或明知他人有配偶而与之结婚,是一种犯罪行为,由刑法进行调整。也和"婚外恋"不同,判断是否构成"与他人同居"的关键在于双方关系在时间上的持续性、关系的稳定性和是否共同居住生活等方面。在对这一概念进行规定时,曾就是否应该对同居期限作出明确规定产生过分歧,最终的司法解释态度是赋予法官自由裁量权,而并不"一刀切"地规定同居期限,做到具体案件具体审理。

第三,夫妻间的财产问题。《婚姻法》第17条规定,夫妻双方对共同所有的财产,有平等的处理权。在实践中可以将共同财产分为两类处理:一类是因日常生活需要而进行的处分(如买菜等小额支付行为)任何一方都有权决定;另一类是不基

---

〔73〕 王建华:《婚姻无效不可调解——新婚姻法首部司法解释出台》,载《兵团工运》2002年第3期。

于日常生活需要,对于夫妻共同财产有重大影响的处分,应由夫妻进行平等协商,共同决定。对于夫妻一方所有财产是否会因为婚姻关系的延续转变为夫妻共同财产的问题,《婚姻法解释(一)》明确规定,夫妻一方所有的财产,不因婚姻关系的延续而转化为夫妻共同财产。这也废除了以前公布的与现行法律相冲突的相关司法解释。过去曾有司法解释规定,对于一方婚前所有的财产,如双方共同生活达到一定期限的,视为夫妻共同财产。而按现行法律规定,夫妻一方所有的财产,如无特别约定,仍归一方所有。在这一点上,《婚姻法解释(一)》的有关规定与婚姻法保持了一致。[74]

2. 婚姻法解释(二)

2003 年 12 月 26 日,最高人民法院出台了《关于适用〈中华人民共和国婚姻法〉若干问题的解释(二)》(以下简称《婚姻法解释(二)》),主要针对彩礼应否返还、夫妻债务处理、住房公积金及知识产权收益等款项的认定、军人复员费及自主择业费的处理等问题。

引起较多争论的是《婚姻法解释(二)》第 24 条的规定,关于这一条款的规定有着较为复杂的社会背景。2001 年颁布的《婚姻法》第 41 条规定:"离婚时,原为夫妻共同生活所负的债务,应当共同偿还";第 19 条第 3 款规定:"夫妻对婚姻关系存续期间所得的财产约定归各自所有的,夫或妻一方对外所负的债务,第三人知道该约定的,以夫或妻一方所有的财产清偿"。《婚姻法解释(一)》第 18 条进一步规定:"婚姻法第十九条所称'第三人知道该约定的',夫妻一方对此负有举证责任。"由此出现了很多假离婚损害债权人利益的情况,典型的一种情况是:丈夫欠下债务,为了逃避责任,与妻子假意办理离婚,并将财产全部分给妻子,导致债权人债权无法受偿。

为了防范这一情况,最高人民法院于 2003 年公布了《婚姻法解释(二)》,该解释的第 24 条规定:"债权人就婚姻关系存续期间夫妻一方以个人名义所负债务主张权利的,应当按夫妻共同债务处理。但夫妻一方能够证明债权人与债务人明确约定为个人债务,或者能够证明属于婚姻法第十九条第三款规定情形的除外。"但随着社会的发展,家庭财产越来越多,财产分割成为离婚时的争议焦点,社会上逐渐产生了一方为了达到多分财产的目的,通过与债权人恶意串通伪造债务,损害配偶利益的情况。

因此对于《婚姻法解释(二)》第 24 条规定中存在的偏颇,2017 年 2 月 20 日,最高人民法院通过《关于适用〈中华人民共和国婚姻法〉若干问题的解释(二)的补充

---

〔74〕 周由强:《当代中国婚姻法治的变迁(1949—2003)》,中共中央党校 2004 年博士学位论文,第 172 页。

规定》，自 2017 年 3 月 1 日起施行。在《婚姻法解释(二)》第 24 条的基础上增加两款，分别作为该条第 2 款和第 3 款："夫妻一方与第三人串通，虚构债务，第三人主张权利的，人民法院不予支持。夫妻一方在从事赌博、吸毒等违法犯罪活动中所负债务，第三人主张权利的，人民法院不予支持。"最高人民法院同时下发通知，要求各级法院正确适用《婚姻法解释(二)》作出的补充规定，在家事审判工作中正确处理夫妻债务，依法保护夫妻双方和债权人合法权益。

3. 婚姻法解释(三)

2011 年最高人民法院发布的《关于适用〈中华人民共和国婚姻法〉若干问题的解释(三)》(以下简称《婚姻法解释(三)》)，重点对结婚登记程序瑕疵的救济手段、亲子关系诉讼中当事人拒绝鉴定的后果、夫妻一方个人财产婚后产生收益的认定、父母为子女结婚购买不动产的认定、离婚案件中一方婚前贷款购买不动产的处理、附协议离婚条件的财产分割协议效力的认定等问题。

《婚姻法解释(三)》出台前后都有着激烈的社会讨论背景。随着社会经济的迅速发展，社会财产种类和范围都有所扩大，夫妻间的财产关系也日益复杂，加之房价的持续攀高，人们不禁更加关注在婚姻关系中自身财产的保护以及夫妻间财产的界定，例如，大多数父母用毕生储蓄为子女购置房产，在产生婚姻纠纷时，该如何保障这类重大的财产权益？如何确定房产的归属？是否会产生公民因为婚姻关系而遭受重大财产损失的情况？此外，人们的婚恋观念愈加开放，闪婚闪离现象层出不穷，对于短暂婚姻关系中夫妻财产的分割问题，法院该如何形成一个较为统一的审判标准？这些都需要新的司法解释予以规定。[75]

《婚姻法解释(三)》应势出台，主要对于夫妻共同财产、不动产等方面进行了规定，其中对于第 7 条和第 10 条的争论尤为激烈。

第 7 条主要规定了父母为子女购置房产问题中的房产归属问题：婚后父母一方为子女购置房产，并将房产登记在自己子女名下的，视为仅对自己子女的赠与，该房产属于该子女一方的个人财产；若双方父母共同出资为子女购置房产，产权登记在一方子女名下的，可按照双方的出资额按份共有该房产，当事人可对此另行约定。

这条解释规定的出台可以说是一石激起千层浪，是将中国千百年来一直含蓄难以直接讨论的问题拿到台面上来说明白，很多人对此十分赞同，认为是通过法律明确规定了隐形问题的解决办法，能够起到抑制后期纠纷的作用，也有利于树立对于认识家庭婚姻中财产关系的新风尚，财产关系清楚明了，夫妻感情也更稳定纯

---

〔75〕 苏英：《我国夫妻共同财产制度若干问题探讨——以〈婚姻法司法解释(三)〉实施为背景》，中国社会科学院研究生院硕士学位论文，第 8 页。

粹。但也有人对此持反对态度,认为此解释规定的过于明白,使得家庭温情荡然无存,夫妻之间的财产关系划分的明确但也冰冷,不利于夫妻间的感情的维持。[76]

对此最高人民法院民事审判一庭庭长杜万华介绍,实际生活中,父母出资为子女结婚购房时一般也不会与子女签署书面协议,如果离婚时一概将房屋认定为夫妻共同财产,势必违背了父母为子女购房的初衷和意愿,实际上也侵害了出资父母的利益。故房屋产权登记在出资父母子女名下的,视为父母明确只对自己子女一方的赠与比较合情合理;如果由双方父母出资购买不动产,产权登记在一方子女名下的,按照双方父母的出资份额按份共有,可能更符合实际情况。这些规定便于司法认定及统一裁量尺度,也有利于均衡保护结婚的双方及其父母的权益,相对来说也比较公平。

无论如何,对于父母出资购置房产归属的确定必然深刻地影响着社会婚姻实践。比如,在一定程度上可以改变年轻人为了房子而结婚的不正当择偶观,也可以防止一方利用婚姻关系谋取不正当利益或者一方因为婚姻关系而遭受巨大经济损失的发生。整体而言是有利于社会发展的。

第10条规定的是婚后夫妻共同还贷情况下的不动产归属问题。具体内容如下:"夫妻一方婚前签订不动产买卖合同,以个人财产支付首付款并在银行贷款,婚后用夫妻共同财产还贷,不动产登记于首付款支付方名下的,离婚时该不动产由双方协议处理。依前款规定不能达成协议的,人民法院可以判决该不动产归产权登记一方,尚未归还的贷款为产权登记一方的个人债务。双方婚后共同还贷支付的款项及其相对应财产增值部分,离婚时应根据婚姻法第三十九条第一款规定的原则,由产权登记一方对另一方进行补偿。"

对于这一规定的讨论比第7条更为复杂,也更具有现实性。在日常生活中,不乏出现婚后夫妻共同还贷购置房产的问题,在涉及离婚纠纷和夫妻共同财产分割时,对于此问题的明确界定。因此,《婚姻法解释(三)》对此进行明文规定。此条款的适用需要满足三个条件:一是不动产买卖合同在婚前就已经订立,并且一方已经以个人财产支付首款。二是产权登记在支付首款的一方名下。三是夫妻婚后用共同财产还贷。

此规定的社会影响可以表现在:一方面尽最大程度保护了婚前个人财产,在审判实践中也更有利于购房者,充分保障其所属物权;另一方面也体现了对于女性利益的照顾,没有独立经济来源的女性可以在财产分割时,请求对于共同还贷部分的补偿,而不至于在离婚后得不到任何财产利益。这一规定整体而言综合了各方权益,能够起到稳定均衡的作用。

---

〔76〕 高绍安:《〈婚姻法解释(三)〉:一石激起千层浪》,载《中国审判》2011年9月5日版。

4. 夫妻共同债务解释

对于夫妻共同债务的内容,上述《婚姻法解释(二)》中就有所涉及,并且2017年2月还出台了对于夫妻债务问题的补充规定。但自2018年1月《最高人民法院关于审理涉及夫妻债务纠纷案件适用法律有关问题的解释》(以下简称《夫妻共同债务解释》)的出台,对于夫妻共同债务的确定产生了新的变化,并且有可能在即将出台的民法典中有所体现。

《夫妻共同债务解释》共4个条文,大概确立了四项处理原则。一是规定了"共债共签"的原则,即婚内单方举债只有另一方同意或追认才能认定为夫妻共同债务,也反映了对于夫妻共同债务推定原则的转变。二是规定了"家事代理权"行使而发生的债务,即一方为满足夫妻日常生活而以单方名义发生的、通常是数额较小的债务,推定为夫妻共同债务。三是规定了"共同受益"识别标准,即债权人若能证明夫妻因系争债务而共同受益(有益于共同生活或共同生产经营),则无论有无共同举债合意,该债务也为夫妻共同债务。[77] 四是反映了权利保护倾向的转变。原有解释倾向于保护债权人的权利,而新解释更侧重于保护未具名债务人的权益。

夫妻债务"共债共签"的原则拟写入民法典。[78] 2019年6月25日《民法典婚姻家庭编(草案)》列入全国人大审议范围。提交审议的该草案二审稿中增加规定:夫妻双方共同签字或者夫妻一方事后追认等共同意思表示所负的债务,以及夫妻一方在婚姻关系存续期间以个人名义为家庭日常生活需要所负的债务,属于夫妻共同债务;夫妻一方在婚姻关系存续期间以个人名义超出家庭日常生活需要所负的债务,不属于夫妻共同债务,但是债权人能够证明该债务用于夫妻共同生活、共同生产经营或者基于夫妻双方共同意思表示的除外。这表明二审草案拟吸收新司法解释对夫妻共同债务的规定,明确夫妻共同债务的范围。

对于夫妻共同债务的新规定是对社会需要的回应。2003年《婚姻法解释(二)》第24条对于夫妻共同债务的规定避免了夫妻一方将财产转移给另一方后,通过恶意离婚的方式来规避还债,有效地保护债权人的利益,也有助于增进债务主体的明晰性,降低交易成本,增进交易效率。但在具体实践过程中,逐渐出现了一方配偶和第三人恶意串通损害另一方配偶的情形,如夫妻一方在对方不知情情况下背负巨额债务。因此新的解释所确认的一些原则,在观察评估具体实施情况之后,拟正式写入民法典,通过新的规定平衡债权人和未具名配偶一方的利益,着实令人期待。

---

〔77〕《2018年度人民法院十大司法政策——〈最高人民法院关于审理涉及夫妻债务纠纷案件适用法律有关问题的解释〉》,载《人民法院报》2019年1月17日版。

〔78〕贺成:《"共债共签"入民法典值得期待》,载《民主与法制时报》2019年6月29日,第2版。

二、收养法

(一)《收养法》的立法历程

收养制度,是拟制血亲的亲子关系建立的法定途径,是婚姻家庭法的重要组成部分,收养法在维系拟定亲属关系、维护婚姻家庭的稳定和保护未成年人等方面发挥着重要作用。中华人民共和国成立后,中国的收养法立法大致经历了以下三个阶段:

第一阶段:在 1992 年之前,中国没有统一的收养立法。有关收养关系的规定和立法精神散落于《婚姻法》、《户口登记条例》、最高人民法院的司法解释以及个案批复之中。1950 年《婚姻法》第 13 条规定了养父母与养子女间适用父母子女间的权利和义务关系,但是缺少对于收养关系的成立、效力、终止等问题的系统规定。1958 年通过的《户口登记条例》第 19 条规定,"公民因结婚、离婚、收养……引起户口变动的时候,由户主或本人向户口登记机关申报变更登记"[79],对收养关系予以认可。此外,最高人民法院的司法解释以及个案批复也对收养关系起到了调整作用,但总体较为分散、立法存在缺失。

第二阶段:1991 年第七届全国人大常委会第二十次会议对《收养法(草案)》进行了初步审议。会后,法律委员会和法制工作委员会将草案印发各省、自治区、直辖市和中央有关部门征求意见,并邀请司法部、民政部、计生委、国务院法制局、最高人民法院、全国妇联等部门和法律专家进行座谈,征求意见。法律委员会于 1991 年 12 月 9 日和 13 日召开会议,根据常委会委员和全国人大内务司法委员会的审议意见以及各地方、各方面的意见,对草案进行了审议。1991 年 12 月 29 日第七届全国人大常委会第二十三次会议通过的《中华人民共和国收养法》于 1992 年 4 月 1 日起正式施行。这是中华人民共和国成立 40 多年第一部保护合法的收养关系,维护收养关系当事人合法权利的重要法律。[80]

第三阶段:1998 年第九届全国人大常委会第四次会议对《中华人民共和国收养法(修订草案)》进行了初步审议。会后,法律委员会、法制工作委员会将草案印发各省、自治区、直辖市人大常委会和中央有关部门、法学教学研究单位,征求意见。法律委员会、内务司法委员会和法制工作委员会联合召开座谈会,听取了有关部门和法律专家的意见。法律委员会于 10 月 6 日和 21 日召开会议对修订草案进行了审议。内务司法委员会的负责人列席了 10 月 6 日的会议。法律委员会认为,《收养

---

〔79〕《中华人民共和国司法行政历史文件汇编(1950—1985)》,法律出版社 1987 年版。

〔80〕宋汝棼:《全国人大法律委员会对〈中华人民共和国收养法(草案)〉审议结果的报告》,载 http://www.maxlaw.cn/p-ntlhsswyls-com/artview/942337313883,最后访问日期:2019 年 6 月 11 日。

法》自1992年实施6年来，对保护合法的收养关系，维护收养关系当事人的权利，发挥了重要作用。根据《收养法》实施以来出现的问题，适当放宽收养条件，进一步完善收养程序，对《收养法》进行修改是必要的。[81] 第九届全国人大常委会第五次会议通过了关于修改1992年4月1日实施的《收养法》的决定，对《收养法》作了相应修正并重新予以公布。修正后的《收养法》于1999年4月1日起施行。1998年11月4日，国家主席江泽民签署第十号主席令公布。1992年《收养法》经1998年修改后沿用至今。

（二）《收养法》的主要内容

1992年通过的《收养法》共计33条，规定了总则、收养关系的成立、收养的效力、收养关系的解除、法律责任和附则等6章内容，结构合理，内容较为完整。

第一章"总则"部分，共3个条文，主要确定了制定《收养法》的目的与原则。从收养法立法宗旨来看，收养保护合法收养关系，维护收养关系当事人的权利。收养的原则是有利于被收养的未成年人的抚养、成长，遵循平等自愿的原则，并不得违背社会公德。同时，强调了收养不得违背计划生育的法律、法规。

第二章为"收养关系的成立"。关于收养的条件，被收养人应为不满14周岁的未成年人并满足以下条件：丧失父母的孤儿；查找不到生父母的弃婴和儿童；生父母有特殊困难无力抚养的子女。收养人应当同时具备下列条件：无子女；有抚养教育被收养人的能力；年满35周岁。无配偶的男性收养女性的，收养人与被收养人的年龄应当相差40周岁以上。年满35周岁的无子女的公民收养三代以内同辈旁系血亲的子女，可以不受"生父母有特殊困难无力抚养的子女"、"有特殊困难无力抚养子女的生父母"、"无配偶的男性收养女性的，收养人与被收养人的年龄应当相差40周岁以上"和"被收养人不满十四周岁"的限制。同时，本章还规定具有送养资格的人限定为孤儿的监护人；社会福利机构；有特殊困难无力抚养子女的生父母。

在收养程序方面，根据收养的情况不同而有所区别。收养查找不到生父母的弃婴和儿童以及社会福利机构抚养的孤儿的，采用收养登记主义，登记部门为县级以上民政部门。收养人收养与送养人送养，应遵循自愿原则。收养人、送养人依照本法规定的收养、送养条件订立书面协议，并可以办理收养公证；收养人或者送养人要求办理收养公证的，应当办理收养公证。

第三章关于"收养的效力"，共3个条文。自收养关系成立之日起，拟制的亲子关系建立。养父母与养子女间的权利义务关系，适用法律关于父母子女关系的规定。养子女与生父母之间的法律上的权利、义务消灭。同时，《收养法》第25条规

---

〔81〕 张绪武：《全国人大法律委员会关于〈中华人民共和国收养法（修订草案）〉审议结果的报告》，载《全国人民代表大会常务委员会公报》1998年第5期。

定违反《民法通则》第 55 条和本法规定的收养行为无法律效力。

第四章关于“收养关系的解除”,共 5 个条文,对解除收养法律关系的条件、程序及法律后果作出了明确规定。解除收养法律关系的条件包括:(1)收养人在被收养人成年以前,一般不得解除收养关系,但收养人、送养人双方协议解除的除外,养子女年满十周岁以上的,应当征得本人同意。(2)收养人不履行抚养义务,有虐待、遗弃等侵害未成年养子女合法权益行为的,送养人有权要求解除养父母与养子女间的收养关系。(3)养父母与成年养子女关系恶化、无法共同生活的,可以协议解除收养关系。不能达成协议的,可以向人民法院起诉。在程序上,当事人解除收养关系应当达成书面协议。收养关系是经民政部门登记成立的,应当到民政部门办理解除收养关系的登记。收养关系是经公证证明的,应当到公证处办理解除收养关系的公证证明。收养关系解除,拟制亲子关系结束。同时,《收养法》第 28 条、第 29 条对身份问题和收养关系解除之后的经济赔偿问题作了规定。

第五章关于法律责任,仅用第 30 条一个条文,以列举的方式具体规定了拐卖儿童、遗弃婴儿以及出卖亲生子女三种情形的法律责任。

第六章为附则部分,以 3 个条文对民族自治地方变通本法、国务院制定实施办法和本法的实施日期作出规定。

(三)《收养法》的修订

在 1998 年 8 月 24 日第九届全国人大常委会第四次会议上,民政部部长多吉才让对《收养法》的修订原因作了说明:“自 1992 年 4 月 1 日实施以来,对于规范收养行为,保护合法的收养关系,发挥了重要的作用。同时,6 年多的实践也反映出收养法存在的一些问题:一是对收养条件规定得过严,致使一些有抚养能力又愿意收养儿童的人难以收养,多数社会福利机构又超负荷抚养孤儿、弃婴,在福利院的孩子生活条件差,没有家庭温暖,不利于这些孩子的健康成长。同时,由于法律规定的收养条件过严,一些群众超出法律规定条件收养孩子,形成事实收养。二是收养程序不统一。成立收养关系,可以到民政部门登记,也可以由收养人与被收养人的监护人订立协议,还可以由收养人与被收养人的监护人订立协议、经民政部门登记后再办理公证。”[82] 因此,1998 年《收养法》的修订主要集中在两个方面:(1)放宽收养条件的限制。放宽收养社会福利机构抚养的查找不到生父母的儿童的条件,“收养未成年孤儿和社会福利机构抚养的查找不到生父母的儿童,不受收养人无子女和只能收养 1 名子女的限制”;根据现实情况,将收养人年龄由 35 周岁调整至 30 周岁;放宽继父母收养继子女的条件。继父或者继母经继子女的生父母同意,可以收

---

〔82〕 多吉才让:《关于〈中华人民共和国收养法(修订草案)〉的说明》,载中国人大网:http://www.npc.gov.cn/wxzl/gongbao/2000-12/17/content_5004011.htm,最后访问日期:2019 年 6 月 11 日。

养继子女,并可以不受本法和被收养人不满十四周岁及收养一名的限制。(2)统一收养程序。改变了之前收养程序不统一的状况,规定收养关系统一经民政部门登记,规定自愿订立收养协议和公证的原则;加强国家公权力的监督和干预,规定收养查找不到生父母的弃婴和儿童的,办理登记的民政部门应当在登记前予以公告,以及公安部门应当依照国家有关规定为被收养人办理户口登记的义务。这些修改修正了 1992 年《收养法》存在的收养条件过于严苛、收养程序不够规范等问题。除此之外,1998 年《收养法》还完善了涉外收养的相关规定,增设保障收养人和被收养人合法权益原则等,有利于本法的进一步完善。

三、继承法

(一)《继承法》的立法历程

继承法是民法的重要组成部分,也是一个国家最能体现民族文化和特征的法律。中国传统的继承制度起源较早,陈陈相因,并且饶有特色。近代化的继承制度开启于 1911 年清末颁布的《大清民律草案》。该法律草案参照德日民法典体例形式,采用总则、债权、物权、亲属、继承五编分编的形式,最后一编为《继承编》,共分 6 章 110 条。民国时期,民国《民律草案》《中华民国民法典》均采用《大清民律草案》的体例,将继承作为五编之一。《大清民律草案》、民国《民律草案》较多地遵循了传统继承法的原则与制度,而《中华民国民法典》则在体例和内容上更多吸收和借鉴了西方近现代继承法。

中华人民共和国成立后,继承法立法受到重视,但在正式的继承法出台之前,对财产继承关系的调整依据散见于最高人民法院的司法解释以及个案批复之中,如 1958 年 3 月 29 日《国务院关于农业生产合作社中五保户死后的私有财产处理问题给司法部的批复》,1957 年 8 月 10 日司法部公布的《关于继承人不在国内无法表示接受或放弃继承权应如何处理问题的批复》,1962 年 9 月 13 日《最高人民法院关于几个继承问题的批复》,1964 年 1 月 27 日《最高人民法院司法行政厅关于公证"托收华侨遗产的有关事项"问题的复函》等。

综观中华人民共和国成立以来继承法的起草,是与民法典的起草分不开的。1954 年,全国人大常委会组织民法起草,至 1956 年 12 月完成民法的第一个草案。草案分为总则、所有权、债、继承四编,继承编由 1958 年 3 月起草完成。由于民法草案并未通过,继承编部分也随之废弃。

1964 年 2 月,全国人大常委会重新成立民法研究小组,开始了中华人民共和国成立后的第二次民法起草,至 1964 年 7 月完成民法草案试拟稿。但受到当时国际国内政治形势的影响,本次草案将继承和侵权行为等内容排除在外。

第三次民法草案的起草始于 1979 年 11 月,全国人大常委会法制委员会重启起草工作,至 1982 年形成草案第四稿。第四稿民法草案包括八编,分别为民法的任务和基本原则、民事主体、财产所有权、合同、智力成果权、财产继承权、民事责任和其他规定,共 43 章 465 条。但当时,普遍认为民法牵涉面很广、很复杂,经济体制还在进行改革的过程中,难以制定完整的民法,对于经济合同法、继承法等比较成熟的部分,先作为单行法提请全国人大和人大常委会审议。

《继承法(草案)》是由法制工作委员会会同最高人民法院在民法草案(四稿)财产继承权编的基础上,经听取意见,多次研究修改而拟订的。在修改拟订过程中,法工委到福建、广东、北京、陕西、甘肃等地进行了调查,收集有关继承的案例,总结实践经验,特别是法院审理继承案件的实践经验,并多次召开有关单位和专家参加的各种座谈会进行研究,还参考外国的有关资料。1984 年 9 月,法工委将草案印发各省、自治区、直辖市人大常委会,全国政协和中央有关部门、单位以及政法院系、研究机构专家征求意见,进行修改。1985 年提请全国人大常委会第九次、第十次会议进行审议和修改,提请第六届全国人大第三次会议审议。[83]《中华人民共和国继承法》于 1985 年 4 月 10 日第六届全国人大第三次会议通过,同日国家主席李先念签署第二十四号主席令公布,自 1985 年 10 月 1 日起施行。《继承法》是中华人民共和国第一部调整家庭财产关系的基本法,1985 年通过后适用至今。

(二)《继承法》的主要体例和内容

《继承法》共有 5 章 37 条,分总则、法定继承、遗嘱继承和遗赠、遗产的处理、附则。

第一章"总则"是关于继承权的一些基本规定,共 8 条,包括继承法的立法宗旨、继承开始的时间、遗产范围、遗产转移方式、行使继承权的代理、丧失继承权、诉讼时效等内容。本章第 1 条说明了《继承法》的立法依据为《宪法》。全国人大常委会秘书长、法制工作委员会主任王汉斌在《关于〈中华人民共和国继承法(草案)〉的说明》中指出,"我国公民合法的私有财产,包括个人所有的合法的生活资料和法律允许个人所有的生产资料,都受到宪法和法律的保护。这就产生了个人合法财产的继承权的问题。从实际情况来看,中华人民共和国成立以来,包括生产资料所有制的社会主义改造基本完成以后,以致'文化大革命'中错误地批判所谓资产阶级法权时,群众中一直承认个人合法财产的继承权。继 1954 年宪法之后,1982 年宪法重新规定国家依照法律规定保护公民的私有财产的继承权,这是拨乱反正的一个重要方面。近几年来,随着城乡经济的发展,公民个人的收入和财产增加了,继承问题在群众中越来越受重视,继承纠纷也逐年增加。根据宪法关于保护继承权的

〔83〕 王汉斌:《关于〈中华人民共和国继承法(草案)〉的说明》,载法律图书馆网:http://www.law-lib.com/fzdt/newshtml/20/20050720171142.htm,最后访问日期:2019 年 6 月 13 日。

规定，总结中国处理遗产继承的经验和民间好的做法，制定继承法”。[84] 实施继承法的主要目的为妥善处理遗产继承，促进家庭成员之间的和睦团结互助和社会安定；保护私有财产权，调动社会积极因素，促进社会主义经济的发展。

本章还规定了如下基本问题：（1）继承开始的时间。第2条规定继承开始的时间从被继承人死亡时开始。继承，是公民死亡后，按照法定程序，将死者遗留的个人财产，移转给继承人。因此，被继承人死亡的时间即为继承开始之时。（2）遗产范围。第3条、第4条用一般概括加具体列举的方式规定了遗产的范围。遗产是公民死亡时遗留的个人合法财产，包括：公民的收入；公民的房屋、储蓄和生活用品；公民的林木、牲畜和家禽；公民的文物、图书资料；法律允许公民所有的生产资料；公民的著作权、专利权中的财产权利；公民的其他合法财产。为保护个人承包的利益，个人承包应得的个人收益，属于遗产的范围。个人承包，依照法律允许由继承人继续承包的，按照承包合同办理。（3）继承的方式包括法定继承、遗嘱继承、遗赠扶养协议。继承方式的顺序为：有遗赠扶养协议的，应首先按此协议办理；没有遗赠扶养协议而有遗嘱的，应按遗嘱继承的方式办理；两者都没有的，按照法定继承的方式办理。这样的继承顺序，体现了对被继承人生前依法处分个人财产的自由的充分尊重。（4）继承人丧失继承权的情况。丧失继承权，是指继承人因存在法律规定的违法行为，被依法取消其继承被继承人遗产的资格。《继承法》规定继承人丧失继承权的情况有：故意杀害被继承人的；为争夺遗产而杀害其他继承人的；遗弃被继承人的，或者虐待被继承人情节严重的；伪造、篡改或者销毁遗嘱，情节严重的。此外，本章还对继承恢复请求权的诉讼时效作出了规定。

第二章“法定继承”，共7条，主要规定了法定继承人、继承顺序、代位继承、遗产应继份额的分配、酌给分等内容。（1）法定继承人和继承顺序。《继承法》规定第一顺序的继承人有：配偶，子女，父母；对公婆或岳父母尽了主要赡养义务的丧偶儿媳、丧偶女婿；先于被继承人死亡的子女的直系晚辈血亲，代被继承人子女位继承，属第一顺序继承人。兄弟姐妹、祖父母、外祖父母为第二顺序继承人。当被继承人有第一顺序继承人存在时，先由第一顺序继承人继承，只有在没有第一顺序继承人或者第一顺序继承人全部放弃或丧失继承权时，第二顺序继承人方能继承。（2）对于遗产应继份额的分配原则。继承权男女平等，同一顺序继承人继承遗产的份额，一般应当均等。对生活有特殊困难的缺乏劳动能力的继承人，分配遗产时，应当予以照顾。对被继承人尽了主要扶养义务或者与被继承人共同生活的继承人，分配遗产时，可以多分。有扶养能力和有扶养条件的继承人，不尽扶养义务的，分配遗产

---

〔84〕 王汉斌：《关于〈中华人民共和国继承法（草案）〉的说明》，载法律图书馆网：http://www.law-lib.com/fzdt/newshtml/20/20050720171142.htm，最后访问日期：2019年6月13日。

时,应当不分或者少分。(3)继承人以外的几种遗产取得人。对继承人以外的依靠被继承人扶养的缺乏劳动能力又没有生活来源的人,或者继承人以外的对被继承人扶养较多的人,可以分给他们适当的遗产。

第三章“遗嘱继承和遗赠”,共 7 条,包括遗嘱继承和遗赠的概念、遗嘱方式、遗嘱内容、遗嘱的撤销、遗嘱的执行人等内容。遗嘱是被继承人生前根据自身的意愿按照法律规定的方式对合法财产进行处分,在其死后发生效力的民事法律行为。遗赠,是指公民以遗嘱的方式表示在其死后将其遗产的一部分或全部赠给国家、集体或者法定继承人以外的人的法律行为。立遗嘱者须有完全民事行为能力,无行为能力人或者限制行为能力人所立的遗嘱无效。遗嘱必须表示遗嘱人的真实意思,受胁迫、欺骗所立的遗嘱无效。《继承法》遵循有限制的遗嘱自由原则,为此第 19 条规定了必留份制度:“遗嘱应当对缺乏劳动能力又没有生活来源的继承人保留必要的遗产份额。”这一规定的目的在于保障继承人的基本生活需要。遗嘱的方式主要有自书遗嘱、代书遗嘱、录音遗嘱、口头遗嘱、公证遗嘱,遗嘱人可以撤销、变更自己所立的遗嘱。立有数份遗嘱,内容相抵触的,以最后的遗嘱为准。自书、代书、录音、口头遗嘱,不得撤销、变更公证遗嘱。

第四章为“遗产的处理”,共 12 条,规定了继承开始后的通知、遗产的保管、继承的表示、遗产分割、清偿债务等内容。因从继承开始到遗产分配完毕,一般都要经过一段时间,为了维护继承人的利益,本章规定,存有遗产的人,应当妥善保管遗产,任何人不得侵吞或者争抢。遗产属夫妻共同财产或家庭共有财产中的,遗产分割时,应当先分出他人的财产。遗产分割时,应当保留胎儿的继承份额。遗嘱继承人丧失继承权、放弃继承权的,按照法定继承处理。除此之外,本章还规定对继承、受遗赠作出接受或放弃的表示、遗产分割有利于生产和生活需要的原则等问题。

第五章“附则”部分,共 3 条,对变通规定本法、涉外继承的法律适用、施行时间作出了规定。

目前,《继承法》出台已过三十多年,学者们普遍认为中国的社会经济结构、私有财产状况、家庭关系等与其颁布之时相比已发生了深刻的变化,继承法已无法满足和应对当今社会经济生活的需求。因此,建议立法机关应及时对继承法进行修订完善。[85] 对修改继承法的意见多集中在制度简单、遗产的范围太窄、继承权的丧失条件、法定继承人的范围和顺序、遗嘱继承的修改、特留份制度等问题上。可以预见,随着民法典制定和出台,继承法制度也必将随之修改。

---

〔85〕 王利明:《继承法修改的若干问题》,载《社会科学战线》2013 年第 7 期。

第五节 知识产权法

知识产权法，是指因调整知识产权的归属、行使、管理和保护等活动中产生的社会关系的法律规范的总称，一般还指中华人民共和国保护知识产权的制度及执法体系。从1980年加入世界知识产权组织以后，中国政府相继制定了《商标法》《专利法》《著作权法》等与知识产权相关的法律，从而形成了较为全面的知识产权法律保护体系。中国的知识产权保护制度的筹备、酝酿，起始于20世纪70年代末期，是伴随着中国的改革开放而起步的。1982年出台的《商标法》是中国的第一部知识产权法律，标志着中国的知识产权保护制度开始建立。随着1984年《专利法》、1990年《著作权法》的推出，标志着中国知识产权保护制度的初步形成。

一、商标法

（一）《商标法》的起草与出台

《中华人民共和国商标法》是在1982年8月23日由第五届全国人大常委会第二十四次会议审议通过的，自1983年3月1日开始施行。于1993年2月22日根据第七届全国人大常委会第三十次会议《关于修改〈中华人民共和国商标法〉的决定》第一次修正；为了进一步加强对商标专用权的保护，适应中国加入世界贸易组织进程的需要，于2001年10月27日根据第九届全国人大常委会第二十四次会议《关于修改〈中华人民共和国商标法〉的决定》进行第二次修正；于2013年8月30日根据第十二届全国人大常委会第四次会议《关于修改〈中华人民共和国商标法〉的决定》第三次修正；于2019年4月23日根据第十三届全国人大常委会第十次会议通过的《关于修改〈中华人民共和国建筑法〉等八部法律的决定》进行第四次修正。《商标法》自1982年颁布以来，于1993年、2001年、2013年和2019年历经4次修正，条文数量和实质内容都发生了重大变化，从43条增加至73条。

1983年《商标法》共8章43条。

第一章，总则，总则部分规定了《商标法》制定的目的；全国商标注册和管理的工作的主管单位；商标注册人的主体；商标应当具备的属性以及禁止使用注册商标等内容。

第二章，商标注册的申请。规定了注册商标在具体使用中出现各种问题该如何处理。

第三章，商标注册的审查和核准。规定了商标初审的负责机关；两个或者两个以上的申请人，在同一种商品或者类似商品上，以相同或者近似的商标申请注册的处理方式；对驳回申请、不予公告的商标的权利人的救济途径与方式。

第四章,注册商标的续展、转让和使用许可。注册商标的有效期为 10 年,自核准注册之日起计算。注册商标有效期满,需要继续使用的,应当在期满前 6 个月内申请续展注册;在此期间未能提出申请的,可以给予 6 个月的宽展期。宽展期满仍未提出申请的,注销其注册商标。每次续展注册的有效期为 10 年。

第五章,注册商标争议的裁定。对已经注册的商标有争议的,可以自该商标经核准注册之日起 1 年内,向商标评审委员会申请裁定。商标评审委员会收到裁定申请后,应当通知有关当事人,并限期提出答辩。商标评审委员会做出维持或者撤销有争议的注册商标的终局裁定后,应当书面通知有关当事人。

第六章,商标使用的管理。本章着重规定了对违法使用商标或者未正确使用商标的处理方式。

第七章,注册商标专用权的保护。规定了注册商标权利人所享有的基本权利以及列出了几种典型的侵犯注册商标专用权的表现形式,并且规定了商标权利人权利受到侵害时的救济途径。

第八章,附则。规定了本法的施行时间及实施细则等问题。

(二)《商标法》第一次修正

1993 年 2 月 22 日,第七届全国人大常委会第三十次会议审议并通过了《关于修改〈中华人民共和国商标法〉的决定》。这次修法的背景为,随着改革的不断深化,中国国内形式发生了较大的变化,确立了社会主义市场经济体制,急需进一步加强对商标法的保护。另外,《商标法》颁布后,中国于 1985 年和 1989 年加入《保护工业产权巴黎公约》和《商标国际注册马德里协定》,商标法律制度需要与国际公约接轨。这次修改主要增加了对服务商标的保护的内容;完善了对于驰名商标的保护,规定县级以上行政区划的地名或者公众知晓的外国地名不得作为商标;细化商标侵权行为的种类,并加大打击商标侵权假冒行为力度。

(三)《商标法》第二次修正

2001 年 10 月 27 日,为适应中国加入世界贸易组织的需要,第九届全国人大常委会第二十四次会议审议并通过了《关于修改〈中华人民共和国商标法〉的决定》,并决定自 12 月 1 日起施行新修改的《商标法》。此次修改《商标法》扩大了商标权的主体和客体,自然人可以申请商标注册,将集体商标、证明商标纳入商标法,准予注册立体商标;增加对驰名商标保护的内容,明确了认定驰名商标时应考虑的因素;增加地理标志保护的内容;明确规定“反向假冒”属于商标侵权行为;商标确权程序增加司法审查;增加诉前申请财产保全、证据保全等救济措施等。

(四)《商标法》第三次修正

2013 年 8 月 30 日,第十二届全国人大常委会第四次会议审议并通过了《关于修改〈中华人民共和国商标法〉的决定》,从 2014 年 5 月 1 日开始实施。2008 年中国发布了《国家知识产权战略纲要》，明确提出到2020年，把中国建设成为知识产权创造、运用、保护和管理水平较高的国家。知识产权法治环境进一步完善。随着市场经济的发展，商标法的实践中出现了不少新的问题。本次修法增加了申请注册和使用商标的诚实信用原则条款；增加了声音商标；增加了对知名商标的保护，完善了对驰名商标的保护；加强了对商标相关不正当竞争行为的规范；增加制止恶意抢注的规定；增加商标侵权行为种类；增加惩罚性赔偿种类；明确了商标注册审查和案件审查的时限等。

（五）《商标法》第四次修正

2019年4月23日根据第十三届全国人大常委会第十次会议审议通过的《关于修改〈中华人民共和国建筑法〉等八部法律的决定》，对《商标法》进行第四次修正。

本次修法主要涉及6个条款的修改，修改的主要内容集中于打击非真实使用目的的商标恶意注册行为。为打击现实中大量存在的商标抢注和囤积行为，《商标法》第4条规定"不以使用为目的的恶意商标注册申请，应当予以驳回"。在商标确权程序中规定了严格的审查程序，同时也规定了确权及诉讼程序中的处罚制度，对恶意申请商标注册的，根据情节给予警告、罚款等行政处罚；对恶意提起商标诉讼的，由人民法院依法给予处罚。此外，还提高商标侵权尤其是恶意侵犯商标权行为的赔偿金额。这些都有利于遏制商标权的侵权行为。

二、专利法

（一）《专利法》的起草与出台

《中华人民共和国专利法》于1984年3月12日由第六届全国人大常委会第四次会议审议通过，由国家主席李先念签署第十一号主席令予以公布。自1985年4月1日起施行。根据1992年9月4日第七届全国人大常委会第二十七次会议《关于修改〈中华人民共和国专利法〉的决定》进行第一次修正，国家主席杨尚昆签署第六十二号主席令公布，自1993年1月1日起施行；根据2000年8月25日第九届全国人大常委会第十七次会议《关于修改〈中华人民共和国专利法〉的决定》进行第二次修正；根据2008年12月27日第十一届全国人大常委会第六次会议《关于修改〈中华人民共和国专利法〉的决定》进行第三次修正，国家主席胡锦涛签署第八号主席令公布，自2009年10月1日起施行。

1978年，中共中央决定中国要建立专利制度，要求国家科学技术委员会负责筹备工作。经过一段时间的筹备，成立了专利法起草小组。1979年1月31日，中美签订了《中美科技合作协定》，同年7月7日，《中美贸易协定》签署，在中华人民共和国对外关系的文件中第一次出现了相互保护专利权等知识产权的条款。中国在向国际社会做出承诺的同时，也推动了专利法的起草工作进程。起草之初，先由小组全体研究整体框架结构,然后分工撰写,再经小组集体讨论修改。1979 年 6 月 4 日专利法起草小组草拟出了专利法草案的第一稿。

1980 年 1 月,国务院批准成立中国专利局。然而,几乎就在同一时刻,围绕“中国该不该要专利制度”的一场大争论也随之爆发。有关工业部门的领导人上书中共中央、国务院,激烈反对建立专利制度,批评在中国搞专利法是“妄图以西方一个模式来解决中国科技发展问题”,认为这在实际上只能保护外国垄断公司的利益,而专利制度是资产阶级手中的工具,掩盖着企业主对科技人员的“超级剥削”,在社会主义中国建立实施专利制度是一个原则、方向和理论性的问题。甚至有的人干脆说,“实行专利制度,将使成果推广更为困难”,“将是技术领域的一个大倒退”,“实行专利制度会造成许多技术领域被外国人独霸的局面”。〔86〕此后,关于构建专利制度的争论一直非常激烈。1981 年,国家科学技术委员会和中国专利局将专利法草案第 11 稿上报国务院,当国务院法制局将草案送有关部门征求意见时,立即遭到有关单位强烈反对。这些单位对草案逐条进行否定,致使国务院无法批准,专利法被迫搁浅。〔87〕邓小平在关键时刻果断作出“中国需要建立专利制度”“专利法以早通过为好”的指示。〔88〕第五届全国人大常委会第五次会议批准的《关于第六个五年计划的报告》明确提出,要制定和施行专利法,专利法的起草终于回归正常道路。专利法草案的起草历经了 5 年磨砺。1984 年 3 月 12 日,第六届全国人大常委会第四次会议通过了《专利法》。

1985 年《专利法》共 8 章 69 条。依次为总则,授予专利权的条件,专利的申请,专利申请的审查和批准,专利权的期限、终止和无效,专利实施的强制许可,专利权的保护,附则。

第一章总则部分说明了制定《专利法》的目的以及意义。对专利申请审查和受理的主体作出了明确规定;对职务发明、两个以上单位协作或者一个单位接受其他单位委托的研究、设计任务所完成的发明创造的权利归属进行了规定;同时规定:在中国没有经常居所或者营业所的外国人、外国企业或者外国其他组织在中国申请专利和办理其他专利事务的,应当委托中华人民共和国国务院指定的专利代理机构办理。

第二章授予专利权的条件。授予专利权的发明和实用新型,应当具备新颖性、创造性和实用性。

第三章专利的申请。主要规定了专利申请的条件以及流程,包括需要提交申请书的格式、内容等。专利申请人的优先权也是本章的重点之一。

---

〔86〕 韩秀成:《专利往事》,知识产权出版社 2015 年版,第 8 页。

〔87〕 韩秀成:《沧桑巨变:知识产权与改革开放四十年》,载《知识产权》2018 年第 9 期。

〔88〕《知识产权与改革开放 30 年》,知识产权出版社 2008 年版,第 11 页、第 306 页。

第四章专利申请的审查和批准。专利局可依申请也可自行对发明专利进行实质审查。该章还规定了专利申请异议权。

第五章专利权的期限、终止和无效。发明专利权的期限为15年,自申请日起计算。实用新型和外观设计专利权的期限为5年,自申请日起计算,期满前专利权人可以申请续展3年。第47条规定了专利终止的情形:(1)没有按照规定缴纳年费的;(2)专利权人以书面声明放弃其专利权的。

第六章专利实施的强制许可。发明和实用新型专利权人自专利权被授予之日起满3年,无正当理由没有履行本法第51条规定的义务的,专利局根据具备实施条件的单位的申请,可以给予实施该专利的强制许可。专利实施的强制许可分为多种情形。

第七章专利权的保护。对未经专利权人许可,实施其专利的侵权行为,专利权人或者利害关系人可以请求专利管理机关进行处理,也可以直接向人民法院起诉。专利管理机关处理的时候,有权责令侵权人停止侵权行为,并赔偿损失。

第八章为附则部分,规定了专利申请收费制度、授权专利局制定专利法实施细则以及本法自1985年4月1日起施行。

(二)《专利法》第一次修正

第七届全国人大常委会第二十七次会议于1992年9月4日审议通过了《关于修改〈中华人民共和国专利法〉的规定》,对其进行了第一次修正。修正后的《专利法》于1993年1月1日起施行。这次修改的动力既来自国内经济社会发展的需要,很大程度上也是出于美方的压力,即落实《中美政府关于保护知识产权的谅解备忘录》的承诺的压力。这是一次实质性的修改,经过这次修改,中国的专利法保护水平基本达到《与贸易有关的知识产权协议》的保护标准。

《专利法》的第一次修改主要从专利保护的范围、延长专利权的期限、增加对专利产品进口的保护、将对方法专利的保护延及依该方法直接获得的产品、重新规定对专利实施强制许可的条件、增设本国优先权、将授权前的异议程序改为授权后的行政撤销程序七个方面进行了修改。特别是将食品、药品和用化学方法获得的物质,纳入专利法的保护范围。

(三)《专利法》第二次修正

2000年8月25日第九届全国人大常委会第十七次会议审议通过《关于修改〈中华人民共和国专利法〉的决定》,对《专利法》进行第二次修正。这次修改的动因不同于前次,并非主要来自国际的压力,而是源于国内经济社会的需要进行的主动修改。

《专利法》第二次修正的内容共涉及36条,增加4条,删除4条,总条数仍然是69条不变。主要可分为三大部分:为促进科技进步所做的修改;加大保护力度,完

善司法和行政执法;简化、完善专利审批程序。具体内容包括:

第一,为促进科技进步所做的修改。对立法宗旨的修改;取消了全民所有制单位对专利权“持有”的规定;修改了职务发明的界定条件;明确了职务发明人应得的两种待遇——奖励和报酬。

第二,加大保护力度,完善司法和行政执法。增加了有关“许诺销售”的规定;规定善意使用、销售侵权产品仍属于侵权行为;增加了诉前临时措施;增加了关于侵权赔偿额计算的规定;修改了专利管理机关的职能;发挥行政执法优势,理顺处理专利侵权纠纷和行政执法的关系;对实用新型专利权人起诉他人附加条件。

第三,简化、完善专利审批程序。明确提交专利国际申请(PCT)的法律依据;取消了行政撤销程序;增加了实用新型和外观设计专利权人和其他当事人请求法律救济的力度;简化转让专利权和向外国申请专利的手续;审批程序有关的修改。

(四)《专利法》第三次修正

2008 年 12 月 27 日,第十一届全国人大常委会第六次会议审议通过《关于修改〈中华人民共和国专利法〉的决定》,对《专利法》进行第三次修正。这次修改源于 2008 年《国家知识产权战略纲要》的颁布,中国知识产权制度成为推动国家经济发展的一项重要战略。为了配合这一纲要的出台,同时专利保护中出现了许多新问题,在这样的背景下,中国主动进行了本次修法。

《专利法》的第三次修改主要遵循三点原则:一是维护专利权人利益与维护公众利益的有机统一;二是适应国际发展趋势与立足本国国情的有机统一;三是维持法律稳定性与提高法律适应性的有机统一。[89] 修改的主要内容包括:专利授权标准由“相对新颖性”提高到“绝对新颖性”;加大对专利权的保护力度;简化专利侵权诉讼程序;增加了对遗产资源保护的相关条款。

三、著作权法

(一)《著作权法》的起草与出台

著作权法是对著作权及著作权有关的权益作出规定的法律,是调整作品创作、传播、使用过程中各种社会关系的法律规范,是国家确认、保障智力创作者合法权益和保证精神生产健康发展的重要法律手段。它的基本内容有:著作权主体,著作权客体,著作权内容,著作权保护,著作权限制,著作权的继承、转让与许可使用,侵权行为和罚则等。《著作权法》的制定历经 10 年,多次修改,全国人大常委会 3 次审议。它既参考了国际惯例,又注重中国的实际情况,吸收了多方面的意见。

---

〔89〕《追求专利权与公众利益的平衡》,载中国人大网:http://www.npc.gov.cn/huiyi/lfzt/zlfxzaca/2008-08/25/content_1445952.htm,最后访问日期:2019 年 7 月 5 日。

《中华人民共和国著作权法》于1990年9月7日第七届全国人大常委会第十五次会议通过，国家主席杨尚昆签署第三十一号主席令予以公布，该法从1991年6月1日起实施。根据2001年10月27日第九届全国人大常委会第二十四次会议审议通过的《关于修改〈中华人民共和国著作权法〉的决定》进行第一次修正，由国家主席江泽民签署第五十八号主席令予以公布，自公布之日起施行。根据2010年2月26日第十一届全国人大常委会第十三次会议审议通过的《关于修改〈中华人民共和国著作权法〉的决定》第二次修正，国家主席胡锦涛签署第二十六号主席令予以公布，自2010年4月1日起施行。

1991年《著作权法》共6章56条。

第一章为总则部分，本法制定目的为："为保护文学、艺术和科学作品作者的著作权，以及与著作权有关的权益，鼓励有益于社会主义精神文明、物质文明建设的作品的创作和传播，促进社会主义文化和科学事业的发展与繁荣，根据宪法制定本法。"规定了享有著作权的主体以及受著作权法保护的对象。

第二章为著作权。规定了著作权人的范围、著作权的内容、著作权归属、权利的保护期、权利的限制等内容。

第三章为著作权许可使用合同。包括合同的必备条款、合同的有效期限、使用作品的付酬标准等。

第四章为出版、表演、录音录像、播放。包括图书、报刊的出版；表演；录音录像；广播电台、电视台播放四部分。

第五章为法律责任。侵害他人著作权需要承担的法律责任主要为民事责任与行政责任。著作权引起的纠纷可通过调解、仲裁与诉讼等方式解决。

第六章为附则部分，包含词语概念的解释等内容。本法自1991年6月1日起施行。

（二）2001年《著作权法》的修订

2001年10月27日第九届全国人大常委会第二十四次会议审议通过的《关于修改〈中华人民共和国著作权法〉的决定》进行第一次修正，由国家主席江泽民签署第五十八号主席令公布施行。这是自《著作权法》出台后10年来的第一次全面系统的修改。这次修改，在权利的内容、主体、客体，对权利的限制、利用、保护等方面，都作了符合相关国际公约和中国著作权保护实际需要的改动，强化了对权利人权利的保护。主要修订内容为：（1）在权利人的权利保护方面，增设了放映权、信息网络传播权、转让权三项权利；重新界定发行权，出租权从发行权中独立出来；扩充表演权、广播权的内容；增加规定原作品著作权人对演绎作品的出版、表演、录音录像的"许可权"。（2）在权利的限制方面，以《保护文学和艺术作品伯尔尼公约》和中国的实际为依据，对"合理使用"的有关情形作出更加合理的限制，对"法定许可"制度作出较大修改。(3)增加了著作权保护的客体,在著作权保护的客体中增加了杂技艺术作品和建筑作品。(4)明确著作权集体管理组织与著作权人和相关权利人之间的关系,并对该组织的性质、职能、设立、管理等作出规定。(5)扩大了表演者获取报酬权的途径,延长了表演者获取报酬权的保护期限。(6)增加了关于诉前证据保全制度以及民事制裁条款。本次对《著作权法》的全面修改,解决了原有著作权法存在的一些问题,使中国著作权保护制度与国际公约更趋一致,更有益于对著作权人的保护和版权贸易的发展。

(三)2010 年《著作权法》的修正

2010 年 2 月 26 日第十一届全国人大常委会第十三次会议审议通过的《关于修改〈中华人民共和国著作权法〉的决定》第二次修正,由国家主席胡锦涛签署第二十六号主席令予以公布,自 2010 年 4 月 1 日起施行。主要修改为:一是将第 4 条修改为:"著作权人行使著作权,不得违反宪法和法律,不得损害公共利益。国家对作品的出版、传播依法进行监督管理。"二是增加 1 条,作为第 26 条:"以著作权出质的,由出质人和质权人向国务院著作权行政管理部门办理出质登记。"

第六节　涉外民事关系法律适用法

(一)《涉外民事关系法律适用法》的立法历程

涉外民事关系法律适用法是规范涉外财产关系和人身关系的基本法律,调整在国际民事交往中产生的包括涉外物权关系、涉外知识产权关系、涉外合同关系、涉外侵权关系、涉外婚姻家庭关系、涉外继承关系等各类涉外民事关系,主要解决上述各类涉外民事关系的法律适用问题。[90] 涉外民事关系法律适用法是中国民法和国际私法的重要组成部分,是中国特色社会主义法律体系中的一部重要法律。为解决涉外民事争议,维护当事人合法权益提供法律依据,对于保护当事人合法权益,构建正常的涉外民事法律秩序具有十分重要的意义。

中华人民共和国成立后至改革开放的 30 年,中国的涉外民事交往基本处于停滞状态,涉外民事关系法律适用法的立法几乎为空白。改革开放以来,随着中外经济文化交往的逐渐增多,涉外民事关系法律适用法的立法也越来越受到重视。涉外经济合同法、继承法、收养法、海商法、票据法、合同法等单行法律中都有专门的条文对涉外法律关系进行调整。同时,《民法通则》第八章对涉外民事关系的法律适用问题所作的专章规定,对于规范现实中的涉外民事法律关系具有重要意义。此外,最高人民法院对涉外民事关系法律适用所作的司法解释对于指导法院审判也

---

〔90〕 黄进:《中国涉外民事关系法律适用法的制定与完善》,载《政法论坛》2011 年第 3 期。

起了重要作用。

随着国内外形势的发展，涉外交往的增多，涉外纠纷也逐渐增多。中国涉外民事争议的数量不断上升。据统计，1979 年至 2001 年，中国各级法院共受理涉外涉港澳台民商事案件 23340 件；2001 年至 2005 年，中国各级法院共受理涉外商事海事案件 63765 件；2009 年，中国法院共审结涉外民事案件 11000 件。[91] 制定统一系统的涉外民事关系的法律适用法成为解决涉外纠纷的迫切需要。

全国人大常委会法制工作委员会 2002 年年底完成的《民法（草案）》，其中第九编即为涉外民事关系法律适用法，并经 2003 年 3 月召开的第十届全国人大第一次会议初步审议。由于民法草案涉及内容复杂、广泛，一并研究修改历时较长，第十届全国人大常委会采取了分编审议的方式。《涉外民事关系法律适用法》的立法审议暂时搁置。

按照全国人大常委会的立法规划，全国人大法工委在 2010 年上半年完成了《涉外民事关系法律适用法（草案）》，征求各方面专家意见。2010 年 8 月 17 日，全国人大法律委员会对草案进行了初次审议。8 月 23 日至 28 日，在第十一届全国人大常委会第十六次会议上，全国人大法律委员会将《涉外民事关系法律适用法（草案）》（二次审议稿）提交审议。法律委员会在 8 月 23 日的汇报中说明了立法过程及思路："根据第十一届全国人大常委会立法规划和今年立法工作计划，法制工作委员会在民法草案涉外民事关系法律适用法编的基础上抓紧工作，认真研究了中国和德国、瑞士、日本等国家有关规定，以及欧盟、海牙国际私法协会等制定的有关条约性法律文件；赴香港、澳门特别行政区就涉港澳民事关系法律适用问题听取意见；并召开了全国人大外事委员会、最高人民法院、国务院法制办、外交部、商务部以及部分国际私法专家参加的座谈会。经认真听取各方面意见，反复研究修改，形成了涉外民事关系法律适用法草案。""起草涉外民事关系法律适用法总的思路，是从我国的实际出发，适应改革发展稳定的要求，着重解决发生涉外民事争议较多，各方面意见又比较一致的法律适用问题。要把我国多年来行之有效的规定和做法吸收到草案中，同时体现国际上通行做法和新的发展成果，进一步完善我国涉外民事关系法律适用制度。要尽可能做到简明扼要，通俗易懂。"[92] 在第十一届全国人大常委会第十六次会议结束后，人大常委会将《涉外民事关系法律适用法（草案）》公布，向社会公开征集意见。

---

[91] 毛磊、廖文根：《明确法律适用原则 解决涉外民事争议》，载中国人大网：http://www.npc.gov.cn/huiyi/cwh/1116/2010-08/24/content_1590084.htm，最后访问日期：2019 年 6 月 15 日。

[92] 《关于〈中华人民共和国涉外民事关系法律适用法（草案）〉主要问题的汇报》，载中国人大网：http://www.npc.gov.cn/huiyi/cwh/1116/2010-08/28/content_1593162.htm，最后访问日期：2019 年 6 月 15 日。

2010 年 10 月 28 日,第十一届全国人大常委会第十七次会议对在广泛征求意见的基础上形成的《涉外民事关系法律适用法(草案)》(三次审议稿)提交这次常委会审议。常委会在审议之后高票通过。同日,国家主席胡锦涛签署第三十六号主席令予以公布,自 2011 年 4 月 1 日起施行。

(二)《涉外民事关系法律适用法》的主要内容

《涉外民事关系法律适用法》分为一般规定、民事主体、婚姻家庭、继承、物权、债权、知识产权和附则共 8 章 52 条。

该法既总结了中国长期以来在涉外民事立法、司法等方面的经验,立足中国的实际,又注意借鉴世界各国和国际公约制定的成功经验,注重与国际一般做法的接轨。在体系上采用一般规定加各章分列具体涉外民事制度的方式。本法体现了以下适用原则:一是将最密切联系原则作为涉外民事关系法律适用的"兜底原则",规定"本法和其他法律对涉外民事关系法律适用没有规定的,适用与该涉外民事关系有最密切联系的法律",避免在涉外民事关系法律适用方面出现空白。二是扩大了涉外民事关系当事人选择法律的范围。在"一般规定"部分规定,"当事人依照法律规定可以明示选择涉外民事关系适用的法律"。在婚姻家庭、继承、物权、债权、知识产权等各章,均规定当事人对一些问题可以自行选择适用的法律。这主要是尊重当事人处理民事利益的自由,并适应国际上当事人自行选择适用法律的范围不断扩大的趋势。三是规定中华人民共和国法律对涉外民事关系有强制性规定的,直接适用该强制性规定。四是规定了维护国家利益的原则,即外国法律的适用将损害中华人民共和国社会公共利益的,适用中华人民共和国法律。

该法采用经常居所地法作为属人法,以国籍国法辅之。对不动产物权,采用多数国家的通行做法,规定不动产物权适用不动产所在地法律。动产物权的法律适用上,允许当事人先协议选择动产物权适用的法律。对于现实中纠纷多发的涉外合同领域,在司法实践的基础上,并借鉴国外的通行做法,该法规定:"当事人可以协议选择合同适用的法律。当事人没有选择的,适用履行义务最能体现该合同特征的一方当事人经常居所地法律或者其他与该合同有最密切联系的法律。"在知识产权的法律适用方面,为有利于知识产权的应用和保护,采取国际上先进的"被请求保护地法"原则。此外,本法还对涉外消费者合同、劳动合同产品责任的法律适用作出了规定,但没有把海商法、民用航空法、票据法三部商事法律有关法律适用的规定纳入到该法中来。

第五章　中华人民共和国商事立法的发展

商法是调整平等主体间商事关系的法律规范的总称，民法与商法之间是一般法和特别法的关系。从中华人民共和国成立到1979年，中国没有通过一部正式的商事立法。中华人民共和国第一部民法典草案以苏俄1922年民法典为蓝本，体例上民商合一，债编包括相关的商事行为的部分内容。社会主义过渡时期，为调整不同所有制商业之间的经济关系，1950年12月29日通过了《私营企业暂行条例》，1954年9月2日政务院通过了《公私合营工业企业暂行条例》。

1978年以后改革开放的实行和计划经济体制被打破，真正推动了中国商法的发展。为吸引外商投资，涉外商事立法先行一步，于1979年颁布了《中外合资经营企业法》、1986年颁布了《外资企业法》和1988年颁布了《中外合作经营企业法》；此后又制定了《全民所有制工业企业法》《私营企业暂行条例》等商事主体法。

1992年至今，是商法的蓬勃发展期。中国先后通过了《公司法》《保险法》《票据法》《商业银行法》《合伙企业法》《个人独资企业法》《证券法》《信托法》《证券投资基金法》等法律，构建了较为完整的市场主体法律制度，中国的商法体系基本形成。中华人民共和国至今的商事法律发展史，说明了商法的发展与国家经济政策的调整和国内外社会经济的发展密切相关，同时，商法的发展又对中国经济的发展起到了积极的推动和促进作用。

第一节　企　业　法

一、农民专业合作社法

（一）《农民专业合作社法》的制定与出台

合作社在中国已有百余年的发展史。自20世纪早期，留学国外的学者将合作经济思想引入中国，并开始有了中国最早的合作社实践。在民主革命时期，毛泽东、刘少奇等党和国家领导人就多次论述过合作社的问题。中华人民共和国成立后，党和政府十分重视合作社的发展立法。

1950年7月，在北京召开了中华全国合作社工作者第一届代表会议。（见图5－1）

会议通过了《合作社法(草案)》《中华全国合作社联合总社章程(草案)》等若干重要文件,成立了全国合作社的中央领导机构——中华全国合作社联合总社。《合作社法(草案)》中的三种合作社,主要包括消费合作社、供销合作社和手工业生产合作社,而非农业合作社。至 1951 年合作社发展的重点转向了农业生产合作,1956 年,全国人大常委会曾经审议通过了一个《高级农业生产合作社示范章程》,但随着 1958 年人民公社化运动的展开,此章程很快废弃。至改革开放前,全国各地还相继建立了供销合作社、手工业合作社、农村信用合作社三大体系,但对中国合作社发展起着实质性指引规范作用的,主要是中国共产党有关合作社发展的各项决议文件以及为之配套的合作社示范章程,[1] 并没有相应的法律依据。

图 5-1 会议代表合影

1950 年 7 月,中华全国合作社工作者第一届代表大会合影

农村改革开放以来,中央确立了党在农村的基本经营制度,即以家庭承包经营为基础,统分结合的双层经营体制,农户的市场经营主体地位也因此确立。但是,由于经营规模小、应对自然风险和市场风险的能力弱,农户在商品生产和经营中遇到很多困难,因此组织起来共同面对市场风险成为市场经济体制下分散经营的农民的必然选择。其中,受到农民群众普遍欢迎的一种十分重要的组织形式,就是农民专业合作社。但是由于缺乏明确的立法,农民专业合作社的发展遇到法律地位不明确、组织运行不规范、权利义务不明确等种种问题。为了促进农民专业合作社的发展,在 2004—2006 年的"中央一号文件"中,都明确提出要加快立法进程。2004 年,全国人大常委会接受了由 300 多名人大代表提交的十多个关于制定农民专业合作经济组织法提案的建议,委托人大的农业与农村委员会主持起草《农民专业合作社法》。经过三年的广泛调研、论证、起草和审议修改工作并于 2006 年 6 月提请第

---

〔1〕 杜吟棠:《〈农民专业合作社法〉的立法背景、基本特色及其实施问题》,载《青岛农业大学学报》(社会科学版)2008 年第 2 期。

十届全国人大常委会第二十二次会议审议,之后又经过常委会第二十三次、第二十四次会议两次审议,于2006年10月31日通过了《农民专业合作社法》,于2007年7月1日起施行。2017年12月27日第十二届全国人大常委会第三十一次会议修订,由国家主席习近平签署第八十三号主席令予以公布,自2018年7月1日起施行。《农民专业合作社法》是中华人民共和国成立以来通过的第一部合作社法。《农民专业合作社法》的框架内容共分9章56条。

第一章“总则”部分共计9条,主要规定了本法的立法目的、适用范围、立法原则等。本法第2条规定了本法的宗旨,主要是为了规范农民专业合作社的组织和行为,鼓励、支持、引导农民专业合作社的发展,保护农民专业合作社及其成员的合法权益,推进农业农村现代化。第3条对农民专业合作社进行了界定,规定了农民专业合作社为在农村家庭承包经营基础上,农产品的生产经营者或者农业生产经营服务的提供者、利用者,自愿联合、民主管理的互助性经济组织。同时,本章还规定了农民专业合作社的主要业务、应当遵循的基本原则,农民专业合作社的法律地位与责任承担方式,农民专业合作社的基本义务等。

第二章为设立和登记,共4条,主要规定了农民专业合作社设立的条件,登记程序,设立大会的职权,农民专业合作社的章程等内容。农民专业合作社经登记,取得法人资格,对其财产享有占有、使用和处分的权利,并以其所拥有的财产对债务承担责任。

第三章为成员,共8条,主要规定了成员资格、农民专业合作社的成员结构,明确了成员的权利和义务,规定了农民专业合作社的表决和选举,成员资格终止的相关事项等。这部法律突出了农民在合作社中的主体地位,规定农民成员的比例不得低于80%。农民对合作社进行民主管理,享有表决权、选举权和被选举权;利用本社提供的服务和生产经营设施;按照章程规定或者成员大会决议分享盈余;查阅本社的章程、成员名册、成员大会或者成员代表大会记录、会议决议、财务会计报告等广泛的权利。

第四章为组织机构,共10条。农民专业合作社成员大会是本社的权力机构,由全体成员组成。本章规定了成员大会的职权、议事规则、临时大会的召集,成员代表大会的设立。同时,本章还规定了理事长或者理事会、执行监事或监事会的设立和表决规则,理事长、理事和管理人员的义务和任职限制等。

第五章为财务管理,共7条,主要规定了农民专业合作社的财务制度、公积金的提取、盈余分配等,并规定农民专业合作社应当为每个成员设立成员账户,主要记载该成员的出资额,量化为该成员的公积金份额以及该成员与本社的交易量(额)。

第六章为合并、分立、解散和清算,共10条。本章规定了农民专业合作社合并、分立、解散、清算的程序、法律后果的承担,破产的法律适用等相关内容。

第七章为扶持政策,共4条。农民专业合作社的发展还处于初始阶段,需要政府有关部门为其发展提供指导与扶持。本法专设扶持政策一章,从产业政策倾斜、财政支持、金融扶持、税收优惠等方面对农民专业合作社的发展提供支持措施。

第八章为法律责任,共3条。本章针对侵犯农民专业合作社的财产权,进行虚假登记和虚假财务报告等行为规定应承担的法律责任。

第九章为附则,规定了本法的施行时间。

(二)2017年《农民专业合作社法》的修改

《农民专业合作社法》建立起规范农民专业合作社的基本法律框架,促进了中国农民专业合作社的发展,有利于农村经济的发展和保障农民权益。但是《农民专业合作社法》的条文简单,并且自该法颁布10年来,农民专业合作社的发展出现了许多新情况,《农民专业合作社法》的一些规定已不适应合作社实践发展的需要。

中共中央十分重视并高度肯定农民专业合作社在农业农村经济发展中发挥的重要作用。中共十八大以来,中央多次明确提出鼓励农村发展合作经济,鼓励发展农民专业合作和股份合作。相继在2013年、2015年两个"中央一号文件"中明确要求抓紧研究、适时修改农民专业合作社法。第十一届全国人大以来,全国人大代表中有550人次提出修改农民专业合作社法的议案共18件,要求及时修改农民专业合作社法。修改农民专业合作社法已列入调整后的第十二届全国人大常委会立法规划和2017年立法工作计划。全国人大农业与农村委员会于2015年着手牵头农民专业合作社法的修改工作。在修改过程中,已征求中央和国务院有关部门,全国31个省、自治区、直辖市人大农委,有关科研院所和高等院校,以及有关专业合作社和专家学者的意见,在认真总结实践经验、深入调查研究、反复论证的基础上,形成了农民专业合作社法修订草案。[2]《农民专业合作社法》于2017年12月27日由第十二届全国人大常委会第三十一次会议修订通过。修改的主要内容包括:

第一,取消同类限制,扩大法律调整的范围。新的农民专业合作社法取消了有关"同类"农产品或者"同类"农业生产经营服务中的"同类"的限制,扩大了法律的调整范围,同时以列举的方式明确农民专业合作社经营和服务的业务范围。适应了农民专业合作社并行发展,和综合化发展的趋势。

第二,增设"农民专业合作社联合社"专章。在修改本法前,实践中已形成了一些联合社,迫切需要法律的规范。本法规定三个以上的农民专业合作社在自愿的基础上,可以出资设立农民专业合作社联合社。其性质为法人,登记类型为农民专

---

〔2〕 陈光国:《关于〈中华人民共和国农民专业合作社法(修订草案)〉的说明》,载中国人大网:http://www.npc.gov.cn/npc/xinwen/2017-12/27/content_2035748.htm,最后访问日期:2019年7月3日。

业合作社联合社。同时本章还规定了组织机构、治理结构、盈余分配等问题。

第三，进一步明确法律责任。针对实践中存在的“空壳社”“挂牌社”“家庭社”，明确规定农民专业合作社连续两年未从事经营活动的，吊销其营业执照。另外，对法律责任等有关内容也做了相应的补充。

第四，增加出资形式，修改后的法律规定“农民专业合作社成员可以用货币出资，也可以用实物、知识产权、土地经营权、林权等可以用货币估价并可以依法转让的非货币财产，以及章程规定的其他方式作价出资；但是，法律、行政法规规定不得作为出资的财产除外”，出资形式更为多样化。此外，新法对成员新入社和除名、盈余分配等方面加以补充和完善。

二、独资与合伙企业法

（一）个人独资企业法

1.《个人独资企业法》的立法历程

通过“一化三改”，中国在 1956 年完成了对工商业和手工业的社会主义改造，实现了社会主义公有制，工商业者、手工业者、私营业主纳入工商联、合作社的旗下。中共十一届三中全会以后，社会主义公有制这一单一走向的所有制格局才开始出现松动，才有非公有制性质的私企等的不断涌现。随着私营经济在国民经济中的比重日趋加大，个体工商户开始成为一个社会层面。到第九届全国人大第二次会议修宪，中国关于私营经济的三种主要形式——独资企业、合伙企业、有限责任公司的主体法律已基本完备。[3]

《个人独资企业法》是为了规范个人独资企业的行为，保护个人独资企业投资人和债权人的合法权益，维护社会经济秩序，促进社会主义市场经济的发展，根据宪法而制定的。1999 年 4 月、6 月、8 月，《个人独资企业法》经历了三次审议和修改，于 1999 年 8 月 30 日由第九届全国人大常委会第十一次会议通过，同日国家主席江泽民签署第二十号主席令公布，自 2000 年 1 月 1 日起实施。对这部重要的经济法律在表决通过时，共有 132 名常委会组成人员参加表决，其中 124 人赞成，2 人反对，6 人弃权。[4]

2.《个人独资企业法》的主要内容

《个人独资企业法》共计 6 章 48 条，按照规则的文本形式与效力等级进行编排，分为“总则”“个人独资企业的设立”“个人独资企业的投资人及事务管理”“个

---

〔3〕 易居：《个人独资企业法出台前后》，载《改革先声》（新视点）1999 年第 10 期。

〔4〕 卞耀武主编：《中华人民共和国个人独资企业法释义》，载中国人大网：http://www.npc.gov.cn/npc/flsyywd/minshang/2000-11/29/content_8397.htm，最后访问日期：2019 年 7 月 1 日。

人独资企业的解散和清算”“法律责任”“附则”。

第一章总则部分共计 7 条,规定的事宜主要是抽象性、总体性、原则性的内容,涉及《个人独资企业法》的立法目的、适用范围、立法原则。《个人独资企业法》是调整个人独资企业法律关系的基本法,是规范市场主体行为的法律之一,与《公司法》《合伙企业法》共同构成市场主体法律基本框架。制定个人独资企业法,赋予个人独资企业市场主体法律地位,完善中国市场主体法律制度,是改革开放不断深化的必然结果。本法的调整对象是个人独资企业法律关系,它的适用范围是依照该法在中国境内设立,由一个自然人投资,财产为投资人个人所有,投资人以其个人财产对企业债务承担无限责任的经营实体。包括符合该法规定条件的现有的个人独资企业和部分个体工商户。不包括国有和集体所有的独资企业,也不包括外商投资的独资企业。[5]

对个人独资企业设立条件的规定,一方面沿用中国公司企业类立法的做法,另一方面借鉴了世界各国通行惯例,其中包含个人独资企业的五个设立条件:投资人为一个自然人;有合法的企业名称;有投资人申报的出资;有固定的生产经营场所和必要的生产经营条件;有必要的从业人员。这一章节内容还包括对申请设立个人独资企业时应提交有关文件的规定,对个人独资企业设立申请书载明事项的规定,对个人独资企业名称要求的规定,对登记机关如何处理个人独资企业设立申请文件的规定,对个人独资企业成立日期及其法律效力的规定,对变更登记的规定。

对个人独资企业投资人的消极资格的规定。一个自然人投资设立个人独资企业,是为了获得利润而从事生产经营活动,属营利性活动。所以,投资设立个人独资企业的行为必须遵守法律、行政法规禁止从事营利性活动的规定。个人独资企业是由一个自然人出资设立的,法律并未对其出资多少作出限制,所以个人独资企业一般都具有规模较小、设立手续简便、经营灵活的特点,此外又具有方便群众生活及吸纳劳动力等优势,因此,法律对其设立条件规定得比较宽松,对于投资人的范围,该法也只是进行了必要的限制,即法律、行政法规禁止从事营利性活动的人,不得作为投资人申请设立个人独资企业。

对个人独资企业财产归属关系的规定。在个人独资企业设立及从事生产经营过程中所需的财产,而基于这些财产形成的法律意义上的财产关系,体现为以财产为具体内容的权利义务关系。本条明确规定了个人独资企业财产所有权的权利人为投资人,有关权利可以依法进行转让或继承。

---

〔5〕 卞耀武主编:《中华人民共和国个人独资企业法释义》,载中国人大网:http://www.npc.gov.cn/npc/flsyywd/minshang/2000-11/29/content_8397.htm,最后访问日期:2019 年 7 月 1 日。

对个人独资企业解散情形的规定。企业解散是针对企业成立来说的。企业一经解散，那么其作为经济实体的资格便会消灭。企业解散存在多方面的原因，总体来说，大体上分为强制解散和自行解散两个方面的原因。强制解散是指企业的解散是因为违反了法律、法规的规定，其必须要解散。自行解散是企业自行决定解散或者是除强制解散情形外的情况。该法对个人独资企业解散情形的规定，既包括自行解散，也包括强制解散。

对个人独资企业解散清算的规定。清算是指清理解散企业的财产，收回债权，偿还债务，在此之后若有剩余的财产，依照法律规定再进行分配。当清算程序完毕之后，企业作为经济实体的资格同时也就消灭了。企业无论是自行解散，还是强制解散，都要依法进行清算。对于个人独资企业的清算，本法主要针对以下几个方面的内容作了规定：(1)清算的方式，包括两种：一种是投资人自行清算；另一种是由债权人申请人民法院指定清算人进行清算。(2)对于投资人自行清算这一方式，为了确保债权人可以掌握个人独资企业解散的情况，方便其及时申报债权，保护债权人的利益，本法规定要求投资人将信息通知和公告债权人。

关于法律责任的规定。对提交虚假文件或采取其他欺骗手段取得企业登记违法行为，对个人独资企业使用的名称与其在登记机关登记的名称不相符合的违法行为，对涂改、出租、转让和伪造营业执照违法犯罪行为及个人独资企业及其投资人在清算前或清算期间隐匿或转移财产、逃避债务的违法行为等规定了应承担的法律责任。

附则部分规定了外商独资企业不适用本法。同时规定"本法自 2000 年 1 月 1 日起施行"。

(二)合伙企业法

1.《合伙企业法》的立法历程

中华人民共和国成立后，经济中具有一定的市场成分，合伙企业在当时的企业形态中占有一定的地位，特别是实行公私合营，使合伙企业得到一定程度的发展。据 1956 年国家统计局统计资料，在当时的企业类型中，公司形式占 8.2%，独资企业形式占 38%，合伙企业形式占 53.8%。20 世纪 50 年代中期以后，由于三大改造政策的实施，私营企业逐步改变为不同形式的国有和集体企业，企业划分方式也为所有制性质和行业、地域等标准所代替，以出资方式划分的企业形式，包括合伙企业便失去其存在的基础，从此退出经济领域。[6] 改革开放以来，合伙企业在中国取得了较大的发展，截至 1995 年年底，中国合伙企业的数量已达到近 12 万个，逐步发展为中国市场经济主体的一部分，促进了中国社会主义经济的发展。

---

〔6〕 朱少平：《〈合伙企业法〉修订若干问题》，载《中国注册会计师》2007 年第 5 期。

自改革开放以来,中国关于合伙的规定主要体现在《民法通则》当中,其中的规定包括了个人合伙和联营两方面。在此之后,随着私营性合伙企业的不断发展,国务院在制定《私营企业暂行条例》时,把合伙企业认定为私营企业来进行规定。

1994年,在中国建立和完善社会主义市场经济法律制度的背景之下,国家开始进行有关《合伙企业法》的立法工作。第八届全国人大常委会制订了立法规划,财经委员会根据该规划在1994年5月组建了合伙企业法起草组,小组成员包括财经委员会的组成人员及来自国家经贸委、国家体改委、农业部和国家工商局的有关人员。在起草过程整个阶段,起草组在查阅大量文献资料的基础上,又去实地进行考察和调研,咨询相关专家的意见及综合中央和地方的意见,反复修改,不断完善,最终形成了《合伙企业法(草案)》。该草案在经全国人大财经委员会审议通过的基础上,1996年10月23日,时任全国人大财经委员会副主任委员黄毅诚在第八届全国人大常委会第二十二次会议上作了关于《合伙企业法(草案)》的说明,提请全国人大常委会审议。《中华人民共和国合伙企业法》于1997年2月23日由第八届全国人大常委会第二十四次会议通过,自1997年8月1日起施行。

该法共9章78条,分别对于合伙企业设立与经营的基本原则、合伙企业的设立、合伙企业的财产、合伙企业的事务执行、合伙企业与第三人关系、入伙与退伙、合伙企业的解散与清算及法律责任与附则等内容作了具体规定。合伙企业法确立了合伙企业的合法地位,建立起规范合伙企业的基本法律框架,有利于鼓励民间投资,促进经济的发展。

2.《合伙企业法》的修改

随着经济社会的发展,合伙企业的发展中也出现了的一些新问题,迫切需要修改《合伙企业法》。根据立法规划,全国人大财经委员会负责组织起草《合伙企业法(修订草案)》。2004年2月,财经委员会会同全国人大常委会有关工作机构、国务院有关部门及专家学者组成起草组,拟订了修订草案稿。之后又广泛征求意见,形成了草案。2006年4月经全国人大财经委全体会议审议通过后上报全国人大常委会。全国人大常委会经过经过两次正式审议,《合伙企业法》由第十届全国人大常委会常务委员会第二十三次会议于2006年8月27日修订通过,自2007年6月1日起施行。修改后的《合伙企业法》共6章109条,分别规定了总则、普通合伙企业、有限合伙企业、合伙企业的解散、清算、法律责任与附则。《合伙企业法》修改的主要内容包括:

第一,增加有限合伙制度。为有效地吸引外来融资,促进市场经济的多元化发展,弥补中国现有企业形式的局限性,《合法企业法》首次确立了有限合伙制度,并以专章对其进行规范。有限合伙是承担无限责任的合伙人与承担有限责任的合伙人共同组成的合伙。修改后的新法增加了“有限合伙的特殊规定”一章，主要规定了有限合伙人的权利与义务，有限合伙的事务执行，以及有限合伙不同于普通合伙的特殊规定等内容。

第二，增加特殊的普通合伙企业规定。特殊的普通合伙企业是普通合伙的一种特殊形式。在这种合伙中，各合伙人承担的仍是无限连带责任，但由于这种制度将合伙人的无限连带责任仅局限于正常经营范围及本人过错，对因他人的过错而引起的合伙债务不再承担无限连带责任，这既有效解决了一些实行合伙制的专业服务机构合伙人因其他合伙人，特别是异地分支机构独立承揽业务、因其合伙人过错产生债务要由总部的合伙人承担无限连带责任等不合理现象，也有利于这类专业服务机构异地发展业务。[7]

第三，法人参与合伙，即允许法人作为合伙人参与对合伙企业的投资，在这类企业中既可以作为特殊的普通合伙企业人，也可以作为无限责任合伙人。这次修改第 2 条第 1 款规定，“本法所称合伙企业，是指自然人、法人和其他组织依照本法在中国境内设立的普通合伙企业和有限合伙企业”，即明确规定允许法人参加合伙。

第四，增加合伙企业破产的规定。《合伙企业法》第 92 条规定：“合伙企业不能清偿到期债务的，债权人可以依法向人民法院提出破产申请，也可以要求普通合伙人清偿。合伙企业被依法宣告破产的，普通合伙人对合伙企业仍应承担无限连带责任。”

第五，增加外商投资合伙企业适用的规定。本次修改规定，外国企业或个人在中国境内设立或参与设立合伙企业，成为普通合伙人，应当符合国家有关规定。也就是说，个人和外国企业都可以按照本法的规定，进行投资，设立合伙企业，成为有限合伙人。但是如果要成为普通合伙人，一方面要适用本法，另一方面要符合国家有关专门规定。

三、公有制企业法

（一）乡镇企业法

1982 年中国修改《宪法》后，设立了乡政权，实行政社分开，原来的公社、大队逐步转变为乡、村合作经济组织，同时农村中又出现了一些农民联营的合作企业、合作工业和个体企业，并且向乡镇集中。中共中央、国务院确定将这些企业和原队社企业统称“乡镇企业”。之后，乡镇企业异军突起，截至 1996 年，营业收入增加了

---

〔7〕《合伙企业法》修改起草工作组：《〈中华人民共和国合伙企业法（修订）〉条文释义》，上海财经大学出版社 2006 年版，第 253 页。

六十多倍,吸收农村剩余劳动力一亿多人,成为农村经济的重要支柱和国民经济的重要组成部分。早在乡镇企业改名不久,第六届全国人大第二次会议上,32名代表联名提出了制定乡镇企业法的建议,以后历次人大会议,都有代表提出立法建议,但是直到1990年才出台了一步规范乡镇企业的行政法规。1993年第八届全国人大常委会为加快建设社会主义市场经济框架,着手制定了两年立法计划和五年立法计划,经田纪云副委员长建议,《乡镇企业法》列入了两年立法计划。[8]

1993年7月,全国人大财经委员会成立了《乡镇企业法》起草组,由财经委员会、农业部、国家计委有关人员及部分专家学者参加,着手起草工作,同时委托江苏省人大常委会起草了一份乡镇企业法草稿作参考。起草组在充分征求各方面意见之后,进行了反复讨论修改,在此基础上拟订了《乡镇企业法(草案)》,提请1996年8月23日在第八届全国人大常委会第二十一次会议初次审议。[9] 会后,法律委员会、法制工作委员会广泛征求了意见,对草案进行了审议和修改。1996年10月23日,第八届全国人大常委会第二十二次会议二审草案,听取了委员的意见,并作进一步的修改。1996年10月29日该法由中华人民共和国第八届全国人大常委会第二十二次会议通过,自1997年1月1日起施行。

法律全文共43条,不分章,明确了乡镇企业的概念,规定了乡镇企业的管理,在税收、信贷等方面对乡镇企业进行扶持,保护乡镇企业的合法权益,规范乡镇企业的基本行为,引导和促进乡镇企业发展。

(二)全民所有制工业企业法

1.《全民所有制工业企业法》的立法历程

中华人民共和国成立后,全民所有制工业企业在中国国家经济中占据十分重要的地位,所以中国就相当重视对全民所有制工业企业的立法工作。中华人民共和国成立初期,华北人民政府《关于国营、公营企业中建立工厂管理委员会与职工代表会议的实施条例》仍然具有实施效力。该条例中就规定了实行厂长为主席的管理委员会和职工代表会议的制度。1961年9月,中国出台了"工业70条"即《国营工业企业工作条例(草案)》,虽然这一草案并不是立法,但是其在实践中起到了一些法规的功能。

改革开放以后,中国于1983年4月颁布了《国营工业企业暂行条例》。它是中国第一部全面调整国营工业企业的经济关系的法规,其作用在于:恢复企业制度,确认企业实行党委领导下的厂长负责制的原则,即党委集体领导、职工民主管理、

---

〔8〕 姚敏扬:《乡镇企业持续健康发展的保障——〈中华人民共和国乡镇企业法〉(下)》,载《人大工作通讯》1997年第2期。

〔9〕 柳随年:《关于〈中华人民共和国乡镇企业法(草案)〉的说明》,载中国人大网:http://www.npc.gov.cn/wxzl/gongbao/1996-08/23/content_1481375.htm,最后访问日期:2019年6月28日。

厂长行政指挥;明确企业开办和关、停、并、分、转、迁的条件;规定企业、职工的权限、责任;确立企业的外部关系。同该条例配套的,还有先期颁布的《国营工厂厂长工作暂行条例》《国营工业企业职工代表大会暂行条例》,它们也在调整企业经济关系中发挥了重要作用。[10]《国营工业企业暂行条例》颁布不久因深入进行的经济体制改革而停止实施。

1986 年 9 月,中共中央、国务院先行出台了《全民所有制工业企业厂长工作条例》《全民所有制工业企业职工代表大会条例》,这两个条例为《全民所有制工业企业法(草案)》的完善奠定了基础。在经过大量调查研究的基础上,几经修改,多次提交人大审议,1988 年 4 月 13 日,第七届全国人大第一次会议通过本法,同日国家主席杨尚昆签署第三号主席令公布,自 1988 年 8 月 1 日起施行。

2.《全民所有制工业企业法》的出台与修改

全民所有制工业企业在国民经济中占有重要地位。截至 1988 年,根据国家统计局公布的数字,中国共有全民所有制工业企业 96841 个,占全国工业企业总数的 19.4%,工业总产值 6201.4 亿元,占全部工业总产值 68.7%。中国的企业立法必须把全民所有制工业企业作为重点。此外经济体制改革的成果需要用法律来保护。改革开放以来,围绕搞活企业这个中心环节,国家采取了一系列配套改革措施,增加了企业活力。如国家关于扩大企业自主权的一系列规定,关于横向经济联合的规定,关于实行厂长负责制的决定。这些改革措施经过几年实践检验,证明是行之有效的。此外,各地在推行承包制、租赁制等两权分离的试点中已经积累了丰富的经验,应通过立法加以确认,以国家强制力保障改革的进行。[11]

《中华人民共和国全民所有制工业企业法》共 8 章 69 条。第一章总则部分规定了本法的立法宗旨、界定了全民所有制工业企业的范围,规定了根本任务和组织活动原则;第二章对企业的设立、变更和终止的条件、审批程序、登记程序作了明确规定;第三章规定了企业的权利和义务;第四章规定了厂长的产生办法、职权及义务;第五章规定了职工和职工代表大会制度;第六章规定了企业同政府的关系;第七章规定了企业、企业领导人、政府机关违反本法规定的义务所要承担的责任;第八章规定了本法的适用范围和实施时间。

2009 年 8 月 27 日,第十一届全国人大常委会第十次会议通过《关于修改部分法律的决定》,本决定自公布之日起施行。修改如下:(1)删去原《中华人民共和国全民所有制工业企业法》第 2 条第 4 款、第 23 条、第 35 条第 1 款、第 55 条。(2)将原《全民所有制工业企业法》第 62 条、第 63 条中的"依照刑法第 × 条的规定""比照

---

〔10〕 王保树:《论全民所有制工业企业法在企业立法上的突破》,载《中国法学》1988 年第 4 期。

〔11〕《为什么要制订全民所有制工业企业法》,载《中国经济体制改革》1988 年第 4 期。

刑法第×条的规定”修改为“依照刑法有关规定”。(3)删去原《全民所有制工业企业法》第64条第1款;第2款修改为:“扰乱企业的秩序,致使生产、营业、工作不能正常进行,尚未造成严重损失的,由企业所在地公安机关依照《治安管理处罚法》的规定处罚。”

(三)企业国有资产法

从20世纪末开始,在国有企业改制过程中,大量存在将国有资产低价折股、低价出售,甚至无偿分给个人,或者以其他方式和手段侵害国有资产权益,造成大量国有资产流失的情况。针对这方面的立法空白,第十届全国人大常委会将《国有资产法》列入2007年立法计划,全国人大财经委员会在第八届、第九届全国人大财经委员会为制定国有资产法所做大量工作的基础上,充分征求各方面意见,经过多次修改,形成了《国有资产法(草案)》,提交2007年12月23日第十届全国人大常委会第三十一次会议初次审议,全国人大财政经济委员会副主任委员石广生在会上做了草案的说明。[12] 会后,法律委员会根据各方面的意见,对草案进行了逐条审议和修改。由于草案主要是针对维护企业国有资产权益、保障国有资产安全、促进国有资产保值增值作出的规定,目前企业国有资产的概念已广为使用,故将名称改为“企业国有资产法”。[13] 2008年6月24日第十一届全国人大常委会第三次会议对草案进行了二审,2008年10月23日第十一届全国人大常委会第五次会议对草案进行了三审。2008年10月24日上午,第十一届全国人大常委会第五次会议分组审议了《企业国有资产法(草案)》,委员们一致认为草案比较成熟,同意提交表决。2008年10月28日第十一届全国人大常委会第五次会议通过了《中华人民共和国企业国有资产法》,自2009年5月1日起施行。

全文共9章77条,对履行出资人职责的机构、国家出资企业、国家出资企业管理者的选择与考核、关系国有资产出资人权益的重大事项、国有资本经营预算、国有资产监督和法律责任进行了专章规定,其中所称企业国有资产,是指国家对企业各种形式的出资所形成的权益。此前曾有人提出,金融资产是否适用本法。包括金融企业国有资产在内的各类企业国有资产都适用本法规定。而国有资本经营预算是亮点,人大将担起批准企业预算新任务。[14]

---

〔12〕 石广生:《关于〈中华人民共和国国有资产法(草案)〉的说明》,载中国人大网:http://www.npc.gov.cn/wxzl/gongbao/2008-12/25/content_1467455.htm,最后访问日期:2019年8月28日。

〔13〕 洪虎:《全国人民代表大会法律委员会关于〈中华人民共和国国有资产法(草案)〉修改情况的汇报》,载中国人大网:http://www.npc.gov.cn/npc/zt/2008-12/25/content_1494754.htm,最后访问日期:2019年6月28日。

〔14〕 刘晓鹏、黄庆畅:《企业国有资产法正式出台(记录)》,载《人民日报》2008年10月29日,第14版。

四、外商投资企业法

(一)中外合资经营企业法

1.《中外合资经营企业法》立法历程

1979年7月1日第五届全国人大常委会第二次会议通过的《中外合资经营企业法》,是中国第一部调整中外合资经营企业的法律,也是中国第一部涉外经济法律。当时,中国刚刚开始实行改革开放政策,急需涉外经济方面的法律,扩大国际经济合作和技术交流,吸收外商直接投资,引进国外先进技术,以促进中国国民经济的发展。由于当时中国在吸收外商直接投资方面很少有自己的经验,中国大胆地吸收借鉴外国有关法律的经验,结合中国国情,制定了这部既有明确、坚定的原则,又比较灵活、开放、符合国际惯例的法律。该法条文虽然不多,但内容比较全面,对有关外商直接投资的一系列重大问题简明扼要地作出了规定。其中许多规定对以后这方面的立法,起到了极为重要的指导作用。[15]

1979年的《中外合资经营企业法》共15个条文。第1条规定:"在中华人民共和国境内的中外合资经营企业(以下简称合营企业),从事生产、经营所得和其他所得,都按照本法的规定缴纳所得税。合营企业在中国境内和境外的分支机构,从事生产、经营所得和其他所得,由总机构汇总缴纳所得税。"本法主要规定了中外合资经营企业缴纳所得税的计算,免征所得税、减征所得税的情况,缴纳所得税的时间及向税务机关报送预缴所得税申报表、年度所得税申报表和会计决算报表的义务。本法规定了税务机关对合营企业的财务、会计和纳税情况,有权进行检查,对合营企业的违法情况,有权处以罚金。本法还规定,合营企业同税务机关在纳税问题上发生争议时的解决办法。从总体来看,这部法律着重于国家对于合营企业的管理,但在不少方面又给与了合营企业优惠政策,以吸引外资在中国的投资。

2.《中外合资经营企业法》的修订

在对外开放初期,《中外合资经营企业法》对于吸引投资,扩大对外经济合作和技术交流发挥了重要作用。随着国际局势的变化及原有《中外合资经营企业法》在实践中出现的问题,需要对《中外合资经营企业法》进行修订。

1990年4月第七届全国人大常委会第三次会议对此法的一些条款进行了必要的修改和补充,使之更加适用和完善。本次修改增加了该法的第2条第3款:"国家对合营企业不实行国有化和征收;在特殊情况下,根据社会公共利益的需要,对合营企业可以按照法律程序实行征收,并给予相应的补偿。"另外,将第6条第1款修改为:"董事长和副董事长由合营各方协商确定或由董事会选举产生。中方合营者

---

〔15〕 王柏等编著:《中华人民共和国中外合资经营企业法释义》,中国法制出版社2001年版,第1页。

的一方担任董事长的，由他方担任副董事长”，这样修改符合国际惯例，也比较灵活，实事求是，合乎情理。本次修改将原《中外合资经营企业法》的第 11 条“合营企业的外籍职工的工资收入和其他正当收入，按中华人民共和国税法缴纳个人所得税后，可以通过中国银行按外汇管理条例汇往国外”，删去了“通过中国银行”六个字，说明了中国对外汇管理的改革更加合理和放宽，对鼓励外籍职工来华工作发挥了良好的积极作用。对于合营企业合营期限的规定，本次修改将原《合资企业法》第 12 条修改为：“合营企业的合营期限，按不同行业、不同情况，作不同的约定。有的行业的合营企业，应当约定合营期限；有的合营企业，可以约定合营期限，也可以不约定合营期限。”从法律上为外商投资创造了更好的投资环境，更好地发挥了鼓励外商投资的积极作用。

为了适应进一步扩大对外开放的形式和需要，适应中国加入世界贸易组织的进程，根据世界贸易组织规则和对外的承诺，2001 年 3 月第九届全国人大常委会第四次会议又审议了全国人大常委会提出的《中外合资经营企业法修正案(草案)》，对原法律中与中国进一步扩大对外开放、加入世界贸易组织进程不相适应的内容进行了修改补充，于 2001 年 3 月 15 日通过了关于修改《中外合资经营企业法》的决定，同日，国家主席江泽民签署第四十八号主席令予以公布，自公布之日起施行。通过这次对《合资企业法》的修改，为进一步改善投资环境，吸引外商来华投资，扩大对外经济合作和技术交流，创造了良好的法制条件，也为中国顺利加入世界贸易组织扫清了障碍。

原《合资企业法》第 2 条第 2 款规定，合营企业的一切活动应遵守中华人民共和国法律、法令和有关条例规定。本次修改将这一条款修改为：“合营企业的一切活动应遵守中华人民共和国法律、法规的规定”，其实质含义未变，用语更加规范。另外，本次修改将本法第 6 条第 4 款修改为：“合营企业职工的录用、辞退、报酬、福利、劳动保护、劳动保险等事项，应当通过订立合同加以规定”，保障了合营企业及其职工的合法权益。对于第 9 条第 4 款，本次修改将“中国的保险公司”修改为“中国境内的保险公司”，其范围不限于中国的保险公司，还包括外国保险公司经中国保险监督管理部门批准设立的分支机构。将原《合资企业法》第 9 条第 2 款修改作为第 10 条第 1 款：“合营企业在批准的经营范围内所需的原材料、燃料等物资，按照公平、合理的原则，可以在国内市场或者在国际市场购买”，这一修改进一步完善了市场经济的投资环境，同时也对国内企业提出了更高的参与国际化竞争的要求。根据政企分开的原则，删去了原《合资企业法》第 9 条第 1 款“合营企业生产经营计划，应报主管部门备案，并通过经济合同方式执行”的规定。原《合资企业法》第 14 条仅规定了合营各方发生纠纷时可以通过仲裁方式解决，并未明确合营各方没有在合同中订有仲裁条款的或者事后没有达成书面仲裁协议的如何处理。因此，本次修改增加了本条第 2 款的规定，明确如果合营各方没有在合同中订有仲裁条款的或者事后没有达成书面仲裁协议的，发生争议的任何一方都可以依法向人民法院起诉。

（二）中外合作经营企业法

1.《中外合作经营企业法》的立法背景

《中外合作经营企业法》是为了扩大对外经济合作和技术交流，促进外国的企业和其他经济组织或者个人按照平等互利的原则，同中华人民共和国的企业或者其他经济组织在中国境内共同举办中外合作经营企业而制定的法律。自 1979 年，中国制定颁布《中外合资经营企业法》以来，在利用外资在国内兴办企业方面，出现了三种主要的企业形式，即中外合资经营企业、中外合作经营企业和外资企业。兴办中外合作经营企业，中方合作者的出资方式更加灵活，同合资企业和外资企业相比，需要的配套资金少；同时，由于合作企业在一系列问题上是合作各方各司其事、各负其责、自担风险，这就促使合作各方认真负责，努力减少和避免风险，且合作企业的合作期限一般比较短，因此兴办合作企业风险比较小；此外，合作企业经营管理方式灵活简便，适应性强。基于以上原因，至 20 世纪 80 年代中期以前，在中国经批准设立的三资企业中，中外合作经营企业的数量占到一半以上，在中国的经济生活中发挥着重要的作用。为了以法律形式确立中外合作经营企业做到有法可依，进而改善中国吸引外商投资的法律环境，在平等互利的基础上，不断扩大中国的对外经济技术合作与交流，制定了本法。[16]

2.《中外合作经营企业法》的制定与修改

中外合作经营企业是中国利用外国直接投资的一种重要形式，合作企业是从 1979 年首先在广东等地发展起来的。随着改革开放的不断深入，合作企业有了很大发展，截至 1987 年 9 月底，全国批准设立的合作企业累计达 4793 家，占外商投资企业总数 8984 家的 53.3%，合同金额有 120 多亿美元，实际利用外资 30 多亿美元。随着合作企业的发展，认真总结实践经验，将其纳入法制的轨道已是势在必行。在 1980 年 11 月首次全国利用外资工作座谈会上，广东与会代表就提出了《中外合作经营企业（事业）试行办法（讨论稿）》，该办法共有条文 12 条。以后又多次召开讨论会、座谈会，在长期的酝酿过程中提到了多个方案，反复研究修改。从酝酿、起草到审议通过，前后约 8 年，1988 年 4 月 13 日，第七届全国人大第一次会议通过了《中华人民共和国中外合作经营企业法》，于 1988 年 4 月 13 日发布实施。[17]《中外

---

〔16〕《中华人民共和国中外合作经营企业法释义》，载 https://max.book118.com/html/2018/0911/5231041223001313.shtm，最后访问日期：2019 年 7 月 1 日。

〔17〕王雪江：《〈中外合作经营企业法〉的诞生及特点》，载《国际经济合作》1988 年第 8 期。

合作经营企业法》共有条文 28 条,就合作企业的选项立项、谈判签约、审查批准、工商税务登记、企业组织形式、经营管理、会计制度、外汇管理、纳税义务、投资回收、终止清算及职工权益的保护、合同争议的解决等作了全面系统的规定。

根据 2000 年 10 月 31 日第九届全国人大常委会第十八次会议《关于修改〈中华人民共和国中外合作经营企业法〉的决定》第一次修正。原《中外合作经营企业法》第 20 条对合作企业的外汇收支平衡问题曾经作出规定,要求合作企业自行解决外汇收支平衡,合作企业不能自行解决外汇收支平衡的,可以依照国家规定申请有关机关给予协助。这次修改《合作企业法》删去了上述规定。这样修改的主要原因是,在中国实行改革开放初期,中国对外贸易并不是很发达,外汇短缺,国家外汇储备相对较少。出于保证国家外汇收支平衡的考虑,当时有必要对本法作出上述修改。

根据 2016 年 9 月 3 日第十二届全国人大常委会第二十二次会议《关于修改〈中华人民共和国外资企业法〉等四部法律的决定》第二次修正。本次修改,在原有《合作企业法》基础上增加 1 条,作为第 25 条,“举办合作企业不涉及国家规定实施准入特别管理措施的,对本法第五条、第七条、第十条、第十二条第二款、第二十四条规定的审批事项,适用备案管理。国家规定的准入特别管理措施由国务院发布或者批准发布”。

根据 2016 年 11 月 7 日第十二届全国人大常委会第二十四次会议《关于修改〈中华人民共和国对外贸易法〉等十二部法律的决定》第三次修正。本次修改删去了原《中外合作经营企业法》第 21 条第 2 款中的“合作企业合同约定外国合作者在缴纳所得税前回收投资的,必须向财政税务机关提出申请,由财政税务机关依照国家有关税收的规定审查批准”。

根据 2017 年 11 月 4 日第十二届全国人大常委会第三十次会议《关于修改〈中华人民共和国会计法〉等十一部法律的决定》第四次修正,对《中外合作经营企业法》作出修改:(1)删去第 12 条第 2 款中的“报审查批准机关批准”;(2)删去第 25 条中的“第 12 条第 2 款”。

(三)外资企业法

为了扩大对外经济合作和技术交流,促进中国国民经济的发展,中华人民共和国允许外国的企业和其他经济组织或者个人在中国境内举办外资企业,保护外资企业的合法权益。

1.《外资企业法》的立法历程

自改革开放以来,国家的工作重心转移到经济建设上来,利用外资工作进入一个新的阶段。为了规范外商投资法律关系,适应对外开放、引进外资的需要,自实行对外开放政策以来,中国就着手建立有中国特色的外商投资企业法律制度。1979

年7月1日第五届全国人大常委会第二次会议通过了《中外合资经营企业法》。在此之后,一些外商就提出在中国设立全部都是外商投资的企业。为了拓宽中国利用外资的渠道,1982年,中国就允许外商在经济特区投资外资企业,后来推广到全国。一些地方和部门觉得有必要制定一部外资企业法,来解决实践中外资企业设立和管理中出现的问题。国务院在总结实践经验的基础上拟定了《外资企业法(草案)》,并于1986年1月10日提请全国人大常委会审议。第六届全国人大常委会第十四次、第十五次会议对草案进行了审议、修改,并决定提请第六届全国人大第四次会议审议。《中华人民共和国外资企业法》于1986年4月12日经第六届全国人大第四次会议通过,并公布施行。

2.外资企业法的修订

随着中国经济体制改革的深化,对外开放水平的不断提高,特别是在建立和完善有中国特色的社会主义市场经济体制的过程中,中国的税收、外贸、外汇、金融体制及企业管理方式发生了很大变化,宏观调控和企业管理水平有很大提高,加入世界贸易组织的谈判取得了相当大的进展,外资企业法原有的一些规定与中国现行政策、规定不尽一致,有些规定与世贸组织规则不相符合。为了适应进一步扩大对外开放的形势和需要,适应中国加入世界贸易组织的进程,需要根据中国对外开放的实践经验、世界贸易组织规则和中国在加入世贸组织谈判中的对外承诺,对外资企业法进行修改。根据以上原则,国务院于2000年9月向第九届全国人大常委会提请审议三个外商投资企业法的修正案草案。第九届全国人大常委会第十八次会议于2000年10月31日审议通过了《关于修改〈中华人民共和国外资企业法〉的决定》,对外资企业法进行了修正。[18]

本次修改取消了有关外资企业出口义务的规定,一方面是出于使外资企业保持外汇收支平衡的考虑,另一方面也是要适应外向型经济发展的要求。此外,本次修改删去了原《外资企业法》第11条第1款中"外资企业的生产经营计划应当报其主管部门备案"的规定,在社会主义市场经济条件下,企业具有充分的经营自主权,政府的作用体现在宏观调控上,不需要去干预企业具体的生产经营活动。原《外资企业法》第18条第3款对外资企业的外汇收支平衡问题作出规定,要求外资企业自行解决外汇收支平衡,外资企业的产品经有关主管机关批准在中国市场销售,因而造成企业外汇收支不平衡的,由批准其在中国市场销售的机关负责解决。这次修改外资企业法,删去了上述规定。

2013年8月30日,全国人大常委会授权国务院在中国(上海)自由贸易试验区

〔18〕《中华人民共和国外资企业法释义》,载原创力文档网 https://max. book118. com/html/2018/0911/52310412230 01313. shtm,最后访问日期:2019年7月1日。

暂停实施“外资三法”规定的部分行政审批事项。2014 年 12 月 28 日,第十二届全国人大常委会第十二次会议通过国务院关于设立自贸区的决定,为进一步深化改革、扩大开放,加快政府职能转变,第十二届全国人大常委会第十二次会议决定:授予国务院在中国(广东)自由贸易试验区、中国(天津)自贸易试验区、中国(福建)自由贸易试验区及中国(上海)由贸易试验区扩展区域内,暂时调整《中华人民共和国外资企业法》《中外合资经营业法》《中外合作经营企业法》《中华人民共和国台湾同胞投资保护法》规定的有关行政审批。上述行政审批的调整在 3 年内试行,对实践证明可行的,修改有关法律;对实践证明不宜调整的,恢复施行有关法律规定。2015 年 1 月,商务部公布了旨在取代“外资三法”的《外国投资法(草案征求意见稿)》。但由于相关问题太复杂,全面修改这四部法律时机还不成熟。[19] 2016 年 9 月 3 日,第十二届全国人大常委会第二十二次会议《关于修改〈中华人民共和国外资企业法〉等四部法律的决定》第二次修正,自公布之日起施行,对外资企业法进行了修改。

本次修改在原《外资企业法》基础上增加 1 条,作为第 23 条,“举办外资企业不涉及国家规定实施准入特别管理措施的,对本法第六条、第十条、第二十条规定的审批事项,适用备案管理。国家规定的准入特别管理措施由国务院发布或者批准发布”。

第二节　公　司　法

一、公司法的制定历史

公司制度与公司法是商品经济的产物,在中国的兴起与发展已有百余年的历史。在西方经济文化的入侵之下,1904 年清政府曾迫于内外交困的形势,颁布了旨在推动经济发展的《商人通律》9 条和《公司律》13 条。1910 年,清王朝又草拟了《大清商律(草案)》,其中第二编为《公司律》。在对 1910 年公司律草案修订的基础上,北洋政府于 1914 年公布了民国时期第一部公司法——《公司条例》,共 251 条。1929 年,南京国民政府颁布的《公司法》,是中国近代比较完整的公司立法,也是中国第一部现代意义上的公司法。1940 年,南京国民政府又颁布了《特种有限公司条例》,这是中国关于有限责任公司的第一部立法。

中华人民共和国成立后废除了国民党六法全书,包括南京国民政府时期所颁布的公司法。为鼓励私人资本投资经营,鼓励私营企业的发展,1950 年颁布的《私营企业暂行条例》是中华人民共和国第一部私营企业基本法,规定了无限公司、有

---

〔19〕 何曼青:《外资法修订“大礼包”》,载《中国外汇》2016 年第 19 期。

限公司、股份有限公司、股份两合公司、两合公司五种公司形式,并规定了公司的设立、公司的对内对外关系及对外投资与发行公司债等。1955 年颁布的《公私合营工业企业暂行条例》,其中包括了有限公司的规定。但随着生产资料私有制社会主义改造的完成,中国全面推行国有化和计划经济,公司组织和公司制度失去了生存土壤。

改革开放后,随着外商投资的引入和私营企业的逐步开放,1979 年,第五届全国人大第二次会议通过了《中外合资经营企业法》,1983 年国务院发布了《中外合资经营企业法实施条例》,1987 年第六届全国人大第四次会议通过了《外资企业法》。这些外商投资企业立法不仅为外商投资企业在中国的设立、运行和发展提供了法律支持,也为中国 1993 年《公司法》的出台奠定了基础。

中国专门的公司立法始于 1983 年。20 世纪 80 年代,外国投资者在国内兴办公司日益增多,内资公司也逐渐兴起,迫切需要公司法的规范。全国人大常委会和国务院将制定公司法提到立法日程上来。1983 年由国家经委、国家体改委开始起草《公司法》,1987 年完成并报送国务院。此次立法虽未得以最终通过和颁布,但加快了公司立法进程,为现行《公司法》的诞生奠定了基础。1988 年,国务院颁布了《私营企业暂行条例》,其中包括私营有限责任公司的规定。

1991 年春,《公司法》的起草被列入第八个"五年计划"纲要,同年 8 月,国务院和体改委将反复修改形成的《有限责任公司法(草案)》提交国务院常务会议审议,但由于《有限责任公司法》和《全民所有制工业企业法》的关系,国有独资企业是否应该接受有限责任公司法调整等问题未予解决,此草案未通过。[20] 1992 年春,邓小平南方谈话为加快公司立法提供了理论支持。国家体改委与国家计委、财政部、中国人民银行、国务院生产办于 1992 年 5 月联合发布了《股份制企业试点办法》《股份有限公司规范意见》《有限责任公司规范意见》等公司部门规章。全国人大常委会将公司法列入 1992 年的立法计划。1992 年 8 月,《有限责任公司法(草案)》提交第七届全国人大常委会第二十七次会议审议,审议过程中委员们认为,草案调整的范围太窄,应该制定一部范围更宽,内容更全面的公司法。

1992 年 9 月,第七届全国人大常委会第二十七次会议闭幕后,全国人大常委会法制工作委员会汇总起草公司法草案。这一过程中,调查总结公司实践经验,参考国际公司立法,广泛征求各方意见,并在多次修改的基础上完成《公司法(草案)》。1993 年 2 月《公司法(草案)》提交第七届全国人大常委会第三十次会议进行了初步审议。此后,经全国人大常委会三次审议和修改,最终于 1993 年 12 月的第八届全国人大常委会第五次会议通过。

---

〔20〕 参见王保树:《公司法原理》,社会科学文献出版社 2006 年版,第 18 ~ 20 页。

《公司法》是中国法律体系的重要组成部分，是一部规范社会主义市场经济的重要法律。《公司法》的颁布与实施对保障公司的健康发展，维护社会经济秩序，建立社会主义市场经济体制发挥了重要作用。随着中国社会经济的高速发展，至今共修改和修订过五次，具体为1999年12月25日第九届全国人大常委会第十三次会议《关于修改〈中华人民共和国公司法〉的决定》第一次修正；2004年8月28日第十届全国人大常委会第十一次会议《关于修改〈中华人民共和国公司法〉的决定》第二次修正；2005年10月27日第十届全国人大常委会第十八次会议修订；2013年12月28日第十二届全国人大常委会第六次会议通过《关于修改〈中华人民共和国海洋环境保护法〉等七部法律的决定》；2018年10月26日第十三届全国人大常委会第六次会议《关于修改〈中华人民共和国公司法〉的决定》的修正。

二、1993年《公司法》的主要内容

1993年《公司法》共11章230个条文，分为总则，有限责任公司的设立和组织机构，股份有限公司的设立和组织机构，股份有限公司的股份发行和转让，公司债券，公司财务、会计，公司合并、分立、增资、减资，公司破产、解散和清算，外国公司的分支机构，法律责任，附则共13个部分。其主要内容为：

第一章为总则，主要对公司法的立法宗旨、公司的基本形式、股东的权利、公司的权利义务等作了概括说明和一般规定。主要包括：(1)立法目的。《公司法》第1条说明了其宗旨为“为了适应建立现代企业制度的需要，规范公司的组织和行为，保护公司、股东和债权人的合法权益，维护社会经济秩序，促进社会主义市场经济的发展”。(2)公司的基本形式。在中国境内设立的公司包括有限责任公司和股份有限公司。有限责任公司的股东以其出资额为限对公司承担责任，公司以其全部资产对公司的债务承担责任的公司形式。股份有限公司是把全部资本分为等额股份，股东以其所持股份为限对公司承担责任，公司以其全部资产对公司债务承担责任的企业法人。《公司法》没有规定无限责任公司、两合公司及其他公司形式。(3)股东的权利。公司股东作为出资者按投入公司的资本额享有所有者的资产受益、重大决策和选择管理者等权利。公司享有由股东投资形成的全部法人财产权，依法享有民事权利，承担民事责任。同时规定，公司中的国有资产所有权属于国家。(4)规定了公司的住所和公司章程。(5)公司的权利和义务。规定了公司有投资的权利、可以设立分公司，其合法权益受法律保护，不受侵犯。主要义务为保护职工的合法权益，加强劳动保护，实现安全生产；为本公司工会提供必要的活动条件；加强公司职工的职业教育和岗位培训等。

第二章为有限责任公司的设立和组织机构，主要对公司的设立条件、程序和股东的权利义务等作出具体规定。主要包括：(1)成立条件。设立有限责任公司，应

当具备下列条件,其一,股东符合法定人数。有限责任公司由 2 个以上 50 个以下股东共同出资设立。本法没有规定一人有限公司,仅规定国家授权投资的机构或者国家授权的部门可以单独投资设立国有独资的有限责任公司。其二,股东出资达到法定资本最低限额。以生产经营为主的公司人民币 50 万元;以商品批发为主的公司人民币 50 万元;以商业零售为主的公司人民币 30 万元;科技开发、咨询、服务性公司人民币 10 万元。由此可以看出,公司法所确定的公司最低资本限额较高,体现了公司制度刚刚在中国兴起时,立法者对公司实施较为严格的法定资本制度和较为严格的限制态度。其三,股东共同制定公司章程。其四,有公司名称,建立符合有限责任公司要求的组织机构。其五,有固定的生产经营场所和必要的生产经营条件。(2)设立程序。股东的全部出资经法定的验资机构验资后,由全体股东指定的代表或者共同委托的代理人向公司登记机关申请设立登记,提交公司登记申请书、公司章程、验资证明等文件。法律、行政法规规定需要经有关部门审批的,应当在申请设立登记时提交批准文件。(3)股东的权利和义务。明确股东享有的权利有查阅股东会会议记录和公司财务会计报告、分红权、转让股份及优先购买权。股东的义务主要有股东在公司登记后,不得抽回出资。(4)组织机构。有限责任公司的组织机构包括股东会、董事会、监事会、经理等。本章详细规定了它们的产生、人数、职权、表决方式以及董事、监事、经理等的任职资格。此外,本章还对国有独资公司的设立和组织机构等方面作了特殊规定。

第三章为股份有限公司的设立和组织机构,主要对股份有限公司的设立条件、设立方式、设立程序、组织机构等作了较为详细的规定。较之有限责任公司,股份有限公司的法律规定无论在成立条件还是设立程序上都更为严格,对组织机构运行的规范也更为细致和复杂。

第四章为股份有限公司的股份发行和转让,本章主要对股份的发行、股份的转让、上市公司等作出规定:(1)股份的发行。本章规定了股份有限公司的资本划分为股份,每一股的金额相等。公司的股份采取股票的形式。股份发行以公开、公平、公正为原则,同次发行的股份每股的发行条件、发行价格必须相同,同股同权、同股同利的原则等。股份发行的方式分为由发起人认购全部股份和由发起人认购部分股份其余向社会公开募集两种。(2)股份的转让。本章规定了股份转让必须在依法设立的证券交易场所进行,并分别规定了对发起人、公司董事、监事、经理等转让股票的限制。(3)上市公司。为保证上市公司的质量,保护投资者的合法权益,本章对股票依法公开发行、公司股本总额、盈利状况、股权分布、资信表现及其他必要条件等作出规定。同时,规定了对上市公司公开财务报告的要求和暂停股票上市的情况。

第五章为公司债券。本章对公司债券的发行与转让作了专章规定,使公司可以发行股票筹集资本,也可以举债筹集资金,以便于公司筹集资本、促进公司的发展,同时保障债权人的利益。本章规定股份有限公司、国有独资公司和两个以上的国有企业或者其他两个以上的国有投资主体投资设立的有限责任公司,为筹集生产经营资金,可以发行公司债券。公司债券是指公司依照法定程序发行的、约定在一定期限还本付息的有价证券。本章规定了发行公司债券的条件,债券的发行条件中,核心在于保证公司的偿债能力、资金的有效使用、筹资行为的规范化和维护债权人的合法权益。[21] 此外,本章还对发行公司债券的程序、公司债券的转让及可转换为股票的公司债券的发行作了规定。

第六章为公司财务、会计。公司的财务会计制度是公司运营的核算基础。本章为规范公司的财务运行,防止资本流失损害债权人利益,对财务会计制度作了较为严格的规定。本章规定公司应当在每一会计年度终了时制作财务会计报告,并依法经审查验证。公司分配当年税后利润时,应当提取利润的 10% 列入公司法定公积金,提取利润的 5% ~10% 列入公司法定公益金。公司法定公积金累计额为公司注册资本的 50% 以上的,可不再提取。公司的公积金用于弥补公司的亏损,扩大公司生产经营或者转为增加公司资本。公司提取的法定公益金用于本公司职工的集体福利。

第七章为公司合并、分立、增资、减资。本章主要规定了公司合并、分立的方式,法定程序,增减注册资本的程序等。在公司合并、分立、增资、减资的法定程序中,均注重对债权人的保护,包含了债权人保护程序。同时,本章还按照当时的资本不变原则,规定公司减少资本后的注册资本不得低于法定的最低限额。

第八章为公司破产、解散和清算的规定。公司清算,是指公司出现法定解散事由或者公司章程所规定的解散事由,依法清理公司的债权债务的行为,终结各种法律关系,使公司的法人资格归于消灭的程序。公司的解散与公司的破产均会引起公司主体资格的消失,并需要启动公司的清算程序,但是清算组织和清算程序存在不同。本章对清算组的职责、公司的解散与公司的破产方式下的清算程序、清算组成员的义务等作了规定。

第九章为外国公司的分支机构。外国公司依照本法规定可以在中国境内设立分支机构,从事生产经营活动。在中国境内从事业务活动,必须遵守中国的法律,不得损害中国的社会公共利益,其合法权益受中国法律保护。本章对外国公司的分支机构在中国境内的审批登记、经营活动、在中国的撤销等作出具体规定。

第十章为法律责任。本章对公司设立、组织、运行、清算过程中,公司,董事、监事、经理等管理者,清算组成员,相关主管部门,承担资产评估、验资或者验证的机构

---

〔21〕 卞耀武:《关于公司法的制定和实施》,载《中国人大》1994 年第 5 期。

等主体违反本法规定的法律后果作出规定。其责任的承担方式,既有民事责任,也有行政处罚和刑事处罚。本章规定对于保护公司、股东和债权人的合法权益,保障社会主义市场经济的健康发展具有重要作用。

第十一章为附则,主要对本法施行前成立的公司的效力进行规定,并说明本法实施的日期。

1993 年《公司法》建立了公司制度的基本框架,对于规范公司制度,促进市场经济的发展具有重要作用。《公司法》在很多制度上借鉴了国外的经验,但它制定于社会主义计划经济向市场经济转轨之时,将保护国有资产作为主要任务之一,众多制度围绕国有企业改制而设计,因而具有鲜明的时代特色。同时,这部公司法的强制性规范远远多于任意性规范,其所规定的法定资本制及蕴含的"资本三原则"理念亦广受诟病,在制度设计上有诸多不完善,可操作性上也较弱。随着中国市场经济的持续发展及经济形势的变化,此后公司法的修改也是必然之举。

三、公司法的修正

1. 1999 年《公司法》的修正

1999 年 12 月 25 日第九届全国人大常委会第十三次会议《关于修改〈中华人民共和国公司法〉的决定》对公司法进行了第一次修正,仅对两个条文进行了修改。一是为了适应对国有大中型企业监督体制的改革,在第 67 条增设了国有独资公司监事会。二是为鼓励技术创新,鼓励设立高科技企业的政策,放宽了对高新技术的股份有限公司出资和发行新股、申请股票上市的条件。第 229 条增加一款作为第 2 款:"属于高新技术的股份有限公司,发起人以工业产权和非专利技术作价出资的金额占公司注册资本的比例,公司发行新股、申请股票上市的条件,由国务院另行规定。"

2. 2004 年《公司法》的修正

2004 年 8 月 28 日第十届全国人大常委会第十一次会议对《公司法》进行了第二次修正,仅涉及一个条文。主要是为了协调《公司法》与 2003 年通过的《行政许可法》之间的冲突,删去第 131 条第 2 款"以超过票面金额为股票发行价格的,须经国务院证券管理部门批准"。

3. 2005 年《公司法》的修正

2004 年 3 月全国人民代表大会和中国人民政治协商会议期间,有 601 位全国人大代表和 13 位全国政协委员提出建议、议案或者提案,要求修订公司法。[22]

---

〔22〕 曹康泰:《关于〈中华人民共和国公司法(修订草案)〉的说明》,载中国人大网:http://law.npc.gov.cn/FLFG/flfgByID.action?flfgID=210059&zlsxid=23,最后访问日期:2019 年 6 月 12 日。

2004年12月28日《公司法修订草案》提请全国人大常委会审议。经过三次审议2005年10月27日第十届全国人大常委会第十八次会议通过了修改后的《公司法》,并于2006年1月1日正式实施。本次修订借鉴了国外公司法的立法经验,回应了公司法实行十多年以来亟待解决的问题,对理论界和实践界普遍关注的问题进行了修正,反映了中国经济体制改革的进程。本次公司法的修改是一次大规模的、全面的修改。在公司法的理念上有较多改变,增加了新的制度,并对171条进行了修改,删除39条。其修改内容主要体现在:

调整了公司设立的最低注册资本额。1993年《公司法》规定设立有限责任公司的最低注册资本金分别为50万元、30万元和10万元,而2005年《公司法》将其降低为3万元。原《公司法》规定股份有限公司注册资本的最低限额为1000万元,修改后的《公司法》第81条第3款规定:"股份有限公司注册资本的最低限额为人民币五百万元。法律、行政法规对股份有限公司注册资本的最低限额有较高规定的,从其规定。"大大降低了公司设立的资本门槛。

扩大了股东出资范围和方式。原《公司法》仅规定了五种出资方式,即货币、实物、工业产权、非专利技术、土地使用权,并规定以工业产权、非专利技术作价出资的金额不得超过有限责任公司注册资本的20%。2005年《公司法》第27条第1款规定:"股东可以用货币出资,也可以用实物、知识产权、土地使用权等可以用货币估价并可以依法转让的非货币财产作价出资。"从新法条文来看,不仅限于列举的货币、实物、知识产权和土地使用权,只要符合"可以用货币估价并可以依法转让"的合法财产均可以向公司出资,大大扩展了出资的方式。非货币出资的限制条件也有很大程度的放宽,规定全体股东的货币出资金额不得低于有限责任公司注册资本的30%。

首次确立了一人有限责任公司制度。2005年《公司法》突破了传统的公司社团性理论,在第二章设专节"一人有限责任公司的特别规定",允许一个自然人或者一个法人投资设立有限责任公司。对一人有限公司的最低注册资本限额、机构组织和财务审查等作了特别规定,其制度核心在于既与国际接轨,激励设立一人公司的积极性,又维护交易安全,保护债权人的利益。

确立公司法人人格否认制度。公司独立的法人人格和股东的有限责任是一把"双刃剑",在激励投资、促进经济的同时,极易被滥用,成为危害债权人和社会利益的工具。公司法人人格否认制度正是为了防止这种滥用而规定的例外。2005年《公司法》第20条第2款规定,公司股东滥用股东权利给公司或者其他股东造成损失的,应当依法承担赔偿责任。公司股东滥用公司法人独立地位和股东有限责任,逃避债务,严重损害公司债权人利益的,应当对公司债务承担连带责任。第64条则对一人公司作了规定,"一人有限责任公司的股东不能证明公司财产独立于股东自己的财产的，应当对公司债务承担连带责任”。

健全完善公司法人治理机构。赋予公司更大的自治空间，在股东大会和董事会制度方面，其议事方式和表决程序，可以由公司章程决定。同时，完善股东会制度，对股东会的召集和主持加以修改补充，增加累积投票制的规定；细化董事会会议制度、议事程序；明确和细化监事会的组成、职权、监事会会议等方面的规定。这些修订有利于贯彻公司自治的理念，完善公司的法人治理结构，健全公司的内部监督责任机制，保障公司的法制化运作。〔23〕

增加对中小股东利益的保护。原公司法设立了股权平等的原则，追求的是形式平等，但未对大股东的表决权作任何限制。在现实经济生活中，大股东往往利用资本的优势操控公司的经营，中小股东利益得不到保护。为保护中小股东的合法权益，《公司法》作了很多修改。如增加有限责任公司股东可以查阅公司财务会计账簿的规定，允许公司实行累积投票制，限制关联股东及其董事的表决权，增加有限公司股东退出机制，规定董事、监事不履行职责时股东代表公司提起诉讼的权利。这些均体现了重视中小股东权益的立法倾向。

增加一章专门规定公司董事、监事和高管人员的资格和义务。原《公司法》只规定了公司董事和高管人员的忠实义务，在 2005 年《公司法》第六章明确董事、监事、高级管理人员应当遵守法律、行政法规和公司章程，对公司负有忠实义务和勤勉义务。本章具体规定了董事、高级管理人员的七种违反忠实和勤勉义务的情况，同时规定董事、高级管理人员执行公司职务时违反法律、行政法规或者公司章程的规定，给公司造成损失的，应当承担赔偿责任。对于董事、监事和高管侵害公司利益，或者他人侵犯公司合法权益或损害股东权利的，赋予股东提起损害赔偿的诉讼权。

4. 2013 年《公司法》的修正

2013 年 12 月 28 日，第十二届全国人大常委会第六次会议通过对《中华人民共和国公司法》所作的修改，于 2014 年 3 月 1 日起实施。此次《公司法》修订共涉及 12 处条文。放松对公司资本制度的管制，加强对公司注册资本的股东自治属性，激发企业活力是本次公司资本制度改革的基本目标。〔24〕 修改的主要内容为：

第一，将注册资本实缴登记制改为认缴登记制。取消了公司发起人应当自公司成立之日起 2 年内缴足出资，投资公司可以在 5 年之内缴足出资的规定；取消了一人有限责任公司股东应当一次性足额缴纳出资的规定。公司可以在公司章程中，自行规定其认缴的注册资本出资额、出资方式和出资时间。

第二，放宽了注册资本登记的条件。在现代公司法发展的理念和实践过程中，

---

〔23〕 陈冬：《新〈公司法〉解读：以修改重点为主线》，载《河南财政税务高等专科学校学报》2006 年第 4 期。

〔24〕 雷兴虎、薛波：《〈公司法〉修订评析》，载《新疆社科论坛》2014 年第 4 期。

法定资本制所拟制的公司资本最低限额的债权担保功能正在逐步弱化,质疑声不绝。[25] 本次修改取消有限责任公司最低注册资本3万元、一人有限责任公司最低注册资本10万元、股份有限责任公司最低注册资本500万元的限制。取消了首次出资比例和货币出资比例的限制。

第三,简化了登记事项和登记文件。本次修改不再要求公司首次出资时必须经依法设立的验资机构验资,公司登记时无须提供验资证明。公司股东的实缴出资情况不再作为公司登记的事项,公司的营业执照无须载明实收资本。大大简化了登记程序和事项。

5. 2018年《公司法》的修正

2018年10月26日第十三届全国人大常委会第六次会议通过了《关于修改〈中华人民共和国公司法〉的决定》。本次修改主要集中于《公司法》第142条关于公司股份回购的规定。近年来,公司股份回购需求日渐多样,特别是随着资本市场快速发展和市场环境的变化,上市公司股份回购数量日益增加,且目的更加多样,公司法关于股份回购的现行规定在实践中存在一些问题,主要是:允许股份回购的情形范围较窄;实施股份回购的程序较为复杂(一般须召开股东大会);对公司持有所回购股份的期限规定得比较短等。从境外成熟市场的立法和实践来看,公司股份回购特别是上市公司股份回购已经成为资本市场的基础性制度安排。因此,对公司法有关股份回购的规定进行修改完善。[26]

本次修改的主要内容为:一是补充完善允许股份回购的情形。将原《公司法》规定的"将股份奖励给本公司职工"这一情形修改为"将股份用于员工持股计划或者股权激励",增加"将股份用于转换上市公司发行的可转换为股票的公司债券"和"上市公司为避免公司遭受重大损害,维护公司价值及股东权益所必需"两种情形,及"法律、行政法规规定的其他情形"的兜底性规定。二是简化股份回购的程序,提高公司持有本公司股份的数额上限,延长原法律规定的回购期限。三是增加了上市公司股份回购的信息披露义务和公开的集中交易方式的要求。

第三节 破 产 法

一、《企业破产法》的立法历程

随着改革开放的深入,中国也确立了市场经济,在这样的背景之下,需要制定

[25] 赵旭东:《从资本信用到资产信用》,载《法学研究》2003年第5期。

[26] 参见《关于〈中华人民共和国公司法修正案(草案)〉的说明》,载中国人大网:http://www.npc.gov.cn/npc/xinwen/2018-10/26/content_2064120.htm,最后访问日期:2019年6月19日。

一个企业退出机制。由于中国国有企业经营管理不善、亏损严重等问题的出现,1984 年 5 月,在第六届全国人大第二次会议上,就有一些人大代表提出了制定企业破产法的建议。1985 年 7 月,国务院决定启动破产法的立法工作。1986 年 1 月,国务院常务会议原则通过《企业破产法(草案)》,经征求意见和进一步修改,6 月正式列入第六届全国人大常务会第十六次会议日程进行初审。1986 年 8 月 27 日至 9 月 5 日,第六届全国人大常委会举行第十七次会议,对《企业破产法(草案)》(法律委员会修改稿)多次进行审议,法律委员会多数委员认为制定这部法律的条件还不成熟,不赞成现在制定企业破产法。时任委员长彭真提议,从 9 月 3 日开始,常委会连续三天召开联组会议对草案进行讨论,鉴于常委会组成人员对企业破产法草案有重要的不同意见,委员长会议建议,第十七次会议暂不付表决。[27]

11 月 15 日到 12 月 2 日,第六届全国人大常委会第十八次会议再次审议修改后的《企业破产法(试行草案)》。在分组审议中,多数常委会委员对修改后的草案表示赞成,建议本次会议通过。11 月 26 日、29 日,常委会又接连两天举行联组会议,经对修改后的草案进行讨论、协商,终于达成比较一致的意见。1986 年 12 月 2 日,《中华人民共和国企业破产法(试行)》最终在第六届全国人大常委会第十八次会议上表决通过,出席会议的常委会组成人员 110 人,101 票赞成,9 票弃权。[28]

1993 年,国家经贸委专题调研组出了一份报告,第一次提出建议制定一部新的适应市场经济的破产法,或者是修改现行破产法。1994 年人大财经委开始成立新破产法起草小组。1994 年 10 月 25 日《国务院关于在若干城市试行国有企业破产有关问题的通知》出台。1996 年破产试点城市扩展到 56 个,1997 年扩展到 111 个,2000 年破产试点基本全面推开。2003 年全国人大重新成立了新破产法起草小组,2004 年 5 月和 2006 年 6 月,全国人大财经委召开了两次重要的破产法会议,为新破产法的通过奠定了重要基础。2006 年 8 月 27 日第十届全国人大常委会第二十三次会议审议并表决通过了《中华人民共和国企业破产法》,这是中华人民共和国第一部遵循市场积极规律的破产法。大会表决,人大常委以 157 票赞成、2 票反对、2 票弃权的高票通过。[29]

二、《企业破产法》的主要内容

《企业破产法》共 12 章 136 条。第一章为总则,明确了本法的立法目的与适用范围,本法明确规定其立法宗旨为规范企业破产程序,公平清理债权债务,保护债权人和债务人的合法权益,维护社会主义市场经济秩序。同时第 2 条第 1 款规定:

---

〔27〕 世文:《企业破产法(试行)出台——民主立法的一个范例》,载《中国人大》2014 年第 12 期。
〔28〕 郑文阳:《企业破产法(试行)出台》,载《法治与社会》2015 年第 2 期。
〔29〕 李曙光:《我所经历的破产法立法过程》,载《中国经济报告》2013 年第 5 期。

"企业法人不能清偿到期债务,并且资产不足以清偿全部债务或者明显缺乏清偿能力的,依照本法规定清理债务。"可以看出,本法的调整范围已经从全民所有制企业扩大到所有企业法人。另外,本法第一次对跨境破产作出了规定,"依照本法开始的破产程序,对债务人在中华人民共和国领域外的财产发生效力"。第二章为"申请和受理",规定了向人民法院提出破产申请的程序和人民法院的受理程序。第三章规定了国际通行的破产管理人制度,明确了管理人的产生办法和职责。第四章为债务人的财产,规定了债务人财产的范围,还规定了关于债务人财产的行为无效的情况等。第五章为破产费用和共益债务的范围,并规定破产费用和共益债务由债务人财产先行清偿、随时清偿。第六章规定了债权申报程序。第七章规定了债权人会议的组成和职责。第八章借鉴国际上的先进经验,第一次规定了企业重整制度,无论是债权人还是债务人,都可以向人民法院提出重整申请,此外还明确了重整的相关法律程序及各方的权利义务。第九章规定了和解程序。第十章规定了破产清算程序。第十一章规定了企业董事、监事或者高级管理人员、债务人、管理人违反本法的法律责任。第十二章为附则。

第四节　金　融　法

一、银行法

(一)商业银行法

1.《商业银行法》的颁布和主要内容

1978年中共十一届三中全会以来,随着中国经济建设的发展及为了适应经济建设的需要,国家专业银行得以恢复和建立,而除了专业银行以外,其他商业银行的发展速度也在日益加快,逐步形成了以中央银行为领导,以专业银行为主体,多种金融机构并存、分工协作的金融体系。为适应商业银行的发展,建立一部专门的法律制度也是势在必行,因此,第八届全国人大常委会第十三次会议于1995年5月10日通过了《中华人民共和国商业银行法》,国家主席江泽民签署第四十七号主席令公布,自同年7月1日开始施行。

《商业银行法》是中国第一部专门的商业银行法律,"为了保护商业银行、存款人和其他客户的合法权益,规范商业银行的行为,提高信贷资产质量,加强监督管理,保障商业银行的稳健运行,维护金融秩序,促进社会主义市场经济的发展,制定本法"。《商业银行法》共有9章,分为总则、商业银行的设立和组织机构、对存款人的保护、贷款和其他业务的基本规则、财务会计、监督管理、接管和终止、法律责任和附则,共95条。

关于总则的部分。该部分共有10条,第1条是关于商业银行法立法宗旨的规定,从该条中可以看出立法宗旨包含三个方面:一是保护商业银行、存款人和其他客户的合法权益;二是规范商业银行的行为,保障商业银行的稳健运行;三是促进社会主义市场经济的发展。第 2 条是关于商业银行的性质的规定,明确规定商业银行是“指依照本法和《中华人民共和国公司法》设立的吸收公众存款、发放贷款、办理结算等业务的企业法人”,依据此条可以看出商业银行的设立条件,业务范围、组织形式、设立程序。第 3 条则是对商业银行具体业务的规定,第 4 条规定了商业银行的经营原则、权利及责任,主要强调了安全性、效益性和流动性的经营原则。第 5 ~ 10 条确定了商业银行与客户之间的平等自愿、诚实信用原则,保障了存款人的合法权益不受侵犯,商业银行之间应遵循公平竞争原则,以防范不正当竞争行为的发生。不正当竞争行为不仅会破坏整个商业银行业的正常运行和发展,对整个金融市场秩序的发展也有着极大的阻碍作用,所以确立公平竞争原则是当前立法形势的内在要求。第 10 条赋予了中国人民银行的监督管理权,为监督管理制度提供了法律依据。

关于商业银行的设立和组织机构的部分。该部分共有 18 条,主要是针对商业银行的设立和组织机构进行专门性的规定。关于商业银行的设立,主要规定了批准机构是中国人民银行,设立条件、需要提交的设立文件和资料,由中国人民银行颁发许可证,商业银行的分立、合并和变更事项登记等。为商业银行如何设立及如何设立分支机构提供法律依据。关于商业银行的组织机构的规定,主要对组织形式适用公司法,对高级管理人员的限制条件等方面进行详细的规定,为规范商业银行的行为,保障商业银行的稳健运行和维护金融秩序起到了很大的促进作用。

关于对存款人的保护的部分。该部分共有 5 条,主要对保护存款人作出了规定。存款业务作为商业银行的主营业务,逃不开与储蓄存款人的紧密联系,而商业银行的负债也是主要由客户存款构成的,因此存款对于商业银行的发展有着至关重要的作用,相应地存款人的权益保护也由此被重视起来。该部分在后来两次的《商业银行法》修订中都被完整地保留了下来,可见该部分的立法还是相当完善的。该部分规定了商业银行办理个人储蓄存款业务,应当遵循存款自愿、取款自由、存款有息及为存款人保密四个原则。四个原则的规定有效地保护了储蓄存款人应有的法律权益。

关于贷款和其他业务的基本规则的部分。该部分共有 20 条,主要对商业银行的贷款、投资、结算、发行金融债券、同业拆借等业务的基本规则作出了详细规定。如第 34 条明确商业银行开展贷款业务必须是在国家产业政策指导下进行,第 43 条关于商业银行不得违反国家规定从事投资业务的规定,第 45 条关于商业银行发行金融债券或者到境外借款,应当依照法律、行政法规的规定报经批准的规定,根据现实商业银行的发展状况,对相关的运行基本规则作了科学而严谨的规定,为其业务的开展和运行提供了强有力的法律制度保障。

关于财务会计的部分。该部分共有 5 条,主要是对商业银行的财务会计制度进行详细的规定。自 1978 年以来,中国实行企业基金制度,给予专业银行一定的自主经营权,1983 年,建立了利润留成制度,扩大了专业银行的经营自主权,之后银行又采用利税并存制度,后来随着商业银行的兴起和发展,形成了财务管理制度。商业银行的财务会计有着其自身的独特性,因此专门对其财务会计进行立法也是现实发展的需要,为商业银行的财务会计制度正常运行提供法律依据。

关于监督管理部分。该部分共有 5 条,对商业银行的内部监督管理制度、银行业监管机关的监督管理和审计机关的审计监督作了规定,赋予了中国人民银行极大的监督管理权和审计监督权,为商业银行的健康有序发展提供保障。

关于接管和终止的部分。该部分共有 9 条,主要规定了中国人民银行对已经或者可能发生信用危机,严重影响存款人的利益的商业银行采取的接管措施,以及商业银行因解散、被撤销、被宣告破产而终止的三种情形。规定了接管目的、接管的具体实施、接管终止等的规定,以防影响金融业的正常运行。

关于法律责任的部分和附则。法律责任部分共有 18 条,主要规定了商业银行、商业银行的工作人员、借款人、其他单位或者个人违反《商业银行法》和其他有关法律的规定所应当承担的法律责任。附则部分共有 5 条,规定了有关本法适用与生效的一些问题。

2.《商业银行法》的修改

第一,关于《商业银行法》2003 年的修改情况。

法律不可能对现实中的所有行为进行规制,相对于现实实践的发展来说具有一定的滞后性,这就不可避免地出现法律无法解决实践中出现的新型违法行为的情况。《商业银行法》同样会面临此类问题,商业银行的发展势头迅速又猛进,在其蓬勃发展的同时免不了会遇到新型的现行法律无法规制的行为,这就需要对现行法律根据现实的需要进行修订和完善。

第十届全国人大常委会第六次会议在 2003 年 12 月 27 日通过了关于修改《商业银行法》的决定,国家主席胡锦涛签署第十三号主席令公布,自 2004 年 2 月 1 日起施行。本次会议将该法从 91 条改为了 95 条,并对《商业银行法》总则部分、商业银行的设立和组织机构、财务会计、监督管理、法律责任等部分进行了修改。此次对商业银行的法律责任进行了着重修改,为适应商业银行的现实发展需要,保护存款人的利益,促进金融秩序的健康有序进行,增加了追究法律责任的情形及提高了违法成本,对商业银行的监管内容进行了强化,拓宽了商业银行的经营业务种类的范围,为推动中国市场经济的繁荣发展提供了动力。

第二,关于《商业银行法》2015 年的修改情况。

2015年8月24日，第十二届全国人大常委会第十六次会议举行第一次全体会议，中国银行业监督管理委员会主席尚福林作关于商业银行法修正案草案的说明。2015年8月26日，第十二届全国人大常委会第十六次会议对《商业银行法修正案》进行了分组审议，并于同年8月29日通过该修正案。此次会议对《商业银行法》的修正主要是删除了第75条第3项中“存贷比例”及第39条第1款第2项中的内容。原则上存贷比例的规定是为了抑制信贷过度投放，以降低单一银行的流动风险，但是随着银行业务的逐渐拓宽，其资金来源和流向也越来越多元，存贷比例的存在已经不能发挥它原本存在的价值和作用，反而约束了银行的发展，因此对其予以删除也是发展形势所趋，至于其他内容本次并未作修改，而在之后的商业银行业的持续发展过程中可能还会遇到其他的新型问题，这就需要对该法律进行再次修改和完善，以适应行业发展状况，促进社会主义市场经济协调发展，为商业银行的健康发展和繁荣提供更协调的法治环境和更强有力的法治保障。

（二）银行业监督管理法

2003年3月10日，根据第十届全国人大第一次会议通过的《关于国务院机构改革方案的决定》，国务院决定设立中国银行业监督管理委员会，统一监管银行、金融资产管理公司、信托投资公司等银行业金融机构。4月26日，第十届全国人大常委会第二次会议通过了《关于中国银行业监督管理委员会履行原由中国人民银行履行的监督管理职责的决定》。改革后，银监会对政策性银行、金融资产管理公司、信托投资公司等其他银行业金融机构履行监管职责缺乏法律依据，因此迫切需要制定《银行业监督管理法》。

事实上，自1984年1月1日起，中国人民银行行使中央银行职能，承担着制定和执行货币政策、提供金融服务，以及监管银行业、证券业、保险业的职责。但是，随着中国金融体制的改革，中国人民银行职能在不断地进行调整与改变。1995年颁布的《保险法》将中国人民银行对保险业的监管职能以法律的形式从中国人民银行中分离出去，1999年颁布的《证券法》将中国人民银行对证券业的监管职能划归中国证监会。此次制定《银行业监督管理法》，其主要目的就是从法律上分清中国人民银行和银行业监督管理委员会的职权，为这两个机构依法行政提供法律依据。[30]

2003年4月初，国务院法制办、中国银监会、中国人民银行共同组织力量，拟订了《银行业监督管理法(草案)》，提交2003年8月22日第十届全国人大常委会第四次会议审议，中国银行业监督管理委员会主席刘明康在会上对修正案草案进行了说明。该草案共6章43条，从规范银行业监管行为的角度，具体规定了银行业监管机构、监管对象、监管目标和原则、监管职责和措施等内容。草案明确了银监会对

〔30〕 石俊志：《促进中国银行业健康发展的重要法律》，载《法学杂志》2004年第7期。

银行业金融机构的监管职责;同时,将以往对银行业金融机构的单一合规监管,改变为合规监管和风险监管并重,重点规定了完善监管制度、强化监管手段方面的内容;并对建立银行业突发风险的发现、报告和处置制度等方面的内容也作了规定。[31]

2003年10月23日在第十届全国人大常委会第五次会议对草案进行了再次审议,2003年12月27日第十届全国人大常委会第六次会议通过了《中华人民共和国银行业监督管理法》,自2004年2月1日起施行。

法律全文共6章52条,对银行业监督管理机构、监督管理职责、监督管理措施和法律责任进行了分章规定。规定了监督管理的主体:"国务院银行业监督管理机构负责对全国银行业金融机构及其业务活动监督管理的工作。""国务院银行业监督管理机构根据履行职责的需要设立派出机构。国务院银行业监督管理机构对派出机构实行统一领导和管理。"规定了监督管理的依据:"国务院银行业监督管理机构依照法律、行政法规制定并发布对银行业金融机构及其业务活动监督管理的规章、规则。"规定了监督管理的措施:"银行业监督管理机构根据履行职责的需要,有权要求银行业金融机构按照规定报送资产负债表、利润表和其他财务会计、统计报表、经营管理资料以及注册会计师出具的审计报告。"并对违反法律规定的法律责任进行了规定。

2003年通过的《银行业监督管理法》,只规定了银行业监管机构有权对银行业金融机构进行监督检查并获取相关信息,而无权对银行业金融机构以外的单位和个人进行调查。但是2003年以来的监管实践表明,很多金融违法案件都是内外勾结,只对银行业金融机构进行调查,很难获取此类案件的线索,不利于违反行为的查处,实现有效监管,防范金融风险。而《证券法》《税收征收管理法》《海关法》《审计法》都已经赋予监管机构相关的调查权。[32]

2006年10月27日第十届全国人大常委会首次审议银行业监督管理法修正案草案,拟赋予银行业监管机构对金融机构以外的相关单位和个人拥有相关调查权,以更有效地履行监管职责。[33]

2006年10月31日第十届全国人大常委会第二十四次会议通过了《关于修改〈中华人民共和国银行业监督管理法〉的决定》,对《银行业监督管理法》进行了修

---

〔31〕 刘明康:《关于〈中华人民共和国银行业监督管理法(草案)〉的说明》,载中国人大网:http://www.npc.gov.cn/wxzl/gongbao/2004-02/11/content_5327815.htm,最后访问日期:2019年6月19日。

〔32〕 石宏:《赋予相关调查权 强化银行业监管》,载《中国法律》2006年第12期。

〔33〕 刘明康:《关于〈中华人民共和国银行业监督管理法修正案(草案)〉的说明》,载中国人大网:http://www.npc.gov.cn/wxzl/gongbao/2006-12/05/content_5354942.htm,最后访问日期:2019年6月20日。

正，自2007年1月1日施行。此次修改的主要内容就是增加了银行业监管机构对金融机构以外的相关单位和个人的调查权："银行业监督管理机构依法对银行业金融机构进行检查时，经设区的市一级以上银行业监督管理机构负责人批准，可以对与涉嫌违法事项有关的单位和个人采取询问有关单位或者个人，查阅、复制有关财务会计、财产权登记等文件、资料，对可能被转移、隐匿、毁损或者伪造的文件、资料，予以先行登记保存的措施。"

二、保险法

（一）《保险法》的颁布与主要内容

第八届全国人大常委会第十四次会议于1995年6月28日至30日在北京举行，会议通过了《中华人民共和国保险法》，6月30日国家主席江泽民签署第五十一号主席令公布，自1995年10月1日起施行，这是中华人民共和国成立以来第一部保险基本法。该法共计8章152条。分为总则、保险合同、保险公司、保险经营规则、保险代理人和保险经纪人、保险业监督管理、法律责任和附则。

关于总则的部分。第1条是对于立法目的的规定，该法的立法目的主要在于"为了规范保险活动，保护保险活动当事人的合法权益，加强对保险业的监督管理，促进保险事业的健康发展"。第2条是对于保险的含义的界定，明确了保险的具体内涵，指出是一种商业保险行为。第3～5条是对于立法原则的规定，保险行为主体应当遵循诚实信用原则，在遵循本法的基础上经营活动。第6条是对于适用范围的规定，"在中华人民共和国境内的法人和其他组织需要办理境内保险的，应当向中华人民共和国境内的保险公司投保"。第8条是对于监督机构的规定，明确国务院金融监督管理部门是对保险业进行监督的法定监督机构。

关于保险合同的部分。该部分总共分为3节60条（第9条至第68条）。第一节是一般规定（第9条至第31条）。该节就保险行为主体、保险标的、保险利益、保险合同的效力、保险合同应当具有的事项、保险事故，保险赔偿等事宜进行详细的规定，以规范保险活动，保证保险活动的正常进行。第二节是对于财产保险合同的规定（第32条至第50条）。该节就其含义、具体财产保险合同、保险责任、重复保险、责任保险等问题进行具体规定，对财产保险合同涉及的法律问题进行具体的规定，以保障该类保险行为得以正常进行。第三节是对于人身保险合同的规定（第51条至第68条）。该节对于人身保险合同、保险利益、投保人、保险人、被保险人、受益人、保险金、保险合同的效力等进行了详细的规定。

关于保险公司的部分。该部分共有22条，第69条至第90条。全国人大及其常委会对保险公司进行专门立法，第69条至第70条规定了保险公司的组织形式，批准机构。第71条至第80条，规定了保险公司的设立条件、注册资本、应当提交的申请资料、申请成立的程序、设立境外代表机构的条件、适用的法律。第 81 条至第 83 条,规定了其变更事项、国有独资保险公司设立监事会的情况。第 84 条至第 90 条,规定了解散事由、清算组织、破产清偿顺序,破产程序适用法律范围等。

关于保险经营规则的部分。该部分对于保险活动的经营规则进行了详细的规定,该部分共有 15 条,第 91 条至第 105 条。该部分对保险公司的业务范围、保险资金、保险公司及其工作人员禁止性行为等作了相关规定,为保险公司的经营活动作了相应的保障。

关于保险业的监督管理的部分。全国人大及其常委会对保险活动的进行如何进行监督作了相关的规定,该部分共有 16 条,第 106 条至第 121 条。主要涉及监督管理的内容、对违反本法的保险公司进行整顿和接管等内容。

关于保险代理人和保险经纪人的部分。该部分共有 9 条,第 122 条至第 130 条,对二者的具体内涵、禁止性行为、超越代理权限的行为的规制等进行了具体规定。

关于法律责任的部分。该部分共有 16 条,第 131 条至第 146 条,对保险欺诈的具体情形及法律责任,超出经营范围的法律责任及其他违反本法的情形及其法律责任作了详细的规定。

关于附则的部分。该部分共有 6 条,主要涉及本法的其他适用范围,如海上保险,中外合资保险公司、外资独资保险公司、外国保险公司分公司,农业保险是否适用本法。

(二)《保险法》的修改

1.2002 年的修改情况

针对中国加入世贸组织承诺对保险业的要求,第九届全国人大常委会第三十次会议于 2002 年 10 月 28 日通过了关于修改《保险法》的决定,对保险法进行了修改,同日国家主席江泽民签署第七十八号主席令公布,自 2003 年 1 月 1 日起施行。这是中国对《保险法》的第一次修正。该修正案修改和增加的条文共有 38 处,从本次的修改来看,国家更加强调诚实信用原则,保险公司的稳健经营以及保护投保人和保险人的利益,并且加大了保险活动的监管和处罚力度,对保险活动的范围和经营给予了一定程度的放开。

关于总则部分。1995 年《保险法》第 4 条中的"遵循自愿和诚实信用的原则",修改为 2002 年《保险法》的第 4 条和第 5 条,即"从事保险活动必须遵守法律、行政法规,尊重社会公德,遵循自愿原则。"和"保险活动当事人行使权利、履行义务应当遵循诚实信用原则。"2002 年的《保险法》新增了社会公德原则,而第 5 条的诚实信用原则则是社会公德原则的具体化,对该原则单独设置一条法律条文,强调了保险活动应着重遵循诚实信用原则。此外将 1995 年《保险法》的第 8 条中的监督管理部门从国务院金融监督管理部门改为国务院保险监督管理机构，自此以法律的形式明确了保监会对保险业的监管职责。

关于保险合同的部分。对该法第一节一般规定的修改。1995 年《保险法》中的第 23 条修改为 2002 年《保险法》的第 24 条，增加了“并将核定结果通知被保险人或者受益人”。增加了保险公司对核定结果负有法定的通知义务，由此被保险人和受益人对于核定结果能够及时知晓并可以切实保护其权益。1995 年《保险法》中的第 31 条修改为 2002 年《保险法》的第 32 条，将“个人隐私”纳入到保密义务的范围，这既是宪法的要求也是保险业自身特点的要求，保险业在从业活动过程中会接触大量的客户的隐私，因此强调“个人隐私”有利于保护投保人、被保险人、受益人的个人信息。第二节保险合同部分，2002 年《保险法》未对其进行修改。第三节人身保险合同的修改。1995 年《保险法》的第 67 条修改为 2002 年《保险法》的第 68 条，增加了“但被保险人或者受益人仍有权向第三者请求赔偿”的内容，即增加了被保险人获得更多的保护其权益的途径，2002 年《保险法》赋予了被保险人在获得赔偿后，享有向第三人的赔偿请求权，增加了被保险人的救济途径。

关于保险公司的部分。1995 年《保险法》第 87 条关于人寿保险的规定，增加了“接受前款规定的人寿保险合同及准备金的，应当维护被保险人、受益人的合法权益”。规定了人寿保险公司在被撤销或者破产时，应将人寿保险合同和准备金转让于其他人寿保险公司，如此规定是为了能够切实有效地保护被保险人、受益人的合法权益。1995 年《保险法》第 91 条改为 2002 年《保险法》的第 92 条，并增加了“但是，经营财产保险业务的保险公司经保险监督管理机构核定，可以经营短期健康保险业务和意外伤害保险业务。保险公司的业务范围由保险监督管理机构依法核定。保险公司只能在被核定的业务范围内从事保险经营活动。保险公司不得兼营本法及其他法律、行政法规规定以外的业务。”该条增加了保险公司的经营范围，保险公司可以经营短期健康保险业务和意外伤害保险业务，其业务范围应当由保险监督管理机构依法核定。

关于保险经营规则的部分。1995 年《保险法》中第 93 条、第 107 条、第 119 条被修改，并增加了相关内容，主要涉及保险监督机构对保险业的监督职责，对其进行了进一步的完善和增改。1995 年《保险法》中第 101 条、第 104 条、第 106 条被修改。2002 年《保险法》基于入世承诺非寿险 20% 的法定再保险分保比例在加入世贸组织后逐年降低 5%，4 年内取消。2002 年《保险法》基于上述承诺作出修改，即“保险公司应当按照保险监督管理机构的有关规定办理再保险”，不可以自行处理再保险事宜。2002 年《保险法》第 105 条扩大了保险公司的资金使用范围，允许其向保险业投资，“保险公司的资金不得用于设立证券经营机构，不得用于设立保险业以外的企业”,该条款的修改既提高了保险公司的偿付能力,也保障了投保人、被保险人和受益人的权益。此外 2002 年《保险法》将保险险种的基本条款和费率从“由监管部门制定”改为“关系社会公共利益的保险险种、依法实行强制保险的险种和新开发的人寿保险险种的保险条款和保险费率”报保险监管机构审批,为保险产品的设计提供了法律风险的防范。由此可见,全国人大常委会对上述法律条文的修改,表明了其对保险业经营环节方面给予了一定程度的放开。

关于保险业的监督管理部分。2002 年《保险法》第 108 条增加了保险监管机构建立健全监管指标体系的内容,对保险公司的偿付能力进行监控;第 109 条第 3 款“保险监督管理机构有权查询保险公司在金融机构的存款”,扩大了保险监管机构的监控范围。2002 年《保险法》第 94 ~ 107 条,将制定《保险条款费率管理办法》《再保险管理办法》《责任准备金和结转办法》等权力赋予保险监管机构,保护投保人、被保险人和受益人的合法权益。第 123 条第 2 款“依法受聘对保险事故进行评估和鉴定的评估机构和专家,应当依法公正地执行业务。因故意或者过失给保险人或者被保险人造成损害的,依法承担赔偿责任。依法受聘对保险事故进行评估和鉴定的评估机构收取费用,应当依照法律、行政法规的规定办理”。增加了评估和鉴定机构和专家必须公正执行业务,因过错造成损害的应当承担相应的法律责任,并且评估机构必须依法收费,不得乱收费,加强了评估机构和专家的职业道德规范,有助于对其行为进行法律规范。第 122 条改变了 1995 年《保险法》中只对人身保险公司要求设置精算专业人员、建立精算报告制度的规定,增加了所有保险公司都需要聘用精算专业人员,建立精算报告制度,并且明确规定保险公司必须遵循诚实守信原则,对其经营和财务状况必须反映真实、全面、准确,不得有虚假记载、误导性陈述以及重大遗漏。第 127 条则强调保险公司与保险代理人应当签订书面的委托代理协议,并且在协议中依法约定双方的权利义务以及代理事项,明确其权利义务和法律责任。

关于保险代理人和保险经纪人的部分。2002 年《保险法》明确了保险代理手续费和经纪人佣金,只限于向具有合法资格的保险代理人、保险经纪人支付,不得向其他人支付。新增了第 136 条,加强了对保险公司及代理人违规行为的查处力度。第 131 条以列举的方式将代理人的禁止性行为予以明确规定,对保险业的健康有序发展有积极作用和指导意义。

关于法律责任的部分。2002 年《保险法》第 139 条、第 141 条加大了对保险公司及其工作人员违规经营和从业的处罚力度,增加了处罚金额,并且情节严重构成犯罪的依法追究刑事责任。第 140 条、第 149 条增加了保险代理人、经纪人违法违规行为的处罚内容,与 1995 年《保险法》相比,加大了处罚力度,即使没有违法所得,也要罚款。第 142 条、第 143 条、第 146 条、第 147 条,增加了限制业务的范围和处罚措施，对部分违法行为增加了追究刑事责任的规定，如此对保险人在从业活动中自觉遵守法律法规具有很大的警示作用。第150条提高了处罚金额，第154条规定中外合资公司、外资独资公司、外国保险公司分公司也适用本法。

2.2009年的修改情况

2004年10月，中国保监会会同有关部门正式启动《保险法》第二次修改的准备工作，2005年年底形成了《保险法（修订草案建议稿）》并上报国务院法制办。此后，国务院法制办组织听取各方意见，修改形成了《保险法（修订草案）》。2008年8月1日，《保险法（修订草案）》经国务院常务会议原则通过，提请全国人的大常委会审议。2009年2月28日，第十一届全国人大常委会第七次会议第三次审议通过，并于2009年10月1日起实施。

此次修改的目的为，进一步规范保险公司的经营行为，加强对被保险人利益的保护，加强和改善对保险市场的监管，有效防范和化解风险，促进保险业健康发展，有必要针对中国保险业快速发展中出现的新情况、新问题，对现行保险法进行修改。《保险法（修订草案）》进一步明确了保险活动当事人的权利、义务，对保险行业的基本制度和自律规定作了进一步补充、完善，并强化了保险监管机构的职责和监管手段，规定了相应的法律责任。

此次《保险法（修订草案）》共8章187条，与2002年《保险法》相比，进一步细化了保险合同的有关规定，明确了保险活动当事人的权利和义务；修改了保险公司的相关制度；进一步明确了保险监管机构的监管原则和监管职责，增加了保监管手段和监管措施。此外还对一些新型违法行为的法律责任进行明确化，加大了对违法行为的追究力度。

3.2014年的修改情况

2014年8月31日第十二届全国人大常委会第十次会议通过了关于修改《保险法》的决定，对《保险法》进行了修改，同日国家主席习近平签署第十四号主席令公布，自2014年8月31日起施行。

第十二届全国人大常委会第十次会议对《保险法》作了如下修改：（1）将第82条中的"有《中华人民共和国公司法》第一百四十七条规定的情形"修改为"有《中华人民共和国公司法》第一百四十六条规定的情形"，因《公司法》在2013年12月28日进行了第三次修正，将《公司法》原来的第147条改为了第146条，所以2014年修正的《保险法》将适用《公司法》的部分也进行了相应的法条修改，但是法条的基本内容没有变动，由此可见2013年修正之前的《公司法》第147条的内容相对来说是比较完善的。（2）将第85条修改为："保险公司应当聘用专业人员，建立精算报告制度和合规报告制度"。

图5-2 会议现场

第十二届全国人大常委会第十次会议表决《保险法(修订草案)》

4.2015年的修改情况

2015年4月24日第十二届全国人大常委会第十四次会议通过关于修改《保险法》的决定,对有关行政审批、工商登记前置审批或者价格管理的规定作出修改。(见图5-2)此次修改作了大量的删除,极大地释放了保险公司的资金运作能力,与2009年《保险法》的修订相比,此次修订的条款进一步拓宽了保险资金的运用范围,在人身保险业务中增加了年金保险业务,保险公司的业务范围也有所增加,如增加了年金业务。强化了个人信息的保护,此次修改以法律的形式将保险消费者纳入法律条文中来,予以明确化,并且建立了人身保险合同犹豫期法律制度;进一步强化了保险业的监督管理制度;再次加大对保险违法行为的打击力度,提高从业机构和从业人员的违法成本等。相较于之前的保险法,对保险业的规范化和正规化发展有着更加鲜明的指导意义。

三、信托法

《中华人民共和国信托法》由第九届全国人大常委会第二十一次会议于2001年4月28日通过,自2001年10月1日起施行。信托,顾名思义就是信用委托,是一种特殊的理财方式,一种以信用为基础的法律行为,其具有拓宽投资渠道、聚集资金、规避和分散风险以及构筑社会信用体系的职能。中华人民共和国成立后,中国的信托业一度停顿。改革开放后,随着经济的发展,投资主体呈现多元化的趋势,信托业又重新获得了发展。但此后中国信托业的发展并不是一帆风顺,在经营范围和业务模式上的混乱与无序状态严重影响了这一行业的发展。在1998年到2007年,国家分别针对各地基建规模过大,影响信贷收支平衡,全国信贷失控、货币发行量过多,各种信托投资公司发展过快(高峰时共有一千多家),管理较乱等情况共进行过六次整顿。为了调整信托关系,规范信托行为,保护信托当事人的合法权益,促进信托事业的健康发展,《信托法》于2001年出台。

根据第八届全国人大常委会的立法规划,自1993年8月起,全国人大财经委员会组织成立了信托法起草组。起草组对中国信托业和信托市场的现状、发展前景及存在的问题进行了调查研究,翻译、整理了大量有关国家信托制度和信托立法的资料。在起草过程中,起草组通过召开座谈会、研讨会等形式,广泛听取了国务院有关部门、银行系统、法院系统、大专院校、信托投资公司及有关专家学者的意见,并多次与外国信托法律专家、实业界人士进行研讨。在充分调查信托业实际情况并广泛征求意见的基础上,起草组六易其稿,形成了《信托法(草案)》。在广泛征求各方意见和多次审议后,2001 年 4 月 18 日,《信托法》(草案·第三次审议稿)在第九届全国人大常委会第二十一次会议上最终通过。《信托法》历经八年时间起草、修改和审议,终于颁行。

在第八届全国人大常委会第二十三次会议上全国人大财经委员会副主任委员张绪武说明了起草《信托法》的指导思想:根据建立社会主义市场经济体制的要求,结合中国信托业的现状,借鉴国际上通行的做法,用法律的手段规范信托行为,保护信托当事人的合法权益,强化对信托业的监督管理,促进信托业健康、规范发展;并说明在起草过程中坚持的原则:一是重在对受托人作出约束规定,以维护信托财产的安全,保障受益人的利益。二是根据金融体制改革的需要,体现分业经营。将现有信托机构的业务与银行业务相区别,把信托公司办成符合社会主义市场经济需要的专业财产管理机构,并在此基础上发挥其中长期的金融职能。三是稳定和规范信托公司的经营活动,既要有利于国家对金融业的宏观调控,同时也要照顾到中国信托业发展的现实,尽量减少对信托公司经营活动的冲击。四是既要符合国际通行做法,又要结合中国的国情,具有可操作性。[34]

《信托法》共 7 章 74 条,除总则和附则外,对信托的设立、信托财产、信托当事人、信托的变更与终止、公益信托作出了规定。第一章总则对《信托法》的立法目的、适用范围、信托定义、信托机构管理规范的授权及信托活动的基本原则作出了规定。明确指出信托,是委托人基于对受托人的信任,将其财产权委托给受托人,由受托人按委托人的意愿以自己的名义,为受益人的利益或者特定目的,进行管理或者处分的行为。第二章对信托设立的目的要件、形式要件、财产要件、记载事项、信托登记、信托的无效与撤销以及遗嘱信托作出了规定。第三章对信托财产的构成、信托财产与委托人和受托人财产关系、禁止强制执行信托财产、信托财产上的债权债务抵销规则作出了规定。第四章分别从委托人、受托人、受益人的角度对信托当事人作出了规定。第五章规定了信托的变更与终止。第六章规定了公益信托。第七章附则对该法的施行日期作出了规定。

由于发展阶段和实践经验的限制,《信托法》仅对某些规则作了基本规定,或者是留有一定的空间,以待逐步补充完善,但是这并不影响这部法律的实施,更不影响这部法律作为信托的基本规范所起的作用。

---

〔34〕 张绪武:《关于〈中华人民共和国信托法(草案)〉的说明》,载法律图书馆网:http://www.law lib.com/fzdt/newshtml/20/20050818200405.htm,最后访问日期:2019 年 6 月 27 日。

四、证券法

(一)证券法

《中华人民共和国证券法》于 1998 年 12 月 29 日第九届全国人大常委会第六次会议通过,根据 2004 年 8 月 28 日第十届全国人大常委会第十一次会议《关于修改〈中华人民共和国证券法〉的决定》第一次修正,2005 年 10 月 27 日第十届全国人大常委会第十八次会议修订,根据 2013 年 6 月 29 日第十二届全国人大常委会第三次会议《关于修改〈中华人民共和国文物保护法〉等十二部法律的决定》第二次修正,根据 2014 年 8 月 31 日第十二届全国人大常委会第十次会议《关于修改〈中华人民共和国保险法〉等五部法律的决定》第三次修正。证券业是为证券投资活动服务的专门行业,众所周知,证券投资活动基于其虚拟经济的特性,伴随着高收益和高风险,不少人为利益驱使,铤而走险,无视基本的商业道德,扰乱市场秩序,因此,《证券法》的及时出台和修订就显得尤为重要。《证券法》发展历程如下:

全国人大财经委员会组织起草了《证券法草案》,并经全国人大常委会多次审议通过。1998 年出台的《证券法》分为总则、证券发行、证券交易、上市公司收购、证券交易所、证券公司、证券登记结算机构、证券交易服务机构、证券业协会、证券监督管理机构、法律责任、附则,共 12 章 214 条。其主要内容和基本规范包括关于《证券法》的立法宗旨和基本原则、关于《证券法》的调整范围、关于证券市场监督管理体制、关于证券发行、关于证券交易、关于上市公司收购、关于证券交易所、关于证券公司、关于证券登记结算机构、关于证券交易服务机构、关于证券业协会、关于法律责任等规定。

依据《关于修改〈中华人民共和国证券法〉的决定(2004)》,2004 年修订的《证券法》相较于 1998 年《证券法》而言,第 28 条修改为:“股票发行采取溢价发行的,其发行价格由发行人与承销的证券公司协商确定。”第 50 条修改为:“公司申请其发行的公司债券上市交易,由证券交易所依照法定条件和法定程序核准。”第 28 条的修改说明股票的溢价发行不再由证券监管机构审批,其背后的法理是按照市场经济的要求,股票的发行价格应主要通过市场机制形成。由证券监管机构审批股票发行价格,不能反映股票市场价格的真实走向,还会不适当地加大证券监管机构对股票价格趋势承担的责任。第 50 条的修改说明公司申请其发行的公司债券上市交易,不再报经证券监管机构审批,其背后的法理是公司在发行债券时,国务院证券监督管理机构已经依照公司法的规定进行过审批,因此已批准发行的公司债券上市交易,可直接由证券交易所依照法定条件和程序核准,不必再由证券监管机构审批。

随着经济和金融体制改革的不断深化和社会主义市场经济不断发展,证券市场发生了很大变化，在证券发行、交易和证券监管中出现许多新情况，2004 年出台的《证券法》已经不能完全适应新形势发展的客观需要：一是部分上市公司的治理结构不健全，质量不高，信息披露制度不完善，对董事、监事和高级管理人员缺乏诚信义务和法律责任的规定。二是一些证券公司内部控制机制不严、经营活动不规范、外部监管手段不足。三是对投资者特别是中小投资者的合法权益的保护机制不完善，对损害投资者权益的行为缺乏民事责任的规定。四是证券发行、交易、登记结算制度等不够完备，没有为建立多层次资本市场体系留下法律空间。五是对资本市场监管中出现的新情况、新问题缺乏有效的应对手段，有关法律责任的规定过于原则，难以操作，不利于打击违法、违规行为，维护资本市场的秩序。六是证券法调整范围和某些限制性规定已经不适应证券市场的发展，需要补充和完善。2005 年修订的《证券法》首先完善了上市公司的监管制度，提高了上市公司质量；其次，加强了对证券公司监管，防范和化解证券市场风险；再次，加强了对投资者特别是中小投资者权益的保护力度，完善证券发行、证券交易和证券登记结算制度，规范市场秩序；最后，强化了证券违法行为的法律责任。〔35〕

以 2013 年 6 月 29 日第十二届全国人大常委会第三次会议通过的《关于修改〈中华人民共和国文物保护法〉等十二部法律的决定》为依据，《证券法》再一次为适应新形势发展的要求作出修改，将第 129 条第 1 款修改为："证券公司设立、收购或者撤销分支机构，变更业务范围，增加注册资本且股权结构发生重大调整，减少注册资本，变更持有百分之五以上股权的股东、实际控制人，变更公司章程中的重要条款，合并、分立、停业、解散、破产，必须经国务院证券监督管理机构批准。"这一修改使证券公司的变更批准更具有针对性，更符合时代和实践特点。

最新的《证券法》是依据 2014 年 8 月 31 日第十二届全国人大常委会第十次会议通过《关于修改〈中华人民共和国保险法〉等五部法律的决定》而修改的。其修改内容包括：（1）将第 89 条第 1 款中的"事先向国务院证券监督管理机构报送"修改为"公告"，第 1 款第 8 项中的"报送"修改为"公告"，删去第 2 款。（2）删去第 90 条第 1 款。（3）将第 91 条修改为："在收购要约确定的承诺期限内，收购人不得撤销其收购要约。收购人需要变更收购要约的，必须及时公告，载明具体变更事项。"（4）将第 108 条、第 131 条第 2 款中的"有《中华人民共和国公司法》第一百四十七条规定的情形"修改为"有《中华人民共和国公司法》第一百四十六条规定的情形"。（5）删去第 213 条中的"报送上市公司收购报告书"和"或者擅自变更收购要约"。

（二）证券投资基金法

《中华人民共和国证券投资基金法》于 2003 年 10 月 28 日第十届全国人大常委

---

〔35〕 周正庆：《关于〈中华人民共和国证券法（修订草案）〉的说明》，载《中华人民共和国全国人民代表大会常务委员会公报》2005 年第 7 期。

会第五次会议通过,于2012年12月28日第十一届全国人大常委会第三十次会议修订,后根据2015年4月24日第十二届全国人大常委会第十四次会议《关于修改〈中华人民共和国港口法〉等七部法律的决定》修正。步入21世纪,随着信息化时代的来临,金融市场逐渐在社会经济运行中发展起来,作为新兴融资、投资方式的证券基金也崭露头角。但不容忽视的是,与之相伴而来的除了市场风险和管理能力挑战外,还有因市场剧烈波动或其他原因而出现的巨额赎回风险。在这样的背景下,《证券投资基金法》应运而生,正如其第1条所言,"为了规范证券投资基金活动,保护投资人及相关当事人的合法权益,促进证券投资基金和资本市场的健康发展,制定本法"。其发展历程如下:

本法共12章。第一章总则共11条,主要是对证券投资基金法的立法目的、适用范围、调整对象,证券投资基金活动应当遵循的基本原则,基金合同当事人基本权利义务等事项作出了概括性规定。第二章基金管理人规定了基金相关从业人员的职责,基金管理公司的设立、变更条件,基金从业人员的义务等。第三章基金托管人共11条,主要对基金托管人的资格、条件、职责作出规定。第四章基金的募集规定国务院证券监管机构审核对象及审核过程,基金合同、基金招募说明书文件内容等。第五章规定了基金份额上市交易的核准过程。第六章规定了基金份额申购、赎回、登记的管理机构、时间、价格,以及开放式基金保持先进或政府债券的要求。第七章规定了基金的运作与信息披露。第八章规定了基金合同的变更、终止与基金财产清算。第九章规定了基金份额持有人的权利及其行使。第十章规定了国务院证券监管机构的职责与义务、证券监管机构工作人员的职责等内容。第十一章规定了基金管理人、基金托管人、有关当事人违反法律规定应负的法律责任。第十二章附则规定了本法生效日期等附属性规定。

随着经济和金融体制改革的不断深化与资本市场的快速发展,中国基金业发生了很大变化,现行《基金法》的部分规定已不能完全适应市场发展新形势和基金监管的需要,主要表现在:(1)非公开募集基金缺乏法律规定;(2)基金治理结构不健全,投资者权益保护力度不足;(3)基金的行政管制和运作限制过严,制约基金市场竞争力和活力发挥。为此,根据第十一届全国人大常委会立法规划,全国人大财经委组成起草组,于2009年开始草案的起草工作。起草组在广泛开展专题调研和课题研究的基础上,认真总结法律实施经验,深入分析存在的问题,充分借鉴国外经验,经反复修改形成了修订草案。2011年8月23日,财经委员会召开第五十五次全体会议,审议并通过了草案。[36]

2012年修订的《证券投资基金法》相对于2003年的版本有了较大的改动,首先

〔36〕《关于〈中华人民共和国证券投资基金法〉(修订草案)的说明》,载《中国人大》2012年第19期。

就体例上而言，由原有的十二章变为十五章：第一章总则部分、第二章基金管理人、第三章基金托管人与2003年相比，变化不大；第四章基金的运作方式和组织主要规定了基金合同应当约定基金的运作方式、基金份额持有人的权利、基金份额持有人大会的组成和职权、基金份额持有人大会的日常机构的职权等；第五章是对基金的公开募集的规定；第六章是对公开募集基金的基金份额的交易、申购与赎回的规定；第七章是对公开募集基金的投资与信息披露的规定；第八章对公开募集基金的基金合同的变更、终止与基金财产清算作了规定；第九章对公开募集基金的基金份额持有人权利行使作了规定；第十章是关于非公开募集基金的规定，共10条，是此次修改《证券投资基金法》时新增加的内容，将非公开募集基金纳入调整范围；第十一章是关于基金服务机构的规定，共11条，是此次修改时新增加的章节；第十二章是关于基金行业协会的规定，共4条，是此次修改新增加的内容；第十三章监督管理共7条，对国务院证券监督管理机构的监督管理职责、有权采取的措施、进行监督管理的程序，以及对监督管理机构工作人员的要求等作出规定；第十四章对违反《证券投资基金法》的行为规定了相应的法律责任；第十五章附则分别是基金涉外问题的特别规定、关于公司型或者合伙型基金适用本法的规定和本法生效时间的规定。

2012年修订的《证券投资基金法》较大变动主要集中于第十章、第十一章、第十二章、第十四章。第十章关于非公开募集基金的规定，是在非公开募集基金作为一种新的资金募集和投资方式在中国快速发展，逐渐形成较大规模，但没有相应的法律依据作为规范和支撑，因此滋生出不少社会问题的背景下增加的。第十一章是关于基金服务机构的规定，作为证券投资基金行业的衍生行业，基金服务行业也随着证券投资基金行业的发展而得到了快速的发展，因此对其进行必要的规制，使之专业化、规范化必不可少。第十二章关于基金行业协会的规定，同样也是因为其伴随着证券投资基金行业的发展而发展，但缺乏详细规定，难以适应证券投资基金业快速发展的实际需要，故法律应详细化、规范化。第十四章是关于法律责任的规定，科技发展和信息技术进步是一把“双刃剑”，在提高生活生产水平的同时又不停地滋生新的违法现象和社会问题，2003年的《证券投资基金法》已无法全面有效对该行业的违法现象进行打击，因此2012年修订的新法对此做了较大的改动。

依据2015年4月24日第十二届全国人大常委会第十四次会议通过的《关于修改〈中华人民共和国港口法〉等七部法律的决定》，《证券投资基金法》删去了第17条，即不再要求公开募集基金的基金管理人的法定代表人、经营管理主要负责人和从事合规监管的负责人的选任或者改任，应当报经国务院证券监督管理机构依照本法和其他有关法律、行政法规规定的任职条件进行审核。这是因为国务院出于坚定不移推进行政审批制度改革，加大简政放权力度，健全监督制约机制，加强对行政审批权运行的监督，不断提高政府管理科学化规范化水平的目的，取消和调整了一批行政审批项目。

五、票据法

(一)《票据法》的起草与出台

1995年5月10日,第八届全国人大常委会第十三次会议通过《中华人民共和国票据法》,同日国家主席江泽民签署第四十九号主席令予以公布,自1996年1月1日起施行,这是中华人民共和国成立以来第一部票据基本法。该法共计7章111条。分为总则、汇票、本票、支票、涉外票据的法律适用、法律责任、附则。

关于总则部分。该部分共有18条,主要涉及立法目的、适用范围、票据活动的基本原则、涉及的基本内涵、票据权利的取得、消灭等事项。总则部分在之后的《票据法》修订中并没有发生变化,其制定的科学性和严谨性及可行性还是比较强的。

关于汇票部分。该部分分为6节,第19条至第72条,主要包含的内容有:(1)汇票、出票的定义、必须记载的事项、付款日期的记载形式、汇票的效力等内容,为出票活动提供充分的法律依据;(2)背书的记载事项、责任、效力及禁止背书的情形等;(3)承兑的定义、期间、效力等;(4)保证的记载事项、连带责任、追索权等;(5)付款;(6)追索权的发生、行使等。

关于本票部分。共有9条,第73条至第81条,主要涉及本票的定义、记载的事项、法律后果、效力等。

关于支票部分。共有13条,第82条至第94条,主要有支票的概念、记载事项、种类、签章、效力、付款日期和期限等内容,为支票的流通提供法律依据。

关于涉外票据的法律适用部分。主要是关于国际条约和国际惯例的适用,准据法的适用等内容,为涉外票据活动适用何种法律提供法律依据。

关于法律责任的部分。该部分涉及票据欺诈行为的法律责任、票据业务中玩忽职守的法律责任、故意压票的法律责任等,对票据活动中涉及的违法行为进行法律规制,为票据活动的当事人提供法律保障。

关于附则的部分。主要是期限的计算、格式,票据法的生效日期等内容。

从该法的体例结构来看,中国采取了票据法和民法分离的体例,二者分离有很大的优点。有利于票据法与国际接轨,不断根据现实需要进行修改;票据法有其本身的特殊性,将其与民法作出区别,可以更好地予以适用和操作。将二者分离,民法作为一般法,其无法对票据相关行为进行规制时,可以依据票据法进行规制,由此票据法则可以作为特别法予以适用。

(二)《票据法》的修改

《票据法》自制定实施以来,对票据活动的健康有序发展和正常运行发挥着至关重要的作用。但是,随着经济社会的发展,互联网金融的崛起,1995 年制定的《票据法》已经越来越不能满足社会日益增长的信用和支付需求,也无法满足国际经济和金融对票据的发展需要,这就需要对《票据法》进行必要的修正,以满足现实社会发展的需要。对此 2004 年 8 月 28 日,由中华人民共和国第十届全国人大常委会第十一次会议通过《关于修改〈中华人民共和国票据法〉的决定》,同日国家主席胡锦涛签署第二十二号主席令公布。第十届全国人大常委会第十一次会议决定对《票据法》作如下修改:删去第 75 条。1995 年《票据法》第 75 条:"本票出票人的资格由中国人民银行审定,具体管理办法由中国人民银行规定。"自此删除了中国人民银行对于本票出票人资格的审定权及制定的具体管理办法对其的规制。

第五节　海　商　法

1992 年 11 月 7 日,第七届全国人大常委会第二十八次会议通过了《中华人民共和国海商法》,同日国家主席杨尚昆签署第六十四号主席令予以公布,自 1993 年 7 月 1 日起施行。

《海商法》是中国第一部调整海上运输关系、船舶关系的专门性法律,该法的制定填补了中国关于海事法律方面的法制建设的空白。该法共计 15 章 278 条。其主要内容为:

关于总则的部分。该部分共有 6 条。第 1 条是对立法目的的规定,即制定本法是"为了调整海上运输关系、船舶关系,维护当事人各方的合法权益,促进海上运输和经济贸易的发展"。第 2 条和第 3 条是关于海上运输和船舶的定义的规定,并且明确规定海上货物运输合同不适用港口之间的海上货物运输。第 4 条、第 5 条主要是对法律的适用范围的规定,第 6 条赋予国务院交通主管部门对海上运输的管理权及具体管理办法的制定权,但需要报国务院批准后才可以施行。

关于船舶的部分。本部分共有 3 节,主要涉及船舶所有权、抵押权、优先权的内容。(1)船舶所有权部分共有 4 条,第 7 条规定了船舶所有权的定义,明确界定了其内涵,在实践中避免了适用模糊的情况。第 8 条规定了国家所有的船舶的适用范围。第 9 条则是对于所有权的取得、转让和消灭的规定,并且要求转让必须签订书面合同,第 10 条则是对于共有船舶的登记对抗的规定。该部分明确了相关权利及法律的适用范围,对船舶所有权的健康有序发展有着深刻的指导意义。(2)船舶抵押权部分共有 10 条,第 11～20 条。该部分结合民法抵押权的部分,船舶抵押权的定义规定为"抵押权人对于抵押人提供的作为债务担保的船舶,在抵押人不履行债务时,可以依法拍卖,从卖得的价款中优先受偿的权利"。第 12 条规定了可以设定船舶抵押权的主体及形式,即应当采取书面形式,签订书面的抵押合同才能设立抵押权。第 13 条的规定则表明了抵押权采取抵押权登记对抗主义,只有经过登记的抵押权才能对抗第三人。第 14 ~ 20 条主要对建造中的船舶的抵押权、保险、共有抵押权、权利转让和消灭以及受偿顺序的规定。为船舶抵押权的正常运行提供法律依据。(2)船舶优先权部分共有 10 条,第 21 ~ 30 条。第 21 条规定了船舶优先权的定义。第 22 条规定了具有船舶优先权的海事请求事项。第 23 条和第 24 条是对受偿顺序的规定。第 25 条是对船舶留置权的规定。第 26 条至第 30 条是对优先权的转让、消灭的规定。通过对以上 10 条的规定,保障船舶优先权在实践中得以有效的运行。

关于船员的规定。主要对船员的基本范围、权利义务和船长的权利义务进行详细的规定,为船舶的管理和驾驶提供切实可行的法律保障。

关于海上运输合同、海上旅客运输合同、船舶租用合同及海上拖航合同的部分,主要涉及合同的定义,合同双方当事人的权利和义务,产生的法律责任等内容。在海上运输普遍发展的今天,立法者在立法时遵循了海上各类合同的特殊性,予以分别制定法律法规,显示了海上立法的科学性和严谨性,为海上各种类的合同行为予以法律规制,为海上运输业的发展提供法律方面的保障。

关于海上碰撞、海难救助、共同海损的部分,主要规定了三者的内涵界定,适用原则(如海上碰撞的过失原则,共同海损的举证责任)权利义务、法律责任等。

关于海上赔偿责任限制的部分,主要涉及限制赔偿责任的适用、援引权、被保险人的权利、适用的例外、援引禁止、赔偿限额的计算等内容。如第 205 条对其他人员的援引权的规定,保护了不负有责任的人员的权利;再如第 210 条对赔偿限额计算的规定,该条对计算的种类、吨位、限额作了非常详细的规定,很好地保障了权利人根据法律规定应得的赔偿数额,也为责任人的赔偿提供了切实可行的标准。

关于保险合同的部分。该部分对内涵的界定、合同必备的内容、保险标的、价值、金额、被保险人的告知义务、未告知的责任、重复保险、合同转让、解除、保费、赔偿等内容作了详细的规定。规定了适用的原则为“按比例赔偿原则”。

关于时效的部分。该部分具体规定了海上货物运输、旅客运输、租用合同、拖航合同、船舶碰撞、海难救助、共同海损分摊、保险合同赔偿、油污损害请求权的时效,以及时效的中止、中断的情形。为海上各类合同的诉讼时效进行法律规定,对于合同双方当事人维护自己的合法权利提供时效的法律依据。

关于涉外关系的法律适用和附则的部分。海上运输自古以来都是与国际海上运输紧密相联的,在国内海域发展海上经济时,与其他国家的海上经济必然有着贸易往来,有贸易往来自然就避免不了会发生海上贸易冲突,这就涉及发生海上贸易冲突时该如何解决冲突的问题。由此立法者根据这一立法目的制定并出台了涉外方面的法律适用部分,对法律的援引和具体适用作出了相应的规定,为其提供适用的具体法律法规。

《海商法》从1993年7月1日起实施至今,对维护中国海商法律关系的当事人的利益,保障海上航运的正常秩序和迅速发展起到了非常重要的作用。从《海商法》的体例来看,中国制定的《海商法》与国际接轨,其涉外性非常明显,同样地也具有很强的技术性和其独有的特殊性,如风险特殊,相应的法律制度也特殊,虽然该法的优点非常突出,但在实践中法律的制定往往是滞后于社会实践的发展的,如出现新型的海上贸易形式,承运人责任限制的问题,提单的性质和功能的界定问题,需要立法者在后续的法律工作中进行修订和完善,以适应现实海上航行市场的需要。

第六章 中华人民共和国经济法制的发展

经济法是指调整国家对经济活动实行干预、管理或者调控所产生的社会经济关系的法律规范的总和。其主要目的是为国家对市场经济进行适度干预和宏观调控提供法律手段和制度框架，以防止市场经济的自发性和盲目性所导致的弊端。所以，中国经济法的发展是同市场经济的发展联系在一起的，其发展主要经历了三个阶段。[1]

从1979年到1993年，是中国经济法的产生阶段。随着中共十一届三中全会的召开，计划经济向市场经济转变，经济法才有了产生的土壤。但是当时计划经济仍然占主体，市场的作用有限。立法机关开始制定一些促进经济发展、规范经济活动的法律如《个人所得税法》《税收征收管理法》《计量法》《标准化法》。

从1993年到2011年，是中国经济法的发展时期。自1993年，中国开始建立社会主义市场经济体制，同时提出以社会主义市场经济为基础，建设具有中国特色的社会主义法律体系。围绕着国家对市场经济进行调控发生的法律关系，通过了大量法律法规来规范市场秩序、进行宏观调控、调节社会分配，并且对经济活动进行监管。例如，《反不正当竞争法》《反垄断法》《价格法》《车船税法》《产品质量法》《消费者权益保护法》《银行业监督管理法》。

2011年3月，全国人大常委会宣布，中国特色社会主义法律体系已经建成。同年国务院新闻办公室发布了《中国特色社会主义法律体系》白皮书，经济法正式被确立为七个部门法之一。这标志着中国的经济法经过长期的发展，终于成为一个相对独立的法律部门。2012年中共十八大后，中国开始进入全面深化改革阶段，经济法也进入进一步完善阶段。为了应对随着经济和社会快速发展出现的各种新情况，一方面要制定新的经济法律法规如《网络安全法》，另一方面要对已有的法律进行修订，如对《消费者权益保护法》《产品质量法》《个人所得税法》的修改，有些法律如《个人所得税法》经历多次修改，充分反映出中国立法与实践之间的互动。

而在整个发展完善的过程中，中国经济立法又呈现了指导思想上从"宜粗不宜

---

〔1〕 参见薛克鹏：《改革开放四十年经济法和经济法学的互动发展》，载《地方立法研究》2018年第6期。

细”到精细立法、立法权限上从分散到集中、调控手段上从行政管理到综合调控的变化趋势。[2]

中国的经济法根据调整对象和目的的不同，可以分为宏观调控法、市场监管法、行业监管法、财政税收法和对外经济贸易法。宏观调控法是调整在国家对国民经济总体活动进行调节和控制过程中发生的经济关系，即宏观调控关系的法律规范如《价格法》《统计法》《循环经济促进法》《中小企业促进法》《市场监管法》；通过国家权力监管市场行为、维护市场秩序、保护和促进公平竞争的法律规范如《反不正当竞争法》《反垄断法》《产品质量法》《消费者权益保护法》；行业监管法是对特定的行业实施监督管理和产业促进的法律规范如《反洗钱法》《农业法》《电力法》《网络安全法》《招标投标法》；财政税收法是通过财政税收的方式来调整和分配经济收入和社会财富的法律规范如《预算法》《税收征收管理法》《个人所得税法》；另外，还有对外经济贸易法如《对外贸易法》《外商投资法》。

第一节　宏观调控法

一、价格法

中共十一届三中全会提出了经济体制改革的任务，1979 年全民提高农产品收购价格，标志着中国价格改革的起步。1982 年 8 月，国务院发布了《物价管理暂行条例》，试图改变当时某些生活用品供不应求时出现的乱涨价、乱收费的情况。但是当时计划经济仍然占主导地位，暂行条例较多地反映了计划经济管理体制的要求。1984 年中共十二届三中全会通过了《中共中央关于经济体制改革的决定》，经济体制改革全面展开。1986 年，国务院物价部门修订了国务院有关部门分工管理农产品、工业消费品和重工业产品目录，放开了大部分产品的价格，把市场机制引入价格形成机制和管理过程。1987 年 9 月，国务院发布了《价格管理条例》，反映了计划经济与市场调节相结合的价格管理体制，将市场机制引入价格形成机制，强调企业的价格权利与义务，首次确立了直接管理与间接控制相结合的价格管理方式。1988 年，国务院发布了《重要生产资料和交通运输价格管理暂行规定》，1991 年国务院价格部门发布了《关于农业机械商品销售价格管理办法》。此后，国家计委又发布了《商品价格管理办法》、《关于商品和服务实行明码标价的规定》及其实施细则、《城市基本生活必需品和服务价格监测办法》等价格管理条例。[3] 这些行政规章对于当时加强价格管理、推动价格改革、促进商品经济发展起了积极作用。但是，

---

〔2〕　参见周泽夏：《改革开放四十年经济立法的趋势》，载《河北法学》2018 年第 12 期。

〔3〕　参见贾法：《改革不断深化呼唤〈价格法〉出台》，载《中国物价》1997 年第 12 期。

随着改革深化,其中的许多内容已不能完全适应改革和发展的需要。社会主义市场经济的发展需要制定价格法,对价格活动作出系统的、全面的规范。

《价格法》的起草工作分为两个阶段。第一阶段从 1989 年 4 月到 1991 年 12 月。原国家物价局在总结价格管理条例实施经验和存在问题的基础上,曾提出过价格法草案。第二阶段从 1992 年中共十四大至今。国家计委根据中共十四大提出的建立社会主义市场经济体制的要求和全国人大常委会的立法规划,认真总结中国近十八年来价格改革实践,借鉴国外立法经验,进一步明确了立法指导思想,在原有工作的基础上,通过大量调查研究、广泛听取意见,并邀请经济学界、法学界和有关部门的专家学者研究论证,形成了价格法送审稿。送审稿上报国务院后,国务院法制局又进一步听取有关部门意见并会同国家计委反复研究、修改,形成了《价格法(草案)》,[4]并于 1997 年 8 月 25 日在第八届全国人大常委会第二十七次会议上提请审议。1997 年 12 月 29 日,第八届全国人大常委会第二十九次会议通过《中华人民共和国价格法》,同日国家主席江泽民签署第九十二号主席令公布,自 1998 年 5 月 1 日起施行。(见图 6 - 1)

图 6 - 1　会议现场

1997 年 12 月 29 日,第八届全国人大常委会第二十九次会议通过《价格法》

《价格法》全文共 7 章 48 条,其立法目的是规范价格行为,发挥价格合理配置资源的作用,稳定市场价格总水平,保护消费者和经营者的合法权益,促进社会主义市场经济健康发展。对经营者的价格行为、政府的定价行为、价格总水平调控、价格监督检查、法律责任都进行了专章规定。《价格法》在当时首次以法律形式明确了中国价格改革的方向,并从法律层面对价格监测、价格调节基金、价格听证、主要商品储备、价格干预措施、价格紧急措施等制度作了具体规定,规定国家实行并逐步完善宏观调控下由市场形成价格的机制,大多数商品和服务实行市场调节价,极少数商品和服务实行政府指导价或者政府定价。

《价格法》已经实施二十多年,中国的经济和社会都发生了很大的变化,近年来,每年都有一些人大代表和政协委员提出修改《价格法》的议案或提案、建议。有关部门也先后两次启动了《价格法》修改工作。2015 年国家发改委价格司会同原价

〔4〕 陈锦华:《关于〈中华人民共和国价格法(草案)〉的说明》,载中国人大网:http://www.npc.gov.cn/wxzl/gongbao/1997-08/25/content_1480198.htm,最后访问日期:2019 年 8 月 1 日。

监局拿出了一个《价格法》修订稿，并征求了各方的意见。但是形成的《价格法》(修订送审稿)最终没有上报，因为社会各界对《价格法》的认识尚不统一，甚至有人提出随着市场化程度的提高，市场自主定价机制的稳定，《价格法》应当废除。〔5〕但是，大部分专家学者认为《价格法》的修订依然需要提上立法议程。

二、统计法

1963 年国务院发布了《统计工作试行条例》，对中国的统计工作进行规范。1983 年 12 月 8 日第六届全国人大常委会第三次会议通过了中国第一部《统计法》，自 1984 年 1 月 1 日起施行。1963 年国务院发布的《统计工作试行条例》即行废止。该法全文共 6 章 28 条，对统计调查计划和统计制度、统计资料的管理和公布、统计机构和统计人员、法律责任都进行了分章规定。规定统计的基本任务是对国民经济和社会发展情况进行统计调查、统计分析，提供统计资料，实行统计监督；国家机关、社会团体、企业事业组织和个体工商户，以及在中国境内的外资、中外合资和中外合作经营的企业事业组织，必须依照本法和国家规定，提供统计资料，不得虚报、瞒报、拒报、迟报，不得伪造、篡改。

1995 年 8 月 23 日在第八届全国人大常委会第十五次会议上，国家统计局局长张塞作了《关于〈中华人民共和国统计法修正案(草案)〉的说明》，他指出 1983 年的《统计法》实施以来，对国民经济起到了积极的作用。但是针对统计工作中出现的虚报浮夸、弄虚作假等现象，迫切需要对《统计法》作出补充和完善。第八届全国人大常委会第十四次会议专门听取了《关于统计工作情况的报告》，委员们对《统计法》的修改提出了很多意见。1990 年上半年开始对《统计法》修订，经反复研究、修改，形成了《统计法修正案(草案)》。草案通过进一步明确各地方、各部门、各单位领导及统计机构、统计人员的责任，加大惩处虚报浮夸、弄虚作假行为的力度，完善保障统计资料及时、真实、准确的责任制度等，重点解决统计工作中虚报浮夸、弄虚作假这一突出问题。〔6〕

1996 年 5 月 15 日第八届全国人大常委会第十九次会议通过了《关于修改〈中华人民共和国统计法〉的决定》，对《统计法》进行修改。修改的内容包括统计的基本任务，将第 2 条修改为："统计的基本任务是对国民经济和社会发展情况进行统计调查、统计分析，提供统计资料和统计咨询意见，实行统计监督。"统计调查对象提供统计资料的义务，将第 3 条第 1 款修改为："国家机关、社会团体、企业事业组织

---

〔5〕 参见林火灿：《专家呼吁：颁布 20 年的〈价格法〉该改改了》，载《经济日报》2018 年 9 月 18 日版。

〔6〕 张塞：《关于〈中华人民共和国统计法修正案(草案)〉的说明》，载北大法律信息网：http://gzlx.pkulaw.cn/fulltext_form.aspx? db = protocol&gid = c069b3fa7428107b6c22b05a900a66b8bdfb，最后访问日期：2019 年 8 月 1 日。

和个体工商户等统计调查对象,必须依照本法和国家规定,如实提供统计资料,不得虚报、瞒报、拒报、迟报,不得伪造、篡改。”增加社会公众对统计工作的监督,第 6 条增加 1 款,作为第 2 款:“统计工作应当接受社会公众的监督。任何单位和个人有权揭发、检举统计中弄虚作假等违法行为,对揭发、检举有功的单位和个人给予奖励。”增加统计调查方式的规定,增加统计机构、统计人员的保密义务,增加统计机构、统计人员要求有关单位和人员如实提供统计资料等职权,完善违反规定的法律责任。

1983 年审议通过、1996 年修改的《统计法》随着经济社会的不断发展,许多规定已不能适应统计改革和发展的需要。从 2003 年到 2005 年,全国人民代表大会上,有甘肃代表团及安徽、江苏、浙江代表团中 30 名以上的代表联名提出修改《统计法》的提案。2004 年 11 月,全国人大常委会组织开展了对《统计法》执行情况的调查。2005 年 4 月 26 日《全国人大常委会执法检查组关于检查〈中华人民共和国统计法〉实施情况的报告》指出,“随着市场经济的不断发展,特别是我国加入世贸组织以后,统计工作面临的内外部环境都发生了较大变化,统计法的部分内容已不适应当前情况。当前统计工作面临的一些问题和矛盾,许多都与现行统计法规定不够完善有关。……目前,统计法修订工作已有了一定基础,建议国务院及有关部门从完善社会主义市场经济体制要求和统计工作的实际出发,适当加快这一工作进度”。[7] 温家宝总理、华建敏国务委员很快作出批示,要求国务院法制办、国家统计局抓紧修订《统计法》。

国家统计局于 2005 年 5 月启动了《统计法》修订工作,在广泛听取意见、认真总结实践经验、借鉴国外成功做法的基础上,反复审议修改,形成了《统计法(修订草案)》(以下简称修订草案)。修订草案已经国务院第三十七次常务会议讨论通过,提交 2008 年 12 月 22 日第十一届全国人大常委会第六次会议审议。修订后的《统计法》由 2009 年 6 月 27 日第十一届全国人大常委会第九次会议通过,同日国家主席胡锦涛签署第十五号主席令公布,自 2010 年 1 月 1 日起施行。

修改后的《统计法》共 7 章 50 条,修改的重点集中在:完善统计机构、统计人员独立调查、独立报告、独立监督的法律机制;加重对领导干部人为干预统计工作、统计机构和统计人员参与弄虚作假、调查对象提供不真实统计资料等违法行为的法律责任,并完善监督检查制度;建立严格的统计调查审批制度和对被调查者资料的保护制度,切实减轻基层填报负担,维护被调查者的权益;完善统计资料管理和公布制度,促进统计信息的社会共享。

---

〔7〕 马建堂:《关于〈中华人民共和国统计法(修订草案)〉的说明》,载《全国人民代表大会常务委员会公报》2009 年第 5 号。

三、循环经济促进法

循环经济，是指生产、流通和消费等过程中进行的减量化、再利用、资源化活动的总称。循环经济是推进可持续发展战略的一种优选模式，有效地利用资源和保护环境，最终实现以较小发展成本获取较大的经济效益、社会效益和环境效益。

20世纪80年代以来，中国经济快速增长，同时也付出了很大的资源和环境代价，为了改变传统的粗放型经济增长方式，发展循环经济是一个突破口。2005年，国务院发布了《关于加快发展循环经济的若干意见》，为循环经济的发展提供了明确的政策依据。2005年12月，第十届全国人大常委会第四十次委员长会议决定将制定循环经济法补充列入立法计划，并明确由全国人大环境与资源保护委员会提出法律草案。2007年6月22日，全国人大环境与资源保护委员会第二十三次全体会议审议通过了《循环经济法（草案）》，提交在2007年8月26日第十届全国人大常委会第二十九次会议上审议，全国人大环境与资源保护委员会副主任委员冯之浚对草案和立法的必要性及主要内容进行了说明。〔8〕

关于法律的名称，全国人大环境与资源保护委员会提交初审的法律草案名称为“循环经济法”，在草案审议过程中，考虑到中国发展循环经济的实践经验还不足，各地区的实际情况有较大的差异，全面推进循环经济发展还需要在实践中进一步总结经验，本法目前规定的发展循环经济的方针、原则和基本管理制度等内容较多地属于引导、促进的规定。为体现循环经济立法的阶段性特征，使本法的名称与主要内容相衔接，第十一届全国人大常委会第四次会议将本法的名称修改为“循环经济促进法”。〔9〕

草案经过第十一届全国人大常委会第三次会议第二次审议，2008年8月29日第十一届全国人大常委会第四次会议通过《中华人民共和国循环经济促进法》，自2009年1月1日起施行。

《循环经济促进法》全文共7章58条，对基本管理制度、减量化、再利用和资源化、激励措施、法律责任等都进行了分章规定。规定了发展循环经济应遵循的方针；发展循环经济应遵循的原则；发展循环经济的基本管理制度，包括编制循环经济发展规划，实行总量控制，建立和完善循环经济评价指标体系，确立生产者责任延伸制度，对耗能、耗水总量大的重点企业实行重点监督管理，建立健全能源统计制度

---

〔8〕 参见冯之浚：《关于〈中华人民共和国循环经济法（草案）〉的说明》，载《全国人民代表大会常务委员会公报》2008年第6号。

〔9〕 宋芳：《循环经济促进法的立法背景及主要内容》，载中国人大网：http://www.npc.gov.cn/npc/xinwen/rdlt/fzjs/2008-09/02/content_1447843.htm，最后访问日期：2019年8月3日。

和循环经济标准体系;减量化的主要内容;再利用和资源化的主要内容;促进循环经济发展的激励措施。[10]

2018 年 10 月 26 日第十三届全国人大常委会第六次会议通过了《关于修改〈中华人民共和国野生动物保护法〉等十五部法律的决定》,对《循环经济促进法》修正。修改的内容主要涉及有关部门的名称,将有关法条中“环境保护等有关主管部门”修改为“生态环境等有关主管部门”,将“林业主管部门”修改为“林业草原主管部门”;将“产品质量监督部门”修改为“市场监督管理部门”等。

四、中小企业促进法

中国的中小企业在促进市场竞争、增加就业机会、方便群众生活、推进技术创新、推动国民经济发展和保持社会稳定等方面,一直发挥着重要作用,但是在市场竞争中却面临着很多困难,常常处于弱势地位,需要法律的保障。根据第九届全国人大常委会立法规划,全国人大财政经济委员会于 1999 年 4 月成立了中小企业促进法起草组,在充分听取社会各方面意见、调查研究的基础上,形成了《中小企业促进法(草案)》,提交 2001 年 12 月 24 日第九届全国人大常委会第二十五次会议审议,全国人大财政经济委员会副主任委员曾宪林在会上对草案作了说明。草案共 7 章 44 条,除总则和附则外,对资金支持、创业扶持、技术创新、市场开拓、社会服务等促进中小企业发展的内容分章作了规定。[11]

2002 年 6 月 29 日第九届全国人大常委会第二十八次会议通过了《中华人民共和国中小企业促进法》,自 2003 年 1 月 1 日起施行。

《中小企业促进法》全文共分 7 章 45 条,该法主要是针对中小企业发展中的难题,章节也按照中小企业面临的难点问题的难易程度来排序,除第一章总则和第七章附则外,其他五章“资金支持”“创业扶持”“技术创新”“市场开拓”“社会服务”分别对应中小企业面临的资金、创业、创新、市场和服务问题。因为企业是受益体,政府是促进体,所以它没有法律责任这一章。[12]

《中小企业促进法》自 2003 年实施以来,在改善中小企业发展环境、促进中小企业发展方面发挥了积极作用。全国人大常委会在 2009 年专门听取和审议了国务院关于促进中小企业发展情况的专项工作报告,于 2011 年至 2012 年开展了中小企业促进法立法后评估工作,认为现行法律某些方面已经不适应进一步促进中小企

---

〔10〕 参见宋芳:《循环经济促进法的立法背景及主要内容》,载中国人大网:http://www.npc.gov.cn/npc/xinwen/rdlt/fzjs/2008-09/02/content_1447843.htm,最后访问日期:2019 年 8 月 3 日。

〔11〕 曾宪林:《关于〈中华人民共和国中小企业促进法(草案)〉的说明》,载法律图书馆网:http://www.law-lib.com/fzdt/newshtml/20/20050710212756.htm,最后访问日期:2019 年 7 月 24 日。

〔12〕 参见李玉荣:《国家经贸委官员解说〈中小企业促进法〉》,载《中国经济快讯》2001 年第 12 期。

业发展的实际需要，应针对中小企业面临的新情况和新问题作出修改完善。

全国人大财政经济委员会于2014年1月牵头成立由工业和信息化部、国家发展和改革委员会、财政部等十四个部委参加的中小企业促进法（修订）起草组。形成的《中小企业促进法（修订草案）》提交2016年10月31日第十二届全国人大常委会第二十四次会议审议，全国人大财政经济委员会副主任委员乌日图在会上对修订草案作了说明。

2017年6月22日，第十二届全国人大常委会召开第二十八次会议，第二次审议《中小企业促进法（修订草案）》。8月28日，第十二届全国人大会常委会第二十九次会议对《中小企业促进法（修订草案）》进行第三次审议。修订草案第三次审议稿针对中小企业的融资难等突出问题，在财税支持、融资促进、创业扶持、市场开拓、权益保护等方面增加规定了不少具体措施，有利于促进中小企业健康发展。

2017年9月1日第十二届全国人大常委会第二十九次会议通过了修订后的《中小企业促进法》，自2018年1月1日施行。

修订后的《中小企业促进法》将原法由7章扩展为10章，条文由45条增加到61条。进一步明确了法律贯彻落实的责任主体。原法规定"国务院负责企业工作的部门组织实施国家中小企业政策和规划，对全国中小企业工作进行综合协调、指导和服务"，新《中小企业促进法》在国务院层面明确"国务院负责中小企业促进工作综合管理的部门组织实施促进中小企业发展政策，对中小企业促进工作进行宏观指导、综合协调和监督检查"，在地方层面规定"县级以上地方各级人民政府根据实际情况建立中小企业促进工作协调机制，明确相应的负责中小企业促进工作综合管理的部门，负责本行政区域内的中小企业促进工作"。首次明确了中小企业工作部门是"综合管理"的部门，首次提出了中小企业主管部门对中小企业促进工作可进行"监督检查"；进一步规范了财税支持相关政策，规定国家要实行有利于小型微型企业发展的税收政策，对符合条件的小型微型企业按照规定实行缓征、减征、免征企业所得税、增值税等措施，简化税收征管程序，减轻小型微型企业税收负担。将部分现行的税收优惠政策上升为了法律；进一步完善融资促进相关措施，提出了"采取合理提高小型微型企业不良贷款容忍度等措施""推动中小银行、非存款类放贷机构和互联网金融有序健康发展""国家健全多层次资本市场体系，多渠道推动股权融资，发展并规范债券市场，促进中小企业利用多种方式直接融资"等条款；增设"权益保护"专章，保护中小企业财产权等合法权益。此外，对创业创新、服务措施、政府采购等方面在原法基础上也作了一些重要的补充和修改。

五、政府采购法

政府采购是各级国家机关、事业单位和团体组织，使用财政性资金采购依法制定的集中采购目录中和限额标准以上的货物、工程和服务的行为。政府作为消费者,购买能力很强,同比增长快,对社会经济有不可替代的影响。中国在借鉴外国经验的基础上,于 1995 年开始进行政府采购的试点工作,之后在全国展开。2000 年机构改革中,绝大多数省级地方政府在省级财政部门都设立了政府采购管理机构和政府采购执行机构,各地区均设立了政府集中采购机构,初步形成政府采购制度框架。财政部于 1999 年颁布了《政府采购管理暂行办法》,之后又陆续颁布了《政府采购招标投标管理暂行办法》《政府采购合同监督暂行办法》等一系列规章制度。同时,由于中国加入世贸组织,需要启动加入世贸组织《政府采购协议》的谈判。2000 年,中国承诺将政府采购市场进行开放,也需要尽快在政府采购领域建立起规范的法律制度。[13]

根据第九届全国人大常委会立法规划,全国人大财政经济委员会于 1999 年 4 月成立了政府采购法起草组,开始政府采购法的起草工作。经过两年多的工作,形成了《政府采购法(草案)》,提请 2001 年 10 月 22 日第九届全国人大常委会第二十四次会议审议。全国人大财政经济委员会副主任委员姚振炎在会上对《政府采购法(草案)》作了说明。[14]

2002 年 6 月 29 日第九届全国人大常委会第二十八次会议通过了《政府采购法》,自 2003 年 1 月 1 日实施。

《政府采购法》全文共 9 章 88 条,对政府采购当事人、政府采购方式、政府采购程序、政府采购合同、质疑与投诉、监督检查和法律责任都作了专章规定。

2014 年 8 月 31 日第十二届全国人大常委会第十次会议通过了《关于修改〈中华人民共和国保险法〉等五部法律的决定》,其中对《政府采购法》作出修改,删除了政府采购代理机构资格认定及相关法律责任的规定。将第 19 条第 1 款中的“经国务院有关部门或者省级人民政府有关部门认定资格的”修改为“集中采购机构以外的”;排除了“集中采购机构”;删去第 71 条第 3 项,采购人、采购代理机构的违法情形中的第 3 项,即“委托不具备政府采购业务代理资格的机构办理采购事务的”;将第 78 条中的“依法取消其进行相关业务的资格”修改为“在一至三年内禁止其代理政府采购业务”。

---

〔13〕 参见周鑫:《打造“阳光交易”的政府采购——〈政府采购法〉修订背景透析》,载《法治与社会》2014 年第 11 期。

〔14〕 参见姚振炎:《关于〈中华人民共和国政府采购法(草案)〉的说明》,载《全国人民代表大会常务委员会公报》2002 年第 4 号。

第二节　市场监管法

一、竞争法

（一）反不正当竞争法

《反不正当竞争法》是中国由计划经济向市场经济转变时期的一部重要法律，只有在市场经济下，平等的市场主体之间才能展开竞争。但是，随着市场经济的发展、市场竞争的日益激烈，一些商业主体在经济利益的驱使下，开始采用一些不正当的手段进行竞争。在1993年之前，生产和销售假冒伪劣产品是最常见的现象，当时非常有名的“玉兰牌”冷烫精的商标标识被不法分子仿冒后，使该厂差点陷入倒闭的绝境。而“505神功元气带”的发明人来辉武教授终于被逼上法庭，与气势汹汹的制假者对峙。此外，商品的广告夸大其词、弄虚作假，例如，神奇的“小孔眼镜”，其广告声称“对近视、远视散光、老花镜等无论时间长短，程度轻重，短时间内即可明显见效”。神乎其神的各种口服液，不是能“使人体肌能得到根本性的改变”，就是可以“抒写一代生命奇迹”，还能抵御癌症。还有一种口服液宣称别的补药只是“瞬间的辉煌”，公然诋毁同类产品。[15]

为了保证市场主体之间的公平、有序竞争，我国借鉴了国际经验，1993年9月2日第八届全国人大常委会第三次会议通过了《中华人民共和国反不正当竞争法》，同日国家主席江泽民签署第十号主席令公布，自1993年12月1日起施行。该法是中国第一部反不正当竞争的基本法。

《反不正当竞争法》全文共5章33条，对不正当竞争行为、监督检查、法律责任进行了专章规定。该法界定了不正当竞争的概念，其中第二章具体规定了11种包括以欺诈、虚伪表示、诋毁竞争对手、侵犯商业秘密在内的不正当竞争行为，还包括以限制竞争为目的的联合行为，以及这些行为的法律责任。这些不正当行为大多数为国际立法惯例所确认，也有个别行为是专门针对中国现实市场交易活动中的突出问题。该法在当时很好地服务了社会主义市场经济的发展，并且同国际经济法规相接轨。

现行的《反不正当竞争法》于2017年11月4日中华人民共和国第十二届全国人大常委会第三十次会议修订通过，自2018年1月1日起施行。这是《反不正当竞争法》自1993年施行以来时隔23年的首次修订。

1993年的《反不正当竞争法》自施行以来，对于鼓励和保护公平竞争、制止不正

---

〔15〕 参见陈跃东：《维护企业权益　保护公平竞争——泛谈反不正当竞争法》，载《经营与管理》1993年第11期。

当竞争行为、保护经营者和消费者合法权益、保障社会主义市场经济健康发展,起到了积极的作用。但是它制定的时间较早,随着市场经济的发展,新的商业模式、新的问题不断出现,而原先的一些规定过于原则和抽象,与很多法律如《商标法》《广告法》《反垄断法》《招标投标法》等存在交叉重叠甚至不一致的地方,而一些新类型的不正当竞争形态大量出现,却没有被纳入反不正当竞争行为的范围等,这都说明 1993 年《反不正当竞争法》已经不能满足当前市场经济发展的需要了。

2017 年 2 月到 8 月,第十二届全国人大常委会第二十六次会议、第二十九次会议对《反不正当竞争法(修订草案)》进行了审议,并于 2017 年 2 月到 3 月向全社会征求意见。国家工商行政管理总局局长张茅在第二十六次会议上作了《关于〈中华人民共和国反不正当竞争法〉(修订草案)的说明》,他指出:国务院 2016 年立法工作计划将其(《反不正当竞争法》的修订)列为全面深化改革急需的项目。此次修订的内容主要有四个部分:(1)准确界定不正当竞争行为,增强法律的适应性。(2)针对实践中的突出问题,补充、完善应予禁止的不正当竞争行为规定。(3)针对实践中的突出问题,补充、完善应予禁止的不正当竞争行为规定。(4)完善民事赔偿责任优先、与行政处罚并行的法律责任体系。〔16〕

根据常委会组成人员的审议意见,法工委对《反不正当竞争法(修订草案)》进行了进一步的修正工作。2017 年 10 月 31 日,在第十二届全国人大常委会第三十次会议上,全国人大法律委员会副主任委员张鸣起作了《关于〈反不正当竞争法〉(修订草案)审议结果的报告》,报告中指出"为鼓励和保护公平竞争,制止不正当竞争行为,维护市场竞争秩序,针对实践中出现的新情况、新问题,对反不正当竞争法进行修改是必要的;修订草案经过两次审议修改,已经比较成熟"。同时,又提出 7 条修改意见。〔17〕

2017 年 11 月 4 日,第十二届全国人大常委会第三十次会议修订通过《反不正当竞争法》,同日国家主席习近平签署第七十七号主席令公布,自 2018 年 1 月 1 日起施行。

修订后的《反不正当竞争法》进一步准确界定了不正当竞争行为;将商业贿赂的范围适当扩大,增加了可能影响交易的第三方,并将员工行贿视为经营者行为;增加了多项规定加强商业秘密保护;特别增加了互联网领域反不正当竞争的规定,明确哪些属于互联网不正当竞争行为。另外,修订进一步完善了法律责任,明确了

---

〔16〕 参见张茅:《关于〈中华人民共和国反不正当竞争法〉(修订草案)的说明》,载中国人大网:http://www.npc.gov.cn/npc/xinwen/2017-11/07/content_2031329.htm,最后访问日期:2019 年 6 月 20 日。

〔17〕 张鸣起:《关于〈反不正当竞争法(修订草案)〉审议结果的报告》,载中国人大网:http://www.npc.gov.cn/npc/xinwen/2017-11/04/content_2031358.htm,最后访问日期:2019 年 6 月 20 日。

民事赔偿责任优先的原则,增加了对违法行为人的信用惩戒,加大了执法的处罚力度,增加了行政执法权检查、查封、扣押、查询等强制措施。

(二)反垄断法

《反不正当竞争法》关注的是市场主体之间的相互竞争行为,而《反垄断法》关注的是竞争者之间的协调行为,以防止市场上形成排除竞争或者严重限制竞争的局面。《反垄断法》是保护市场竞争、维护市场竞争秩序、充分发挥市场配置资源基础性作用的重要法律制度,被称为"经济宪法"。

中国曾经在相当长的时期内实行计划经济体制,反垄断立法几乎是一片空白。中共十一届三中全会决定实行经济体制改革和对外开放的政策,引进市场竞争机制,发展社会主义商品经济。1980 年国务院《关于开展和保护社会主义竞争的暂行规定》,第一次提出了"在经济活动中,除国家指定由有关部门和单位专门经营的产品以外,其余的不得进行垄断、搞独家经营"。1986 年国务院颁布的《关于深化企业改革增强企业活力的若干规定》明确规定:"在同一行业中,一般不搞独家垄断的企业集团,以利于开展竞争,促进技术进步。"1987 年国务院发布的《价格管理条例》规定,禁止"企业之间或者行业组织商定垄断价格"。1987 年国务院发布的《广告管理条例》规定:"在广告经营活动中,禁止垄断和不正当竞争行为。"说明中国已经意识到反垄断的任务,并且开始在法律文件中体现出来。[18]

早在 1987 年 8 月,国务院法制局就已经成立了一个反垄断法起草小组。不过,当时计划经济仍然占主导,各行业垄断现象非常普遍。立法时机尚不成熟,当时的立法机关折中采取了"反垄断"和"反不正当竞争"两法分立的模式,起草了《反对垄断和不正当竞争暂行条例草案》,并于 1993 年 9 月先行通过了《反不正当竞争法》。1994 年 5 月,反垄断法起草小组正式成立,小组成员主要来自当时的国家经贸委和国家工商局。反垄断法终于被正式提上议事日程。但是,在此后的 12 年间,反垄断涉及的各方利益冲突逐渐升级,相关法律草案始终徘徊于常委会审议环节之外,立法进程在很长一段时间内停滞不前。与此同时,中国经济增长势头强劲,同时随着全球一体化进程的加快,这一法律的缺位被西方作为质疑中国是否是市场经济的佐证,而民营经济面对国资的强势和外资的进入也有强烈的立法诉求。2006 年 6 月 7 日,国务院常务会议原则性通过了《反垄断法(草案)》,并提请全国人大常委会审议。然而,一周之后,便有媒体报道称,该草案因为时间安排很可能不在当月 23 日的全国人大常委会第二十二次会议议程之中,一时间,草案被"搁置"的流言四起。6 月 20 日,新华社发布权威消息,"辟谣"宣布全国人大常委会将如期审议《反

---

〔18〕 参见徐孟洲:《试论社会主义市场竞争与反垄断法》,载《中国人民大学学报》1993 年第 4 期。

垄断法(草案)》。[19]

2006 年 6 月 24 日第十届全国人大常委会第二十二次会议审议了《反垄断法(草案)》,国务院法制办公室主任曹康泰在会上对草案作了说明。草案共 8 章 56 条,主要规定了“垄断协议”、“禁止滥用市场支配地位”和“控制经营者集中”这三大制度,以及禁止滥用行政权力排除、限制竞争和反垄断机构,法律责任等内容。[20] 6 月 25 日,在第十届全国人大常委会第二十八次会议上,全国人大常委会组成人员对《反垄断法》草案进行分组审议。二审稿相对初审稿,新增了宏观调控、允许经营者集中等六项新规定。[21] 2007 年 8 月 30 日,第十届全国人大常委会第二十九次会议以 150 票赞同、2 票弃权、无 1 票反对的表决结果通过了《中华人民共和国反垄断法》,同日国家主席胡锦涛签署第六十八号主席令公布,自 2008 年 8 月 1 日起施行。自此,酝酿了二十多年的中国第一部反垄断法终于诞生。

《反垄断法》全文共 8 章 57 条,对垄断协议,滥用市场支配地位,经营者集中,滥用行政权力排除、限制竞争,对涉嫌垄断行为的调查,法律责任都进行专章规定。对垄断行为进行了明确的界定,专设一章对禁止行政性限制竞争作了具体规定,并在“反垄断机构”一章中,对国务院反垄断委员会和国务院反垄断执法机构的具体职责、反垄断执法机构调查涉嫌垄断行为的程序、要求以及可以采取的措施等作了具体规定。明确禁止经营者达成各类垄断协议,禁止滥用市场支配地位、禁止滥用行政权力排除、限制竞争,并规定了相应的法律责任。

《反垄断法》实施以来,对打击垄断行为发挥了重要作用。截至 2018 年 10 月底,共查处滚装货物国际海运企业案、山西电力案等垄断协议案件 165 件,高通案、利乐案等滥用市场支配地位案件 55 件,累计罚款金额超过 110 亿元人民币。[22] 其中包括禁止美国可口可乐公司收购汇源果汁公司的跨国案件。但是随着中国经济社会快速发展,全球经济环境发生变化,现行的《反垄断法》当中部分条款已经不能完全适应现在和将来的需要。国务院反垄断委员会非常重视《反垄断法》的修订工作,2018 年 9 月 7 日,第十三届全国人大常委会立法规划公布。需要抓紧工作、条件成熟时提请审议的二类立法项目 47 件,其中就包括对《反垄断法》的修改。修订需要重点解决在现阶段市场的执法实践中遇到的迫切问题。而国家市场监督管理总局 2018 年 4 月 10 日正式挂牌,承担反垄断统一执法职能。使原来国家发改委、

---

〔19〕 参见蔡亮:《反垄断法:任重而道远》,载《党政干部学刊》2007 年第 12 期。

〔20〕 参见曹康泰:《关于〈中华人民共和国反垄断法(草案)〉的说明》,载中国人大网:http://www.npc.gov.cn/wxzl/gongbao/2007-10/09/content_5374671.htm,最后访问日期:2019 年 6 月 20 日。

〔21〕 黄庆畅、毛磊:《二审反垄断法草案新增六项规定　促进公平有序》,载中国人大网:http://www.npc.gov.cn/npc/xinwen/lfgz/lfdt/2007-06/26/content_367617.htm,最后访问日期:2019 年 6 月 20 日。

〔22〕 林丽鹂:《反垄断法修订要解决执法中最迫切问题》,载《人民日报》2018 年 11 月 17 日,第 7 版。

商务部以及原国家工商总局的反垄断执法职能三合一,也使《反垄断法》的修订成为更加紧迫的问题。

二、质量检验法

(一)产品质量法

产品质量关系到国计民生,一直是社会各界关注的问题。在1993年之前,专门规范产品质量问题的法律一直是空白,制假售假的案例经常发生,而且结果常常触目惊心。但是只能比照刑法、民法通则、经济合同法等进行处理。例如刑法,只规定了生产销售假药罪,而其他制假售假的行为在刑法上得不到处罚。造假售假的法律成本很低,面对一些影响恶劣的造假案件,法官却常常无法可依。

1988年3月,第七届全国人大第一次会议期间,河南省代表团王书玉等32位全国人大代表共同提出议案——《建议进行质量立法,加强质量监督工作》。1988年9月,时任全国人大副委员长的陈慕华主持召开人大财政经济委员会全体会议,将起草产品质量法的任务交给国家技术监督局。国家技术监督局迅速成立了由10人组成的起草小组,在大量调研之后整理出40个典型案例,递交给全国人大常委会。"江苏省金坛县假农药案导致山东、河北15万亩棉花绝产;河南濮阳假麦苗案造成上万亩的小麦绝收;浙江温州假冒伪劣低压电器引发消费者触电身亡……"据说一些委员看到案例后气得直拍桌子。1989年,广东肇庆发生了一起骇人听闻的假酒案,10名个体户用工业酒精甲醇兑水假冒白酒销售,造成200人双目失明、54人死亡。社会舆论极为关注,但是法官在庭审时却遭遇到了难题。10名个体户辩称,"制假的目的是挣钱,并不是故意投毒害人",而这种情况在当时尚无法律明确定罪。最终,考虑到该案件影响恶劣,法官还是比照刑法的投毒罪判处5人死刑,判处另外5人刑期不等的有期徒刑。不过由此引发的判罚争议和暴露出来的法律空白,仍让人心有余悸。[23]

1992年10月30日,《产品质量法(草案)》提交第七届全国人大常委会第二十八次会议审议,国家技术监督局局长徐鹏航对草案作了说明,他指出:"产品质量低、经济效益差、物质消耗高,仍然是中国经济发展中的一个突出问题……假冒伪劣产品屡禁不止,极大地损害了国家和消费者的利益。"[24]

---

〔23〕 何可:《〈产品质量法〉与我国产品质量的沧桑历程》,载中国质量新闻网:http://ay.haqi.gov.cn/sitesources/ayszjj/page_pc/zxzx/zjyw/articlee8c89d53f2364e1bb4833cf7e089454e.html,最后访问日期:2019年6月20日。

〔24〕 徐鹏航:《关于〈中华人民共和国产品质量法(草案)〉的说明》,载北大法律信息网:http://pkulaw.cn/fulltext_form.aspx? Db=protocol&Gid=9b1409251086957b115476edd7f03aec,最后访问日期:2019年6月20日。

在审议过程中,关于销售者“先行赔付”的规定,引起了争论,商业系统强烈反对。但是经过反复的讨论,人大常委会最终同意了“民众利益优先,兼顾商业发展”的意见。另外,产品零部件出现问题,消费者是否必须找零部件提供商求偿?受害人是否对造成的损害负有举证责任?以上诸多问题,在经过激烈讨论后,最终都服从于“民众利益优先”原则。[25]

1993 年 2 月 22 日,第七届全国人大常委会第三十次会审议通过了《产品质量法》,没有一票反对。该法自 1993 年 9 月 1 日实施,它彻底终结了造假售假无法可依的年代。

《产品质量法》全文共 6 章 51 条,对产品质量的监督,生产者、销售者的产品质量责任和义务,损害赔偿,罚则都进行了分章规定。其中,“先行赔付”“举证责任倒置”等先进的立法理念在其中得到了体现。例如,先行赔付原则在《产品质量法》第 31 条得以体现:因产品存在缺陷造成人身、他人财产损害的,受害人可以向产品的生产者要求赔偿,也可以向产品的销售者要求赔偿。之后的一些立法,包括《消费者权益保护法》都借鉴了《产品质量法》的内容。

在《产品质量法》颁布后,国家技术监督局专门组织了一个“质量万里行”活动,在全国 31 个省(自治区、直辖市),接受人们的质量投诉。但是河南发生的一起案件,却暴露出《产品质量法》执法中的漏洞。据说,执法人员到建筑工地检查时发现,一工地所使用的电线为“三无”产品,遂对该建筑商进行了处罚。可建筑商对此处罚并不服气,还一纸诉状将执法人员告上了法庭,理由是,《产品质量法》第 2 条规定,建设工程不适用本法。而电线是建筑工程不可分割的一部分,所以质监部门无权处罚。法官最终支持了建筑商的观点,判决其胜诉,执法人员还因此受到了处分。执法人员找到了经济法专家吴景明。吴景明以此案为例,提出了对《产品质量法》的修改建议,建议将建筑工程使用的建筑材料、建筑构配件和设备纳入法律调整的范围。[26]

而随着改革的深化、开放的扩大和社会主义市场经济的发展,1993 年的《产品质量法》对新出现的情况的变化已经难以适用。自 1998 年 7 月起,国家质量技术监督局和国务院法制办按照国务院的要求,开始起草《产品质量法修正案(草案)》,在广泛征求意见、认真总结经验的基础上,形成了《产品质量法修正案(草案)》,提交 1999 年 10 月 25 日第九届全国人大常委会第十二次会议审议。后经修改,第九届

---

〔25〕 何可:《〈产品质量法〉与我国产品质量的沧桑历程》,载中国质量新闻网:http://ay.haqi.gov.cn/sitesources/ayszjj/page_pc/zxzx/zjyw/articlee8c89d53f2364e1bb4833cf7e089454e.html,最后访问日期:2019 年 6 月 20 日。

〔26〕 参见何可:《〈产品质量法〉与我国产品质量的沧桑历程》,载中国质量新闻网:http://ay.haqi.gov.cn/sitesources/ayszjj/page_pc/zxzx/zjyw/articlee8c89d53f2364e1bb4833cf7e089454e.htm,最后访问日期:2019 年 6 月 20 日。

全国人大常委会第十五次会议再次审议。

2000 年 7 月 8 日第九届全国人大常委会第十六次会议通过《关于修改〈中华人民共和国产品质量法〉的决定》。

修改后的《产品质量法》，由原来的 51 条增加到 74 条，新增 25 条，删除 2 条，修改了 20 条，有近 2/3 的条文有所修改。其中就采纳了吴景明将规定建筑工程使用的建筑材料、建筑构配件和设备纳入产品范围的建议。一些重要的修改包括：规定建筑工程使用的建筑材料、建筑构配件和设备，属于该法产品范围，适用该法。另外就是针对产品质量问题突出，生产、销售伪劣产品行为严重的问题，明确地方政府在产品质量工作中的责任，要求企业建立健全并严格实施内部质量监督管理制度；补充、完善行政执法机关实施产品质量监督管理的执法手段；对产品质量违法行为特别是生产、销售伪劣产品的行为，加大处罚力度。

2009 年 8 月 27 日第十一届全国人大常委会第十次会议通过了《关于修改部分法律的决定》，对《产品质量法》进行了第二次修正，仅将“治安管理处罚条例”修改为“治安管理处罚法”。

2018 年 12 月 29 日第十三届全国人大常委会第七次会议通过了《关于修改〈中华人民共和国质量法〉等五部法律的决定》，对《产品质量法》进行了第二次修正。此次修正主要对产品质量监管部门的名称进行了修改：将“产品质量监督部门”修改为“市场监督管理部门”；将“产品质量监督部门、工商行政管理部门”修改为“市场监督管理部门”；将“产品质量监督部门或者工商行政管理部门”修改为“市场监督管理部门”；删去第 70 条中的“本法规定的吊销营业执照的行政处罚由工商行政管理部门决定”，将“由产品质量监督部门或者工商行政管理部门按照国务院规定的职权范围决定”修改为“由市场监督管理部门决定”。

(二)进出口商品检验法

1984 年 1 月，国务院发布了《进出口商品检验条例》，该条例在促进生产、发展对外贸易和维护国家、企业权益等方面发挥了积极作用。但是，随着中国对外开放和对外贸易的发展，商检工作面临着新情况、新问题，条例的有些内容已经不能适应形势发展的需要，国务院提出将该条例上升为法律，并且对进出口商品检验和监督管理方面的新经验，用立法形式加以确认。1985 年年底《进出口商品检验法》草案开始起草，经过 3 年的调查研究、征求意见，形成了《进出口商品检验法》草案，提交 1988 年 12 月 23 日第七届全国人大常委会第五次会议审议，国家商检局局长朱震元在会上对草案作了说明。[27]

---

〔27〕 朱震元：《关于〈中华人民共和国进出口商品检验法(草案)〉的说明》，载中国人大网：http://www.npc.gov.cn/wxzl/gongbao/1988-12/23/content_1481094.htm，最后访问日期：2019 年 6 月 20 日。

1989 年 2 月 21 日第七届全国人大常委会第六次会议通过了《中华人民共和国进出口商品检验法》,自 1989 年 8 月 1 日起施行。1984 年 1 月 28 日国务院发布的《进出口商品检验条例》同时废止。

《进出口商品检验法》全文共 6 章 32 条,对进口商品的检验、出口商品的检验、监督管理、法律责任进行了分章规定。明确规定了商检机构实施法定检验的职权和监督管理的职权、及时检验和提供社会服务的责任;规定了进出口贸易当事人的权利与义务;以及对进出口贸易当事人的违法行为和检验人员违法行为的处罚。明确规定对须经商检机构检验的进口商品,收货人必须向缺货口岸或到达站的商检机构办理进口商品登记;国家对重要的进出口商品及其生产企业,实行质量许可制度;商检机构根据国家商检部门同国外有关机构签订的协议或接受委托,进行进出口商品质量认证工作,准许在认证合格的商品上使用质量认证标志。

为了适应中国加入世贸组织的形势和需要,2002 年 2 月 27 日第九届全国人大常委会第二十六次会议上,《进出口商品检验法修正案(草案)》提请审议,国家质检总局局长李长江就草案作了说明。[28]

2002 年 4 月 28 日第九届全国人大常委会第二十七次会议通过了《关于修改〈中华人民共和国进出口商品检验法〉的决定》,对《进出口商品检验法》进行第一次修正,自 2002 年 10 月 1 日起施行。

根据世贸组织《技术性贸易壁垒协定》的有关规定,此次修改将进出口商品检验的目的"根据对外贸易发展的需要"改为"进出口商品检验应当根据保护人类健康和安全、保护动物或者植物的生命和健康、保护环境、防止欺诈行为、维护国家安全的原则",将"商检机构实施检验的进出口商品种类表"名称改为"必须实施检验的进出口商品目录"。

根据世贸组织的相关规定,规格、数量、重量等将不再纳入进出口商品法定检验范围,另外根据世贸组织的有关协定,"技术规范"是强制性的,"标准"是非强制性的。中国的标准化法将标准划分为"强制性标准"和"推荐性标准",与世贸组织有关协定的表述不符,因此做出了修改。将原第 6 条"商检机构实施进出口商品检验的内容,包括商品的质量、规格、数量、重量、包装以及是否符合安全、卫生要求。法律、行政法规规定有强制性标准或者其他必须执行的检验标准的进出口商品,依照法律、行政法规规定的检验标准检验;法律、行政法规未规定有强制性标准或者其他必须执行的检验标准的,依照对外贸易合同约定的检验标准检验"分为两条,作为第 6 条、第 7 条,第 6 条修改为:"必须实施的进出口商品检验,是指确定列入目

〔28〕 李长江:《关于〈中华人民共和国进出口商品检验法修正案(草案)〉的说明》,载中国人大网:http://www.npc.gov.cn/wxzl/gongbao/2002-05/24/content_5295139.htm,最后访问日期:2019 年 6 月 20 日。

录的进出口商品是否符合国家技术规范的强制性要求的合格评定活动。合格评定程序包括：抽样、检验和检查；评估、验证和合格保证；注册、认可和批准以及各项的组合。”第7条修改为“列入目录的进出口商品，按照国家技术规范的强制性要求进行检验；尚未制定国家技术规范的强制性要求的，应当依法及时制定，未制定之前，可以参照国家商检部门指定的国外有关标准进行检验。”

中国之前对进出口商品实行质量（安全）许可制度，对国产商品实行强制性认证，这一做法不符合世贸组织协定确定的国民待遇原则。需要对进出口产品质量（安全）许可制度和国产品强制认证制度实行统一标准、统一目录，统一标志、统一收费。所以第22条改为第24条，修改为：“国家商检部门根据国家统一的认证制度，对有关的进出口商品实施认证管理。”此外对商检机构的权利义务和法律责任也进行了进一步的修订和明确。[29]

2013年6月29日第十二届全国人大常委会第三次会议通过了《关于修改〈中华人民共和国文物保护法〉等十二部法律的决定》，对《进出口商品检验法》进行了第二次修正。此次修正仅将第21条“为进出口货物的收发货人办理报检手续的代理人应当在商检机构进行注册登记；办理报检手续时应当向商检机构提交授权委托书”修改为“为进出口货物的收发货人办理报检手续的代理人办理报检手续时应当向商检机构提交授权委托书”。

根据2018年4月27日第十三届全国人大常委会第二次会议通过了《关于修改〈中华人民共和国国境卫生检疫法〉等六部法律的决定》，对《进出口商品检验法》进行了第三次修正。

此次修正删去了第11条中的“海关凭商检机构签发的货物通关证明验放”；以及第15条第2款，“对本法规定必须实施检验的出口商品，海关凭商检机构签发的货物通关证明验放”。

2018年12月29日第十三届全国人大常委会第七次会议通过了《关于修改〈中华人民共和国产品质量法〉等五部法律的决定》，对《进出口商品检验法》进行了第四次修正。

此次修正仅将第24条中的“国家商检部门”修改为“国务院认证认可监督管理部门”；将第25条中的“商检机构”修改为“认证机构”，“国家商检部门”修改为“国务院认证认可监督管理部门”；将第36条中的“由商检机构责令改正”修改为“由商检机构、认证认可监督管理部门依据各自职责责令改正”。

（三）计量法

中国早在20世纪50年代就成立了国家计量局，但是当时的计量工作，主要是

---

〔29〕《规格、数量、重量等将不再纳入进出口商品法定检验范围》，载《中国民营科技与经济》2002年第3期。

商贸领域中的“度量衡”,工业和科学技术领域中的计量工作基本是空白。1980 年全国人大法律委员会专门召开会议,强调经济立法的必要性和紧迫性,而《计量法》是经济立法的重要组成部分。5 年之内,共有 13 位全国人大代表和政协委员,相继递交了 4 份提案,建议尽快制定《计量法》。国务院在经济体制改革方案中,明确提出要制定 20 个重要经济法规,《计量法》被列为 1983 年至 1984 年国家经济立法计划。[30] 1985 年 9 月 6 日第六届全国人大常委会第十二次会议通过《中华人民共和国计量法》,自 1986 年 7 月 1 日生效,这是中国第一部计量的基本法。

法律全文共 6 章 35 条,对计量基准器具、计量标准器具和计量检定,计量器具管理,计量监督和法律责任都进行了分章规定。规定国务院计量行政部门对全国计量工作实施统一监督管理。县级以上地方人民政府计量行政部门对本行政区域内的计量工作实施监督管理。

由于计量工作涉及各行各业,《计量法》出台后,各级政府、人大大力进行宣传,一些省长、市长、县长、人大常委会主任等领导亲自出马,主持召开宣传大会,或写文章,或发表电视讲话,宣传《计量法》的重要意义和内容。1986 年 5 月 9 日,司法部和中国计量局还联合发出《关于宣传〈计量法〉的通知》,要求广泛深入地进行宣传教育,做到家喻户晓,人人皆知。[31] 《计量法》的宣传深入人心。

2009 年 8 月 27 日第十一届全国人大常委会第十次会议通过了《关于修改部分法律的决定》,对《计量法》进行了第一次修正,仅将第 29 条中“比照刑法第一百八十七条的规定”修改为“依照刑法有关规定”。

2013 年 12 月 28 日第十二届全国人大常委会第六次会议通过了《关于修改〈中华人民共和国海洋环境保护法〉等七部法律的决定》,其中对《计量法》作出两处修改,即删去第 10 条第 2 款中的“并向国务院计量行政部门备案”,将第 14 条“未经国务院计量行政部门批准,不得制造、销售和进口国务院规定废除的非法定计量单位的计量器具和国务院禁止使用的其他计量器具”中的“国务院计量行政部门”修改为“省、自治区、直辖市人民政府计量行政部门”。

2015 年 4 月 24 日第十二届全国人大常委会第十四次会议通过了《关于修改〈中华人民共和国计量法〉等五部法律的决定》,对下列《计量法》中有关行政审批、工商登记前置审批或者价格管理的规定作出了相应的修改:删去第 12 条第 2 款“制造、修理计量器具的企业未取得《制造计量器具许可证》或者《修理计量器具许可证》的,工商行政管理部门不予办理营业执照”。删去第 16 条“进口的计量器具,必须经省级以上人民政府计量行政部门检定合格后,方可销售”。将第 18 条改为第

---

〔30〕 群力:《追忆〈计量法〉出台的重要意义》,载《中国计量》2005 年第 9 期。

〔31〕 群力:《追忆〈计量法〉出台的重要意义》,载《中国计量》2005 年第 9 期。

17 条,第 2 款由"制造、修理计量器具的个体工商户,必须经县级人民政府计量行政部门考核合格,发给《制造计量器具许可证》或者《修理计量器具许可证》后,方可向工商行政管理部门申请营业执照"修改为"制造、修理计量器具的个体工商户,必须经县级人民政府计量行政部门考核合格,发给《制造计量器具许可证》或者《修理计量器具许可证》"。

为了进一步推进简政放权、放管结合、优化服务改革,更大程度激发市场、社会的创新创造活力,根据第十一届全国人大常委会第三十次会议通过的《关于授权国务院在广东省暂时调整部分法律规定的行政审批的决定》、第十二届全国人大常委会第十八次会议通过的《关于授权国务院在广东省暂时调整部分法律规定的行政审批试行期届满后有关问题的决定》,以及 2017 年 1 月和 9 月国务院公布的关于取消部分行政许可事项的决定,国务院法制办会同国务院有关部门,经商中央编办(国务院审改办)、全国人大常委会法工委,起草了《〈中华人民共和国招标投标法〉、〈中华人民共和国计量法〉修正案(草案)》,提交 2017 年 12 月 22 日第十二届全国人大常委会第三十一次会议审议,国务院法制办公室党组书记、副主任袁曙宏在会上对修正案草案作了说明。[32]

2017 年 12 月 27 日第十二届全国人大常委会第三十一次会议通过了《关于修改〈中华人民共和国招标投标法〉、〈中华人民共和国计量法〉的决定》,对《计量法》进行了第四次修正,自 2017 年 12 月 28 日起施行。

此次作出的修改主要内容是取消了一些与计量有关的行政审批和许可,进一步简化行政程序,具体有:将第 3 条第 1 款"国家采用国际单位制"修改为"国家实行法定计量单位制度"。将第 3 条第 3 款"非国家法定计量单位应当废除,废除的办法由国务院制定"修改为"因特殊需要采用非法定计量单位的管理办法,由国务院计量行政部门另行制定"。删去第 9 条第 2 款中的"县级以上人民政府计量行政部门应当进行监督检查";将第 12 条修改为"制造、修理计量器具的企业、事业单位,必须具有与所制造、修理的计量器具相适应的设施、人员和检定仪器设备"。不再需要"经县级以上人民政府计量行政部门考核合格,取得《制造计量器具许可证》或者《修理计量器具许可证》";将第 14 条"未经省、自治区、直辖市人民政府计量行政部门批准,不得制造、销售和进口国务院规定废除的非法定计量单位的计量器具和国务院禁止使用的其他计量器具"修改为"任何单位和个人不得违反规定制造、销售和进口非法定计量单位的计量器具"。删去第 15 条第 2 款"县级以上人民政府计量行政部门应当对制造、修理的计量器具的质量进行监督检查"。删去第 17

---

〔32〕 袁曙宏:《关于〈中华人民共和国招标投标法〉、〈中华人民共和国计量法〉修正案(草案)的说明》,载《中华人民共和国全国人民代表大会常务委员会公报》2018 年第 1 号。

条第2款“制造、修理计量器具的个体工商户,必须经县级人民政府计量行政部门考核合格,发给《制造计量器具许可证》或者《修理计量器具许可证》”。第四章增加1条作为第18条:“县级以上人民政府计量行政部门应当依法对制造、修理、销售、进口和使用计量器具,以及计量检定等相关计量活动进行监督检查。有关单位和个人不得拒绝、阻挠。”删去第22条:“未取得《制造计量器具许可证》、《修理计量器具许可证》制造或者修理计量器具的,责令停止生产、停止营业,没收违法所得,可以并处罚款。”

2018年10月26日第十三届全国人大常委会第六次会议通过了《关于修改〈中华人民共和国野生动物保护法〉等十五部法律的决定》,对《计量法》进行了第五次修正,仅删去了第30条中“本法第二十六条规定的行政处罚,也可以由工商行政管理部门决定”。

1985年通过的《计量法》,至今已有30余年,存在很多问题,如借鉴苏联计量法的经验,带有计划经济的烙印;侧重于对计量器具的管理,缺少对消费者普遍关心的测量结果的规范,同时对现实社会中大量存在且迫切需要规范的商品量的计量管理基本未作规定;对计量器具、商品量等尚未确立有效的计量监督机制;对国内生产计量器具和国外进口计量器具在管理制度和方式上的规定不一致,国内严、进口宽的现象较为严重,不符合世贸组织关于“同等国民待遇”的原则。早在2000年,朱士明等32位人大代表就提出《建议修改〈计量法〉的人大议案》,强调:随着技术的快速发展,新的、更高精度的计量器具不断涌现,计量行政部门无论在人力上还是财力上一时都难以完成其建立各种计量基准和考核新产品的使命,而且不经考核不准生产,阻碍了中国计量技术的发展。随后在2002年、2003年、2006年又分别有人大代表、政协委员提出修改《计量法》的议案和提案。但以上四次对《计量法》的修正,均没有从整体上进行大修,为了解决《计量法》目前存在的问题,并与国际上的通行做法接轨,质检总局成立了《计量法》修改领导小组并设立领导小组办公室,正在重启《计量法》修订工作。[33]

(四)标准化法

标准化是指制定、发布与实施标准的过程。它对科学、技术和经济领域内重复应用的问题给出解决办法,其目的是获得最佳社会秩序和最佳社会经济益。

1962年11月10日,国务院制定《工农业产品和工程建设技术标准》,是中华人民共和国成立后首部标准化法律文件。1979年7月31日,国务院制定《标准化管理条例》,这是中国首部标准化行政法规。

在条例已经不能完全满足社会发展需求的情况下,中华人民共和国第七届全

---

〔33〕 邵锐坤、李梦雅、刘欣:《〈计量法〉修改问题综述》,载《质量探索》2018年第3期。

国人大常委会第五次会议于1988年12月29日通过了《中华人民共和国标准化法》，自1989年4月1日起施行，这是中国首部标准化法律。法律全文共5章26条，对标准的制定、标准的实施、法律责任进行了分章规定，并规定实施条例由国务院制定。将采用国际标准放在突出的位置，规定“国家鼓励积极采用国际标准”，对提高标准水平、改进产品质量、扩大产品出口、发展对外贸易也具有重大意义。将中国标准分为国家标准、行业标准、地方标准和企业标准，确立了强制性标准与推荐性标准相结合的原则和产品质量认证制度，规定了违反相关规定要承担的法律责任。

1989年施行的《标准化法》对提升产品质量、促进技术进步和经济发展发挥了重要作用。随着中国国民经济和社会事业的发展，现行法确立的标准体系和管理措施已不能完全适应实际需要。中共十九大提出“我国经济已由高速增长阶段转向高质量发展阶段”，强调要促进经济社会高质量发展。高质量发展离不开先进标准的支撑，另外，标准化在促进世界互联互通、便利各国经贸往来中作用也日益凸显。为了促进经济的高质量发展、促进对外经贸联系，2002年国家质检总局和国家标准委启动《标准化法》的修改工作，历时15年。形成的修正案草案分别于2006年8月、2011年1月报送国务院。[34] 后来全国人大常委会将《标准化法》的修订列入第十二届全国人大常委会立法规划的第一类项目。根据国务院印发的《深化标准化工作改革方案》（国发〔2015〕13号，以下简称《改革方案》）中提出的改革标准体系和标准化管理体制，改进标准制定工作机制，强化标准的实施与监督，加快推进现行法修订工作，确保改革于法有据等要求，质检总局起草了《标准化法修正案（送审稿）》，于2015年7月上报国务院。经过多次审议修改，形成《标准化法（修订草案）》，提交2017年4月24日第十二届全国人大常委会第二十七次会议审议，国家标准化管理委员会主任田世宏在会上对草案进行了说明。[35] 后来经过2017年8月第十二届全国人大常委会第二十九次会议二审。2017年11月4日第十二届全国人大常委会第三十次会议上，常委会组成人员149人出席，会议以148票赞成、1票反对，表决通过了新修订的《标准化法》，同日国家主席习近平签署第七十八号主席令公布，自2018年1月1日起施行。

修订后的《标准化法》共6章45条，增加了“监督管理”一章，对标准的制定、实施和监督管理作了全方位、全过程的规定。修订的重点包括：建立了政府标准化工作协调机制，统筹协调标准化工作重大事项；扩大了标准的制定范围，进一步扩展到农业、服务业和社会事业等领域；强化了强制性标准的统一管理；将原来的强制性国家标准、行业标准和地方标准统一整合为强制性国家标准，并对强制性标准的

---

〔34〕《新修订〈中华人民共和国标准化法〉要点梳理》，载《品牌与标准化》2018年第2期。

〔35〕田世宏：《关于〈中华人民共和国标准化法（修订草案）〉的说明》，载中国人大网：http://www.npc.gov.cn/npc/xinwen/2017-11/07/content_2031365.htm，最后访问日期：2019年6月20日。

范围做了严格限定;赋予了团体标准法律地位;设立了企业标准自我声明公开和监督制度;加强了标准国际化工作;规定了标准化军民融合制度。〔36〕

三、消费者权益保护法

中共十一届三中全会以来,中国制定了一大批有保护消费者权益内容的法律、法规,如《食品卫生法(试行)》《药品管理法》《商标法》《计量法》《标准化法》《产品质量法》《工业产品质量责任条例》《广告条例》。其中《产品质量法》明确规定了生产者、销售者因产品质量问题对公民造成人体健康和人身、财产安全损害或者损失时应当承担的民事责任。与此同时,全国绝大多数省、自治区、直辖市先后制定了保护消费者权益的地方性法规。但是这些法律法规都局限于一定的领域或者地区。1992 年年初,国家工商行政管理局在全国人大法工委的指导下,着手起草消费者权益保护法,最终形成了《消费者权益保护法(草案)》。1993 年 10 月 31 日第八届全国人大常委会第四次会议全票通过了《中华人民共和国消费者权益保护法》,自 1994 年 1 月 1 日施行。

这是中国第一部保护消费者权益的基本法。《消费者权益保护法》全文共 8 章 55 条,对消费者的权利、经营者的义务、国家对消费者合法权益的保护、消费者组织、争议的解决、法律责任都进行了分章规定。其中重点是消费者享有安全权、知情权、自主选择权、公平交易权、求偿权、结社权、获得有关知识权、人格民俗受尊重权、监督权九大权利。同时,对经营者的义务作出了明确的规定:经营者向消费者提供的商品和服务必须符合产品质量法和其他法律、法规的规定;对可能危及人身、财产安全的商品和服务,必须作出真实的说明和明确的警示并说明防止危害发生的方法;不得作引人误解的虚假宣传;应当承担包修、包换、包退或者其他质量担保责任,不得故意拖延或者无理拒绝;不得以格式合同、通知、声明、店堂告示等方式作出对消费者不公平、不合理的规定;不得对消费者进行侮辱、诽谤,不得侵犯消费者的人身自由,不得搜查消费者的身体和携带的物品。当经营者有违反法律、法规的行为时,法律规定经营者必须承担民事责任,并有可能被追究刑事责任。作为消费者,在人身、财产权利受到损害时,有权依法获得赔偿;可以要求经营者赔偿,也可以要求生产者赔偿,接受服务的可以要求服务者赔偿。当消费者与经营者发生有关消费者权益的争论时,可以选择以下途径解决:与经营者协商和解;请求消费者协会调解;向有关行政部门申诉;向仲裁机构申请仲裁;向人民法院提起诉讼。其中,第 49 条规定:“经营者提供商品或者服务有欺诈行为的,应当按照消费者的要求增加

---

〔36〕《新修订的〈中华人民共和国标准化法〉对我国经济社会发展意义重大》,载《铁路技术监督》2017 年第 11 期。

赔偿其受到的损失，增加赔偿的金额为消费者购买商品的价款或者接受服务的费用的一倍。”此后就出现了“王海知假买假”，并向商家、厂家索赔的现象，引起了社会的热议，最终得到了司法机关的支持。

2009 年 8 月 27 日第十一届全国人大常委会第十次会议通过了《关于修改部分法律的决定》，仅将《消费者权益保护法》第 52 条中的“治安管理处罚条例”修改为“治安管理处罚法”。

1994 年第八届全国人大常委会第四次会议通过的《消费者权益保护法》实施近 20 年间，消费已经成为推动中国经济增长的强动力，但是在消费领域，消费欺诈、不公平的格式条款、消费者维权困难等侵犯消费者权益的状况依然大量存在，并且形式层出不穷。消费的内容和方式也都超过了原来《消费者权益保护法》所覆盖的范围。《消费者权益保护法》需要作出相应的修改。

2013 年 10 月 25 日第十二届全国人大常委会第五次会议通过了《关于修改〈中华人民共和国消费者权益保护法〉的决定》，对《消费者权益保护法》进行了第二次修订，自 2014 年 3 月 15 日起施行。

修订后的《消费者权益保护法》，在指导思想方面，明确规定了“国家倡导文明、健康、节约资源和保护环境的消费方式，反对浪费”。在消费者权益方面，增加了消费者的个人信息权、无理由解除权，强化其知情权，细化其公平交易的权利。在经营者义务方面，强化经营者的安全保障义务、完善“三包”规定和缺陷产品召回的规定，实行举证责任倒置，严格规制不公平格式条款。在法律责任方面，加重了违法经营者的责任，特别是完善了惩罚性损害赔偿制度；增加了网络交易平台的责任和虚假广告发布者的责任。另外，还明确了消费者协会的诉讼权。这些变化都进一步加强了在社会新情况下对消费者权益的保护。

第三节　行业监管法

一、反洗钱法

洗钱行为，与毒品犯罪、走私犯罪、黑社会性质的犯罪、恐怖犯罪、跨国犯罪活动密切联系在一起，同时又与金融业密切联系。洗钱行为将非法收入合法化，具有很大的社会危害性。2003 年，中国人民银行连续发布“一规两办法”，即《金融机构反洗钱规定》《人民币大额和可疑支付交易报告管理办法》《金融机构大额和可疑外汇资金交易报告管理办法》，用于应对洗钱行为。另外，《刑法》中有洗钱罪。但是，这些规定存在位阶不高、可操作性不强，以及洗钱犯罪范围太窄等问题，不足以应对反洗钱的形势需要。据统计，中国的洗钱数额不低于 2000 亿元，占国民收入的 2%，2004 年统计中国有 3000 名逃往国外的不法分子，带走了 500 亿元的资金。

自 2002 年,连续 5 年,部分全国人大代表向全国人大提出有关反洗钱立法的议案,要求尽快制定《反洗钱法》。全国人大常委会将制定《反洗钱法》的工作列入了第十届全国人大常委会立法规划,并由全国人大常委会委员长会议委托预算工作委员会组织起草。2004 年 3 月,《反洗钱法》起草工作全面启动,组成了由全国人大常委会预算工作委员会、中国人民银行、公安部等 19 个部门参加的起草组。在广泛调查研究和征求意见的基础上,形成了《反洗钱法(草案)》,于 2006 年 4 月 25 日提请第十届全国人大常委会第二十一次会议审议,全国人大常委会预算工作委员会副主任冯淑萍在会上对草案作了说明。[37] 第十届全国人大常委会又分别在第二十三次、第二十四次常委会会议上对草案进行了审议,经过三次审议后,2006 年 10 月 31 日,第十届全国人大常委会第二十四次会议以 144 票赞成、1 票弃权,通过了《中华人民共和国反洗钱法》,同日国家主席胡锦涛签署第五十六号主席令公布,自 2007 年 1 月 1 日起施行。这是中国第一部关于反洗钱的专门性法律。

《反洗钱法》的目的是维护金融秩序,遏制洗钱犯罪及相关犯罪。在中国,对洗钱活动的刑事制裁主要是依据《刑法》的有关规定。而《反洗钱法》着力于建立中国反洗钱预防、监控法律制度,是以客户识别、大额交易和可疑交易报告以及记录保存等制度为核心内容,通过反洗钱资金监测来实现其立法目的。

《反洗钱法》全文共 7 章 37 条,对反洗钱监督管理、金融机构反洗钱义务、反洗钱调查、反洗钱国际合作等都进行了专章规定。根据《反洗钱法》的规定,实施预防洗钱活动的行为主体既包括在中华人民共和国境内设立的金融机构和按照规定应当履行反洗钱义务的特定非金融机构,也包括国务院各有关部门。预防洗钱活动的对象为“洗钱活动”,即通过各种方式掩饰、隐瞒毒品犯罪、黑社会性质的组织犯罪、恐怖活动犯罪、走私犯罪、贪污贿赂犯罪、破坏金融管理秩序犯罪、金融诈骗犯罪等犯罪所得及其收益的来源和性质的活动。预防洗钱活动的内容,既包括反洗钱义务主体金融机构、特定非金融机构根据本法建立并实施的客户身份识别制度、客户身份资料和交易记录保存制度、大额和可疑交易报告制度,也包括反洗钱行政主管部门和依法负有反洗钱监管职责的其他部门进行的监督管理、调查和国际合作。另外,为了适应全球反恐的新形势,加强对恐怖主义活动的预防监控,《反洗钱法》在附则第 36 条中规定,对涉嫌恐怖活动资金的监控,也适用《反洗钱法》。

二、电力法

改革开放以来,中国电力工业发展很快,随着电力投资的多元化,产权及经营

---

〔37〕 冯淑萍:《关于〈中华人民共和国反洗钱法(草案)〉的说明》,载中国人大网:http://www.npc.gov.cn/wxzl/gongbao/2006-12/05/content_5354953.htm,最后访问日期:2019 年 6 月 20 日。

权的关系日益复杂，供用电纠纷不断出现，急需法律来解决和规范。根据全国人大代表的提议，自1985年起，国家有关部门就开始着手起草《电力法》。经过大量调查研究、反复论证，在近十年的时间里，《电力法》草案数易其稿，终于在1995年9月由国务院向全国人大常委会提交了法律草案，由1995年12月28日第八届全国人大常委会第十七次会议通过，自1996年4月1日起施行。

《电力法》全文共10章75条，对电力建设、电力生产与电网管理、电力供应与使用、电价与电费、农村电力建设和农业用电、电力设施保护、监督检查和法律责任都进行了专章规定。明确规定了立法目的是保障和促进电力事业的发展，维护电力投资者、经营者和使用者的合法权益，保障电力安全运行；规定电价实行统一政策，统一定价原则，分级管理；规定电力管理部门依法对电力企业和用户执行电力法律、行政法规的情况进行监督检查；以及电力企业、用户和第三人违反法律规定应当承担的责任。

2009年8月27日第十一届全国人大常委会第十次会议通过了《关于修改部分法律的决定》，对《电力法》进行了第一次修正，仅将其中第16条中的“征用”修改为“征收”。

2015年4月24日第十二届全国人大常委会第十四次会议通过了《关于修改〈中华人民共和国电力法〉等六部法律的决定》，对《电力法》进行了第二次修正。此次修改主要针对有关工商登记前置审批的规定，删去第25条第3款中的“供电营业机构持《供电营业许可证》向工商行政管理部门申请领取营业执照，方可营业”。

2018年12月29日第十三届全国人大常委会第七次会议通过了《关于修改〈中华人民共和国电力法〉等四部法律的决定》，对《电力法》进行了第三次修正，此次仅修改了1条，主要针对供电营业区的设立、变更的行政程序。将第25条第3款“省、自治区、直辖市范围内的供电营业区的设立、变更，由供电企业提出申请，经省、自治区、直辖市人民政府电力管理部门会同同级有关部门审查批准后，由省、自治区、直辖市人民政府电力管理部门发给《供电营业许可证》。跨省、自治区、直辖市的供电营业区的设立、变更，由国务院电力管理部门审查批准并发给《供电营业许可证》”修改为“供电营业区的设立、变更，由供电企业提出申请，电力管理部门依据职责和管理权限，会同同级有关部门审查批准后，发给《电力业务许可证》。供电营业区设立、变更的具体办法，由国务院电力管理部门制定”。

三、农业法

1993年7月2日第八届全国人大常委会第二次会议通过了中国第一部《农业法》，自公布之日起施行。这是中国颁布的第一部关于农业工作的综合性法律，标志着中国农业工作开始被纳入依法管理的轨道。

《农业法》全文共9章66条,对农业生产经营体制、农业生产、农产品流通、农业投入、农业科技与农业教育、农业资源与农业环境保护、法律责任进行了分章规定,是中国规范农业生产和发展的基本法。法律明确规定其立法目的是保障农业在国民经济中的基础地位,发展农村社会主义市场经济,维护农业生产经营组织和农业劳动者的合法权益,促进农业的持续、稳定、协调发展,规定了各级人民政府在农业工作上的职责;以法律的形式肯定了农业生产的家庭联产承包为主的责任制和统分结合的双层经营体制;保护农民和农业生产经济组织的合法权益;明确规定国家逐步提高农业投入的总体水平,国家财政每年对农业总投入的增长幅度应当高于国家财政经常性收入的增长幅度;规定了农产品流通上的市场调节和宏观调控相结合。

改革开放以来,中国的农业和农村经济有巨大的发展和变化,1993年7月2日由第八届全国人大常委会第二次会议通过的《农业法》已经不能完全适应形势发展提出的新要求。为了应对新情况、解决新问题、推动农业和农村经济更好地向前发展,第九届全国人大常委会立法规划确定对《农业法》进行修改,并明确由全国人大农业与农村委员会牵头组织起草工作。自2000年7月起,全国人大农业与农村委员会和农业部共同组织力量,成立了农业法修改工作领导小组和起草工作小组,在大量调研准备工作的基础上,进行了《农业法(修订草案)》的起草工作。在广泛征求各方面的意见,反复研究论证,多次修改完善后,形成了《农业法(修订草案)》,提交2002年6月24日第九届全国人大常委会第二十八次会议审议,全国人大农业与农村委员会主任委员高德占在会上对该草案进行了说明。[38]

2002年12月28日第九届全国人大常委会第三十一次会议通过了修订后的《农业法》,自2003年3月1日起施行。

修订后的《农业法》共13章99条,新增粮食安全、农民权益保护、农村经济发展和执法监督四章,将原来的"农产品流通"一章改名为"农产品流通与加工",将"农业投入"一章改名为"农业投入与支持保护"。修改"农业生产经营体制"一章,主要是围绕稳定和完善家庭承包为基础、统分结合的双层经营体制,在原有规定的基础上增加了新的内容:对农民专业合作经济组织和农民股份合作制企业作了规定,国家鼓励和支持发展多种形式的农业产业化经营,可以按照国家规定成立农产品行业协会。明确规定各级人民政府及其有关部门应当采取措施增加农民收入,切实减轻农民负担。另外,也注意了关于与世界贸易组织规则衔接的问题。

2009年8月27日第十一届全国人大常委会第十次会议通过了《关于修改部分

---

〔38〕 高德占:《关于〈中华人民共和国农业法(修订草案)〉的说明》,载中国人大网:http://www.npc.gov.cn/wxzl/gongbao/2002-12/30/content_5304812.htm,最后访问日期:2019年6月20日。

法律的决定》,仅将《农业法》中的“征用”修改为“征收”。

2012 年 12 月 28 日第十一届全国人大常委会第三十次会议通过了《关于修改〈中华人民共和国农业法〉的决定》,对《农业法》进行了第二次修正,自 2013 年 1 月 1 日起施行。

此次修正将第 51 条第 1 款“国家设立的农业技术推广机构应当以农业技术试验示范基地为依托,承担公共所需的关键性技术的推广和示范工作,为农民和农业生产经营组织提供公益性农业技术服务”修改为“国家设立的农业技术推广机构应当以农业技术试验示范基地为依托,承担公共所需的关键性技术的推广和示范等公益性职责,为农民和农业生产经营组织提供无偿农业技术服务”,增加了“无偿”二字;将第 52 条第 1 款“农业科研单位、有关学校、农业技术推广机构以及科技人员,根据农民和农业生产经营组织的需要,可以提供无偿服务,也可以通过技术转让、技术服务、技术承包、技术入股等形式,提供有偿服务,取得合法收益。农业科研单位、有关学校、农业技术推广机构以及科技人员应当提高服务水平,保证服务质量”修改为“农业科研单位、有关学校、农民专业合作社、涉农企业、群众性科技组织及有关科技人员,根据农民和农业生产经营组织的需要,可以提供无偿服务,也可以通过技术转让、技术服务、技术承包、技术咨询和技术入股等形式,提供有偿服务,取得合法收益。农业科研单位、有关学校、农民专业合作社、涉农企业、群众性科技组织及有关科技人员应当提高服务水平,保证服务质量”,增加了主体的范围;将第 52 条第 3 款“国家鼓励农民、农民专业合作经济组织、供销合作社、企业事业单位等参与农业技术推广工作”修改为“国家鼓励和支持农民、供销合作社、其他企业事业单位等参与农业技术推广工作”。

四、互联网经济监管法

(一)网络安全法

随着网络和信息技术迅猛发展,深度融入中国经济社会的各个方面,极大地改变和影响人们的社会活动和生活方式,网络安全问题也日益突出。出现了包括个人信息的泄露、毁损、丢失,计算机病毒,网络攻击,网络侵入等各种网络安全事件。第十二届全国人大常委会将制定网络安全方面的立法列入了立法规划、年度立法工作计划。张德江委员长和李建国副委员长等常委会领导多次就网络安全立法问题作出重要批示,要求“抓紧论证,抓紧起草,抓紧出台”。根据中共中央的要求和全国人大常委会立法工作安排,2014 年上半年,全国人大常委会法制工作委员会组成工作小组,开展网络安全法研究起草工作。通过广泛征求各方面的意见,会同中央网信办与工业和信息化部、公安部、国务院法制办等部门多次交换意见,反复研究,形成了《网络安全法(草案)》,提交 2015 年 6 月 24 日第十二届全国人大常委会

第十五次会议审议,全国人大常委会法制工作委员会副主任郎胜在会上对草案进行了说明。〔39〕

该草案共 7 章 68 条,主要内容包括维护网络主权和战略规划、保障网络产品和服务安全、保障网络运行安全、保障网络数据安全、保障网络信息安全、监测预警与应急处置、网络安全监督管理体制。会后,草案向全社会征求意见,作出了修改。

10 月 28 日上午第十二届全国人大常委会第二十一次会议对《网络安全法(草案)》二次审议稿进行了分组审议。常委会组成人员普遍认为,二审稿在一审稿的基础上作了很好、很重要的修改,吸纳了一审时委员们提出的意见,回应了社会的关切,日趋完善。维护网络空间秩序,保障网络安全,推进"互联网 +"行动,建设网络强国,都离不开坚实有效的法律制度保障,制定网络安全法非常必要、及时。建议根据常委会的审议意见和有关方面的意见进一步修改完善草案,争取早日出台。二审稿增加规定:国家采取措施,监测、防御、处置来自中华人民共和国境内外的网络安全风险和威胁,保护关键信息基础设施免受攻击、侵入、干扰和破坏,依法惩治网络违法犯罪活动,维护网络空间安全和秩序。〔40〕

10 月 31 日,《网络安全法(草案)》三次审议稿提请全国人大常委会审议。2016 年 11 月 7 日第十二届全国人大常委会第二十四次会议通过了《中华人民共和国网络安全法》,自 2017 年 6 月 1 日起施行。

《网络安全法》全文共 7 章 79 条。对网络安全支持与促进、网络运行安全、网络信息安全、监测预警与应急处置、法律责任等进行了分章规定。此次《网络安全法》出台的重要意义有:规定网络信息安全法的总体目标和基本原则;规范网络社会中不同主体所享有的权利义务及其地位;建立网站身份认证制度,实施后台实名;建立网络信息保密制度,保护网络主体的隐私权;建立行政机关对网络信息安全的监管程序和制度,规定对网络信息安全犯罪的惩治和打击;以及规定具体的诉讼救济程序;等等。〔41〕

此外,2016 年 7 月推出的《国家安全法》首次以法律的形式明确提出"维护国家网络空间主权"。而之后的《网络安全法》是《国家安全法》在网络安全领域的体现和延伸,为中国维护网络主权、国家安全提供了最主要的法律依据;《网络安全法》对网络产品和服务提供者的安全义务有了明确的规定,将现行的安全认证和安全

---

〔39〕 郎胜:《关于〈中华人民共和国网络安全法〉(草案)的说明》,载《中华人民共和国全国人民代表大会常务委员会公报》2016 年第 6 期。

〔40〕 新华社:《十二届全国人大常委会第二十一次会议分组审议网络安全法草案》,载中国人大网:http://www.npc.gov.cn/npc/lfzt/rlyw/2016-06/29/content_1992528.htm,最后访问日期:2019 年 6 月 20 日。

〔41〕 《探讨〈网络安全法〉出台的重要意义》,载中央网信办网:http://www.cac.gov.cn/2016-11/07/c_1119866702.htm,最后访问日期:2019 年 6 月 20 日。

检测制度上升成了法律，强化了安全审查制度，成为网络参与者普遍遵守的法律准则和依据；另外，对民众的保护体现在新增对未成年人权益保护的规定，改进了用户对自己数据的控制权和自我决定权，强化了用户信息保障的主体责任。〔42〕

（二）电子签名法

2004 年 8 月 28 日，第十届全国人大常委会第十一次会议通过了《中华人民共和国电子签名法》，同日国家主席胡锦涛签署第十八号主席令公布，自 2005 年 4 月 1 日起施行。在 2015 年 4 月 24 日依据第十二届全国人大常委会第十四次会议通过的《关于修改〈中华人民共和国电力法〉等六部法律的决定》修改。2019 年 4 月 23 日以第十三届全国人大常委会第十次会议通过的《关于修改〈中华人民共和国建筑法〉等八部法律的决定》为依据对其进行部分修改。

随着互联网的普及和电子商务的繁荣发展，在传统环境中以纸张等有形载体通过手写签名或者印章来表明身份的方式逐渐被基于虚拟平台上处于无纸化的环境中的电子签名方式所代替。然而，几乎所有的新生事物都伴随着风险和漏洞，电子签名方式由于其技术性和专业性以及时空上的隔离性，其效力认定往往容易引发争议，《电子签名法》正是为了规范电子签名行为、确定电子签名法律效力、维护各方合法权益而制定的法律，这部法律的诞生同时也标志着中国信息化立法进入了新的阶段，于 2004 年终于步入国家层面。〔43〕 其发展历程如下：

联合国于 1996 年颁布的《电子商务示范法》为各国制定符合本国国情和利益的相关领域立法开创了先河，此后世界各国电子商务立法纷纷兴起，如火如荼。2004 年 8 月 28 日第十届全国人大常委会第十一次会议通过的《电子签名法》是中国历史上电子商务立法的开端，其内容共有 5 章，分别是总则、数据电文、电子签名与认证、法律责任与附则。

第一章规定了《电子签名法》的立法目的和适用范围，以及电子签名的概念。关于《电子签名法》的第 1 条规定，也即立法目的，在于规范电子签名行为、确立电子签名的法律效力、维护有关各方的利益。在电子签名行为司空见惯的同时，电子签名法律效力认定困难、主体法律责任存疑等诸多问题也随之产生，《电子签名法》通过确立电子签名的法律效力和签名规则，加强对电子认证服务业的监管，规定电子签名安全保障制度，规范各方当事人在电子签名活动中的行为，确立其行为准则。本法采用技术中立与技术特定的折中模式，即一个电子签名如果符合法定或者当事人约定的可靠的电子签名的条件，就具有与手写签名或者盖章同等的法律

---

〔42〕 朱巍：《惠及民生，〈网络安全法〉四大亮点值得点赞》，载新华网：http://www.xinhuanet.com/politics/2016-11/10/c_129359079.htm，最后访问日期：2019 年 6 月 20 日。

〔43〕 马说：《〈电子签名法〉解读》，载《信息网络安全》2005 年第 8 期。

效力。《电子签名法》规定了各方在电子签名活动中的权利义务,明确了电子签名活动规则,确立各方当事人在电子签名活动中的行为准则,并规定违反法定义务和约定义务的当事人要承担相应的法律责任,以达到平等保护各方当事人合法权益的目的。〔44〕 关于第2条也即电子签名的法律概念,根据本法的规定,数据电文以电子、光学、磁等为手段,实质是各种形式的信息。关于第3条应用范围,根据《电子签名法》的规定,当事人在民事活动中的合同或者其他文件、单证等文书中意思自治优先。

第二章首先规定了数据电文的法定书面形式要求。一是能够有形地表现所载内容;二是可以随时调取查用;三是规定了数据电文作为证据使用时的可采性、真实性的规定;四是规定了数据电文的归属、发送地点和接收地点。

第三章规定了电子签名与认证的内容,在电子签名方面,规定了可靠的电子签名应当具备的条件、法律效力和电子签名人的法律义务,在认证方面,规定了电子认证服务者应当具备的条件、从事电子认证服务活动的申请与受理及申请人相关义务、电子认证服务提供者应当制定电子认证业务规则、电子认证服务提供者签发的电子签名认证证书内容、电子认证服务提供者的业务承接要求、授权国务院信息产业主管部门制定电子认证服务业的具体管理办法并依法实施监管的规定和中国境外的电子认证服务提供者在境外签发的电子签名认证证书的法律效力。

第四章规定了电子签名人未履行法定义务造成他人损失承担赔偿责任、电子认证服务提供者因过错给电子签名人或者电子签名依赖方造成损失承担赔偿责任、未经许可提供电子认证服务应承担的法律责任、电子认证服务提供者暂停或者终止电子认证服务未按规定报告的法律责任。电子认证服务提供者违法行为应承担的法律责任和伪造、冒用、盗用他人的电子签名的法律责任以及负责电子认证服务业监督管理工作的部门的工作人员法律责任。

最后一章附则内容则规定了本法中与电子签名有关的几个名词的解释、授权国务院或者国务院规定的部门可以制定政务活动和其他社会活动中使用电子签名、数据电文具体办法以及开始实施日期。

《电子签名法》的出台是中国电子商务发展的里程碑,"它的颁布和实施必将扫除电子签名在电子商务、电子政务和其他领域中应用的法律障碍,极大地改善我国电子签名应用的法制环境,从而大力推动我国信息化的发展"。〔45〕

在2015年4月24日通过的新《电子签名法》是建立在2004年《电子签名法》基础上的,在《关于修改〈中华人民共和国电力法〉等六部法律的决定》第五点中提到

〔44〕 安建、张穹、杨学山:《中华人民共和国电子签名法释义》,法律出版社2005年版,第3页。
〔45〕 扬坚争:《电子签名法的实践意义》,载《上海信息化》2005年第3期。

了对《电子签名法》的部分修改,即将《电子签名法》第 17 条增加 1 项,作为第 1 项:"(一)取得企业法人资格"以及删去第 18 条第 2 款。

《电子签名法》第 17 条规定了电子认证服务者应当具备的条件,即除了从前要求的专业技术人员和管理人员条件、资金和经营场所条件、技术和设备条件和国家密码机构同意使用密码的证明文件外,今后还须取得企业法人资格。电子认证机构是沟通交易各方,确保交易各方身份真实性和信息准确性的桥梁,因此关于其资质许可问题随着网络世界的无限延伸和发展只会越来越严格。从企业在经济生活中的核心地位角度来说,企业的技术、工艺、管理水平、营销手段使企业在市场中拥有个人难以匹敌的优势,[46]使电子认证机构具有企业法人资格,可以筛除不具备相应管理和技术水平的认证主体,提高认证机构行业整体水平,更有利于促进电子商务的发展。

第 18 条规定了从事电子认证服务活动的申请与受理及申请人相关义务,但相较 2004 年《电子签名法》而言,删去了"申请人应当持电子认证许可证书依法向工商行政管理部门办理企业登记手续"这一规定,从简政放权的角度来说,国务院信息产业主管部门在颁发电子认证许可证书前的审查环节足以证明当事人具有相关从业资格,并且按照国务院信息产业主管部门的规定在互联网上公布其名称、许可证号等信息也足以实时监管具体的电子认证机构,不必再办理企业登记手续。

2019 年 4 月 23 日出台的《关于修改〈中华人民共和国建筑法〉等八部法律的决定》将《电子签名法》删去第 3 条第 3 款第 3 项,将第 3 项改为第 2 项,修改为"(二)涉及停止供水、供热、供气等公用事业服务的"。也即应用范围扩大至涉及土地、房屋等不动产权益转让和供电公用事务的文书。便利与效率是电子合同最大的优势之一,随着不动产权益转让和供电公用事务的合同签订电子化,电子合同未来的应用与延展有了更大的想象及落地空间。

(三)电子商务法

近年来,中国电子商务交易额与同比增长率均增长较快,而网络零售额占社会消费品零售总额的比重也明显增大,电子商务服务企业直接从业人员超过数量以及间接带动就业人数更是居高不下。电子商务产业的发展潜力和国际竞争力与中国对电子商务专门立法缺失形成了鲜明的对比。在这样的背景下,为了保障电子商务各方主体的合法权益、规范电子商务行为、维护市场秩序、促进电子商务持续健康发展,《电子商务法》应运而生。《电子商务法》由全国人大财政经济委员会牵头组织起草,并列入 2016 年立法工作计划预备项目。全国人大财政经济委员会积极推进立法进程,经过近 3 年全面深入的调研论证,在广泛征求国务院有关部门和

---

〔46〕 练明澄:《以企业为主体创造竞争优势》,载《国际经贸探索》1992 年第 6 期。

地方人大、地方政府、人大代表、电商企业及专家学者等各方面意见的基础上,拟定了《电子商务法(草案)》。[47] 此后经多次审议和修改,《中华人民共和国电子商务法》由第十三届全国人大常委会第五次会议于2018年8月31日通过,同日国家主席习近平签署第七号主席令公布,自2019年1月1日施行。

《电子商务法》共有7章,涉及电子商务经营主体、经营行为、合同、快递物流、电子支付等电子商务发展中比较典型的问题,主要分为电子商务交易和电子商务安全两方面。其主要内容为:

第一章总则规定了《电子商务法》的立法目的、适用范围、政府有关部门职责分工和协同管理体系等内容。电子商务立法是为了保障电子商务各方主体的合法权益,规范电子商务行为,维护市场秩序,促进电子商务持续健康发展。国家平等对待线上线下商务活动,引导、规范行业经营者公平参与市场竞争,促进社会进步和经济发展。

第二章电子商务经营者分为两节。第一节主要规定了电子商务经营者的概念,电子商务经营者登记、纳税、依法取得行政许可、保证商品或服务质量等义务;第二节对电子商务平台经营者的行为规范进行了规定,尤其在搭售须有显著提示、保证押金顺利退还、向"大数据杀熟"说"不"和个人信息保护方面加强了保护力度。

第三章对电子商务合同的订立与履行进行了详细规定,主要包括电子商务合同的效力、标的物交付方式、价款支付方式等内容。

第四章规定了电子商务争议解决,以建立健全投诉、举报机制和协商和解为主,根据自愿原则,公平、公正地解决当事人的争议。

第五章规定了电子商务促进,国务院和省、自治区、直辖市人民政府应当将电子商务发展纳入国民经济和社会发展规划,制定科学合理的产业政策,促进电子商务创新发展。

第六章规定了电子商务经营者和电子商务平台违反相关规定时所应承担的法律责任。

第七章附则规定了本法的施行日期。

五、招标投标法、拍卖法

(一)招标投标法

《中华人民共和国招标投标法》于1999年8月30日在第九届全国人大常委会第十一次会议通过,根据2017年12月27日第十二届全国人大常委会第三十一次

---

[47] 吕祖善:《关于〈中华人民共和国电子商务法〉(草案)的说明》,载《全国人民代表大会常务委员会公报》2018年第5号。

会议《关于修改〈中华人民共和国招标投标法〉、〈中华人民共和国计量法〉的决定》修正,2017 年 12 月 27 日国家主席习近平签署第八十六号主席令公布。招标投标这种经济责任形式在中国得到大规模发展是在中共十一届三中全会以后,中国实行改革开放的时代背景下,从部分项目开始逐渐推广开来的,1980 年《关于开展和保护社会主义竞争的暂行规定》明确,"对一些适应承包的生产建设项目和经营项目,可以试行招标投标的办法"。《招标投标法》在此时应运而生。它承担了规范招标投标活动,保护国家利益、社会公共利益和招标投标活动当事人的合法权益,提高经济效益,保证项目质量的重任。其发展历程如下:

1999 年 8 月 30 日颁布的《招标投标法》是中国立法史上第一部关于规范招标投标活动的专门法律,其立法目的在于用法律调整招标投标活动,使其规范化、专业化,以保障公平竞争,促进经济发展,更好地建立和完善社会主义市场经济法律制度,更好地发展社会主义市场经济。

《招标投标法》共 6 章,分别是总则,招标,投标,开标、评标和中标,法律责任以及附则。总体来说,首先,本法规定了《招标投标法》的调整范围,即本法第 2 条与第 3 条采用了范围广泛性与相当确定性相结合的形式,中国境内的招标投标活动都适用本法,又将在中国境内典型的工程建设项目包括项目的勘察、设计、施工、监理以及与工程建设有关的重要设备、材料等的采购纳入了调整范围。其次,本法还规定了关于招标投标活动的监督管理体制,主要集中在监督管理的部门、手段、具体职权划分方面。再次,本法规定了关于招标、投标的规范,以及评标和中标的基本规则。最后,本法以相当大的比例规定了招标投标中的多种违法行为如何追究相应的法律责任,在追究的法律责任中又分为民事责任、行政责任、刑事责任。本法最后一章以附则的形式分别对投标人和其他利害关系人就招标投标活动中的违法行为提出异议或进行投诉的问题、依法必须进行招标的项目的除外情况问题、使用国际组织或外国政府贷款、援助资金的招标项目的适用规范问题,以及本法的施行日期问题作了规定。

现行有效的《招标投标法》是根据 2017 年 12 月 27 日第十二届全国人大常委会第三十一次会议《关于修改〈中华人民共和国招标投标法〉、〈中华人民共和国计量法〉的决定》修正的。对该法进行修改是为了顺应时代发展,规制行业中随着科技与道德理念的日新月异和突飞猛进而层出不穷的不法现象,以更好、更及时地规范招标投标领域的秩序,保障公平竞争。

相较于 1999 年的《招标投标法》而言,现行法的改动主要在于:删去第 13 条第 2 款第 3 项;删去第 14 条第 1 款;将第 50 条第 1 款中的"情节严重的,暂停直至取消招标代理资格"修改为"情节严重的,禁止其一年至二年内代理依法必须进行招标的项目并予以公告,直至由工商行政管理机关吊销营业执照"。1999 年《招标投标法》第 13 条第 2 款第 3 项是关于招标代理机构的性质及资格条件的规定,其要求招标代理机构应当备有依法可以作为评标委员会成员人选的技术、经济等方面的专家库,其中所储备的专家均应当从事相关领域工作 8 年以上并具有高级职称或者具有同等专业水平。删除该条的主要原因是与《招标投标法》第 37 条部分内容重复,使本法不够简练精确。1999 年《招标投标法》第 14 条第 1 款是关于招标代理机构资格认定的规定,基于简政放权的角度考虑,招标代理机构的资格认定不再像从前一样复杂,需要根据不同情况由国务院建设行政主管部门和省级人民政府建设行政主管部门以及国务院规定的主管部门认定。1999 年《招标投标法》第 50 条主要规定了招标代理机构违法泄密或者与招标人、投标人串通应当承担的法律责任。相较于 1999 年《招标投标法》,现行法律关于这方面的立法态度更显严谨、立法技术更加科学。

(二)拍卖法

《中华人民共和国拍卖法》于 1996 年 7 月 5 日第八届全国人大常委会第二十次会议通过,根据 2004 年 8 月 28 日第十届全国人大常委会第十一次会议《关于修改〈中华人民共和国拍卖法〉的决定》第一次修正,根据 2015 年 4 月 24 日第十二届全国人大常委会第十四次会议《关于修改〈中华人民共和国电力法〉等六部法律的决定》第二次修正而现行适用。拍卖这种经济现象是随着改革开放而在国内逐步兴起的,这是一种以公开竞价的方式使最高应价者获得所拍卖物品或服务的所有权或其他权能的交易方式。拍卖由于其不断变动的价格和公开竞价的特征而随着市场成交额大起大落、风险与收益难以预期等问题,《拍卖法》正是为了规范拍卖行为、维护拍卖秩序、保护拍卖活动各方当事人的合法权益而制定。其发展历程如下:

1996 年 7 月 5 日通过的《拍卖法》共有 6 章:第一章总则规定了该法的立法目的、适用范围,拍卖的定义与基本原则,以及对拍卖业实施监督管理的部门;第二章规定了拍卖标的;第三章拍卖当事人共 4 节,分别规定了拍卖人、委托人、竞买人、买受人;第四章规定了拍卖程序,分别是拍卖委托、拍卖公告与展示、拍卖实施、佣金;第五章规定了拍卖当事人和相关人在违反相关法律规定时所应承担的法律责任;第六章规定了外国人、外国企业和组织在中国境内委托拍卖或参加竞买的适用本法,本法施行前设立的拍卖企业,不具备本法规定的条件的应当履行的义务,以及本法的实施日期。

2004 年 8 月 28 日,第十届全国人大常委会第十一次会议通过《关于修改〈中华人民共和国拍卖法〉的决定》,删去《拍卖法》第 5 条第 3 款、删去第 12 条第 5 项。即公安机关不再对拍卖业按照特种行业实施治安管理,设立拍卖行业也不需要有公安机关颁发的特种行业许可证。这说明中国对拍卖行业的规制已随着时代的发展逐渐专业化、高水平化,有了专门的设立监管机构,不再被视作特种行业由公安机关进行监管了。

以《关于修改〈中华人民共和国电力法〉等六部法律的决定》为修改依据，2015年《拍卖法》得以修订而现行适用。相较于2004年，2015年《拍卖法》的修改主要在于：（1）将第11条修改为："企业取得从事拍卖业务的许可必须经所在地的省、自治区、直辖市人民政府负责管理拍卖业的部门审核批准。拍卖企业可以在设区的市设立。"（2）将第12条中的"设立拍卖企业"修改为"企业申请取得从事拍卖业务的许可"。（3）将第60条中的"未经许可登记设立拍卖企业的"修改为"未经许可从事拍卖业务的"。（4）删去第68条。关于这一点，其删除了向工商行政管理部门申请登记，领取营业执照的要求，这主要是出于便利当事人原则和简政放权的考虑。第12条和第60条的修改使法律条文更加简练精确。由于企业取得从事拍卖业务的许可已经不再向工商行政管理部门申请登记，领取营业执照，第68条也就没有了存在的必要。

第四节　财政税收法

一、预算法

国家预算是国家财政的核心环节，预算资金的筹集、分配和使用，涉及社会政治经济生活的诸多方面，不仅对国民经济有重大的影响，而且对整个社会的进步和综合国力的提高也起着不可低估的作用。

1951年原政务院颁布了《预算决算暂行条例》，这一暂行条例沿用了约40年，虽然也有一些补充规定，但距离实现预算管理的法制化和规范化还很远。国务院于1991年10月出台了《国家预算管理条例》，初步明确规定了各级政府之间、部门之间、各单位之间预算的收支关系，规定了各单位在预算管理中的权利和义务，同时对违反条例的行为提出了处罚的措施。[48] 这一条例对当时规范管理预算提供了依据。尽管这些法规、章程、条例等，曾对加强预算管理、规范预算行为起到了一定的积极作用，但毕竟法律约束力受到一定的限制，对违反预算管理的行为也难以作出必要的制裁。[49] 预算法的出台势在必行。

由财政部牵头起草的《预算法（草案）》于1994年3月15日提交第八届全国人大第二次会议初次审议，时任财政部部长刘仲藜在会上对草案作了说明，他指出：长期以来，由于中国在预算管理方面一直没有以法律的形式作出规定，因此在预算

---

〔48〕 参见黄河清：《浅论〈预算法〉》，载《湖南财政与会计》1994年第12期。

〔49〕 参见李炳鑑：《论〈预算法〉对保障财税改革顺利进行的重要性》，载《山东财政学院学报》1994年第4期。

的编制、审批、执行、调整、决算以及监督等方面都存在不少问题。为了改变这种状况,1991 年 10 月国务院发布了《国家预算管理条例》。但是,由于该条例作为一个行政法规,在权责问题上,只规定了各级人民政府、各主管部门以及各单位的预算管理职权,不可能规定各级权力机关的预算管理职权及其对政府预算行为的监督和制约。难以适应中国政治经济形势的新发展,因此需要进行《预算法》的立法。并且对草案中的以下主要问题进行了说明:关于预算管理职权的划分,关于各级人民代表大会对预算的审批,关于赤字,关于复式预算,关于预备费。[50]

1994 年 3 月 22 日第八届全国人大第二次会议通过了《中华人民共和国预算法》,自 1995 年 1 月 1 日起施行。

《预算法》全文共 11 章 79 条。对预算管理职权、预算收支范围、预算编制、预算审查和批准、预算执行、预算调整、决算、监督和法律责任等都作了专章规定。规定了预算管理职权的划分,各级人民代表大会对预算的审批实行五级预算制度,即中央省(自治区、直辖市)、市、县(市、区)和乡(镇)。除乡(镇)级外,县以上各级政府预算实际上都包括本级预算和下一级汇总预算两部分。实行复式预算制度,强化赤字约束,在预算管理体制上施行中央和地方分税制,对预算调整的内容和范围作出了规定。[51]

1994 年通过的《预算法》在规范预算管理,加强国家宏观调控,促进社会经济发展方面发挥了重要的作用。但是,随着社会主义市场经济的发展和公共财政体制的逐步建立,1994 年《预算法》的规定已经不能满足形势的需要。实践中普遍存在政府财政收支状况不完整、不真实、不准确,财政体制、分税制度和转移支付制度不完善,中央与地方财力与事权不相匹配,人大与政府之间预算权配置不合理,对预算权运行的制约与监督不够等问题。同时,1994 年通过的《预算法》与《教育法》《农业法》《科学技术进步法》等其他法律存在冲突,法律责任规定过于简单,责任不明、惩治不严,法律约束力弱,而且地方政府举债不在预算中反映,成为隐形的风险,还存在一些不合理的法律规定和漏洞。1997 年全国人大就提出了修改动议,直到 2004 年修法才正式启动,由人大牵头。但启动修法后,关于修法主导权与国库管理权这两个问题反复纠结,无法取得进展。2009 年修法重新启动,起草单位变成了人大和财政部门两家,2010 年草案二审时,初稿公开征求意见,公众质疑部门立法痕迹太重,"由国务院另行规定"的授权立法条文多达 15 条,立法进程又被搁置。

2013 年 11 月 12 日,中共十八届三中全会通过的《中共中央关于全面深化改革

---

[50] 刘仲藜:《关于〈中华人民共和国预算法(草案)〉的说明》,载中国人大网:http://www.npc.gov.cn/npc/lfzt/2014/2001-01/02/content_1875784.htm,最后访问日期:2019 年 6 月 20 日。

[51] 王敏:《一部规范政府行为的重要法律——关于〈中华人民共和国预算法〉》,载《经济管理》1995 年第 2 期。

若干重大问题的决定》中指出：财政是国家治理的基础和重要支柱，要建立现代财政制度，改进预算管理制度，实施全面规范、公开透明的预算制度。2014年6月30日，中共中央政治局审议通过的《深化财税体制改革总体方案》中指出：要改进预算管理制度，强化预算约束、规范政府行为、实现有效监督，加快建立全面规范、公开透明的现代预算制度。在这一背景下，2014年8月31日，第十二届全国人大常委会第十次会议高票通过了《关于修改〈中华人民共和国预算法〉的决定》，自2015年1月1日起施行。

修订后的《预算法》共11章101条。此次修改在立法宗旨、全口径预算、转移支付、预算公开透明、地方政府性债务等方面都作了修改。将政府全部收入和支出都纳入预算，杜绝预算外资金，改变财政乱象。改变"支出高度分权，税收中央集权"的财税体制所造成的地方财力缺口，明确了"减少专项转移支付，增加一般转移支付"的改革方向；实现细化预算，实现预决算的公开透明；建立跨年度预算平衡机制；破除了原预算法对地方政府举债融资的限制，有限放开了地方政府举债权限，并对地方政府举债用途和风险防范机制作出了规范，完成了预算法由管理法向控权法的转型。

2018年12月29日第十三届全国人大常委会第七次会议通过《关于修改〈中华人民共和国产品质量法〉等五部法律的决定》，对《预算法》进行了第二次修正。

此次仅对《预算法》第88条进行了修正，将"监督检查本级各部门及其所属各单位预算的编制、执行"修改为"监督本级各部门及其所属各单位预算管理有关工作"。

二、审计会计法

（一）审计法

改革开放前，中国没有独立的国家审计机构，也没有形成独立的审计监督制度。具有审计性质的监督工作主要是结合财政管理进行的。1962年，根据中共中央和国务院《关于严格控制财政管理的决定》，开始恢复一些地区的财政监督机构。1978年，经国务院批准，财政部恢复了财政监察司。随着改革开放的全面展开，由政府财政管理机关结合业务活动开展审计监督工作已经不能够适应需要。1982年12月，新颁布的《宪法》确立了审计监督制度和审计机关的法律地位，并对审计机关的职责、权限、管理体制等作出了原则规定，1983年9月，中国最高审计机关——中华人民共和国审计署正式成立。

1985年，国务院颁布了《关于审计工作的暂行规定》，规定了审计机关的设置、领导关系、任务、职权，以及审计程序、审计报告等内容。1987年，国务院发布《关于违反财政法规处罚的暂行规定》，成为以后一个时期审计查证和处理的重要依据。

1988 年,国务院发布了《审计条例》,初步形成了较为完整的审计制度体系。[52]

但是,随着国家政治、经济形势的新发展,也为了应对改革发展中审计工作出现的新问题,《审计法》的制定颁布对维护国家财政经济秩序、促进廉政建设、保障国民经济健康发展具有必要性。《审计法(草案)》于 1994 年 6 月 28 日提交第八届全国人大常委会第八次会议审议,审计署审计长郭振乾对草案进行了说明。1994 年 8 月 31 日第八届全国人大常委会第九次会议通过了《中华人民共和国审计法》,同日国家主席江泽民签署第三十二号主席令公布,自 1995 年 1 月 1 日起施行。

《审计法》全文共 7 章 51 条,对审计机关和审计人员、审计机关职责、审计机关权限、审计程序、法律责任等作出了分章规定。(1)规定了人大常委会对财政收支实行有效监督。第 4 条规定:"国务院和县级以上地方人民政府应当每年向本级人民代表大会常务委员会提出审计机关对预算执行和其他财政收支的审计工作报告。"(2)规定了对国家财政收支的审计监督。第 17 条规定:"审计署在国务院总理领导下,对中央预算执行情况进行审计监督,向国务院总理提出审计结果报告。地方各级审计机关分别在省长、自治区主席、市长、州长、县长、区长和上一级审计机关的领导下,对本级预算执行情况进行审计监督,向本级人民政府和上一级审计机关提出审计结果报告。"(3)规定了对国有资产的审计监督。审计机关对国有金融机构和国有企业的资产、负债、损益,国有资产占控股地位或者主导地位的企业,国家事业组织的财务收支,国家建设项目预算的执行情况和决算,社会保障基金、社会捐赠资金以及其他有关基金、资金的财务收支,国际组织和外国政府援助、贷款项目的财务收支进行审计监督。还规定了审计机关对与国计民生有重大关系的国有企业、接受财政补贴较多或者亏损数额较大的国有企业,以及国务院和本级地方人民政府指定的其他国有企业,应当有计划地定期进行审计。(4)规定了审计监督的独立性。第 5 条规定:"审计机关依照法律规定独立行使审计监督权。不受其他行政机关、社会团体和个人的干涉。"包括审计机关的经费独立性。第 11 条规定:"审计机关履行职责所必需的经费,应当列入财政预算,由本级人民政府予以保证。"(5)规定了审计人员依法行使职权不受侵害。第 15 条第 3 款规定:"……审计机关负责人没有违法失职或者其他不符合任职条件的情况的,不得随意撤换。"[53]

《审计法》按照建立社会主义市场经济体制的要求,确立了审计机关的综合经济监督地位,规定了审计机关关于审计本级预算执行情况,向本级政府提交审计结果报告和受政府委托向本级人大常委会做审计工作报告等制度。这是中国第一部

---

〔52〕 郭振乾:《关于〈中华人民共和国审计法〉(草案)的说明》,载《全国人民代表大会常务委员会公报》1994 年第 6 期。

〔53〕 林忠华:《维护财经秩序的重要法律——〈中华人民共和国审计法〉浅介》,载《上海人大月刊》1994 年第 11 期。

关于审计的基本法，标志着审计工作走上法制运行的轨道，中国特色审计监督制度框架初步形成。

1994年《审计法》实施后，在中国社会主义市场经济体制逐步建立和完善过程中，仍然有很多不规范甚至违法的财政收支、财务收支行为，社会各界也对加强审计监督提出了更高的要求。《审计法》的一些内容已不能适应实际情况的需要。根据全国人大常委会和国务院2004年立法工作计划，审计署于2004年年初开始研究修改《审计法》，形成了《审计法修正案(草案)》，提交2005年10月25日第十届全国人大常委会第十八次会议审议，李金华在会上对草案作了说明。[54]

2006年2月28日，第十届全国人大常委会第二十次会议通过了《关于修改〈中华人民共和国审计法〉的决定》，同日国家主席胡锦涛签署第四十八号主席令公布，自2006年6月1日起施行。修订前的《审计法》共51条，此次修订中，修改29条，增加5条，删去1条，合并1条，修订后共54条。此次主要在健全审计监督机制、完善审计监督职责、加强审计监督手段、规范审计监督行为四个方面作了修订。

(二)会计法

为了规范会计行业，早在1962年，财政部就出台了《会计人员职权试行条例》，1964年商业部系统总结出增减记账法，都旨在规范中国的会计工作。1973年，中央着手抓经济整顿，财政部公布了《关于加强国营工业企业成本管理工作的若干规定》和《国营企业会计工作规则(试行草案)》。1977年国务院在扭亏增盈会议上提出各部门要健全会计机构和充实会计人员的要求。1978年国务院颁发了《会计人员职权条例》。1981年公布了《会计干部技术职称暂行规定》。1985年1月21日第六届全国人大常委会第九次会议通过了中国的第一部《会计法》，同年5月1日起施行。其目的是规范会计工作、保障会计人员依法行使职权，发挥会计工作在国家财政、经济工作上应有的作用。

《会计法》全文共6章31条，对会计核算、会计监督、会计机构和会计人员、法律责任等作了专章规定。涉及整个会计工作的各个环节，从会计工作的任务、管理体制，会计业务中的核算制度、监督制度，会计机构和人员的设置和任免及职责，到会计法的适用范围及违反会计法的法律责任等都有规定。

为了适应建立社会主义市场经济的要求，财政部部长刘仲藜在1993年10月22日第八届全国人大常委会第四次会议上作了关于《会计法修正案(草案)》的说明。[55] 1993年12月29日第八届全国人大常委会第五次会议通过了《关于修改

---

〔54〕 李金华:《关于〈中华人民共和国审计法修正案(草案)〉的说明》，载中国人大网:http://www.npc.gov.cn/wxzl/gongbao/2006-05/17/content_5350165.htm，最后访问日期:2019年6月25日。

〔55〕 刘仲藜:《关于〈中华人民共和国会计法修正案(草案)〉的说明》，载中国人大网:http://www.npc.gov.cn/wxzl/gongbao/2000-12/28/content_5003077.htm，最后访问日期:2019年6月25日。

〈中华人民共和国会计法〉的决定》,对《会计法》进行了第一次修改。此次修改着重对《会计法》立法宗旨、实施范围、会计制度管理体制、会计人员管理体制、会计监督、法律责任等方面作了修改和补充。

1985年通过的《会计法》,虽然在1993年进行过修改,但是修改的篇幅不大,基本沿袭原来的模式。随着社会经济环境的发展和变化,出现了新情况和新问题。金融资本市场的开辟,使原来的会计体系已经不能满足现实的需要,而会计作假现象愈演愈烈。当时一些震惊中外的重大案件,几乎都与会计作假直接相关,作假的严重程度也相当惊人。例如,1996年的"琼民源事件",将3000万元年利润做成5.4亿元,上市之后矛盾就暴露出来,后来不得不停牌。还有红光实业、东方锅炉、大庆联谊等一批公布于世的股票大案,都采用会计作假、包装上市的手法,而且一上市就出问题。造成了恶劣的影响,引起了国务院领导的高度重视,下决心要从法律上打击会计作假行为,使会计数据真实可靠。这是此次修订《会计法》的首要动因。[56]

1998年5月1日,国务院正式确定了《会计法》修改的立法程序,其目的是防止和惩治做假账的行为。1986年6月24日财政部成立了修改小组。1998年10月财政部党组讨论《会计法》的修改情况,上报国务院审定。1998年11月18日国务院常务会讨论《会计法》修正案,朱镕基总理作了重要指示,指出《会计法》是中国经济工作领域的根本大法,将修正案改为修订案,将法律条文进行全面修订。[57] 1999年5月25日,朱镕基总理主持召开第十八次国务院常务会议,讨论并原则通过了《会计法(修订草案)》。1999年6月22日,第九届全国人大常委会第十次会议开幕,财政部部长项怀诚作了《关于〈中华人民共和国会计法(修订草案)〉的说明》和《关于〈关于惩治违反会计法犯罪的决定(草案)〉的说明》。1999年6月25日,第九届全国人大常委会第十次会议分组审议了《会计法(修订草案)》和《关于惩治违反会计法犯罪的决定(草案)》,提出了一些具体意见。1999年10月25日,第九届全国人大常委会第十二次会议第三次审议,全国人大法律委员会副主任委员李伯勇在作审结报告时指出:修订草案经过两次常委会审议,完善了相关规定,适应当前经济管理和财务管理的需求,应当尽快出台。[58]

1999年10月31日,第九届全国人大常委会第十二次会议通过了重新修订的《会计法》,自2000年7月1日起施行。

修订后的《会计法》共7章52条,与修订前6章30条相比,增加了30条,修改

---

〔56〕《财政部会计司刘玉廷副司长谈修订〈会计法〉的背景及主要内容》,载《浙江财税与会计》2000年第6期。

〔57〕贺茂清:《修订〈会计法〉的背景》,载《湖北财税》2000年第2期。

〔58〕《〈中华人民共和国会计法〉大事记(1995年—1999年)》,载《中华会计学习》2005年第8期。

了21条，删除或合并了8条，只有1条未作改动。增加了第三章“公司、企业会计核算的特别规定”；对于违法、违规、伪造、变造会计信息的行为均逐项进行了规定，加强其法律责任；进一步明确了会计监督的基本关系，并根据市场经济建设要求确定了监督内容，划分了监督层次；细化了会计核算方面的规定；“会计核算”一章，由1985年《会计法》及1993年修改《会计法》中的9条，增至15条，并增设了“公司、企业会计核算的特别规定”一章，其中3条对公司、企业的会计核算作出了特别要求；首次明确了会计人员从业资格证书的要求及对单位会计机构的负责人必须具备会计师以上专业技术职称资格或者从事会计工作3年以上经历的要求。

根据2016年12月、2017年1月和5月国务院公布的取消职业资格事项、中央指定地方实施行政审批事项和进一步削减工商登记前置审批事项的决定，以及精简审批事项规范中介服务实行企业投资项目网上并联核准制度工作方案的精神，国务院法制办会同有关部门起草了《〈中华人民共和国会计法〉等11部法律的修正案（草案）》，国务院法制办党组书记、副主任袁曙宏2017年10月31日在第十二届全国人大常委会第三十次会议上做了《关于〈中华人民共和国会计法〉等11部法律的修正案（草案）》的说明。[59]

2017年11月4日第十二届全国人大常委会第三十次会议通过了《关于修改〈中华人民共和国会计法〉等十一部法律的决定》，对《会计法》作出修改，取消了会计从业资格认定，同时，对《境外非政府组织境内活动管理法》第24条关于境外非政府组织代表机构应当聘请具有中国会计从业资格的会计人员进行会计核算的规定一并作了修改，并且对违反相关法律规定的会计工作人员的处罚进行了更加严格的规定。

（三）注册会计师法

中国于1980年恢复、重建了注册会计师制度。财政部于1980年12月发布了《关于成立会计顾问处的暂行规定》。1985年全国人大常委会通过了《会计法》。1986年7月，根据《会计法》第20条第2款的规定，国务院发布了《注册会计师条例》。

1992年6月23日国务院第一百九十二次总理办公会议“要抓紧制定《注册会计师法》”的决议，经财政部领导批准，1992年9月5日，成立了“中华人民共和国注册会计师法起草小组”，在广泛征求意见、反复审议修改的基础上，形成了《注册会计师法（草案）》，提交1993年8月25日第八届全国人大常委会第三次会议审议，财

---

〔59〕 参见袁曙宏：《关于〈中华人民共和国会计法〉等11部法律的修正案（草案）的说明》，载法律图书馆网：http://www.law-lib.com/fzdt/newshtml/fzjd/20171105143858.htm，最后访问日期：2019年6月25日。

政部部长刘仲藜在会上对草案进行了说明,他指出:随着注册会计师队伍的增加、服务领域的扩大、社会责任的加重,对注册会计师的人员素质、专业资格、技术能力、职业责任、职业道德、工作制度等,也都提出了更高的要求,其法律地位和法律责任也需要相应提高和加重。而现行的《注册会计师条例》远远不能适应这种情况。因此,根据已经变化的情况,尽快制定注册会计师法,是迫切需要的,并且对草案中的相关问题进行了说明。[60]

1993 年 10 月 31 日第八届全国人大常委会第四次会议通过了《注册会计师法》,自 1994 年 1 月 1 日起施行。

《注册会计师法》全文共 7 章 46 条,对注册会计师的考试和注册、业务范围和规则、会计师事务所、注册会计师协会以及法律责任作出了规定。

2014 年 8 月 31 日第十二届全国人大常委会第十次会议通过了《关于修改〈中华人民共和国保险法〉等五部法律的决定》,对《注册会计师法》作出修改。此次修改的内容并不多,仅将原第 25 条第 1 款"设立会计师事务所,由国务院财政部门或者省、自治区、直辖市人民政府财政部门批准"修改为"设立会计师事务所,由省、自治区、直辖市人民政府财政部门批准"。将第 44 条第 1 款修改为:"外国人申请参加中国注册会计师全国统一考试和注册,按照互惠原则办理。"将第 44 条第 2 款修改为:"外国会计师事务所需要在中国境内临时办理有关业务的,须经有关的省、自治区、直辖市人民政府财政部门批准。"

三、税收征收管理法

税收征收对国家财政收入、国民经济的发展都具有重要的意义。从中华人民共和国成立到 1986 年,中国有关税收征收管理的法律、法规都分散于各个实体税种的法律法规中。为了规范国家税收征收管理活动,1986 年 4 月 21 日,国务院发布了《税收征收管理暂行条例》,于 1986 年 7 月 1 日起实施,这是中华人民共和国第一部税收征管行政法规。在条例适用了一段时间之后,为了加强税收征收管理、保障国家税收收入、保护纳税人的合法权益,1992 年 9 月 4 日第七届全国人大常委会第二十七次会议通过《税收征收管理法》,自 1993 年 1 月 1 日起实施。

这是中国第一部税收征管法律。法律全文共 6 章 62 条,对税务管理、税务征收、税务检查、法律责任都进行分章规定。1986 年 4 月 21 日国务院发布的《税收征收管理暂行条例》同时废止。

1995 年 2 月 28 日第八届全国人大常委会第十二次会议通过了《关于修改〈中

---

〔60〕 刘仲藜:《关于〈中华人民共和国注册会计师法(草案)〉的说明》,载北大法律信息网:http://zjlx.pkulaw.cn/fulltext_form.aspx? db = protocol&gid = d7a8d084bfceb2fd115be86b26a4d128bdfb,最后访问日期:2019 年 6 月 25 日。

华人民共和国税收征收管理法〉的决定》,对《税收征收管理法》进行了第一次修正,仅修改第 14 条,原第 14 条为“发票必须由省、自治区、直辖市人民政府税务主管部门指定的企业印制;未经省、自治区、直辖市人民政府税务主管部门指定,不得印制发票。发票的管理办法由国务院规定”,其中第 1 款修改为:“增值税专用发票由国务院税务主管部门指定的企业印制;其他发票,按照国务院税务主管部门的规定,分别由省、自治区、直辖市国家税务局、地方税务局指定企业印制。未经前款规定的税务机关指定,不得印制发票。”将第 14 条第 2 款改为第 3 款。

1994 年中国实行了分税制财政体制,分设了国家税务局、地方税务局两套税务机构,并划分了各自的征管范围。但《税收征收管理法》是在分税制实施前制定的,只对税款征收作了原则规定,而对税款解缴入库却没有规定起码的原则要求和应负的法律责任。一些地区受地方利益和部门利益的驱动,出现税款解缴人为混库,甚至拿税款作交易的现象,损害了国家的利益。新税制运行以后,增值税成为主体税种,所得税逐年增长,税收管理方式发生变化,随之产生了许多管理上的问题,虚开、伪造增值税专用发票等偷税骗税活动广泛存在。1997 年 1 月 23 日国务院办公厅《关于转发国家税务总局〈深化税收征管改革方案〉的通知》下发后,在全国各地普遍推行了税收征管改革,也急需法律作为改革的保证。另外,旧《税收征收管理法》与《行政诉讼法》、《行政处罚法》和《刑法》还存在一些冲突和矛盾。[61] 在这种情况下,《税收征收管理法》的修订被提上日程。

2001 年 4 月 28 日第九届全国人大常委会第二十一次会议对《税收征收管理法》进行了全面修订,自 2001 年 5 月 1 日起施行。

修订后的《税收征收管理法》变为 6 章 94 条,章节未变,增加了 32 条。除明确税收执法者的执法责任外,重点明确了纳税人的权利,如知法权、保密权、减免税退税申请权、知情权、行政复议申请权、控告权等各项权利;同时明确了税收第三方如纳税人、扣缴义务人的开户银行、其他金融机构违法行为的法律责任,为行使税收保全措施,提供了法律保证;新增了税收保全措施,也明确了税务机关采用税收保全措施的限制条件,第 38 条规定:“税务机关有根据认为从事生产、经营的纳税人有逃避纳税义务行为的,可以在规定的纳税期之前,责令限期缴纳应纳税款;在限期内发现纳税人有明显的转移、隐匿其应纳税的商品、货物以及其他财产或者应纳税的收入的迹象的,税务机关可以责成纳税人提供纳税担保。如果纳税人不能提供纳税担保,经县以上税务局(分局)局长批准,税务机关可以采取下列税收保全措施:(一)书面通知纳税人开户银行或者其他金融机构冻结纳税人的金额相当于应纳税款的存款;(二)扣押、查封纳税人的价值相当于应纳税款的商品、货物或者其

---

〔61〕 徐刚、徐建:《〈税收征管法〉修订概述》,载《浙江财税与会计》2005 年第 5 期。

他财产。纳税人在前款规定的限期内缴纳税款的,税务机关必须立即解除税收保全措施;限期期满仍未缴纳税款的,经县以上税务局(分局)局长批准,税务机关可以书面通知纳税人开户银行或者其他金融机构从其冻结的存款中扣缴税款,或者依法拍卖或者变卖所扣押、查封的商品、货物或者其他财产,以拍卖或者变卖所得抵缴税款。个人及其所扶养家属维持生活必需的住房和用品,不在税收保全措施的范围之内。"第39条规定:"纳税人在限期内已缴纳税款,税务机关未立即解除税收保全措施,使纳税人的合法利益遭受损失的,税务机关应当承担赔偿责任。"

2013年6月29日第十二届全国人大常委会第三次会议通过《关于修改〈中华人民共和国文物保护法〉等十二部法律的决定》,对《税收征收管理法》作出第二次修正。

此次仅修改了一条,目的是使税务登记手续更加快速便捷,即将第15条第1款"企业,企业在外地设立的分支机构和从事生产、经营的场所,个体工商户和从事生产、经营的事业单位(以下统称从事生产、经营的纳税人)自领取营业执照之日起三十日内,持有关证件,向税务机关申报办理税务登记。税务机关应当自收到申报之日起三十日内审核并发给税务登记证件"修改为"企业,企业在外地设立的分支机构和从事生产、经营的场所,个体工商户和从事生产、经营的事业单位(以下统称从事生产、经营的纳税人)自领取营业执照之日起三十日内,持有关证件,向税务机关申报办理税务登记。税务机关应当于收到申报的当日办理登记并发给税务登记证件"。

2015年4月24日第十二届全国人大常委会第十四次会议通过了《关于修改〈中华人民共和国港口法〉等七部法律的决定》,此次仅修改了第33条,删去了减税、免税的书面申请和审批手续。原第33条规定:"纳税人可以依照法律、行政法规的规定书面申请减税、免税。减税、免税的申请须经法律、行政法规规定的减税、免税审查批准机关审批。地方各级人民政府、各级人民政府主管部门、单位和个人违反法律、行政法规规定,擅自作出的减税、免税决定无效,税务机关不得执行,并向上级税务机关报告。"修订删去了其中"减税、免税的申请须经法律、行政法规规定的减税、免税审查批准机关审批"的内容,改为"纳税人依照法律、行政法规的规定办理减税、免税。地方各级人民政府、各级人民政府主管部门、单位和个人违反法律、行政法规规定,擅自作出的减税、免税决定无效,税务机关不得执行,并向上级税务机关报告"。

四、财产税法

(一)个人所得税法

个人所得税是中国仅次于增值税、企业所得税的第三大税种,在筹集财政收入、调节收入分配方面发挥着重要作用,也影响着每一个人。1980年9月10日第五届全国人大第三次会议通过，自公布之日起实施的《中华人民共和国个人所得税法》是中国第一部个人所得税的基本法。

法律全文共 15 条，不分章：(1) 规定了纳税人的范围，第 1 条规定："在中华人民共和国境内居住满一年的个人，从中国境内和境外取得的所得，都按照本法的规定缴纳个人所得税。不在中华人民共和国境内居住或者居住不满一年的个人，只就从中国境内取得的所得，缴纳个人所得税。"(2) 规定了应纳个人所得税的收入范围，第 2 条规定："下列各项所得，应纳个人所得税：一、工资、薪金所得；二、劳务报酬所得；三、特许权使用费所得；四、利息、股息、红利所得；五、财产租赁所得；六、经中华人民共和国财政部确定征税的其他所得。"(3) 规定了个人所得税的税率，第 3 条规定："个人所得税的税率：一、工资、薪金所得，适用超额累进税率，税率为百分之五至百分之四十五(税率表附后)。二、劳务报酬所得，特许权使用费所得，利息、股息、红利所得，财产租赁所得和其他所得，适用比例税率，税率为百分之二十。"(4) 规定了各项应纳税所得额的计算，第 5 条规定："各项应纳税所得额的计算：一、工资薪金所得，按每月收入减除费用八百元，就超过八十元的部分纳税。二、劳务报酬所得、特许权使用费所得、财产租赁所得，每次收入不满四千元的，减除费用八千八百元；四千元以上的，减除百分之二十的费用，然后就其余额纳税。三、利息、股息、红利所得和其他所得，按每次收入额纳税。"(5) 规定了免征个人所得税的收入范围、法律责任等。

1980 年通过的《个人所得税法》对中国公民和外籍纳税人均适用。1987 年，改为只对外籍人员和港、澳、台同胞征收。1986 年 1 月 7 日国务院发布了《城乡个体工商业户所得税暂行条例》，对个体工商户开征所得税。同年 9 月 25 日国务院发布了《个人收入调节税暂行条例》，用于调节公民个人的收入。至此，三种税并立，矛盾和问题不断突出，如不同主体的纳税标准不同、待遇不同；物价上涨，400 元的扣除额太低；征税范围、应税项目不全等。[62] 需要对《个人所得税法》进行修改。

1993 年 10 月 31 日第八届全国人大常委会第四次会议通过了《关于修改〈中华人民共和国个人所得税法〉的决定》，对《中华人民共和国个人所得税法》进行了第一次修正，自 1994 年 1 月 1 日起施行。1986 年 1 月 7 日国务院发布的《城乡个体工商业户所得税暂行条例》和 1986 年 9 月 25 日国务院发布的《个人收入调节税暂行条例》同时废止。

此次修改的内容包括：(1) 将缴纳个人所得税的主体修改为"在中国境内有住所，或者无住所而在境内居住满一年的个人，从中国境内和境外取得的所得，依照本法规定缴纳个人所得税。在中国境内无住所又不居住或者无住所而在境内居住

〔62〕 朱莹：《税制改革浅谈(五)——个人所得税》，载《中国技术监督》1994 年第 9 期。

不满一年的个人,从中国境内取得的所得,依照本法规定缴纳个人所得税”。缴纳个人所得税的主体包括中国居民和从中国境内取得收入的非居民。(2)明确了缴纳个人所得税的收入范围,第2条修改为:“下列各项个人所得、应纳个人所得税:一、工资、薪金所得;二、个体工商户的生产、经营所得;三、对企事业单位的承包经营、承租经营所得;四、劳务报酬所得;五、稿酬所得;六、特许权使用费所得;七、利息、股息、红利所得;八、财产租赁所得;九、财产转让所得;十、偶然所得;十一、经国务院财政部门确定征税的其他所得。”

此外对工资、薪金所得,个体工商户的生产、经营所得和对企事业单位的承包经营、承租经营所得,以及其他各种收入个税起征点,税率,免征个税的范围,单位的代扣代缴,都进行了修改。

个人所得税税率表(工资、薪金所得适用)修改为个人所得税税率表一(工资、薪金所得适用)和个人所得税税率表二(个体工商户的生产、经营所得和对企事业单位的承包经营、承租经营所得适用)。(具体见表6-1和表6-2)

表6-1 个人所得税税率表一(工资、薪金所得适用)

级数	全月应纳税所得额	税率(%)
1	不超过500元的	5
2	超过500元至2000元的部分	10
3	超过2000元至5000元的部分	15
4	超过5000元至20000元的部分	20
5	超过20000元至40000元的部分	25
6	超过40000元至60000元的部分	30
7	超过60000元至80000元的部分	35
8	超过80000元至100000元的部分	40
9	超过100000元	45

注:本表所称全月应纳税所得额是指依照本决定第6条的规定,以每月收入额减除费用800元后的余额或者减除附加减除费用后的余额。

表6-2 个人所得税税率表二(个体工商户的生产、经营所得和对企事业单位的承包经营、承租经营所得适用)

级数	全年应纳税所得额	税率(%)
1	不超过5000元的	5
2	超过5000元至10000元的部分	10
3	超过10000元至30000元的部分	20

续表

级数	全年应纳税所得额	税率(%)
4	超过30000元至50000元的部分	30
5	超过50000元的部分	35

注：本表所称全年应纳税所得额是指依照本法第6条的规定，以每一纳税年度的收入总额减除成本、费用以及损失后的余额。

1999年8月30日第九届全国人大常委会第十一次会议通过了《关于修改〈中华人民共和国个人所得税法〉的决定》，对《中华人民共和国个人所得税法》进行了第二次修正，自公布之日起生效。

修改的内容为对"储蓄存款利息"不再征收个人所得税，同时规定"对储蓄存款利息所得征收个人所得税的开征时间和征收办法由国务院规定"。

2005年10月27日第十届全国人大常委会第十八次会议通过了《关于修改〈中华人民共和国个人所得税法〉的决定》，对《中华人民共和国个人所得税法》进行了第三次修正，自2006年1月1日起施行。

随着个人收入的大幅增加，首先对工资、薪金所得的起征点进行调整，第6条第1款第1项修改为："工资、薪金所得，以每月收入额减除费用一千六百元后的余额，为应纳税所得额。"同时，对"个人所得税税率表一"的附注作相应修改。同时在单位代扣代缴问题上，将第8条修改为："个人所得税，以所得人为纳税义务人，以支付所得的单位或者个人为扣缴义务人。个人所得超过国务院规定数额的，在两处以上取得工资、薪金所得或者没有扣缴义务人的，以及具有国务院规定的其他情形的，纳税义务人应当按照国家规定办理纳税申报。扣缴义务人应当按照国家规定办理全员全额扣缴申报。"

2007年6月29日第十届全国人大常委会第二十八次会议通过了《关于修改〈中华人民共和国个人所得税法〉的决定》，对《个人所得税法》进行了第四次修正。此次仅修改了第12条，将"对储蓄存款利息所得征收个人所得税的开征时间和征收办法由国务院规定"修改为"对储蓄存款利息所得开征、减征、停征个人所得税及其具体办法，由国务院规定"。

2007年12月29日第十届全国人大常委会第三十一次会议通过了《关于修改〈中华人民共和国个人所得税法〉的决定》，对《个人所得税法》进行了第五次修正，自2008年3月1日施行。此次修改进一步提高了个税的起征点，将第6条第1款第1项修改为："工资、薪金所得，以每月收入额减除费用二千元后的余额，为应纳税所得额。"同时，对"个人所得税税率表一"的附注作相应修改。

2011年6月30日第十一届全国人大常委会第二十一次会议通过了《关于修改〈中华人民共和国个人所得税法〉的决定》，对《个人所得税法》进行了第六次修正，自 2011 年 9 月 1 日起施行。

本次修改主要是对个人所得税的税率、起征点又一次进行了调整，规定“工资、薪金所得，适用超额累进税率，税率为百分之三至百分之四十五(税率表附后)”。“工资、薪金所得，以每月收入额减除费用三千五百元后的余额，为应纳税所得额。”(见表 6－3 和表 6－4)

表 6－3　个人所得税税率表(工资、薪金所得适用)的修改

级数	全月应纳税所得额	税率(%)
1	不超过 1500 元的	3
2	超过 1500 元至 4500 元的部分	10
3	超过 4500 元至 9000 元的部分	20
4	超过 9000 元至 35000 元的部分	25
5	超过 35000 元至 55000 元的部分	30
6	超过 55000 元至 80000 元的部分	35
7	超过 80000 元的部分	45

注：本表所称全月应纳税所得额是指依照本法第 6 条的规定，以每月收入额减除费用 3500 元以及附加减除费用后的余额。

表 6－4　个人所得税税率表(个体工商户的生产、经营所得和对企事业单位的承包经营、承租经营所得适用)的修改

级数	全年应纳税所得额	税率(%)
1	不超过 15000 元的	5
2	超过 15000 元至 30000 元的部分	10
3	超过 30000 元至 60000 元的部分	20
4	超过 60000 元至 100000 元的部分	30
5	超过 100000 元的部分	35

注：本表所称全年应纳税所得额是指依照本法第 6 条的规定，以每一纳税年度的收入总额减除成本、费用以及损失后的余额。

为了适应经济发展和社会生活的进一步发展，2018 年 8 月 31 日第十三届全国人大常委会第五次会议通过了《关于修改〈中华人民共和国个人所得税法〉的决定》，对《个人所得税法》进行了第七次修正，自 2019 年 1 月 1 日起施行，但“起征点”提高至每月 5000 元等部分减税政策，将自 2018 年 10 月 1 日起先行实施。

此次修改通过提高个税的“起征点”，增加专项附加扣除，优化税率结构，加大了对中低收入者的减税力度。修改了应缴纳个税的个人所得范畴，包括工资、薪金所得;劳务报酬所得;稿酬所得;特许权使用费所得;经营所得;利息、股息、红利所得;财产租赁所得;财产转让所得;偶然所得。其中,居民个人取得工资、薪金所得,劳务报酬所得,稿酬所得和特许权使用费所得为综合所得,按纳税年度合并计算个人所得税。明确了个人所得税的税率:其中综合所得,适用3%至45%的超额累进税率;经营所得,适用5%至35%的超额累进税率;利息、股息、红利所得,财产租赁所得,财产转让所得和偶然所得,适用比例税率,税率为20%。进一步优化调整了个税的部分税率级距,其中工资、薪金所得适用税率扩大3%、10%、20%三档低税率的级距,缩小25%税率的级距,30%、35%、45%三档较高税率级距不变。还修改了今后应纳税所得额的计算方法:居民个人的综合所得,以每一纳税年度的收入额减除6万元以及专项扣除、专项附加扣除和依法确定的其他扣除后的余额,为应纳税所得额。非居民个人的工资、薪金所得,以每月收入额减除费用5000元后的余额为应纳税所得额;劳务报酬所得、稿酬所得、特许权使用费所得,以收入减除20%的费用后的余额为收入额,在此基础上,稿酬所得的收入额再减按70%计算。另外,此次修订的一个重要内容就是新增了子女教育、继续教育、大病医疗、住房贷款利息、住房租金、赡养老人6项专项附加扣除,进一步提高减税力度。

(二)车船税法

1951年,原政务院公布了《车船使用牌照税暂行条例》,作为当时中国征收车船使用税的基本法规,1986年,国务院公布了《车船使用税暂行条例》。2006年12月,国务院公布了《车船税暂行条例》,同时废止了之前的《车船使用牌照税暂行条例》和《车船使用税暂行条例》。

为了将相关条例内容上升为法律,《中华人民共和国车船税法》被全国人大常委会和国务院列入2010年立法计划。财政部、税务总局在广泛征求意见、反复研究论证的基础上,起草了《车船税法(送审稿)》,于2010年4月报国务院审议。国务院法制办在广泛征求各方面意见之后,经反复研究修改,形成了《车船税法(草案)》,于2010年10月25日在第十一届全国人大常委会第十七次会议上提交审议。财政部部长谢旭人对草案作了说明,他指出:与《车船税暂行条例》相比,草案进一步完善了征税范围和计税依据,调整了税负结构,规范了税收优惠,强化了征管手段。[63]

2011年2月25日第十一届全国人大常委会第十九次会议通过了《中华人民共和国车船税法》,自2012年1月1日起施行。

《车船税法》全文共13条,不分章。改变了《车船税暂行条例》中按车船是否应登记确定是否纳税,规定在中华人民共和国境内属于本法所附《车船税税目税额

---

〔63〕 谢旭人:《关于〈中华人民共和国车船税法(草案)〉的说明》,载中国人大网:http://www.npc.gov.cn/huiyi/lfzt/ccsf/2011-05/10/content_1666075.htm,最后访问日期:2019年6月25日。

表》规定的车辆、船舶(以下简称车船)的所有人或者管理人,为车船税的纳税人,都应当依照本法缴纳车船税;改变了《车船税暂行条例》及《车船税暂行条例实施细则》中豪华车和普通车都按相同的税额缴税的规定,规定乘用车的计税依据,由现行统一计征,调整为按排气量大小分档计征;规定了税负结构,对占汽车总量72%左右的乘用车的税负,按发动机排气量大小作了区分;规定了免征车船税的车船范围,增加了"对节约能源、使用新能源的车船可以减征或者免征车船税";还对车船税的扣缴义务人、纳税地点和纳税时间等作了规定。

2019 年 4 月 23 日第十三届全国人大常委会第十次会议通过了《关于修改〈中华人民共和国建筑法〉等八部法律的决定》,对《车船税法》进行了修正。仅在第 3 条"免征车船税的车船中"增加 1 项,作为第 4 项:"(四)悬挂应急救援专用号牌的国家综合性消防救援车辆和国家综合性消防救援专用船舶。"

(三)车辆购置税法

车辆购置税对组织财政收入、促进交通基础设施建设以及引导汽车产业健康发展,发挥着重要作用。2000 年 10 月,国务院公布了《车辆购置税暂行条例》,规定自 2001 年 1 月 1 日起,对购置汽车、摩托车等车辆的单位和个人征收车辆购置税。车辆购置税实行从价计征,税率为 10% 。

《中共中央关于全面深化改革若干重大问题的决定》提出"落实税收法定原则",制定车辆购置税法是重要任务之一,列入了《全国人大常委会 2018 年立法工作计划和国务院 2018 年立法工作计划》。财政部、税务总局、司法部等部门在《车辆购置税暂行条例》的基础上,在广泛征求各方面意见的基础上,起草形成了《车辆购置税法(草案)》,提交 2018 年 8 月 27 日第十三届全国人大常委会第五次会议审议。财政部部长刘昆在会上对草案作了说明。[64]

分组审议期间,全国人大常委会组成人员指出,将《车辆购置税暂行条例》上升为法律,是落实税收法定原则的迫切需要和重要步骤。与此同时,一些委员强调,税收法定原则的落实,并非只是简单进行税制平移,而是要在法律中对税收的各个要素作出明确规定,建议明确车辆购置税的征收目的、征收原则、主要用途和减免原则,并对一些规定进行细化,使之更加具有可操作性。[65]

两个草案初次审议后征求了社会公众意见,作出进一步修改。车辆购置税法草案二审稿规定,在中华人民共和国境内购置汽车、有轨电车、汽车挂车、排气量超过 150 毫升的摩托车的单位和个人,为车辆购置税的纳税人,应当依照本法规定缴

---

〔64〕 刘昆:《关于〈中华人民共和国车辆购置税法(草案)〉的说明》,载中国人大网:http://www.npc.gov.cn/npc/xinwen/2018-12/29/content_2069685.htm,最后访问日期:2019 年 6 月 25 日。

〔65〕 蒲晓磊:《全国人大常委会分组审议车辆购置税法草案有委员建议细化相关规定提升可操作性》,载《法制日报》2018 年 9 月 4 日版。

纳车辆购置税。增加规定，悬挂应急救援专用号牌的国家综合性消防救援车辆免征车辆购置税。明确设有固定装置的非运输专用作业车免征车辆购置税。加强了公安机关和税务机关的信息核对。增加规定，免税、减税车辆因转让、改变用途等原因不再属于免税、减税范围的，纳税人应当在办理车辆转移登记或者变更登记前缴纳车辆购置税。计税价格以免税、减税车辆初次办理纳税申报时确定的计税价格为基准，每满一年扣减10%。此外，建议对新能源汽车相关规定不作修改。

第十三届全国人大常委会第七次会议于2018年12月23日在北京人民大会堂举行第一次全体会议。会议听取了全国人大宪法法律委副主任委员江必新分别作的《关于耕地占用税法（草案）〉审议结果的报告》和《关于〈车辆购置税法（草案）〉审议结果的报告》。认为两个草案经过审议修改，已经比较成熟。

2018年12月29日中华人民共和国第十三届全国人大常委会第七次会议通过了《中华人民共和国车辆购置税法》，自2019年7月1日起施行。

法律全文共19条，不分章。规定了纳税人的范围，第1条规定："在中华人民共和国境内购置汽车、有轨电车、汽车挂车、排气量超过一百五十毫升的摩托车（以下统称应税车辆）的单位和个人，为车辆购置税的纳税人，应当依照本法规定缴纳车辆购置税。"对于征收的方式，第3条规定："车辆购置税实行一次性征收。购置已征车辆购置税的车辆，不再征收车辆购置税。"第4条规定："车辆购置税的税率为百分之十。"同时，该法还规定了应税车辆的计税价格的确定方式、免征车辆购置税的车辆范围，以及税款缴纳的机关及纳税时间和退税的情形。

（四）船舶吨税法

2017年12月27日，《中华人民共和国船舶吨税法》已由第十二届全国人大常委会第三十一次会议通过，自2018年7月1日起施行。2018年10月26日根据第十三届全国人大常委会第六次会议《关于修改〈中华人民共和国野生动物保护法〉等十五部法律的决定》对部分条文作出了修改，为现行适用的法律。船舶吨税是针对船舶使用海上航标等助航设施的行为设置的税种。船舶吨税法出台之前，船舶吨税由暂行条例规范，根据中共十八届三中全会提出的税收法定原则，船舶吨税由税收暂行条例上升为税收法律。

1952年经原政务院财政经济委员会批准，海关总署发布了《海关船舶吨税暂行办法》。在此基础上，2011年12月国务院制定了《船舶吨税暂行条例》。为落实中共十八届三中全会提出的税收法定原则和中共中央审议通过的《贯彻落实税收法定原则的实施意见》，财政部、海关总署在深入调查研究并向社会公开征求意见的基础上，起草了《船舶吨税法（送审稿）》，于2017年5月报请国务院审议。国务院法制办征求了中央有关部门、各省级人民政府、有关企业和社会团体的意见，会同财政部、海关总署等部门对送审稿反复研究修改，形成了《船舶吨税法（草案）》。经全国人大常委会两次审议并修改,于 2017 年 12 月 27 日获得通过。其立法的思路为,从实际执行情况来看,吨税税制要素基本合理、运行稳定,可按照税制平移的思路,保持现行税制框架和税负水平不变,将暂行条例上升为法律。[66]《船舶吨税法》共 22 条,主要对征税对象、税目税率、计税依据、应纳税额、征收机关以及免征吨税的情形等作出了规定。

依据《全国人民代表大会常务委员会关于修改〈中华人民共和国野生动物保护法〉等十五部法律的决定》,删去《船舶吨税法》第 11 条中的"或者出入境检验检疫部门"。在申明免税或者延长吨税执照期限应提交的文件中,免去了出具具有法律效力的证明文件或者使用关系证明文件。

船舶吨税立法是落实税收法定原则、深化税收制度改革的一大新成就,无论是细化落实十九大精神,还是使船舶吨税相关司法实践更加有序公正,都有举足轻重的意义,同时也为之后的税收制度改革指引了方向。

五、环境资源税法

(一)环境保护税法

1979 年颁布的《环境保护法(试行)》确立了排污费制度,2003 年国务院公布的《排污费征收使用管理条例》对排污费征收、使用的管理作了规定。现行的《环境保护法》也延续了这一制度。中共十八届三中、四中全会提出"推动环境保护费改税""用严格的法律制度保护生态环境"。为贯彻落实党中央、国务院决策部署,财政部、税务总局、环境保护部在调查研究的基础上,起草了《环境保护税法(送审稿)》。国务院法制办在广泛征求各方面意见的基础上,反复研究修改形成了《环境保护税法(草案)》。提交 2016 年 8 月 29 日第十二届全国人大常委会第二十二次会议上审议,财政部部长楼继伟在会上对草案进行了说明。草案主要解决"费改税"的问题,按照"税负平移"的原则进行环境保护费改税。将排污费的缴纳人作为环境保护税的纳税人,将应税污染物排放量作为计税依据,将现行排污费收费标准作为环境保护税的税额下限。考虑到各地情况差异较大,允许地方以《环境保护税税目税额表》规定的税额标准为基础,上浮应税污染物的适用税额。各方面争议比较大的对二氧化碳征收环境保护税问题,暂不纳入征收范围。建立环境保护税征管协作机制。环境保护费改税后,征收部门由环保部门改为税务部门,同时又离不开环保部门的配合,草案对征管分工协作机制作了规定。[67]

---

〔66〕 肖捷:《关于〈中华人民共和国船舶吨税法(草案)〉的说明》,载中国人大网:http://www.npc.gov.cn/npc/lfzt/rlyw/2017-12/27/content_2035954.htm,最后访问日期:2019 年 6 月 25 日。

〔67〕 楼继伟:《关于〈中华人民共和国环境保护税法(草案)〉的说明》,载《中华人民共和国全国人民代表大会公报》2017 年第 1 期。

2016年12月25日第十二届全国人大常委会第二十五次会议通过了《中华人民共和国环境保护税法》,自2018年1月1日起施行。

《环境保护税法》全文共5章28条,对计税依据和应纳税额、税收减免、征收管理进行了分章规定,对纳税人、征税对象和征税范围、税负、免税的情形、税收征管,对环境保护税应税污染物计税依据的确定方法,应税污染物的计算方法和顺序,应纳税额的计算方法等作了规定。此外,还规定征收环境保护税不免除纳税人环境违法行为应承担的民事责任、行政责任。

2018年10月26日第十三届全国人大常委会第六次会议通过了《关于修改〈中华人民共和国野生动物保护法〉等十五部法律的决定》,对《中华人民共和国环境保护税法》进行了修正,此次修正,仅将第22条中的"海洋主管部门"修改为"生态环境主管部门";将第10条、第14条、第15条、第20条、第21条、第23条中的"环境保护主管部门"修改为"生态环境主管部门"。

(二)耕地占用税法

1987年4月,国务院发布《耕地占用税暂行条例》,对占用耕地建房或者从事非农业建设的单位和个人征收耕地占用税。2007年12月,国务院公布了新的《耕地占用税暂行条例》,提高了税额标准,统一了内外资企业税负水平,规范了征收管理。自该暂行条例施行以来,耕地占用税运行比较平稳。2018年8月27日,《耕地占用税法(草案)》提请全国人大常委会审议。财政部部长刘昆在会上对草案作了说明,他指出:可按照税制平移思路,保持现行税制框架和税负水平总体不变,将暂行条例上升为法律。[68]

2018年12月25日,第十三届全国人大常委会组成人员分组审议《耕地占用税法(草案)》和《车辆购置税法(草案)》,常委会委员普遍认为,两部税法已经比较成熟。

2018年12月29日,《中华人民共和国耕地占用税法》经第十三届全国人大常委会第七次会议通过,自2019年9月1日起施行。2007年12月1日国务院公布的《耕地占用税暂行条例》同时废止。

《耕地占用税法》全文共16条,不分章,明确规定了以下内容:(1)纳税人的范围,即第2条第1款规定:"在中华人民共和国境内占用耕地建设建筑物、构筑物或者从事非农业建设的单位和个人,为耕地占用税的纳税人,应当依照本法规定缴纳耕地占用税。"(2)计税依据,即第3条规定:"耕地占用税以纳税人实际占用的耕地面积为计税依据,按照规定的适用税额一次性征收,应纳税额为纳税人实际占用的

[68] 刘昆:《关于〈中华人民共和国耕地占用税法〉的说明》,载中国人大网:http://www.npc.gov.cn/npc/xinwen/2018-12/29/content_2068329.htm,最后访问日期:2019年6月25日。

耕地面积(平方米)乘以适用税额。"(3)耕地占用税四个档次的税额。(4)减免耕地占用税的情形。(5)纳税义务发生的时间和申报缴纳期限:耕地占用税的纳税义务发生时间为纳税人收到自然资源主管部门办理占用耕地手续的书面通知的当日。纳税人应当自纳税义务发生之日起 30 日内申报缴纳耕地占用税。(6)纳税返还的情形:纳税人因建设项目施工或者地质勘察临时占用耕地,应当依照本法的规定缴纳耕地占用税。纳税人在批准临时占用耕地期满之日起 1 年内依法复垦,恢复种植条件的,全额退还已经缴纳的耕地占用税。

(三)烟叶税法

针对烟叶税的征收,2006 年 4 月,国务院公布了《烟叶税暂行条例》。《中共中央关于全面深化改革若干重大问题的决定》提出"落实税收法定原则"。《全国人大常委会 2017 年立法工作计划》将烟叶税法列为 8 月初次审议的法律案,《国务院 2017 年立法工作计划》将其列为全面深化改革急需的项目。财政部、税务总局在深入调研、公开征求社会公众意见基础上,起草并向国务院报送了《烟叶税法(送审稿)》。国务院法制办在征求了有关方面意见之后,会同财政部、税务总局反复研究修改,形成了《烟叶税法(草案)》,于 2017 年 8 月 28 日提交第十二届全国人大常委会第二十九次会议审议。财政部部长肖捷在会上对草案进行了说明。肖捷指出:《烟叶税暂行条例》实施以来,运行比较平稳。烟叶税税制比较稳定、要素基本合理,从实际执行情况来看,可保持现行税制框架和税负水平基本不变,将暂行条例平移上升为法律。[69] 草案明确了烟叶税纳税人为在中华人民共和国境内收购烟叶的单位。对于烟叶税的征税范围和计税依据,草案规定烟叶税的征税对象为烟叶,范围包括烤烟叶、晾晒烟叶。烟叶税的计税依据为纳税人收购烟叶实际支付的价款总额。肖捷表示,为有利于税法执行,便于税收征管,纳税人收购烟叶实际支付的价款总额的范围、标准将由国务院作出规定。为确保烟叶税法平稳实施,草案维持了现行 20% 的税率。此外,草案还对烟叶税的纳税义务发生时间、纳税期限、纳税地点等作了规定。

2017 年 12 月 22 日,《烟叶税法(草案)》提请第十二届全国人大常委会第三十一次会议二审。二审稿根据常委会委员的建议,将在中华人民共和国境内,依照《烟草专卖法》的规定收购烟叶的单位为烟叶税的纳税人。纳税人应当依照本法规定缴纳烟叶税。烟叶税的纳税义务发生时间为纳税人收购烟叶的当日,烟叶税按月计征。同时,一审稿第 9 条规定,纳税人应当于纳税义务发生月的"次月十五日内"申报纳税改为"纳税人应当于纳税义务发生月终了之日起十五日内申报并缴纳

---

〔69〕 肖捷:《关于〈中华人民共和国烟叶税法(草案)〉的说明》,载中国人大网:http://www.npc.gov.cn/npc/xinwen/2017-12/27/content_2035734.htm,最后访问日期:2019 年 6 月 25 日。

税款”。进一步明确了关于烟叶税征收管理的规定和申报纳税的时间。

2017 年 12 月 27 日第十二届全国人大常委会第三十一次会议通过了《中华人民共和国烟叶税法》,自 2018 年 7 月 1 日起施行。2006 年 4 月 28 日国务院公布的《烟叶税暂行条例》同时废止。

《烟叶税法》全文共 10 条,不分章。规定了纳税人的范围,即在中华人民共和国境内,依照《烟草专卖法》的规定收购烟叶的单位。纳税人应当依照本法规定缴纳烟叶税;烟叶税的计税依据为纳税人收购烟叶实际支付的价款总额;税率保持了《烟叶税暂行条例》中的 20%;应纳税额按照纳税人收购烟叶实际支付的价款总额乘以税率计算;纳税人应当向烟叶收购地的主管税务机关申报缴纳烟叶税;烟叶税的纳税义务发生时间为纳税人收购烟叶的当日;烟叶税按月计征,纳税人应当于纳税义务发生月终了之日起 15 日内申报并缴纳税款。

第五节　对外经济贸易法

一、对外贸易法

1993 年 12 月 20 日《对外贸易法(草案)》提交第八届全国人大常委会第五次会议审议,对外贸易经济合作部部长吴仪在会上对草案进行了说明,她指出:中华人民共和国成立 40 多年来,中国的对外贸易事业取得了令人瞩目的成绩,但作为对外贸易重要法律的对外贸易法却还未制定出来,这种状况不利于为中国对外贸易事业的发展提供良好的法律环境和有效的法律保障。随着中国对外贸易体制改革的深化和对外贸易事业的进一步发展,以及中国恢复关税与贸易总协定缔约国地位的需要,制定中国的对外贸易法就显得更为迫切和必要。草案共分 8 章 48 条,分别为总则、对外贸易经营者、货物进出口与技术进出口、对外贸易秩序、对外贸易促进、服务贸易、法律责任和附则。并对对外贸易法的适用范围、对外贸易制度、对外贸易经营者的许可和对外贸易秩序几个重要问题进行了说明。[70]

1994 年 5 月 12 日第八届全国人大常委会第七次会议通过,自 1994 年 7 月 1 日起施行。全文共 8 章 44 条,对对外贸易经营者、货物进出口与技术进出口、国际服务贸易、对外贸易秩序、对外贸易促进和法律责任等进行了分章规定。其立法目的是发展对外贸易,维护对外贸易秩序,促进社会主义市场经济的健康发展;而对外贸易是指货物进出口、技术进出口和国际服务贸易。

---

〔70〕 吴仪:《关于〈中华人民共和国对外贸易法(草案)〉的说明》,载北大法律信息网:http://www.pkulaw.cn/fulltext_form.aspx/pay/fulltext_form.aspx? Db = protocol&Gid = 8df10125484fdabb156c233336d1a666bdfb,最后访问日期:2019 年 6 月 25 日。

2001 年,中国加入世贸组织,之后中国发挥了加入世贸组织的积极效应,在低迷的世界经济形势中获得了主动地位。但是中国加入世贸组织后,面临着履行入世承诺、改变政府管理经济形式的需要。在这一背景下,1994 年的《对外贸易法》已经不能适应外贸发展新形势的需要。为了履行中国加入世贸组织的有关承诺,适应充分运用世贸组织规则,促进中国对外贸易持续健康协调发展,根据立法规划,商务部经过一年多的努力,于 2003 年 6 月完成了外贸法修订草案的起草工作,《对外贸易法(修订草案)》提交 2003 年 12 月 27 日第十届全国人大常委会第六次会议审议,商务部副部长于广洲在会上对草案作出了说明。他指出:修订现行《对外贸易法》,是履行中国入世承诺,将中国入世承诺和世贸组织规则规定的中国作为成员国应享受的权利、承担的义务转化为国内法的需要;是中国作为世贸组织成员,更充分地享受世贸组织成员权利的需要;是适应对外贸易发展的新情况、新变化的需要。此次外贸法修订主要从三个方面进行:一是对外贸法与中国入世承诺和世贸组织规则不相符的内容进行了修改;二是根据中国入世承诺和世贸组织规则,对中国享受世贸组织成员权利的实施机制和程序作了规定;三是根据外贸法实施以来出现的新情况和促进对外贸易健康发展的要求作了修改。[71] 修订后的草案共 11 章 70 条。会后,在广泛征求意见的基础上,对草案作出了进一步修改。2004 年 2 月 28 日第十届全国人大常委会第七次会议对草案进行了第二次审议,4 月 2 日第十届全国人大常委会第八次会议对草案进行了第三次审议。2004 年 4 月 6 日第十届全国人大常委会第八次会议通过了修订草案,自 2004 年 7 月 1 日起施行。

修订后的《对外贸易法》共 11 章 70 条,新增了与对外贸易有关的知识产权保护、对外贸易调查、对外贸易救济三章。修订的主要内容包括履行加入世贸的承诺,将对外贸易经营者的范围扩大到依法从事对外贸易经营活动的个人;取消了对货物和技术进出口经营权的审批,只要求对外贸易经营者进行备案登记;增加了国家可以对部分货物的进出口实行国营贸易管理的内容;增加了国家基于监测进出口情况的需要,对部分自由进出口的货物实行进出口自动许可管理的内容;增加了通过实施贸易措施,防止侵犯知识产权的货物进出口和知识产权权利人滥用权利,并促进中国知识产权在国外保护的相关内容;补充、修改和完善了有关法律责任的规定,通过刑事处罚、行政处罚和从业禁止等多种手段,加大了对对外贸易违法行为以及对外贸易中侵犯知识产权行为的处罚力度。还增加了维护进出口经营秩序、扶持和促进中小企业开展对外贸易、建立公共信息服务体系、对外贸易调查、对外贸易救济等内容。此次,《对外贸易法》的修订履行了中国加入世贸组织的有关承

---

〔71〕 于广洲:《关于〈中华人民共和国对外贸易法(修正案草案)〉的说明》,载人民网:http://www.people.com.cn/GB/14576/28320/31049/31052/2264744.html,最后访问日期:2019 年 6 月 25 日。

诺,为对外贸易持续、健康、协调发展提供了基本的法律制度,是新时期中国对外贸易改革发展的基本法律框架。

2016 年 11 月 7 日第十二届全国人大常委会第二十四次会议通过了《关于修改〈中华人民共和国对外贸易法〉等十二部法律的决定》,仅修改了一处,即将第 10 条第 2 款"从事对外工程承包或者对外劳务合作的单位,应当具备相应的资质或者资格。具体办法由国务院规定"修改为"从事对外劳务合作的单位,应当具备相应的资质。具体办法由国务院规定"。

二、外商投资法

自 1978 年以来,为了适应改革开放和经济发展的需要,中国制定了一系列保障投资的立法。1978 年 12 月,邓小平同志明确提出制定外国人投资法,1979 年 7 月出台的 7 部法律里面就包括《中外合资经营企业法》,1980 年 8 月,全国人大常委会批准《广东省经济特区条例》,1986 年和 1988 年,全国人大又先后制定了《外资企业法》和《中外合作经营企业法》,国务院、有关部门和地方相应地也制定了很多相关的政策法规和规章。[72]《中外合资经营企业法》《外资企业法》《中外合作经营企业法》(以下简称"外资三法")及相关法律共同奠定了改革开放以后外商投资的法律基础。之后为了适应加入世贸组织的需要,全国人大及其常委会对"外资三法"作出了部分修改。2013 年和 2014 年两次授权在有关自由贸易试验区内暂时调整"外资三法"的一些规定,并逐渐将自由贸易试验区的改革试点经验推广到全国。由此可见,虽然"外资三法"为中国的外商投资企业在中国市场的发展提供了强有力的法治保障,但是随着对外贸易的深入开展、"外资三法"已经无法适应中国新时代改革开放的需要,这就需要制定一部新的法律,完善外商投资法律制度,以实现国家治理体系和治理能力的现代化。

2018 年 12 月 23 日,《外商投资法(草案)》提请第十三届全国人大常委会第七次会议初次审议。2019 年 1 月 29 日,第十三届全国人大常委会第八次会议对《外商投资法(草案)》进行第二次审议。2019 年 2 月 25 日,宪法和法律委员会召开会议,根据常委会第八次会议的审议意见、代表研读讨论中提出的意见和各方面的意见,对草案作了进一步修改完善;认为经过全国人大常委会两次审议和广泛征求意见,草案充分吸收各方面的意见建议,已经比较成熟,形成了《外商投资法(草案)》。2019 年 3 月 8 日在第十三届全国人大第二次会议上,全国人大常委会副委员长王晨作关于《外商投资法(草案)》的说明。2019 年 3 月 15 日,第十三届全国人大第二

---

〔72〕 王晨:《关于〈中华人民共和国外商投资法(草案)〉的说明》,载中国人大网:http://www.npc.gov.cn/npc/xinwen/2019-03/15/content_2083626.htm,最后访问日期:2019 年 6 月 25 日。

次会议表决通过了《中华人民共和国外商投资法》,同日国家主席习近平签署第二十六号主席令公布,自2020年1月1日起施行。(见图6-2)自《外商投资法》实施之日起,“外资三法”将同时废止。

图6-2 会议现场

第十三届全国人大第二次会议在北京人民大会堂闭幕,大会通过《外商投资法》

《外商投资法》是中国第一部外商投资领域的基础性法律,是为了进一步扩大对外开放、积极促进外商投资、保护外商投资合法权益、规范外商投资管理、推动形成全面开放新格局、促进社会主义市场经济健康发展,根据宪法制定的法律。《外商投资法》共分6章,包括总则、投资促进、投资保护、投资管理、法律责任、附则,共42条。

关于总则部分。该部分总共8条,第1条规定了立法目的,明确指出“为了进一步扩大对外开放,积极促进外商投资,保护外商投资合法权益,规范外商投资管理,推动形成全面开放新格局,促进社会主义市场经济健康发展,根据宪法,制定本法”。对外商投资进行了明确的界定。

关于投资促进的部分。第11条规定建立健全外商投资服务体系,“国家建立健全外商投资服务体系,为外国投资者和外商投资企业提供法律法规、政策措施、投资项目信息等方面的咨询和服务”。第9条、第15条、第17条等为外商投资企业平等参与市场竞争提供了法治保障。第10条则提高了外商投资政策的透明度。

关于投资保护的部分。建立了外商投资企业投诉工作机制,加强了知识产权保护力度,如第22条规定:“国家保护外国投资者和外商投资企业的知识产权,保护知识产权权利人和相关权利人的合法权益;对知识产权侵权行为,严格依法追究法律责任。国家鼓励在外商投资过程中基于自愿原则和商业规则开展技术合作。技术合作的条件由投资各方遵循公平原则平等协商确定。行政机关及其工作人员不得利用行政手段强制转让技术。”

关于投资管理的部分。国家对外商投资实行准入前国民待遇加负面清单管理制度,建立健全外商投资信息报告制度,“外国投资者或者外商投资企业应当通过企业登记系统以及企业信用信息公示系统向商务主管部门报送投资信息”,建立外商投资安全审查制度并且按照内外资一致的原则对外商投资实施监督管理。

关于法律责任部分。主要规定了外商投资者违反本法的一些法律责任承担问题,为追究相关法律责任提供了法律依据。

《外商投资法》的通过将有助于外资进一步进入中国,既是当前经济新形势的时代需要,也是中国进一步扩大对外开放的内在要求,将对中国在国际市场竞争中的发展发挥重要作用。

第七章　中华人民共和国社会法制的发展

社会法是中国社会主义法律体系中的重要法律部门。2001 年 3 月 9 日，全国人大常委会委员长李鹏在第九届全国人大第四次会议上所作的工作报告中，将中国特色社会主义法律体系划分为七个法律部门，即宪法及宪法相关法、民法商法、行政法、经济法、社会法、刑法、诉讼与非诉讼程序法，并指出“社会法是调整劳动关系、社会保障和社会福利关系的法律”。2003 年 4 月 25 日，时任全国人大法律委员会主任委员杨景宇在第十届全国人大常委会第一次法制讲座中将“社会法”解释为“社会法是在国家干预社会生活过程中逐渐发展起来的一个法律门类，所调整的是政府与社会之间、社会不同部门之间的法律关系”。在中国，社会法框架涵盖四个部分：一是社会组织方面的法律；二是劳动就业方面的法律；三是社会保障方面的法律；四是特定群体利益保障方面的法律。[1]

与刑法、民商法等其他法律部门相比，社会法属于新兴法律部门，在中国起步相对较晚，但发展迅速。中华人民共和国成立后，尤其是改革开放以来，社会法不断发展完善，在中国特色社会主义法律制度体系的地位和在社会主义现代化建设中的作用日渐提升。改革开放以来，中国经济建设和社会发展一度出现非均衡倾向，社会建设明显滞后于经济建设。[2] 21 世纪以来，社会建设和社会法受到前所未有的重视，一些重要的社会立法相继出台，在中国特色社会主义法治体系中的地位更加突出。

第一节　社会组织法

现代社会是由三大部门或领域组成的，包括第一部门，即政府组织，又被称作

---

〔1〕 社会保障学者郑功成认为，传统的社会法定位，主要包含劳动法制、社会保障法制、特殊群体利益保障法制等；社会法学者谢增毅则认为，中国社会法涵盖四个部分，包括劳动就业方面的法律、社会保障方面的法律、社会组织方面的法律和其他社会法律，其中社会保障法包括已经制定的《社会保险法》《军人保险法》《慈善法》《公益事业捐赠法》《义务教育法》和将要制定的“社会救助法”“社会福利法”“住房保障法”等。分别参见宋伟：《社会法——关注弱势　保障民生》，载《人民日报》2011 年 2 月 9 日版；阿计：《“社会法崛起”专题报道之二：社会立法路线图》，载《民主与法制》2007 年第 15 期。

〔2〕 参见陆学艺：《当代中国社会结构与社会建设》，载《学习时报》2010 年 8 月 30 日，第 4 版。

公共权力领域、政治领域；第二部门，即市场或营利组织，也被称作私人领域、经济领域；第三部门，即社会公益组织或非营利性组织，也被称作社会组织、公共组织，是界于公共权力领域和私人领域的第三领域。社会组织的兴起是现代社会的重要特征，各类社会组织在现代社会中发挥着举足轻重的重要作用，社会组织法制是社会法的重要内容。

一、社会组织管理法

在中国，社会组织被分为社会团体、民办非企业单位和基金会三部分，分别由《社会团体登记管理条例》《民办非企业单位登记管理暂行条例》《基金会管理条例》规定，其中社会团体是中国现代社会最主要的社会组织。

1950 年 10 月 19 日，中央人民政府政务院第五十二次政务会议通过并公布《社会团体登记暂行办法》。[3] 根据该办法，社会团体包括人民群众团体、社会公益团体、文艺工作团体、学术研究团体、宗教团体和其他团体，凡社会团体均应依照本办法的规定向人民政府申请登记。其中，全国性的社会团体，应向中央人民政府内务部申请登记，其申请成立登记由中央人民政府内务部审查批准并发给登记证；地方性的社会团体，应向当地人民政府申请登记，其申请成立登记由省（市）或大行政区人民政府审查批准并发给登记证。

1989 年 10 月 13 日，国务院第四十九次常务会议通过《社会团体登记管理条例》，并于同月 25 日公布施行。凡在中国境内组织的协会、学会、联合会、研究会、基金会、联谊会、促进会、商会等社会团体，均应按照该条例依法申请登记，其中全国性的社会团体向民政部申请登记，地方性的社会团体向其办事机构所在地相应的民政部门申请登记。根据该条例规定，社会团体不得从事以营利为目的的经营性活动。《社会团体登记管理条例》还规定了社会团体的年度检查制度，社会团体应当于每年第一季度向登记管理机关提交上一年度的年检报告和有关材料。1998 年 9 月 25 日，国务院第八次常务会议通过新的《社会团体登记管理条例》，并于 1998 年 10 月 25 日公布实行。新条例将“社会团体”界定为“中国公民自愿组成，为实现会员共同意愿，按照其章程开展活动的非营利性社会组织”，并规定“社会团体应当具备法人条件”。新条例增加了有关社会团体主管单位制度，规定成立社会团体应当经其业务主管单位审查同意，国务院有关部门和县级以上地方各级人民政府有关部门、国务院或者县级以上地方各级人民政府授权的组织是有关行业、学科或者业务范围内社会团体的业务主管单位。为了依法推进简政放权、放管结合、优化服

〔3〕 参见《政务院第五十二次会议　讨论通过社会团体登记暂行办法》，载《人民日报》1950 年 9 月 30 日版。

务改革,国务院对取消和调整行政审批项目涉及的行政法规进行了清理,2016 年 1 月 13 日,国务院第一百一十九次常务会议通过《国务院关于修改部分行政法规的决定》,对《社会团体登记管理条例》部分条款予以修改,并于 2016 年 2 月 6 日公布施行。

随着全球一体化的发展,社会组织在国际交流合作的作用更加突出,为规范、引导境外非政府组织在中国境内的活动,保障其合法权益,2016 年 4 月 28 日,第十二届全国人大常委会第二十次会议通过《中华人民共和国境外非政府组织境内活动管理法》,同日国家主席习近平签署第四十四号主席令公布,自 2017 年 1 月 1 日起施行。根据《境外非政府组织境内活动管理法》,境外合法成立的基金会、社会团体、智库机构等非营利、非政府的社会组织可以在经济、教育、科技、文化、卫生、体育、环保等领域和济困、救灾等方面开展有利于公益事业发展的活动,在中国境内不得从事或者资助营利性活动、政治活动,不得非法从事或者资助宗教活动。《境外非政府组织境内活动管理法》规定,境外非政府组织申请登记设立代表机构,应当经业务主管单位同意后向公安部和省级人民政府公安机关申请登记,国家安全、外交外事、财政、金融监督管理、海关、税务、外国专家等部门按照各自职责对境外非政府组织及其代表机构依法实施监督管理。《境外非政府组织境内活动管理法》规定了年度检查制度,规定境外非政府组织代表机构应当于每年 1 月 31 日前向业务主管单位报送上一年度工作报告,经业务主管单位出具意见后于 3 月 31 日前报送登记管理机关,接受年度检查。2017 年 11 月 4 日,第十二届全国人大常委会第三十次会议通过《关于修改〈中华人民共和国会计法〉等十一部法律的决定》,对《境外非政府组织境内活动管理法》作出部分修改。

根据《社会团体登记管理条例》,参加中国人民政治协商会议的人民团体,由国务院机构编制管理机关核定并经国务院批准免予登记的团体,以及机关、团体、企业事业单位内部经本单位批准成立,在本单位内部活动的团体不属于《社会团体登记管理条例》规定登记的范围。2000 年 12 月 5 日,民政部发布《关于对部分团体免予社团登记有关问题的通知》,规定中华全国总工会、中国共产主义青年团、中华全国妇女联合会、中华全国工商业联合会等 8 个参加中国人民政治协商会议的人民团体,中国文学艺术界联合会、中国作家协会、中国法学会、中国红十字总会等 14 个经国务院批准可以免予登记的社会团体免予社团登记。以上人民团体和社会团体属于参照《公务员法》管理的事业单位,在中国政治、社会生活中具有特殊地位和作用。

二、工会法

根据《中国共产党章程》,中国共产党是中国工人阶级的先锋队,同时是中国人民和中华民族的先锋队。1921 年 7 月 23 日,中国共产党第一次全国代表大会召开,决定了当前工作主要是开展工人运动。8 月,为了集中力量领导中国工人运动,中共中央在上海成立中国劳动组合书记部。1922 年 5 月 1 日,中国劳动组合书记部在广州发起召集了第一次全国劳动大会。1925 年 5 月 1 日,第二次全国劳动大会在广州召开,正式成立了中华全国总工会,通过了《中华全国总工会总章》。此后,全国总工会分别于 1926 年、1927 年和 1929 年召开了三次全国劳动大会,有力推动了全国工人运动。1948 年 8 月 1 日,第六次全国劳动大会在哈尔滨召开,决定恢复中华全国总工会,并通过了新的《中华全国总工会章程》,中共中央政治局委员、中央书记处候补书记陈云当选全国总工会主席。1949 年 6 月中华全国总工会作为 23 个参加单位之一参加了新政治协商会议筹备会,并参加了 1949 年 9 月召开的中国人民政治协商会议第一届全体会议。

中华人民共和国成立后,1950 年 4 月 21 日,中央人民政府政务院第二十九次政务会议初步通过《中华人民共和国工会法(草案)》,提请中央人民政府委员会审查批准,并通过公开渠道发表,向各级人民政府、各机关、各地工会组织、各地工商业者个人和团体以及其他人民团体和个人征求意见。1950 年 6 月 28 日,中央人民政府委员会第八次会议召开,会议听取了中华全国总工会常务副主席、中央人民政府劳动部部长李立三所作的关于《工会法(草案)》的几点说明,并正式通过了《中华人民共和国工会法》,6 月 29 日中央人民政府命令公布施行。

根据李立三的说明,《工会法(草案)》经过了长时期的起草过程,最初是由中华全国总工会根据全国各地工会组织的要求和意见起草,经过全国工会组织会议讨论修正,作成初步草案,提请中央人民政府劳动部审查。劳动部将该草案提到了有各地工会组织和工商业者代表参加的全国劳动局局长会议上作过详细的研究并加以修改,然后提请政务院讨论。政务院首先将该草案送请政协全国委员会财经组审查得到同意后,提交 1950 年 4 月 21 日中央人民政府政务院第二十九次政务会议讨论通过后在报上发表,征求全国人民的意见。1950 年 4 月至 6 月,全国各地人民团体中特别是工会组织和工人群众中对《工会法(草案)》展开了热烈讨论,结果除对个别条文提出了一些修改的意见外,一致表示拥护草案。[4]

1950 年《工会法》包括"总则""工会的权利与责任""工会基层组织""工会经费""附则"5 章,共 26 条。

关于工会的性质,《工会法》第 1 条中规定,"工会是工人阶级自愿结合的群众组织",参加工会与否,是每个工人的自由和权利,而不是义务。同时又规定,"凡在中国境内一切企业、机关和学校中以工资收入为其生活资料之全部或主要来源之体力与脑力的雇佣劳动者及无固定雇主的雇佣劳动者,均有组织工会之权",说明

---

〔4〕 参见《李立三委员在中央人民政府委员会第八次会议上所作的〈关于《中华人民共和国工会法(草案)》的几点说明〉》,载《人民日报》1950 年 6 月 29 日,第 2 版。

每个雇佣劳动者只要他是靠工资收入为生,不管他在什么企业或机关中工作,都有参加工会组织的权利,既体现了工会的阶级性,又体现了工会的群众性。

关于工会与人民政府的关系,《工会法》规定,人民政府赋予工会以监督国营企业行政方面与私营企业的资方切实执行政府所颁布的一切保护劳动的法令的责任,同时给予工会以各种物质方面的支持和优惠待遇。同时,《工会法》又规定"工会为保护工人阶级的根本利益,根据其章程与决议","教育并组织工人、职员群众,维护人民政府法令,推行人民政府政策,以巩固工人阶级领导的人民政权"。这体现了新民主主义的国家性质和社会主义的发展方向。

关于工会与国营、私营企业的关系,由于国营企业是属于全体人民所有,《工会法》规定,工会有代表受雇的工人和职员参加生产管理的权利和参加企业管理委员会的权利;私营企业属于私人所有,《工会法》规定工会代表受雇的工人职员参加劳资协商会议。在这个问题上,国营企业和私营企业有所不同。但是,无论是在国营企业中还是在私营企业中,增加和发展生产都会增加国家和社会财富,都会于国家有利,于人民有利,于工人阶级有利,所以《工会法》规定"工会为保护工人阶级的根本利益,根据其章程与决议","教育并组织工人职员群众,树立新的劳动态度,遵守劳动纪律,组织生产竞赛及其他生产运动,以保证生产计划的完成"。在私营企业中的工会组织,同样应当以"搞生产"为中心任务。另外,私营企业主也如国营企业的行政方面一样,必须依靠工人,必须改变以前靠压迫强制来管理工人的方法,因此《工会法》规定工会同时应当保护受雇工人和职员群众的日常利益,监督资方切实执行政府所颁布的一切保护劳动的法令,以实现在发展生产当中达到劳资两利的目的。

工会基层组织是指工厂、矿场、商店、农场、机关、学校等生产单位或行政单位中的工会组织,是工会组织系统中最基本的环节。为使工会基层组织能够健全巩固起来,必须给予一切必要的便利条件,所以《工会法》规定了工会基层组织享有的权利及国营企业行政方面或资方应当给予的物质帮助,所有这些都是工会基层组织为了便于进行工作所必须的条件。《工会法》规定工会基层组织脱离生产、专门进行工会工作的委员的工资由工会支付,其人数应按各工厂、矿场、商店、农场、机关和学校等生产单位或行政单位雇用的工人、职员人数多寡决定,受到严格限制。

图 7-1 会议现场

1953 年 5 月,中国工会第七次全国代表大会在北京召开

1950 年《工会法》实施后,中华全国总工会先后于 1953 年、1957 年、1978 年、1983 年和 1988 年组织召开了第七次(见图 7-1)至第十一次中国工会全国代表

大会,修改并通过《中国工会章程》,推进了各级工会建设和工会工作。

中共十一届三中全会以来,中国处于重大的历史性转变新时期,政治、经济、社会情况都有了巨大的、深刻的变化,职工队伍也有了很大的发展,中共中央对新的历史时期进一步作好工会工作作了一系列重要决定,各级工会也积累了许多经验。根据新时期对工会工作的要求,总结1950年《工会法》施行后特别是1979年实行改革开放以后工会工作的经验,对《工会法》进行适当修改是必要的。1978年起,全国总工会会同全国人大常委会法制工作委员会经过充分调查研究,反复征求意见,共同起草了《工会法(修改草案)》,在三次将修改草案印发各省、自治区、直辖市和中央有关部门征求意见并进行修改后,分别于1991年12月和1992年2月将修改草案提请第七届全国人大常委会第二十三次和第二十四次会议审议修改,经全国人大常委会决定,提请全国人大审议。[5]

1992年3月,第七届全国人大第五次会议召开。3月27日,全国人大常委会副委员长兼法制工作委员会主任王汉斌在会上作《关于〈中华人民共和国工会法(修改草案)〉的说明》。4月3日,第七届全国人大第五次会议通过《中华人民共和国工会法》,同日国家主席杨尚昆签署第五十七号主席令公布,自公布之日起施行。1992年《工会法》包括"总则""工会组织""工会的权利和义务""基层工会组织""工会的经费和财产""附则"6章42条。与1950年《工会法》相比,1992年《工会法》修订的主要内容如下:一是规定了工会的基本任务,包括组织职工依照宪法和法律的规定行使民主权利,维护职工的合法权益,组织职工参加本单位的民主管理和民主监督,发动和组织职工努力完成生产任务、工作任务,以及对职工进行教育、提高职工素质等。二是规定了工会的根本活动准则,规定"工会必须遵守和维护宪法,以宪法为根本的活动准则","依照工会章程独立自主地开展工作"。也就是说,工会应当在遵守宪法、法律的前提下,依照工会章程,根据广大职工的愿望和要求,独立自主地、创造性地开展工作。三是明确了工会的组织原则为民主集中制,规定"各级工会委员会由会员大会或者会员代表大会民主选举产生。各级工会委员会向同级会员大会或者会员代表大会负责并报告工作,接受其监督"。四是增加关于外商投资企业工会的规定。《工会法》一些条文明确规定只适用于全民所有制企业、集体所有制企业,同时规定中外合资经营企业、中外合作经营企业召开讨论涉及职工切身利益的董事会议或联合机构会议时,应有工会代表列席,反映职工的意见和要求;外资企业工会可以涉及职工切身利益的事项提出建议,同企业行政方面协商处理。

2001年10月27日,第九届全国人大常委会第二十四次会议通过《关于修改

---

〔5〕 王汉斌:《关于〈中华人民共和国工会法(修改草案)〉的说明》,载《国务院公报》1992年第11号。

〈中华人民共和国工会法〉的决定》,同日国家主席江泽民签署第六十二号主席令公布,自公布之日起施行。修改后的《工会法》包括"总则""工会组织""工会的权利和义务""基层工会组织""工会的经费和财产""法律责任""附则"7章57条。这次修改,主要是对新建企业工会的组建、企业职工和工会干部合法权益的保护、工会经费的收缴以及对侵犯工会合法权益行为的制裁作出一些补充性的规定。根据《劳动法》施行后的要求,《工会法》增加了工会与企业平等协商的制度。《劳动法》实施后,工会依法推动集体合同工作,通过工会与企业签订集体合同,更好地维护劳动者的合法权益。(见图7-2)对此,《工会法》规定:"工会通过平等协商和集体合同制度,协调劳动关系,维护企业职工劳动权益。""工会代表职工与企业以及实行企业化管理的事业单位进行平等协商,签订集体合同。集体合同应当提交职工代表大会或者全体职工讨论通过。"

图7-2　中国工会会徽

1993年中国工会十二大确定的中国工会会徽,选用汉字"中""工"两字,经艺术造型呈圆形重叠组成,并在两字外加一圆线,象征中国工会和中国工人阶级的团结统一

2009年8月27日,第十一届全国人大常委会第十次会议通过《关于修改部分法律的决定》,将《工会法》中所引用的"治安管理处罚条例"修改为"治安管理处罚法"。

三、红十字会法

以"发扬人道主义精神,保护人的生命和健康,促进人类和平进步事业"为宗旨的红十字运动是人类文明进步的象征,并得到国际法的保障。中国红十字会成立于1904年,1907年更名为大清红十字会,辛亥革命以后更名为中国红十字会,1933年改名为中华民国红十字会。中国红十字会建会以后从事救助难民、救护伤兵和赈济灾民活动,为减轻遭受战乱和自然灾害侵袭的民众的痛苦而积极工作,并参加国际人道主义救援活动。中华人民共和国成立后,1950年8月,中国红十字会协商改组会议在北京召开,通过《中国红十字会章程》,确定中国红十字会为"中央人民政府领导下的人民卫生救护团体",中央人民政府卫生部部长李德全任中国红十字总会会长,其后又于1960年10月召开中国红十字会第二次全国代表大会。1952年,中国红十字会恢复了在国际红十字运动中的合法席位,这是中华人民共和国在国际组织中恢复的第一个合法席位。"文化大革命"结束后,中国红十字会各级组织相继恢复，于1979年2月召开了中国红十字会第三次全国会员代表大会。1985年5月，中国红十字会第三次全国会员代表大会明确提出中国红十字会是全国性的人民卫生救护和社会福利团体，是政府的助手，首次提出要办成具有中国特色的社会主义红十字会。1990年2月，中国红十字会第五次全国会员代表大会在北京召开，开始酝酿起草《红十字会法》。

制定《红十字会法》是履行《日内瓦公约》和《国际红十字和红新月运动基本原则》的需要，是红十字事业发展的需要。1990年，中国红十字会总会组成专门班子，研究起草《红十字会法（草案）》。经多次举行座谈会和专题讨论会，在听取法律专家意见、研究国际红十字组织的有关指导文件和一些国家红十字会法的基础上，于1991年4月草拟出草案第一稿，并在红十字会的范围内进行了讨论和修改。1991年7月，分别征求外交部、卫生部、民政部等部门的意见，并根据这些部门的意见进行修改，形成了《红十字会法（送审稿）》，于8月正式上报国务院。其后又与国务院法制局反复研究、论证和修改，1993年6月11日经国务院常务会议通过，形成了《红十字会法（草案）》，交全国人大常委会审议。〔6〕

1993年8月25日，第八届全国人大常委会第三次会议召开，卫生部副部长顾英奇在会上作《关于〈中华人民共和国红十字会法（草案）〉的说明》。当年10月31日，第八届全国人大常委会第四次会议通过《中华人民共和国红十字会法》，同日国家主席江泽民签署第十四号主席令公布，自公布之日起施行。《红十字会法》包括“总则”“组织”“职责”“标志”“经费与财产”“附则”6章28条。《红十字会法》的主要内容如下：一是关于中国红十字会的性质和地位。随着红十字事业的发展，中国红十字会的工作领域已经不限于卫生救护和一般社会福利工作的范围，因此《红十字会法》第2条规定：“中国红十字会是中华人民共和国统一的红十字组织，是从事人道主义工作的社会救助团体。”二是关于中国红十字会的任务。根据国际红十字和红新月运动的宗旨，总结中国开展红十字活动的经验，《红十字会法》第12条对中国红十字会的职责作了规定，主要内容包括在自然灾害和突发事件中对伤病人员和其他受害者进行救助，开展人道主义服务活动，开展红十字青少年活动，参加国际人道主义救援工作，宣传《国际红十字和红新月运动基本原则》和《日内瓦公约》及其附加议定书等。三是关于红十字标志。红十字标志使用范围和条件必须严格依照《日内瓦公约》及其附加议定书的规定，为应对滥用红十字标志的现象，《红十字会法》在第四章中明确了红十字标志的两种形式和各自特有的作用，并确定了两种形式红十字标志的使用依据。

---

〔6〕 顾英奇：《关于〈中华人民共和国红十字会法（草案）〉的说明》，载中国法律法规信息库：http://law.npc.gov.cn/FLFG/flfgByID.action?flfgID=42047&zlsxid=23，最后访问日期：2019年8月29日。

2009 年 8 月 27 日,第十一届全国人大常委会第十次会议通过《关于修改部分法律的决定》,将《红十字会法》中有关《刑法》《治安管理处罚法》的规定根据最新情况进行了微调。

2013 年,第十二届全国人大常委会将修改《红十字会法》列入立法规划,并由全国人大教科文卫委员会牵头起草。2014 年 2 月,全国人大教科文卫委员会成立了红十字会法修改领导小组、工作小组、专家咨询组,正式启动修改工作。工作小组通过实地调研、委托课题研究、组织专家论证、召开部门和地方座谈会、书面征求部门和地方意见并在研究借鉴国外红十字会立法有益经验的基础上,起草了《红十字会法(修订草案)》。其后以召开会议等方式修改完善,2016 年 1 月 29 日,全国人大教科文卫委员会全体会议审议通过了《红十字会法(修订草案)》,交全国人大常委会审议。

2016 年 6 月 27 日,第十二届全国人大常委会第二十一次会议召开,全国人大教育科学文化卫生委员会副主任委员王陇德作《关于〈中华人民共和国红十字会法(修订草案)〉的说明》。2017 年 2 月 24 日,第十二届全国人大常委会第二十六次会议修订通过《中华人民共和国红十字会法》,同日国家主席习近平签署第六十三号主席令公布,自 2017 年 5 月 8 日起施行。修订后的《红十字会法》包括"总则""组织""职责""标志与名称""财产与监管""法律责任""附则"7 章,共 30 条。这次修订,着眼于解决红十字会工作面临的实际问题,强化红十字会的组织、基础和能力建设,完善红十字会的监督机制和内部治理结构,加大对违反红十字会法行为的打击力度,同时注重与国际红十字运动接轨。主要修订内容包括:一是关于会员、志愿者和红十字青少年工作。修订后的《红十字会法》结合红十字会有关工作实践,增加规定了团体会员、志愿服务、红十字青少年工作等内容,以鼓励会员、志愿者参与红十字工作和红十字会依法开展红十字青少年活动。二是关于红十字会章程。对红十字会章程的法律地位应当予以明确,修订后的《红十字会法》明确"中国红十字会全国会员代表大会依法制定或修改中国红十字会章程"。三是关于红十字会工作的监督机制。修订后的《红十字会法》明确了理事会、执行委员会和监事会的产生和主要职责,优化了红十字会内部监督治理结构;同时,增加了"财务管理、内部控制、审计公开和监督检查制度"。

第二节　劳动就业法

中华人民共和国成立后,中国劳动立法进入了一个全新的历史发展阶段。随着国家经济、政治、文化的不断发展,中国劳动者的生活状况、工作条件逐步提高,相应的劳动立法也得到了不同程度的发展。

一、劳动法

1949 年 9 月,政协第一届全体会议通过的《中国人民政治协商会议共同纲领》第 32 条规定:"在国家经营的企业中,目前时期应实行工人参加生产管理的制度,即建立在厂长领导之下的工厂管理委员会。私人经营的企业,为实现劳资两利的原则,应由工会代表工人职员与资方订立集体合同。公私企业目前一般应实行八小时至十小时的工作制,特殊情况得斟酌办理。人民政府应按照各地各业情况规定最低工资。逐步实行劳动保险制度。保护青工女工的特殊利益。实行工矿检查制度,以改进工矿的安全和卫生设备。"对劳动关系的法律规范作了原则性规定。1954 年 9 月,第一届全国人大第一次会议通过的《宪法》第 91 条、第 92 条分别规定:"中华人民共和国公民有劳动的权利。国家通过国民经济有计划的发展,逐步扩大劳动就业,改善劳动条件和工资待遇,以保证公民享受这种权利。""中华人民共和国劳动者有休息的权利。国家规定工人和职员的工作时间和休假制度,逐步扩充劳动者休息和休养的物质条件,以保证劳动者享受这种权利。"1982 年 12 月,第五届全国人大第五次会议通过的《宪法》第 42 条第 1 款和第 2 款、第 43 条重申:"中华人民共和国公民有劳动的权利和义务。国家通过各种途径,创造劳动就业条件,加强劳动保护,改善劳动条件,并在发展生产的基础上,提高劳动报酬和福利待遇。""中华人民共和国劳动者有休息的权利。国家发展劳动者休息和休养的设施,规定职工的工作时间和休假制度。"规定了劳动法的调整对象和基本原则,成为中国劳动立法的根本依据。

中华人民共和国成立后很长一段时间,中国没有一部完整的《劳动法》,劳动立法工作处于相对落后状态,劳动关系主要由国务院颁布的行政法规和劳动部等部门发布的规章调整。1978 年 12 月,邓小平在中央工作会议上闭幕会上所作的讲话中强调"为了保障人民民主,必须加强法制"。"应该集中力量制定刑法、民法、诉讼法和其他各种必要的法律,例如工厂法、人民公社法、森林法、草原法、环境保护法、劳动法、外国人投资法等等"。[7] 改革开放后,中国非公有制经济成分有了很大发展,公有制企业也在加快转换经营机制,由此带来了劳动关系的复杂化、多样化。在这种深刻变化过程中,如何正确调整和维护劳动关系双方的合法权益,解决用人单位与劳动者之间的矛盾,客观上需要健全和完善劳动法制建设,通过立法保障劳动者的合法权益不受侵犯,十分迫切。1992 年,中共十四大明确提出"建立社会主义市场经济体制"的目标。1993 年,中共十四届三中全会通过《关于建立社会主义市

---

〔7〕 邓小平:《解放思想,实事求是,团结一致向前看》,载《邓小平文选》(第 2 卷),人民出版社 1994 年版,第 146 页。

场经济体制若干问题的决定》,明确了经济体制改革的新形势和新任务,提出“改革劳动制度,逐步形成劳动力市场”,“发展多种就业形式,运用经济手段调节就业结构,形成用人单位和劳动者双向选择、合理流动的就业机制”。随着市场经济的发展和劳动领域改革的不断深入,中国劳动体制逐步向市场配置劳动力方向发展和完善,劳动力开发、配置和使用的商品化、社会化程度明显提高,开放性、竞争性日益明显,客观上要求将各方面劳动关系纳入市场运行的轨道。因此,制定《劳动法》是保障劳动者的合法权益、维护用人单位与劳动者之间稳定和谐的劳动关系的需要,是社会主义市场经济发展的迫切需要,劳动立法的条件也逐渐成熟。

1978年年底,国家劳动总局会同有关部门开始着手起草《劳动法(草案)》。经过十几年的调查研究,反复论证,先后形成了30余稿。中共十四大以后,根据建立社会主义市场经济体制的要求,国务院法制局会同劳动部、全国总工会对草案进一步作了研究、论证、修改。1994年1月7日,国务院第十四次常务会议审议通过了《劳动法(草案)》,并提请全国人大常委会审议。1994年3月,第八届全国人大常委会第六次会议第一次审议《劳动法(草案)》,劳动部部长李伯勇在会上作《关于〈中华人民共和国劳动法(草案)〉的说明》。李伯勇在说明中指出了《劳动法》立法的指导思想,即充分体现宪法原则,突出对劳动者权益的保护;有利于促进生产力发展;规定统一的基本标准和规范;坚持从中国国情出发,尽量与国际惯例接轨。[8]

1994年7月5日,第八届全国人大常委会第八次会议通过《中华人民共和国劳动法》,同日国家主席江泽民签署第二十八号主席令公布,自1995年1月1日施行。《劳动法》包括“总则”“促进就业”“劳动合同和集体合同”“工作时间和休息休假”“工资”“劳动安全卫生”“女职工和未成年工特殊保护”“职业培训”“社会保险和福利”“劳动争议”“监督检查”“法律责任”“附则”13章,共107条。主要内容包括以下方面:

关于《劳动法》适用范围问题。《劳动法》是调整劳动关系的一部综合性法律,涵盖面很宽,凡是建立劳动关系的劳动主体,原则上都应当适用《劳动法》,但同时考虑到中国的具体国情和劳动领域的复杂因素,不同的劳动关系又各有一些特殊性,因此《劳动法》第2条规定:“在中华人民共和国境内的企业、个体经济组织和与之形成劳动关系的劳动者,适用本法。国家机关、事业组织、社会团体和与之建立劳动合同关系的劳动者,依照本法执行。”

关于劳动合同问题。中国从1986年起对新招职工实行了劳动合同制。随着劳动制度改革的深入发展,不少企业陆续实行了全员劳动合同制或合同化管理,劳动

[8] 李伯勇:《关于〈中华人民共和国劳动法(草案)〉的说明》,载《全国人民代表大会常务委员会公报》1994年第5号。

合同作为建立劳动关系的形式已经为企业和广大劳动者所普遍接受。为了适应市场经济发展的需要,确认和发展劳动制度改革的成果,消除两种用工形式长期并存的弊端,《劳动法》总结了实行劳动合同制的实践经验,借鉴市场经济国家的做法,把以劳动合同作为建立劳动关系的基本形式上升为法律规范,作了明确规定。同时,对劳动合同订立的原则、形式、内容、期限以及解除劳动合同的条件等,都作出了相应的规定。

关于集体合同问题。集体合同,是由工会代表劳动者与企业之间就职工劳动报酬、工作条件、生活福利等方面的问题通过协商谈判而签订的契约。与劳动合同相比,集体合同订立的主体、内容、程序、效力都不相同。由工会代表职工与企业组织签订集体合同,可以从整体上维护劳动者的合法权益,发挥工会在稳定劳动关系中的作用,同时也为在市场经济条件下协调劳动关系建立了一种新的机制。因此,《劳动法》在对个人劳动合同作出规定的同时,又对集体合同作了原则规定。从中国的实际情况出发,集体合同制度重点在非公有制企业实行,国有企业随着产权关系的明晰和组织结构的变化也将逐步推行这一制度。

关于裁减职工问题。在市场经济体制下,市场对劳动力资源配置起着基础性作用。企业要按照市场规律,根据生产经营的需要自主用人,以增强活力、提高经济效益。因此,《劳动法》规定,企业在濒临破产进行法定整顿期间或者因生产经营不善发生严重困难,确需裁减人员时,可以裁减人员。这不仅从法律上进一步确认了企业的经营自主权,而且有利于企业公平竞争,有利于促进劳动者素质的提高,加速培育和发展劳动力市场。由于中国劳动力供大于求的状况在短期内不会改变,国有企业富余职工普遍较多,为了防止大量裁减职工带来社会不安定的问题,《劳动法》对不是由于职工过失而裁减职工作了一定限制,并规定了允许裁减职工的范围和程序。

关于工作时间问题。关于工作时间,《劳动法》主要涉及标准工作时间和延长工作时间两个方面。在此之前,中国一直没有工时立法,沿用《中国人民政治协商会议共同纲领》规定的每天 8 小时、每周 48 小时工时制。改革开放后,一些企业和职工都提出了缩短工作时间的要求。1994 年 2 月 3 日,国务院发布《关于职工工作时间的规定》,自 1994 年 3 月 1 日起实行每日工作 8 小时、平均每周工作 44 小时的工时制度,《劳动法》第 36 条改进了这一制度,规定:"国家实行劳动者每日工作时间不超过八小时、平均每周工作时间不超过四十四小时的工时制度。"对延长工作时间,鉴于中国当时的实际情况(一方面,企业生产任务不均衡,劳动生产率普遍不高;另一方面,非公有制企业超时工作现象十分严重,严重影响了劳动者的身体健康),根据《劳动法》第 41 条规定,"因特殊原因需要延长工作时间的,在保障劳动者身体健康的条件下延长工作时间每日不得超过三小时,但是每月不得超过三十六小时”。

2009年8月27日,第十一届全国人大常委会第十次会议通过《关于修改部分法律的决定》,将《劳动法》中有关《刑法》的规定根据最新情况进行了微调。2018年12月29日,第十三届全国人大常委会第七次会议通过《关于修改〈中华人民共和国劳动法〉等七部法律的决定》,对因国务院机构改革和职能转变所涉及的《劳动法》内容作了修改。

二、劳动合同法

20世纪50年代,中国逐步形成固定工制度,企业用工只许进不许出,不许流动,职工无择业权利,企业无用工自主权。在经济体制改革中,改革僵化的用工制度成为一项重要内容。1980年8月,中共中央召开劳动就业会议,确定了新的就业方针:劳动部门介绍就业、自愿组织起来就业和自谋职业相结合。1982年2月,劳动人事部发布了《关于积极试行劳动合同制的通知》,使劳动合同制有了很大的发展。通过劳动合同,明确规定用人单位与劳动者的权利义务,有利于减少劳动纠纷,促进生产的发展。1986年7月,国务院发布了《国营企业实行劳动合同制暂行规定》,在新招工人中实行劳动合同制。具体在招工方面,相应逐步实行公开招考、择优录用的方法。1986年7月,国务院发布《国营企业招用工人暂行规定》,进一步废除“子女顶替”和“内招”办法,实行公开招用制度。[9] 1994年7月,全国人大常委会通过的《劳动法》正式确立了劳动合同制度,规定“建立劳动关系应当订立劳动合同”,并对劳动合同和集体合同作了较为详细的规定。(见图7-3)

图7-3 会议现场

2014年7月,全国总工会在北京举行纪念《中华人民共和国劳动法》颁布20周年座谈会

《劳动法》施行的实践证明,劳动合同制度对于破除传统计划经济体制下行政分配式的劳动用工制度,建立与社会主义市场经济体制相适应的用人单位与劳动者双向选择的劳动用工制度,实现劳动力资源的市场配置,促进劳动关系和谐稳定,发挥了十分重要的作用。在认真总结中国劳动合同制度实施经验并借鉴一些发达市场经济国家劳动合同制度的基础上,劳动和社会保障部起草了《劳动合同法(草案送审稿)》,于2005年1月报请国

[9] 谢增毅:《中国劳动法治四十年》,载陈甦、田禾主编:《法治蓝皮书:中国法治发展报告 No.17(2019)》,社会科学文献出版社2019年版,第194~195页。

务院审议。在此基础上,国务院法制办公室会同劳动和社会保障部、全国总工会经过广泛征求意见,反复研究修改,形成了《劳动合同法(草案)》,并于2005年10月28日经国务院第一百一十次常务会议讨论通过,后提请全国人大常委会审议。[10]

2005年12月,第十届全国人大常委会第十九次会议第一次审议《劳动合同法(草案)》。12月24日,劳动和社会保障部部长田成平在会上作《关于〈中华人民共和国劳动合同法(草案)〉的说明》。全国人大常委会会议对《劳动合同法》首次审议后,委员长会议决定将草案向社会全文公布征求意见,《劳动合同法(草案)》公布后,引起全社会热议,自2006年3月20日至4月20日,共收到通过网络、报刊、信件提出意见191849件。全国人大法律委员会、全国人大常委会法制工作委员会对社会各方面提出的意见进行了认真梳理和研究,并多次听取中央有关部门、部分全国人大代表、用人单位和劳动者以及专家的意见,先后赴北京、广东、浙江、山东、江苏、吉林六省市进行调研,听取意见。全国人大法律委员会会同国务院法制办公室、劳动和社会保障部、全国总工会根据常委会组成人员的审议意见和各方面的意见,对草案进行了逐条审议。[11] 2006年12月,第十届全国人大常委会第二十五次会议第二次审议《劳动合同法(草案)》。12月24日,全国人大法律委员会副主任委员胡光宝汇报了《劳动合同法(草案)》修改情况。2007年4月,第十届全国人大常委会第二十七次会议第三次审议《劳动合同法(草案)》。2007年6月,第十届全国人大常委会第二十八次会议第四次审议《劳动合同法(草案)》。

2007年6月29日,第十届全国人大常委会第二十八次会议通过《中华人民共和国劳动合同法》,同日国家主席胡锦涛签署第六十五号公布,自2008年1月1日起施行。《劳动合同法》包括"总则"、"劳动合同的订立"、"劳动合同的履行和变更"、"劳动合同的解除和终止"、"特别规定"("集体合同""劳务派遣""非全日制用工"3节)、"监督检查"、"法律责任"和"附则"8章98条。

《劳动合同法》主要内容包括以下方面:

关于劳动合同的订立,《劳动合同法》主要规定了以下内容:一是用人单位的告知义务。为了保证劳动者在订立劳动合同时充分知情,《劳动合同法》第8条规定,"用人单位招用劳动者时,应当如实告知劳动者工作内容、工作条件、工作地点、职业危害、安全生产状况、劳动报酬,以及劳动者要求了解的其他情况"。二是劳动合同的订立形式。为了解决一些用人单位不愿意与劳动者订立书面合同的问题,《劳动合同法》第10条第1款规定:"建立劳动关系,应当订立书面劳动合同。"三是以

---

〔10〕 田成平:《关于〈中华人民共和国劳动合同法(草案)〉的说明》,载《全国人民代表大会常务委员会公报》2007年第5号。

〔11〕 胡光宝:《全国人民代表大会法律委员会关于〈中华人民共和国劳动合同法(草案第二次审议稿)〉修改情况的汇报》,载《全国人民代表大会常务委员会公报》2007年第5号。

劳动力派遣形式用工的劳动合同。为了解决在劳动力派遣用工形式下,实际用人单位不直接与劳动者订立劳动合同,派遣单位与接受单位借机相互推诿对劳动者的义务的问题,《劳动合同法》第58条第1款规定,“劳务派遣单位与被派遣劳动者订立的劳动合同”,“应当载明被派遣劳动者的用工单位以及派遣期限、工作岗位等情况”。四是劳动合同的试用期。为了解决一些用人单位滥用试用期侵害劳动者权益的问题,《劳动合同法》规定劳动合同期限不满3个月的不得约定试用期,同时规定:劳动合同期限3个月以上不满1年的,试用期不得超过1个月;劳动合同期限1年以上不满3年的,试用期不得超过2个月;3年以上固定期限和无固定期限的劳动合同,试用期不得超过6个月。五是劳动合同的无效和撤销。为了切实维护劳动者的合法权益,防止用人单位在订立劳动合同时利用劳动者求职时的弱势地位作出欺诈或者显失公平行为,《劳动合同法》规定了3种劳动合同无效的情形。

关于劳动合同的履行、变更和解除、终止。为了保证劳动者在劳动合同履行中的合法权益不受侵害,《劳动合同法》确立了用人单位和劳动者应当按照劳动合同的约定全面履行劳动合同以及劳动者本人应当实际履行的原则;明确了用人单位在合并或者分立时劳动合同的处理方式。针对劳动合同的解除和终止条件不够明确、终止劳动合同时劳动者得不到经济补偿等问题,《劳动合同法》详细规定了用人单位解除劳动合同的条件、劳动者解除劳动合同的条件、劳动合同终止的条件和劳动合同解除或者终止后的经济补偿。

关于平等协商和集体合同制度。为了充分发挥平等协商和订立集体合同对维护劳动者权益的重要作用,《劳动合同法》规定用人单位的规章制度直接涉及劳动者切身利益的,应当经工会、职工大会或者职工代表大会讨论通过,或者通过平等协商作出规定;工会应当帮助、指导劳动者与用人单位依法订立和履行劳动合同,并与用人单位建立集体协商机制,维护劳动者的合法权益。

《劳动合同法》的颁布实施,对于促进劳动力资源的市场配置、规范劳动关系、完善劳动合同制度、明确劳动合同双方当事人的权利义务、保护劳动者的合法权益发挥了重要作用。尤其是在2008年前后应对国际金融危机的过程中,《劳动合同法》对于维护企业职工队伍和社会和谐稳定,引导企业与职工和衷共济、共克难关起到了积极作用。《劳动合同法》颁布实施后,出现了劳务派遣单位数量大幅增加、劳务派遣用工规模迅速扩大的情况。按照全国人大常委会的要求,由全国人大常委会法制工作委员会牵头,会同全国人大内务司法委员会、财政经济委员会开展了劳务派遣用工情况的调研。根据调研了解到的情况,全国人大常委会法制工作委员会牵头起草了《劳动合同法(修正案草案)》,全国人大经财政经济委员会全体会议审议通过,提请全国人大常委会审议。2012年6月,第十一届全国人大常委会第二十七次会议第一次审议《劳动合同法(修正草案)》。6月26日,全国人大财政经济委员会副主任委员乌日图在会上作《关于〈中华人民共和国劳动合同法修正案（草案）〉的说明》。

2012 年 12 月 28 日，第十一届全国人大常委会第三十次会议通过《关于修改〈中华人民共和国劳动合同法〉的决定》，同日国家主席签署第七十三号主席令公布，自 2013 年 7 月 1 日起施行。本次《劳动合同法》的修改是专门针对劳务派遣的，修改重点在于：一是严格规范劳务派遣用工，强调劳动合同用工是我国企业的基本用工形式，劳务派遣用工是补充形式；二是维护被派遣劳动者主体地位，保障同工同酬等权利；三是加强对劳务派遣单位的管理，对设立劳务派遣单位实行行政许可，强化劳动行政部门的监督职责；四是增加对相应违法行为的处罚，妥善处理好修法前后法律实施的衔接问题，实现平稳过渡。

《劳动合同法》颁布实施后，在全社会引起强烈反响。由于 2007～2009 年全球金融危机给企业带来的冲击，《劳动合同法》面临着巨大争议。《劳动合同法》出台后，学界产生严重分歧：以中国人民大学教授常凯为代表的“京派”认为，草案正是为了平衡我国劳动关系中劳方处于弱势地位的现状；以华东政法大学教授董保华为代表的“海派”则认为，草案对劳动者保护“过度”，不符合实际情况，结果可能适得其反。2007 年 11 月，董保华在接受采访时指出，《劳动合同法》给企业和国家带来的不是“阵痛”，而是“长痛”，中国要为这部法付出长痛的代价。[12] 2016 年，董保华再次发声，认为《劳动合同法》实际上将“劳强资弱”的概念改变为“资恶劳善”的观念，并将“劳资冲突极其对立”作为立法时的逻辑假设，过度强化管制、限制自治，由此产生十大系统性失衡问题。其具体表现为“劳动力市场灵活性不够”的三大失衡问题、“企业用工成本比较高”的三大失衡问题，以及“立法过度倾斜”的四大失衡问题。他建议《劳动合同法》减少强制性规范，增加任意性规范、许可性规范、引导性规范。[13] 此外，一些政府部门官员也对《劳动合同法》提出了尖锐批评。例如，2016 年 2 月 19 日财政部部长楼继伟在参加“中国经济 50 人论坛”2016 年年会时指出：当前我国劳动合同法对企业保护不足，诸如签订长期合同等规定，不适应我国外向型、代工型企业，在一定程度上僵化了劳动力市场的灵活性；而工资刚性增长等规定，使得工资增长超过劳动率的增长，不利于生产率的提高，削弱了我国竞争力——凡此种种，最终伤害的是劳动者的利益。[14]

---

〔12〕 陈小瑾：《中国将为〈劳动合同法〉付出代价》，载《南方人物周刊》2007 年第 29 期。

〔13〕 董保华：《〈劳动合同法〉的十大失衡问题》，载《探索与争鸣》2016 年第 4 期。

〔14〕 周潇枭：《楼继伟批劳动合同法　工资过快增长降低投资意愿》，载 21 世纪经济报道：http://m.21jingji.com/article/20160219/herald/402bf324957f6c971d07f70c34d74078.html，最后访问日期：2019 年 7 月 22 日。

三、劳动保护法

劳动保护制度,又称劳动安全卫生制度,是国家和单位为保护劳动者在劳动生产过程中的安全和健康所采取的立法、组织和技术措施的总称。(见图7-4)它是根据国家法律、法规,依靠技术进步和科学管理,采取组织措施和技术措施,消除危及人身安全健康的不良条件和行为,防止事故和职业病,保护劳动者在劳动过程中的安全与健康,包括劳动安全、劳动卫生、女工保护、未成年工保护、工作时间与休假制度等。

图7-4 劳动安全卫生标志

1990年劳动部颁发的"劳动安全卫生标志",以代表劳动安全卫生的绿十字为中心,左侧的齿轮象征劳动、长城和中国,右侧的橄榄叶象征着和平、美满和幸福

1982年12月第五届全国人大第五次会议通过的《宪法》第42条第2款中规定,"国家通过各种途径,创造劳动就业条件,加强劳动保护,改善劳动条件"。1982年以来,国务院先后颁布了一系列行政法规,加强劳动保护:1982年2月,国务院发布《锅炉压力容器安全监察暂行条例》《矿山安全条例》《矿山安全监察条例》,劳动安全监察工作得到加强,并逐步形成了国家监察、行业管理和群众监督相结合的体制;1984年7月国务院发布《关于加强防尘防毒工作的决定》,1987年12月国务院发布《尘肺病防治条例》;1989年3月国务院发布《特别重大事故调查程序暂行规定》,专门规定了对特别重大事故的调查办法。

(一)职业病防治法

为了保护劳动者的健康,加强对职业病的防治,卫生部、国务院法制办公室在总结中国多年职业病防治实践经验的基础上,借鉴国外经验,经过调查研究,并征求国务院有关部门、部分企业以及有关专家、学者的意见,拟定了《职业病防治法(草案)》。[15] 2001年5月30日,国务院第三十九次常务会议讨论通过《职业病防治法(草案)》,提请全国人大常委会审议。2001年6月,第九届全国人大常委会第二十二次会议第一次审议《职业病防治法(草案)》,卫生部部长张文康在会上作《关于〈中华人民共和国职业病防治法(草案)〉的说明》。

---

〔15〕 张文康:《关于〈中华人民共和国职业病防治法(草案)〉的说明》,载《全国人民代表大会常务委员会公报》2001年第7号。

2001年10月27日,第九届全国人大常委会第二十四次会议通过《中华人民共和国职业病防治法》,同日国家主席胡锦涛签署第六十号主席令公布,自2002年5月1日起施行。《职业病防治法》包括"总则""前期预防""劳动过程中的防护与管理""职业病诊断与职业病病人保障""监督检查""法律责任""附则"7章,共79条。(1)关于《职业病防治法》的适用范围,根据中国的经济发展水平,并参考国际通行做法,《职业病防治法》的调整范围限定于接触粉尘、放射线和有毒、有害物质等职业危害因素而引起的职业病。(2)关于防治职业病的主要制度和措施,《职业病防治法》确定坚持预防为主、防治结合的方针,从致害源头抓起,实施全过程监督,《职业病防治法》按照前期预防、劳动过程中的防护与管理、职业病发生后的诊断治疗与职业病病人的保障三个阶段,对防治职业病分别规定了相应的制度、措施。(3)关于前期预防,《职业病防治法》借鉴国际上的通行做法,从可能产生职业危害的新建、改建、扩建项目和技术改造、技术引进项目的"源头"实施管理,规定了预评价制度。(4)关于劳动过程中的防护与管理,《职业病防治法》规定用人单位应当采取有效的防治措施,建立、健全有关制度,还对劳动者应当享有的职业卫生保护的权利、履行的义务以及工会组织在职业病防治工作中的地位和作用作了相应的规定。(5)关于职业病的诊断管理,《职业病防治法》规定,职业病诊断应当由医疗卫生机构承担,劳动者可以在用人单位所在地或者本人居住地的医疗卫生机构进行职业病诊断。(6)关于职业病病人的治疗与保障,《职业病防治法》规定,用人单位应当及时安排对疑似职业病病人进行诊断;疑似职业病病人在诊断、医学观察期间的费用,由用人单位承担。

2011年12月31日,第十一届全国人大常委会第二十四次会议通过《关于修改〈中华人民共和国职业病防治法〉的决定》,第一次修正《职业病防治法》。本次修改旨在消除职业病诊断的受理门槛,简化劳动仲裁程序,使制度设置向保护劳动者权益倾斜,规定监管部门在特定情况下对有争议资料作出判定的职责,明确诊断机构在法定情形下应当参考劳动者的自述作出职业病诊断结论。

此外,2016年7月2日第十二届全国人大常委会第二十一次会议通过的《关于修改〈中华人民共和国节约能源法〉等六部法律的决定》,2017年11月4日第十二届全国人大常委会第三十次会议通过的《关于修改〈中华人民共和国会计法〉等十一部法律的决定》,2018年12月29日第十三届全国人大常委会第七次会议通过的《关于修改〈中华人民共和国劳动法〉等七部法律的决定》,分别对《职业病防治法》部分内容进行了修改。

(二)安全生产法

20世纪末、21世纪初,中国安全生产形势严峻,重大、特大生产安全事故时有发生,引起社会广泛关注。为了加强安全生产监督管理,防止和减少生产安全事故,保障人民群众生命财产安全,1994年劳动部开始起草《安全生产法》工作。1998年,国务院机构改革后,国家经济贸易委员会作为国务院主管安全生产监督管理的职能部门,加快了安全生产的立法工作进度,在原劳动部工作的基础上,继续组织起草《职业安全法(草案)》,并广泛征求各省(市、区)人民政府和国务院有关部门的意见,于1999年12月21日报国务院审查。2000年年底,国务院法制办公室根据安全生产形势发展的需要,将"职业安全法"改为"安全生产法",国务院将该法列入2001年立法计划,委托国家安全生产监督管理局在国家经贸委上报的《职业安全法(草案)》的基础上继续作好草案的修改工作。国家安全生产监督管理局专门成立了《安全生产法》起草领导小组,下设起草工作小组,并充实了起草工作力量。此后,国家安全生产监督管理局在国家经济贸易委员会的领导下,配合国务院法制办公室进行审查修改。经过半年多的努力、近20次修改,形成了《安全生产法(草案)》,提交国务院常务会议审议。2001年11月21日,《安全生产法(草案)》经国务院第四十八次常务会议审议通过,提请全国人大常委会审议。[16] 2001年12月,第九届全国人大常委会第二十五次会议第一次审议《安全生产法(草案)》,国家经济贸易委员会主任李荣融在会上作《关于〈中华人民共和国安全生产法(草案)〉的说明》。

2002年6月29日,第九届全国人大常委会第二十八次会议通过《中华人民共和国安全生产法》,同日国家主席江泽民签署第七十号主席令公布,自2002年11月1日起施行。《安全生产法》包括"总则""生产经营单位的安全生产保障""从业人员的权利和义务""安全生产的监督管理""生产安全事故的应急救援与调查处理""法律责任""附则"7章,共97条。《安全生产法》将适用范围确定为在固定场所从事生产经营活动的单位的安全生产,把安全生产同国家安全、社会治安以及法律、行政法规已有规定的消防安全、道路交通安全、铁路交通安全、水上交通安全、民用航空安全等区别开来。(1)关于安全生产管理制度,《安全生产法》以企业为主要对象,以制度建设为核心,按照对人的管理与对物的管理相结合、标本兼治、从源头上消除安全隐患的精神,在安全生产的各个方面和各个环节上确立企业必须遵守的行为规则,其重点包括完善企业安全生产管理制度、切实保证生产安全事故的应急救援与调查处理、明确事故损害的赔偿责任等。(2)关于安全生产的监督管理,《安全生产法》明确了各级人民政府及其有关部门等有关行政执法部门安全监督管理职责,还对工会组织的监督、社会公众的监督、基层群众组织的监督作了规定。

2009年8月27日,第十一届全国人大常委会第十次会议通过《关于修改部分

---

〔16〕 李荣融:《关于〈中华人民共和国安全生产法(草案)〉的说明》,载《全国人民代表大会常务委员会公报》2002年第4号。

法律的决定》,将《安全生产法》中所引用的"治安管理处罚条例"修改为"治安管理处罚法"。2014年8月31日,第十二届全国人大常委会第十次会议通过《关于修改〈中华人民共和国安全生产法〉的决定》。这次修改突出事故隐患排查治理和事前预防,重点强化三方面的制度措施:一是强化落实生产经营单位主体责任,解决安全生产责任制、安全生产投入、安全生产管理机构和安全生产管理人员作用发挥等问题、事故隐患排查治理制度等问题;二是强化政府监管,完善监管措施,加大监管力度;三是强化安全生产责任追究,加重对违法行为特别是对责任人的处罚力度,着力解决如何"重典治乱"的问题。同时,根据行政审批制度改革的精神,对安全生产相关行政审批项目作了调整。

此外,2003年11月24日,国务院公布《建设工程安全生产管理条例》;2004年1月13日,国务院公布《安全生产许可证条例》,并于2013年7月18日和2014年7月29日进行两次修改,推动了《安全生产法》的实施和安全生产立法的完善。

(三)矿山安全法

改革开放后,采矿业的发展有力地促进了国民经济建设。由于采矿业是一个特殊行业,生产作业场所劳动条件差,危险性大,影响矿工安全与健康的因素多。20世纪八九十年代,中国矿山的安全状况还相当落后,矿山伤亡事故相当严重。矿山伤亡事故严重的一个重要原因就是矿山安全立法尚不够健全。1982年国务院公布的《矿山安全条例》和《矿山安全监察条例》难以适应当前的实际需要。为了加强矿山安全工作,保障矿工的安全与健康,促进采矿业的健康发展,以适应改革开放和社会主义现代化建设的要求,制定《矿山安全法》是十分必要的。1987年3月,国务院批准起草,劳动人事部、国家经济委员会、煤炭工业部、卫生部等13个部委组成起草领导小组,劳动人事部牵头组成起草办公室,在广泛收集和研究国内外有关资料,总结贯彻执行《矿山安全条例》《矿山安全监察条例》并征求各方面意见的基础上形成《矿山安全法(草稿)》。经多次会议讨论修改并广泛征求意见后形成《矿山安全法(送审稿)》,于1988年12月底由劳动部报请国务院审查。其后3年多时间,国务院法制局多次征求中央有关部门、一些地方和专家的意见,经反复研究论证,几易其稿,形成了《矿山安全法(草案)》。1992年8月5日,《矿山安全法(草案)》经国务院第一百一十次常务会议审议通过,提交全国人大常委会审议。[17] 1992年8月,第七届全国人大常委会第二十一次会议第一次审议《矿山安全法(草案)》,劳动部部长阮崇武在会上作《关于〈中华人民共和国矿山安全法(草案)〉的说明》。

1992年11月7日,第七届全国人大常委会第二十八次会议通过《中华人民共

---

〔17〕 阮崇武:《关于〈中华人民共和国矿山安全法(草案)〉的说明》,载《全国人民代表大会常务委员会公报》1992年第6号。

和国矿山安全法》,同日国家主席杨尚昆签署第六十五号主席令公布,自1993年5月1日起施行。《矿山安全法》包括“总则”“矿山建设的安全保障”“矿山开采的安全保障”“矿山企业的安全管理”“矿山安全的监督和管理”“矿山事故处理”“法律责任”“附则”8章,共50条。《矿山安全法》的主要内容包括以下方面:一是对矿山安全的监督机制,《矿山安全法》分别规定了劳动行政主管部门、矿山企业有关主管部门、矿山企业和工会以及广大矿山职工等各个方面的职责,其中各级劳动行政部门对本行政区域内的矿山安全工作实施统一监督,矿山企业的主管部门对矿山安全工作进行管理,矿山企业工会依法组织职工对矿山安全工作进行监督。二是对矿山安全条件的要求,《矿山安全法》第二章和第三章分别规定对矿山设计的要求,对矿山使用的特殊设备、器材、防护用品和安全检测仪器的要求和对矿山危害采取预防措施的要求等。三是关于矿山企业的安全管理,《矿山安全法》第20条规定:“矿山企业必须建立、健全安全生产责任制。矿长对本企业的安全生产工作负责。”第27条第1款规定:“矿长必须经过考核,具备安全专业知识,具有领导安全生产和处理矿山事故的能力。”四是关于矿山事故处理,《矿山安全法》第36条规定:“发生矿山事故,矿山企业必须立即组织抢救,防止事故扩大,减少人员伤亡和财产损失。”第39条规定:“矿山事故发生后,应当尽快消除现场危险,查明事故原因,提出防范措施。现场危险消除后,方可恢复生产。”

2009年8月27日,第十一届全国人大常委会第十次会议通过《关于修改部分法律的决定》,将《矿山安全法》中有关《刑法》的规定根据最新情况进行了微调。此外,1996年10月30日,国务院公布《中华人民共和国矿山安全法实施条例》,补充和完善了矿山安全立法。

(四)特种设备安全法

特种设备是指在生产和生活中广泛使用的锅炉、压力容器、电梯、起重机械等设备和设施,是一个国家经济水平的代表,是国民经济的重要基础装备。2003年2月19日,国务院第六十八次常务会议通过《特种设备安全监察条例》,同年3月11日国务院公布《特种设备安全监察条例》,自2003年6月1日起施行。2009年1月14日,国务院第四十六次常务会议通过《国务院关于修改〈特种设备安全监察条例〉的决定》,自2009年5月1日起施行。《特种设备安全监察条例》对于规范特种设备的生产、经营、使用、检验、检测,加强特种设备安全管理,保障人民群众生命和财产安全,发挥了重要的作用。《特种设备安全监察条例》实施后,随着经济的快速发展,中国特种设备数量迅猛增长,安全保障压力不断增大,但由于安全技术规范缺乏相应的法律地位,企业安全主体责任不落实,相关民事关系需要规范,行政法规已不能适应特种设备安全工作的需要。第十届全国人大期间,根据代表议案,经全国人大常委会批准,2006年12月全国人大财政经济委员会牵头组成有工业和信息化部(2008 年成立后参加)、公安部、国家质量监督检验检疫总局、国家安全生产监督管理总局、国务院法制办公室等部门和有关专家学者参加的起草组,着手研究拟定《特种设备安全法》。第十一届全国人大财政经济委员会成立后,在广泛调研、多方征求意见和借鉴国外经验的基础上,数易其稿,形成了《特种设备安全法(草案)》。[18] 2011 年 8 月 23 日,全国人大财政经济委员会全体会议审议通过了《特种设备安全法(草案)》,提请全国人大常委会审议。2012 年 8 月,第十一届全国人大常委会第二十八次会议第一次审议《特种设备安全法(草案)》,全国人大财政经济委员会副主任委员闻世震在会上作《关于〈中华人民共和国安全生产法(草案)〉的说明》。

2013 年 6 月 29 日,第十二届全国人大常委会第三次会议修订通过《中华人民共和国特种设备安全法》,同日国家主席习近平签署第四号主席令公布,自 2014 年 1 月 1 日起施行。《特种设备安全法》包括“总则”、“生产、经营、使用”(含“一般规定”“生产”“经营”“使用”4 节)、“检验、检测”、“监督管理”、“事故应急救援与调查处理”、“法律责任”和“附则”7 章,共 101 条。其一,关于调整范围,《特种设备安全法》第 2 条第 2 款规定:“本法所称特种设备,是指对人身和财产安全有较大危险性的锅炉、压力容器(含气瓶)、压力管道、电梯、起重机械、客运索道、大型游乐设施、场(厂)内专用机动车辆,以及法律、行政法规规定适用本法的其他特种设备。”其二,关于特种设备的监管体制,为解决特种设备安全多头监管问题和监管盲区,《特种设备安全法》第 5 条规定:“国务院负责特种设备安全监督管理的部门对全国特种设备安全实施监督管理。县级以上地方各级人民政府负责特种设备安全监督管理的部门对本行政区域内特种设备安全实施监督管理。”第 6 条第 1 款规定:“国务院和地方各级人民政府应当加强对特种设备安全工作的领导,督促各有关部门依法履行监督管理职责。”其三,关于企业安全主体责任。要从源头上防范和减少事故的发生,就必须落实企业的安全主体责任,《特种设备安全法》明确特种设备的生产者、经营者和使用者及主要负责人对安全负责,要求企业必须配备特种设备的管理人员、检测人员和作业人员,规定企业负有对特种设备进行自行检测、使用管理和维护保养的法定义务,规定企业可以将法定义务委托给具有资质资格的专业机构实施。其四,关于法律责任,《特种设备安全法》加大了处罚力度,加重了有关企业的民事责任,规定了赔偿责任。

四、就业促进法

就业是民生之本和安国之策。2003 年 10 月,中共十六届三中全会通过的《中

〔18〕 闻世震:《关于〈中华人民共和国特种设备安全法(草案)〉的说明》,载《全国人民代表大会常务委员会公报》2013 年第 4 号。

共中央关于完善社会主义市场经济体制若干问题的决定》提出“深化劳动就业体制改革”,强调把扩大就业放在经济社会发展更加突出的位置,实施积极的就业政策,努力改善创业和就业环境。2005年10月,中共十六届五中全会通过的《中共中央关于制定国民经济和社会发展第十一个五年规划的建议》提出“千方百计扩大就业”,强调要把扩大就业摆在经济社会发展更加突出的位置,坚持实施积极的就业政策。2006年10月,中共十六届六中全会通过的《中共中央关于构建社会主义和谐社会若干重大问题的决定》提出“实施积极的就业政策,发展和谐劳动关系”,强调把扩大就业作为经济社会发展和调整经济结构的重要目标,实现经济发展和扩大就业良性互动。但是“十一五”期间中国就业工作仍然面临着十分严峻的形势,就业压力越来越大,劳动力供求总量矛盾突出,劳动力结构性矛盾突出,人才和劳动力市场不规范,职业教育和培训工作相对滞后,下岗失业人员就业难问题比较普遍,需要加强就业指导和服务。为了解决上述问题,有必要尽快制定《就业促进法》,建立促进就业的长效机制。

根据中共中央、国务院关于加快建立促进就业长效机制的要求,劳动和社会保障部起草了《就业促进法草案(送审稿)》,报请国务院审议。此后,国务院法制办公室先后两次征求了全国人大财政经济委员会、全国人大常委会法制工作委员会、最高人民法院、财政部、人事部等68个中央有关部门和单位以及各省、自治区、直辖市人民政府的意见,多次召开由中央机构编制委员会办公室、国家发展和改革委员会等部门和专家学者参加的协调会、论证会,并会同劳动和社会保障部赴湖北、天津、上海等地进行了专题调研。在此基础上,国务院法制办公室会同劳动和社会保障部对送审稿进行了反复研究、修改,形成了《就业促进法(草案)》。[19] 2007年1月10日,《就业促进法(草案)》经国务院第一百六十四次常务会议通过,提请全国人大常委会审议。

2007年2月,第十届全国人大常委会第二十六次会议第一次审议《就业促进法(草案)》,劳动和社会保障部部长田成平在会上作《关于〈中华人民共和国就业促进法(草案)〉的说明》。首次审议后,委员长会议决定将草案向社会全文公布征求意见,自2007年3月25日至4月25日,共收到意见11020件。全国人大法律委员会、全国人大常委会法制工作委员会对社会各方面提出的意见进行了认真梳理和研究,并向各省(区、市)和中央有关部门征求意见。6月11日,全国人大法律委员会同全国人大财政经济委员会、国务院法制办公室、劳动和社会保障部、全国总工会,根据常委会组成人员的审议意见和各方面的意见,对草案进行了逐条审议。2007

〔19〕 田成平:《关于〈中华人民共和国就业促进法(草案)〉的说明》,载《全国人民代表大会常务委员会公报》2007年第3号。

年6月，第十届全国人大常委会第二十八次会议第二次审议《就业促进法（草案）》。6月24日，全国人大法律委员会副主任委员周坤仁汇报了《就业促进法（草案）》修改情况。2007年8月，第十届全国人大常委会第二十九次会议第三次审议《就业促进法（草案）》。

2007年8月30日，第十届全国人大常委会第二十九次会议通过《中华人民共和国就业促进法》，同日国家主席胡锦涛签署第七十号主席令公布，自2008年1月1日起施行。《就业促进法》包括“总则”“政策支持”“公平就业”“就业服务和管理”“职业教育和培训”“就业援助”“监督检查”“法律责任”“附则”9章，共69条。主要内容包括以下内容：

关于促进就业的原则、方针和工作机制。为了体现促进就业的原则和方针，明确促进就业工作的机制和政府以及有关社会组织在促进就业工作中的职责，《就业促进法》确定了如下原则：一是坚持经济发展同扩大就业良性互动，实现社会和谐稳定；二是国务院建立全国促进就业工作协调机制，研究就业工作中的重大问题，协调推动全国的促进就业工作；三是工会、共产主义青年团、妇女联合会、残疾人联合会以及其他社会组织协助人民政府开展促进就业工作。

关于建立政策支持体系。为了切实解决劳动力供求总量矛盾和劳动力结构性矛盾突出的问题，充分发挥国家宏观经济社会政策在促进就业工作中的重要作用，《就业促进法》主要作了以下规定：一是国家实行有利于促进就业的产业政策、经贸政策、投资政策、财政和税收政策、信贷政策等；二是国家实行统筹城乡和区域的就业政策，逐步建立城乡劳动者平等就业的制度；三是各级人民政府应当统筹作好城镇新增劳动者就业、农村富余劳动者转移就业、失业人员再就业工作。

关于规范市场秩序。为了规范人才和劳动力市场秩序，促进劳动者通过市场实现就业，《就业促进法》主要作了以下规定：一是县级以上人民政府培育和完善统一开放、竞争有序的人力资源市场；二是各级人民政府创造公平就业的环境，消除就业歧视；三是县级以上人民政府和有关部门加强对职业中介机构的管理；四是县级以上人民政府建立失业预警制度；五是国家建立劳动力调查统计制度和就业登记、失业登记制度。

关于职业教育和培训。为了提高劳动者的职业技能，增强劳动者的就业能力和创业能力，《就业促进法》主要作了以下规定：一是国家依法发展职业教育，鼓励开展职业培训；二是鼓励和支持各类职业院校、职业技能培训机构和用人单位依法开展就业前培训、在职培训、再就业培训和创业培训；三是采取措施建立健全劳动预备制度，对未能继续升学的中学毕业生实行职业培训；四是各级人民政府应当组织和引导进城就业的农村劳动者参加技能培训，鼓励各类培训机构提供技能培训，增强其就业能力；五是对特殊工种的劳动者实行职业资格证书制度。

关于就业服务和就业援助。为了进一步发挥就业服务和就业援助的作用,《就业促进法》主要作了以下规定:一是县级以上人民政府建立健全公共就业服务体系,设立公共就业服务机构;二是各级人民政府建立健全就业援助制度;三是地方各级人民政府加强基层就业援助服务工作,对就业困难人员实施重点帮助。

2015年4月24日,第十二届全国人大常委会第十四次会议通过《关于修改〈中华人民共和国电力法〉等六部法律的决定》,对《就业促进法》中有关职业中介机构工商登记前置审批的规定作出修改。

第三节 社会保障法

社会保障是以国家或政府为主体,依据法律,通过国民收入的再分配,对公民在暂时或永久丧失劳动能力以及由于各种原因而导致生活困难时给予物质帮助,以保障其基本生活的制度。社会保障制度是完善社会主义市场经济体制、构建社会主义和谐社会和全面建成小康社会的重要支柱性制度。1949年《中国人民政治协商会议共同纲领》第32条中提出,"逐步实行劳动保险制度"。1954年《宪法》第93条规定:"中华人民共和国劳动者在年老、疾病或者丧失劳动能力的时候,有获得物质帮助的权利。国家举办社会保险、社会救济和群众卫生事业,并且逐步扩大这些设施,以保证劳动者享受这种权利。"1982年《宪法》第45条第1款规定:"中华人民共和国公民在年老、疾病或者丧失劳动能力的情况下,有从国家和社会获得物质帮助的权利。国家发展为公民享受这些权利所需要的社会保险、社会救济和医疗卫生事业。"

一般来说,社会保障由社会保险、社会救济、社会福利、社会优抚等组成。在社会救济领域,1950年6月、7月,中央人民政府政务院先后发布《关于救济失业工人的指示》《关于救济失业教师与处理学生失学问题的指示》;1999年9月,国务院发布《城市居民最低生活保障条例》;2014年2月,国务院出台《社会救助暂行办法》。《社会救助暂行办法》是中国第一部统筹各类社会救助项目的国务院行政法规,构筑起较为完整的社会救助制度体系。[20] 在社会福利领域,改革开放后,随着社会主义市场经济体制的建立,中国逐渐建立起包括民政福利、企业职工福利、住房福利、教育福利等在内的一整套社会福利制度体系。以住房福利为例,1999年4月,国务院发布《住房公积金管理条例》;同月,建设部出台《城镇廉租住房管理办法》;2004年5月,建设部、国家发展和改革委员会等七部委联合印发《经济适用住房管理办

〔20〕 参见栗燕杰:《中国社会法治成效与展望》,载田禾、吕艳滨主编:《中国社会法治(2002—2016)》,社会科学文献出版社2018年版,第3页。

法》;2007年8月,国务院发布《关于解决城市低收入家庭住房困难的若干意见》。在社会优抚领域,1950年12月,中央人民政府内务部公布《革命烈士家属革命军人家属优待暂行条例》《革命残废军人优待抚恤暂行条例》《革命军人牺牲病故褒恤暂行条例》《革命工作人员伤亡褒恤暂行条例》《民兵民工伤亡抚恤暂行条例》五个优抚条例;1988年7月,国务院发布《军人抚恤优待条例》;2004年8月,国务院、中央军事委员会联合发布新的《军人抚恤优待条例》。

一、社会保险法

社会保险是社会保障的核心内容,社会保险法制是社会保障法制最重要的组成部分。中华人民共和国成立后,社会保险立法无论是从体系、规模,还是立法层次来看,都走在了社会保障立法的前列。1951年2月,中央人民政府政务院颁布《劳动保险条例》,适用于职工规模在100人以上的国营、公私合营、私营及合作社经营的厂矿及铁路、航运、邮电企业;1953年1月,政务院对《劳动保险条例》作出修正,将工厂、矿场及交通事业的基本建设单位和国营建筑公司纳入其适用范围。《劳动保险条例》的颁布,标志着中华人民共和国社会保障制度正式建立。[21] 改革开放后,社会保险制度得到全面发展。在养老保险领域,1991年6月26日,国务院下发《关于企业职工养老保险制度改革的决定》;1997年7月16日,国务院下发《关于建立统一的企业职工基本养老保险制度的决定》;2005年12月3日,国务院下发《关于完善企业职工基本养老保险制度的决定》。在医疗保险领域,2007年7月10日,国务院出台《关于开展城镇居民基本医疗保险试点的指导意见》。在失业保险领域,1986年7月12日,国务院发布《国营企业职工待业保险暂行规定》;1999年1月22日,国务院发布《失业保险条例》。在工伤保险领域,1993年4月12日,国务院发布《国有企业职工待业保险规定》;2003年4月27日,国务院发布《工伤保险条例》。在生育保险领域,1994年12月14日,劳动部发布《企业职工生育保险试行办法》。

改革开放后国务院及其有关部门先后制定的各类行政法规和部门规章对推动社会保险工作发挥了重要作用。随着中国市场经济体制的日趋完善,社会各界对制定《社会保险法》的呼声不断增高。根据全国人大常委会和国务院的安排和要求,国务院有关部门加快了工作进程。劳动和社会保障部等部门在先后四次广泛征求意见和实地调研的基础上,经过反复研究、修改,形成了《社会保险法(草案)》。草案于2007年11月28日经国务院第一百九十七次常务会议审议通过,提请全国

---

〔21〕 参见刘翠霄:《中华人民共和国社会保障法治史(1949—2011年)》,商务印书馆2014年版,第1页。

人大常委会审议。[22] 2007年12月,第十届全国人大常委会第三十一次会议第一次审议《社会保险法(草案)》,劳动和社会保障部部长田成平在会上作《关于〈中华人民共和国社会保险法(草案)〉的说明》。2008年12月,第十一届全国人大常委会第六次会议第二次审议《社会保险法(草案)》,会中全国人大常委会委员长会议决定,将《社会保险法(草案二次审议稿)》向社会公开征求意见,共收到意见7万多条。

此后,全国人大法律委员会、全国人大常委会法制工作委员会先后到重庆、浙江、河南进行调研,同时将草案二次审议稿印发各省、自治区、直辖市和较大的市人大常委会以及中央有关部门、社会团体、高等院校和研究机构进一步征求意见,并多次与国务院法制办公室、人力资源和社会保障部、全国总工会、全国工商联、全国社会保障基金理事会等方面交换意见,共同研究。其后,全国人大法律委员会同全国人大财政经济委员会和国务院法制办公室、人力资源和社会保障部、卫生部于2009年12月3日、8日召开会议,对草案二审稿进行了审议。[23] 2009年12月,第十一届全国人大常委会第十二次会议第三次审议《社会保险法(草案)》,全国人大法律委员会副主任委员张柏林在会上汇报了《社会保险法(草案)》修改情况。2010年10月,第十一届全国人大常委会第十七次会议第四次审议《社会保险法(草案)》。

2010年10月28日,第十一届全国人大常委会第十七次会议通过《中华人民共和国社会保险法》,同日国家主席胡锦涛签署第三十五号主席令公布,自2011年7月1日起施行。《社会保险法》包括“总则”“基本养老保险”“基本医疗保险”“工伤保险”“失业保险”“生育保险”“社会保险费征缴”“社会保险基金”“社会保险经办”“社会保险监督”“法律责任”“附则”12章,共98条。

根据田成平的介绍,《社会保险法》在立法中坚持以下总体思路:(1)社会保险水平与中国经济社会发展水平相适应;(2)立足当前,着眼长远,为改革留有余地;(3)分类规范,逐步完善。根据上述总体思路,《社会保险法》确立了中国社会保险制度的基本法律框架,重点对社会保险的原则、各险种的覆盖范围、社会保险待遇项目和享受条件、社会保险经办机构、社会保险基金监督等内容作了规范。其基本内容如下:

关于《社会保险法》适用范围。为了建立覆盖城乡的社会保障体系,《社会保险法》第3条规定:“社会保险制度坚持广覆盖、保基本、多层次、可持续的方针,社会

〔22〕 田成平:《关于〈中华人民共和国社会保险法(草案)〉的说明》,载《全国人民代表大会常务委员会公报》2010年第7号。

〔23〕 张柏林:《全国人民代表大会法律委员会关于〈中华人民共和国社会保险法(草案)〉修改情况的汇报》,载《全国人民代表大会常务委员会公报》2010年第7号。

保险水平应当与经济社会发展水平相适应。”第 2 条规定：“国家建立基本养老保险、基本医疗保险、工伤保险、失业保险、生育保险等社会保险制度，保障公民在年老、疾病、工伤、失业、生育等情况下依法从国家和社会获得物质帮助的权利。”同时，考虑到城镇居民、农村居民的社会保险正处于试点阶段的实际情况，第 20 条第 1 款规定：“国家建立和完善新型农村社会养老保险制度。”第 24 条规定：“国家建立和完善新型农村合作医疗制度。新型农村合作医疗的管理办法，由国务院规定。”

关于社会保险费缴纳。《社会保险法》对基本养老保险、基本医疗保险、工伤保险、失业保险、生育保险等险种的缴费对象作了明确规定。其中，职工参加基本养老保险、基本医疗保险和失业保险，由用人单位和职工按照国家规定共同缴纳保险费。职工参加工伤保险和生育保险，由用人单位缴纳保险费，职工不缴纳保险费。同时，《社会保险法》对社会保险登记制度作了规定。

关于社会保险基金统筹层次。《社会保险法》制定前，中国社会保险各险种的基金统筹层次大多为市县一级，这种较低层次的统筹影响了统筹效果的发挥和劳动力的跨地区流动。逐步提高统筹层次，是健全社会保险制度的必然要求。为此，草案规定：“基本养老保险基金逐步实行全国统筹，其他社会保险基金逐步实行省级统筹，具体时间、步骤由国务院规定。”

关于社会保险基金的管理与运营。为规范社会保险基金的管理与运营，《社会保险法》明确规定了社会保险基金的性质和种类，第 64 条第 1 款规定：“社会保险基金包括基本养老保险基金、基本医疗保险基金、工伤保险基金、失业保险基金和生育保险基金。各项社会保险基金按照社会保险险种分别建账，分账核算，执行国家统一的会计制度。”第 66 条规定了社会保险基金的预算管理：“社会保险基金按照统筹层次设立预算。社会保险基金预算按照社会保险项目分别编制。”第 69 条第 1 款规定了社会保险基金的投资运营：“社会保险基金在保证安全的前提下，按照国务院规定投资运营实现保值增值。”此外，为增强社会保险基金管理工作的透明度，便于社会监督，第 70 条规定：“社会保险经办机构应当定期向社会公布参加社会保险情况以及社会保险基金的收入、支出、结余和收益情况。”

关于社会保险待遇。为保障参加社会保险的个人及时足额领取社会保险待遇，《社会保险法》规定了参加基本养老保险、基本医疗保险、工伤保险、失业保险、生育保险的个人享受各项社会保险待遇的基本条件、待遇内容。对于个人跨统筹地区就业的，其基本养老保险关系、基本医疗保险关系、失业保险关系随本人转移，缴费年限累计计算。

关于社会保险经办。为加强社会保险的经办工作，《社会保险法》规定统筹地区设立社会保险经办机构，并可以根据工作需要设立分支机构和工作站点。对社会保险经办机构按时足额支付社会保险待遇并建立有关工作制度提出了明确要求。社会保险经办机构应当作好社会保险数据记录、妥善保管社会保险登记等事项的原始凭证,接受参加社会保险的单位和个人查询。

2016年12月25日,第十二届全国人大常委会第二十五次会议通过决定,授权国务院在河北邯郸、河南郑州等12个试点城市行政区域暂时调整适用《社会保险法》关于生育保险基金单独建账、核算以及编制预算的规定,将生育保险基金并入职工基本医疗保险基金征缴和管理。

2018年12月29日,第十三届全国人大常委会第七次会议通过《关于修改〈中华人民共和国社会保险法〉的决定》,将基本医疗保险基金与生育保险基金合并建账、核算及编制预算。

二、军人保险法

军人保险是一种用保险的方式对现役或退伍军人进行资金保障的优抚保障方式,是社会保障体系的重要组成部分。1997年公布施行的《国防法》明确规定"国家实行军人保险制度";1998年国务院、中央军委制定了《军人保险制度实施方案》。据此,解放军总参谋部、总政治部、总后勤部、总装备部制定了《中国人民解放军军人伤亡保险暂行规定》,国务院办公厅、中央军委办公厅制定了《中国人民解放军军人退役医疗保险暂行办法》和《中国人民解放军军人配偶随军未就业期间社会保险暂行办法》,对现役军官、文职干部、士官、义务兵、供给制学员以及随军未就业的军人配偶的保险作了规定,初步形成了军人保险制度体系。为了建立健全军人保险法律制度,解决军人服役期间的伤亡补偿,退役后与地方养老保险、医疗保险的衔接,以及随军未就业的军人配偶参加社会保险难等问题,解放军总参谋部、总政治部、总后勤部和总装备部在调查研究、总结实践经验并征求意见的基础上,起草了《军人保险法(送审稿)》,于2011年4月呈报国务院、中央军委。国务院法制办公室和中央军委法制局就送审稿分别征求了有关中央部门和省、自治区、直辖市人民政府及军队有关单位的意见,在此基础上会同总后勤部反复研究修改,形成了《军人保险法(草案)》,并报国务院常务会议和中央军委常务会议讨论通过。[24] 2011年12月,第十一届全国人大常委会第二十四次会议第一次审议《军人保险法(草案)》,中央军委委员、解放军总后勤部部长廖锡龙在会上作《关于〈中华人民共和国军人保险法(草案)〉的说明》。2012年4月,第十一届全国人大常委会第二十六次会议第二次审议《军人保险法(草案)》。

2012年4月27日,第十一届全国人大常委会第二十六次会议通过《中华人民

〔24〕 廖锡龙:《关于〈中华人民共和国军人保险法(草案)〉的说明》,载《全国人民代表大会常务委员会公报》2012年第3号。

共和国军人保险法》,同日国家主席胡锦涛签署第五十六号主席令公布,自2012年7月1日起施行。《军人保险法》包括"总则""军人伤亡保险""退役养老保险""退役医疗保险""随军未就业的军人配偶保险""军人保险基金""保险经办与监督""法律责任""附则"9章,共51条。

根据廖锡龙的介绍,《军人保险法》以完善军人保险制度、维护军人保险权益、增强军队凝聚力战斗力为目的。在立法的总体思路上,一是体现军人职业特点;二是与国家经济社会发展水平相适应;三是与国家社会保险制度相衔接。其基本内容包括以下方面:

关于军人伤亡保险。《军人保险法》继承了中国1998年起实施的军人伤亡保险制度,规定:"军人因战、因公死亡的,按照认定的死亡性质和相应的保险金标准,给付军人死亡保险金。"对服役期间因战、因公死亡或者致残的军人,以及因病致残的初级士官和义务兵,在享受抚恤待遇的同时,再给予死亡保险金或者伤残保险金。同时规定,已经评定残疾等级的因战、因公致残的军人退役参加工作后旧伤复发的,依法享受相应的工伤待遇。

关于退役养老保险。军人退役后,其养老保险需要与社会养老保险制度相衔接。根据中共中央、国务院、中央军委有关规定,军人退役后参加基本养老保险的,军龄视同缴费年限,军人退役时保险关系转移接续所需资金主要由地方财政解决。为了保障军人退役后享有国家规定的基本养老保险待遇,《军人保险法》规定,军人退役参加基本养老保险的,给予退役养老保险补助,同时将养老保险关系和相应资金转进地方。

关于退役医疗保险。为了保障军人退役后与地方人员享受同等的医疗保险待遇,经国务院、中央军委批准,2000年起施行个人缴费与国家补助相结合的军人退役医疗保险制度。《军人保险法》在总结退役医疗保险制度实施经验基础上规定,参加军人退役医疗保险的军官、文职干部和士官应当缴纳医疗保险费,国家按个人缴费同等数额给予补助;义务兵和供给制学员不缴纳医疗保险费,全部由国家补助;对军人退役后参加地方医疗保险的,《军人保险法》规定将医疗保险关系和相应资金转入地方。

关于随军未就业的军人配偶保险。经国务院、中央军委批准,2004年起施行了随军未就业军人配偶社会保险制度,个人按照规定缴费,国家为随军未就业的军人配偶发放基本生活补贴、养老保险补贴、医疗保险补贴。《军人保险法》规定,随军未就业的军人配偶应当缴纳养老保险费和医疗保险费,其保险待遇标准和个人缴费标准,按照国家有关规定执行;《军人保险法》还对随军未就业的军人配偶实现就业或者军人退役时将其养老保险、医疗保险关系和相应资金转进地方作了规定。

此外,《军人保险法》对军人保险经办与监督事项作了规定;对不按照规定缴纳保险费、克扣或者不按照规定给付军人保险金、骗取军人保险金等违法行为,规定了法律责任。

三、公益慈善法

慈善事业是一种有益于社会与人群的社会公益事业,是政府主导下的社会保障体系的一种必要的补充。慈善事业在中国具有悠久的历史,慈善的根深深地扎在中国传统文化的土壤里,由政府慈善、宗族慈善、宗教慈善和社会慈善构成的中国传统慈善源远流长。[25] 近代以来,各种慈善机构和慈善家群体先后涌现,改变了传统民间社会以个体、宗教和家族为主办慈善的状况。中华人民共和国成立后,尤其是改革开放以来,以1981年中国儿童少年基金会成立和1994年中华慈善总会创立为标志,中国慈善事业逐步恢复和发展。

(一)公益事业捐赠法

全国人大及其常委会的慈善立法始于《公益事业捐赠法》。改革开放后,中国公益事业得到很快发展,促进了教育、科学、文化、卫生以及其他社会公共事业和福利事业的发展,其中海外侨胞、港澳同胞的捐赠额发挥了重要作用。尤其是1998年长江、松花江流域抗洪救灾获得海内外捐赠达115亿元人民币,彰显了公益捐赠在国家物质文明和精神文明建设中的巨大作用。

与此同时,由于相关管理措施还很不完善,捐赠工作中存在一些急需解决的问题,如受赠主体混乱,对捐赠款物的管理和监督机制不健全,一些单位和个人占用、挪用甚至贪污捐赠款物,假借捐赠名义进行走私、骗汇、逃税和盈利活动等,损害了国家和公众利益。因此,为了鼓励和规范捐赠,保护捐赠人、受赠人和受益人的合法权益,促进公益事业的发展,有必要对公益捐赠予以专门立法。根据第八届全国人大常委会的立法规划,从1996年年初开始,全国人大常委会法制工作委员会同全国人大华侨委员会着手研究《公益事业捐赠法》的起草工作,历经3年,起草了《公益事业捐赠法(草案)》。[26] 1999年4月,第九届全国人大常委会第九次会议第一次审议《公益事业捐赠法(草案)》,全国人大常委会法制工作委员会副主任张春生在会上作《关于〈中华人民共和国公益事业捐赠法(草案)〉的说明》。1999年6月,第九届全国人大常委会第十次会议第二次审议《公益事业捐赠法(草案)》。

1999年6月28日,第九届全国人大常委会第十次会议通过《中华人民共和国

---

〔25〕 周秋光:《中国慈善发展的历史与现实》,载《史学月刊》2013年第3期。

〔26〕 张春生:《关于〈中华人民共和国公益事业捐赠法(草案)〉的说明》,载《全国人民代表大会常务委员会公报》1999年第4号。

公益事业捐赠法》,同日国家主席江泽民签署第十九号主席令公布,自1999年9月1日起施行。《公益事业捐赠法》包括“总则”“捐赠和受赠”“捐赠财产的使用和管理”“优惠措施”“法律责任”“附则”6章,共32条。根据公益性捐赠的特点,《公益事业捐赠法》把调整范围在第2条规定为“自然人、法人或者其他组织自愿无偿向依法成立的公益性社会团体和公益性非营利的事业单位捐赠财产,用于公益事业的”。《公益事业捐赠法》对公益事业受赠主体作了规范,原则上由公益性社会团体和公益性非营利的事业单位接受捐赠,同时根据现实国情,规定在发生自然灾害时或者境外捐赠人要求县级以上人民政府及其部门作为受赠人时,县级以上人民政府及其部门可以接受捐赠。《公益事业捐赠法》对募捐的主体、申请、审批和监督作了限制性规定,尤其对募捐的主体资格作了严格限定,即只有公益性社会团体为了筹集发展公益事业的资金,经过批准,可以公开向热心其活动宗旨的自然人、法人或者其他组织募捐。为规范捐赠财产的使用和管理,建立有效的监督机制,《公益事业捐赠法》从受赠人的管理、政府监督、捐赠人的监督和社会监督四个方面规定了对捐赠财产的监督管理。关于捐赠的优惠措施。《公益事业捐赠法》根据中国国情和现行做法对捐赠人的优待作了原则规定,包括企业所得税方面的优待、个人所得税方面的优待和减免进口税收。

（二）慈善法

21世纪以来,特别是经过2008年汶川特大地震后的“全民慈善”行动,中国慈善事业蓬勃发展。与此同时,慈善立法的不完善问题逐渐暴露出来,尤其是2011年的“郭某某微博炫富事件”把慈善机构推向风口浪尖,慈善事业法制保障的需求更加迫切,加快了国家慈善立法的进程。

早在2005年,民政部即开始研究起草“慈善事业促进法”,次年被纳入国务院的立法工作计划。2008年,“慈善事业促进法”改名为“慈善事业法”,并正式被第十一届全国人大常委会列入立法规划。2011年,制定“慈善事业法”被全国人大常委会列入年度立法工作计划。2013年10月,第十二届全国人大常委会再次将制定“慈善事业法”列入立法规划,并将其作为第一类项目,即条件比较成熟、任期内拟提请审议的法律草案,确定由全国人大内务司法委员会牵头起草。2014年2月24日,全国人大内务司法委员会召开慈善事业立法领导小组第一次全体会议,列出了立法时间表和路线图。2015年5月,全国人大常委会将制定“慈善事业法”列入年度立法工作计划。全国人大常委会在此基础上完成草案起草工作,并经过反复的调研和论证将“慈善事业法”改名为“慈善法”。2015年10月,全国人大内务司法委员会将《慈善法(草案)》提请第十二届全国人大常委会第十七次会议审议。经全国人大法律委员会审议修改后,2015年12月全国人大常委会第十八次会议对《慈善法(草案)》进行了再次审议,并决定将草案提请第十二届全国人民代表大会第四次会议审议。[27] 2016 年 3 月,第十二届全国人大第四次会议召开,3 月 9 日全国人大常委会副委员长李建国在会上作《全国人民代表大会常务委员会关于〈中华人民共和国慈善法(草案)〉的说明》。

2016 年 3 月 16 日,第十二届全国人大第四次会议通过《中华人民共和国慈善法》,同日国家主席习近平签署第四十三号主席令公布,自当年 9 月 1 日起施行。《慈善法》包括"总则""慈善组织""慈善募捐""慈善捐赠""慈善信托""慈善财产""慈善服务""信息公开""促进措施""监督管理""法律责任""附则"12 章,共 112 条。《慈善法》在立法中把握了如下几点,即落实有关部署要求,突出慈善扶贫济困作用;着力加强制度顶层设计,创新慈善事业体制机制;立足国情和实际,坚持在发展中规范、在规范中发展。《慈善法》的基本内容如下:

关于《慈善法》的调整范围。《慈善法》立足中国国情,结合慈善活动发展的趋势,规定慈善活动是指自然人、法人和其他组织以捐赠财产或者提供服务等方式,在扶贫、济困、扶老、救孤、恤病、助残、优抚,救助自然灾害等突发事件造成的损害,以及促进教科文卫体事业发展、保护环境等领域自愿开展的公益活动。这一界定为慈善事业的进一步发展提供了广阔的空间。

关于慈善组织的规范。按照中共十八届三中全会提出的"重点培育和优先发展行业协会商会类、科技类、公益慈善类、城乡社区服务类社会组织,成立时直接依法申请登记"的要求,《慈善法》明确了慈善组织的定义及其设立程序,规定慈善组织可以采取基金会、社会团体、社会服务机构等组织形式,设立慈善组织应当向县级以上人民政府民政部门申请登记;规范了慈善组织的行为准则和内部治理,规定慈善组织的发起人、主要捐赠人以及管理人员,不得利用其关联关系损害慈善组织、受益人的利益和社会公共利益;强化了慈善组织的信息公开义务,规定慈善组织应当每年向社会公开其年度工作报告,包括财务会计报告、年度开展募捐和接受捐赠情况、慈善财产的管理使用情况、开展慈善项目情况以及慈善组织工作人员的工资福利情况。

关于慈善募捐和慈善捐赠。《慈善法》明确,慈善募捐包括面向社会公众的公开募捐和面向特定对象的定向募捐,并重点对公开募捐作了规范,在之前有关规定基础上适当扩大公开募捐的主体范围,明确公开募捐的方式及要求,并明确定向募捐应当在发起人、理事会成员和会员等特定对象的范围内进行,不得采取或者变相采取公开募捐方式。此外,《慈善法》规定,捐赠人应当按照捐赠协议履行捐赠义务。

---

〔27〕 李建国:《全国人民代表大会常务委员会关于〈中华人民共和国慈善法(草案)〉的说明》,载《全国人民代表大会常务委员会公报》2016 年第 2 号。

关于慈善信托。《慈善法》以一章专门作出规定，明确了慈善信托的备案制度，确定了受托人的范围，并明确了受托人、监察人的义务。

关于慈善财产。《慈善法》规定，慈善组织的财产应当根据章程和捐赠协议的规定全部用于慈善目的，不得在发起人、捐赠人以及慈善组织成员中分配；慈善组织为实现财产保值、增值进行投资的，应当遵循合法、安全、有效的原则，投资取得的收益应当全部用于慈善目的；慈善组织应当积极开展慈善活动，充分、高效运用慈善财产，并遵循管理成本最必要原则，厉行节约，减少不必要的开支。

关于慈善服务。《慈善法》规定，慈善组织招募志愿者参与慈善服务，应当公示与慈善服务有关的全部信息，告知服务过程中可能发生的风险；慈善组织应当对志愿者实名登记，记录志愿者的服务时间、内容、评价等信息；慈善组织安排志愿者参与慈善服务，应当与志愿者的年龄、文化程度、技能和身体状况相适应，为志愿者参与慈善服务提供必要条件。

关于慈善事业发展的促进措施。《慈善法》专章规定了支持慈善事业发展的促进措施，明确慈善组织、捐赠人、受益人依法享受税收优惠，规定国家对开展扶贫济困的慈善活动实行特殊的优惠政策，专门规范了大额捐赠税前扣除比例问题。

此外，《慈善法》还对慈善活动的监督管理、服务引导以及慈善领域违法行为的法律责任等作了相应规定。

四、义务教育法

教育、就业、医疗、养老、住房等是民生的主要内容，实现幼有所育、学有所教、劳有所得、病有所医、老有所养、住有所居、弱有所扶是增进民生福祉、完善社会保障的重要目标。义务教育系指国家统一实施的所有适龄儿童、少年必须接受的教育，是国家必须予以保障的公益性事业，具有强制性（义务性）、公益性、普及性（统一性）的特征，在整个国民教育体系和教育保障体系中占有突出位置。1949 年 9 月，《中国人民政治协商会议共同纲领》规定“有计划有步骤地实行普及教育”。中华人民共和国成立后，历部《宪法》均规定公民有受教育的权利，1982 年《宪法》明确规定，“中华人民共和国公民有受教育的权利和义务”，“国家举办各种学校，普及初等义务教育”。

中华人民共和国成立后，中国的中小学教育有了很大发展，从根本上改变了基础教育事业极为落后的状况，学龄儿童入学率已由中华人民共和国成立初期的 20% 增长到 20 世纪 80 年代的 90% 以上。但是，总体来看，当时中国的基础教育仍然比较薄弱，农村地区适龄儿童失学和文盲、半文盲现象仍然比较严重，不能适应现代化建设的需要。[28] 1982年《宪法》通过后,不少全国人大代表和全国政协委员在全国"两会"上不断提出建议、提案,呼吁订立义务教育法,作为普及教育的法律保证。[29] 1983年6月21日,全国人大常委会委员长彭真在第六届全国人大第一次会议上的讲话中强调,要特别重视逐步实现普及初等义务教育,发展中等教育。同年7月,教育部部长何东昌在全国普通教育工作会议上指出,普及初等教育必须实行义务教育,要通过教育立法保证其实现,他还透露教育部已草拟了《普及初等义务教育法》,经反复讨论修改后,准备提请人大常委会审定,公布执行。[30] 1984年10月底,全国人大教育科学文化卫生委员会主持召开教育立法座谈会,建议全国人大把教育立法提到议事日程上来,并提出迫切需要制定的教育法规有"教育基本法""普及初等义务教育法""教育经费法""教师法""学校保护法"等。1985年1月21日,第六届全国人大常委会第九次会议通过《关于教师节的决定》,规定每年9月10日为教师节。1985年5月,中共中央印发《关于教育体制改革的决定》,要求把实行九年制义务教育当作关系民族素质提高和国家兴旺发达的一件大事突出地提出来,动员全党、全社会和全国各族人民用最大的努力积极地、有步骤地予以实施,并明确提出制定《义务教育法》。

1986年1月11日,国务院向全国人大常委会提出《关于提请审议〈中华人民共和国义务教育法(草案)〉的议案》。1月13日,第六届全国人大常委会第十四次会议首次审议《义务教育法(草案)》,国家教育委员会党组书记、副主任何东昌在会上作《关于〈中华人民共和国义务教育法(草案)〉的说明》。1986年3月,第六届全国人大常委会第十五次会议第二次审议《义务教育法(草案)》,决定将草案提请第六届全国人大第四次会议审议。1986年3月25日至4月12日,第六届全国人大第四次会议召开,4月2日国务院副总理兼国家教育委员会主任李鹏在会上作《关于〈中华人民共和国义务教育法(草案)〉的说明》。

1986年4月12日,第六届全国人大第四次会议通过《中华人民共和国义务教育法》,同日国家主席李先念签署第三十八号主席令公布,自1986年7月1日起施行。《义务教育法》共18条,不分章,主要内容包括以下方面:

关于义务教育的性质。《义务教育法》明确义务教育是依照法律规定,适龄儿童和少年必须接受的,国家、社会、学校、家庭必须予以保证的国民教育。实行义务教育,既是国家对人民的义务,也是家长对国家和社会的义务。义务教育具有强制

---

〔28〕 李鹏:《关于〈中华人民共和国义务教育法(草案)〉的说明》,载《全国人民代表大会常务委员会公报》1986年第4号。

〔29〕 李新彦:《为建设精神文明打好基础　部分政协委员呼吁加强儿童教育》,载《人民日报》1982年12月26日,第3版。

〔30〕 参见《何东昌谈义务教育》,载《人民日报》1983年7月20日,第3版。

性,《义务教育法》对不履行应承担的各项义务的行为,规定了适当的强制性措施。关于义务教育的入学年龄和学制,《义务教育法》第5条中规定,“凡年满六周岁的儿童,不分性别、民族、种族,应当入学接受规定年限的义务教育”。第2条规定:“国家实行九年制义务教育……”。第7条规定:“义务教育可以分为初等教育和初级中等教育两个阶段。……初等教育和初级中等教育的学制,由国务院教育主管部门制定。”关于实行九年制义务教育的步骤,《义务教育法》把确定各地推行九年制义务教育的具体步骤、办法和实现期限的权力,交给省、自治区、直辖市,在第2条规定:“……省、自治区、直辖市根据本地区的经济、文化发展状况,确定推行义务教育的步骤。”关于基础教育由地方负责和鼓励社会力量办学,《义务教育法》第8条第1款规定:“义务教育事业,在国务院领导下,实行地方负责,分级管理。”同时,坚持“两条腿走路”的办学方针,在第9条第3款规定:“国家鼓励企业、事业单位和其他社会力量,在当地人民政府统一管理下,按照国家规定的基本要求,举办本法规定的各类学校。”关于义务教育阶段免收学费,《义务教育法》第10条第1款规定“国家对接受义务教育的学生免收学费”,为适龄儿童和少年接受义务教育提供更好的条件。关于实施义务教育的经费和办学条件,《义务教育法》第12条中规定,“国家用于义务教育的财政拨款的增长比例,应当高于财政经常性收入的增长比例,并使按在校学生人数平均的教育费用逐步增长”,“地方各级人民政府按照国务院的规定,在城乡征收教育事业费附加,主要用于实施义务教育”。关于义务教育的师资,《义务教育法》第13条第1款规定:“国家采取措施加强和发展师范教育,加速培养、培训师资,有计划地实现小学教师具有中等师范学校毕业以上水平,初级中等学校的教师具有高等师范专科学校毕业以上水平。”并在第14条中规定,“全社会应当尊重教师”。

1986年9月11日,国务院办公厅转发国家教育委员会、国家计划委员会、财政部、劳动人事部6月26日出台的《关于实施〈义务教育法〉若干问题的意见》,从普及九年制义务教育的基本要求,分地区有步骤地实施义务教育,九年制义务教育的学制年限,入学年龄及学习期限,免收学费和实行助学金制度,学校的设置、布局和办学标准,教育经费和基建投资,师资,管理体制,残疾儿童的义务教育,考核与监督,有关法律责任等12个方面提出了40条意见,对实施《义务教育法》工作提出具体要求。1992年3月24日,国家教育委员会印发国务院2月29日批复的《中华人民共和国义务教育法实施细则》,分为“总则”“实施步骤”“就学”“教育教学”“实施保障”“管理与监督”“罚则”“附则”8章,共46条,对《义务教育法》的实施进行了部署。

在此之后,1993年10月31日,第八届全国人大常委会第四次会议通过《教师法》;1995年3月18日,第八届全国人大第三次会议通过《教育法》;1996年5月15日,第八届全国人大常委会第十九次会议通过《职业教育法》;1998年8月29日,第九届全国人大常委会第四次会议通过《高等教育法》;2001年4月28日,第九届全国人大常委会第二十一次会议通过《国防教育法》;2002年12月28日,第九届全国人大常委会第三十一次会议通过《民办教育促进法》。自此,中国的教育立法体系不断完善,国民教育法制保障不断健全。

《义务教育法》施行后对基本普及九年制义务教育、提高全民族素质,发挥了重要作用。随着经济、社会的快速发展,义务教育出现了一些新情况、新问题,主要包括义务教育财政经费投入总量不足、义务教育阶段学生学习负担较重、义务教育资源分配不尽合理、有些义务教育学校乱收费现象严重、义务教育学校时有事故发生等。鉴于此,教育部在总结实践经验的基础上,起草了《义务教育法(修订送审稿)》,于2004年6月底呈报国务院。国务院法制办公室收到送审稿后,送财政部等37个中央单位和上海等47个地方政府征求意见并多次进行调研、召开专家论证会后,于2005年6月底形成《义务教育法(修订征求意见稿)》,此后又向部分全国人大代表、全国政协委员以及全国人大教科文卫委员会、全国政协教科文卫体委员会等单位和专家征求意见,在调查研究、分析反馈意见的基础上,国务院法制办公室会同教育部、财政部等有关部门对征求意见稿进行了反复研究、修改,形成了《义务教育法(修订草案)》。[31] 2016年1月4日,国务院第一百一十九次常务会议讨论通过《义务教育法(修订草案)》,提请全国人大常委会审议。2006年2月,第十届全国人大常委会第二十次会议首次审议《义务教育法(草案)》,教育部部长周济在会上作《关于〈中华人民共和国义务教育法(修订草案)〉的说明》。

2006年6月29日,第十届全国人大常委会第二十二次会议修订通过《中华人民共和国义务教育法》,同日国家主席胡锦涛签署第五十二号主席令公布,自2006年9月1日起施行。修订后的《义务教育法》包括"总则""学生""学校""教师""教育教学""经费保障""法律责任""附则"8章,共63条。修订的重点主要包括如下方面:

关于义务教育经费保障,为明确义务教育经费总体需求,修订后的《义务教育法》要求制定有关经费标准,对义务教育经费保障提出了明确目标,明确了义务教育经费来源,并规范了义务教育经费的使用和管理。修订后的《义务教育法》第42条第2款、第3款规定:"国务院和地方各级人民政府将义务教育经费纳入财政预算,按照教职工编制标准、工资标准和学校建设标准、学生人均公用经费标准等,及时足额拨付义务教育经费,确保学校的正常运转和校舍安全,确保教职工工资按照规定发放。国务院和地方各级人民政府用于实施义务教育财政拨款的增长比例应

---

〔31〕 周济:《关于〈中华人民共和国义务教育法(修订草案)〉的说明》,载《全国人民代表大会常务委员会公报》2006年第6号。

当高于财政经常性收入的增长比例，保证按照在校学生人数平均的义务教育费用逐步增长，保证教职工工资和学生人均公用经费逐步增长。”

关于全面推进素质教育，修订后的《义务教育法》第3条规定，“义务教育必须贯彻国家的教育方针，实施素质教育，提高教育质量”，并从规范教学内容、严格课程管理、明确考核要求等方式对全面推进素质教育进行了规定。第35条第1款规定：“国务院教育行政部门根据适龄儿童、少年身心发展的状况和实际情况，确定教学制度、教育教学内容和课程设置，改革考试制度，并改进高级中等学校招生办法，推进实施素质教育。”根据第36条规定，“学校应当把德育放在首位，寓德育于教育教学之中”。根据第37条规定，“学校应当保证学生的课外活动时间，组织开展文化娱乐等课外活动”。

关于合理配置义务教育资源，为解决义务教育资源配置不尽合理问题，修订后的《义务教育法》在经费投入方面，规定县级政府教育主管部门编制本部门预算向农村学校和城市薄弱学校倾斜，国务院和县级以上地方政府设立专项资金扶持农村等经济欠发达地区实施义务教育。在师资力量的配置方面规定县级政府教育主管部门应当组织公办学校骨干教师巡回授课、紧缺专业教师流动教学，新聘任的教师和晋升高级职务的城市公办学校教师应当具有在农村等经济欠发达地区任教一定年限的经历。

关于义务教育学校安全，为保障学校安全，修订后《义务教育法》规定学校建设应当符合国家规定的选址要求和建设标准，确保学生和教职工安全；各级人民政府及其有关部门依法维护学校周边秩序，为学校提供安全保障；学校应当建立、健全安全制度和应急机制，对学生进行安全教育，加强管理，及时消除隐患；县级以上地方人民政府定期对学校校舍安全进行检查；学校不得聘用曾经因故意犯罪被依法剥夺政治权利或者其他不适合从事义务教育工作的人担任工作人员。

2015年4月24日，第十二届全国人大常委会第十四次会议通过《关于修改〈中华人民共和国义务教育法〉等五部法律的决定》，对《义务教育法》中关于教科书定价的规定进行了调整。2018年12月29日，第十三届全国人大常委会第七次会议通过《关于修改〈中华人民共和国产品质量法〉等五部法律的决定》，进一步完善了《义务教育法》中涉及教材出版的部门按机构改革后的情况予以更新。

第四节 特定群体保护法

尊老爱幼、扶弱助残是中华民族的传统美德。孔子在《礼记》“礼运大同篇”中描绘了一个“人不独亲其亲，不独子其子，使老有所终，壮有所用，幼有所长，矜寡孤独废疾者皆有所养”的理想世界，孟子则提出“老吾老，以及人之老；幼吾幼，以及人之幼”。

1949 年《中国人民政治协商会议共同纲领》第 6 条规定:“中华人民共和国废除束缚妇女的封建制度。妇女在政治的、经济的、文化教育的、社会的生活各方面,均有与男子平等的权利。实行男女婚姻自由。”1954 年《宪法》第 93 条中规定,“中华人民共和国劳动者在年老、疾病或者丧失劳动能力的时候,有获得物质帮助的权利”。第 96 条规定:“中华人民共和国妇女在政治的、经济的、文化的、社会的和家庭的生活各方面享有同男子平等的权利。婚姻、家庭、母亲和儿童受国家的保护。”第 98 条规定:“中华人民共和国保护国外华侨的正当的权利和利益。”1982 年《宪法》第 45 条第 1 款中规定,“中华人民共和国公民在年老、疾病或者丧失劳动能力的情况下,有从国家和社会获得物质帮助的权利”。第 48 条第 1 款规定:“中华人民共和国妇女在政治的、经济的、文化的、社会的和家庭的生活等各方面享有同男子平等的权利。”第 49 条第 1 款规定:“婚姻、家庭、母亲和儿童受国家的保护。”第 4 款规定:“禁止破坏婚姻自由,禁止虐待老人、妇女和儿童。”第 50 条规定:“中华人民共和国保护华侨的正当的权利和利益,保护归侨和侨眷的合法的权利和利益。”

中华人民共和国成立以来,尤其是改革开放后,以《宪法》为核心,包括《老年人权益保障法》《妇女权益保障法》《反家庭暴力法》《未成年人保护法》《预防未成年人犯罪法》《残疾人保障法》《归侨侨眷权益保护法》在内的特定群体保护法制体系逐渐建立和完善。

一、老年人权益保障法

在中国传统法律,“不孝”被作“十恶”重罪之一受到严惩。现代社会,老年人为国家、社会和家庭作出了应有的贡献,在他们的晚年理应受到国家、社会以及家庭的尊重、关心。通过立法,弘扬中华民族敬老、养老的传统美德,保障老年人的合法权益,使他们老有所养、老有所医、老有所为、老有所学、老有所乐,安度晚年。人口老龄化作为一个社会问题,受到世界各国的普遍重视。中国是世界上老年人口最多的国家,20 世纪 90 年代老年人口已经达到 1.1 亿人,即将进入人口老龄化社会。这一状况已引起国家的重视,并且国家采取了许多积极的措施,维护老年人的权益。与此同时,老年人合法权益受侵犯的现象,无论在城市,还是农村,都时有发生。一些地方子女不赡养老人,虐待、遗弃老年人现象逐渐增多,挤占或侵占老人住房和其他财产,干涉老人婚姻等事件时常出现。因而,制定法律,切实保障老年人这一特殊群体的权益和解决他们所面临的问题,是十分必要的。

根据第八届全国人大常委会五年立法计划,全国人大内务司法委员会于 1994 年 4 月成立《老年人权益保障法》起草小组,吸收中共中央组织部、民政部、劳动部等有关部门参加,着手起草工作。起草小组一方面收集研究国内外有关资料,另一方面到部分省、自治区、直辖市深入工厂、矿山、农村调查研究，听取中央和地方有关部门、专家学者、老年群众组织的意见，在此基础上拟定了《老年人权益保障法（草案）》。[32] 经全国人大内务司法委员会全体会议审议通过，提请全国人大常委会审议。1996 年 6 月，第八届全国人大常委会第二十次会议第一次审议《老年人权益保障法（草案）》，全国人大内务司法委员会主任委员孟连崑在会上作《关于〈中华人民共和国老年人权益保障法（草案）〉的说明》。

1996 年 8 月 29 日，第八届全国人大常委会第二十一次会议通过《中华人民共和国老年人权益保障法》，同日国家主席江泽民签署第七十三号主席令公布，自 1996 年 10 月 1 日起施行。《老年人权益保障法》包括“总则”“家庭赡养与扶养”“社会保障”“参与社会发展”“法律责任”“附则”6 章，共 50 条。《老年人权益保障法》重点突出老年人需要特别保护的权益，同时注意吸取国外“福利国家”的经验教训，保持中国家庭养老的传统和特点。关于老年人的年龄界定，《老年人权益保障法》明确界定“本法所称老年人是指六十周岁以上的公民”。关于家庭赡养与扶养问题，《老年人权益保障法》专设一章，规定“老年人养老主要依靠家庭，家庭成员应当关心和照料老年人”，还特别规定“赡养人的配偶应当协助赡养人履行赡养义务”，明确了儿媳、女婿分别对公婆、岳父母应承担的责任。关于社会保障，《老年人权益保障法》对发展老年福利事业作出规定：“国家鼓励、扶持社会组织或者个人兴办老年福利院、敬老院、老年公寓、老年医疗康复中心和老年文化体育活动场所等设施。地方各级人民政府应当根据当地经济发展水平，逐步增加对老年福利事业的投入，兴办老年福利设施。”关于老年人参与社会发展问题，《老年人权益保障法》专设一章，规定老年人在自愿和量力的情况下，根据需要，进行优良传统教育，传授文化知识，兴办社会公益事业，参与维护社会治安，调解民间纠纷等活动。

《老年人权益保障法》通过后，在民政部等有关部门的推动下，全国举行了各式各样的宣传《老年人权益保障法》活动，有力推动了《老年人权益保障法》的实施。1999 年 10 月，全国老龄工作委员会成立，作为国务院主管全国老龄工作的议事协调机构，协调和推动有关部门做好维护老年人权益的保障工作。

2009 年 8 月 27 日，第十一届全国人大常委会第十次会议通过《关于修改部分法律的决定》，将《老年人权益保障法》中所引用的“治安管理处罚条例”修改为“治安管理处罚法”。

《老年人权益保障法》颁布施行后，在保障老年人合法权益，促进老龄事业发展，弘扬中华民族敬老、养老、助老美德等方面发挥了重要作用。随着中国经济社会

---

〔32〕 孟连崑：《关于〈中华人民共和国老年人权益保障法（草案）〉的说明》，载《全国人民代表大会常务委员会公报》1996 年第 7 号。

的发展、人口和家庭结构的变化,老年人权益保障出现了一些新情况、新问题。1999 年,中国 60 周岁以上老年人口占到总人口的 10%,按照国际标准成为老年型国家。2000 年,中共中央、国务院印发《关于加强老龄工作的决定》指出,老龄问题是关系国计民生和国家长治久安的一个重大社会问题。此后,中国老龄化快速发展,截至 2010 年年底,60 周岁以上老年人达到 1.78 亿人,占总人口的 13.26%,其中 80 岁以上高龄老人超过 2000 万人,失能、半失能老人约 3300 多万人,对社会照料的需求日益增大。随着经济社会的发展,家庭养老功能明显弱化,老龄事业这些年来取得长足进步。面对以上形势和问题,需要及时修改《老年人权益保障法》。[33]

2007 年,民政部和全国老龄办启动了《老年人权益保障法》修改工作。2008 年 10 月,修改《老年人权益保障法》作为一类立法项目被列入第十一届全国人大常委会立法规划。为加快立法步伐,2011 年 3 月,全国人大内务司法委员会牵头组织修订草案起草工作,成立了由全国人大内务司法委员会、全国人大常委会法制工作委员会、民政部、国务院法制办公室等部门参加的起草小组,着手《老年人权益保障法》的修改工作。在 2011 年 5 月至 7 月进行的全国人大常委会《老年人权益保障法》执法检查过程中,执法检查组同时听取和收集了各地对修改《老年人权益保障法》的意见和建议。2011 年 8 月底 9 月初,起草小组正式开始论证、起草工作,形成了修订草案征求意见稿。此后,起草小组通过调研、座谈等多种方式,广泛征求中央和地方有关单位、人大代表、专家学者、老龄工作者、老年人和老年人组织等各方面的意见。在此基础上反复研究修改,形成了《老年人权益保障法(修订草案)》。2012 年 6 月,第十一届全国人大常委会第二十七次第一次审议《老年人权益保障法(修订草案)》,全国人大内务司法委员会副主任委员张学忠在会上作《关于〈中华人民共和国老年人权益保障法(修订草案)〉的说明》。

2012 年 12 月 28 日,第十一届全国人大常委会第三十次会议修订通过《中华人民共和国老年人权益保障法》,同日国家主席胡锦涛签署第七十二号主席令公布,自 2013 年 7 月 1 日起施行。修订后的《老年人权益保障法》包括“总则”“家庭赡养与扶养”“社会保障”“社会服务”“社会优待”“宜居环境”“参与社会发展”“法律责任”“附则”9 章,共 85 条。《老年人权益保障法》在修订中针对人口老龄化的发展趋势,在健全老年社会保障、发展养老社会服务、优待老年人方面作出了规定,较 1996 年《老年人权益保障法》增加“社会服务”“社会优待”“宜居环境”三章。其中“社会服务”部分确立了社会养老服务体系的框架,即“以居家为基础、社区为依托、机构为支撑”,对居家养老服务、社区为老服务作了原则规定,明确了政府支持养老

---

〔33〕 张学忠:《关于〈中华人民共和国老年人权益保障法(修订草案)〉的说明》,载《全国人民代表大会常务委员会公报》2013 年第 1 号。

服务事业发展的责任，加强对养老机构的管理，加强养老机构运营中的纠纷处理和风险防范，完善医疗卫生服务，对发展老龄产业等作了补充规定。“社会优待”部分进一步充实了现行法有关老年优待的内容，规定县级以上政府及其有关部门应当根据情况制定优待老年人的办法，丰富了现行法有关司法救助、法律援助、医疗服务、参观游览、乘坐公共交通等方面对老年人给予优待和照顾的内容，增加了老年人及时、便利地领取养老金、结算医疗费等方面提供优待内容。“宜居环境”部分对国家推进老年宜居环境建设作了原则规定，明确了国家责任，概括规定了老年宜居环境建设的总体要求，规定了政府加强老年宜居环境建设的主要任务，重点规定了无障碍环境建设，还对老年友好型城市以及老年宜居社区建设作了规定。

修订后的《老年人权益保障法》第 12 条明确规定：“每年农历九月初九为老年节。”2013 年 10 月 13 日，中国迎来首个法定“老年节”，全国上下举行了丰富多彩的庆祝活动。

2015 年 4 月 24 日，第十二届全国人大常委会第十四次会议通过《关于修改〈中华人民共和国电力法〉等六部法律的决定》，对《老年人权益保障法》中关于公益性养老机构和经营性养老机构的规定进行了调整。2018 年 12 月 29 日，第十三届全国人大常委会第七次会议通过《关于修改〈中华人民共和国劳动法〉等七部法律的决定》，进一步完善了《老年人权益保障法》中关于养老机构的规定。

二、妇女权益保障法

妇女解放运动是中国近代民主革命的重要组成部分。1949 年 3 月，中国妇女第一次全国代表大会在北平召开，成立了中国统一的妇女组织中华全国民主妇女联合会（1957 年起更名为“中华全国妇女联合会”），蔡畅任全国妇联主席。

中华人民共和国成立后，妇女的社会社会地位和在国家政治、经济生活中发挥的作用有了很大改观，“妇女能顶半边天”成为社会共识。（见图 7－5）1990 年 2 月，国务院妇女儿童工作协调委员会正式成立，成为国务院负责妇女儿童工作的议事协调机构，1993 年 8 月更名为国务院妇女儿童工作委员会。1995 年 9 月，第四次世界妇女大会在北京召开，国家主席江泽民在讲话中提出：“我们十分重视妇女的发展与进步，把男女平等作为促进我国社会发展的一项基本国策。”[34]

（一）妇女权益保障法

妇女的法律地位，体现了一个国家的文明与进步。1989 年，全国人大常委会指定全国人大内务司法委员会负责研究和拟定妇女法的工作。同年 5 月，全国人大内

〔34〕 参见《在联合国第四次世界妇女大会欢迎仪式上江泽民主席的讲话》，载《中国妇运》1995 年第 11 期。

图7-5 会议代表合影

参加中国人民政治协商会议第一届全体会议的妇女代表合影

务司法委员会委托全国妇联、民政部会同全国总工会及有关方面专家成立了起草小组。3年间,全国人大内务司法委员会和妇女法起草小组分别赴全国多地,进行广泛深入的调查研究,参考了28个省、自治区、直辖市制定的保护妇女权益的地方法规和借鉴了国外有关的法规条例,在此基础上,经过研究修改,拟订了妇女法草案,并两次按人大、民政、工会和妇联系统下发全国各地,广泛征求意见,前后收到反馈意见700多份。全国人大内务司法委员会自1991年4月开始,连续召开六次会议,分别听取中央有关部门和部分地方人大、政府以及法律专家、妇女工作干部的意见,并召开两次委员会会议,对草案进行了讨论,经过修改,于1991年10月将《妇女权益保障法(草案)》提交第七届全国人大常委会第二十二次会议进行初步审议。会后,根据常委委员的意见,全国人大法律委员会、内务司法委员会和全国人大常委会法制工作委员会又征求各地方、各方面的意见,对草案作了必要的修改和补充,经第七届全国人大常委会第二十三次会议再次审议,决定将《妇女权益保障法

（草案）》提请第七届全国人大第五次会议审议。[35] 1992 年 3 月，第七届全国人大第五次会议召开，3 月 27 日全国人大内务司法委员会副主任委员邹瑜在会上作《关于〈中华人民共和国妇女权益保障法（草案）〉的说明》。

1992 年 4 月 3 日，第七届全国人大第五次会议通过《中华人民共和国妇女权益保障法》，同日国家主席杨尚昆签署第五十八号主席令公布，自 1992 年 10 月 1 日起施行。《妇女权益保障法》包括"总则""政治权利""文化教育权益""劳动权益""财产权益""人身权利""婚姻家庭权益""法律责任""附则"9 章，共 54 条。

《妇女权益保障法》坚持全面确立保障妇女权益的法律机制，巩固和发展妇女解放运动的成果，在社会主义现代化建设过程中进一步实现男女平等的思想，通过各种保障性的、协调性的、制裁性的和补充性的条款，将现行《宪法》、法律中有关男女平等、保护妇女权益的规定加以原则化、具体化和制度化。《妇女权益保障法》贯穿了男女权利平等的原则，规定对妇女权益实行特殊保护，逐步建立对妇女的社会保障制度，明确规定对各种侵害妇女权益的违法、犯罪行为的处罚。其重点内容包括：人民代表大会中女代表的比例问题。妇女参政是妇女政治权利的重要体现，《妇女权益保障法》第 10 条明确规定："妇女享有与男子平等的选举权和被选举权。全国人民代表大会和地方各级人民代表大会的代表中，应当有适当数量的妇女代表，并逐步提高妇女代表的比例。"妇女劳动就业问题。妇女大规模地参加劳动，是妇女解放的必由之路。《妇女权益保障法》第 22 条第 1 款规定："各单位在录用职工时，除不适合妇女的工种或者岗位外，不得以性别为由拒绝录用妇女或者提高对妇女的录用标准。"妇女人身权利的特殊保护问题。《妇女权益保障法》第 33 ~ 39 条在确认男女公民人身权利完全平等的前提下，针对妇女的特点制定了若干保护性的措施，内容涉及妇女的人身自由权、生命健康权、肖像权、名誉权等。目前，侵害妇女人身权利的现象时有发生。对离婚妇女合法权益的特殊保护问题。《妇女权益保障法》对离婚时房屋的所有权，女方的住房困难，责任田和宅基地的处理，以及子女的监护和抚养等问题，都根据男女平等、保护妇女合法权益的精神，作了相应的规定。

《妇女权益保障法》明确授予各级妇联在妇女维权中的地位，第 5 条第 1 款规定："中华全国妇女联合会和各级妇女联合会代表和维护各族各界妇女的利益，做好保障妇女权益的工作。"

1992 年 10 月《妇女权益保障法》施行后，对于保障妇女的合法权益、实现男女平等发挥了重要作用。但是随着中国经济社会的发展，妇女的维权意识普遍提高，

---

〔35〕 邹瑜：《关于〈中华人民共和国妇女权益保障法（草案）〉的说明》，载《国务院公报》1992 年第 11 号。

妇女权益保障方面出现了一些新情况、新问题,需要从制度上加以解决:在政治权利方面,妇女参政议政的方式和渠道有待进一步拓宽;在财产权益方面,农村土地承包经营和集体经济组织收益分配方面男女不平等问题凸显;在劳动和社会保障权益方面,用人单位在招聘中限定性别限制妇女的业机会的情况比较严重;在人身权利方面,拐卖妇女、选择性别的人工终止妊娠等现象时有发生;在婚姻家庭权益方面,对妇女实施家庭暴力的现象仍未得到有效遏制。为了解决这些问题,全国妇联在调查研究、总结《妇女权益保障法》实施经验的基础上,征求各方面的意见,拟定了《妇女权益保障法修正案(草案)》。2005年6月1日,修正案草案经国务院第九十二次常务会议讨论通过,提请全国人大常委会审议。[36] 2005年6月,第十届全国人大常委会第十六次会议第一次审议《妇女权益保障法修正案(草案)》,国务院法制办公室主任曹康泰在会上作《关于〈中华人民共和国妇女权益保障法修正案(草案)〉的说明》。

2005年8月28日,第十届全国人大常委会第十七次会议通过《关于修改〈中华人民共和国妇女权益保障法〉的决定》,同日国家主席江泽民签署第四十号主席令公布,自2005年12月1日起施行。修改后的《妇女权益保障法》由54条增加为61条。2005年《妇女权益保障法》明确把男女平等的基本国策写入总则,第2条第2款中规定,"实行男女平等是国家的基本国策"。修改的重点在于完善了有关保障妇女权益的规定。在文化教育权益方面,规定学校在录取学生时不得歧视女性;政府、社会、学校保证贫困、残疾和流动人口中的适龄女性未成年人完成义务教育。在劳动和社会保障权益方面,规定在签订或者解除劳动合同时对处于怀孕、生育等特殊时期的女职工给予特殊保护;国家逐步建立健全与生育相关的社会保险等制度。在财产权益方面,规定妇女在农村土地承包经营、集体经济组织收益分配、土地征收或者征用补偿费使用以及宅基地使用等方面,与男子享有平等权利。在人身权利方面,规定禁止利用技术手段进行非医学需要的胎儿性别鉴定或者进行非医学需要的选择性别的人工终止妊娠;禁止在大众传播媒介中贬低损害妇女人格。在婚姻家庭权益方面,修正案草案规定:禁止对妇女实施家庭暴力。为了加强妇女权益保障工作,《妇女权益保障法》进一步明确了县级以上人民政府负责妇女儿童工作的机构和妇女联合会的职能和作用,县级以上妇女联合会依法接受政府的委托,承担有关保障妇女权益的工作。

2012年4月28日,国务院发布《女职工劳动保护特别规定》,加强了对妇女劳动权益的保护。2018年10月26日,第十三届全国人大常委会第六次会议通过《关

---

〔36〕 曹康泰:《关于〈中华人民共和国妇女权益保障法修正案(草案)〉的说明》,载《全国人民代表大会常务委员会公报》2005年第6号。

于修改〈中华人民共和国野生动物保护法〉等十五部法律的决定》，对《妇女权益保障法》中涉及相关部门的按机构改革后的情况予以更新。

(二)反家庭暴力法

家庭是社会的细胞，和谐的家庭关系是社会和谐的基础。家庭暴力危害家庭成员的身心健康和生命安全，影响社会的安全和稳定。反家庭暴力是一项十分重要的工作。为了维护平等、和睦、文明的家庭关系，促进家庭和谐、社会稳定，提高全社会反家庭暴力意识和能力，加大反家庭暴力工作的力度，有效预防和依法处置家庭暴力，保护家庭成员的合法权益，制定专门的《反家庭暴力法》是十分必要的。学界和全国妇联一直在关注反家庭暴力工作。2009 年，全国妇联完成《预防和制止家庭暴力法(建议稿)》;2010 年，中国法学会反对家庭暴力网络完成《家庭暴力防治法(专家建议稿)》。2011 年 3 月，全国妇联负责人在全国"两会"上提出制定《反家庭暴力法》的提案，并随案提出《反家庭暴力法(建议稿)》。

国务院妇女儿童工作委员会、全国妇联在调查研究、总结经验的基础上，起草了《反家庭暴力法(草案送审稿)》，于 2014 年 3 月报请国务院审议。此后，国务院法制办公室征求了中央有关单位及地方人民政府的意见，召开了专家论证会，并赴地方进行了调研。2014 年 11 月，国务院法制办公室将《反家庭暴力法(征求意见稿)》公开征求意见，在此基础上，会同有关部门对送审稿进行研究、修改，形成了《反家庭暴力法(草案)》。2015 年 7 月 28 日，草案经国务院第一百次常务会议讨论通过。[37] 2015 年 8 月，第十二届全国人大常委会第十六次会议第一次审议《反家庭暴力法(草案)》，全国妇联党组书记、副主席、国务院妇女儿童工作委员会副主任兼办公室主任宋秀岩在会上作《关于〈中华人民共和国反家庭暴力法(草案)〉的说明》。

2015 年 12 月 27 日，第十二届全国人大常委会第十八次会议通过《中华人民共和国反家庭暴力法》，同日国家主席习近平签署第三十七号主席令公布，自 2016 年 3 月 1 日起施行。《反家庭暴力法》包括"总则""家庭暴力的预防""家庭暴力的处置""人身安全保护令""法律责任""附则"6 章，共 38 条。

《反家庭暴力法》的立法重点包括家庭暴力的预防、家庭暴力的报案、家庭暴力告诫书制度和人身安全保护令制度。一是关于家庭暴力的预防。《反家庭暴力法》确立了反家庭暴力工作遵循预防为主、教育与惩处相结合的原则，规定国家开展反家庭暴力宣传教育，政府有关部门、司法机关、妇女联合会、医疗机构应当将反家庭暴力纳入业务培训，乡镇人民政府、街道办事处应当组织开展家庭暴力预防工作。

---

〔37〕 宋秀岩:《关于〈中华人民共和国反家庭暴力法(草案)〉的说明》，载《全国人民代表大会常务委员会公报》2016 年第 1 号。

二是关于家庭暴力的报案。《反家庭暴力法》规定家庭暴力受害人及其法定代理人、近亲属可以向公安机关报案,中小学、幼儿园、医疗机构及其工作人员在工作中发现无民事行为能力人、限制民事行为能力人遭受或者疑似遭受家庭暴力的应当及时向公安机关报案。三是关于家庭暴力告诫书。《反家庭暴力法》对不同情节的处理分别作了规定,对情节较轻依法不给予治安管理处罚的,在总结地方试点经验的基础上规定了告诫制度,由公安机关对加害人给予批评教育或者出具告诫书,基层群众性自治组织或者社区民警应当对收到告诫书的加害人、受害人进行查访,督促加害人不再实施家庭暴力。四是关于人身安全保护令。《反家庭暴力法》借鉴国外民事保护令制度,总结部分地区人民法院人身安全保护试点经验,建立了人身安全保护令制度,明确了人身安全保护令的作出条件、有效期和违反的法律后果。

三、未成年人保护法

20世纪90年代初,中国18周岁以下的未成年人约4亿人,占总人口的1/3以上。未成年人是各项事业的预备队,寄托着国家和民族的希望,关乎国家和民族的未来。

未成年人在其向成年人过渡期间,由不成熟到成熟,具有特殊的生理和心理特征,需要国家、学校、家庭、社会各方面给予特别的关心和爱护。同时,一些地方侵害未成年人合法权益的事件时有发生,未成年人违法犯罪的问题在一些地方也还比较突出,不仅影响未成年人的健康成长,而且影响社会的稳定。因此,有必要制定未成年人保护法律法规。

(一)未成年人保护法

1980年,共青团中央等单位曾着手调研青少年保护立法问题。1987年8月,共青团中央、国家教育委员会分别进行了有关青少年保护立法的调研起草工作。1988年8月,在国务院法制局的协调下,共青团中央和国家教委共同起草《未成年人保护法(草案)》。经过两年的调查研究,广泛征求意见,并参考了一些地方制定的有关未成年人保护的地方性法规及其他国家、地区的有关法律。草案于1989年上报国务院后,国务院法制局在听取各有关方面意见的基础上,进行了研究、论证和修改后报经国务院常务会议审议。1991年5月31日,国务院第八十四次常务会议讨论并原则通过《未成年人保护法(草案)》,提请全国人大常委会审议。[38] 1991年6月,第七届全国人大常委会第二十次会议第一次审议《未成年人保护法(草案)》,国务委员兼国家教委主任李铁映在会上作《关于〈中华人民共和国未成年人保护法

〔38〕 李铁映:《关于〈中华人民共和国未成年人保护法(草案)〉的说明》,载《全国人民代表大会常务委员会公报》1991年第5号。

(草案)〉的说明》。

1991 年 9 月 4 日,第七届全国人大常委会第二十一次会议通过《中华人民共和国未成年人保护法》,同日国家主席杨尚昆签署第五十号主席令公布,自 1992 年 1 月 1 日起施行。《未成年人保护法》包括“总则”“家庭保护”“学校保护”“社会保护”“司法保护”“法律责任”“附则”7 章,共 56 条。

《未成年人保护法》的指导思想是保护未成年人的身心健康,保障未成年人的合法权益,促进未成年人在品德、智力、体质等方面全面发展,把他们培养成为有理想、有道德、有文化、有纪律的社会主义事业接班人。根据这一指导思想,保护未成年人的工作应当遵循、保障未成年人的合法权益、符合未成年人身心发展的特点、尊重未成年人的人格尊严、教育与保护相结合的原则。基于这些考虑,《未成年人保护法》贯穿三个思路,即面向“多数”,兼顾“特殊”;从实际出发,抓主要矛盾;社会参与,综合治理。

保护未成年人是一项社会性很强的系统工程,涉及社会的方方面面。对此,《未成年人保护法》规定:“保护未成年人,是国家机关、武装力量、政党、社会团体、企业事业组织、城乡基层群众性自治组织、未成年人的监护人和其他成年公民的共同责任。”还分别设立专章规定了“家庭保护”“学校保护”“社会保护”“司法保护”。关于家庭保护,《未成年人保护法》专门规定了父母或者其他监护人在培养、教育未成年人方面的责任。关于学校保护,《未成年人保护法》规定了学校、教师及其他工作人员对于培养、教育未成年学生方面的责任。关于社会保护,《未成年人保护法》规定了各级人民政府以及社会各方面关于为未成年人健康成长创造良好的社会环境方面的责任。关于司法保护,《未成年人保护法》规定,应当贯彻“教育、挽救、改造”的方针,同时还专门规定了公安、检察和审判机关及其他有关单位的责任。

1992 年 1 月 1 日《未成年人保护法》施行后,对保障未成年人的合法权益发挥了重要作用。随着中国改革开放的深入和经济与社会的发展,未成年人保护工作面临许多新情况、新问题,《未成年人保护法》的一些规定已不适应未成年人保护工作的需要。2003 年 8 月,全国人大常委会关于《未成年人保护法》和《预防未成年人犯罪法》执法检查报告,提出了修改《未成年人保护法》的建议。同年 12 月,《未成年人保护法(修订)》被列入第十届全国人大常委会立法规划,由全国人大内务司法委员会承担。2005 年 4 月,全国人大内务司法委员会多次赴各地进行立法调研,收集和研究了各省、自治区、直辖市制定的关于未成年人保护的地方法规,考察了国外未成年人保护的立法和工作情况。在此基础上,参考共青团中央提出的修改建议稿,拟出了《未成年人保护法(修订草稿)》。在对草稿进行修改过程中,征求了 20 多个中央有关部门和单位的意见,并通过召开座谈会、论证会,听取地方人大、未成年人保护工作者和法学、社会学、心理学学者的意见。经过反复修改,形成了《未成年人保护法(修订草案)》。[39] 2006年8月,第十届全国人大常委会第二十三次会议第一次审议《未成年人保护法(草案)》,全国人大内务司法委员会副主任委员祝铭山在会上作《关于〈中华人民共和国未成年人保护法(修订草案)〉的说明》。

2006年12月29日,第十届全国人大常委会第二十五次会议修订通过《中华人民共和国未成年人保护法》,同日国家主席胡锦涛签署第六十号主席令公布,自2007年6月1日起施行。修订后的《未成年人保护法》由56条增加到72条,进一步明确了未成年人的权利,在总则中设专条,规定未成年人享有生存权、发展权、受保护权、参与权和受教育权等权利,国家保障未成年人的合法权益不受侵犯。进一步了明确了未成年人保护工作的原则,第5条明确规定保护未成年人的工作,应当遵循尊重未成年人的人格尊严、适应未成年人身心发展的规律和特点和教育与保护相结合的原则。进一步明确了执法主体,第7条第2款规定:"国务院和地方各级人民政府领导有关部门做好未成年人保护工作;将未成年人保护工作纳入国民经济和社会发展规划以及年度计划,相关经费纳入本级政府预算。"

修订后的《未成年人保护法》全面加强了对未成年人的保护。一是保障未成年人健康成长,强化家庭保护。针对一些父母或者其他监护人对子女生而不养、养而不教、教而不当等问题,增加规定:"父母或者其他监护人应当学习家庭教育知识,正确履行监护职责,抚养教育未成年人。"二是促进未成年人全面发展,强化学校保护。为了全面贯彻素质教育方针,学校应当与未成年学生的父母或者其他监护人互相配合,保证未成年学生的睡眠、娱乐和体育锻炼时间,不得加重其学习负担。三是优化未成年人成长的社会环境,强化社会保护。为了使未成年人免受不良文化的危害,中小学校园周边不得设置营业性歌舞娱乐场所、互联网上网服务营业场所等不适宜未成年人活动的场所。四是贯彻教育、感化、挽救的方针,强化司法保护。根据司法体制改革的有关精神,规定公安机关、人民检察院、人民法院办理未成年人犯罪案件和涉及未成年人权益保护案件,应当照顾未成年人身心发展特点,尊重他们的人格尊严,保障他们的合法权益,并根据需要设立专门机构或者指定专人办理。

2012年10月26日,第十一届全国人大常委会第二十九次会议通过《关于修改〈中华人民共和国未成年人保护法〉的决定》,规定讯问、审判未成年犯罪嫌疑人、被告人,询问未成年证人、被害人,应当依照《刑事诉讼法》的规定通知其法定代理人或者其他人员到场。

(二)预防未成年人犯罪法

改革开放后,预防和减少青少年违法犯罪问题越来越受到社会各界密切关注。

---

〔39〕 祝铭山:《关于〈中华人民共和国未成年人保护法(修订草案)〉的说明》,载《全国人民代表大会常务委员会公报》2007年第1号。

1994 年，全国人大内务司法委员会根据第八届全国人大常委会立法规划，会同共青团中央成立《预防青少年犯罪法》起草小组，并邀请最高人民法院、最高人民检察院和中央国家机关有关部门参与起草工作。在多次召开座谈会、研讨会，深入调查研究，反复论证修改的基础上，形成了法律草案的征求意见稿，并于 1996 年年底印发中央国家机关有关部门、各省、自治区和直辖市征求意见。根据一些部门和地方的意见，起草小组将法律草案的名称修改为《预防少年违法行为法（草案）》。第八届和第九届全国人大内务司法委员会先后审议通过了《预防少年违法行为法（草案）》，提请全国人大常委会审议。〔40〕 1998 年 4 月，第九届全国人大常委会第二次会议第一次审议《预防少年违法行为法（草案）》，全国人大内务司法委员会主任委员侯宗宾在会上作《关于〈中华人民共和国预防少年违法行为法（草案）〉的说明》。全国人大法律委员会在审议中认为，关于该法的名称和调整范围，考虑到少年年龄界定为 14 周岁至不满 18 周岁，同习惯上的少年概念不太一致；违法行为包括违反法律、法规的各种行为，将违法行为作为调整范围，涉及的问题过多，范围过宽。全国人大法律委员会同内务司法委员会共同研究，并征求各方面的意见后，建议将本法的调整范围规定为预防未成年人犯罪，将法律名称修改为《预防未成年人犯罪法》。〔41〕

1999 年 6 月 28 日，第九届全国人大常委会第十次会议通过《中华人民共和国预防未成年人犯罪法》，同日国家主席江泽民签署第十七号主席令公布，自 1999 年 11 月 1 日起施行。《预防未成年人犯罪法》包括“总则”“预防未成年人犯罪的教育”“对未成年人不良行为的预防”“对未成年人严重不良行为的矫治”“未成年人对犯罪的自我防范”“对未成年人重新犯罪的预防”“法律责任”“附则”8 章，共 57 条。《预防未成年人犯罪法》借鉴吸收了《联合国预防少年犯罪准则》中的基本原则，着重从创造和维护有利于未成年人健康成长的社会环境角度，规定了以下主要内容：一是家庭、学校的教育和培养责任，突出强调了家庭和学校对未成年人的监护、教育和管理责任。二是有关部门对那些事关未成年人健康成长的社会生活环境的管理责任，对文化市场、特种行业和场所的管理规定了有关行政部门、司法机关以及其他社会组织应当承担的责任。三是对有父母离异、流浪出走等特殊情况以及完成义务教育后未能升学的未成年人给予帮助。四是对有违法行为未成年人的教育、挽救措施，预防未成年人再发生违法行为。

2012 年 10 月 26 日，第十一届全国人大常委会第二十九次会议通过《关于修改

---

〔40〕 侯宗宾：《关于〈中华人民共和国预防少年违法行为法（草案）〉的说明》，载《全国人民代表大会常务委员会公报》1999 年第 4 号。

〔41〕 周克玉：《全国人大法律委员会关于〈中华人民共和国预防少年违法行为法（草案）〉修改情况的汇报》，载《全国人民代表大会常务委员会公报》1999 年第 4 号。

〈中华人民共和国预防未成年人犯罪法〉的决定》,规定对于审判的时候被告人不满 18 周岁的刑事案件,不公开审理。

四、残疾人保障法

中国古代即有“矜寡孤独废疾者,皆有所养”的理想和抚弱怜贫的传统,传统文化对残疾人更多的同情和关爱。中华人民共和国成立后,1953 年,成立中国盲人福利会;1956 年,成立中国聋哑人福利会。1960 年 5 月,全国盲人聋哑人第一届代表会议召开,将中国盲人福利会和中国聋人福利会合并,成立中国盲人聋哑人协会。“文化大革命”结束后,1978 年中国盲人聋哑人协会恢复活动,各省、自治区、直辖市盲人聋哑人协会及其下属组织也相继恢复工作。1982 年《宪法》增加规定:“国家和社会帮助安排盲、聋、哑和其他有残疾的公民的劳动、生活和教育。”1983 年 5 月,中共中央发出《向张海迪同志学习的决定》,身残志坚的张海迪成为时代楷模,被誉为“80 年代新雷锋”和“当代保尔”,全社会对残疾人群体和残疾人事业的关心关注空前提高。1984 年 3 月,中国残疾人福利基金会成立。1988 年 3 月,中国残疾人联合会第一次全国代表大会在北京中南海怀仁堂召开,在中国残疾人福利基金会和中国盲人聋哑人协会的基础上,成立了融代表、服务、管理功能为一体的中国残疾人联合会,邓朴方任中国残联主席。

在中国,残疾人是数量相当大的一个群体,是一个特殊群体,也是一个困难群体。残疾人工作涉千家万户,残疾人保障关系国家发展和社会进步。1982 年联合国大会大会一致通过的《关于残疾人的世界行动纲领》和全国人大常委会批准加入的《残疾人职业康复和就业公约》都要求“会员国必须通过立法,为达到各项目标所采取的措施建立必要的法律基础和权威”。在《残疾人保障法》的立法过程中,中国残联(包括中国残基会)及其领导人邓朴方发挥了重要作用。早在 1985 年,中国残基会即邀请法学专家开展《残疾人保障法(草案)》初稿的起草工作。1988 年,国务院批准国家计委、国家教委、民政部等部门联合编制的《中国残疾人事业五年工作纲要》。纲要明确提出:“尽快制定《中华人民共和国残疾人保障法》,提请全国人大常委会审议。”1988 年 3 月,中国残联成立后,会同民政部成立了由立法机构和中国残联参加的联合起草小组,集中力量起草、修改《残疾人保障法(草案)》。起草小组翻译、参阅了数十万字的国外残疾人立法资料,收集、研究了中华人民共和国成立以来国家和各部门有关残疾人事业的政策和规定,听取了残疾人的建议,多次征求地方、各有关部门和法律专家的意见,在全国人大常委会法制工作委员会和国务院法制局的指导下,反复修改 18 稿,最终完成《残疾人保障法(草案)》的起草工作。1990 年 10 月 10 日,《残疾人保障法(草案)》经国务院第六十八次会议讨论通过,提交全国人大常委会审议。[42] 1990 年 10 月 25 日,第七届全国人大常委会第十六次会议首次审议《残疾人保障法(草案)》,民政部部长崔乃夫在会上作《关于〈中华人民共和国残疾人保障法(草案)〉的说明》。

1990 年 12 月 28 日,第七届全国人大常委会第十七次会议通过《中华人民共和国残疾人保障法》,同日国家主席杨尚昆签署第三十六号主席令公布,自 1991 年 5 月 15 日起施行。《残疾人保障法》包括"总则""康复""教育""劳动就业""文化生活""福利""环境""法律责任""附则"9 章,共 54 条。《残疾人保障法》的宗旨是"平等"与"参与",重申残疾人享有同其他公民平等的权利,并保护其不受侵害,并采取辅助方法的扶持措施,发展残疾人事业,促进残疾人平等地充分参与社会生活。关于残疾人康复,《残疾人保障法》第二章明确了工作指导原则和实施办法,强调利用既有资源,并发挥残疾人及其家庭的作用,将现代康复技术与中国传统康复技术结合,以必要的康复机构为骨干,社会康复为基础,残疾人家庭为依托。关于残疾人教育,《残疾人保障法》强调采取特殊教育学校与普通学校附设特殊教育班相结合的方式,针对残疾人特性和需要施教,注重身心补偿,加强自立精神、自理能力和劳动技能的培养,为其适应生活、参与社会创造条件。关于残疾人劳动就业,《残疾人保障法》选择劳动福利型道路,通过优惠政策和扶持措施,扶助有劳动能力的残疾人劳动自立,明确了集中与分散相结合,通过多种形式促进残疾人劳动就业的方针和做法。关于残疾人文化生活与福利,《残疾人保障法》规定国家组织和扶持盲文读物、盲人有声读物、聋人读物、智力障碍者读物的编写和出版,开办电视手语节目,规定盲人可以免费乘坐市内公共电车、汽车。《残疾人保障法》明确了各级残联的地位和作用,规定:"中国残疾人联合会及其地方组织,代表残疾人的共同利益,维护残疾人的合法权益,团结教育残疾人,为残疾人服务。"

《残疾人保障法》施行后,1993 年 9 月国务院残疾人工作协调委员会正式成立(2006 年 4 月更名为"国务院残疾人工作委员会"),1994 年 8 月国务院发布《残疾人教育条例》,2007 年 2 月国务院发布《残疾人就业条例》,2008 年 3 月中共中央、国务院出台《关于促进残疾人事业发展的意见》,中国残疾人保障工作和残疾人事业不断加强。

随着中国经济社会的发展,在残疾人权益保障方面出现了一些新情况、新问题,需要从制度上进一步完善。为了解决这些问题,民政部和中国残联经过调查研究,在总结《残疾人保障法》实施经验的基础上,起草了《残疾人保障法修订草案(送审稿)》,于 2006 年 10 月报请国务院审议。此后,国务院法制办公室收到送审稿后,

〔42〕 崔乃夫:《关于〈中华人民共和国残疾人保障法(草案)〉的说明》,载《全国人民代表大会常务委员会公报》1990 年第 6 号。

征求了中共中央组织部、全国人大内务司法委员会、全国人大常委会法制工作委员会、劳动和社会保障部、国家发展和改革委员会等 51 个部门及 31 个省级地方政府的意见,并召开座谈会听取了有关方面的意见,在此基础上国务院法制办公室会同民政部、中国残联对送审稿进行了研究、修改,形成了《残疾人保障法(修订草案)》。2008 年 1 月 23 日,《残疾人保障法(修订草案)》经国务院第二百零六次常务会议讨论通过,提请全国人大常委会审议。〔43〕 2008 年 2 月,第十届全国人大常委会第三十二次会议首次审议《残疾人保障法(修订草案)》,民政部部长李学举在会上作《关于〈中华人民共和国残疾人保障法(修订草案)〉的说明》。

2008 年 4 月 24 日第十一届全国人大常委会第二次会议修订通过《中华人民共和国残疾人保障法》,同日国家主席胡锦涛签署第三号主席令公布,自当年 7 月 1 日起施行。修订后的《残疾人保障法》包括“总则”“康复”“教育”“劳动就业”“文化生活”“社会保障”“无障碍环境”“法律责任”“附则”9 章,共 68 条。修订后的《残疾人保障法》完善并加强有关残疾人权益保障的规定:在参与国家事务和社会事务管理方面,规定国家采取措施,保障残疾人依照法律规定,通过各种途径和形式,管理国家事务、经济和文化事业、社会事务。在康复服务方面,规定各级人民政府和有关部门应当采取措施,为残疾人康复创造条件,建立和完善残疾人康复服务体系。在教育权益方面,规定县级以上人民政府应当根据残疾人的数量、分布状况和残疾类别等因素,合理设置残疾人教育机构。在劳动就业方面,规定国家实行按比例安排残疾人就业制度,国家机关、社会团体、企业事业单位、民办非企业单位应当按照规定的比例安排残疾人就业。在社会保障方面,规定残疾人及其所在单位应当参加社会保险,国家对生活确有困难的残疾人给予社会保险补贴。为了给残疾人出行和社会交流提供更好的便利,修订后的《残疾人保障法》完善和加强了有关无障碍环境的规定:在设施建设方面,规定新建、改建和扩建建筑物、道路、交通设施等,应当符合国家有关无障碍设施工程建设标准。在信息交流方面,规定各级人民政府和有关部门应当采取措施,为残疾人获取公共信息提供便利。在公共服务方面,规定公共服务机构和公共场所应当创造条件,为残疾人提供语音和文字提示、手语、盲文等信息交流服务。

2017 年 2 月,国务院发布《残疾预防和残疾人康复条例》。2018 年 10 月 26 日,第十三届全国人大常委会第六次会议通过《关于修改〈中华人民共和国野生动物保护法〉等十五部法律的决定》,对《残疾人保障法》中涉及相关部门的按机构改革后的情况予以更新。

---

〔43〕 李学举:《关于〈中华人民共和国残疾人保障法(修订草案)〉的说明》,载《全国人民代表大会常务委员会公报》2008 年第 4 号。

五、归侨侨眷权益保护法

中国是在国外有众多侨民、在国内有众多归侨、侨眷的国家。华侨历来具有爱国爱乡的光荣传统，以“华侨旗帜、民族光辉”陈嘉庚为代表的广大华侨和和归侨、侨眷对中国的革命和建设作出了巨大的贡献。1949 年，“国外华侨民主人士”作为 23 个参加单位之一参与了新政协筹备工作，并作为 45 个参加单位之一参加了政协第一届全体会议。1949 年 9 月，《中国人民政治协商会议共同纲领》规定“中央人民政府应尽力保护国外华侨的正当权益”。1949 年 11 月，中央人民政府成立华侨事务委员会，任命何香凝为中央人民政府华侨事务委员会主席。1956 年 10 月，中华全国归国华侨联合会成立大会在北京中南海怀仁堂召开，大会通过《中华全国归国华侨联合会章程》，著名侨领陈嘉庚任中国侨联主席。

“文化大革命”期间，中国的侨务政策受到严重破坏，归侨、侨眷因“海外关系”蒙受种种怀疑、歧视甚至迫害，1970 年 6 月华侨事务委员会被撤销。“文化大革命”结束后，侨务工作逐渐拨乱反正，1978 年 9 月国务院侨务办公室成立，12 月第二次全国归侨代表大会举行。1982 年《宪法》规定，“中华人民共和国保护华侨的正当的权利和利益，保护归侨和侨眷的合法的权利和利益”，对保护归侨、侨眷的合法权益起到了积极作用。但是，由于各种因素的影响，一些地区和单位对归侨、侨眷缺乏正确的认识，侵犯归侨、侨眷合法权益的事件不时发生，归侨、侨眷对此极为不满。事实证明，要切实保护归侨、侨眷的合法权益，仅有宪法的原则规定和政策的有关规定是不够的，还要把侨务政策用法律的形式固定下来，使之法律化、规范化。

1983 年 6 月第六届全国人大华侨委员会成立后，拟订了侨务立法规划，把草拟“保护归侨、侨眷权益法”的工作作为侨务立法的重点。1986 年 7 月，全国人大华侨委员会参与国务院侨务办公室草拟《保护华侨和归侨、侨眷权利和利益暂行条例》的工作，按照先易后难、先国内后国外、先简单后复杂的原则，起草《保护归侨侨眷权益法（草案）》。此后，全国人大华侨委员会在一些地区进行了调研，并广泛听取了各部门和人大代表、政协委员的意见。根据广大归侨、侨眷及海外华侨的要求，为了加快制定“保护归侨、侨眷权益法”的立法步伐，1990 年 4 月 4 日召开的全国人大华侨委员会第十次会议决定，把原拟由国务院报全国人大常委会审议的法律草案改由全国人大华侨委员会直接上报。此后，全国人大华侨委员会组成草案修改工作小组，先后召开各类研讨会、论证会、座谈会，研究草案修改工作。1990 年 6 月 11 日，全国人大华侨委员会第十一次全体会议通过《保护归侨、侨眷权益法（草案）》，提请全国人大常委会审议。[44] 1990 年 6 月,第七届全国人大常委会第十四次首次审议《保护归侨、侨眷权益法(草案)》,全国人大华侨委员会副主任委员何英在会上作《关于〈中华人民共和国保护归侨、侨眷权益法(草案)〉的说明》。同年9 月,全国人大法律委员会根据全国人大常委会部分委员在审议中的意见,建议将法律的名称修改为《归侨侨眷权益保护法》。[45]

1990 年 9 月 7 日,第七届全国人大常委会第十五次会议通过《中华人民共和国归侨侨眷权益保护法》,同日国家主席杨尚昆签署第三十三号主席令公布,自 1991 年 1 月 1 日起施行。《归侨侨眷权益保护法》共 22 条,根据"一视同仁、不得歧视、根据特点、适当照顾"的原则,对归侨、侨眷的政治权益、经济财产权益、社会文化权益和境外联系往来方面的权益作了规定。关于归侨、侨眷的范围,《归侨侨眷权益保护法》第 2 条第 1 款、第 2 款规定:"归侨是指回国定居的华侨。华侨是指定居在国外的中国公民。侨眷是指华侨、归侨在国内的眷属。"其中侨眷主要是指华侨、归侨直系血亲的"上三代、下三代"及旁系血亲的同胞兄弟姐妹,包括"配偶,父母,子女及其配偶,兄弟姐妹,祖父母、外祖父母,孙子女、外孙子女,以及同华侨、归侨有长期抚养关系的其他亲属"。这一范围是根据《民法通则》《婚姻法》《继承法》等法律中具有权利义务法律关系的亲属范围和中国家庭的构成习惯确定的。关于政治方面的权益,《归侨侨眷权益保护法》规定:"归侨、侨眷享有宪法和法律规定的公民的权利,并履行宪法和法律规定的公民的义务,任何组织或者个人不得歧视。""全国人民代表大会和归侨人数较多地区的地方人民代表大会应当有适当名额的归侨代表。""归侨、侨眷有权依法组织社会团体,维持归侨、侨眷的合法权益……"关于经济财产方面的权益,《归侨侨眷权益保护法》规定国家对安置归侨的农场、林场等企业给予扶持,任何组织或者个人不得侵犯其合法权益;归侨、侨眷投资举办工商企业,投资开发荒山、荒地、滩涂,或者从事农业生产,在国内举办公益事业,地方各级人民政府应当给予支持;国家依法保护归侨、侨眷在国内私有房屋的所有权。关于社会文化方面的权益,《归侨侨眷权益保护法》规定归侨学生、归侨子女和华侨在国内的子女升学、就业,按照国家有关规定给予照顾。鉴于归侨、侨眷身份的特殊性,《归侨侨眷权益保护法》特别规定了华侨、侨眷与境外联系往来方面的权益。根据《归侨侨眷权益保护法》,归侨、侨眷有与境外亲友的往来和通信、出境探亲、出境定居的权利和自由;对于归侨、侨眷的出境、自费出国学习申请,国家予以保障并提供便利。

---

〔44〕 何英:《关于〈中华人民共和国保护归侨、侨眷权益法(草案)〉的说明》,载《全国人民代表大会常务委员会公报》1990 年第 4 号。

〔45〕 项淳一:《全国人大法律委员会对〈中华人民共和国保护归侨、侨眷权益法(草案)〉审议结果的报告》,载《全国人民代表大会常务委员会公报》1990 年第 4 号。

《归侨侨眷权益保护法》施行10年后，随着社会主义市场经济体制的建立，国内外侨情的发展变化，一些条款已不能适应形势发展的需要，一些新情况、新内容需要在法律中加以体现和规范。根据全国人大代表和有关部门所提意见和建议，结合侨务工作的实际需要，第九届全国人大常委会将《归侨侨眷权益保护法》的修改列入立法规划。全国人大华侨委员会结合执法检查，调研和听取了一些侨乡省区地方人大及政府有关部门的意见，征求了海外华侨的意见。1999年，全国人大华侨委员会分别召开征求意见会和立法工作研讨会，对《归侨侨眷权益保护法》的修改进行了研讨，在此基础上全国人大华侨委员会拟出《归侨侨眷权益保护法修正案（草案）》草稿。2000年4月，全国人大华侨委员会再次征求外交部、国务院侨务办公室、对外贸易经济合作部、海关总署以及全国政协港澳台侨委员会、中国侨联等有关部门的意见，通过修改形成了《归侨侨眷权益保护法修正案（草案）》，提请全国人大常委会审议。[46] 2000年8月，第九届全国人大常委会第十七次会议首次审议《归侨侨眷权益保护法修正案（草案）》，全国人大华侨委员会主任委员甘子玉在会上作《关于〈中华人民共和国归侨侨眷权益保护法修正案（草案）〉的说明》。

2000年10月31日，第九届全国人大常委会第十八次会议通过《关于修改〈中华人民共和国归侨侨眷权益保护法〉的决定》，同日国家主席江泽民签署第三十九号主席令公布，自公布之日起施行。修改后的《归侨侨眷权益保护法》共30条。根据市场经济形势发展需要，该法修改或增加了归侨、侨眷合法权益条款。规定在安置归侨的农场、林场等企业所在的地方，可以根据需要合理设置学校和医疗保健机构；国家鼓励和引导归侨、侨眷依法投资兴办产业，特别是兴办高新技术企业；依法征用、拆迁归侨、侨眷私有房屋的，应按照有关规定给予合理补偿和妥善安置。增加了国家依法维护归侨、侨眷职工的社会保障权益，及各级人民政府应当重视侨务扶贫和救济的内容。根据维护侨益的需要，增加了侨务工作部门作用的内容，明确县级以上各级人民政府及其负责侨务工作的机构对保护归侨、侨眷合法权益的工作负有协调的职责。同时明确了各级侨联的法律地位，规定："中华全国归国华侨联合会和地方归国华侨联合会代表归侨、侨眷的利益，依法维护归侨、侨眷的合法权益。"

2009年8月27日，第十一届全国人大常委会第十次会议通过《关于修改部分法律的决定》，将《归侨侨眷权益保护法》中的"征用"修改为"征收、征用"。

---

[46] 甘子玉：《关于〈中华人民共和国归侨侨眷权益保护法修正案（草案）〉的说明》，载《全国人民代表大会常务委员会公报》2000年第6号。

第八章　中华人民共和国刑事立法的发展

中华人民共和国成立之前，中国共产党领导的革命根据地已经开始刑事立法方面的探索活动。如 1934 年 4 月《中华苏维埃共和国惩治反革命条例》、1939 年《陕甘宁边区抗战时期惩治汉奸条例》、1941 年《破坏金融法令惩罚条例》《陕甘宁边区禁烟禁毒条例》、1942 年《陕甘宁边区查获鸦片毒品暂行办法》等刑事立法，这些刑事立法一方面为社会安定提供了有力的保障，另一方面也为日后的刑事立法活动奠定了一定程度的理论与实践基础。中华人民共和国成立之后，刑事立法被正式提上日程，但是因为种种原因，刑法典的出台一直被延期。这并不表示立法机关完全停止了刑事立法起草活动，因为在 1949 年到 1979 年 30 年间，刑法起草小组共起草刑法草案 38 稿。这 38 个草案稿是 1979 年刑法典出台的重要准备工作，尤其是第 33 稿，正是“七九刑法”的原型与基础。1997 年刑法典是根据时代发展需要，针对 1979 年刑法典予以修改完善的产物，变动较大，但是刑法典至此基本定型。此后，全国人大常委会通过制定刑法修正案与刑事单行法以及出台立法解释实现对刑法典的进一步发展，从而保障刑事立法的稳定性与灵活性。

中华人民共和国成立之后，刑事法律法规急需制定。为适应中华人民共和国成立后刑事司法和社会秩序的基本需求，配合镇压反革命与展开“三反”“五反”运动，制定了一系列关于刑法的政策指示、单行法规或者法令，根据《中国人民政治协商会议共同纲领》的精神先后颁布了几个重要的单行刑法及涉及刑事的法律法令，如 1950 年的《关于镇压反革命活动的指示》《关于严禁鸦片烟毒的通令》《禁止珍贵文物图书出口暂行办法》、1951 年《惩治反革命条例》《妨害国家货币治罪暂行条例》《保守国家机密暂行条例》、1952 年《惩治贪污条例》《管制反革命分子暂行办法》等。[1] 但是，这些政策或者单行法规并不成体系、数量有限、较为有针对性而缺乏覆盖性与全面性，仍然不能满足刑事司法层面的规则适用需要。

事实上，在这些单行法规法令出台的同时，当时的中央人民政府法制委员会就在着手拟定刑法草案。从 1950 年到 1979 年完成的 38 个草案中，能够找到文件内

---

〔1〕 韩延龙主编：《中华人民共和国法制通史》（上），中共中央党校出版社 1998 年版，第 477 页；利子平、蒋帛婷：《新中国刑法的立法源流与展望》，知识产权出版社 2015 年版，“绪言”，第 1 页。

容的有 1950 年《刑法大纲草案》(共 157 条,以下简称《大纲草案》)、1954 年《刑法指导原则草案(初稿)》(共 76 条,以下简称《指导原则草案》)、1956 年《刑法草案(草稿)》(共 261 条,以下简称"第十三稿")、1957 年《刑法草案(草稿)》(共 216 条,以下简称"第二十一稿")、1957 年《刑法草案(草稿)》(共 215 条,以下简称"第二十二稿")、1962 年《刑法草案(草稿)》(共 200 条,以下简称"第二十七稿")、1963 年《刑法草案(草稿)》(共 204 条,以下简称"第三十稿")、1963 年《刑法草案(草稿)》(共 206 条,以下简称"第三十三稿")、1978 年《刑法草案(修订稿)》(共 241 条,以下简称"第三十四稿")、1979 年 2 月《刑法草案(修订二稿)》(共 241 条,以下简称"第三十五稿")、1979 年 3 月 31 日《刑法草案(法制委员会修正第一稿)》(共 199 条,以下简称"第三十六稿")、1979 年 5 月 12 日《刑法草案(法制委员会修正第二稿)》(共 190 条,以下简称"第三十七稿")、1979 年 6 月 30 日《刑法草案》(共 199 条,以下简称"第三十八稿")。〔2〕《大纲草案》实现了"从无到有"的转变,"第二十二稿""第三十三稿"均报送过中央并经过法律委员会和领导人审议,其中"第三十三稿"经彭真指定作为 1979 年刑法的立法基础。〔3〕

第一节　"七九刑法"与"九七刑法"

经过了近 30 年、修订 38 个草案的准备与酝酿,1979 年《刑法》(以下简称"七九刑法")终于应运而生。"七九刑法"是在粉碎"四人帮"、召开十一届三中全会、迎接改革开放的时代背景下制定、通过的。1997 年《刑法》(以下简称"九七刑法")是在"七九刑法"的条文不能继续适应社会发展需要的情形下,对"七九刑法"进行修改完善而来的。中华人民共和国成立以来,正式公布的刑法典正是"七九刑法"与"九七刑法"。"七九刑法"呈现出对于刑法草案"第三十三稿"较强的继承性,而"九七刑法"则根据改革开放之后的新形势进行了较大规模的修改,例如,废除了"反革命罪"并将之整体性修改为"危害国家安全罪",废除了诬告陷害罪的"反坐原则",删除投机倒把罪、流氓罪,并将贪污贿赂罪进行专章规定,在体系上、观念上、深度上、精确度上均取得了重大进步。

一、"七九刑法"

1978 年 10 月底,第五届全国人大常委会法制委员会副主任陶希晋召集刑法草案修订组全体人员到北京军区招待所集中开会,并决定在《刑法(草案)》"第三十三

〔2〕 本小节参见高铭暄、赵秉志编:《新中国刑法立法文献资料总览》(上),中国人民公安大学出版社 1998 年版,第 136—496 页。

〔3〕 高铭暄编著:《中华人民共和国刑法的孕育和诞生》,法律出版社 1981 年版,"前言",第 4 页。

稿”的基础上进行修改,制定《刑法草案(修订稿)》。起草小组成员各自按照分派的任务,对社会形势的变化和随之出现的情况进行分析研究,重新仔细阅读古今中外的刑法资料。经过反复讨论和研究,在不到两个月的时间内,刑法草案修订组就拿出了《刑法(草案)》讨论稿。稿子送到中央和北京市有关部门进行调查征询,回收了大量修改意见,并据此形成了《刑法草案(修订一稿)》(“第三十四稿”)。陶希晋认为必须进一步征求意见,修订组的成员又分编成三人一组,形成10个小组,赶在春节前后,分赴14个省市,遍邀基层司法干部进行座谈讨论。

1978年12月,中共十一届三中全会召开,法制意识逐渐建立起来。在这一时代背景下,修订组成员对新修订的《刑法草案(修订稿)》进行逐条讨论和修改,形成了《刑法草案(修订二稿)》(“第三十五稿”)。陶希晋把《刑法草案(修订二稿)》呈送中央政法领导小组,请求开会审议。

1979年2月,彭真担任全国人大常委会法制委员会主任,重新接手了立法的相关工作。中央政法领导小组副组长黄火青拿到《刑法草案(修订二稿)》,首先呈报给彭真,由彭真来决定是否向上提交。

1979年3月9日,全国人大常委会法制委员会召开第一次立法会议,彭真、武新宇、陶希晋均参加会议。参会人员对于对哪一稿进行讨论各执一词。此时,彭真指出“第三十三稿”经过中央政治局审查,是具有基础的草案,而“第三十五稿”没有经过正式开会讨论,因此不能直接用于讨论,只能对“第三十三稿”进行审议。但是“第三十五稿”可以作为“第三十三稿”的重要参考和补充资料。在对“第三十三稿”进一步修订的过程中产生了五个稿子。其中第四稿(“第三十七稿”)在中央政治局相关会议上,得到了原则性通过,并对其中部分细节提出修改的要求,形成了第五稿(“第三十八稿”)。中央政治局拿到“第三十八稿”进行审阅后,同意提交全国人大常委会法制委员会全体会议和第五届全国人大常委会第八次会议进行审议,两个会议对“第三十八稿”审议后,根据审议中提出的相关意见作进一步修改,随即提交第五届全国人大第二次会议审议。〔4〕

1979年6月26日,全国人大常委会副委员长彭真在第五届全国人大第二次会议上就七个法律草案〔5〕作了说明。首先彭真对草拟法律案的时代背景作了总体的介绍,陈述了“文革”结束之后,“四人帮”流毒尚未完全肃清,各种不良思潮与极

〔4〕 本小节以上段落参见高铭暄口述,傅跃建整理:《我与刑法七十年》,北京大学出版社2018年版,第31—37页;高铭暄编著:《中华人民共和国刑法的孕育和诞生》,法律出版社1981年版,“前言”,第4—5页。

〔5〕 七个法律草案分别是《地方各级人民代表大会和地方各级人民政府组织法(草案)》《全国人民代表大会和地方各级人民代表大会选举法(草案)》《刑法(草案)》《刑事诉讼法(草案)》《人民法院组织法(草案)》《人民检察院组织法(草案)》《中外合资经营企业法(草案)》。

端思潮迅速滋生，由此产生了建立社会主义法制的迫切需求，使普通民众的日常生活有章可循，使国家司法机关制裁犯罪行为的相关活动有法可依。

"从今年开始，全国工作的着重点转移到社会主义现代化建设方面来。随着这个历史性的转变，我国必须认真地加强社会主义民主和社会主义法制。没有健全的社会主义法制，就很难实现健全的社会主义民主。华国锋同志在政府工作报告中指出：'我国封建主义的历史很长，经济文化比较落后。''四人帮'的流毒也还没有肃清。在这种情况下，专制主义、官僚主义、特权思想、家长作风以及小资产阶级个人主义、自由主义、无政府主义，很容易滋长。现在有些地方和单位，人民的积极性和创造性还受到压抑，人民的人身权利、民主权利和其他权利有时还得不到可靠的保障。这一切表明，要充分实现社会主义民主，必须逐步健全社会主义法制，使九亿人民办事有章可循，坏人干坏事有个约束和制裁。因此，'人心思法'，全国人民都迫切要求有健全的法制。"〔6〕

就刑事立法本身而言，彭真首先对刑法的属性与任务进行明确的定位，随后从保障社会与公民财产权利、保护公民人身权利、打击严重犯罪（明确严重犯罪行为的种类、严格限制类推适用）、减少死刑使用、保障公民民主权利、严格区分刑法与其他社会规范的界限、确定刑法的时效问题七个方面展开了对刑事立法的相关内容进行说明：

"刑法草案在文化大革命以前已有三十几稿。一九五七年的第二十二稿曾提交一届四次人大会议征求代表意见并授权人大常委会审议修改。一九六三年的第三十三稿，曾经中共中央政治局常委和毛泽东同志原则审查过。这次提出的草案是以第三十三稿为基础，根据十几年来的经验和新的情况、新的问题，由法制委员会会同各有关部门共同做了补充和修改……刑法是国家的基本法之一。刑法（草案）是以马列主义、毛泽东思想为指针，结合我国实行无产阶级领导的工农联盟为基础的人民民主专政即无产阶级专政的具体经验制订的。它的任务是'用刑罚同一切反革命和其他刑事犯罪行为作斗争'，以利于保护人民和国家的利益，巩固和发展安定团结、生动活泼的政治局面，保证社会主义现代化建设的顺利进行。

"第一，刑法的重要任务之一是保护社会主义社会的公共财产和个人合法财产。草案规定：要保护全民所有的财产和劳动群众集体所有的财产，同时也要保护私人所有的一切合法财产，包括公民的合法收入、储蓄、房屋和其他生活资料，以及依法归个人、家庭所有或使用的自留地、自留畜、自留树等生产资料。

"第二，刑法（草案）明确规定'保护公民的人身权利、民主权利和其他权利，不

---

〔6〕 高铭暄、赵秉志编：《新中国刑法立法文献资料总览》（上），中国人民公安大学出版社1998年版，第555页。

受任何人、任何机关非法侵犯’。规定严禁刑讯逼供,严禁聚众‘打、砸、抢’,严禁非法拘禁,严禁诬告陷害。凡捏造事实诬告陷害他人(包括犯人)的,参照他所诬陷的罪行的性质、情节、后果和量刑标准给以刑事处分。在文化大革命中,由于林彪、‘四人帮’大搞刑讯逼供、打砸抢,非法拘禁和诬陷、迫害,造成了大批冤案、假案、错案,后果极为严重。因此,在刑法中规定‘严禁’这些罪行是符合群众愿望的,也是完全必要的。

“刑法(草案)规定,‘以暴力或者其他办法,包括用‘大字报’、‘小字报’,公然侮辱他人或者捏造事实诽谤他人,情节严重的,处三年以下有期徒刑或者拘役’。当然,我们必须继续坚持不抓辫子、不扣帽子、不打棍子的‘三不主义’,保护工作中的批评和反批评,讨论问题时不同意见的相互反驳,以及对领导、对工作提出的批评建议的权利,这些必须同诽谤、侮辱严格加以区别。国家既不允许以刑法(草案)的这个规定为借口压制批评、压制民主,也不允许以民主为借口对他人进行侮辱诽谤。

“第三,刑法的打击锋芒是针对反革命和其他犯罪行为的。刑法(草案)对于现行的重大的反革命罪和那些情节恶劣、危害社会后果严重、群众痛恨的刑事犯罪,规定了较重的刑罚。对于反革命罪中情节特别恶劣、对国家和人民危害特别严重的,以及对于杀人、抢劫、放火、决水、爆炸、投毒等后果严重的,规定了可以判处死刑。

“为了防止罪名的滥用,关于反革命罪,刑法(草案)明确规定限于‘以推翻无产阶级专政的政权和社会主义制度为目的危害中华人民共和国的行为’,对其他各种刑事犯罪也作了比较明确的规定。对没有明文规定的犯罪,严格限制了类推的应用,规定类推的使用应一律报请最高人民法院核准。

“第四,我国现在还不能也不应废除死刑,但应尽量减少使用。早在 1951 年,中共中央和毛泽东同志就再三提出要尽量减少死刑。现在,建国将近三十年,特别在粉碎‘四人帮’以后,全国形势日益安定,因此刑法(草案)减少了判处死刑罪的条款。为了贯彻少杀的方针和力求避免发生不可挽救的冤案、假案、错案,这次恢复了死刑一律由最高人民法院判决或者核准的规定。同时,还保留了我国特有的死刑也可以缓刑的规定。

“第五,刑法既要充分保护人民行使民主权利,又要切实维护社会秩序、生产秩序、工作秩序、教学科研秩序和人民群众生活秩序。因此,草案规定‘禁止任何人利用任何手段扰乱社会秩序’。我们绝不应给任何反革命分子、敌特间谍分子和人民的其他敌人以任何危害人民、破坏社会主义事业的自由和权利。

“第六,刑法的任务限于处理刑事犯罪问题。不能把应按党纪、政纪和民法、行政法、经济法处理的并不触犯刑法的问题,列入刑法,追究刑事责任。因此,这类问题都不列入刑法。

“第七，刑法（草案）规定，本法自颁布施行之日（1980年1月1日）起生效。颁布实行以前历史上遗留的问题和案件，按照党和国家过去一贯的方针、政策、法律、法令处理。”[7]

从彭真所说的以上七点内容可以看出，“文化大革命”的结束与“四人帮”的粉碎是《刑法》出台的重大背景，由此，防止“文革”期间的乱象再次发生也是《刑法》承担的重大使命。正是因为“四人帮”大搞刑讯逼供、扰乱社会秩序，滋长了社会上打砸抢、诬告陷害、诽谤侮辱等诸多乱象，侵害到社会公共财产与个人合法财产权利、人身权利与民主权利，才会有草案说明中重点突出的保障个人财产权利、人身权利和民主权利以及严禁反革命活动、刑讯逼供、打砸抢、诬告陷害、诽谤侮辱、扰乱社会秩序、司法类推适用等方面具体内容。可见，以上相关条文是针对“文革”期间社会乱象展开的回应型立法活动。

“七九刑法”是对1979年6月30日由第五届全国人大第二次会议秘书处印发的刑法草案第三十八稿进行表决产生的。质言之，尽管“第三十三稿”是“七九刑法”的重要基础，但是草案直到第三十八稿仍有修改，最终定稿，“审议中又作了个别修改。最后于七月一日下午四点零五分，获得一致通过，七月六日正式公布”。[8]

经表决通过后，1979年7月6日全国人大常委会委员长叶剑英以委员长令第五号的方式，宣布了《中华人民共和国刑法》的公布：“中华人民共和国第五届全国人民代表大会第二次会议于1979年7月1日通过了《中华人民共和国刑法》，现予公布，自1980年1月1日起施行。”[9]至此，中华人民共和国第一部刑法正式诞生。“七九刑法”分“总则”与“分则”两编，共计192条。“总则—分则”这一模式实际上从《大纲草案》就产生了，经过“七九刑法”的立法确认，一直延续至今。

（一）总则部分

“七九刑法”总则部分共计89条，分为五章，分别是“刑法的指导思想、任务和适用范围”“犯罪”“刑罚”“刑罚的具体运用”“其他规定”。

1. 关于“刑法的指导思想、任务和适用范围”章

“七九刑法”在第1条规定了刑法的指导思想：“中华人民共和国刑法，以马克思列宁主义毛泽东思想为指针，以宪法为根据，依照惩办与宽大相结合的政策，结合我国各族人民实行无产阶级领导的、工农联盟为基础的人民民主专政即无产阶

---

〔7〕 高铭暄、赵秉志编：《新中国刑法立法文献资料总览》（上），中国人民公安大学出版社1998年版，第556—558页。

〔8〕 高铭暄编著：《中华人民共和国刑法的孕育和诞生》，法律出版社1981年版，“前言”，第4—5页。

〔9〕 高铭暄、赵秉志编：《新中国刑法立法文献资料总览》（上），中国人民公安大学出版社1998年版，第559页。

级专政和进行社会主义革命、社会主义建设的具体经验及实际情况制定。"[10]本条是以"第三十三稿"的第1条为基础,结合新经验加以完善而成的。关于本条的产生情况,高铭暄教授回忆道:

"更值得一提的是,在修改稿中,彭真用铅笔在第1条中亲手添加了'中华人民共和国刑法,以马克思列宁主义毛泽东思想为指针,以宪法为依据……'的词句。国际立法惯例除了宪法,其他法律中一般不出现关于政治层面的内容,最多也就是写'根据《宪法》精神制定'云云。在这之后,中国的立法再也没有出现理论、宪法、政策、实践'四大依据'。"[11]

高铭暄教授对此条为何如此拟定,进行了立场的解释,即阶级斗争没有停止,但是也不再需要急风暴雨式的群众阶级斗争,刑法确实天然地带有强烈的政治色彩,并不可避免地受到政策影响。因此,既要明确刑法的阶级属性,也要明确其在改革开放以后的时代任务—打击敌人、惩治犯罪,这一立场与指导思想是一致的:

"这条讲的就是我国刑法的指导思想和制定根据……它的内容很丰富,全面体现和坚持了四项基本原则;同时指明了马列主义毛泽东思想与刑法的关系,宪法与刑法的关系,刑事政策与刑法的关系以及司法实践与刑法的关系。在世界各国的刑法中,开宗明义第一条这样写是没有的……因此这条是很有创造性的。在这条规定里,最重要之点就是指明我国刑法是以马克思列宁主义、毛泽东思想为指针,结合我国具体情况制定的。这是我国刑法最鲜明的特色。马克思列宁主义、毛泽东思想是我们党和国家的指导思想和理论基础。毛泽东思想是马克思列宁主义在中国的运用和发展,是马克思列宁主义普遍真理和中国革命具体实践相结合的产物,其被实践证明了的关于中国革命的正确的理论原则和经验总结是中国共产党集体智慧的结晶。刑法是我国的基本法之一,它从立法原则到具体规定,从制定到实施,都必须以马克思列宁主义毛泽东思想为指针。"[12]

"七九刑法"在第2条的位置规定了"刑法的任务"。本条也基本承袭"第三十三稿"关于刑法任务的内容,并加以完善:"中华人民共和国刑法的任务,是用刑罚同一切反革命和其他刑事犯罪行为作斗争,以保卫无产阶级专政制度,保护社会主义的全民所有的财产和劳动群众集体所有的财产,保护公民私人所有的合法财产,保护公民的人身权利、民主权利和其他权利,维护社会秩序、生产秩序、工作秩序、教学科研秩序和人民群众生活秩序,保障社会主义革命和社会主义建设事业的顺利

---

〔10〕 高铭暄、赵秉志编:《新中国刑法立法文献资料总览》(上),中国人民公安大学出版社1998年版,第528—529页。

〔11〕 高铭暄口述,傅跃建整理:《我与刑法七十年》,北京大学出版社2018年版,第34—35页。

〔12〕 高铭暄编著:《中华人民共和国刑法的孕育和诞生》,法律出版社1981年版,第11页。

进行。”[13]

与“第三十三稿”不同的是：第一，“第三十三稿”宣称要捍卫的政权性质是“工人阶级领导的、工农联盟为基础的人民民主专政制度”，而“七九刑法”宣称要捍卫的政权性质是“无产阶级专政制度”；第二，关于社会秩序的规定，“七九刑法”的规定比“第三十三稿”所称“社会秩序”更加清晰，“维护社会秩序、生产秩序、工作秩序、教学科研秩序和人民群众生活秩序”；第三，关于财产所有权性质的规定，“第三十三稿”表述为“保护国家所有的和集体所有的公共财产，保护公民所有的合法财产”，而“七九刑法”则表述为“保护社会主义的全民所有的财产和劳动群众集体所有的财产，保护公民私人所有的合法财产”，一方面强调了全民所有而非国家所有，另一方面强调了公民私有财产的合法性；第四，关于公民权利的保障问题，“第三十三稿”表述为“保护公民的人身和其他权利”，而“七九刑法”则表述为“保护公民的人身权利、民主权利和其他权利”，对于公民权利的列举更加全面。[14]

高铭暄教授针对此条进行了专门说明，首先是这一条规定是什么内容，以及这一刑法任务在分则中也得到了充分的体现和反映，与此同时，作为唯一一种针对生命权设置的刑罚，死刑安置的位置体现了刑法打击的方向：

“这一条主要讲了刑法打击什么，保护什么，也就是打击的锋芒和保护的对象；讲了刑罚这个武器，是用来同犯罪作斗争的，反革命分子和其他刑事犯罪分子实施犯罪，危害了国家和人民的利益，国家就运用刑罚的手段对付他。犯罪和刑罚构成刑法的基本内容。因此这是一条具有重大政治意义和法律意义的条文。

“我国刑法的任务是要打击敌人、惩罚犯罪的。对于反革命和杀人、放火、抢劫、强奸等严重破坏社会秩序的重大刑事犯罪，刑法规定要处以较重的刑罚，危害特别严重、情节特别恶劣的，甚至可处以死刑。刑法分则规定可处死刑的条文共有七条，其中反革命罪总的规定一条（第一百零三条），实际上管九条；其他六条是：放火、决水、爆炸、投毒罪（第一百零六条）；破坏交通工具、交通设备、电力煤气设备、易燃易爆设备罪（第一百一十条）；故意杀人罪（第一百三十二条）；强奸罪（第一百三十九条）；抢劫罪（第一百五十条）；贪污罪（第一百五十五条）。所以形式上看是七条，实际上是十五条。可处无期徒刑的共二十条，除上述可处死刑的十五条都同时挂了无期徒刑以外，其余五条是：非法制造、买卖、运输或者盗窃、抢夺枪支弹药罪（第一百一十二条）；伪造国家货币或者贩运伪造的国家货币罪（第一百二十二条）；故意伤害致死罪（第一百三十四条）；惯窃、惯骗罪（第一百五十二条）；盗运珍贵文

〔13〕 参见高铭暄、赵秉志编：《新中国刑法立法文献资料总览》（上），中国人民公安大学出版社 1998 年版，第 529 页。

〔14〕 参见高铭暄、赵秉志编：《新中国刑法立法文献资料总览》（上），中国人民公安大学出版社 1998 年版，第 339 页、第 529 页。

物出口罪(第一百七十三条)。死刑、无期徒刑共二十条,占分则条文总数一百零三条的19.4%。这些重刑都是对付反革命罪和重大刑事犯罪的。从这里也就可以看出我国刑法的打击锋芒了。"[15]

"七九刑法"第3条对于刑罚的空间效力进行规定:"凡在中华人民共和国领域内犯罪的,除法律有特别规定的以外,都适用本法。凡在中华人民共和国船舶或者飞机内犯罪的,也适用本法。犯罪的行为或者结果有一项发生在中华人民共和国领域内的,就认为是在中华人民共和国领域内犯罪。"[16]第2款根据新的形势扩大了对于"领域"的界定,弥补了"第二十二稿""第三十三稿"遗留下来的漏洞。

第4条规定:"中华人民共和国公民在中华人民共和国领域外犯下列各罪的,适用本法:(一)反革命罪;(二)伪造国家货币罪(第一百二十二条),伪造有价证券罪(第一百二十三条);(三)贪污罪(第一百五十五条),受贿罪(第一百八十五条),泄露国家机密罪(第一百八十六条);(四)冒充国家工作人员招摇撞骗罪(第一百六十六条),伪造公文、证件、印章罪(第一百六十七条)。"[17]较之于"第三十三稿",本条增加了在国外犯"贪污罪"适用本法,与此同时删除了在国外犯"侵犯国家所有的和集体所有的公共财产罪""侵犯公民所有的合法财产罪""侵犯人身权利罪"三项罪名适用本法的规定。

第5条规定,"中华人民共和国公民在中华人民共和国领域外犯前条以外的罪,而按本法规定的最低刑为三年以上有期徒刑的,也适用本法;但是按照犯罪地的法律不受处罚的除外",延续了"第三十三稿"第5条"最低刑为三年以上有期徒刑的可以适用本法"的规定。第6条规定外国人在国外对中国国家或者公民犯罪的情形,"外国人在中华人民共和国领域外对中华人民共和国国家或者公民犯罪,而按本法规定的最低刑为三年以上有期徒刑的,可以适用本法;但是按照犯罪地的法律不受处罚的除外"。第7条规定,"凡在中华人民共和国领域外犯罪、依照本法应当负刑事责任的,虽然经过外国审判,仍然可以依照本法处理;但是在外国已经受过刑罚处罚的,可以免除或者减轻处罚"。第8条规定外交豁免的情形,"享有外交特权和豁免权的外国人的刑事责任问题,通过外交途径解决"。[18]

"七九刑法"第9条规定:"本法自一九八〇年一月一日起生效。中华人民共和国成立以后本法施行以前的行为,如果当时的法律、法令、政策不认为是犯罪的,适

---

〔15〕 高铭暄编著:《中华人民共和国刑法的孕育和诞生》,法律出版社1981年版,第22—23页。

〔16〕 高铭暄、赵秉志编:《新中国刑法立法文献资料总览》(上),中国人民公安大学出版社1998年版,第529页。

〔17〕 高铭暄、赵秉志编:《新中国刑法立法文献资料总览》(上),中国人民公安大学出版社1998年版,第529页。

〔18〕 高铭暄、赵秉志编:《新中国刑法立法文献资料总览》(上),中国人民公安大学出版社1998年版,第529—530页。

用当时的法律、法令、政策。如果当时的法律、法令、政策认为是犯罪的,依照本法总则第四章第八节的规定应当追诉的,按照当时的法律、法令、政策追究刑事责任。但是,如果本法不认为是犯罪或者处刑较轻的,适用本法。"[19]

《刑法》第 9 条所体现的也是从旧兼从轻原则。按照这条的规定,1949 年 10 月 1 日至 1979 年 12 月 31 日这段时间内发生的行为,要按以下办法解决:(1)当时的法律、法令、政策不认为是犯罪的行为,无论现在的刑法如何规定,均不认为是犯罪;(2)当时的法律、法令、政策认为是犯罪,而现在的刑法不认为是犯罪的,只要该行为未经审判或者判决未确定的即不认为是犯罪;(3)当时的法律,法令、政策和现在的刑法都认为是犯罪,而且未过追诉时效的,除了现在的刑法处刑较轻的适用现在的刑法外,都按照当时的法律、法令、政策追究刑事责任。[20]

2. 关于"犯罪"章

"七九刑法"中"犯罪"一章,分为"犯罪和刑事责任""犯罪的预备、未遂和中止""共同犯罪"三节,共计 17 条。

关于犯罪的定义。"七九刑法"第 10 条规定:"一切危害国家主权和领土完整,危害无产阶级专政制度,破坏社会主义革命和社会主义建设,破坏社会秩序,侵犯全民所有的财产或者劳动群众集体所有的财产,侵犯公民私人所有的合法财产,侵犯公民的人身权利、民主权利和其他权利,以及其他危害社会的行为,依照法律应当受刑罚处罚的,都是犯罪;但是情节显著轻微危害不大的,不认为是犯罪。"[21] 正因为刑法保护的对象,正是犯罪侵害的对象,因此犯罪的定义与刑法的任务相互呼应、相互契合,"这个概念是运用马克思主义的观点和方法,对中国社会上存在的各种犯罪现象所作的科学概括,它是我们划分罪与非罪界限的总标准";与此同时,犯罪行为是危害社会、触犯刑法且应当受到刑罚处罚的行为。另外,与"第二十二稿"和"第三十三稿"不同的是,"第二十二稿"在本条"但书"的表述是"情节显著轻微危害不大的,不以犯罪论处","第三十三稿"的表述是"情节轻微危害不大的,不以犯罪论处",而本条的表述是"情节显著轻微危害不大的,不认为是犯罪",因此,本条"但书"所承担的功能是"从原则上划分罪与非罪,而不是划分论处不论处的界限"。[22]

关于故意犯罪和过失犯罪。"七九刑法"第 11 条对于故意犯罪进行规定:"明

〔19〕 高铭暄、赵秉志编:《新中国刑法立法文献资料总览》(上),中国人民公安大学出版社 1998 年版,第 530 页。

〔20〕 参见高铭暄编著:《中华人民共和国刑法的孕育和诞生》,法律出版社 1981 年版,第 33 页。

〔21〕 高铭暄、赵秉志编:《新中国刑法立法文献资料总览》(上),中国人民公安大学出版社 1998 年版,第 530 页。

〔22〕 高铭暄编著:《中华人民共和国刑法的孕育和诞生》,法律出版社 1981 年版,第 35—37 页。

知自己的行为会发生危害社会的结果,并且希望或者放任这种结果发生,因而构成犯罪的,是故意犯罪。故意犯罪,应当负刑事责任。"第 12 条对于过失犯罪进行规定:"应当预见自己的行为可能发生危害社会的结果,因为疏忽大意而没有预见,或者已经预见而轻信能够避免,以致发生这种结果的,是过失犯罪。过失犯罪,法律有规定的才负刑事责任。"第 13 条对于非故意、非过失而不认为是犯罪的情形进行了规定:"行为在客观上虽然造成了损害结果,但是不是出于故意或者过失,而是由于不能抗拒或者不能预见的原因所引起的,不认为是犯罪。"〔23〕本规定基本继承了"第三十三稿"的相关内容。

关于刑事责任年龄。"七九刑法"第 14 条对于刑事责任年龄问题进行了规定,"已满十六岁的人犯罪,应当负刑事责任。已满十四岁不满十六岁的人,犯杀人、重伤、抢劫、放火、惯窃罪或者其他严重破坏社会秩序罪,应当负刑事责任。已满十四岁不满十八岁的人犯罪,应当从轻或者减轻处罚。因不满十六岁不处罚的,责令他的家长或者监护人加以管教;在必要的时候,也可以由政府收容教养",〔24〕"刑法第十四条基本上维持了三十三稿相应条文的内容,仅在第二款列举的罪名中增加'抢劫'一项,把'严重偷窃罪'改为'惯窃罪',把'严重破坏交通罪'改为'其他严重破坏社会秩序罪'这样概括得全面些,不致把已满十四岁不满十六岁的人在实践中所犯的一些严重罪行放纵了。另外,把第四款中的'家属'改为'家长',更为确切。第十四条关于刑事责任年龄的规定,以及第四十四条关于未成年人犯罪不适用死刑的规定,体现了我们国家对下一代的关怀和保护,对少年犯宽大处理和着重于教育、改造和挽救的精神。此外,第二十六条还规定:教唆未成年人犯罪的,应当从重处罚,以打击和防止坏人将少年、儿童引入歧途。这也是对未成年人关怀和保护的表现"。〔25〕

关于精神病人和聋哑人的刑事责任能力问题。第 15 条对于精神病人在发病期间造成危害后果进行规定:"精神病人在不能辨认或者不能控制自己行为的时候造成危害结果的,不负刑事责任;但是应当责令他的家属或者监护人严加看管和医疗。间歇性的精神病人在精神正常的时候犯罪,应当负刑事责任。醉酒的人犯罪,应当负刑事责任。"本条首先将精神病人分为两种情况:(1)精神病人在不能辨认或者不能控制自己行为的时候;(2)间歇性的精神病人在精神正常的时候。前者是缺乏自我控制能力的,从而不具备刑事责任能力,而后者自然是具备刑事责任能力

〔23〕 高铭暄、赵秉志编:《新中国刑法立法文献资料总览》(上),中国人民公安大学出版社 1998 年版,第 530—531 页。

〔24〕 高铭暄、赵秉志编:《新中国刑法立法文献资料总览》(上),中国人民公安大学出版社 1998 年版,第 531 页。

〔25〕 高铭暄编著:《中华人民共和国刑法的孕育和诞生》,法律出版社 1981 年版,第 40—41 页。

的,因此必须加以区别。与此同时,醉酒者当然应当负刑事责任。第 16 条规定:"又聋又哑的人或者盲人犯罪,可以从轻、减轻或者免除处罚。"〔26〕本条与"第三十三稿"相比,首先增加了"盲人",其次增加了"免除处罚"的可能性,由此增加了犯罪主体,同时减轻了处罚力度,体现出宽大政策与人道主义精神。

关于正当防卫与紧急避险。第 17 条对正当防卫以及防卫过当作出了规定:"为了使公共利益、本人或者他人的人身和其他权利免受正在进行的不法侵害,而采取的正当防卫行为,不负刑事责任。正当防卫超过必要限度造成不应有的危害的,应当负刑事责任;但是应当酌情减轻或者免除处罚。"第 18 条对紧急避险以及避险过当作出了规定:"为了使公共利益、本人或者他人的人身和其他权利免受正在发生的危险,不得已采取的紧急避险行为,不负刑事责任。紧急避险超过必要限度造成不应有的危害的,应当负刑事责任;但是应当酌情减轻或者免除处罚。第一款中关于避免本人危险的规定,不适用于职务上、业务上负有特定责任的人。"〔27〕

关于犯罪的形态。"七九刑法"规定的犯罪形态有"犯罪预备""犯罪未遂""犯罪中止"三种。第 19 条规定了犯罪预备:"为了犯罪,准备工具、制造条件的,是犯罪预备。对于预备犯,可以比照既遂犯从轻、减轻处罚或者免除处罚。"犯罪预备的规定维持了"第三十三稿"的内容,相较于"第二十二稿",仅补充了"免除处罚"的内容。第 20 条规定了犯罪未遂:"已经着手实行犯罪,由于犯罪分子意志以外的原因而未得逞的,是犯罪未遂。对于未遂犯,可以比照既遂犯从轻或者减轻处罚。"本条仅将"由于……未遂"修改为"由于……未得逞",属于修辞上的变动,其余亦均维持"第三十三稿"的相关内容。第 21 条规定犯罪中止:"在犯罪过程中,自动中止犯罪或者自动有效地防止犯罪结果发生的,是犯罪中止。对于中止犯,应当免除或者减轻处罚。"对于中止犯的处理体现了宽大的刑事政策,以及鼓励犯罪分子主动放弃犯罪的刑事立法态度。〔28〕

关于共同犯罪。"七九刑法"第 22 条规定了共同犯罪的定义:"共同犯罪是指二人以上共同故意犯罪。二人以上共同过失犯罪,不以共同犯罪论处;应当负刑事责任的,按照他们所犯的罪分别处罚。"第 23 条至第 26 条分别规定了"主犯""从犯""胁从犯""教唆犯"的定义及其处罚。第 23 条规定"主犯"相关内容:"组织、领导犯罪集团进行犯罪活动的或者在共同犯罪中起主要作用的,是主犯。对于主犯,

---

〔26〕 高铭暄、赵秉志编:《新中国刑法立法文献资料总览》(上),中国人民公安大学出版社 1998 年版,第 531 页。

〔27〕 高铭暄、赵秉志编:《新中国刑法立法文献资料总览》(上),中国人民公安大学出版社 1998 年版,第 531 页。

〔28〕 参见高铭暄、赵秉志编:《新中国刑法立法文献资料总览》(上),中国人民公安大学出版社 1998 年版,第 532 页。

除本法分则已有规定的以外,应当从重处罚。"第 24 条规定"从犯"相关内容:"在共同犯罪中起次要或者辅助作用的,是从犯。对于从犯,应当比照主犯从轻、减轻处罚或者免除处罚。"第 25 条规定"胁从犯"的相应内容:"对于被胁迫、被诱骗参加犯罪的,应当按照他的犯罪情节,比照从犯减轻处罚或者免除处罚。"第 26 条规定:"教唆他人犯罪的,应当按照他在共同犯罪中所起的作用处罚。教唆不满十八岁的人犯罪的,应当从重处罚。如果被教唆的人没有犯被教唆的罪,对于教唆犯,可以从轻或者减轻处罚。"〔29〕

3. 关于"刑罚"章

在刑罚一章中,第 27—29 条规定了主刑与附加刑:"第二十七条　刑罚分为主刑和附加刑。第二十八条　主刑的种类如下:(一)管制;(二)拘役;(三)有期徒刑;(四)无期徒刑;(五)死刑。第二十九条　附加刑的种类如下:(一)罚金;(二)剥夺政治权利;(三)没收财产。附加刑也可以独立适用。"〔30〕

其中,剥夺政治权利的渊源可以追溯至《大纲草案》第 22 条对"褫夺政治权"的规定,第 1 款规定了褫夺政治权者被褫夺的权利内容:"一、选举权与被选举权;二、担任国家公职之权;三、被选举担任公共团体职务之权;四、受国家的勋章、奖章及荣誉称号之权。"1954 年 9 月 30 日草拟的《指导原则草案》第 17 条第 1 款将"剥夺政治权利"的内容,修改"国家公职"为"国家机关行政职务",增补"(三)参加人民武装;(四)言论、出版机会、结社、游行、示威的自由"。其中第三项、第四项的变动,极有可能与同年 9 月 20 日通过《宪法》有关,遂将某些"宪法权利"纳入可被刑罚剥夺的"政治权利"之范畴;与此同时,也废除了对于担任公共团体职务的限制。至 1956 年"第十三稿",将《指导原则草案》第 17 条第 1 款第 3 项废除。1957 年"第二十一稿"第 55 条第 1 款删除接受勋章及荣誉一项,第 3 项增补"担任审判员、陪审员、检察员、律师的权利",恢复剥夺"担任人民团体领导职务的权利"为第 4 项,完整表述为:"(一)选举权与被选举权;(二)担任国家机关行政职务的权利;(三)担任审判员、陪审员、检察员、律师的权利;(四)担任人民团体领导职务的权利"。1957 年"第二十二稿"第 54 条第 1 款、1962 年"第二十七稿"第 53 条第 1 款延续此制。1963 年"第三十稿"第 54 条第 1 款在此基础上,修改第 2 项为"担任国家机关、企业、事业单位行政职务的权利",增加第 5 项为"(五)担任学校教师和行政职务的权利"。"第三十三稿"第 54 条第 1 款延续"第三十稿"的相关规定。1978 年"第三十四稿"第 47 条第 1 款将第 5 项内容恢复为"享受荣誉称号的权利"。1979 年"第

---

〔29〕 高铭暄、赵秉志编:《新中国刑法立法文献资料总览》(上),中国人民公安大学出版社 1998 年版,第 532 页。

〔30〕 高铭暄、赵秉志编:《新中国刑法立法文献资料总览》(上),中国人民公安大学出版社 1998 年版,第 533 页。

三十五稿”第40条第1款在第2项中吸纳人民团体领导职务,整合为“担任国家机关、企业、事业单位和人民团体领导职务的权利”,将“第三十四稿”第1款第5项改为第4项,第3项仍然是剥夺担任司法官与律师的权利。1979年“第三十六稿”第51条重新恢复对于1978年《宪法》第45条相关权利的剥夺,并将担任人民团体领导职务权利之剥夺从“第三十五稿”第40条第1款第2项中分离出来形成第5项,第4项则承袭上一稿中关于剥夺担任司法官与律师权利之规定。1979年“第三十七稿”第49条再次删除剥夺担任司法人员与律师的规定,调整、整合后完整表述为“(一)选举权与被选举权;(二)宪法第四十五条规定的各种权利;(三)担任国家机关行政职务的权利;(四)担任企业、事业单位和人民团体领导职务的权利”。1979年“第三十八稿”第50条、“七九刑法”第50条、“九七刑法”第54条,在规定剥夺政治权利刑方面,均沿袭此规定。[31]

(二)分则部分

“七九刑法”的第二编分则部分共计103条,分为“反革命罪”“危害公共安全罪”“破坏社会主义经济秩序罪”“侵犯公民人身权利、民主权利罪”“侵犯财产罪”“妨害社会管理秩序罪”“妨害婚姻、家庭罪”“渎职罪”八章。

1. 关于“反革命罪”章

“七九刑法”第二编第一章“反革命罪”共有15条。第90条规定了反革命罪的定义:“以推翻无产阶级专政的政权和社会主义制度为目的的、危害中华人民共和国的行为,都是反革命罪。”[32]在章首规定反革命罪的定义,表现了立法者对于本章所调整的罪行的高度重视。本章所规定的犯罪行为是直接危害无产阶级政权和社会主义制度的行为,本章内容基本沿袭了“第三十三稿”的相关内容。事实上,本法是对于多次草案中“反革命罪”设计的第一次立法确认,也是最后一次立法确认。因为到“九七刑法”中,具有浓厚政治意味的“反革命罪”便正式退出了历史舞台。另外,本章吸纳了原第二章危害公共安全罪中的“聚众劫狱或者暴动越狱”一罪,删除“国家工作人员叛变的行为”等罪名。

本章列明的犯罪行为有:(1)勾结外国阴谋危害祖国主权、领土完整和安全的行为(第91条);(2)阴谋颠覆政府、分裂国家的行为(第92条);(3)策动国家工作人员、武装部队叛变的行为(第93条);(4)投敌叛变、率领武装部队叛变或者将防线防地、军事机密交付敌人的行为(第94条);(5)持械聚众叛乱的行为(第95条);(6)聚众劫狱或者暴动越狱(第96条);(7)间谍、资敌行为,即提供国家机密或者情

---

〔31〕 参见高铭暄、赵秉志编:《新中国刑法立法文献资料总览》(上),中国人民公安大学出版社1998年版,第142、174、197、232、261、290、317、346、374、408、443、471、504、536页。

〔32〕 高铭暄、赵秉志编:《新中国刑法立法文献资料总览》(上),中国人民公安大学出版社1998年版,第541页。

报、为敌人指示轰炸目标、为敌人供给军火、军用物资等(第97条);(8)参加反革命特务、间谍组织进行潜伏的行为(第98条);(9)利用封建会道门进行反革命活动的行为(第99条);(10)以反革命为目的从事破坏的行为(第100条);(11)以反革命为目的,投放毒物、散布病菌(第101条);(12)以反革命为目的煽动群众抗拒、破坏法律、法令实施,以反革命标语、传单等宣传方式煽动推翻无产阶级专政政权或者社会主义制度的行为(第102条)。第103条规定,除第98条、第99条、第102条外,若对国家、人民危害特别严重,情节特别恶劣,均可以判处死刑。第104条规定,对于本章犯罪可以并处没收财产。[33]

2. 关于"危害公共安全罪"章

本章规定的犯罪行为侵害的犯罪对象是社会公共安全,共计11条,较之"第三十三稿"减少了10条。本章规定的犯罪行为有:(1)放火、决水等危险方法破坏公共建筑或其他公私财产的行为(第105条);(2)放火、决水、爆炸、投毒或以其他危险方式致人重伤、死亡或者公私财产遭受重大损失的(第106条);(3)破坏交通工具使之发生倾覆、毁坏危险,尚未造成严重后果的行为(第107条);(4)破坏交通设施足以使交通工具发生倾覆、毁坏危险,尚未造成严重后果的行为(第108条);(5)破坏电力、煤气等易燃易爆设备危害公共安全,尚未造成严重后果的行为(第109条);(6)破坏交通工具、交通设备、电力煤气设备、易燃易爆设备造成严重后果的行为(第110条);(7)破坏通讯设备危害公共安全(第111条);(8)非法制造、买卖、运输枪支、弹药或盗窃、抢夺国家机关或者军警人员枪支弹药的行为(第112条,"第三十三稿"中三条罪名合并为一条);(9)交通运输人员违反规章制度,因而发生重大事故,致人重伤、死亡或者公私财产遭受重大损失的行为(第113条);(10)工厂、矿山、林场、建筑企业或者其他企业、事业单位的职工,由于不服管理、违反规章制度,或者强令工人违章冒险作业,因而发生重大伤亡事故,造成严重后果的行为(第114条);(11)违反爆炸性、易燃性、放射性、毒害性、腐蚀性物品的管理规定,在生产、储存、运输、使用中发生重大事故,造成严重后果的行为(第115条)。[34]

3. 关于"侵犯公民人身权利、民主权利罪"章

较之"第三十三稿","七九刑法"将对于民主权利的侵犯行为纳入本章的调整范围之内,并于章首设置独立的第131条,作为本章的总括性规定:"保护公民的人身权利、民主权利和其他权利,不受任何人、任何机关非法侵犯。违法侵犯情节严重

---

〔33〕 参见高铭暄、赵秉志编:《新中国刑法立法文献资料总览》(上),中国人民公安大学出版社1998年版,第541—543页。

〔34〕 参见高铭暄、赵秉志编:《新中国刑法立法文献资料总览》(上),中国人民公安大学出版社1998年版,第544—545页。

的，对直接责任人员予以刑事处分。"[35]"七九刑法"中，在章首设置有总括性规定的章节仅有"反革命罪"一章与本章，可见立法者对于运用国家公权力针对侵犯人身权利与民主权利的犯罪行为进行严厉打击抱有较高的立法期待。

本章规定的犯罪行为侵害的犯罪对象是人身权利和民主权利等，包括生命权、健康权、自由权利、性选择权、政治权利等方面，共计 19 条。本章规定的犯罪行为有：故意杀人的行为（第 132 条）；过失杀人的行为（此处未使用"过失致人死亡"的表述，第 133 条）；故意伤害的行为（第 134 条）；过失伤害致人重伤的行为（第 135 条）；刑讯逼供的行为（第 136 条）；聚众"打砸抢"的行为（第 137 条）；诬告陷害的行为（第 138 条）；强奸妇女的行为（将奸淫幼女与轮奸作为从重处罚的情节，将致人重伤、死亡的行为作为从重情节，第 139 条）；强迫妇女卖淫的行为（第 140 条）；拐卖人口的行为（第 141 条）；破坏选举的行为（第 142 条）；非法拘禁的行为（第 143 条）；非法管制或非法搜查的行为（第 144 条）；侮辱诽谤的行为（本条为亲告罪，第 145 条）；国家工作人员报复陷害的行为（第 146 条）；国家工作人员非法剥夺宗教自由或侵犯少数民族风俗习惯的行为（第 147 条）；在侦查审判中作虚假证明、鉴定、记录、翻译，意图陷害他人或者隐匿罪证的行为（第 148 条）；侵犯公民通信自由的行为（第 149 条）。[36]"七九刑法"将"第三十三稿"中关于船长与医务人员（第 154—155 条）的相关罪名予以删除。

值得注意的是，本章有四条以"严禁"为开头的条文，分别是第 136—138 条以及第 143 条。"严禁"这一词汇，并非常用的刑法语言，相反带有更多的政策性、行政性、命令性的意味，体现了立法者对于此四条的高度关注。这一立法模式因循了加大对于侵犯人身权利、民主权利的打击力度的立法思路，具体内容如下：

"第一百三十六条　严禁刑讯逼供。国家工作人员对人犯实行刑讯逼供的，处三年以下有期徒刑或者拘役。以肉刑致人伤残的，以伤害罪从重论处。

"第一百三十七条　严禁聚众'打砸抢'。因'打砸抢'致人伤残、死亡的，以伤害罪、杀人罪论处。毁坏或者抢走公私财物的，除判令退赔外，首要分子以抢劫罪论处。犯前款罪，可以单独判处剥夺政治权利。

"第一百三十八条　严禁用任何方法、手段诬告陷害干部、群众。凡捏造事实诬告陷害他人（包括犯人）的，参照所诬陷的罪行的性质、情节、后果和量刑标准给予刑事处分。国家工作人员犯诬陷罪的，从重处罚。不是有意诬陷，而是错告，或者检举失实的，不适用前款规定。

---

〔35〕 高铭暄、赵秉志编：《新中国刑法立法文献资料总览》（上），中国人民公安大学出版社 1998 年版，第 547 页。

〔36〕 参见高铭暄、赵秉志编：《新中国刑法立法文献资料总览》（上），中国人民公安大学出版社 1998 年版，第 547—549 页。

"第一百四十三条　严禁非法拘禁他人,或者以其他方法非法剥夺他人人身自由。违者处三年以下有期徒刑、拘役或者剥夺政治权利。具有殴打、侮辱情节的,从重处罚。犯前款罪,致人重伤的,处三年以上十年以下有期徒刑;致人死亡的,处七年以上有期徒刑。"

正如 1979 年 6 月 26 日彭真在第五届全国人大第二次会议上所作说明:"刑法(草案)明确规定'保护公民的人身权利、民主权利和其它权利,不受任何人、任何机关非法侵犯'。规定严禁刑讯逼供,严禁聚众'打、砸、抢',严禁非法拘禁,严禁诬告陷害。凡捏造事实诬告陷害他人(包括犯人)的,参照他所诬陷的罪行的性质、情节、后果和量刑标准给以刑事处分。在文化大革命中,由于林彪、'四人帮'大搞刑讯逼供、打砸抢,非法拘禁和诬陷、迫害,造成了大批冤案、假案、错案,后果极为严重。因此,在刑法中规定'严禁'这些罪行是符合群众愿望的,也是完全必要的。"可见中央层面对于"文革"期间出现的诬告等社会现象进行了深刻的反思,尽管在表述上还有完善的空间,但是仍然不失为一种政治和法制的进步。高铭暄教授对于四个"严禁"的立法情况也有相关回忆:

"彭真还在具体条文中,增加了'严禁刑讯逼供''严禁聚众打砸抢''严禁用任何方法、手段诬告陷害干部、群众''严禁非法拘禁他人'等词句。按照法学精神,刑法典里针对某几个罪适用'严禁'一类的词,显然有些不协调,但这一刻,在座的人们不由自主地回想起'文革'的所作所为,知道领导的用意在于重点警示,全都闭口不说了,因为历史留给我们的教训太深刻了!"〔37〕

关于诬告罪,不同时期的草案对其应当归属何章或者行为描述应当如何具体化多有变动。《大纲草案》将之规定在第五章"妨害国家统治秩序罪"的第 71 条,"企图陷害或捏造事实而诬告他人者,处以两年以下监禁。诬告他人犯重罪或致他人受重大之损害者,处以三年以上七年以下监禁"。"第二十二稿"第 187 条规定:"意图使他人受刑事处分,而诬告他人的,处五年以下有期徒刑;造成严重后果的,按照他所诬告的罪处罚。但是误告的,不适用本条的规定。"可见"第二十二稿"采用了罪刑法定与诬告反坐相结合的立法模式,带有明显的调和主义色彩。"第三十三稿"将本罪置于第七章"妨害管理秩序罪"第 177 条:"意图陷害他人受刑事处分而诬告的,处三年以下有期徒刑;情节严重的,处三年以上十年以下有期徒刑。但是错告的不适用本条规定。"1978 年"第三十四稿"对诬告陷害罪作专章(第 169—173 条)规定,但仍按照"处三年以上十年以下有期徒刑"进行处理,以示警戒。1979 年"第三十五稿"于第六章基本因袭损益之。1979 年"第三十六稿"停止使用专章模式,将诬告陷害罪放置在第四章"侵犯公民人身权利、民主权利罪"下的第 143 条,

---

〔37〕 高铭暄口述、傅跃建整理:《我与刑法七十年》,北京大学出版社 2018 年版,第 34—35 页。

明确提出适用“反坐原则”，并以“严禁”作为本条开头，“严禁诬告迫害干部、群众。凡捏造事实、伪造证据，凭空诬陷他人（包括犯人）的，依反坐原则论处。司法工作人员犯诬陷罪的，从重处罚”，且删除错告不适用本条的规定，有一定矫枉过正的嫌疑。1979 年“第三十七稿”第四章第 136 条沿袭“依反坐原则论处”的表述，进一步加强了对“任何方法、手段”的诬告陷害行为的打击力度，将“诬陷”与“迫害”联系在一起，并将从重处罚的对象由“司法工作人员”扩大至“国家工作人员”，“严禁用任何方法、手段诬陷迫害干部、群众。凡捏造事实诬陷他人（包括犯人）的，依反坐原则论处。国家工作人员犯诬陷罪的，从重处罚”。“第三十八稿”第四章第 138 条将反坐原则加以明确规定，并重新吸纳错告与检举失实不坐，体现了立法上的理性回归，“严禁用任何方法、手段诬告陷害干部、群众。凡捏造事实诬陷他人（包括犯人）的，参照所诬陷的罪行的性质、情节、后果和量刑标准予以刑事处分。国家工作人员犯诬陷罪的，从重处罚。不是有意诬陷，而是错告，或者检举失实的，不适用前款规定”；这一表述被“七九刑法”所采纳。[38] 本罪名引起了学界的争议，有学者直接主张“诬告有罪，必须犯罪”，[39] 也有学者明确表达反对意见，“刑法分则按反坐精神对诬陷罪进行惩罚的规定，不仅在理论上没有什么重大意义，反而使它的社会主义性质大为减色”。[40] “九七刑法”依照罪刑法定原则，废除了反坐精神，恢复法定刑幅度规定，“捏造事实诬告陷害他人，意图使他人受刑事追究，情节严重的，处三年以下有期徒刑、拘役或者管制；造成严重后果的，处三年以上十年以下有期徒刑。国家机关工作人员犯前款罪的，从重处罚”。

另外，值得关注的是，从杀人罪的立法严格来看，《大纲草案》第 121 条至第 123 条，分别规定了“故意杀人罪”“义愤杀人罪”“过失杀人罪”三种杀人罪。1954 年《指导原则草案》第 51 条废除了“义愤杀人罪”，合并故意、过失而分别两款以为“杀人罪”，其中从重处罚的情节为，“（一）因为敌视他人的揭发、检举或者其他正义行为而杀人；（二）使用放火、放毒或者其他能够杀死多数人的危险方法而杀人的；（三）杀害二人以上的；（四）对被害人一贯虐待又加以杀害的；（五）为了消灭犯罪证据而杀人的；（六）为了嫁祸于人而杀人或者杀人后嫁祸于人的；（七）杀人动机特别恶劣或者手段特别残酷的”，似乎本条较之《大纲草案》第 121 条第 2 款更为具体完善。但是在 1956 年“第十三稿”第 224 条、1957 年“第二十一稿”第 149 条、1957 年“第二十二稿”第 148 条（第 2 款规定，为国家或人民利益义愤杀人可以减免刑罚）、1962 年“第二十七稿”第 136 条、1963 年“第三十稿”第 141 条、1963 年“第三十

---

〔38〕 参见高铭暄、赵秉志编：《新中国刑法立法文献资料总览》（上），中国人民公安大学出版社 1998 年版，第 152、278、362、391、425、456、483、517、548 页。

〔39〕 郭裕：《诬告有罪，必须反坐》，载《社会科学研究》1979 年第 4 期。

〔40〕 林向荣：《试论“诬告反坐”》，载《现代法学》1980 年第 2 期。

三稿”第 142 条中,均未规定加重情形。但是在 1978 年“第三十四稿”中,第 145 条系以专门条款规定了判处死刑或无期徒刑的故意杀人罪,“(一)抢劫、盗窃杀人的;(二)强奸杀人的;(三)为毁灭罪证杀人灭口的;(四)因自己的罪行被揭发而杀害检举人的;(五)其他犯罪情节恶劣,民愤极大的”。1979 年“第三十五稿”第 147 条沿用以上五种情形作为从重情节,但值得注意的是,该条刑罚排序为“处十年以上有期徒刑、无期徒刑或者死刑”。“第三十六稿”第 137 条再次删除从重情节规定,“第三十七稿”第 130 条、“第三十八稿”第 132 条、“七九刑法”第 132 条、“九七刑法”第 232 条,则完全承袭不作从重情形的特殊规定,仅对一般情形与情节较轻的情形作了量刑幅度的区分。〔41〕

4. 关于“妨害婚姻、家庭罪”章

本章规定的犯罪行为侵害的犯罪对象是婚姻权利、婚姻关系与家庭成员人身权利,共计 6 条。本章的犯罪行为有:暴力干涉他人婚姻自由的行为(第 179 条)、重婚的行为(第 180 条)、破坏军婚的行为(第 181 条)、虐待家庭成员的行为(第 182 条)、负有扶养义务而拒绝扶养的行为(第 183 条)、拐骗未满 14 岁的男女脱离家庭的行为(第 184 条)。〔42〕 草案的起草者将其作为单章规定,除对以往草案的沿袭,还有中国传统社会历来重视婚姻家庭伦常的原因。现行《刑法》对本章所涉及的相关内容不再作单章规定,而与其他各章尤其是侵害人身权利章节相结合。

根据表 8 - 1,在历次草案中,凡有独立的“妨害婚姻家庭罪”一章者,“干涉婚姻自由罪”“重婚罪”“虐待罪”“遗弃罪”“诱拐男女脱离家庭罪”几乎一直存在;“借婚姻关系索取财物罪”“破坏他人婚姻家庭罪”,因时代环境与社会风气的改变,逐渐淡化并消失;“破坏军婚罪”逐步强化。另外,《指导原则草案》与“九七刑法”不设专章,而被其他章节、其他罪名或者其他法规所吸收。

〔41〕 参见高铭暄、赵秉志编:《新中国刑法立法文献资料总览》(上),中国人民公安大学出版社 1998 年版,第 53、182、219、245、274、302、330、358、388、422—423、455、483、516、547 页。

〔42〕 参见高铭暄、赵秉志编:《新中国刑法立法文献资料总览》(上),中国人民公安大学出版社 1998 年版,第 553—554 页。

表 8－1　历次刑法草案中“妨害婚姻与家庭罪”章节条目〔43〕

罪名 条目 法案章节	干涉婚姻自由	借婚姻关系索取财物	重婚	虐待	遗弃	诱拐男女脱离家庭	破坏他人婚姻家庭	破坏军婚
大纲草案第十二章	149	154	151			155		
指导原则草案	无专章							
第 13 稿第九章	256	257	258	259	260	261		
第 21 稿第六章	178	179	180	181	182	183		
第 22 稿第六章	177	178	179	180	181	183		
第 30 稿第六章	165	166	167	169	170	171	168	
第 33 稿第六章	166	167	168	170	171	172	169	
第 34 稿第九章	192	193	194	197	198	199	195	196
第 35 稿第九章	191	192	193	196	197	198	194	195
第 36 稿第九章	186		187	189	190	191		188
第 37 稿第七章	177		178	180	181	182		179
第 38 稿第七章	179		180	182	183	184		181
1979 年刑法第七章	179		180	182	183	184		181
1997 年刑法	无专章							

二、“九七刑法”

在“七九刑法”实施期间，全国人大常委会先后通过 20 多部单行刑法，分别是《惩治军人违反职责罪暂行条例》（1981 年 6 月 10 日第五届全国人大常委会第十九

〔43〕 高铭暄、赵秉志编：《新中国刑法立法文献资料总览》（上），中国人民公安大学出版社 1998 年版，第 165—166、223、248—249、277、332—333、361—362、394—395、429—430、461、488—489、522—523、533—534 页。

次会议通过）、《关于死刑案件核准问题的决定》（1981 年 6 月 10 日第五届全国人大常委会第十九次会议通过）、《关于处理逃跑或者重新犯罪的劳改犯和劳教人员的决定》（1981 年 6 月 10 日第五届全国人大常委会第十九次会议通过）、《关于严惩严重破坏经济的罪犯的决定》（1982 年 3 月 8 日第五届全国人大常委会第二十二次会议通过）、《关于宽大释放全部在押的原国民党县团以下党政军特人员的决定》（1982 年 3 月 8 日第五届全国人大常委会第二十二次会议通过）、《关于严惩严重危害社会治安的犯罪分子的决定》（1983 年 9 月 2 日第六届全国人大常委会第二次会议通过）、《关于对中华人民共和国缔结或者参加的国际条约所规定的罪行行使刑事管辖权的决定》（1987 年 6 月 23 日第六届全国人大常委会第二十一次会议通过）、《关于惩治贪污罪贿赂罪的补充规定》（1988 年 1 月 21 日第六届全国人大常委会第二十四次会议通过）、《关于惩治走私罪的补充规定》（1988 年 1 月 21 日第六届全国人大常委会第二十四次会议通过）、《关于惩治泄露国家秘密犯罪的补充规定》（1988 年 9 月 5 日第七届全国人大常委会第三次会议通过）、《关于惩治捕杀国家重点保护的珍贵、濒危野生动物犯罪的补充规定》（1988 年 11 月 8 日第七届全国人大常委会第四次会议通过）、《关于惩治侮辱中华人民共和国国旗国徽罪的决定》（1990 年 6 月 28 日第七届全国人大常委会第十四次会议通过）、《关于惩治走私、制作、贩卖、传播淫秽物品的犯罪分子的决定》（1990 年 12 月 28 日第七届全国人大常委会第十七次会议通过）、《关于禁毒的决定》（1990 年 12 月 28 日第七届全国人大常委会第十七次会议通过）、《关于惩治盗掘古文化遗址古墓葬犯罪的补充决定》（1991 年 6 月 29 日第七届全国人大常委会第二十次会议通过）、《关于严惩拐卖、绑架妇女、儿童的犯罪分子的决定》（1991 年 9 月 4 日第七届全国人大常委会第二十一次会议通过）、《关于严禁卖淫嫖娼的决定》（1991 年 9 月 4 日第七届全国人大常委会第二十一次会议通过）、《关于惩治偷税、抗税犯罪的补充规定》（1992 年 9 月 4 日第七届全国人大常委会第二十七次会议通过）、《关于惩治劫持航空器犯罪分子的决定》（1992 年 12 月 28 日第七届全国人大常委会第二十九次会议通过）、《关于惩治假冒注册商标犯罪的补充规定》（1993 年 2 月 22 日第七届全国人大常委会第三十次会议通过）、《关于惩治生产、销售伪劣商品犯罪的决定》（1993 年 7 月 2 日第八届全国人大常委会第二次会议通过）、《关于严惩组织、运送他人偷越国（边）境犯罪的补充规定》（1994 年 3 月 5 日第八届全国人大常委会第六次会议通过）、《关于惩治侵犯著作权的犯罪的决定》（1994 年 7 月 5 日第八届全国人大常委会第八次会议通过）、《关于惩治违反公司法的犯罪的决定》（1995 年 2 月 28 日第八届全国人大常委会第十二次会议通过）、《关于惩治破坏金融秩序犯罪的决定》（1995 年 6 月 30 日第八届全国人大常委会第十四次会议通过）、《关于惩治虚开、伪造和非法出售增值税专用发票犯罪的决定》（1995 年 10 月 30 日第八届全国人大常委会第十六次会议通过)等。以上单行刑法,连同分散在其他部门法中的117个附属刑法,全部被整合到“九七刑法”中,因而失效。

此间社会形态与1979年制定刑法时已然有较大变动,加之产生了数量较多的单行刑法和附属刑法亟待整合与清理,因此对“七九刑法”进行修订成了立法机关的重大工作之一。1988年7月第七届全国人大常委会第二次会议,刑法的全面修改被正式提上议事日程。1993年12月,全国人大常委会法工委委托中国人民大学法学院刑法教研室修改刑法总则,由高铭暄教授成立修改小组。自1993年12月接受委托后,至1994年9月,人民大学刑法总则修改小组完成了《刑法总则大纲》一份与《刑法总则修改稿》四份,全国人大常委会法制工作委员会1996年8月在此基础上完成《刑法总则修改稿》。1996年3月《刑事诉讼法》完成第一次修正后,《刑法》修改工作显得更加迫切。1996年8月12日至16日,全国人大常委会法工委邀请高铭暄、王作富、马克昌、曹子丹、单长宗、储槐植参加刑法修改座谈探讨会。[44]

1996年12月24日,全国人大常委会副委员长王汉斌作了关于《中华人民共和国刑法(修订草案)》的说明。[45] 他肯定了“七九刑法”对于社会主义法制与秩序的作用与贡献,同时也指出了相应问题,论证修订的必要性:

“一是制定刑法时对有些犯罪行为研究得还不够,规定得不够具体,不好操作,或者执行时随意性较大,如渎职罪、流氓罪、投机倒把罪三个‘口袋’规定都比较笼统;二是有些犯罪行为现在已经变得很严重,如走私犯罪和毒品犯罪,需要相应加重刑罚;三是随着十几年来我国政治、经济和社会生活的发展变化,出现了许多新情况、新问题,发生了一些新的犯罪行为,特别是经济犯罪,如金融犯罪、证券犯罪、利用增值税专用发票犯罪,还有黑社会性质的有组织的犯罪、计算机犯罪等。为了适应与犯罪斗争的实际需要,有必要对刑法进行修改完善。”[46]

本次修订刑法,主要的考虑有三个方面:(1)制定一部统一的、比较完备的刑法典,吸收决定、补充规定以及附属刑法的内容,将拟制定的反贪污贿赂法和中央军委提请常委会审议的惩治军人违反职责犯罪条例的内容编入刑法;(2)注意保持法律的连续性和稳定性,在文字表述和量刑规定上,原则上不需要修改的就尽量不修改;(3)对一些原来比较笼统、原则的规定,尽量把犯罪行为研究清楚,作出具体规定。“七九刑法”为192条,草案为449条,增加257条。

王汉斌对修订的主要内容和问题进行具体说明:(1)进一步明确规定刑法基本

---

〔44〕 高铭暄口述,傅跃建整理:《我与刑法七十年》,北京大学出版社2018年版,第39—41页。

〔45〕 高铭暄、赵秉志编:《新中国刑法立法文献资料总览》(上),中国人民公安大学出版社1998年版,第1534—1544页。

〔46〕 高铭暄、赵秉志编:《新中国刑法立法文献资料总览》(上),中国人民公安大学出版社1998年版,第1534—1544页。

原则。明确规定罪刑法定原则,取消类推规定;明确规定法律面前人人平等原则,与《宪法》中的规定保持一致;明确规定罪刑相当原则,各个条文之间对罪刑要统一平衡,不能畸重或者畸轻。(2)关于减刑、假释,原本的条文在实际执行中,由于对确有悔改没有明确界限,也没有严格的程序,处理随意性较大,存在问题较多;同时要维护法院判决执行的严肃性,严格明确假释条件,对于累犯和暴力性犯罪判处无期徒刑的犯罪分子不适用假释;明确规定减刑、假释程序。(3)关于在法定刑以下判处刑罚,在实际执行中,对于判处法定最低刑罚没有统一具体的表述,随意性很大,因此适用这一规定必须经过严格的程序。(4)关于正当防卫,实践中界限不清,随意性较大,此次明确受害人和其他公民对于暴力侵害所采取的制止不法侵害行为均是正当防卫行为,适度扩大正当防卫的范围。(5)为鼓励犯罪分子自首、立功,草案对自首、立功的作了较为宽大的处刑规定。(6)关于反革命罪,随着国家政治、经济、文化的发展,反革命罪的罪名适用遇到一些新问题,在实践中也难以认定,草案将反革命罪一章改为危害国家安全罪,明确具体的相应犯罪行为,能够更有力地打击危害国家安全的犯罪活动。这次修改反革命罪,"对反革命罪原来的规定,可以适用普通刑事犯罪的,都尽量按普通刑事犯罪追究……是考虑到我们国家已经从革命时期进入建设时期,从过去大规模的群众性的阶级斗争进入集中力量进行社会主义现代化建设的历史新时期……对危害中华人民共和国的行为,规定适用危害国家安全罪比适用反革命罪更为适合"〔47〕,但是过去依照刑法反革命罪已经判刑的案件不改变。(7)关于投机倒把罪,过去的规定过于笼统,界限不清晰,因此草案按照具体犯罪行为定罪,不再笼统规定投机倒把罪,避免执法过度随意。(8)过去的流氓罪规定比较笼统,实际执行中定性的随意性较大,修订草案将该罪具体规定为侮辱、猥亵妇女罪,聚众淫乱罪,聚众斗殴罪,寻衅滋事罪。(9)关于贪污贿赂罪,这次修订将 1988 年《关于惩治贪污罪贿赂罪的补充规定》和最高人民检察院起草的《反贪污贿赂法》合并编为刑法的一章,明确国家工作人员的范围,并根据经济形势变化提高贪污贿赂罪法定最低刑的数额。(10)关于渎职罪,之前对于渎职罪规定过于笼统,玩忽职守罪规定处罚偏轻,本次修订将民事、经济、行政法律中"比照""依照"刑法玩忽职守罪、徇私舞弊罪追究刑事责任的条文修改为刑法的具体条款,并根据新形势将渎职犯罪的 7 条增加至 23 条,并对滥用职权、玩忽职守的犯罪行为造成的不同危害后果对应规定了不同程度的刑罚处罚。(11)增加黑社会犯罪、计算机犯罪、证券犯罪以及一些新型犯罪的相应规定。(12)关于死刑,有的人士认为应当减少死刑条文数量,但是考虑到当时社会治安严峻,减少死刑的条件尚不成

〔47〕 在此次修订之前,很多刑法学者都对于"反革命罪"的修订献计献策。例如,1995 年高铭暄教授在《法制日报》上发表文章,认为应当将"反革命罪"修改为"危害国家安全罪"。高铭暄口述,傅跃建整理:《我与刑法七十年》,北京大学出版社 2018 年版,第 41—44 页。

熟，此次修订对于死刑原则上不减少也不增加。（13）关于吸收军职罪条例，本次修订将军职罪修改合并入刑法，制定一部统一、完备的刑法典，经同军委法制局研究并经中央军委同意，将中央军委已提请第八届全国人大常委会审议的《中华人民共和国惩治军人违反职责犯罪条例（草案）》改为刑法分则的一章。

第八届全国人大常委会第二十三次会议对《刑法（修订草案）》进行初步审议。会后，王汉斌、任建新、罗干等召集中政委、最高法院、最高检察院、公安部、国家安全部、司法部和法律委、内务司法委、法工委、国务院法制局、军委法制局的负责人于1月6日至9日举行了4天会议，对修订草案中重大的、有争议的问题进行研讨修改。法律委、内务司法委于1月13日至24日召开会议，对修订草案进行逐条审议修改。经过修改，修订草案的条文从384条增加到446条。1997年2月19日，全国人大常委会副委员长王汉斌受委员长会议委托，作了关于《中华人民共和国刑法（修订草案）》修改意见的汇报。[48] 王汉斌就以下修改情况作了说明：完善正当防卫规定、增加资助境内组织进行严重危害国家安全活动的行为追究刑事责任的规定、增加组织领导参加恐怖组织罪相关规定、增加洗钱罪相关规定、针对境内人员窃取国家机密和非法持有国家机密等犯罪行为加以规定、增加单位走私犯罪的处罚规定、增加打击破坏土地或草原资源犯罪行为的规定（但如果能够通过行政处分解决的问题不纳入刑法）、增加个人贪污数额在1万元以上积极退赃的可以从轻处罚的规定（有利于减少贪污犯罪行为给国家造成的损失）、经同军委法制局研究同意将军人违反职责罪作为刑法分则的一章、增加危害国防利益罪一章。1997年3月14日，第八届全国人大第五次会议完成对《刑法》的修订，于1997年10月1日开始施行。

对照“七九刑法”和“九七刑法”的目录部分（见表8-2），可以看出以下几个明显的差异：第一，“九七刑法”第一章删除了指导思想，增补了基本原则，以及第二章根据现实需求增补“单位犯罪”一节，除此之外，从体例结构上来看，总则部分变动较少，分则部分变动较多；第二，取消“反革命罪”，整章修改为“危害国家安全罪”；第三，根据社会主义市场经济建设和发展需要，将“破坏社会主义经济秩序罪”改为“破坏社会主义市场经济秩序罪”，并明确规定出该章罪名之下的八种较为具体的犯罪行为，形成了较为清晰的分类；第四，在“妨害社会管理秩序罪”一章下归纳出九种较为具体的犯罪行为，使之较为体系化、逻辑化；第五，删除“妨害婚姻、家庭罪”，将之分散到其他各章；第六，增加“危害国防利益罪”“贪污贿赂罪”“军人违反职责罪”。

---

〔48〕 高铭暄、赵秉志编：《新中国刑法立法文献资料总览》（上），中国人民公安大学出版社1998年版，第1534—1544页。

表 8-2 “七九刑法”与“九七刑法”目录对照

“七九刑法”目录	“九七刑法”目录
第一编　总则	第一编　总则
第一章　刑法的指导思想、任务和适用范围	第一章　刑法的任务、基本原则和适用范围
第二章　犯罪	第二章　犯罪
第一节　犯罪和刑事责任	第一节　犯罪和刑事责任
第二节　犯罪的预备、未遂和中止	第二节　犯罪的预备、未遂和中止
第三节　共同犯罪	第三节　共同犯罪
	第四节　单位犯罪
第三章　刑罚	第三章　刑罚
第一节　刑罚的种类	第一节　刑罚的种类
第二节　管制	第二节　管制
第三节　拘役	第三节　拘役
第四节　有期徒刑、无期徒刑	第四节　有期徒刑、无期徒刑
第五节　死刑	第五节　死刑
第六节　罚金	第六节　罚金
第七节　剥夺政治权利	第七节　剥夺政治权利
第八节　没收财产	第八节　没收财产
第四章　刑罚的具体运用	第四章　刑罚的具体运用
第一节　量刑	第一节　量刑
第二节　累犯	第二节　累犯
第三节　自首	第三节　自首和立功
第四节　数罪并罚	第四节　数罪并罚
第五节　缓刑	第五节　缓刑
第六节　减刑	第六节　减刑
第七节　假释	第七节　假释
第八节　时效	第八节　时效
第五章　其他规定	第五章　其他规定
第二编　分则	第二编　分则
第一章　反革命罪	第一章　危害国家安全罪
第二章　危害公共安全罪	第二章　危害公共安全罪
第三章　破坏社会主义经济秩序罪	第三章　破坏社会主义市场经济秩序罪
	第一节　生产、销售伪劣商品罪
	第二节　走私罪
	第三节　妨害对公司、企业的管理秩序罪
	第四节　破坏金融管理秩序罪
	第五节　金融诈骗罪
	第六节　危害税收征管罪
	第七节　侵犯知识产权罪
	第八节　扰乱市场秩序罪
第四章　侵犯公民人身权利、民主权利罪	第四章　侵犯公民人身权利、民主权利罪
第五章　侵犯财产罪	第五章　侵犯财产罪
第六章　妨害社会管理秩序罪	第六章　妨害社会管理秩序罪
	第一节　扰乱公共秩序罪

续表

“七九刑法”目录	“九七刑法”目录
	第二节　妨害司法罪 第三节　妨害国(边)境管理罪 第四节　妨害文物管理罪 第五节　危害公共卫生罪 第六节　破坏环境资源保护罪 第七节　走私、贩卖、运输、制造毒品罪 第八节　组织、强迫、引诱、容留、介绍卖淫罪 第九节　制作、贩卖、传播淫秽物品罪
第七章　妨害婚姻、家庭罪 第八章　渎职罪	第七章　危害国防利益罪 第八章　贪污贿赂罪 第九章　渎职罪 第十章　军人违反职责罪 附则

(一)总则部分

“九七刑法”第一编总则部分共计 101 条,共分为五章,分别是“刑法的任务、基本原则和适用范围”“犯罪”“刑罚”“刑罚的具体适用”“其他规定”。除第一章标题有较为明显的变动,此体例与“七九刑法”几乎完全一致。

1. 关于刑法的任务

“九七刑法”删除了刑法指导思想的规定,取而代之的第 1 条是制定《刑法》的目的和依据:“为了惩罚犯罪,保护人民,根据宪法,结合我国同犯罪作斗争的具体经验及实际情况,制定本法。”其中当然还存留指导思想的影子,但是较之“七九刑法”的指导思想而言,本条规定体现出了一种去政治化和语言简练化的特征。第 2 条规定了刑法的任务,也呈现出同样的特征。

2. 关于刑法基本原则

“九七刑法”总则部分最为亮点的是明确规定了三个刑法基本原则:

“第三条　法律明文规定为犯罪行为的,依照法律定罪处刑;法律没有明文规定为犯罪行为的,不得定罪处刑。”

“第四条　对任何人犯罪,在适用法律上一律平等。不允许任何人有超越法律的特权。”

“第五条　刑罚的轻重,应当与犯罪分子所犯罪行和承担的刑事责任相适应。”

第 3 条称为“罪刑法定原则”,第 4 条称为“罪刑平等原则”,第 5 条成为“罪责刑相适应原则”。刑法中明确规定三条刑法基本原则的意义是非常重大的。基本原则是贯穿在刑法之中、在刑事立法和刑事司法中亦应当遵守的根本性准则,是保障犯罪嫌疑人、被告人合法权利的明确条文。换言之,此三条要废除的是类推适用、刑事法律领域可能存在的特权以及司法过程中判刑畸轻畸重的弊端。

3. 关于管辖权

"九七刑法"将"七九刑法"的第4条(中国公民在国外犯反革命罪,伪造国家货币罪,伪造有价证券罪,贪污罪,受贿罪,泄露国家机密罪,冒充国家工作人员招摇撞骗罪,伪造公文、证件、印章罪等四类犯罪的,适用本法)与第5条(中国公民在国外犯除以上四类罪以外的罪且依照本法最低刑为3年以上有期徒刑的,也适用本法,但是按照犯罪地的法律不受处罚的除外)进行合并,规定为:"中华人民共和国公民在中华人民共和国领域外犯本法规定之罪的,适用本法,但是按本法规定的最高刑为三年以下有期徒刑的,可以不予追究。"另外,增加了一个强调性的条款:"中华人民共和国国家工作人员和军人在中华人民共和国领域外犯本法规定之罪的,适用本法。"一方面体现了"罪刑平等原则",另一方面与"九七刑法"单章规定贪污贿赂罪、渎职罪、军人违反职责罪相适应。

增加第9条为普遍管辖权的规定:"对于中华人民共和国缔结或者参加的国际条约所规定的罪行,中华人民共和国在所承担条约义务的范围内行使刑事管辖权的,适用本法。"

4. 关于特殊人员的刑事责任能力

严格对于精神病人刑事责任能力的认定,"九七刑法"增加了"经法定程序鉴定确认的"才能不负刑事责任。另外"九七刑法"完善了对于精神病人犯罪后的管理,不再只依靠"家属或者监护人严加看管和医疗",而是增加了政府的监管能力,"在必要的时候,由政府强制医疗"。与此同时,"九七刑法"在精神病人、间歇性精神病人和醉酒的人三类之外增加了一类情形,即"尚未完全丧失辨认或者控制自己行为能力的精神病人犯罪的",在刑事责任认定上"应当负刑事责任",但是在处罚上"可以从轻或者减轻"。

5. 关于正当防卫

"九七刑法"在"七九刑法"正当防卫规定上,增加了"无过当之防卫":"对正在进行行凶、杀人、抢劫、强奸、绑架以及其他严重危及人身安全的暴力犯罪,采取防卫行为,造成不法侵害人伤亡的,不属于防卫过当,不负刑事责任。"

6. 关于完善主犯与单位犯罪等犯罪主体的规定

在主犯相关规定上,"九七刑法"增加了犯罪集团及其首要分子的罪刑问题:"三人以上为共同实施犯罪而组成的较为固定的犯罪组织,是犯罪集团。对组织、领导犯罪集团的首要分子,按照集团所犯的全部罪行处罚。"并将"七九刑法"第23条第2款对于主犯从重处罚的规定,修改为对于组织、领导犯罪集团的首要分子以外的主犯,"应当按照其所参与的或者组织、指挥的全部犯罪处罚"。

"九七刑法"在第二章"犯罪"中增加第四节"单位犯罪",规定范围负刑事责任的范围及其处罚问题,所谓“单位”包括“公司、企业、事业单位、机关、团体”,其实施犯罪应当负刑事责任,处罚方式为“单位犯罪的,对单位判处罚金,并对其直接负责的主管人员和其他直接责任人员判处刑罚”。

7. 关于刑罚及其具体运用

“九七刑法”将拘役从“十五日以上六个月以下”修改为“一个月以上六个月以下”。在规定死刑缓期执行的条款中,删除“七九刑法”中“实行劳动改造,以观后效”。在罚金刑执行的方面,增加随时追缴的规定,“对于不能全部缴纳罚金的,人民法院在任何时候发现被执行人有可以执行的财产,应当随时追缴”。“九七刑法”完善了“七九刑法”中关于剥夺政治权利附加、独立适用的规则,将应当剥夺政治权利的“反革命分子”修改为“危害国家安全的犯罪分子”,将可以剥夺政治权利的“严重破坏社会秩序的犯罪分子”明确为“故意杀人、强奸、放火、爆炸、投毒、抢劫等严重破坏社会秩序的犯罪分子”,并增加了按照分则规定独立适用剥夺政治权利刑的规定。对于没收财产刑的规定,增加“没收全部财产的,应当对犯罪分子个人及其扶养的家属保留必需的生活费用”,体现刑法的人道主义精神。

“九七刑法”将“七九刑法”中“在法定刑以下判处刑罚”的规定更加严格化,“七九刑法”规定该条适用在“犯罪分子虽然不具有本法规定的减轻处罚情节”情况下,只要再满足“如果根据案件的具体情况,判处法定刑的最低刑还是过重的”这一条件,“经人民法院审判委员会决定”就可以在法定刑以下判处刑罚。而“九七刑法”提高了适用门槛,在“犯罪分子虽然不具有本法规定的减轻处罚情节”情况下,必须是“根据案件的特殊情况”,并将负责适用本条款的机关由人民法院审判委员会修改为最高人民法院。在对于犯罪物品的处理方面,“九七刑法”增加了“对被害人的合法财产,应当及时返还”,以及“没收的财物和罚金,一律上缴国库,不得挪用和自行处理”,区分了被害人的合法财产和犯罪物品,保障了被害人合法的财产权利,同时明确了没收财物和罚金的去向和管理。关于累犯的规定中,相应地将“反革命分子”修改为“危害国家安全的犯罪分子”。

关于自首、立功、减刑、假释的方面。完善关于“自首”和“立功”的规定,鼓励犯罪分子“自首”“立功”,可以从轻、减轻或免除处罚。第 75 条增加了缓刑犯应当遵守的规定。第 78 条明确了减刑的适用条件,包括阻止、检举重大犯罪活动,有发明创造或者重大技术革新,舍己救人,在抗灾抢险中有突出表现或有其他重大贡献等情况,应当减刑;同时在第 79 条明确减刑的适用程序,由执行机关向中级以上人民法院提出减刑建议书,人民法院应当组成合议庭进行审理,对确有悔改或者立功事实的,裁定予以减刑。第 81 条增加了不得假释的情形,“对累犯以及因杀人、爆炸、抢劫、强奸、绑架等暴力性犯罪被判处十年以上有期徒刑、无期徒刑的犯罪分子,不得假释”,第 82 条明确假释程序依照减刑程序进行,同时在第 84 条规定假释犯应当遵守的规定。“九七刑法”第86条完善了“七九刑法”第75条关于假释犯再犯新罪撤销假释的规定,增加了“发现被假释的犯罪分子在判决宣告以前还有其他罪没有判决的”与“有违反法律、行政法规或者国务院公安部门有关假释的监督管理规定的行为”撤销假释的规定。

另外,还值得关注的是第五章“其他规定”第100条首次规定了“前科报告制度”:“依法受过刑事处罚的人,在入伍、就业的时候,应当如实向有关单位报告自己曾受过刑事处罚,不得隐瞒。”本条设置实际上是为了提高社会对于曾犯罪人员的警惕性。

(二)分则部分

“九七刑法”的第二编分则部分共计350条,较之“七九刑法”分则的103条有大幅度的增加,分为“危害国家安全罪”“危害公共安全罪”“破坏社会主义市场经济秩序罪”“侵犯公民人身权利、民主权利罪”“侵犯财产罪”“妨害社会管理秩序罪”“危害国防利益罪”“贪污贿赂罪”“渎职罪”“军人违反职责罪”十章。条文的增加、体例的变动,体现了修订后的刑法典适应变动的社会环境。

1. 关于“危害国家安全罪”章

“九七刑法”第二编第一章“危害国家安全罪”共有12条,分别是“背叛国家罪”“分裂国家罪、煽动分裂国家罪”“武装叛乱、暴乱罪”“颠覆国家政权罪、煽动颠覆国家政权罪”“与境外勾结的处罚规定”“资助危害国家安全犯罪活动罪”“投敌叛变罪”“叛逃罪”“间谍罪”“为境外窃取、刺探、收买、非法提供国家秘密、情报罪”“资敌罪”等具体罪名,以及“危害国家安全罪适用死刑、没收财产的规定”。

本章由“七九刑法”的“反革命罪”修改发展而来。“危害国家安全罪”替换了“反革命罪”,首先是对于改革开放之后的国内局势变迁进行确认,对于社会主义从革命斗争年代进入政治经济文化全面发展年代的确认,适应了客观历史环境的需求;其次是将政治话语置换为法律术语;最后,能够有效避免主观归罪,对犯罪行为的客观方面进行具体规定,能够有效促成主客观相一致,从而尽可能避免冤假错案的发生。从《大纲草案》开始,中国历次草案与第一部正式立法中均规定有“反革命罪”,反革命罪的立法活动甚至可以追溯到国民大革命时期。因此,“九七刑法”首度将反革命罪整体修改变更,可以说是中华人民共和国立法史,甚至中国近代立法史上的一个重要事件,“要在刑法中彻底消除已然存在数十年的‘反革命罪’,这不仅仅是一项单纯的立法工作,还涉及社会理念等各个方面”。[49] 毫无疑问,这不仅是刑事立法朝向科学化的方向迈进的产物,也是刑事立法契合社会发展方向的体现。

---

〔49〕 高铭暄口述,傅跃建整理:《我与刑法七十年》,北京大学出版社2018年版,第42页。

2. 关于“破坏社会主义市场经济秩序罪”章

“破坏社会主义市场经济秩序罪”一章，在《大纲草案》中被命名为“经济上的犯罪”（与“职务上的犯罪”相对应），在“七九刑法”中为“破坏社会主义经济秩序罪”。1978 年以来，市场经济逐步得到重视和发展。1992 年年初，邓小平南巡发表“南方谈话”，提出了“计划和市场都是经济手段”“发展才是硬道理”等重要论断，为社会主义市场经济的建设与探索奠定了坚实基础，此后社会主义市场经济蓬勃发展。“九七刑法”在刑法分则的标题中直接体现“社会主义市场经济”，正是对于国内经济发展局势的回应与反馈。

本章共计 92 个条文，按照经济秩序之下需要保护的不同法益，分为“生产、销售伪劣商品罪”“走私罪”“妨害对公司、企业的管理秩序罪”“破坏金融管理秩序罪”“金融诈骗罪”“危害税收征管罪”“侵犯知识产权罪”“扰乱市场秩序罪”八个类别，将原本较为混乱的条文进行归类，呈现出罪名与罪名之间的共性以及本章内部的逻辑性与体系性，也体现了刑事立法技术的整合能力与进步趋势。其中多数罪名是根据新的经济形势和新型经济类犯罪规定的，最为明显的就是“侵犯知识产权罪”。

3. 关于“妨害社会管理秩序罪”章

“妨害社会管理秩序罪”一章，在“第二十二稿”中还被称为“妨害其他社会秩序罪”，呈现一种罪名尚未有效归类整合的样态。“七九刑法”规定的“妨害社会管理秩序罪”一章，仍然没有进行归类。“九七刑法”则按照不同法益分为九个类别，分别是“扰乱公共秩序罪”“妨害司法罪”“妨害国（边）境管理罪”“妨害文物管理罪”“危害公共卫生罪”“破坏环境资源保护罪”“走私、贩卖、运输、制造毒品罪”“组织、强迫、引诱、容留、介绍卖淫罪”“制作、贩卖、传播淫秽物品罪”，共计 91 条。经重新归类编排后，本章也呈现出逻辑性、体系性；第一节扰乱公共秩序罪中规定的计算机犯罪（第 286 条），也是根据新型犯罪进行制定的，体现了刑法根据社会现实需要进行调整完善的特征。

4. 关于“贪污贿赂罪”章

本章共计 15 条，规定了“贪污罪”“挪用公款罪”“受贿罪”“单位受贿罪”“行贿罪”“单位行贿罪”“介绍贿赂罪”“巨额财产来源不明罪”“隐瞒境外存款罪”“私分国有资产罪”“私分罚没财物罪”等罪名，多数采用了“定义—处罚”分为两条进行规定的模式。本章系将 1988 年《关于惩治贪污罪贿赂罪的补充规定》和最高人民检察院起草的《反贪污贿赂法》合并编写，成为刑法的一个专章。在没有形成专章之时，贪污罪是归属在侵犯财产罪中作为侵犯公私财产这一客体的犯罪存在的。“九七刑法”将之列为专章，首先意味着立法者对于该罪属性认识的进步，即从侵犯财产到损害国家工作人员廉洁性。同时，也可以看出刑罚对贪污贿赂犯罪行为的打击力度、立法者对国家工作人员廉洁性的重视程度，也是本次《刑法》修订的创新之举。

5. 关于“危害国防利益罪”章与“军人违反职责罪”章

此二章均与国防军事相关,均是结合军委法制局(甚至军委)意见、与军委法制局合作完成的内容。在“七九刑法”的基础上增加此二章,将侵犯国防军事利益相关的犯罪及其处罚纳入普通刑法调整范畴,可以有效提升刑法的统一性与完整性,并体现了“九七刑法”的创造性和新颖性。

“危害国防利益罪”一章,规定了“阻碍军人执行职务罪”“阻碍军事行动罪”“破坏武器装备、军事设施、军事通信罪”“故意提供不合格武器装备、军事设施罪”“过失提供不合格武器装备、军事设施罪”“聚众冲击军事禁区罪”“聚众扰乱军事管理区秩序罪”“冒充军人招摇撞骗罪”“煽动军人逃离部队罪”“雇用逃离部队军人罪”“接送不合格兵员罪”“伪造、变造、买卖武装部队公文、证件、印章罪”“盗窃、抢夺武装部队公文、证件、印章罪”“非法生产、买卖军用标志罪”“战时拒绝、逃避征召、军事训练罪”“战时拒绝、逃避服役罪”“战时故意提供虚假敌情罪”“战时造谣扰乱军心罪”“战时窝藏逃离部队军人罪”“战时拒绝、故意延误军事订货罪”“战时拒绝军事征用罪”等危害国防利益的犯罪行为及处罚规则。

“军人违反职责罪”一章,规定了是特殊主体的犯罪行为,包括“战时违抗命令罪”“隐瞒、谎报军情罪”“拒传、假传军令罪”“投降罪”“战时临阵脱逃罪”“擅离、玩忽军事职守罪”“阻碍执行军事职务罪”“指使部属违反职责罪”“违令作战消极罪”“拒不救援友邻部队罪”“军人叛逃罪”“非法获取军事秘密罪”“为境外窃取、刺探、收买、非法提供军事秘密罪”“故意泄露军事秘密罪;过失泄露军事秘密罪”“战时造谣惑众罪”“战时自伤罪”“逃离部队罪”“武器装备肇事罪”“擅自改变武器装备编配用途罪”“盗窃、抢夺武器装备、军用物资罪”“盗窃、抢夺枪支、弹药、爆炸物罪”“非法出卖、转让武器装备罪”“遗弃武器装备罪”“遗失武器装备罪”“擅自出卖、转让军队房地产罪”“虐待部属罪”“遗弃伤病军人罪”“战时拒不救治伤病军人罪”“战时残害居民、掠夺居民财物罪”“私放俘虏罪”“虐待俘虏罪”等军人犯罪行为。

第二节 1997年以后的刑事立法发展

“九七刑法”的出台,标志了中国刑事立法体系的基本定型。但是法律经过法典化之后就会产生诸如僵化性、滞后性等弊端,因此立法者需要不定期对于法典进行修改与完善,以避免法典因为定型而产生与社会现实严重脱节的问题。中国刑事法律的立法者一方面通过制定刑法修正案的方式对刑法典予以完善,从而在保持刑法的整体稳定性的情况下为刑法典注入时代的活力;另一方面通过对刑法典中不甚清晰的内容进行立法解释,从而推动了刑事立法的进一步发展。到目前为止,中国已经颁布了10个刑法修正案与15个立法解释。另外应当注意的是,中国目前还保留了一个刑事单行法，即 1998 年 12 月 29 日第九届全国人大常委会第六次会议通过《关于惩治骗购外汇、逃汇和非法买卖外汇犯罪的决定》。

一、刑法修正案

"九七刑法"制定之后，中国社会加速发展，社会形势日新月异、翻天覆地。尤其是 2000 年之后，犯罪行为的增加、犯罪手段的更新、法治观念的进展，形成了对"九七刑法"的冲击。全国人大常委会决定使用"中华人民共和国刑法修正案"（以下简称"刑法修正案"）的方式完成刑事立法的更新。

（一）《刑法修正案（一）》

《刑法修正案（一）》系由第九届全国人大常委会第十三次会议于 1999 年 12 月 25 日通过，同日国家主席江泽民签署第二十七号主席令予以公布，自公布之日起施行。修正案共计 9 条，规定了增加、修改、完善了关于"隐匿、故意销毁会计凭证、会计账簿、财务会计报告罪""国有公司、企业、事业单位滥用职权罪与失职罪""擅自设立金融机构罪""伪造、变造、转让金融机构经营许可证、批准文件罪""内幕交易、泄露内幕信息罪""编造并传播证券、期货交易虚假信息罪""诱骗投资者买卖证券、期货合约罪""操纵证券、期货市场罪""挪用资金罪""非法经营罪"等犯罪行为的规范与制裁。修正案制定与颁行的目的是"为了惩治破坏社会主义市场经济秩序的犯罪，保障社会主义现代化建设的顺利进行"。本修正案丰富、完善了刑法"破坏社会主义市场经济秩序罪"一章的内容，对于保障社会主义市场经济健康发展、打击经济、金融犯罪有重大帮助。

（二）《刑法修正案（二）》

《刑法修正案（二）》的出台是因为"九七刑法"中对于破坏耕地、林地的相关规定，不能覆盖新产生的破坏耕地、林地犯罪行为，在破坏耕地方面，"根据 1997 年刑法的规定，只有非法占用耕地改作他用的行为才构成犯罪，对于非法占用林地等农用地以及其他土地的行为并没有规定为犯罪……实践中一些地方为了发展地方经济，非法占用耕地用于基本建设的情况非常严重，耕地减少速度过快，如果不加以特殊保护，国家粮食安全将无法保证"；在破坏林地方面，出现了一些新的方式，"在刑法执行过程中……主要问题一是实践中毁林开垦的行为人往往一把火把林木烧掉或者使用机械毁坏，然后从事种植、养殖、建设等活动……另外，实践中也出现了一些非法占用草地、养殖水面等其他农用地的行为，有的对土地资源以及生态环境的破坏非常严重，也需要依法追究刑事责任"。[50]

---

〔50〕《中华人民共和国刑法修正案（二）释义》，载中国人大网：http://www.npc.gov.cn/npc/flsyywd/xingfa/2004-10/20/content_337788.htm，最后访问日期：2019 年 5 月 26 日。

因此,“为了惩治毁林开垦和乱占滥用林地的犯罪,切实保护森林资源”,2001年8月31日第九届全国人大常委会第二十三次会议通过《刑法修正案(二)》,同日国家主席江泽民签署第五十六号主席令予以公布并施行,具体规定为:“将刑法第三百四十二条修改为:违反土地管理法规,非法占用耕地、林地等农用地,改变被占用土地用途,数量较大,造成耕地、林地等农用地大量毁坏的,处五年以下有期徒刑或者拘役,并处或者单处罚金。”〔51〕

(三)《刑法修正案(三)》

《刑法修正案(三)》产生的背景主要是国际反恐高潮的兴起。一方面,美国“9·11”恐怖事件后,国际社会开展了各种形式的反对恐怖犯罪活动斗争;另一方面,中国于2001年10月27日完成了加入《制止恐怖主义爆炸的国际公约》法律批准程序。因此,“为了适应国内的反恐怖犯罪活动斗争的需要,结合当前国际、国内的恐怖犯罪活动的发展趋势及其特点,对刑法作一些适时的修改,使刑法成为打击各种恐怖犯罪活动的有力武器,也成为当前刑事立法的一个重要课题和迫切的任务”。〔52〕

2001年12月29日,第九届全国人大常委会第二十五次会议通过《刑法修正案(三)》,同日国家主席江泽民签署第六十四号主席令公布并施行,共计9条,旨在“惩治恐怖活动犯罪,保障国家和人民生命、财产安全,维护社会秩序”,增加、修改、完善的主要内容包括:第一,将“危险物质”的范围扩大到“毒害性、放射性、传染病病原体等物质”,相应修改完善《刑法》第二章“危害公共安全罪”第114条、第115条、第125条、第127条关于投放,非法制造、买卖、运输、储存,盗窃、抢夺、抢劫危险物质罪等相关条文,扩大实施危害的场所,加大打击力度;第二,在第291条之后增加“投放虚假危险物质罪”“编造、故意传播虚假恐怖信息罪”;第三,加大对于第120条“组织、领导、参加恐怖活动组织”的打击力度,对从事恐怖活动组织的行为区分在恐怖组织中的不同作用及其惩罚,并增加121条为“资助恐怖活动罪”;第四,加大对于第191条“洗钱罪”惩治力度,将洗钱罪的违法所得对象扩大为“毒品犯罪、黑社会性质的组织犯罪、恐怖活动犯罪、走私犯罪的所得及其产生的收益”。〔53〕

(四)《刑法修正案(四)》

2002年12月28日,第九届全国人大常委会第三十一次会议通过《刑法修正案

〔51〕《中华人民共和国刑法修正案(二)释义》,载中国人大网:http://www.npc.gov.cn/npc/flsyywd/xingfa/2004-10/20/content_337788.htm,最后访问日期:2019年5月26日。

〔52〕《中华人民共和国刑法修正案(三)释义》,载中国人大网:http://www.npc.gov.cn/npc/flsyywd/xingfa/2004-10/20/content_337787.htm,最后访问日期:2019年5月26日。

〔53〕《中华人民共和国刑法修正案(三)释义》,载中国人大网:http://www.npc.gov.cn/npc/flsyywd/xingfa/2004-10/20/content_337787.htm,最后访问日期:2019年5月26日。

(四)》,共计9条,同日国家主席江泽民签署第八十三号主席令予以公布并施行。本次修正的目的是"惩治破坏社会主义市场经济秩序、妨害社会管理秩序和国家机关工作人员的渎职犯罪行为,保障社会主义现代化建设的顺利进行,保障公民的人身安全",修正的主要方面包括"生产、销售不符合标准的医用器材罪""走私废物罪""以走私罪论处的间接走私行为""雇用童工从事危重劳动罪""擅自进口固体废物罪""非法采伐、毁坏国家重点保护植物罪""盗伐林木罪""徇私枉法罪"等。

(五)《刑法修正案(五)》

2005年2月28日,第十届全国人大常委会第十四次会议通过《刑法修正案(五)》,共计4条,同日国家主席胡锦涛签署第三十二号主席令予以公布并施行。本次修正主要针对"妨害信用卡管理罪""信用卡诈骗罪""破坏武器装备、军事设施、军事通信罪"。本次修改主要完善了信用卡犯罪的种类。如其规定的妨害信用卡管理罪,其种类包括"(一)明知是伪造的信用卡而持有、运输的,或者明知是伪造的空白信用卡而持有、运输,数量较大的;(二)非法持有他人信用卡,数量较大的;(三)使用虚假的身份证明骗领信用卡的;(四)出售、购买、为他人提供伪造的信用卡或者以虚假的身份证明骗领的信用卡的。窃取、收买或者非法提供他人信用卡信息资料的";而"信用卡诈骗罪"中的犯罪行为则包括"(一)使用伪造的信用卡,或者使用以虚假的身份证明骗领的信用卡的;(二)使用作废的信用卡的;(三)冒用他人信用卡的;(四)恶意透支的"。

(六)《刑法修正案(六)》

2006年6月29日,第十届全国人大常委会第二十二次会议通过《刑法修正案(六)》,共计21条,同日国家主席胡锦涛签署第五十一号主席令予以公布并施行。本修正案主要针对以下内容进行完善、修改:(1)安全事故类犯罪,包括修改"重大责任事故罪""重大劳动安全事故罪",增加"大型群众性活动重大安全事故罪""不报、谎报安全事故罪";(2)公司企业犯罪,包括修改"违规披露、不披露重要信息罪""非国家工作人员受贿罪""对非国家工作人员行贿罪",增加"虚假破产罪""背信损害上市公司利益罪";(3)金融机构犯罪,修改"操纵证券、期货市场罪""违法发放贷款罪""吸收客户资金不入账罪""违规出具金融票证罪""洗钱罪",增加"骗取贷款、票据承兑、金融票证罪""背信运用受托财产罪""违法运用资金罪""枉法仲裁罪";(4)其他类犯罪,包括增加"组织残疾人、儿童乞讨罪",修改"赌博罪"。

(七)《刑法修正案(七)》

2008年12月23日上午,第十一届全国人大常委会第六次会议分组审议《刑法修正案(七)(草案)》。

"陈玉杰委员说,刑法修正案(七)草案在第四次常委会初审的基础上,法律委员会征求各部门的意见之后,提出了这次的修改意见,总体上来讲修改得很好。我觉得刑法修正案(七)有两点比较突出:一是有力地打击了破坏社会主义市场经济秩序的犯罪行为,新增加的条款,特别是对维护资本市场的正常运行秩序,规定得比较具体,也符合当前的情况,对从事证券、基金等业内人士违法行为的处罚,都是从现实的市场经济运作中出现的情况总结出来的,都很有力度。第二,这次修改有利于反腐败,对国家工作人员在这方面的处罚,也有一定力度。"

"达列力汗·马米汗委员说,刑法修正案(七)草案经过几次讨论,越来越成熟,文字更加规范,内容更加全面。"

"郭凤莲委员说,看了刑法修正案(七)草案,我感觉修改得非常好,而且内容非常充实,也确实非常符合我们国家惩罚犯罪行为的实际情况。"

"杨永良委员说,刑法修正案(七)草案修改得很好,没有补充意见,同意提交常委会会议表决通过。"

"嘎玛(西藏自治区人大常委会副主任)说,刑法修正案(七)草案,适合我国经济发展和社会改革趋势,具有一定的前瞻性、预见性和可操作性,完全符合党的十七大精神和科学发展观要求。新增内容符合当前社会发展进程,能够打击当前刑法未能涉及的犯罪。"[54]

2009年2月28日,第十一届全国人大常委会第七次会议通过《刑法修正案(七)》,共计15条,同日国家主席胡锦涛签署第十号主席令予以公布并施行。本修正案主要针对以下内容进行完善、修改:(1)关于破坏社会主义市场经济秩序犯罪,包括修改"走私国家禁止进出口的货物、物品罪";修改"内幕交易、泄露内幕信息罪"并增加"利用未公开信息交易罪";修改"逃税罪";增加"组织、领导传销活动罪";修改"非法经营罪"第3项。(2)关于侵犯公民权利犯罪,修改"绑架罪";增加"出售、非法提供公民个人信息罪";增加"组织未成年人进行违反治安管理活动罪"。(3)关于妨害社会管理秩序罪,增加"非法获取计算机信息系统数据、非法控制计算机信息系统罪""提供侵入、非法控制计算机信息系统程序、工具罪";修改"妨害动植物防疫、检疫罪"。(4)关于危害国防利益罪,修改"非法生产、买卖武装部队制式服装罪"并增加"伪造、盗窃、买卖、非法提供、非法使用武装部队专用标志罪"。(5)关于贪污贿赂犯罪,增加"利用影响力受贿罪";修改"巨额财产来源不明罪"。

2009年3月,全国人大常委会法制工作委员会刑法室撰文对于《刑法修正案(七)》的起草过程与最终文本给予了高度评价:"刑法修正案(七)是根据经济和社

---

[54] 《刑法修正案(七)草案更加成熟——分组审议刑法修正案(七)草案发言摘登(一)》,载中国人大网:http://www.npc.gov.cn/huiyi/cwh/1106/2008-12/27/content_1465122.htm,最后访问日期:2019年5月29日。

会形势发展的需要，在充分听取各方面意见的基础上对刑法所作的一次新的修正，是刑事法律自我完善的最新体现。这次刑法修正主要有如下几个特点：一是注意入罪与出罪相结合、从严与从宽相协调，较好地体现了宽严相济的刑事政策。例如对刑法第二百零一条、第二百三十九条的修改。二是具有一定的前瞻性，充分体现了对公民个人权利的尊重与保护，如对非法泄露公民个人信息行为予以惩处的规定。三是进一步加强了对腐败犯罪的打击力度，增加了影响力交易犯罪的规定，提高了巨额财产来源不明罪的法定刑。最后，在起草过程中，为充分听取群众的意见，在网上向社会普遍征求意见，鼓励公众参加到刑事立法中来。”[55]

（八）《刑法修正案（八）》

2010年8月16日，全国人大常委会委员长吴邦国主持召开第十一届全国人大常委会第四十八次委员长会议，决定第十一届全国人大常委会第十六次会议8月23日至28日在北京举行。根据委员长会议建议的议程，第十一届全国人大常委会第十六次会议将继续审议《刑法修正案（八）草案》等法律草案。[56]

2010年8月23日，在第十一届全国人大常委会第十六次会议上，李适时作了关于《中华人民共和国刑法修正案（八）（草案）》的说明。[57] 他首先对《刑法修正案（八）》立法背景进行介绍：

“1997年第八届全国人大第五次会议全面修订了刑法。此后，全国人大常委会又根据惩治犯罪的需要，先后通过了一个决定和七个刑法修正案，对刑法作出修改、补充。一些全国人大代表、社会有关方面提出，近年来，随着经济社会的发展，又出现了一些新的情况和问题，需要对刑法的有关规定作出修改。中央关于深化司法体制和工作机制改革的意见也要求进一步落实宽严相济的刑事政策，对刑法作出必要的调整和修改。从2009年下半年开始，法制工作委员会即着手对当前刑事犯罪中出现的新的情况和问题进行深入调查研究，反复与最高人民法院、最高人民检察院、国务院法制办、公安部、国家安全部、司法部等部门进行研究，多次听取一些全国人大代表、地方人大代表、地方人大常委会以及专家学者的意见。在充分论证并取得基本共识的基础上，形成了刑法修正案（八）（草案）。”

本次修正中，关于减少死刑、完善惩治黑社会犯罪及寻衅滋事罪的规定、完善

---

〔55〕 许永安：《刑法修正案（七）的立法背景与主要内容》，载中国人大网：http://www.npc.gov.cn/npc/xinwen/rdlt/fzjs/2009-03/05/content_1482958.htm，最后访问日期：2019年5月29日。

〔56〕 《吴邦国主持召开十一届全国人大常委会第四十八次委员长会议》，载中国人大网：http://www.npc.gov.cn/huiyi/cwh/1116/2010-08/16/content_1588215.htm，最后访问日期：2019年5月30日。

〔57〕 李适时：《关于〈中华人民共和国刑法修正案（八）（草案）〉的说明》，载中国人大网：http://www.npc.gov.cn/huiyi/lfzt/xfxza8/2011-05/10/content_1666058.htm，最后访问日期：2019年5月30日。

对未成年人和老年人犯罪从宽处理规定、构建社区矫正制度的建议是本次修正案草案的四大亮点:

1. 适当减少死刑罪名

“经与各有关方面反复研究,一致认为我国的刑罚结构总体上能够适应当前惩治犯罪,教育改造罪犯,预防和减少犯罪的需要。但在实际执行中也存在一些问题,需要通过修改刑法适当调整。一是,刑法规定的死刑罪名较多,共 68 个,从司法实践看,有些罪名较少适用,可以适当减少。二是,根据我国现阶段经济社会发展实际,适当取消一些经济性非暴力犯罪的死刑,不会给我国社会稳定大局和治安形势带来负面影响。三是,判处死刑缓期执行的犯罪分子,实际执行的期限较短,对一些罪行严重的犯罪分子,难以起到惩戒作用,应当严格限制减刑……建议取消 13 个经济性非暴力犯罪的死刑。具体是:走私文物罪,走私贵重金属罪,走私珍贵动物、珍贵动物制品罪,走私普通货物、物品罪,票据诈骗罪,金融凭证诈骗罪,信用证诈骗罪,虚开增值税专用发票、用于骗取出口退税、抵扣税款发票罪,伪造、出售伪造的增值税专用发票罪,盗窃罪,传授犯罪方法罪,盗掘古文化遗址、古墓葬罪,盗掘古人类化石、古脊椎动物化石罪。以上拟取消的 13 个死刑罪名,占死刑罪名总数的 19.1%。”

2. 完善黑社会性质组织犯罪与寻衅滋事罪的法律规定(见表 8 - 3)

“明确黑社会性质组织犯罪的特征,加大惩处力度。刑法第二百九十四条对黑社会性质组织犯罪作了规定。2002 年全国人大常委会《关于〈中华人民共和国刑法〉第二百九十四条第一款的解释》,对‘黑社会性质的组织’的特征作了明确界定,为打击黑社会性质组织犯罪提供了法律依据。建议将全国人大常委会法律解释的内容纳入该条,对黑社会性质组织的特征在法律上作出明确规定;同时,增加规定财产刑,对这类犯罪除处以自由刑外,还可以并处罚金、没收财产。”

“完善寻衅滋事罪的规定,从严惩处首要分子。刑法第二百九十三条规定了寻衅滋事罪,规定处以五年以下有期徒刑、拘役或者管制。一些地方提出,一些犯罪分子时常纠集他人,横行乡里,严重扰乱社会治安秩序,扰乱人民群众的正常生活。由于这类滋扰群众行为的个案难以构成重罪,即使被追究刑事责任,也关不了多长时间,抓了放,放了抓,社会不得安宁,群众没有安全感。据此,建议在该条中增加规定:纠集他人多次实施寻衅滋事行为,严重破坏社会秩序的,处五年以上十年以下有期徒刑,可以并处罚金。”

表 8－3　《刑法修正案(八)》前后黑社会性质组织犯罪与寻衅滋事罪条文变化

修改前	修改后
第293条　【寻衅滋事罪】有下列寻衅滋事行为之一,破坏社会秩序的,处五年以下有期徒刑、拘役或者管制: (一)随意殴打他人,情节恶劣的; (二)追逐、拦截、辱骂他人,情节恶劣的; (三)强拿硬要或者任意损毁、占用公私财物,情节严重的; (四)在公共场所起哄闹事,造成公共场所秩序严重混乱的。	第293条　【寻衅滋事罪】有下列寻衅滋事行为之一,破坏社会秩序的,处五年以下有期徒刑、拘役或者管制: (一)随意殴打他人,情节恶劣的; (二)追逐、拦截、辱骂、恐吓他人,情节恶劣的; (三)强拿硬要或者任意损毁、占用公私财物,情节严重的; (四)在公共场所起哄闹事,造成公共场所秩序严重混乱的。 纠集他人多次实施前款行为,严重破坏社会秩序的,处五年以上十年以下有期徒刑,可以并处罚金。
第294条　【组织、领导、参加黑社会性质组织罪】组织、领导和积极参加以暴力、威胁或者其他手段,有组织地进行违法犯罪活动,称霸一方,为非作恶,欺压、残害群众,严重破坏经济、社会生活秩序的黑社会性质的组织的,处三年以上十年以下有期徒刑;其他参加的,处三年以下有期徒刑、拘役、管制或者剥夺政治权利。 【入境发展黑社会组织罪】境外的黑社会组织的人员到中华人民共和国境内发展组织成员的,处三年以上十年以下有期徒刑。 犯前两款罪又有其他犯罪行为的,依照数罪并罚的规定处罚。 【包庇、纵容黑社会性质组织罪】国家机关工作人员包庇黑社会性质的组织,或者纵容黑社会性质的组织进行违法犯罪活动的,处三年以下有期徒刑、拘役或者剥夺政治权利;情节严重的,处三年以上十年以下有期徒刑。	第294条　【组织、领导、参加黑社会性质组织罪】组织、领导黑社会性质的组织的,处七年以上有期徒刑,并处没收财产;积极参加的,处三年以上七年以下有期徒刑,可以并处罚金或者没收财产;其他参加的,处三年以下有期徒刑、拘役、管制或者剥夺政治权利,可以并处罚金。 【入境发展黑社会组织罪】境外的黑社会组织的人员到中华人民共和国境内发展组织成员的,处三年以上十年以下有期徒刑。 【包庇、纵容黑社会性质组织罪】国家机关工作人员包庇黑社会性质的组织,或者纵容黑社会性质的组织进行违法犯罪活动的,处五年以下有期徒刑;情节严重的,处五年以上有期徒刑。 犯前三款罪又有其他犯罪行为的,依照数罪并罚的规定处罚。 黑社会性质的组织应当同时具备以下特征: (一)形成较稳定的犯罪组织,人数较多,有明确的组织者、领导者,骨干成员基本固定; (二)有组织地通过违法犯罪活动或者其他手段获取经济利益,具有一定的经济实力,以支持该组织的活动; (三)以暴力、威胁或者其他手段,有组织地多次进行违法犯罪活动,为非作恶,欺压、残害群众;

续表

修改前	修改后
	(四)通过实施违法犯罪活动,或者利用国家工作人员的包庇或者纵容,称霸一方,在一定区域或者行业内,形成非法控制或者重大影响,严重破坏经济、社会生活秩序。

3. 完善对未成年人和老年人犯罪从宽处理的规定

“对未成年人犯罪予以从宽处理,刑法中已有规定。对老年人犯罪予以从宽处理,刑法虽未明确规定,但在司法实践中一般也有体现。根据有关方面意见,建议对刑法作出补充:一是,对犯罪时不满十八周岁的人不作为累犯。二是,对不满十八周岁的人和已满七十五周岁的人犯罪,只要符合缓刑条件的,应当予以缓刑。三是,已满七十五周岁的人故意犯罪的,可以从轻或者减轻处罚,过失犯罪的,应当从轻或者减轻处罚。四是,对已满七十五周岁的人,不适用死刑。五是,对未满十八周岁的人犯罪被判处五年有期徒刑以下刑罚的,免除其前科报告义务。”

4. 完善管制刑及缓刑、假释的执行方式,建立社区矫正制度

“管制是限制人身自由但不予关押的刑罚。有些人大代表提出,需要根据新的情况,对管制的执行方式适时调整,有针对性地对被判处管制的犯罪分子进行必要的行为管束,以适应对其改造和预防再犯罪的需要。据此,建议规定:对判处管制的罪犯,根据其犯罪情况,可以判令其在管制期间不得从事特定活动,不得进入特定区域、场所,不得接触特定的人。同时,根据一些人大代表和地方的意见,建议在刑法中规定,对管制、缓刑、假释等犯罪分子实行社区矫正。”

2010 年 8 月 25 日上午,第十一届全国人大常委会第十六次会议分组审议《刑法修正案(八)草案》。参会代表对《刑法修正案(八)草案》提出相应修改意见。[58] 会后,全国人大常委会法制工作委员会针对参会代表所提建议与意见,对草案进行进一步修改。

2010 年 12 月 20 日下午,第十一届全国人大常委会第十八次会议举行第一次全体会议,全国人大法律委员会副主任委员李适时作关于《刑法修正案(八)》草案修改情况的汇报。[59] 2010 年 12 月 21 日下午,第十一届全国人大常委会第十八次

〔58〕《十一届全国人大常委会第十六次会议分组审议刑法修正案(八)草案》,载中国人大网:http://www.npc.gov.cn/huiyi/cwh/1116/2010-08/25/content_1590940.htm,最后访问日期:2019 年 5 月 30 日。

〔59〕《李适时作关于刑法修正案(八)草案修改情况的汇报》,载中国人大网:http://www.npc.gov.cn/huiyi/cwh/1118/2010-12/20/content_1609887.htm,最后访问日期:2019 年 5 月 30 日。

会议举行分组会,分组审议《刑法修正案(八)草案》等法律草案。[60]

2011 年 2 月 16 日上午,第十一届全国人大常委会第五十七次委员长会议在人民大会堂举行,吴邦国委员长主持会议。会议决定,第十一届全国人大常委会第十九次会议 2 月 23 日至 25 日举行。委员长会议建议,第十一届全国人大常委会第十九次会议继续审议《刑法修正案(八)草案》等法律草案。[61] 2011 年 2 月 23 日上午,第十一届全国人大常委会第十九次会议举行分组会,分组审议《刑法修正案(八)草案》。[62]

2011 年 2 月 25 日,第十一届全国人大常委会第十九次会议通过《刑法修正案(八)》。[63]《刑法修正案(八)》全文共计 50 条。本次修正主要包括以下几个方面:第一,调整刑罚结构,这次刑法修改的重点是,落实中央深化司法体制和工作机制改革的要求,完善死刑法律规定,适当减少死刑罪名,调整死刑与无期徒刑、有期徒刑之间的结构关系,具体包括适当减少死刑罪名、限制对被判处死刑缓期执行犯罪分子的减刑、完善假释规定并加强对被假释犯罪分子的监督管理、适当延长有期徒刑数罪并罚的刑期;第二,完善黑社会性质组织犯罪的法律规定,具体包括完善黑社会性质组织犯罪的法律规定、扩大特殊累犯的范围、加大对恐怖活动犯罪及黑社会性质组织犯罪的惩处力度;第三,完善从宽处理的法律制度,规范非监禁刑的适用,具体包括完善对未成年人和老年人犯罪从宽处理的规定、进一步明确缓刑适用的条件、完善管制刑及缓刑与假释的执行方式;第四,加强对民生的保护,增加一些新的犯罪规定,加大惩处力度。(具体条文变化见表 8 - 4)

其中,“醉驾入刑”颇值得一提。本次修正将醉酒驾驶纳入刑法调控的范围之内,在《刑法》第 133 条后增加一条,作为第 133 条之一:“在道路上驾驶机动车追逐竞驶,情节恶劣的,或者在道路上醉酒驾驶机动车的,处拘役,并处罚金。有前款行为,同时构成其他犯罪的,依照处罚较重的规定定罪处罚。”

---

〔60〕《十一届全国人大常委会第十八次会议分组审议刑法修正案(八)草案等》,载中国人大网:http://www.npc.gov.cn/huiyi/cwh/1118/2010-12/21/content_1610288.htm,最后访问日期:2019 年 5 月 30 日。

〔61〕《十一届全国人大常委会第五十七次委员长会议举行》,载中国人大网:http://www.npc.gov.cn/huiyi/lfzt/xfxza8/2011-02/17/content_1621864.htm,最后访问日期:2019 年 5 月 30 日。

〔62〕《十一届全国人大常委会第十九次会议分组审议刑法修正案(八)草案》,载中国人大网:http://www.npc.gov.cn/huiyi/cwh/1119/2011-02/23/content_1622009.htm,最后访问日期:2019 年 5 月 30 日。

〔63〕《中华人民共和国刑法修正案(八)草案》,载中国人大网:http://www.npc.gov.cn/huiyi/cwh/1116/2010-08/25/content_1590940.htm,最后访问日期:2019 年 5 月 30 日。

表8-4 《刑法修正案(八)》前后交通肇事罪条文变化

修正前	修正后
第133条 【交通肇事罪】违反交通运输管理法规,因而发生重大事故,致人重伤、死亡或者使公私财产遭受重大损失的,处三年以下有期徒刑或者拘役;交通运输肇事后逃逸或者有其他特别恶劣情节的,处三年以上七年以下有期徒刑;因逃逸致人死亡的,处七年以上有期徒刑。	第133条 【交通肇事罪】违反交通运输管理法规,因而发生重大事故,致人重伤、死亡或者使公私财产遭受重大损失的,处三年以下有期徒刑或者拘役;交通运输肇事后逃逸或者有其他特别恶劣情节的,处三年以上七年以下有期徒刑;因逃逸致人死亡的,处七年以上有期徒刑。 第133条之一 【危险驾驶罪】在道路上驾驶机动车追逐竞驶,情节恶劣的,或者在道路上醉酒驾驶机动车的,处拘役,并处罚金。 有前款行为,同时构成其他犯罪的,依照处罚较重的规定定罪处罚。

在《刑法修正案(八)》施行之后,有评论对"醉驾入刑"给予高度的评价,主要表示"醉驾入刑"能够有效降低酒后驾驶致人死伤事故的发生率,体现出刑法对于犯罪分子的威慑力与对于普通公民的积极引导:

"自5月1日实施以来,公安机关查处酒后驾车数量、查处醉酒驾车数量、因酒后驾车造成交通事故死亡人数、因醉酒驾车造成交通事故死亡人数四项指标同比均大幅下降,下降幅度全部超过三成。从短短三个多月的法律实施情况看,效果极佳,酒驾减少幅度之大,可谓立竿见影。应该说,这条法律条款的修改是公共安全立法领域中一个的标杆。其特点有三:一是执行标准具体量化,可操作性强。法律规定,酒后驾车指驾驶人员每100毫升的血液中酒精含量大于或等于20毫克,并小于80毫克;醉酒驾车指每100毫升血液中酒精含量达到或超过80毫克。什么是醉驾,一台小小的酒精测试仪,就可以让交警一清二楚,让受罚者心服口服。二是醉驾一律入刑的法律严厉性,无论是对普通百姓,还是对公职人员,都震慑力极大。三是公安部门统一指挥,严格执法。有知情者说,交警会没收手机,断绝其拉关系、说情的可能,使得权力寻租、人情关系等干扰办案的现象大大减少。"〔64〕

(九)《刑法修正案(九)》

2014年10月27日,第十二届全国人大常委会第十一次会议召开,根据委员长会议的建议,本次会议将审议《刑法修正案(九)草案》等法律案。《刑法修正案(九)草案》是首次提交全国人大常委会审议。〔65〕《关于〈中华人民共和国刑法修正

---

〔64〕《"醉驾入刑"的立法理念值得效仿》,载中国人大网:http://www.npc.gov.cn/npc/zgrdzz/2011-09/19/content_1671380.htm,最后访问日期:2019年5月30日。

〔65〕《刑法修正案(九)提交审议或加大惩治腐败力度》,载中国人大网:http://www.npc.gov.cn/npc/lfzt/rlys/2014-10/27/content_1883016.htm,最后访问日期:2019年5月30日。

案(九)(草案)〉的说明》对《刑法修正案(九)》的产生背景进行介绍:“一段时间以来,全国人大代表、政法机关和有关部门都提出了一些修改刑法的意见,其中,十二届全国人大第一次会议以来,全国人大代表共提出修改刑法的议案81件。这次需要通过修改刑法解决的主要问题:一是,一些地方近年来多次发生严重暴力恐怖案件,网络犯罪也呈现新的特点,有必要从总体国家安全观出发,统筹考虑刑法与本次常委会审议的反恐怖主义法、反间谍法等维护国家安全方面法律草案的衔接配套,修改、补充刑法的有关规定。二是,随着反腐败斗争的深入,需要进一步完善刑法的相关规定,为惩腐肃贪提供法律支持。三是,落实党中央关于逐步减少适用死刑罪名的要求,并做好劳动教养制度废除后法律上的衔接。因此,根据新的情况,针对上述问题对刑法有关规定作出调整、完善,是必要的。”[66]

图8-1　会议现场

2014年10月27日,第十二届全国人大常委会第十一次会议举行第一次全体会议。全国人大常委会法制工作委员会主任李适时作关于《刑法修正案(九)(草案)》和关于设立国家宪法日的决定草案的说明

2014年10月,第十二届全国人大常委会第十一次会议初次审议了《刑法修正案(九)(草案)》。(见图8-1)2014年11月4日至12月3日,草案在中国人大网公布,向社会公开征求意见。之后,根据全国人大常委会组成人员和各方面的意见,对草案作了修改,形成了《刑法修正案(九)(草案二次审议稿)》。2015年6月,第

〔66〕 李适时:《关于〈中华人民共和国刑法修正案(九)〉的说明》,载中国人大网:http://www.npc.gov.cn/npc/lfzt/rlys/2014-11/03/content_1885123.htm,最后访问日期:2019年5月30日。

十二届全国人大常委会第十五次会议对草案二次审议稿进行了审议。[67]

2015年8月24日下午,第十二届全国人大常委会第十六次会议举行第一次全体会议,全国人大法律委员会主任委员乔晓阳作关于《刑法修正案(九)草案》审议结果的报告。2015年8月29日,《刑法修正案(九)》于第十二届全国人大常委会第十六次会议上表决获得通过。同日国家主席习近平签署第三十号主席令予以公布。《刑法修正案(九)》共计52条,主要包括:(1)逐步减少适用死刑罪名;(2)维护公共安全,加大对恐怖主义、极端主义犯罪的惩治力度;(3)维护信息网络安全,完善惩处网络犯罪的法律规定;(4)进一步强化人权保障,加强对公民人身权利的保护;(5)进一步完善反腐败的制度规定,加大对腐败犯罪的惩处力度;(6)维护社会诚信,惩治失信、背信行为;(7)加强社会治理,维护社会秩序。其中值得关注的具体修改是:

1. 进一步减少9个适用死刑的罪名

进一步减少适用死刑的罪名。经与各有关方面研究,对走私武器、弹药罪,走私核材料罪,走私假币罪,伪造货币罪,集资诈骗罪,组织卖淫罪,强迫卖淫罪,阻碍执行军事职务罪,战时造谣惑众罪9个罪的刑罚规定作出调整,取消以上罪名中的死刑规定(中国当时有适用死刑的罪名55个,取消这9个后尚有46个)。

全国人大常委会法制工作委员会主任李适时介绍说,实践表明,2011年出台的《刑法修正案(八)》取消13个经济性非暴力犯罪的死刑规定,没有对社会治安形势形成负面影响,社会各方面对减少死刑罪名反应正面。中国一贯坚持既保留死刑,又严格控制和慎重适用死刑的做法。适度减少死刑的立法规定和司法适用,有助于落实刑罚人道主义的精神,有助于推动社会主义法治事业的建设与进步。

有评论指出:“事实上,对死刑的保留与否,既不能完全抱着对法治文明价值的理想化追求,也不能完全陷入治理的现实主义窠臼。它需要在不同的社会治理领域,综合考虑遏制犯罪与法治文明的价值平衡,同时还要兼顾死刑本身的成本与效益。而在取消部分死刑罪名的中间道路上,法律的修改就体现出了仰望法治文明星空的价值追求,同时也立足于国情民情和治理犯罪的需要,于平衡中求进步。”[68]

2. 增加打击网络造谣、传谣的犯罪行为

针对在信息网络或者其他媒体上恶意编造、传播虚假信息,严重扰乱社会秩序的情况,增加规定编造、传播虚假信息的犯罪。在《刑法》第291条之一中增加一款作为第2款:“编造虚假的险情、疫情、灾情、警情,在信息网络或者其他媒体上传播,或者明知是上述虚假信息,故意在信息网络或者其他媒体上传播,严重扰乱社

---

〔67〕《刑法修正案(九)(草案二次审议稿)条文》,载中国人大网:http://www.npc.gov.cn/npc/lfzt/rlys/2015-07/07/content_1941163.htm,最后访问日期:2019年5月30日。

〔68〕傅达林:《减少死刑罪名是法治文明的进步》,载中国人大网:http://www.npc.gov.cn/npc/cwhhy/12jcwh/2014-10/28/content_1883192.htm,最后访问日期:2019年5月30日。

会秩序的，处三年以下有期徒刑、拘役或者管制；造成严重后果的，处三年以上七年以下有期徒刑。”

3. 扩大猥亵罪的犯罪对象范畴

修改强制猥亵、侮辱妇女罪、猥亵儿童罪，扩大适用范围，同时加大对情节恶劣情形的惩处力度。通过将原本的“猥亵妇女”修改为“猥亵他人”，从而实现了对男性权利的保护。《刑法》第237条修改为：“以暴力、胁迫或者其他方法强制猥亵他人或者侮辱妇女的，处五年以下有期徒刑或者拘役。聚众或者在公共场所当众犯前款罪的，或者有其他恶劣情节的，处五年以上有期徒刑。猥亵儿童的，依照前两款的规定从重处罚。”（见表8－5）

表8－5　《刑法修正案（九）》前后猥亵罪条文变化

修正前	修正后
第237条　【强制猥亵、侮辱妇女罪、猥亵儿童罪】以暴力、胁迫或者其他方法强制猥亵妇女或者侮辱妇女的，处五年以下有期徒刑或者拘役。 聚众或者在公共场所当众犯前款罪的，处五年以上有期徒刑。 猥亵儿童的，依照前两款的规定从重处罚。	第237条　【强制猥亵、侮辱妇女罪、猥亵儿童罪】以暴力、胁迫或者其他方法强制猥亵他人或者侮辱妇女的，处五年以下有期刑或者拘役。 聚众或者在公共场所当众犯前款罪的，或者有其他恶劣情节的，处五年以上有期徒刑。 猥亵儿童的，依照前两款的规定从重处罚。

4. 针对重特大贪污犯罪分子增设“终身监禁”的刑罚

2015年8月24日提请全国人大常委会审议的《刑法修正案（九）》草案三审稿新增规定：对犯贪污、受贿罪，被判处死刑缓期执行的，人民法院根据犯罪情节等情况可以同时决定在其死刑缓期执行2年期满依法减为无期徒刑后，终身监禁，不得减刑、假释。在惩处贪腐犯罪中引入终身监禁，在中国刑法修订史上尚属首次，受到各界广泛关注。（见表8－6）此举有利于打击贪腐犯罪，对接中央反腐决策部署，符合中央政法委出台《关于严格规范减刑、假释、暂予监外执行切实防止司法腐败的意见》的价值导向，“多位专家认为，在慎用死刑、减少死刑的趋势下，参考世界各国的做法，终身监禁是尽量不折损法律威慑力的替代性措施。在已经废除死刑的国家，终身监禁就是最严厉的刑罚。按照罪刑相适应的法律原则，从依法本可判处死刑的巨贪开始尝试终身监禁，是积极而稳妥的选择”。〔69〕

〔69〕 傅达林：《减少死刑罪名是法治文明的进步》，载中国人大网：http://www.npc.gov.cn/npc/cwhhy/12jcwh/2014－10/28/content_1883192.htm，最后访问日期：2019年5月30日。

表 8-6 《刑法修正案(九)》前后刑罚处罚条文的变化

修正前	修正后
第 383 条 【对犯贪污罪的处罚规定】对犯贪污罪的,根据情节轻重,分别依照下列规定处罚: (一)个人贪污数额在十万元以上的,处十年以上有期徒刑或者无期徒刑,可以并处没收财产;情节特别严重的,处死刑,并处没收财产。 (二)个人贪污数额在五万元以上不满十万元的,处五年以上有期徒刑,可以并处没收财产;情节特别严重的,处无期徒刑,并处没收财产。 (三)个人贪污数额在五千元以上不满五万元的,处一年以上七年以下有期徒刑;情节严重的,处七年以上十年以下有期徒刑。个人贪污数额在五千元以上不满一万元,犯罪后有悔改表现、积极退赃的,可以减轻处罚或者免予刑事处罚,由其所在单位或者上级主管机关给予行政处分。 (四)个人贪污数额不满五千元,情节较重的,处二年以下有期徒刑或者拘役;情节较轻的,由其所在单位或者上级主管机关酌情给予行政处分。 对多次贪污未经处理的,按照累计贪污数额处罚	第 383 条 【贪污罪的处罚规定】对犯贪污罪的,根据情节轻重,分别依照下列规定处罚: (一)贪污数额较大或者有其他较重情节的,处三年以下有期徒刑或者拘役,并处罚金。 (二)贪污数额巨大或者有其他严重情节的,处三年以上十年以下有期徒刑,并处罚金或者没收财产。 (三)贪污数额特别巨大或者有其他特别严重情节的,处十年以上有期徒刑或者无期徒刑,并处罚金或者没收财产;数额特别巨大,并使国家和人民利益遭受特别重大损失的,处无期徒刑或者死刑,并处没收财产。 对多次贪污未经处理的,按照累计贪污数额处罚。 犯第一款罪,在提起公诉前如实供述自己罪行、真诚悔罪、积极退赃,避免、减少损害结果的发生,有第一项规定情形的,可以从轻、减轻或者免除处罚;有第二项、第三项规定情形的,可以从轻处罚。 犯第一款罪,有第三项规定情形被判处死刑缓期执行的,人民法院根据犯罪情节等情况可以同时决定在其死刑缓期执行二年期满依法减为无期徒刑后,终身监禁,不得减刑、假释

5. 废除"嫖宿幼女罪"

《刑法修正案(九)》取消了历来争议颇多的嫖宿幼女罪。对于"九七刑法"首次规定本罪的立法初衷,中国政法大学刑事司法学院刑法研究所所长阮齐林作了介绍:"上世纪 90 年代严打卖淫嫖娼时,司法机关发现有幼女涉及其中,有的卖淫组织者还故意隐瞒幼女年龄,不少嫖客便借此声称不知道对方是幼女,以图逃避强奸罪的处罚。为了更严厉打击这种犯罪行为,1997 年修改的刑法中增加了嫖宿幼女罪。"但是事与愿违,吉林省辽源市中级人民法院院长李春刚指出:"从罪名上讲,'嫖宿幼女罪'其实是将收受金钱、财物与异性发生性关系的幼女视作具有性自主能力人员。而实际上,未满 14 周岁的幼女由于心智尚未成熟,不具有性自主能力。'嫖宿幼女罪'却在这个基本规定上'松动'了,可以依据'给钱就是嫖宿'来认定罪行,这明显与强奸罪是相冲突的。另外,'嫖宿幼女罪'假定了幼女可以成为'卖淫'主体,这与中国民法中相关未成年人的民事行为能力的界定有所冲突。因而,'嫖宿幼女罪'在法理上站不住脚。"[70]因此,废除嫖宿幼女罪后,可直接适用《刑法》第236条中规定的强奸罪从重处罚的规定,从而加大对于对幼女的保护力度。

(十)《刑法修正案(十)》

2017年11月4日,第十二届全国人大常委会第三十次会议通过《刑法修正案(十)》。《刑法修正案(十)》是专门针对侮辱国歌这一犯罪行为制定的,其立法目的是"惩治侮辱国歌的犯罪行为,切实维护国歌奏唱、使用的严肃性和国家尊严",具体内容为:"在公共场合,故意以焚烧、毁损、涂划、玷污、践踏等方式侮辱中华人民共和国国旗、国徽的,处三年以下有期徒刑、拘役、管制或者剥夺政治权利。在公共场合,故意篡改中华人民共和国国歌歌词、曲谱,以歪曲、贬损方式奏唱国歌,或者以其他方式侮辱国歌,情节严重的,依照前款的规定处罚。"

二、单行刑事立法与立法解释

除了修正案之外,中国还颁布了一个单行刑法和诸多立法解释。修正案、单行刑法以及立法解释构成了1997年以后的刑事立法发展的方式,并使"九七刑法"在总体不变动的基础上跟随时代变化而得以完善、日益丰富、更加体系化。这三种处理方式,与刑法典并存,体现了立法的稳定性、连续性与变动性的统一。

(一)"九七刑法"之后的单行刑事立法

1998年12月29日,第九届全国人大常委会第六次会议通过《关于惩治骗购外汇、逃汇和非法买卖外汇犯罪的决定》(以下简称"九八决定"),同日由国家主席江泽民签署第十四号主席令发布,"九八决定"共计9条。

有学者针对"九八决定"产生的时代背景指出:1994年中国取消外汇额度制,实行有管理的浮动汇率制。1997年,以泰铢大幅度贬值为起端,金融危机首先自泰国爆发,随即以迅猛之势席卷东南亚,进而蔓延至韩国、日本。国内一些不法分子,无视国家外汇管理法规,通过伪造或变造进出口凭证和商业单据等非法手段大肆骗购外汇和非法买卖外汇,破坏了国家金融管理秩序,严重危及国家经济安全。[71]"九八决定"主要内容为:

一是增加"骗汇罪",对于骗购外汇且数额较大的犯罪行为加以规定:(1)明确骗购外汇的行为包括"使用伪造、变造的海关签发的报关单、进口证明、外汇管理部门核准件等凭证和单据""重复使用海关签发的报关单、进口证明、外汇管理部门核准件等凭证和单据""以其他方式骗购外汇"的行为;(2)"伪造、变造海关签发的报

---

〔70〕《"嫖宿幼女罪"为何引发存废之争?》,载中国人大网:http://www.npc.gov.cn/npc/xinwen/2015-08/26/content_1944402.htm,最后访问日期:2019年5月30日。

〔71〕黄京平、蒋熙辉:《评关于外汇犯罪的单行刑法及相关司法解释》,载陈兴良主编:《刑事法判解》(第2卷),法律出版社2000年版,第111页。

关单、进口证明、外汇管理部门核准件等凭证和单据,并用于骗购外汇”的行为应当依照前款的规定从重处罚;(3)明知用于骗购外汇而提供人民币资金的,以共犯论处;(4)单位犯本罪的相应处罚。

二是修改、完善《刑法》第190条逃汇罪的规定,加大对于逃汇犯罪行为的打击力度。(见表8-7)

表8-7 “九八决定”前后逃汇罪条文的变化

“九七刑法”第190条	“九八决定”修改完善后《刑法》第190条的规定
国有公司、企业或者其他国有单位,违反国家规定,擅自将外汇存放境外,或者将境内的外汇非法转移到境外,情节严重的,对单位判处罚金,并对其直接负责的主管人员和其他直接责任人员,处五年以下有期徒刑或者拘役	公司、企业或者其他单位,违反国家规定,擅自将外汇存放境外,或者将境内的外汇非法转移到境外,数额较大的,对单位判处逃汇数额百分之五以上百分之三十以下罚金,并对其直接负责的主管人员和其他直接责任人员处五年以下有期徒刑或者拘役;数额巨大或者有其他严重情节的,对单位判处逃汇数额百分之五以上百分之三十以下罚金,并对其直接负责的主管人员和其他直接责任人员处五年以上有期徒刑

三是在国家规定的交易场所以外非法买卖外汇,扰乱市场秩序,情节严重的,依照《刑法》第225条规定的“非法经营罪”定罪处罚。单位犯前款罪的,依照《刑法》第231条规定的“单位犯扰乱市场秩序罪”处罚。

四是买卖伪造、变造的海关签发的报关单、进口证明、外汇管理部门核准件等凭证和单据或者国家机关的其他公文、证件、印章的行为,按照《刑法》第280条“伪造、变造、买卖国家机关公文、证件、印章罪”定罪处罚。

五是海关、外汇管理部门以及金融机构、从事对外贸易经营活动的公司、企业或者其他单位的工作人员故意或过失犯相关罪的定罪处罚规则。(1)海关、外汇管理部门以及金融机构、从事对外贸易经营活动的公司、企业或者其他单位的工作人员与骗购外汇或者逃汇的行为人通谋,为其提供购买外汇的有关凭证或者其他便利的,或者明知是伪造、变造的凭证和单据而售汇、付汇的,以共犯论,从重处罚。(2)海关、外汇管理部门的工作人员严重不负责任,造成大量外汇被骗购或者逃汇,致使国家利益遭受重大损失的,依照《刑法》第397条规定的“玩忽职守罪”定罪处罚。(3)金融机构、从事对外贸易经营活动的公司、企业的工作人员严重不负责任,造成大量外汇被骗购或者逃汇,致使国家利益遭受重大损失的,依照《刑法》第167条所规定的“签订、履行合同失职被骗罪”定罪处罚。

六是依“九八决定”追缴、没收的财物和罚金,一律上缴国库。“九八决定”的立法目的,正如决定开篇所作介绍的那样是“为了惩治骗购外汇、逃汇和非法买卖外汇的犯罪行为,维护国家外汇管理秩序”。因此,无论是对个体加以惩罚,抑或对企业、公司及其工作人员加以惩罚,还是对海关、外汇管理部门的工作人员加以惩罚,均是保障国家外汇管理秩序所对应的法益,由此构成了刑法典之外打击外汇犯罪的新体系。

(二)全国人大常委会关于《刑法》的解释

立法解释是全国人大常委会针对立法本文中不甚清晰、在司法适用中存在疑问的法律条文进行有权解释的行为,其效力等同法律。自2000年全国人大常委会出台关于《刑法》的第一个立法解释至今,中国一共制定过15个关于《刑法》的立法解释(其中两个被修正)。为清晰呈现,现将关于刑法的立法解释按照时间及会议、文件名称、内容,见表8-8:

表8-8　全国人大常委会关于《刑法》的立法解释

序号	时间(会议)	文件名称	内　容
1	2000年4月29日第九届全国人大常委会第十五次会议通过	关于《中华人民共和国刑法》第九十三条第二款的解释	村民委员会等村基层组织人员协助人民政府从事下列行政管理工作时,属于刑法第九十三条第二款规定的“其他依照法律从事公务的人员”: (一)救灾、抢险、防汛、优抚、扶贫、移民、救济款物的管理;(二)社会捐助公益事业款物的管理;(三)国有土地的经营和管理;(四)土地征用补偿费用的管理;(五)代征、代缴税款;(六)有关计划生育、户籍、征兵工作;(七)协助人民政府从事的其他行政管理工作。 村民委员会等村基层组织人员从事前款规定的公务,利用职务上的便利,非法占有公共财物、挪用公款、索取他人财物或者非法收受他人财物,构成犯罪的,适用刑法第三百八十二条和第三百八十三条贪污罪、第三百八十四条挪用公款罪、第三百八十五条和第三百八十六条受贿罪的规定
2	2001年8月31日第九届全国人大常委会第二十三次会议通过	关于《中华人民共和国刑法》第二百二十八条、第三百四十二条、第四百一十条的解释	刑法第二百二十八条、第三百四十二条、第四百一十条规定的“违反土地管理法规”,是指违反土地管理法、森林法、草原法等法律以及有关行政法规中关于土地管理的规定。 刑法第四百一十条规定的“非法批准征用、占用土地”,是指非法批准征用、占用耕地、林地等农用地以及其他土地

续表

序号	时间(会议)	文件名称	内　容
3	2002 年 4 月 28 日第九届全国人大常委会第二十七次会议通过	关于《中华人民共和国刑法》第二百九十四条第一款的解释	刑法第二百九十四条第一款规定的“黑社会性质的组织”应当同时具备以下特征： (一)形成较稳定的犯罪组织,人数较多,有明确的组织者、领导者,骨干成员基本固定； (二)有组织地通过违法犯罪活动或者其他手段获取经济利益,具有一定的经济实力,以支持该组织的活动； (三)以暴力、威胁或者其他手段,有组织地多次进行违法犯罪活动,为非作恶,欺压、残害群众； (四)通过实施违法犯罪活动,或者利用国家工作人员的包庇或者纵容,称霸一方,在一定区域或者行业内,形成非法控制或者重大影响,严重破坏经济、社会生活秩序
4	2002 年 4 月 28 日第九届全国人大常委会第二十七次会议通过	关于《中华人民共和国刑法》第三百八十四条第一款的解释	有下列情形之一的,属于挪用公款“归个人使用”：(一)将公款供本人、亲友或者其他自然人使用的；(二)以个人名义将公款供其他单位使用的；(三)个人决定以单位名义将公款供其他单位使用,谋取个人利益的
5	2002 年 8 月 29 日第九届全国人大常委会第二十九次会议通过	关于《中华人民共和国刑法》第三百一十三条的解释	刑法第三百一十三条规定的“人民法院的判决、裁定”,是指人民法院依法作出的具有执行内容并已发生法律效力的判决、裁定。人民法院为依法执行支付令、生效的调解书、仲裁裁决、公证债权文书等所作的裁定属于该条规定的裁定。 下列情形属于刑法第三百一十三条规定的“有能力执行而拒不执行,情节严重”的情形： (一)被执行人隐藏、转移、故意毁损财产或者无偿转让财产、以明显不合理的低价转让财产,致使判决、裁定无法执行的； (二)担保人或者被执行人隐藏、转移、故意毁损或者转让已向人民法院提供担保的财产,致使判决、裁定无法执行的； (三)协助执行义务人接到人民法院协助执行通知书后,拒不协助执行,致使判决、裁定无法执行的； (四)被执行人、担保人、协助执行义务人与国家机关工作人员通谋,利用国家机关工作人员的职权妨害执行,致使判决、裁定无法执行的； (五)其他有能力执行而拒不执行,情节严重的情形。 国家机关工作人员有上述第四项行为的,以拒不执行判决、裁定罪的共犯追究刑事责任。国家机关工作人员收受贿赂或者滥用职权,有上述第四项行为的,同时又构成刑法第三百八十五条、第三百九十七条规定之罪的,依照处罚较重的规定定罪处罚

续表

序号	时间(会议)	文件名称	内　容
6	2002年12月28日第九届全国人大常委会第三十一次会议通过	关于《中华人民共和国刑法》第九章渎职罪主体适用问题的解释	在依照法律、法规规定行使国家行政管理职权的组织中从事公务的人员,或者在受国家机关委托代表国家机关行使职权的组织中从事公务的人员,或者虽未列入国家机关人员编制但在国家机关中从事公务的人员,在代表国家机关行使职权时,有渎职行为,构成犯罪的,依照刑法关于渎职罪的规定追究刑事责任
7	2004年12月29日第十届全国人大常委会第十三次会议通过	关于《中华人民共和国刑法》有关信用卡规定的解释	刑法规定的"信用卡",是指由商业银行或者其他金融机构发行的具有消费支付、信用贷款、转账结算、存取现金等全部功能或者部分功能的电子支付卡
8	2005年12月29日第十届全国人大常委会第十九次会议通过	关于《中华人民共和国刑法》有关文物的规定适用于具有科学价值的古脊椎动物化石、古人类化石的解释	刑法有关文物的规定,适用于具有科学价值的古脊椎动物化石、古人类化石
9		关于《中华人民共和国刑法》有关出口退税、抵扣税款的其他发票规定的解释	刑法规定的"出口退税、抵扣税款的其他发票",是指除增值税专用发票以外的,具有出口退税、抵扣税款功能的收付款凭证或者完税凭证
10	2009年8月27日第十一届全国人大常委会第十次会议	关于《中华人民共和国刑法》第九十三条第二款的解释	村民委员会等村基层组织人员协助人民政府从事下列行政管理工作,属于刑法第九十三条第二款规定的"其他依照法律从事公务的人员": (一)救灾、抢险、防汛、优抚、扶贫、移民、救济款物的管理;(二)社会捐助公益事业款物的管理;(三)国有土地的经营和管理;(四)土地征收、征用补偿费用的管理;(五)代征、代缴税款;(六)有关计划生育、户籍、征兵工作;(七)协助人民政府从事的其他行政管理工作。 村民委员会等村基层组织人员从事前款规定的公务,利用职务上的便利,非法占有公共财物、挪用公款、索取他人财物或者非法收受他人财物,构成犯罪的,适用刑法第三百八十二条和第三百八十三条贪污罪、第三百八十四条挪用公款罪、第三百八十五条和第三百八十六条受贿罪的规定

续表

序号	时间(会议)	文件名称	内　容
11	2009年8月27日第十一届全国人大常委会第十次会议	关于《中华人民共和国刑法》第二百二十八条、第三百四十二条、第四百一十条的解释	刑法第二百二十八条、第三百四十二条、第四百一十条规定的“违反土地管理法规”,是指违反土地管理法、森林法、草原法等法律以及有关行政法规中关于土地管理的规定。 刑法第四百一十条规定的“非法批准征收、征用、占用土地”,是指非法批准征收、征用、占用耕地、林地等农用地以及其他土地
12	2014年4月24日第十二届全国人大常委会第八次会议通过	关于《中华人民共和国刑法》第三百四十一条、第三百一十二条的解释	知道或者应当知道是国家重点保护的珍贵、濒危野生动物及其制品,为食用或者其他目的而非法购买的,属于刑法第三百四十一条第一款规定的非法收购国家重点保护的珍贵、濒危野生动物及其制品的行为。 知道或者应当知道是刑法第三百四十一条第二款规定的非法狩猎的野生动物而购买的,属于刑法第三百一十二条第一款规定的明知是犯罪所得而收购的行为
13		关于《中华人民共和国刑法》第二百六十六条的解释	以欺诈、伪造证明材料或者其他手段骗取养老、医疗、工伤、失业、生育等社会保险金或者其他社会保障待遇的,属于刑法第二百六十六条规定的诈骗公私财物的行为
14		关于《中华人民共和国刑法》第三十条的解释	公司、企业、事业单位、机关、团体等单位实施刑法规定的危害社会的行为,刑法分则和其他法律未规定追究单位的刑事责任的,对组织、策划、实施该危害社会行为的人依法追究刑事责任
15		关于《中华人民共和国刑法》第一百五十八条、第一百五十九条的解释	刑法第一百五十八条、第一百五十九条的规定,只适用于依法实行注册资本实缴登记制的公司

第九章　中华人民共和国诉讼与非诉程序立法的发展

程序法是保障程序正义的法律,是确定公权力尤其是审判权运行轨迹的准绳,其制定目的正是在于通过有效限制公权力保障公民的合法权利。事实上,广义上的程序法理应包括行政程序法,行政程序法在行政法部分已安置于行政行为法部分予以介绍,因此本章仅对诉讼及非诉程序法进行论述。中国诉讼与非诉程序法,主要包括三大诉讼法与非诉程序法。此处的"非诉程序法",并不包含行政程序法,因此,其与诉讼法一样是解决社会纠纷、保证程序正义的法律,带有较为强烈的司法性质或准司法性质。

所谓"三大诉讼法",即《刑事诉讼法》《民事诉讼法》《行政诉讼法》三种规范诉讼行为的程序法。《刑事诉讼法》于 1979 年颁布,1996 年第一次修正,2012 年第二次修正,2018 年第三次修正,全面规定了关于刑事审判活动的相关程序。《民事诉讼法》1982 年开始施行,1991 年正式通过,2007 年、2012 年、2017 年根据不同现实需求进行修正。《行政诉讼法》1989 年颁行,于 2014 年、2017 年完成两次修正。非诉程序法主要包括仲裁、调解相关的法律,即《仲裁法》《人民调解法》《劳动争议调解仲裁法》《农村土地承包经营纠纷调解仲裁法》,与带有较强国际属性的《海事诉讼特别程序法》《引渡法》《国际刑事司法协助法》。以上各法构成了中国诉讼与非诉程序法体系。

第一节　刑事诉讼法

自 1979 年第一部《刑事诉讼法》颁布施行之后,其经历了三次修正。1979 年的《刑事诉讼法》与《刑法》一同产生,形成了较为完善的刑事实体与程序立法,保障了改革开放之后刑事案件审判工作从实体与程序两个维度做到有法可依。1996 年,完成了对《刑事诉讼法》的第一次修正,与 1997 年《刑法》修正形成强力共鸣,吸纳了十几年以来的司法实践经验,综合了社会快速变动的各种因素,代表了刑事领域立法与司法的立法理念和制度构建之进步。2012 年《刑事诉讼法》将"尊重和保障人权”纳入法典,并推动证据制度与辩护制度的完善,体现了公权力运行程序中对于人权的保障与维护,展现了刑事程序法的人性光辉。2018 年的修正,有效适应了中央层面以监察委员会构建为核心的国家监察体制改革、以审判为中心的诉讼制度改革以及反腐工作法治化等重大部署,推进了刑事诉讼立法进一步找到其在法治建设中的坐标。

一、1979 年《刑事诉讼法》

在程序法中,《刑事诉讼法》是最早颁布的(1979 年),其次才是《民事诉讼法》(1982 年)与《行政诉讼法》(1989 年)。1979 年 2 月 23 日召开的第五届全国人大常委会第六次会议决定设立全国人大常委会法制委员会,作为全国人大常委会专门负责立法的机构,彭真担任该机构主任。在全国人大常委会法制委员会的主持下,在 1963 年《刑事诉讼法草案(初稿)》的基础上先后拟出《刑事诉讼法修正一稿》和《刑事诉讼法修正二稿》。随后将《刑事诉讼法修正二稿》呈交党中央和全国人大常委会审议修订。[1] 这就奏响了 1979 年《刑事诉讼法》制定出台的序曲。

(一)1979 年《刑事诉讼法》的制定过程

1979 年 6 月 12 日,第五届全国人大常委会第八次会议通过了全国人大常委会工作报告和《刑事诉讼法(草案)》。1979 年 6 月 26 日,全国人大常委会副委员长彭真在第五届全国人大第二次会议上就七个法律草案作说明,其中就包括对于《刑事诉讼法(草案)》的说明。需要明确的一个时代背景是,“四人帮”刚刚被粉碎,社会与国家逐渐开始重建秩序,中共十一届三中全会顺利召开,党和政府开始着力反思与整顿“文化大革命”期间的历史教训。在吸取“文化大革命”时期的教训中,最为重要的一点是如何建立起民主与法制,如何通过法制保障公民权不受到来自公权力甚至其他自然人的随意侵犯。如何限制公权力机构,尤其是司法部门,包括公安机关、检察机关与审判机关,《刑事诉讼法(草案)》也是在“文化大革命”前的多次修正稿的基础上修订的。当然,对于行政权力的控制也是不得不考虑的内容,但是这一方面的权力则交由行政法制予以规范与限制。彭真在汇报了组织法和刑法的草案之后,就对《刑事诉讼法(草案)》分为五个方面,作了专门的介绍:

“刑事诉讼法的任务,是从司法程序方面保证刑法的正确执行。需要说明以下五点:

“第一,公安、检察、法院三机关的工作关系是在党的领导下,遵照宪法、刑法和其他法律的规定,为了共同维护社会主义法制而在工作中实行分工协作和互相制约,以保证准确地打击反革命和其他刑事犯罪行为,保护人民。刑事诉讼法(草案)

---

[1] 参见陈光中、曾新华:《刑事诉讼法四十年》,载《法学》2018 年第 7 期。

从程序方面规定三机关的职权和工作关系。对刑事案件的侦查、拘留、预审，由公安机关负责。批准逮捕和检察（包括侦查）、提起公诉，由检察院负责。公安机关对检察院的决定有不同意见，可以要求复议。案件的审判由法院负责，检察院对法院判决不同意，可以提出抗诉。

“第二，刑事诉讼法（草案）规定，除公安机关、检察院、法院依法分别行使侦查、拘留、预审、批准逮捕、检察、提起公诉和审判权以外，其他任何机关、团体和个人都无权行使这些权利。同时，根据司法机关在工作中要保持应有的独立性的精神，刑事诉讼法（草案）规定法院、检察院和公安机关办案‘必须以事实为根据，以法律为准绳’。这是当然的道理，现在特别加以申明，是为了防止滥行逮捕拘留，诬陷和侵犯干部、群众的人身权利、民主权利和其他权利。

“第三，被告人除自己行使辩护权以外，有权按照自己的意愿委托律师、亲属、监护人、人民群众团体或所在单位推荐的辩护人为他辩护。被告人没有委托辩护人的，人民法院有义务为他指定辩护人。辩护人的责任是维护被告人的合法权益，帮助法院避免审判中的错误。

“第四，从诉讼程序方面严防诬告和伪证。针对前些年发生诬告、伪证的恶劣现象，除在刑法（草案）中规定了诬陷罪、伪证罪和诽谤罪外，在刑事诉讼法（草案）中又规定了法院、检察院和公安机关在接受控告、检举时，应当向控告人、检举人说明诬告、捏造证据应负的法律责任，告诉他们不要捏造事实。在询问证人时，要告诉他应当如实地提供证据、证言；如有意作伪证或者隐匿罪证要负法律责任。并规定，法院认为证人有意作伪证或者隐匿罪证时，可以依法处理。

“第五，刑事诉讼法（草案）规定：‘要重证据，重调查研究，不轻信口供’。要注意收集能够证实被告人有罪或者无罪，犯罪情节重或者轻两个方面的证据。‘严禁刑讯逼供和以威胁、引诱、欺骗以及其他非法的方法收集证据’。‘证据必须经过查证属实，才能作为定案的根据’。‘证人证言必须在法庭上经过公诉人、被害人和被告人、辩护人双方讯问、质证，听取各方证人的证言并经过查实以后，才能作为定案的根据。’刑事诉讼法（草案）还规定：只有被告人供述，没有其他证据的，不能认定被告人有罪和处以刑罚；没有被告人供述，证据充分确实的，可以认定被告人有罪和处以刑罚。”〔2〕

彭真对于《刑事诉讼法（草案）》的重点介绍部分，实际上包括以下五方面内容：(1)对于公、检、法三机关对外打击犯罪与保护人民、对内保证权力分工与制约的规划；(2)除公检法以外的任何机关和个人不得行使与司法相关的一系列公权力，同时公检法不得随意侵犯公民个人的权利；(3)应当保障被告人的辩护权；(4)公检法

〔2〕 彭真：《关于七个法律草案的说明》，载《人民日报》1979年7月1日版。

除了自身不得诬告陷害公民(第2点)外,在第4点也提出,公民也不得诬告陷害其他公民,这一防治制度需要通过刑法和刑事诉讼法共同完成;(5)强调证据的重要意义,降低口供在刑事诉讼过程中的地位。上述彭真所强调的内容,无论是限制公检法的权力,还是保护公民的权利,无论是打击诬陷,还是削弱口供,无论是保障被告人的权利,还是强化证人的义务,事实上,种种考虑和设计,都是"文化大革命"的创伤后的应激反应,都是"文化大革命"留下的历史教训在政法领域尤其是刑事诉讼法领域的投射。作为程序法,刑事诉讼法丝毫不逊色于刑事实体法,从每一个环节上防范危机的发生。

1979年6月30日,第五届全国人大法案委员会提交对《刑事诉讼法(草稿)》的审查报告,就明确公检法三机关的职权范围、明确对于检举控告与诬告陷害的相关规定、完善释放犯人的相应措施等三方面内容展开:

"为了使公安、检察和法院三机关的职责范围规定得更清楚些,便于群众了解,修改后规定:'对刑事案件的侦查、拘留、预审,由公安机关负责。批准逮捕和检察(包括侦查)、提起公诉,由人民检察院负责。审判由人民法院负责。其他任何机关、团体和个人都无权行使这些权力。'明确规定侦查的含意是指'公安机关、人民检察院在办理案件过程中,依照法律进行的专门调查工作和有关的强制性措施'。另一方面,为了更好地使专门机关的工作和群众相结合,增加如下规定:'必须保证一切与案件有关或者了解案情的公民,有客观地充分地提供证据的条件;除特殊情况外,并且可以吸收他们协助调查。'

"为了保护群众向司法机关的控告和检举的权利,在'应当向控告人、检举人说明诬告应负的法律责任'之后,增加规定:'只要不是捏造事实,伪造证据,即使控告、检举的事实有出入,甚至是错告的,也要和诬告严格加以区别。'同时,在规定告知证人'有意作伪证要负的法律责任'的地方,加上还应告知'隐匿罪证'要负的法律责任。

"为了使犯罪分子在刑罚执行期满后依法按时恢复自由和权利,现在增加规定:判处有期徒刑、拘役的罪犯,执行期满,应当由执行机关发给刑满释放证。被判处管制、剥夺政治权利的罪犯,执行期满,应当由执行机关通知本人,并向有关群众正式宣布解除管制或者恢复政治权利。"[3]

1979年7月1日,第五届全国人大第二次会议通过中国第一部《刑事诉讼法》,也是三大诉讼法、程序法部门中最早制定诞生的一部,同年7月7日全国人大常委会委员长叶剑英签署第六号委员长令公布,自1980年1月1日起施行。《刑事诉讼

---

[3] 参见《中华人民共和国第五届全国人民代表大会法案委员会关于七个法律草案的审查报告》,载《中华人民共和国第五届全国人民代表大会第二次会议文件》,人民出版社1979年版。

法》分为四编，共计 164 条。

（二）1979 年《刑事诉讼法》的主要内容

第一编“总则部分”，共计 58 条，主要规定了：(1) 中国刑事诉讼法的指导思想、任务和基本原则；(2) 管辖、回避、辩护、证据、强制措施、附带民事诉讼、期间、送达等基本制度。其中值得一提的是“基本原则”。第 3 条规定了公检法严格遵守法定程序原则。第 4 条规定了以事实为根据、以法律为准绳原则以及法律面前人人平等的原则，“对于一切公民，在适用法律上一律平等，在法律面前，不允许有任何特权”。第 5 条规定了公检法分工负责、相互配合、相互制约原则。第 6 条规定了公民使用本民族语言文字诉讼的权利。第 7 条规定了两审终审制。第 8 条规定了审判公开原则以及保障被告人获得辩护原则。第 10 条规定了公检法应当保障诉讼参与人诉讼权利，值得注意的是，未满十八岁的未成年人案件审讯过程可以通知法定代理人到场这一规定体现了关照未成年人的权利。第 11 条规定了撤销案件、不起诉或者宣告无罪的情形。回避制度与辩护制度也是为了保证诉讼能够公平、公正、公开地进行，由此保障诉讼参与人的合法权利。以上基本原则、基本制度可以印证第 2 条“刑事诉讼法的任务”，“中华人民共和国刑事诉讼法的任务，是保证准确、及时地查明犯罪事实，正确应用法律，惩罚犯罪分子，保障无罪的人不受刑事追究，教育公民自觉遵守法律，积极同犯罪行为作斗争，以维护社会主义法制，保护公民的人身权利、民主权利和其他权利，保障社会主义革命和社会主义建设事业的顺利进行”，通过规范与限制司法机关的公权力运行，从而保障当事人的诉讼权利。另外，中级人民法院管辖的一审案件包括反革命案件、判处无期徒刑以上的普通刑事案件、涉及外国人的刑事案件，其中“反革命案件”带有明显的时代特征。高级人民法院与最高人民法院所管辖一审案件的则是以区域（全省或全国）为划分的重大刑事案件。

第二编“立案、侦查和提起公诉”，规定了进入法院审判程序之前（从立案到公诉期间）享有侦查权与公诉权的国家机关所需遵循的程序与规范，分为三章，即“立案”“侦查”“提起公诉”。“立案”一章中第 60 条规定了控告、检举的权利，但是“接受控告、检举的工作人员，应当向控告人、检举人说明诬告应负的法律责任”，本条与“文革”期间诬告盛行有直接的关联。“侦查”一章第 64 条规定被告人应当如实回答侦查人员的提问，但是与案件无关的问题可以拒绝回答。侦查机关可以通过讯问被告人、询问证人、勘验、检查、搜查、扣押物证或书证、鉴定、通缉等手段完成侦察任务。第三章“提起公诉”，规定了人民检察院是否提起公诉的决定权，人民检察院在审查案件过程中应当对犯罪事实、证据、犯罪性质、罪名认定、有无遗漏罪行或者嫌疑人、是否应当追究刑事责任、有无附带民事诉讼以及侦查活动是否合法等相关内容进行审查，可向人民法院提起公诉，或裁定并宣告免于起诉。

第三编为“审判”,分为五章,分别是“审判组织”“第一审程序”“第二审程序”“死刑复核程序”“审判监督程序”。(1)“审判组织”规定了独任庭、合议庭以及审判委员会的组成规范和运行规范。(2)“第一审程序”中,第111条规定人民法院一审案件原则上应当公开进行,但是涉及国家机密或者个人隐私案件不公开审理、16岁以下未成年人犯罪案件一律不公开审理、16岁到18岁未成年人犯罪案件一般不公开审理。开庭时应当告知当事人是否申请回避以及告知辩护权利。法庭调查后,应当由公诉人发言,被害人发言,然后由被告人陈述和辩护,辩护人进行辩护,并且可以互相辩论。审判长在宣布辩论终结后,被告人有最后陈述的权利,宣告判决应当公开进行。法庭笔录应由审判者、书记员、证人、当事人签章。第125条规定一审案件应当在受理后一个月内宣判,不得超过一个半月。(3)“第二审程序”可以由当事人及其法定代理人、被告人的辩护人和近亲属不服一审裁判向上一级法院提起而启动,也可以由各级检察院向上一级法院进行抗诉而启动,不服判决与裁定的上诉、抗诉期限分别为10日与5日。经人民法院审理后,认为原判决事实、适用法律、量刑均无错误,应当裁定驳回上诉或者抗诉,维持原判;事实无误但适用法律错误或量刑不当,应当改判;事实不清、证据不足,则可以查清事实后改判,也可以撤销原判、发回重审。(4)“死刑复核程序”规定死刑由最高人民法院核准。(5)“审判监督程序”,是裁判已经生效后,当事人、被害人及其家属或者其他公民可以向人民法院或者人民检察院提出申诉;各级人民法院院长认为于本院生效裁判在事实认定与适用法律方面有误,必须提交审判委员会处理;最高人民法院对各级人民法院、上级人民法院对下级人民法院,发现生效裁判确有错误,可以提审或者指定再审;最高人民检察院对各级人民法院、上级人民检察院对下级人民法院的生效裁判,发现生效裁判确有错误,可依法抗诉。

第四编为“执行”程序。规定了被告人无罪与免除刑事处罚、死刑立即执行、死刑缓期二年执行、无期徒刑、有期徒刑、拘役、管制、缓刑、罚金、没收财产等刑罚的执行方式和监督程序。其中对于死刑的限制最为严苛,死刑是剥夺生命权的刑罚,只适用于罪大恶极的犯罪分子,因此必须严格控制其执行。对于死刑立即执行的判决,应当由最高人民法院院长签发执行死刑的命令。接受命令的下级人民法院应当在7日以内交付执行。但是在执行前发现判决可能有错误的,或者罪犯正在怀孕,应当停止执行,并且立即报告最高人民法院作出裁定。执行死刑,同级人民检察院派员临场监督。执行死刑应当公布,不应示众。执行死刑后,交付执行的人民法院应当通知罪犯家属。徒刑缓刑犯由公安机关交所在单位或基层组织考察,假释犯由公安机关监督。对于被判处管制、剥夺政治权利的罪犯,由公安机关执行。判处罚金、没收财产的判决,由人民法院执行。服刑期间再次犯罪,或有未发现的罪行,应当移送人民检察院处理。除死刑犯以外的服刑人,有悔改、立功表现,应由执行机关提出书面意见，报请人民法院审核裁定。刑罚执行过程中，发现判决有误或者罪犯申诉，应转由检察院或原判法院处理。人民检察院对刑事裁判以及执行机关活动予以监督，如果发现违法现象，则通知执行机关予以纠正。

二、1996 年《刑事诉讼法》

1991 年 1 月，全国人大常委会法制工作委员会就召开了关于《刑事诉讼法》修改的座谈会，征求与会专家学者的意见和建议，并委托专家提出《刑事诉讼法》修改建议稿供立法部门参考。根据第八届全国人大常委会立法规划，从 1993 年起全国人大常委会的工作部门会同中央有关部门以及地方人大、政府和各方面的专家对《刑事诉讼法》实施的情况和问题进行调查研究，广泛征求意见，拟订了《刑事诉讼法修正案（草案）》。本次草案的修正，与次年《刑法》修正相互配合，草案中部分理念甚至为《刑法》修正所借鉴。

（一）1996 年《刑事诉讼法》的修正过程

1995 年 6 月，全国人大常委会法制工作委员会进一步召集实务部门对《刑事诉讼法》修改中的重大问题进行了充分的讨论，并于 1995 年 10 月提出了《刑事诉讼法〈修改草案〉（征求意见稿）》，下发全国及相关部门征求意见。1995 年 12 月，全国人大常委会法制工作委员会正式提出了《刑事诉讼法修正案（草案）》，提交第八届全国人大常委会第十七次会议进行初步审议。第八届全国人大常委会第十七次会议初步审议后，根据全国人大常委会委员的审议意见和各方面意见，对修正案草案再次修改，经 1996 年 2 月第八届全国人大常委会第十八次会议再次审议，决定提请第八届全国人大第四次会议审议。〔4〕

1996 年 3 月 12 日在第八届全国人大第四次会议上，全国人大常委会法制工作委员会主任顾昂然根据全国人大常委会的决定，就《刑事诉讼法修正案（草案）》向大会进行说明。〔5〕 顾昂然高度评价了 1979 年《刑事诉讼法》对于社会主义法治事业的重要贡献，同时也表明经过 16 年的情势变化，修正《刑事诉讼法》具有重大的必要性："司法实践证明，刑事诉讼法规定的任务和基本原则是正确的。刑事诉讼法实施 16 年来，我国社会主义民主和法制建设不断发展，社会情况有了变化，司法实践中积累了不少经验，也反映出一些问题，需要总结实践经验，联系现代法制建

---

〔4〕 顾昂然：《关于〈中华人民共和国刑事诉讼法修正案（草案）〉的说明》，载中国人大网：http://www.npc.gov.cn/huiyi/lfzt/xsssfxg/2011-08/23/content_1666666.htm，最后访问日期：2019 年 5 月 17 日；参见陈光中、曾新华：《刑事诉讼法四十年》，载《法学》2018 年第 7 期。

〔5〕 顾昂然：《关于〈中华人民共和国刑事诉讼法修正案（草案）〉的说明》，载中国人大网：http://www.npc.gov.cn/huiyi/lfzt/xsssfxg/2011-08/23/content_1666666.htm，最后访问日期：2019 年 5 月 17 日。

设的发展,对刑事诉讼法进行补充修改。”

顾昂然对于修正案草案总体情况进行说明:“修正案(草案)对公、检、法进行刑事诉讼的各个环节,作了一系列重大修改、补充,刑事诉讼法的条文从 164 条增至 225 条,对进一步完善我国刑事诉讼制度,具有重大的作用。”这些变动具体涵盖了四个方面,分别是:第一,完善强制措施,包括废除作为行政强制手段的收容审查,严格规定逮捕条件,完善监视居住和取保候审制度;第二,进一步保障诉讼参与人的权利,包括明确规定不经人民法院判决不得定罪、修改律师参加诉讼的时间,保障犯罪嫌疑人、被告人的合法权益,保障被害人的诉讼权利;第三,完善庭审方式,对职能管辖、免予起诉等作了修改,包括完善庭审方式,明确检察院自侦案件的范围,扩大不起诉的范围、不再使用免予起诉;第四,加强对刑事诉讼各个环节的监督,包括在总则中规定人民检察院依法对刑事诉讼实行法律监督,强化人民检察院对于公安机关的立案监督、对于人民法院的抗诉以及书面纠正意见。

1996 年 3 月 16 日,全国人大法律委员会主任委员薛驹在第八届全国人大第四次会议主席团第三次会议上作了全国人大法律委员会关于《行政处罚法(草案)》和《刑事诉讼法修正案(草案)》审议结果的报告。[6] 法律委员会根据人大代表针对《刑事诉讼法修正案(草案)》的 9 条修改意见,对草案进行了修改,并提出了关于《修改〈中华人民共和国刑事诉讼法〉的决定(草案)》,提请主席团审议。

1996 年 3 月 17 日,第八届全国人大第四次会议通过《关于修改〈中华人民共和国刑事诉讼法〉的决定》,并于同日以中华人民共和国主席令第六十四号公布,自 1997 年 1 月 1 日起正式施行。[7]

(二)1996 年《刑事诉讼法》修正的主要内容

1996 年 3 月 17 日,第八届全国人大第四次会议通过的《关于修改〈中华人民共和国刑事诉讼法〉的决定》共计 110 条,修改后的《刑事诉讼法》共计 225 条。《刑事诉讼法》修改的重大事项如下:

第一,完善第 2 条对于任务的规定,删改 1979 年《刑事诉讼法》第 1 条指导思想的规定,改为立法目的,“为了保证刑法的正确实施,惩罚犯罪,保护人民,保障国家安全和社会公共安全,维护社会主义社会秩序,根据宪法,制定本法”。

第二,增加司法机关依法独立行使职权这一原则的规定,第 5 条规定,“人民法院依照法律规定独立行使审判权,人民检察院依照法律规定独立行使检察权,不受

---

〔6〕 薛驹:《全国人大法律委员会关于〈中华人民共和国行政处罚法(草案)〉和〈中华人民共和国刑事诉讼法修正案(草案)〉审议结果的报告》,载中国人大网:http://www.npc.gov.cn/huiyi/lfzt/xsss-fxg/2004-02/25/content_1666667.htm,最后访问日期:2019 年 5 月 17 日。

〔7〕《全国人民代表大会关于修改〈中华人民共和国刑事诉讼法〉的决定》,载中国人大网:http://www.npc.gov.cn/wxzl/wxzl/2000-12/05/content_3518.htm,最后访问日期:2019 年 5 月 17 日。

行政机关、社会团体和个人的干涉”。加强人民检察院的法律监督，分别是加强检察院对于刑事诉讼实行法律监督（总则编）、对立案的监督（立案章）、在人民法院违反审判法定程序情况下向人民法院提出纠正意见（审判编）。强化法院、检察院以及公安机关的调查取证职权，第45条规定，“人民法院、人民检察院和公安机关有权向有关单位和个人收集、调取证据。有关单位和个人应当如实提供证据。对于涉及国家秘密的证据，应当保密”。

第三，增加疑罪从无的裁判原则，第162条第3项规定，“证据不足，不能认定被告人有罪的，应当作出证据不足、指控的犯罪不能成立的无罪判决”，从而尽可能在无法确定犯罪事实的情形下，作对犯罪嫌疑人有利的裁判。

第四，缩小、明确人民检察院自侦案件范围的规定，“贪污贿赂犯罪，国家工作人员的渎职犯罪，国家机关工作人员利用职权实施的非法拘禁、刑讯逼供、报复陷害、非法搜查的侵犯公民人身权利的犯罪以及侵犯公民民主权利的犯罪，由人民检察院立案侦查”，同时明确自诉案件由法院直接受理，自诉案件范围为，“（一）告诉才处理的案件；（二）被害人有证据证明的轻微刑事案件；（三）被害人有证据证明对被告人侵犯自己人身、财产权利的行为应当依法追究刑事责任，而公安机关或者人民检察院不予追究被告人刑事责任的案件”。

第五，修改完善中级人民法院一审案件范围，“（一）反革命案件、危害国家安全案件；（二）可能判处无期徒刑、死刑的普通刑事案件；（三）外国人犯罪的刑事案件”。此条的修改，尤其是从反革命案件到危害国家安全案件的变动趋势，与“九七刑法”修改方向一致。

第六，完善法律援助制度，第34条规定法院应指定法律援助律师为其提供辩护的三种情况：(1)被告人因经济困难或者其他原因没有委托辩护人的；(2)被告人是盲、聋、哑或者未成年人而没有委托辩护人的；(3)被告人可能被判处死刑而没有委托辩护人的。

第七，完善辩护人相应制度。完善犯罪嫌疑人、被告人的辩护人范围，“（一）律师；（二）人民团体或者犯罪嫌疑人、被告人所在单位推荐的人；（三）犯罪嫌疑人、被告人的监护人、亲友”，但是正在被执行刑罚或者依法被剥夺、限制人身自由的人，不得担任辩护人。同时将辩护人参加诉讼的时间点，从法庭审理阶段提前到案件移送审查起之日，“公诉案件自案件移送审查起诉之日起，犯罪嫌疑人有权委托辩护人。自诉案件的被告人有权随时委托辩护人。人民检察院自收到移送审查起诉的案件材料之日起三日以内，应当告知犯罪嫌疑人有权委托辩护人。人民法院自受理自诉案件之日起三日以内，应当告知被告人有权委托辩护人”。完善辩护律师的阅卷权、调查取证权，第36条规定辩护律师自人民检察院对案件审查起诉之日起、自人民法院受理案件之日起，可以查阅、摘抄、复制本案相关文书，并与在押的犯罪嫌疑人、被告人会见和通信。强化辩护人的法律义务，第 38 条规定，“辩护律师和其他辩护人，不得帮助犯罪嫌疑人、被告人隐匿、毁灭、伪造证据或者串供，不得威胁、引诱证人改变证言或者作伪证以及进行其他干扰司法机关诉讼活动的行为”。

第八，完善被害人权利保障制度建设。第 184 条关于“当事人”的规定修改为“被告人、自诉人、附带民事诉讼的原告人和被告人”，因此根据第 28 条、第 30 条，被害人及其法定代理人可以申请回避，并对驳回申请回避的决定申请复议一次。第 84 条规定，被害人的报案、控告权，“被害人对侵犯其人身、财产权利的犯罪事实或者犯罪嫌疑人，有权向公安机关、人民检察院或者人民法院报案或者控告”。第 87 条规定，被害人认为公安机关对应当立案侦查的案件而不立案侦查，向人民检察院提出的，人民检察院应当要求公安机关说明不立案的理由。第 88 条规定，对于自诉案件，被害人有权向人民法院直接起诉，被害人死亡或者丧失行为能力的，被害人的法定代理人、近亲属有权向人民法院起诉。第 121 条规定，侦查机关应当将用作证据的鉴定结论告知犯罪嫌疑人、被害人。如果犯罪嫌疑人、被害人提出申请，可以补充鉴定或者重新鉴定。第 139 条规定，人民检察院审查案件，应当讯问犯罪嫌疑人，听取被害人和犯罪嫌疑人、被害人委托的人的意见。第 145 条规定，对于有被害人的案件，决定不起诉的，人民检察院应当将不起诉决定书送达被害人。被害人如果不服，可以自收到决定书后 7 日以内向上一级人民检察院申诉，请求提起公诉。人民检察院应当将复查决定告知被害人。对人民检察院维持不起诉决定的，被害人可以向人民法院起诉。被害人也可以不经申诉，直接向人民法院起诉。第 155 条规定，被害人、附带民事诉讼的原告人和辩护人、诉讼代理人，经审判长许可，可以向被告人发问；第 156 条规定，当事人和辩护人、诉讼代理人经审判长许可，可以对证人、鉴定人发问。第 182 条规定，被害人及其法定代理人不服地方各级人民法院第一审的判决的，自收到判决书后 5 日以内，有权请求人民检察院提出抗诉，人民检察院自收到被害人及其法定代理人的请求后 5 日以内，应当作出是否抗诉的决定并且答复请求人。第 187 条规定，第二审人民法院对上诉案件，应当组成合议庭，开庭审理。合议庭经过阅卷，讯问被告人、听取其他当事人、辩护人、诉讼代理人的意见，对事实清楚的，可以不开庭审理。第 198 条规定，对被害人的合法财产，应当及时返还。第 191 条规定，对于剥夺或者限制了当事人的法定诉讼权利，可能影响公正审判的一审案件，二审法院应当撤销原判、发回重审。

第九，保障证人及其近亲属的安全，第 49 条规定，“人民法院、人民检察院和公安机关应当保障证人及其近亲属的安全。对证人及其近亲属进行威胁、侮辱、殴打或者打击报复，构成犯罪的，依法追究刑事责任；尚不够刑事处罚的，依法给予治安管理处罚”。

第十，增加简易程序，提升审判效率，节省司法成本。第 147 条规定，基层人民法院适用简易程序的案件可以由审判员一人独任审判。第174条规定，简易程序适用范围为，“（一）对依法可能判处三年以下有期徒刑、拘役、管制、单处罚金的公诉案件，事实清楚、证据充分，人民检察院建议或者同意适用简易程序的；（二）告诉才处理的案件；（三）被害人起诉的有证据证明的轻微刑事案件”，由审判员一人独任审判。第175条规定，适用简易程序审理公诉案件，人民检察院可以不派员出席法庭。第176条规定，适用简易程序审理自诉案件，宣读起诉书后，经审判人员许可，被告人及其辩护人可以同自诉人及其诉讼代理人互相辩论。第177条规定，适用简易程序审理案件，不受第二章第一节关于讯问被告人、询问证人、鉴定人、出示证据、法庭辩论程序规定的限制。但在判决宣告前应当听取被告人的最后陈述意见。第178条规定，适用简易程序审理案件，人民法院应当在受理后20日以内审结。第179条规定，人民法院在审理过程中，发现不宜适用简易程序的，应当按照第二章第一节或者第二节的规定重新审理。

第十一，完善强制措施制度，取消收容审查。第58条规定，“人民法院、人民检察院和公安机关对犯罪嫌疑人、被告人取保候审最长不得超过十二个月，监视居住最长不得超过六个月”，以防变相羁押。同时加强被保证人与被监视居住人的义务与应当遵守的规定。

第十二，完善刑罚执行制度。第212条增加规定，“死刑采用枪决或者注射等方法执行。死刑可以在刑场或者指定的羁押场所内执行”，尽可能减轻死刑犯的痛苦，并根据我国传统观念尽可能保全死刑犯的尸体完整。第213条增加规定，判处有期徒刑、拘役的罪犯，执行期满，应当由执行机关发给释放证明书。第214条完善保外就医与监外执行制度，“对于被判处有期徒刑或者拘役的罪犯，有下列情形之一的，可以暂予监外执行：（一）有严重疾病需要保外就医的；（二）怀孕或者正在哺乳自己婴儿的妇女。对于适用保外就医可能有社会危险性的罪犯，或者自伤自残的罪犯，不得保外就医”。

第十三，严格减刑、假释程序。第222条规定，“人民检察院认为人民法院减刑、假释的裁定不当，应当在收到裁定书副本后二十日以内，向人民法院提出书面纠正意见。人民法院应当在收到纠正意见后一个月以内重新组成合议庭进行审理，作出最终裁定”。

三、2012年《刑事诉讼法》

2003年，根据中共十六大提出的“推进司法体制改革”战略决策，第十届全国人大常委会立法规划就包含《刑事诉讼法》修正安排。自此开始，全国人大常委会法制工作委员会按照立法规划的要求，一直在对1996年修正完成的《刑事诉讼法》执行情况和执行中出现的问题进行跟踪了解、调查研究。2004年年底，中共中央转发了中央司法体制改革领导小组《关于司法体制和工作机制改革的初步意见》,其中涉及完善诉讼制度的任务,《刑事诉讼法》修改势在必行。2008年,根据中共十七大作出的"深化司法体制改革"的重大决策,中共中央转发了中央政法委员会《关于深化司法体制和工作机制改革若干问题的意见》,其中相当部分涉及《刑事诉讼法》的修改。此后,全国人大常委会法制工作委员会加快了刑事诉讼法修正案的起草工作,并连续召开了座谈会议,征求实务部门和专家学者的意见。[8] 再次对《刑事诉讼法》进行修正势在必行。

(一)2012年《刑事诉讼法》的修正过程

2009年开始,全国人大常委会法工委着手《刑事诉讼法》修改方案的研究起草工作。经反复与最高人民法院、最高人民检察院、公安部、国家安全部、司法部等部门进行研究,多次听取全国人大代表、基层办案部门、律师和专家学者意见,并专门征求部分地方人大常委会的意见,在充分论证并取得基本共识的基础上,形成了《刑事诉讼法修正案(草案)》。2011年8月24日至26日,第十一届全国人大常委会第二十二次会议初次审议了该草案,并于8月30日将该草案及草案说明在中国人大网公布,向社会公开征集意见(意见征集截止日期:2011年9月30日)。草案说明就主要问题进行阐述:第一,完善证据制度,包括完善证据种类和证明标准、完善非法证据排除制度、完善证人鉴定人出庭制度、完善证人保护制度;第二,完善强制措施,包括完善逮捕条件、完善审查逮捕程序、完善监视居住措施、适当延长拘传时间;第三,完善辩护制度,包括规定在侦查阶段可以委托律师作为辩护人、完善辩护律师会见在押的犯罪嫌疑人或被告人的规定、完善律师阅卷的相关规定、完善法律援助制度;第四,完善侦查措施,包括明确技术侦查及秘密侦查措施、完善侦查监督规定;第五,完善审判程序,包括调整简易程序适用范围、完善第一审与第二审程序、完善死刑复核程序、完善执行规定(完善暂予监外执行规定、加强检察机关对刑罚执行活动的法律监督、增加社区矫正规定);第六,规定特别程序,包括设置未成年人犯罪案件诉讼程序、规定特定范围公诉案件的和解程序、规定犯罪嫌疑人与被告人逃匿或死亡案件违法所得的没收程序、规定对实施暴力行为的精神病人的强制医疗程序。[9] 2011年12月,第十一届全国人大常委会第二十四次会议对该草案进行了再次审议。

2012年3月8日,全国人大常委会副委员长王兆国在第十一届全国人大第五次会议上作了关于《中华人民共和国刑事诉讼法修正案(草案)》的说明,"委员们认

---

[8] 参见陈光中、曾新华:《刑事诉讼法四十年》,载《法学》2018年第7期。

[9] 《刑事诉讼法修正案(草案)条文及草案说明》,载中国人大网:http://www.npc.gov.cn/npc/xinwen/lfgz/2011-08/30/content_1668503.htm,最后访问日期:2019年5月18日。

为,修正案草案经过常委会两次审议,吸收了常委会组成人员的审议意见和各方面意见,已趋成熟。会议决定将修正案草案提请十一届全国人大五次会议审议”。[10]

在《关于〈中华人民共和国刑事诉讼法修正案(草案)〉的说明》中,王兆国指出:“刑事诉讼法修改16年来,我国经济社会快速发展,在刑事犯罪方面也出现了新的情况,有必要在认真梳理代表议案、深入总结实践经验、广泛征求意见的基础上,按照中央深化司法体制和工作机制改革的要求,对刑事诉讼法予以修改完善。”他从三方面论证了修正《刑事诉讼法》的必要性:第一,修改《刑事诉讼法》是进一步加强惩罚犯罪和保护人民的需要;第二,修改《刑事诉讼法》是加强和创新社会管理,维护社会和谐稳定的需要;第三,修改《刑事诉讼法》是深化司法体制和工作机制改革的需要。

2012年3月11日上午,第十一届全国人大各代表团审议了《关于修改〈中华人民共和国刑事诉讼法〉的决定(草案)》。代表们普遍认为,修改决定草案较好地吸收了代表提出的意见,同意提请本次会议表决通过。同时,有的代表对修改决定草案还提出了一些修改意见。全国人大法律委员会于3月12日上午召开会议,对修改决定草案进行了审议,逐条研究了代表提出的审议意见。全国人大法律委员会认为,修改决定草案是可行的,并提出五点修改意见。3月13日,全国人大法律委员会在第十一届全国人大第五次会议主席团第三次会议作了关于《全国人民代表大会关于修改〈中华人民共和国刑事诉讼法〉的决定(草案)》修改意见的报告并获得通过。[11]

2012年3月14日,第十一届全国人大第五次会议正式通过《关于修改〈中华人民共和国刑事诉讼法〉的决定》,共计111条,完成对《刑事诉讼法》的第二次修正。本次修改是适应时代需求、民主法治发展趋势的。

(二)2012年《刑事诉讼法》修正的主要内容

经过修正后,《刑事诉讼法》共计290条分为五编,分别是“总则”“立案、侦查和提起公诉”“审判”“执行”“特别程序”。[12]

第一,将“尊重和保障人权”写入《刑事诉讼法》,“既有利于更加充分地体现我

[10] 王兆国:《关于〈中华人民共和国刑事诉讼法修正案(草案)〉的说明》,载中国人大网:http://www.npc.gov.cn/huiyi/lfzt/xsssfxg/2012-03/09/content_1707027.htm,最后访问日期:2019年5月18日。

[11] 全国人大法律委员会:《关于修改〈中华人民共和国刑事诉讼法〉的决定(草案)〉修改意见的报告》,载中国人大网:http://www.npc.gov.cn/huiyi/lfzt/xsssfxg/2012-05/29/content_1872362.htm,最后访问日期:2019年5月18日。

[12] 王兆国:《关于〈中华人民共和国刑事诉讼法修正案(草案)〉的说明》,载中国人大网:http://www.npc.gov.cn/huiyi/lfzt/xsssfxg/2012-03/09/content_1707027.htm,最后访问日期:2019年5月18日。

国司法制度的社会主义性质,也有利于司法机关在刑事诉讼程序中更好地遵循和贯彻这一宪法原则”。因此,第2条“刑事诉讼法的任务”被修改为,“中华人民共和国刑事诉讼法的任务,是保证准确、及时地查明犯罪事实,正确应用法律,惩罚犯罪分子,保障无罪的人不受刑事追究,教育公民自觉遵守法律,积极同犯罪行为作斗争,维护社会主义法制,尊重和保障人权,保护公民的人身权利、财产权利、民主权利和其他权利,保障社会主义建设事业的顺利进行”。

第二,强化证据制度建设。完善非法证据排除制度,“采用刑讯逼供等非法方法收集的犯罪嫌疑人、被告人供述和采用暴力、威胁等非法方法收集的证人证言、被害人陈述,应当予以排除。收集物证、书证不符合法定程序,可能严重影响司法公正的,应当予以补正或者作出合理解释;不能补正或者作出合理解释的,对该证据应当予以排除”。增加规定了拘留、明确逮捕后及时送看守所羁押、在看守所内进行讯问和讯问过程的录音录像制度,“侦查人员在讯问犯罪嫌疑人的时候,可以对讯问过程进行录音或者录像;对于可能判处无期徒刑、死刑的案件或者其他重大犯罪案件,应当对讯问过程进行录音或者录像。录音或者录像应当全程进行,保持完整性”。明确证人出庭范围与加强对证人的保护。

第三,健全强制措施制度。包括进一步明确与细化逮捕条件,增加规定了人民检察院审查批准逮捕时讯问犯罪嫌疑人和听取辩护律师意见的程序,在逮捕后对羁押必要性继续进行审查的程序,适当定位监视居住措施、明确规定适用条件,删去了逮捕后有碍侦查不通知家属的例外情形并严格限制采取强制措施后不通知家属的例外情形。

第四,推进辩护制度建设。包括明确犯罪嫌疑人在侦查阶段可以委托辩护人,完善律师会见程序,建立特定三类案件在侦查期间辩护律师会见在押的犯罪嫌疑人应当经侦查机关许可的制度,以及辩护律师在审查起诉和审判阶段均可以查阅摘抄复制本案的案卷材料的制度,扩大法律援助的适用诉讼阶段范围和适用对象范围。

第五,完善侦查措施。包括完善侦查措施,增加了严格规范技术侦查措施的规定,强化对侦查活动的监督。其中技术侦查在第二编“立案、侦查和提起公诉”第二章第八节予以规定,“公安机关在立案后,对于危害国家安全犯罪、恐怖活动犯罪、黑社会性质的组织犯罪、重大毒品犯罪或者其他严重危害社会的犯罪案件,根据侦查犯罪的需要,经过严格的批准手续,可以采取技术侦查措施。人民检察院在立案后,对于重大的贪污、贿赂犯罪案件以及利用职权实施的严重侵犯公民人身权利的重大犯罪案件,根据侦查犯罪的需要,经过严格的批准手续,可以采取技术侦查措施,按照规定交有关机关执行。追捕被通缉或者批准、决定逮捕的在逃的犯罪嫌疑人、被告人,经过批准,可以采取追捕所必需的技术侦查措施”。

第六,完善审判程序。包括调整简易程序适用范围并完善第一审程序;明确第二审应当开庭审理的案件范围并对发回重审作出限制规定;完善附带民事诉讼程序;加强对死刑复核程序的法律监督,最高人民法院复核死刑应该作出裁定,不核准死刑时发回重新审判或者予以改判,并应当将复核结果通报最高人民检察院;对审判监督程序进行补充完善。

第七,完善刑罚执行程序。包括严格规范暂予监外执行的适用,强化人民检察院对减刑或假释或暂予监外执行的监督。第255条规定暂予监外执行的适用,"监狱、看守所提出暂予监外执行的书面意见的,应当将书面意见的副本抄送人民检察院。人民检察院可以向决定或者批准机关提出书面意见"。第256条规定人民检察院对暂予监外执行的监督,"决定或者批准暂予监外执行的机关应当将暂予监外执行决定抄送人民检察院。人民检察院认为暂予监外执行不当的,应当自接到通知之日起一个月以内将书面意见送交决定或者批准暂予监外执行的机关,决定或者批准暂予监外执行的机关接到人民检察院的书面意见后,应当立即对该决定进行重新核查"。第258条规定社区矫正制度,"对被判处管制、宣告缓刑、假释或者暂予监外执行的罪犯,依法实行社区矫正,由社区矫正机构负责执行"。

第八,增加规定特别程序。第五编专门独立成编,利用第266条至第289条,建立未成年人刑事案件诉讼程序、设置特定范围公诉案件的和解程序、设置犯罪嫌疑人与被告人逃匿或死亡案件违法所得的没收程序、设置依法不负刑事责任的精神病人的强制医疗程序等。

四、2018年《刑事诉讼法》

2018年《刑事诉讼法》诞生的背景是十八大以来,党与国家积极推进全面依法治国基本方略、深化国家监察体制改革、促进以审判为中心的诉讼制度改革、推进反腐工作法治化等重大部署。因此,本次《刑事诉讼法》的修正,正是为了回应以上形势的变化,保持与中央决策的高度一致,对接监察体制改革,落实诉讼制度改革,吸纳反腐倡廉经验,从诉讼法层面落实全面依法治国理念。

(一)2018年《刑事诉讼法》的修正过程

2018年4月17日,第十三届全国人大常委会第二次委员长会议在北京人民大会堂举行,栗战书委员长主持会议。2018年4月25日上午,第十三届全国人大常委会第二次会议举行第一次全体会议。受委员长会议委托,全国人大常委会法制工作委员会主任沈春耀作关于提请审议《中华人民共和国刑事诉讼法(修正草案)》

议案的说明。[13] 4月27日上午,第十三届全国人大常委会第二次会议举行分组会议,审议《刑事诉讼法(修正草案)》。[14] 经审议后,《刑事诉讼法(修正草案)》在中国人大网公布征求社会公众意见。草案共24条,包括完善与监察法的衔接机制,调整人民检察院侦查职权,建立刑事缺席审判制度,完善刑事案件认罪认罚从宽制度和增加速裁程序等内容,征求意见截止日期为2018年6月7日。[15]

2018年8月17日,第十三届全国人大常委会第十一次委员长会议在北京人民大会堂举行,栗战书委员长主持。会议决定,第十三届全国人大常委会第五次会议8月27日至31日在北京举行。委员长会议建议,第十三届全国人大常委会第五次会议审议《电子商务法(草案)》《土壤污染防治法(草案)》《个人所得税法修正案(草案)》《刑事诉讼法(修正草案)》等法律草案。[16]

2018年8月27日下午,第十三届全国人大常委会第五次会议举行第一次全体会议,栗战书委员长主持会议。在会上,全国人大宪法和法律委员会副主任委员沈春耀作了关于《中华人民共和国刑事诉讼法(修正草案)》修改情况的汇报。[17] 2018年8月29日上午,第十三届全国人大常委会第五次会议举行分组会,审议《个人所得税法修正案(草案)》《刑事诉讼法(修正草案)》《综合性消防救援队伍消防救援衔条例(草案)》。[18] 审议中,全国人大常委会委员们认为,此次修改进一步扩大了缺席判决的范围,完善了认罪认罚从宽量刑的规定,在维护公民合法权利方面更加直接明确。这些规定贯彻了中国特色社会主义法治理念,贯彻了惩前毖后、治病救人的方针,贯彻了宽严相济的刑事政策,充分体现了依法尊重和保障人权的要求。与此同时,常委会委员们还对草案的进一步完善提出了多方面的建议。此次《刑事诉讼法》修改的一大亮点就是规定了缺席审判制度,这也是社会上广泛关注的内容。常委会委员们认为,该项制度对境外追逃追赃具有很大推动力,是以法治方式推进党风廉政建设和反腐败斗争的有力举措。在一审稿的基础上,二审稿进

---

[13] 《沈春耀作关于刑事诉讼法修正草案议案的说明》,载中国人大网:http://www.npc.gov.cn/npc/cwhhy/13jcwh/2018-04/25/content_2053551.htm,最后访问日期:2019年5月19日。

[14] 《十三届全国人大常委会第二次会议举行分组会》,载中国人大网:http://www.npc.gov.cn/npc/cwhhy/13jcwh/2018-04/27/content_2053808.htm,最后访问日期:2019年5月19日。

[15] 《刑事诉讼法修正草案征求社会公众意见》,载中国人大网:http://www.npc.gov.cn/npc/xinwen/2018-05/11/content_2054600.htm,最后访问日期:2019年5月19日。

[16] 《栗战书主持召开十三届全国人大常委会第十一次委员长会议》,载中国人大网:http://www.npc.gov.cn/npc/lfzt/rlyw/2018-08/18/content_2060883.htm,最后访问日期:2019年5月19日。

[17] 《沈春耀作关于刑事诉讼法修正草案修改情况的汇报》,载中国人大网:http://www.npc.gov.cn/npc/lfzt/rlyw/2018-08/27/content_2059436.htm,最后访问日期:2019年5月19日。

[18] 《全国人大常委会分组审议刑诉法修正草案　建议进一步扩大缺席审判范围》,载中国人大网:http://www.npc.gov.cn/npc/cwhhy/13jcwh/2018-08/30/content_2060027.htm,最后访问日期:2019年5月19日。

一步扩大了缺席审判的范围，将缺席审判的适用范围修改为“贪污贿赂犯罪案件，以及需要及时进行审判，经最高人民检察院核准的严重的危害国家安全犯罪、恐怖活动犯罪案件”。

2018年9月25日，全国人大宪法和法律委员会于召开会议，根据全国人大常委会组成人员的审议意见和各方面意见，对草案进行了逐条审议。监察和司法委员会、中央纪委国家监委、中央政法委有关负责人列席了会议。10月11日，全国人大常委会法制工作委员会召开会议，邀请部分地方纪检监察、法院、检察院、公安、司法行政机关的工作人员和律师、专家学者等方面的代表，就草案中主要制度规范的可行性、法律出台时机、法律实施的社会效果和可能出现的问题等进行评估。总的评价是：草案贯彻中共十九大精神和党中央相关重大决策部署，充分体现了深化国家监察体制改革和司法体制改革的成果和经验，内容特定，指向明确，有利于完善与监察法的衔接机制，保障国家监察体制改革的顺利进行，加大反腐败追逃追赃工作力度，推进司法体制改革，推进国家治理体系和治理能力现代化。[19]

2018年10月15日，第十三届全国人大常委会第十四次委员长会议上午在北京人民大会堂举行，栗战书委员长主持。会议决定，第十三届全国人大常委会第六次会议10月22日至26日在北京举行。委员长会议建议，第十三届全国人大常委会第六次会议审议《刑事诉讼法（修正草案）》等法律草案。[20] 10月16日，全国人大宪法和法律委员会召开会议，对《刑事诉讼法（修正草案）》再次进行审议。全国人大宪法和法律委员会认为，为贯彻中央深化国家监察体制改革、反腐败追逃追赃、深化司法体制改革等方面的决策部署，有针对性地对《刑事诉讼法》作出适当的修改补充，是必要的。[21]

2018年10月22日下午，第十三届全国人大常委会第六次会议举行第一次全体会议，全国人大宪法和法律委员会副主任委员沈春耀作了关于《中华人民共和国刑事诉讼法（修正草案）》审议结果的报告。[22] 报告包括以下五个方面：第一，草案二次审议稿第22条中原本规定了不适用速裁程序的几种情形，现根据有的常委会

---

〔19〕《全国人民代表大会宪法和法律委员会关于〈中华人民共和国刑事诉讼法（修正草案）〉审议结果的报告》，载中国人大网：http://www.npc.gov.cn/npc/xinwen/2018－10/26/content_2064466.htm，最后访问日期：2019年5月20日。

〔20〕《栗战书主持召开十三届全国人大常委会第十四次委员长会议》，载中国人大网：http://www.npc.gov.cn/npc/xinwen/syxw/2018－10/15/content_2062276.htm，最后访问日期：2019年5月20日。

〔21〕《全国人民代表大会宪法和法律委员会关于〈中华人民共和国刑事诉讼法（修正草案）〉审议结果的报告》，载中国人大网：http://www.npc.gov.cn/npc/xinwen/2018－10/26/content_2064466.htm，最后访问日期：2019年5月20日。

〔22〕《沈春耀作关于刑事诉讼法修正草案审议结果的报告》，载中国人大网：http://www.npc.gov.cn/npc/cwhhy/13jcwh/2018－10/22/content_2063051.htm，最后访问日期：2019年5月20日。

组成人员、部门和专家学者建议,增加审理未成年人刑事案件应充分体现教育感化挽救的方针、不适用速裁程序相关规定;第二,草案二次审议稿第 22 条中原本规定了人民法院适用速裁程序转化为普通程序的几种情形(被告人违背意愿认罪认罚或否认指控事实等情况),现根据有的常委会组成人员建议,增加“被告人的行为不构成犯罪或者不应当追究其刑事责任”情形的规定;第三,针对草案二次审议稿第 25 条的规定,有的常委会组成人员建议强化人民法院对于人民检察院提起公诉要求缺席审判案件的审查力度,现增加人民法院审查起诉书除了审查是否具有明确的指控犯罪事实外,还应当对是否符合缺席审判程序适用条件进行审查的相关规定;第四,草案二次审议稿第 25 条中原本对被告人及其近亲属、辩护人就缺席判决提出上诉作了规定,现根据有的常委会组成人员的建议,增加人民检察院对缺席判决提出抗诉的规定;第五,增加中国海警局履行海上维权执法职责、对海上发生的刑事案件行使侦查权,办理刑事案件时适用《刑事诉讼法》的有关规定。[23]

2018 年 10 月 23 日,第十三届全国人大常委会第六次会议举行分组会议,审议关于修改《刑事诉讼法》的决定草案等草案,栗战书委员长参加审议,“在审议关于修改刑事诉讼法的决定草案时,与会人员认为,为落实党中央深化国家监察体制、司法体制改革等重大决策部署,根据宪法和监察法,对刑事诉讼法进行修改完善是十分必要的。决定草案完善与监察法的衔接机制,加强境外追逃工作力度和手段,总结认罪认罚从宽制度、速裁程序试点工作经验,将可复制、可推广的行之有效做法上升为法律规范,坚持立足国情和实际,合理借鉴国外相关制度有益经验,坚持法治思维,遵循诉讼规律,符合司法实践和需求,针对性和可操作性强,有利于保障国家监察体制改革的顺利进行,推进司法体制改革,推进国家治理体系和治理能力现代化”,与会人员普遍赞成将该法律草案提交本次常委会会议表决。[24]

2018 年 10 月 24 日下午,第十三届全国人大常委会第十五次委员长会议在北京人民大会堂举行,栗战书委员长主持会议。全国人大宪法和法律委员会主任委员李飞向会议作了关于修改《刑事诉讼法》的决定草案修改意见的汇报。[25] 10 月 26 日,第十三届全国人大常委会第六次会议通过《关于修改〈中华人民共和国刑事诉讼法〉的决定》共计 26 条,同日国家主席习近平以第十号主席令予以公布。

---

〔23〕《全国人民代表大会宪法和法律委员会关于〈中华人民共和国刑事诉讼法(修正草案)〉审议结果的报告》,载中国人大网:http://www.npc.gov.cn/npc/xinwen/2018-10/26/content_2064466.htm,最后访问日期:2019 年 5 月 20 日。

〔24〕《栗战书参加十三届全国人大常委会第六次会议分组审议》,载中国人大网:http://www.npc.gov.cn/npc/cwhhy/13jcwh/2018-10/24/content_2063483.htm,最后访问日期:2019 年 5 月 20 日。

〔25〕《全国人大常委会举行第十五次委员长会议》,载中国人大网:http://www.npc.gov.cn/npc/xinwen/2018-10/24/content_2063696.htm,最后访问日期:2019 年 5 月 20 日。

（二）2018 年《刑事诉讼法》修正的主要内容

第一，完成本法各方面与《监察法》衔接。根据《宪法》和《监察法》的规定，2018 年《刑事诉讼法》删去了检察院贪污贿赂犯罪侦查权，但保留了一部分自侦权，将第 18 条改为第 19 条，第 2 款修改为“人民检察院在对诉讼活动实行法律监督中发现司法工作人员利用职权实施的非法拘禁、刑讯逼供、非法搜查等侵犯公民权利、损害司法公正的犯罪，可以由人民检察院立案侦查。对于公安机关管辖的国家机关工作人员利用职权实施的其他重大的犯罪案件，需要由人民检察院直接受理的时候，经省级以上人民检察院决定，可以由人民检察院立案侦查”。此外，还从强制措施、案件移送等方面完善了《监察法》与《刑事诉讼法》的衔接。第 170 条为监察机关向人民检察院移送案件的相关规定：“人民检察院对于监察机关移送起诉的案件，依照本法和监察法的有关规定进行审查。人民检察院经审查，认为需要补充核实的，应当退回监察机关补充调查，必要时可以自行补充侦查。对于监察机关移送起诉的已采取留置措施的案件，人民检察院应当对犯罪嫌疑人先行拘留，留置措施自动解除。”

第二，认罪认罚从宽制度和速裁程序等试点制度吸收进入《刑事诉讼法》。2018 年《刑事诉讼法》将认罪认罚从宽作为一项刑事诉讼法的基本原则规定在第一章第 15 条中，“犯罪嫌疑人、被告人自愿如实供述自己的罪行，承认指控的犯罪事实，愿意接受处罚的，可以依法从宽处理”，并将第 118 条改为第 120 条，第 2 款修改为：“侦查人员在讯问犯罪嫌疑人的时候，应当告知犯罪嫌疑人享有的诉讼权利，如实供述自己罪行可以从宽处理和认罪认罚的法律规定。”第三编第二章增加一节，作为第四节速裁程序：“第二百二十二条　基层人民法院管辖的可能判处三年有期徒刑以下刑罚的案件，案件事实清楚，证据确实、充分，被告人认罪认罚并同意适用速裁程序的，可以适用速裁程序，由审判员一人独任审判。人民检察院在提起公诉的时候，可以建议人民法院适用速裁程序。”适用速裁程序审理案件，应当当庭宣判。适用速裁程序审理案件，人民法院应当在受理后 10 日以内审结；对可能判处的有期徒刑超过 1 年的，可以延长至 15 日。同时也规定了不适用速裁程序的情形。

第三，2018 年《刑事诉讼法》第五编“特别程序”中增加一章，作为第三章，建立刑事缺席审判制度专章，加大境外追逃工作的力度。第 291 条规定，“对于贪污贿赂犯罪案件，以及需要及时进行审判，经最高人民检察院核准的严重危害国家安全犯罪、恐怖活动犯罪案件，犯罪嫌疑人、被告人在境外，监察机关、公安机关移送起诉，人民检察院认为犯罪事实已经查清，证据确实、充分，依法应当追究刑事责任的，可以向人民法院提起公诉。人民法院进行审查后，对于起诉书中有明确的指控犯罪事实，符合缺席审判程序适用条件的，应当决定开庭审判”。

第二节 民事诉讼法

民事诉讼法立法发展较为特殊。与《刑事诉讼法》《行政诉讼法》不同,《民事诉讼法》有一段"试行"的岁月,1982年3月8日,全国人大常委会委员长叶剑英签署第八号委员长令公布《民事诉讼法(试行)》,其后"试行"了近10年。为了适应社会主义市场经济蓬勃发展的新环境,配合《民法通则》等实体法的运行,《民事诉讼法》在1991年迎来了它的第一次修正。2007年的修正则是要完成两项特殊而艰巨的任务:解决民事案件的"申诉难"与"执行难"两项重大问题。2012年则是进一步适度修正,2017年的修正则主要是为了解决与《监察法》实现衔接等问题。民事诉讼立法的稳步发展是中国诉讼程序法发展的一个重要体现。

一、1982年《民事诉讼法(试行)》

作为中国民事诉讼立法进程的开端,这部试行的民事诉讼法典具有颇多积极的意义,体系相对完善,可以称作民事诉讼立法史的里程碑。"试行"的立法,体现了立法者探索的姿态与谨慎的精神。尽管存在颇多不足与瑕疵,本法仍然完成了民事诉讼立法从无到有的历史使命,并且使民事审判终于实现有法可依。

(一)1982年《民事诉讼法(试行)》的制定背景

1979年2月,最高人民法院召开了第二次全国民事审判工作会议,长达17天,并产生了一个对民事审判颇有指导意义的文件,即《人民法院审判民事案件程序制度的规定(试行)》,"《规定(试行)》分案件受理、审理前的准备工作、调查案情和采取保全措施、调解、开庭审理、裁判、上诉、执行、申诉与再审、回访、案件归档十一个问题。该规定是在解放以后改革开放之前最高人民法院关于民事诉讼的若干规则的基础上改进而成"。《民事诉讼法(试行)》这一文本直接来源于民事审判第一线工作者的实践经验,并形成了《民事诉讼法(试行)》的实践基础和文本依据。[26]

经过两年多的研究与讨论,专家与学者组成起草小组形成草案,并于1982年3月8日第五届全国人大常委会第二十二次会议获得通过,定名为《民事诉讼法(试行)》。事实上,在1979年至1989年,曾经出台过一批"试行"的法律,如1979年2月23日第五届全国人大常委会第六次会议原则通过的《森林法(试行)》、1979年9月13日第五届全国人大常委会第十一次会议原则通过并以全国人大常委会令第二号公布的《环境保护法(试行)》、1982年11月19日第五届全国人大常委会第二十五次会议通过并以全国人大常委会令第十二号公布的《食品卫生法(试行)》、1986

---

〔26〕 参见张卫平:《中国民事诉讼法立法四十年》,载《法学》2018年第7期。

年12月2日第六届全国人大常委会第十八次会议通过并以主席令第四十五号公布的《企业破产法(试行)》、1987年11月24日第六届全国人大常委会第二十三次会议通过并以主席令第五十九号公布的《村民委员会组织法(试行)》等。

(二)1982年《民事诉讼法(试行)》的基本内容

《民事诉讼法(试行)》共计五编,二十三章,205条。五编制结构为"总则""第一审程序""第二审程序,审判监督程序""执行程序""涉外民事诉讼程序的特别规定"。第一编总则编分为九章,分别规定"任务和基本原则""管辖""审判组织""回避""诉讼参加人""证据""期间,送达""对妨害民事诉讼的强制措施""诉讼费用"。

作为民事诉讼立法史的开端,《民事诉讼法(试行)》立法中可以明显看到根据地法制的影子。例如,总则第6条规定"人民法院审理民事案件,应当着重进行调解;调解无效的,应当及时判决"(着重调解原则)、第7条规定"人民法院审理民事案件,应当根据需要和可能,派出法庭巡回审理,就地办案"(巡回审理制度),就带有根据地时期马锡五审判方式(见图9-1)和巡回审判制度的影子。

图9-1 马锡五审判方式

应当首先注意的是,本法第3条第2款的规定,"法律规定由人民法院审理的行政案件,适用本法规定",实际上开启了行政诉讼立法的先河,在1991年《民事诉讼法》文本中本条被删除,行政诉讼由1989年《行政诉讼法》专门规定。但是,作为民事诉讼活动,与刑事诉讼和行政诉讼活动迥然不同的是,民事诉讼当事人有权在法律规定的范围内处分自己的民事权利和诉讼权利(第11条),体现了民法中法无明文禁止即可为。此外,总则中其他原则,如人民法院独立行使民事审判权、两审终审、公开审判、合议制度、回避制度、当事人用本民族语言文字诉讼权利、辩论权、检察院法律监督原则、民族自治地方变动原则等,则基本均被其后的民事诉讼立法所吸纳。其中《民事诉讼法》管辖权的相关内容,与《刑事诉讼法》《行政诉讼法》差异较大,且较为复杂,类别较多,已经形成现行《民事诉讼法》的基本体系。(见表9-1)

表9-1 《民事诉讼法》关于法院管辖权的规定

管辖类别	有管辖权的法院	管辖案件类别
级别管辖	基层人民法院	第一审民事案件
	中级人民法院	下列第一审民事案件:(1)涉外案件;(2)在本辖区有重大影响的案件
	高级人民法院	在本辖区有重大影响的第一审民事案件
	最高人民法院	(1)在全国有重大影响的案件;(2)认为应当由自己审判的案件
地域管辖	被告户籍所在地人民法院	原则上民事诉讼案件
	被诉单位所在地人民法院	对企业事业单位、机关、团体提起的民事诉讼
	各该人民法院	同一诉讼的几个被告户籍所在地、居所地在两个以上人民法院辖区的案件
	原告户籍所在地人民法院或者居所地人民法院	(1)非军人对军人提起的诉讼;(2)对不在中华人民共和国领域内居住的人提起的有关身份关系的诉讼;(3)对正在被劳动教养的人提起的诉讼;(4)对正在被监禁的人提起的诉讼
	侵权行为地人民法院	因侵权行为提起的诉讼
	合同履行地或者合同签订地人民法院	因合同纠纷提起的诉讼
	负责查处该项纠纷的管理机构所在地人民法院	铁路、公路、水上运输和联合运输中发生的诉讼
	事故发生地或者航空器最初降落地人民法院	因航空事故追索损害赔偿提起的诉讼
	受害船舶最初到达地、加害船舶被扣留地或者加害船舶籍港所在地人民法院	船舶碰撞或者其他海事损害事故追索损害赔偿的诉讼
	救助地或者被救助船舶最初到达地人民法院	追索海难救助费用的诉讼
专属管辖	不动产所在地人民法院	因不动产提起的诉讼
	港口所在地人民法院	港口作业中发生的诉讼
	登记机关所在地人民法院	因登记发生的诉讼
	被继承人生前户籍所在地或者主要遗产所在地人民法院	继承遗产的诉讼

续表

管辖类别	有管辖权的法院	管辖案件类别
选择管辖	原告可以选择其中一个人民法院	两个以上人民法院都有管辖权的诉讼
移送管辖	应当移送有管辖权的人民法院	人民法院发现不属自己管辖但是已经受理的案件
指定管辖	由上级人民法院指定管辖	有管辖权的人民法院由于特殊原因,不能行使管辖权的案件
协商管辖	争议双方协商解决;协商解决不了的,报它们的共同上级人民法院指定管辖	管辖权发生争议的案件
管辖权转移	【提审】上级人民法院有权审判下级人民法院管辖的第一审民事案件	
	【下移】上级人民法院可以把自己管辖的第一审民事案件交下级人民法院审判	
	【报请】下级人民法院对它所管辖的第一审民事案件,认为需要由上级人民法院审判的,可以报请上级人民法院审判	

第三章为"审判组织",规定了合议制、独任制、陪审制等制度,明确各种不同的案件类型对应何种审判组织。第 37 条规定审判长的产生,"合议庭的审判长由院长或者庭长指定审判员一人担任;院长或者庭长参加审判的,由院长或者庭长担任"。第 38 条规定合议原则为少数服从多数的原则,合议庭笔录应当由所有成员签名,不同意见必须如实记载。(见表 9 - 2)

表 9 - 2 《民事诉讼法》关于审判组织的规定

案件类型	审判组织
第一审民事案件	由审判员、陪审员共同组成合议庭或者由审判员组成合议庭。合议庭的成员,必须是单数。陪审员在人民法院执行职务时,和审判员有同等权利
简单的民事案件	审判员一人独任审判
第二审民事案件	由审判员组成合议庭。合议庭的成员,必须是单数
第二审人民法院发回重审的案件	原审人民法院应当按照第一审程序另行组成合议庭
审理再审案件,原来是第一审的	按照第一审程序另行组成合议庭
审理再审案件,原来是第二审的	按照第二审程序另行组成合议庭
重大、疑难的民事案件的处理	由院长提交审判委员会讨论决定。审判委员会的决定,合议庭必须执行

第四章规定了回避制度,规定如果本案审判人员、书记员、翻译人员、鉴定人中如有本案当事人或其近亲属、与本案有利害关系者或者与本案当事人有其他可能影响对案件公正审理的关系时,可以申请其回避。提出回避申请的时间节点,可以是案件开始审理时或者法庭辩论终结前。当事人对法院作出的回避决定不服者,可以申请复议一次。(见表 9 - 3)

表 9 - 3 《民事诉讼法》关于回避的规定

被申请回避的对象	决定主体
院长(担任审判长时)的回避	审判委员会
审判人员的回避	院长
其他人员的回避	审判长

第五章规定"诉讼参加人",其中包括当事人、诉讼代理人的权利与义务。第六章规定了证据的种类,证据的效力及其认定、鉴定或者勘验,以及证据保全。第七章规定了"期间"与"送达",其中"送达"一节对于送达签收原则、直接送达、留置送达、委托送达、邮寄送达、转交送达(受送达人是军人或被监禁者或被劳教者)、公告送达(针对下落不明者)。第八章为"对妨害民事诉讼的强制措施",分别为拘传、予以训诫、责令具结悔过或者予以罚款、拘留、追究刑事责任等。第九章为"诉讼费用"。

第二编"第一审程序"分为三章,"普通程序""简易程序""特别程序"。第一审程序的普通程序分为"起诉和受理""审理前的准备""诉讼保全和先行给付""调解""开庭审理""诉讼中止和终结""判决和裁定";简易程序规定"基层人民法院和它派出的法庭审理简单的民事案件,可以适用本章规定的简易程序";特别程序则是专门针对人民法院审理选民名单案件、宣告失踪人死亡案件、认定公民无行为能力案件和认定财产无主案件所作的规定。

第三编"第二审程序,审判监督程序"分为两章,即"第二审程序"与"审判监督程序"。第二审程序因不服地方各级人民法院第一审裁判的当事人向上一级人民法院提起上诉而启动;对判决提起上诉的期限为 15 日,对裁定提起上诉的期限为 10 日;第二审人民法院的裁判是终审裁判。审判监督程序可以因当事人、法定代理人申诉而启动;也可以由法院院长、上级法院及最高法院通过提交审委会决定、提审或者指定再审等途径发动。

第四编"执行程序",分为四章,分别是"一般规定""执行的移送和申请""执行措施""执行中止和终结"。第五编为"涉外民事法律程序的特别规定",分为五章"一般原则""仲裁""送达,期间""诉讼保全""司法协助"。

立法的逻辑是从总则到分则、从一审到二审或再审、从立案到执行、从国内到国外，可见本法的规定较为具体，体例较为完整。

尽管《民事诉讼法（试行）》在共和国立法史尤其是共和国民事诉讼立法史上有极为重要的意义，但是同时需要看到其作为开端的不足之处，例如，它继承、借鉴了新民主主义时期解放区民事诉讼习惯和制度、1949年以来国内的民事审判经验、大陆法系国家的诉讼制度，而且其立法起草的时代背景是社会民事生活不够发达的20世纪70年代末，"文化大革命"方才渡过，计划经济仍然强势，思想解放有待加强，因此立法者不得不受到历史条件的束缚和限制。另外，此时段的立法语言尚未能够实现完全法律术语化，仍然存在口语化色彩，如第19条规定"最高人民法院管辖下列第一审民事案件：（一）在全国有重大影响的案件；（二）认为应当由自己审判的案件"中"自己"一词，就并非法律用语，在1991年《民事诉讼法》中被修改为"本院"。随着社会民事生活日益丰富，立法活动日益专业化、精细化，审判经验日益丰富，民事诉讼立法在修订中将逐步完善起来。

二、1991年《民事诉讼法》

在1982年《民事诉讼法（试行）》持续试行将近10年之后，终于到了"转正"的关头。一方面，这是因为《民事诉讼法（试行）》运行过程中积累了大量新的审判经验需要吸收到法律中，《民事诉讼法（试行）》面对新环境则呈现出许多不得不解决的问题，并需要增补新内容以适应新的社会需求；另一方面，1979年《刑事诉讼法》和1989年《行政诉讼法》以及1986年《民法通则》均已出台，诉讼法体系的完善以及民事实体法的诞生给民事诉讼立法的正规化进程带来了压力和助力。

（一）1991年《民事诉讼法》的制定背景

从20世纪80年代进入90年代，社会主义市场经济与家庭联产承包制逐渐开始蓬勃发展，平等民事主体之间的活动日益正规化和频繁化。1987年施行的《民法通则》使民事活动得到了实体法的支持与保障。整体看来，1982年出台的《民事诉讼法（试行）》中已经不能很好适应现实民事法律活动与民事司法活动的需求，因此对于固有的民事程序立法文本进行修正与增补是不可避免的。1991年4月2日，全国人大常委会副委员长、全国人大法律委员会主任委员王汉斌在第七届全国人大第四次会议上作《关于〈中华人民共和国民事诉讼法（试行）〉（修改草案）的说明》（以下简称《修改草案说明》）时指出：

"民事诉讼法试行已经9年了，实践经验证明，民事诉讼法（试行）规定的基本原则和诉讼制度是正确的，有关程序的具体规定总的也是切实可行的，在人民法院依法正确审理民事案件中发挥了很大的作用。同时，这些年来，在改革开放和社会主义商品经济发展的过程中，经济纠纷大量增加，出现了一些新的情况、新的问题；

全国人大和人大常委会陆续制定了民法通则等一批重要的民事法律和与民事有关的法律;民事诉讼法(试行)有些条款不够完善;人民法院在实践中也积累了不少经验,需要对民事诉讼法(试行)做相应的修改补充。

"民事诉讼法试行以来,法制工作委员会和最高人民法院不断调查研究民事诉讼法试行的情况和问题;总结人民法院民事、经济、海事审判工作的经验,并征求有关部门、法律专家的意见,对民事诉讼法(试行)进行修改补充,修订民事诉讼法(试行)修改草案。修改草案总的保持了民事诉讼法(试行)的基本内容,修改补充的主要内容是:为适应改革开放、发展社会主义商品经济的需要,补充了审理经济案件的一些规定;按照民法通则等实体法,相应地增加了程序方面的规定;针对审判工作中存在的告状难、争管辖、执行难等问题,作了相应的规定。修改草案经委员长会议决定,提请第七届全国人大常委会第十七次、第十八次会议审议,法律委员会和法制工作委员会又召开有各级法院民事审判庭、经济审判庭和法院有关负责同志、有关法律专家、一些地方人大常委会有关负责同志和有关部门同志共 90 多人参加的修改民事诉讼法(试行)座谈会,对草案逐条讨论研究修改。法制工作委员会还将修改草案发给中央有关部门、各省、自治区、直辖市和法律专家、法学科研教学单位征求意见,并在最高法院召开的全国民事审判工作会议上,安排两天时间专门讨论征求意见。根据常委会委员们的审议意见和各方面的意见,对草案进行了修改,草案条文从民事诉讼法(试行)的 205 条增至 271 条,经第十八次常委会会议审议决定将《中华人民共和国民事诉讼法(试行)》(修改草案)提请第七届全国人大第四次会议审议。"〔27〕

第七届全国人大第四次会议各代表团于 1991 年 4 月 2 日至 4 日对《民事诉讼法(试行)(修改草案)》进行了审议。全国人大法律委员会就此作出了报告,对修改草案提出了 7 点修改意见。〔28〕 其后,将《民事诉讼法(草案)》提交第七届全国人大第四次会议审议通过。1991 年《民事诉讼法》的修订工作主要是发现和总结《民事诉讼法(试行)》实施中遇到的问题,结合社会现实因素与实体法施行后的新局面,对之进行修改与完善。1982 年《民事诉讼法(试行)》则因为完成了历史使命而自然而然地退出了历史舞台。

(二)1991 年《民事诉讼法》的发展与完善

第一,调解原则的进步,从 1982 年《民事诉讼法(试行)》明确规定的"着重调解

---

〔27〕 王汉斌:《关于〈中华人民共和国民事诉讼法(试行)〉(修改草案)的说明》,载《全国人民代表大会常务委员会公报》1991 年第 3 号。

〔28〕 参见王汉斌:《全国人大法律委员会对〈中华人民共和国民事诉讼法(试行)(修改草案)〉、〈中华人民共和国外商投资企业和外国企业所得税法(草案)〉审议结果的报告》,载《全国人民代表大会常务委员会公报》1991 年第 3 号。

原则”顺利过渡到“自愿合法调解原则”。这不仅是对于调判关系作出了新的界定，同时也是立法者对于国家权力与个人权利之间边界的认识产生改变的体现。《修改草案说明》指出：“第一，调解应当遵循自愿原则，不得强迫达成调解协议。第二，应当在事实清楚的基础上，分清是非，进行调解。第三，调解未达成协议的或者调解书送达前一方反悔的，人民法院应当及时判决。防止那种违背当事人意愿，强行调解；不搞清事实、分清是非，违法调解；以及久调不决等不适当的做法。”

第二，初次构建了当事人协议管辖制度和管辖权争议双方法院协商管辖制度并行的制度。1991 年《民事诉讼法》第 25 条规定：“合同的双方当事人可以在书面合同中协议选择被告住所地、合同履行地、合同签订地、原告住所地、标的物所在地人民法院管辖，但不得违反本法对级别管辖和专属管辖的规定。”第 35 条规定：“两个以上人民法院都有管辖权的诉讼，原告可以向其中一个人民法院起诉；原告向两个以上有管辖权的人民法院起诉的，由最先立案的人民法院管辖。”《修改草案说明》对以上两条条文制定的原因进行阐释：“目前，有些地方法院受地方保护主义影响，对合同纠纷案件，不属于自己管辖的，也抢着受理争管辖。为了解决这个问题，草案规定，合同的双方当事人可以在书面合同中协议选择被告住所地、合同履行地、合同签订地、原告住所地、标的物所在地人民法院管辖。同时规定，人民法院之间因管辖权发生争议，由争议双方的人民法院协商解决；协商解决不了的，报请它们的共同上级人民法院指定管辖。也就是说，争议双方在同一地区（市）内涉及两个县（区）的，由中级人民法院指定管辖；在同一省内跨地区（市）的，由高级人民法院指定管辖；如果跨省、自治区、直辖市的，由最高人民法院指定管辖。”

第三，构建代表人诉讼。本制度是根据中国自身国情与特色进行探索与构建的制度。为解决当事人人数众多的问题与法院审理效率的问题，“因此，我们借鉴了大陆法系的诉讼代表人和美国集团诉讼的一些做法，设立了以共同诉讼为基础的代表人诉讼制度——人数确定的代表人诉讼和人数不确定的代表人诉讼。前者以必要共同诉讼为基础，后者以普通共同诉讼为基础”。[29]《修改草案说明》对于本条文也进行了说明，解释其产生的原因：“近些年来，发生了一些侵害众多人民事权益的案件，如几十人的食物中毒请求赔偿的案件，出售劣质种子、化肥、农药坑害广大农民的案件，以及污染环境使众多人受到损害的案件等。为了便利众多当事人进行诉讼，便利人民法院审理这类案件，草案规定：第一，当事人一方人数众多的共同诉讼，可以由当事人推选代表人进行诉讼，代表人的诉讼行为对其所代表的当事人发生效力。但是，代表人变更、放弃诉讼请求或者承认对方当事人的诉讼请求，进行和解，必须经被代表的当事人同意。第二，诉讼标的是同一种类的、当事人一方

〔29〕 张卫平：《中国民事诉讼法立法四十年》，载《法学》2018 年第 7 期。

人数众多在起诉时人数尚未确定的,人民法院可以发出公告,说明案件情况及诉讼请求,通知权利人在一定期间向人民法院登记。人民法院作出的判决、裁定,对未登记的权利人也适用。"

第四,完善与补充特别程序,根据社会需求,以专章形式增设督促程序、公示催告程序、企业法人破产还债程序,列于审判监督程序之后。《修改草案说明》对于以上特别程序的产生原因做了如下解释:"为适应改革开放和发展社会主义商品经济的需要,草案增加规定:(一)督促程序,债权人要求债务人给付金钱、有价证券,债权债务关系明确、合法的,可以依法申请人民法院向债务人发出支付令。(二)公示催告程序,因票据(汇票、本票、支票)被盗、遗失或者灭失,票据持有人可以依法申请公示催告,主张票据权利。(三)企业法人破产还债程序。1986 年我国制定的企业破产法,规定适用于全民所有制企业。这些年来,有一些集体企业、私营企业、外商投资企业资不抵债不能清偿到期债务,需要破产还债,法院在受理这些企业的破产案件时,缺乏法律依据。考虑到国务院制定的中华人民共和国乡村集体所有制企业条例已有关于破产的规定,根据最高人民法院的意见,规定了企业法人破产还债程序一章,实际上只适用于集体企业、私营企业、外商投资企业等的破产还债程序。全民所有制企业破产还债程序仍适用企业破产法的规定。"

第五,在"审判监督程序"一章中,增加检察院对民事诉讼的抗诉程序。第 185 条规定:"最高人民检察院对各级人民法院已经发生法律效力的判决、裁定,上级人民检察院对下级人民法院已经发生法律效力的判决、裁定,发现有下列情形之一的,应当按照审判监督程序提出抗诉:(一)原判决、裁定认定事实的主要证据不足的;(二)原判决、裁定适用法律确有错误的;(三)人民法院违反法定程序,可能影响案件正确判决、裁定的;(四)审判人员在审理该案件时有贪污受贿,徇私舞弊,枉法裁判行为的。地方各级人民检察院对同级人民法院已经发生法律效力的判决、裁定,发现有前款规定情形之一的,应当提请上级人民检察院按照审判监督程序提出抗诉。"《修正草案说明》指出,完善审判监督程序的意义在于"保障审判人员能够正确依法进行审判,草案对民事诉讼的监督作了规定"。

第六,完善强制措施体系。强制执行是保护当事人合法权益、保障法院尊严、维护社会经济秩序稳定的重要程序。《修正草案说明》对强制执行措施进行了重要总结:"强制执行措施主要有:第一,人民法院有权向银行、信用合作社和其他有储蓄业务的单位查询被执行人的存款情况,冻结、划拨被执行人应当履行义务部分的存款;有权扣留、提取被执行人应当履行义务部分的收入。第二,人民法院有权查封、扣押、冻结并依照规定拍卖、变卖被执行人应当履行义务部分的财产。第三,人民法院有权对隐匿财产的被执行人及其住所或者财产隐匿地进行搜查。第四,申请人发现被执行人有其他财产和收入的,可以随时申请人民法院执行。第五,被执行人应当加倍支付迟延还债期间的债务利息。"由此回应"执行难"的现实问题。当然,重点解决"执行难"的问题,则需要等到2007年修法的时候了。

本次修正还对民事诉讼法原则进行了较为完整的规定与总结,进一步明确细化了级别管辖与地域管辖的规则与内容,强化了当事人在民事诉讼中的诉讼权利与义务(如请求司法保护、委托诉讼代理人、申请回避、收集证据、进行辩论、请求调解、和解撤诉、依法上诉、请求强制执行等),完善了证据规则(确定谁主张谁举证、法院核实证据、证据保全等内容)、涉外民事诉讼中的同等原则与对等原则等内容。

三、2007年《民事诉讼法》

2007年《民事诉讼法》修正是非常有针对性的一次修法活动。此次所有内容均集中在"申诉难"与"执行难"两大问题上。这些应该是沉积已久的问题,时至2007年已无法继续拖延、奠定了此次修法的必要性。事实上,"执行难"的问题还会存在很久,现今的民事执行问题仍然是法院攻坚战中的重要任务。

(一)2007年《民事诉讼法》的修正背景

2007年6月24日在第十届全国人大常委会第二十八次会议上,全国人大常委会法制工作委员会副主任王胜明受委员长会议的委托,作了关于《中华人民共和国民事诉讼法修正案(草案)》的说明,对1991年《民事诉讼法》运行16年以来的情况进行总结与评价,并对修法的必要性进行了介绍,尤其突出关于"申诉难"与"执行难"的现实困境与广泛呼吁。草案的说明部分只涉及两个部分,即"审判监督程序"与"执行程序"内容,可见本次修法的目标极为明确:

"民事诉讼法修改已列入十届全国人大常委会立法规划和今年的立法计划。十届全国人大代表联名提出修改民事诉讼法的议案共90件,其中针对当事人'申诉难'、'执行难',要求完善审判监督程序和执行程序的议案57件,占总数的近三分之二。中央关于司法体制和工作机制改革的方案中提出,要着力解决人民群众反映强烈的'申诉难'和'执行难'问题。经研究,这次修改民事诉讼法主要解决意见反映集中、修改条件比较成熟的上述两个问题,对民事诉讼法中的审判监督程序和执行程序作出修改。今年大会期间,湖南团江必新等30名代表提出《关于修改民事诉讼法以解决'申诉难'、'执行难'的议案》,并提出了民事诉讼法修正案(草案)的建议稿。这个议案的质量较好。为了发挥全国人大代表积极提出高质量议案、促进立法工作的作用,全国人大常委会法制工作委员会以该议案为基础,吸收其他代表有关议案的意见,并考虑专家的建议,会同全国人大内务司法委员会和最高人民法院、最高人民检察院多次研究修改,形成了民事诉讼法修正案(草案)。

"……

"审判监督程序(也称再审程序)是对确有错误的发生法律效力的判决、裁定依法重新审理的程序,对于纠正错案,维护司法公正,保护当事人的诉讼权利和实体权利,具有重要作用。‘申诉难’,难就难在应当再审的未能再审,应当及时再审的长期未能再审,不少当事人申请再审的权利得不到保障。2006年,各级人民法院受理当事人申请再审的案件为227002件,决定再审的为48214件,改判的为15568件,民事再审案件占再审案件90%以上。

“……

“执行程序是人民法院依法采取措施,强制当事人履行法定义务的程序。随着民事案件的增加,申请执行的案件也大量增加,由于多种原因,有相当一部分判决、裁定没有得到执行,胜诉当事人的合法权益未能最终实现,‘执行难’成为人民群众反映强烈的问题。2006年,各级人民法院受理申请执行的民事案件为213万件,人民法院发出执行通知后履行义务的为71万件,采取强制措施执行的为46万件。”[30]

在此基础上,全国人大常委会法制工作委员会将草案印发各省(区、市)、中央有关部门和法学教学研究机构等单位征求意见;全国人大法律委员会、全国人大常委会法制工作委员会召开座谈会,听取全国人大内务司法委员会和最高人民法院、最高人民检察院、国务院法制办等有关部门以及部分民事诉讼法专家、企业、律师的意见。全国人大法律委员会于2007年8月13日召开会议,根据常委会组成人员的审议意见和各方面的意见,对草案进行了逐条审议。全国人大内务司法委员会有关人员列席了会议。8月21日,全国人大法律委员会召开会议,再次进行了审议。8月24日,全国人大法律委员会主任委员杨景宇在第十届全国人大常委会第二十九次会议上作了全国人大法律委员会关于《中华人民共和国民事诉讼法修正案(草案)》修改情况的汇报,分别对草案中的“人民法院应当再审的情形”“当事人申请再审的期限”“再审案件的审理程序”“被执行人的财产报告制度”等内容进行了完善与修改。[31]

全国人大法律委员会于9月28日召开会议,根据常委会组成人员的审议意见和各方面的意见,对修正案草案进行了审议。10月22日,全国人大法律委员会召开会议,再次进行了审议,认为草案经常委会两次审议修改,已经比较成熟,并提出

---

〔30〕《关于〈中华人民共和国民事诉讼法修正案(草案)〉的说明》,载中国人大网:http://www.npc.gov.cn/npc/zt/2008-02/21/content_1494775.htm,最后访问日期:2019年6月21日。

〔31〕《全国人大法律委员会关于〈中华人民共和国民事诉讼法修正案(草案)〉修改情况的汇报》,载中国人大网:http://www.npc.gov.cn/npc/zt/2008-02/21/content_1494774.htm,最后访问日期:2019年6月21日。

了三点修正意见。[32] 第十届全国人大常委会第三十次会议于10月25日上午对关于修改民事诉讼法的决定草案进行了分组审议,普遍认为,草案已经比较成熟,建议进一步修改后,提请本次会议表决通过,有些常委委员又提出了一些修改意见。全国人大法律委员会于10月26日上午召开会议,逐条研究了常委委员的审议意见,对草案进行了审议。10月27日,全国人大法律委员会主任委员杨景宇在第十届全国人大常委会第三十次会议上作了全国人大法律委员会关于《全国人民代表大会常务委员会关于修改〈中华人民共和国民事诉讼法〉的决定(草案)》修改意见的报告,提出了两条意见。[33] 经过进一步充分的研讨与修改,修正案最终于在2007年10月28日第十届全国人大常委会第三十次会议得以通过,并由国家主席胡锦涛以主席令第七十五号公布施行。

(二)2007年《民事诉讼法》的基本内容

第一,2007年《民事诉讼法》为"执行难"问题提供了两个方向的"药方"。一个方案是从法院出发,强化法院的执行能力,加大法院对于拒不执行行为的打击力度;另一个方案是强化当事人以及案外人在执行阶段的合法权益。

从法院来说,2007年《民事诉讼法》扩大了法院内部设立执行机构的级别范围,将原"基层人民法院、中级人民法院根据需要,可以设立执行机构。执行机构的职责由最高人民法院规定"修改为"人民法院根据需要可以设立执行机构"。由此扩大了法院执行局的存在层级范围,并对此形成了合法有效的法律依据。自上而下均可建立执行机构,可见法院系统领导层面对执行的全线参与与高度重视。

针对单位拒不履行协助义务行为的处罚规定加以明确化,对于单位拒绝或者妨碍法院调查取证、拒不协助扣留被执行人相关财产,银行等机构拒不协助查询、冻结或者划拨存款等行为,第103条第2款修改为:"人民法院对有前款规定的行为之一的单位,可以对其主要负责人或者直接责任人员予以罚款;对仍不履行协助义务的,可以予以拘留;并可以向监察机关或者有关机关提出予以纪律处分的司法建议。"加大对于个人或者单位拒不协助执行行为的罚款力度,第104条第1款极大提升了罚款的额度,体现出打击力度。

此外,强化人民法院的强制执行措施与罚款、拘留、限制出境、公布征信等方面的职权。第216条第2款:"被执行人不履行法律文书确定的义务,并有可能隐匿、

---

〔32〕《全国人大法律委员会关于〈中华人民共和国民事诉讼法修正案(草案二次审议稿)〉审议结果的报告》,载中国人大网:http://www.npc.gov.cn/npc/zt/2008－02/21/content_1494773.htm,最后访问日期:2019年6月21日。

〔33〕全国人大法律委员会:《关于〈全国人民代表大会常务委员会关于修改《中华人民共和国民事诉讼法》的决定(草案)〉修改意见的报告》,载中国人大网:http://www.npc.gov.cn/npc/zt/2008－02/21/content_1494772.htm,最后访问日期:2019年6月21日。

转移财产的,执行员可以立即采取强制执行措施。"第217条规定:"被执行人未按执行通知履行法律文书确定的义务,应当报告当前以及收到执行通知之日前一年的财产情况。被执行人拒绝报告或者虚假报告的,人民法院可以根据情节轻重对被执行人或者其法定代理人、有关单位的主要负责人或者直接责任人员予以罚款、拘留。"第231条规定:"被执行人不履行法律文书确定的义务的,人民法院可以对其采取或者通知有关单位协助采取限制出境,在征信系统记录、通过媒体公布不履行义务信息以及法律规定的其他措施。"

从诉讼参与人角度来说,2007年《民事诉讼法》细化案外人执行标的异议制度,明确法院的审查期限以及对其处理应用裁定方式,增加案外人或者当事人对于裁定不服中的"与原裁判无关"的应对方式,规定"执行过程中,案外人对执行标的提出书面异议的,人民法院应当自收到书面异议之日起十五日内审查,理由成立的,裁定中止对该标的的执行;理由不成立的,裁定驳回。案外人、当事人对裁定不服,认为原判决、裁定错误的,依照审判监督程序办理;与原判决、裁定无关的,可以自裁定送达之日起十五日内向人民法院提起诉讼"。

另外,将自然人、法人与其他组织执行申请的期限从1年与6个月扩展到2年,原第219条"申请执行的期限,双方或者一方当事人是公民的为一年,双方是法人或者其他组织的为六个月"改为第215条"申请执行的期间为二年"。

第二,针对"申诉难",2007年《民事诉讼法》提升了再审法院的层级,将原"原审人民法院或者上一级人民法院"统一规定为"上一级人民法院"。

将原第179条第1款五种当事人申请再审的情形通过细致化、具体化,扩展为13种情形,规定为:"当事人的申请符合下列情形之一的,人民法院应当再审:(一)有新的证据,足以推翻原判决、裁定的;(二)原判决、裁定认定的基本事实缺乏证据证明的;(三)原判决、裁定认定事实的主要证据是伪造的;(四)原判决、裁定认定事实的主要证据未经质证的;(五)对审理案件需要的证据,当事人因客观原因不能自行收集,书面申请人民法院调查收集,人民法院未调查收集的;(六)原判决、裁定适用法律确有错误的;(七)违反法律规定,管辖错误的;(八)审判组织的组成不合法或者依法应当回避的审判人员没有回避的;(九)无诉讼行为能力人未经法定代理人代为诉讼或者应当参加诉讼的当事人,因不能归责于本人或者其诉讼代理人的事由,未参加诉讼的;(十)违反法律规定,剥夺当事人辩论权利的;(十一)未经传票传唤,缺席判决的;(十二)原判决、裁定遗漏或者超出诉讼请求的;(十三)据以作出原判决、裁定的法律文书被撤销或者变更的。对违反法定程序可能影响案件正确判决、裁定的情形,或者审判人员在审理该案件时有贪污受贿,徇私舞弊,枉法裁判行为的,人民法院应当再审。"

从法院自身工作角度,完善法院再审前准备工作、法院审查内容、法院审查程序及再审层级,第 180 条规定:"当事人申请再审的,应当提交再审申请书等材料。人民法院应当自收到再审申请书之日起五日内将再审申请书副本发送对方当事人。对方当事人应当自收到再审申请书副本之日起十五日内提交书面意见;不提交书面意见的,不影响人民法院审查。人民法院可以要求申请人和对方当事人补充有关材料,询问有关事项。"第 181 条规定:"人民法院应当自收到再审申请书之日起三个月内审查,符合本法第一百七十九条规定情形之一的,裁定再审;不符合本法第一百七十九条规定的,裁定驳回申请。有特殊情况需要延长的,由本院院长批准。因当事人申请裁定再审的案件由中级人民法院以上的人民法院审理。最高人民法院、高级人民法院裁定再审的案件,由本院再审或者交其他人民法院再审,也可以交原审人民法院再审。"

从当事人申请再审期限角度,完善当事人申请再审的时限规定,规定:"当事人申请再审,应当在判决、裁定发生法律效力后二年内提出;二年后据以作出原判决、裁定的法律文书被撤销或者变更,以及发现审判人员在审理该案件时有贪污受贿,徇私舞弊,枉法裁判行为的,自知道或者应当知道之日起三个月内提出。"

从检察院法律监督角度,完善检察院对于法院裁判的抗诉机制:"最高人民检察院对各级人民法院已经发生法律效力的判决、裁定,上级人民检察院对下级人民法院已经发生法律效力的判决、裁定,发现有本法第一百七十九条规定情形之一的,应当提出抗诉。地方各级人民检察院对同级人民法院已经发生法律效力的判决、裁定,发现有本法第一百七十九条规定情形之一的,应当提请上级人民检察院向同级人民法院提出抗诉。"

四、2012 年、2017 年《民事诉讼法》

2012 年《民事诉讼法》的修正尽可能满足人们的诉求、解决中国民事诉讼中的实际问题,不变动总体结构、不过多增加新法实施的负担。学界提交了三个专家意见稿,但是据学者对照研究,发现最终修正版本与三个专家意见稿差异较大,修订版本更加着眼于现实问题,并将修正规模控制在中等状态。〔34〕 2017 年的修正是顺着 2012 年修正中设定检察机关提起民事公益诉讼的法律基础与逻辑框架进行展开的。

(一)2012 年《民事诉讼法》的制定背景

2012 年《民事诉讼法》修正的重要背景是 2011 年中国特色社会主义法律体系已经形成,完善该法律体系成为立法者的重要任务。第十一届全国人大常委会第二十三次会议初次审议了《民事诉讼法修正案(草案)》,并将该草案及其说明在中

---

〔34〕 参见张卫平:《中国民事诉讼法立法四十年》,载《法学》2018 年第 7 期。

国人大网公布,向社会公开征集意见(截止日期为2011年11月30日)。[35] 草案说明对其产生背景进行介绍:

“近几年来,一些全国人大代表和有关方面陆续提出修改民事诉讼法的意见和建议。中央关于深化司法体制和工作机制改革的意见也要求进一步完善民事诉讼制度。法制工作委员会按照全国人大常委会立法工作安排和不断完善中国特色社会主义法律体系的总体要求,从2010年开始,着手民事诉讼法修改方案的研究起草工作。修改工作注意把握以下几点:一是秉持中国特色社会主义法治理念,认真总结民事诉讼法实施的经验,针对实践中出现的新情况新问题,进一步保障当事人的诉讼权利,维护司法公正;二是遵循民事诉讼的基本原理,科学配置司法资源,提高诉讼效率;三是强化对民事诉讼的法律监督,保证法律的正确实施;四是注重有效解决民事纠纷,促进社会和谐稳定;五是对认识不一致、目前还没有把握的一些问题暂不作规定。经反复与最高人民法院、最高人民检察院等单位研究,多次听取全国人大代表、企业、律师和专家学者的意见,并专门征求部分地方人大常委会的意见,在充分论证并取得基本共识的基础上,对民事诉讼法作了部分修改,形成了民事诉讼法修正案(草案)。”

《民事诉讼法》根据2012年8月31日第十一届全国人大常委会第二十八次会议《关于修改〈中华人民共和国民事诉讼法〉的决定》第二次修正,并由国家主席胡锦涛以主席令第五十九号公布,于2013年1月1日起施行。

(二)2012年《民事诉讼法》的发展

第一,将民事诉讼活动的诚实信用原则予以明文化、制度化。修订后的《民事诉讼法》第13条第1款规定:“民事诉讼应当遵循诚实信用原则。”第2款规定:“当事人有权在法律规定的范围内处分自己的民事权利和诉讼权利。”本条为当事人的诉讼权利设定了诚实信用的义务。虚假诉讼、恶意诉讼、伪造证据等不诚信诉讼现象变得层出不穷,本条是对这一社会乱象的回应与规制。与此同时,设定第三人撤销之诉。第56条第3款规定,前两款规定的第三人,因不能归责于本人的事由未参加诉讼,但有证据证明发生法律效力的判决、裁定、调解书的部分或者全部内容错误,损害其民事权益的,可以自知道或者应当知道其民事权益受到损害之日起6个月内,向作出该判决、裁定、调解书的人民法院提起诉讼。人民法院经审理,诉讼请求成立的,应当改变或者撤销原判决、裁定、调解书;诉讼请求不成立的,驳回诉讼请求。此举正是为防止案外人的权利遭受无端侵害。

第二,完善调解与诉讼相衔接的机制。增加先行调解的规定,第122条规定,当

[35] 参见《民事诉讼法修正案(草案)条文及草案说明》,载中国人大网:http://www.npc.gov.cn/huiyi/lfzt/mssfxg/2011-10/29/content_1719023.htm,最后访问日期:2019年6月22日。

事人起诉到人民法院的民事纠纷,适宜调解的,先行调解,但当事人拒绝调解的除外。另在特别程序中第六节专节规定“确认调解协议案件”共两条:第194条规定,申请司法确认调解协议,由双方当事人依照人民调解法等法律,自调解协议生效之日起30日内,共同向调解组织所在地基层人民法院提出。第195条,人民法院受理申请后,经审查,符合法律规定的,裁定调解协议有效,一方当事人拒绝履行或者未全部履行的,对方当事人可以向人民法院申请执行;不符合法律规定的,裁定驳回申请,当事人可以通过调解方式变更原调解协议或者达成新的调解协议,也可以向人民法院提起诉讼。

第三,确立公益诉讼的原则框架。2012年《民事诉讼法》第55条规定,“对污染环境、侵害众多消费者合法权益等损害社会公共利益的行为,法律规定的机关和有关组织可以向人民法院提起诉讼”。污染环境和侵害消费者合法权益的案件层出不穷,作为弱势群体,维护自身权利较为困难。由此形成了民事公益诉讼的必要性。但是应当认识到的是,2012年《民事诉讼法》对于检察机关提起民事公益诉讼制度的构建,尤其是提起公益诉讼的机关尚未明确下来,因此这一探索仍然还停留在基础建设的层面上,更进一步的深入建设则是2017年《民事诉讼法》修正的工作。

第四,完善当事人举证制度。(1)促使当事人积极提供证据。第65条规定,当事人对自己提出的主张应当及时提供证据……当事人逾期提供证据的,人民法院应当责令其说明理由;拒不说明理由或者理由不成立的,人民法院根据不同情形可以不予采纳该证据,或者采纳该证据但予以训诫、罚款。(2)明确接收当事人提交证据材料的手续。第66条规定,人民法院收到当事人提交的证据材料,应当出具收据,写明证据名称、页数、份数、原件或者复印件以及收到时间等,并由经办人员签名或者盖章。(3)赋予当事人启动鉴定程序的权利。第76条规定,当事人可以就查明事实的专门性问题向人民法院申请鉴定。当事人申请鉴定的,由双方当事人协商确定具备资格的鉴定人;协商不成的,由人民法院指定。

第五,建立小额诉讼制度。第162条规定,基层人民法院和它派出的法庭审理符合本法第157条第1款规定的简单的民事案件,标的额为各省、自治区、直辖市上年度就业人员年平均工资30%以下的,实行一审终审。小额诉讼简捷、高效、低成本、先行调解,且以诉讼标的额度为适用范围的确定标准。

第六,强化检察院对于民事诉讼的法律监督。(1)扩大监督范围,第14条规定,检察院的法律监督从“民事审判”扩大到“民事诉讼”各个环节,尤其是民事执行活动。第208条和第212条规定,检察院对法院产生的任何形式的法律文书(判决、裁定以及调解书)进行监督。(2)新增监督手段,增加检察建议手段,地方各级人民检察院对同级人民法院已经发生法律效力的判决、裁定和调解书,发现有错误的,可以向同级人民法院提出再审检察建议。(3)强化监督手段,第210条规定,检察院可以查阅法院的诉讼卷宗,也可以向当事人或者案外人进行调查核实工作。

第七,在第十五章特别程序中设置"实现担保物权案件",共计2条。第196条规定,申请实现担保物权,由担保物权人以及其他有权请求实现担保物权的人依照《物权法》等法律,向担保财产所在地或者担保物权登记地基层人民法院提出。第197条规定,人民法院受理申请后,经审查,符合法律规定的,裁定拍卖、变卖担保财产,当事人依据该裁定可以向人民法院申请执行;不符合法律规定的,裁定驳回申请,当事人可以向人民法院提起诉讼。从而从诉讼法层面与实体法层面合力保护当事人担保物权的实现。

(三)民事公益诉讼:2017年《民事诉讼法》的主要内容

2012年《民事诉讼法》第55条规定,"对污染环境、侵害众多消费者合法权益等损害社会公共利益的行为,法律规定的机关和有关组织可以向人民法院提起诉讼。"本条的最大问题就在于,并未规定提起民事公益诉讼的具体机关或者组织。经过长期试点和摸索,2017年6月27日第十二届全国人大常委会第二十八次会议通过《关于修改〈中华人民共和国民事诉讼法〉和〈中华人民共和国行政诉讼法〉的决定》,并由国家主席习近平以主席令第七十一号公布,自2017年7月1日施行。

图9-2　民事公益诉讼

2017年《民事诉讼法》的修改大力推进了民事公益诉讼制度的建设

该决定对《民事诉讼法》作出修改,第55条增加一款,作为第2款:"人民检察院在履行职责中发现破坏生态环境和资源保护、食品药品安全领域侵害众多消费者合法权益等损害社会公共利益的行为,在没有前款规定的机关和组织或者前款规定的机关和组织不提起诉讼的情况下,可以向人民法院提起诉讼。前款规定的机关或者组织提起诉讼的,人民检察院可以支持起诉。"由此明确了民事公益诉讼的主体可以是人民检察院,也可以是有关机关和组织;民事公益诉讼的种类为两种,即因破坏生态环境和资源保护与食品药品安全领域侵害众多消费者合法权益而提起的诉讼。(见图9-2)这次修改主要是对2012年修正的《民事诉讼法》第55条加以细化与展开。

第三节　行政诉讼法

中国第一部规定民众可以状告政府及其工作人员的程序法,是在1989年颁布施行的。中国古代历史上,从来没有出现过真正意义上的"限权政府"(或者"有限政府”)的行政观念,因此也没有真正意义上的行政诉讼制度。民国时期北京政府曾经建立过平政院,南京政府则建立过行政法院。[36] 中国共产党从建立瑞金苏维埃政权开始,就一直秉持“执政为民”与“行政为民”的政权、政府建设理念。尽管在中华人民共和国成立之后走过一些曲折的道路,但是粉碎“四人帮”反革命集团之后,中国立法机关就立即着手建立一套能够有效管控政府行政权力的法律制度。正式的行政审判制度直到20世纪80年代末期才逐步建立起来。

一、1989年《行政诉讼法》

《行政诉讼法》出台之前,行政案件依照何种法律进行审判?行政诉讼法为何先于行政实体法建立?行政诉讼法由哪些专家参与起草?行政诉讼法建立过程是否顺利?这些问题都是1989年《行政诉讼法》制定出台进程中的重大问题与时代背景。

(一)1989年《行政诉讼法》的制定背景

实际上,1982年出台的《民事诉讼法(试行)》中就已初步构建了行政诉讼制度框架。其中第3条规定:“凡在中华人民共和国领域内进行民事诉讼,必须遵守本法。法律规定由人民法院审理的行政案件,适用本法规定。”因此,在《行政诉讼法》正式出台之前,人民法院审判行政案件可以引援、依据《民事诉讼法(试行)》。

但是,仅凭借《民事诉讼法(试行)》进行行政案件的审判,至少有两点缺陷:第一,《民事诉讼法(试行)》中所规定的行政诉讼法律条文并非独立且全面的法律部门,将对于行政行为的诉讼建立在民事诉讼法律的基础上,则无法构建起行政审判的完整的合理性;第二,在司法过程中,无法实质区分民事审判程序与行政审判程序,但是这二者之间的差异性是明显存在的,单纯依靠民事程序法不能完全解决行政审判过程中的所有程序问题。因此,着手制定一部专门适用于行政审判的法律就格外必要了,“这部被视为中国行政法复兴奠基石的法律,并不是立法者的心血来潮,而是顺应改革开放之需、为迈向政府法治而酝酿积蓄已久、水到渠成的制度工程”。[37]

另外,1986年《民法通则》出台也给行政立法带来了一定的冲击因素,行政立法正式被提上议程。全国人大法律委员会顾问陶希晋召集北京地区法学家举行座谈会,讨论行政立法问题。1986年10月4日,行政立法研究组在人民大会堂正式成立。

行政立法研究组是全国人大常委会法制工作委员会有史以来活动时间最长的

---

〔36〕 参见吴欢:《融贯中西:民初行政审判中的规则使用——以〈平政院裁决录存〉为中心的考察》,载《法商研究》2017年第4期;谢冬慧:《民国时期行政审判机构之变迁》,载《黑龙江社会科学》2017年第2期。

〔37〕 沈岿:《行政法变迁与政府重塑、治理转型》,载《中国法律评论》2018年第5期。

专家立法组。行政立法研究组团结和凝聚全国行政法学的力量,推动和参与了一系列重要的行政立法,对中国的行政立法和行政法学研究作出了重要的贡献。

根据罗豪才的回忆,行政立法研究组的组成人员多是行政法学界与实务界的高端人士,他们就中国行政立法活动,应当先拟定行政实体法还是先拟定行政程序法有过充分的考量与讨论,可以说,关于立法顺序的讨论,对于中国行政立法进程有着重大的意义与影响,而中央政法部门领导人对于行政立法活动的大力支持以及行政法学者的大量投入,则实质地推动了中国《行政诉讼法》草案的制定与出台:

“陶希晋、龚祥瑞、张尚鷟、王名扬等应邀担任研究组的顾问。当时的中国政法大学副校长江平担任组长,北大的罗豪才和法大的应松年两位教授任副组长,组员包括全国人大常委会法工委的肖峋等十多人……罗豪才说,‘可以讲,行政立法研究组汇集了当时行政法理论界与实务部门的精英。’……

“这些都得益于当时领导对我们的支持,像六届全国人大常委会委员长彭真,还有王汉斌、陶希晋等领导都给予了我们很大的支持。早期行政立法组的活动我参加得多一些,后期参加少了。应松年做得多一些。行政立法组还有一批实务部门的干部,像顾昂然、肖峋、高帆、黄杰、张春生、乔晓阳、高志新等,工作非常积极。行政法学者有朱维究、皮纯协、张焕光、姜明安等,后来加入进来一些年轻的行政法学者,如马怀德、湛中乐、于安等,也都作了很大的贡献。[38]

“行政立法曾走了一段弯路。最初的想法是想搞出一部类似民法通则一样的行政法大纲,但后来发现很难,于是提出借鉴民事立法先有民事诉讼法,后有民法通则的经验,先搞出一个行政诉讼法来,以此来促进行政实体法的出台。在行政诉讼法的起草过程中,我作为行政立法研究组的副组长与小组其他同志一起还参与了多部行政法律的立法调查、考察、讨论试拟稿等活动。……”

这就是在行政立法中行政诉讼法会先于行政实体法产生的原因(尽管《行政诉讼法》在三大诉讼法中出台最晚,《刑事诉讼法》1979 年出台,《民事诉讼法》1982 年试行)。对照中国行政立法进程(见表 9-4),就可以更为深刻地理解起草者当初预设通过行政程序立法带动行政实体立法的深思熟虑与用心良苦。

表 9-4 中华人民共和国相关行政立法

法律名称	颁行时间
行政诉讼法	1989 年 4 月 4 日
行政处罚法	1996 年 3 月 17 日
行政复议法	1999 年 4 月 29 日

〔38〕 夏莉娜、张维炜:《罗豪才:见证中国行政诉讼法制度的发展历程》,载《中国人大》2011 年第 24 期。

续表

法律名称	颁行时间
行政许可法	2003 年 8 月 27 日
治安管理处罚法	2005 年 8 月 28 日
行政强制法	2011 年 6 月 30 日

行政诉讼立法这一目标被确定下来之后,行政立法研究组结合搜集来的国内外行政立法资料,综合中国自身需求,派员出国考察行政法学理论与制度,并召开了多次座谈会开展研讨。在此基础上,行政立法研究组终于在 1988 年 8 月向全国人大常委会法制工作委员会提交了《行政诉讼法(试拟稿)》。全国人大常委会法制工作委员会对试拟稿进行整合、修改与完善,形成《行政诉讼法(草案)》,提交全国人大常委会,并将征求意见稿刊登在《人民日报》进行公布。

据称,征求意见稿公布后的两个月内,全国人大常委会法制工作委员会收到各级行政、司法部门及普通民众的 130 份意见书,甚至有百名基层干部联名反对《行政诉讼法》出台的情形。由此,罗豪才认为,"行政诉讼法的出台遇到的困难和阻力可能比任何一部法律都要大"。但是,时任全国人大常委会委员长的彭真,以及陶希晋、王汉斌等,对《行政诉讼法》立法表示应当大力支持。彭真针对一些干部不肯、不想、不愿意成为被告的思想,发表过专门的讲话;王汉斌高度评价了行政诉讼制度构建工作,表示不管怎么样,都要把这个制度建立起来,坚持下去就是胜利;而陶希晋则直接与行政立法组积极交流,给予了积极的支持。因此,罗豪才认为,《行政诉讼法》的最后出台,还是得益于中央层面的支持,"根本一条还是中央在全民讨论行政诉讼法的时候给予了积极的态度,对行政诉讼法草案开过两次讨论会。没有党中央的支持,推动不了这件事"。罗豪才回忆道:

"行政诉讼法开始实施那一天,很多人放鞭炮,很多人说这是中国立法史上辉煌的一天。这也说明行政诉讼法的颁布实施意义重大,影响深远,标志着新中国行政诉讼制度的正式确立,在中国制度文明史上具有重要地位。中国历史上没有真正有效的'民告官'的传统,行政诉讼法的颁布改变了这一传统,为监督行政机关依法行使职权与维护公民合法权益提供了崭新的机制。随着行政诉讼法的颁布和实施,国家赔偿法、行政复议法及其实施条例,最高人民法院的相关司法解释等行政纠纷化解制度得以逐渐发展和完善起来,行政纠纷化解基本上实现了有法可依。"[39]

1989 年 4 月 4 日,第七届全国人大第二次会议通过了《行政诉讼法》,同日由国家主席杨尚昆以主席令第十六号公布,自 1990 年 10 月 1 日起施行。1990 年,《行政诉讼

〔39〕 夏莉娜、张维炜:《罗豪才:见证中国行政诉讼法制度的发展历程》,载《中国人大》2011 年第 24 期。

法》生效实施的当年,全国一审行政案件受案数是13,006件,其成效是立竿见影的。

(二)1989年《行政诉讼法》的相关内容

1989年出台的《行政诉讼法》共计75条,分为"总则""受案范围""管辖""诉讼参加人""证据""起诉和受理""审理与判决""执行""侵权赔偿责任""涉外行政诉讼""附则"共计11章。2014年《行政诉讼法》修正,但是仍然完整地保持了这一体例。

总则规定了立法目的、起诉条件、基本原则与基本制度。第2条规定了行政相对人对于行政机关及其工作人员侵害他们合法权益的的具体行政行为(因此不能是针对抽象行政行为、内部行政行为等提起行政诉讼),可以向法院提起行政诉讼。第3条第2款排除了建立专门行政法院模式,确立了在法院内设置行政法庭的模式。第5条规定了具体行为合法性审查原则。其他内容与民事诉讼没有明显差异。

第二章"受案范围"共计两条。第11条规定了具体行政行为的种类:(1)对拘留、罚款、吊销许可证和执照、责令停产停业、没收财物等行政处罚不服的;(2)对限制人身自由或者对财产的查封、扣押、冻结等行政强制措施不服的;(3)认为行政机关侵犯法律规定的经营自主权的;(4)认为符合法定条件申请行政机关颁发许可证和执照,行政机关拒绝颁发或者不予答复的;(5)申请行政机关履行保护人身权、财产权的法定职责,行政机关拒绝履行或者不予答复的;(6)认为行政机关没有依法发给抚恤金的;(7)认为行政机关违法要求履行义务的;(8)认为行政机关侵犯其他人身权、财产权的。值得关注的是,第11条里没有规定"其他具体行政行为",换言之,这八种情形是穷举的状态。第12条则设置了受理的排除项,分为四种:(1)国防、外交等国家行为;(2)行政法规、规章或者行政机关制定、发布的具有普遍约束力的决定、命令;(3)行政机关对行政机关工作人员的奖惩、任免等决定;(4)法律规定由行政机关最终裁决的具体行政行为。

第三章"管辖"规定了各级法院的管辖范围。第13条规定,第一审行政案件原则上由基层法院管辖。中级法院受理两类特殊的行政案件,即(1)确认发明专利权的案件、海关处理的案件;(2)对国务院各部门或者省、自治区、直辖市人民政府所作的具体行政行为提起诉讼的案件。另外,中级、高级与最高人民法院分别受理本辖区内重大、复杂的第一审行政案件(最高法院对应全国性范围)。(见表9-5)

表9-5 《行政诉讼法》关于法院管辖权的规定

法条号	行政相对人提起行政诉讼的类型	有管辖权的法院
第17条	一般的行政案件	最初作出具体行政行为的行政机关所在地人民法院
第17条	经复议的行政案件	(1)最初作出具体行政行为的行政机关所在地人民法院或者(2)复议机关所在地人民法院

续表

法条号	行政相对人提起行政诉讼的类型	有管辖权的法院
第18条	对限制人身自由的行政强制措施不服提起的诉讼案件	(1)被告所在地或者(2)原告所在地人民法院
第19条	因不动产提起的行政诉讼案件	不动产所在地人民法院
第20条	两个以上人民法院都有管辖权的案件	原告可以选择其中一个人民法院
第20条	原告向两个以上有管辖权的人民法院提起诉讼的案件	最先收到起诉状的人民法院
法条号	法院接受案件后	处理办法
第21条	人民法院发现受理的案件不属于自己管辖时	【移送管辖】应当移送有管辖权的人民法院
第22条	有管辖权的人民法院由于特殊原因不能行使管辖权	【指定管辖】由上级人民法院指定管辖
第23条	上级法院对下级法院	【管辖权转移】(1)有权审判下级人民法院管辖的第一审行政案件,(2)也可以把自己管辖的第一审行政案件移交下级人民法院审判
第23条	下级法院认为有管辖权但应当交由上级法院审理的案件	【管辖权转移】可以报请上级人民法院决定

第四章"诉讼参加人"规定的共同诉讼、第三人诉讼、代表诉讼、诉讼代理人的权利与义务等内容,则与《民事诉讼法》相关规定无太大差异。规定了原被告资格,较为特殊,也有一定复杂性。(见表9-6)

表9-6 《行政诉讼法》关于原告、被告的规定

原告(第24条)	被告(第25条)
(1)依照本法提起行政诉讼的公民、法人或者其他组织 (2)有权提起行政诉讼且死亡的公民的近亲属 (3)有权提起诉讼的法人或者其他组织终止,承受其权利的法人或者其他组织	(1)公民、法人或者其他组织直接向人民法院提起诉讼的、作出具体行政行为的行政机关 (2)经复议的案件: A.复议机关决定维持原具体行政行为的,作出原具体行政行为的行政机关是被告 B.复议机关改变原具体行政行为的,复议机关是被告 (3)两个以上行政机关作出同一具体行政行为的,共同作出具体行政行为的行政机关是共同被告 (4)接受授权或委托的行政机关或组织: A.由法律、法规授权的组织所作的具体行政行为,该组织是被告 B.由行政机关委托的组织所作的具体行政行为,委托的行政机关是被告 (5)行政机关被撤销的,继续行使其职权的行政机关是被告

第五章"证据",规定的证据种类、法院取证、司法鉴定、证据保全等内容,与《民事诉讼法》相关规定无太大差异。值得关注的是第32条与第33条的内容。第32条规定,被告对作出的具体行政行为负有举证责任,应当提供作出该具体行政行为的证据和所依据的规范性文件。第33条规定,在诉讼过程中,被告不得自行向原告和证人收集证据。此二条均是对于拥有强大行政权的行政机关进行严格限制,并对处于弱势地位的行政相对人之权利进行重点保护。行政机关与行政相对人之间的事实地位显然是不平等的,但如何实现第7条"当事人在行政诉讼中的法律地位平等"的规定与要求,则需要通过法律规定对两方当事人的权重与力量进行调试与平衡。举证责任分配原则与对于行政机关自行取证的严格禁止,正是当事人法律地位平等的体现。

第六章规定了"起诉和受理",由此进入实质性的诉讼程序规定。第37条至第40条规定,行政相对人向法院提起行政诉讼,有两条可供选择的途径:(1)可以首先申请复议,复议机关应当在接到复议申请后两个月内做出决定,但当事人不服复议结果或者复议机关逾期不作出决定时,可以在此后15日内向法院起诉;(2)也可以在知道作出行政行为的3个月内,直接向法院起诉。如果遇到不可抗力等情形延误起诉,在障碍消除后10日内,可以向法院申请是否延期。第41条、第42条规定,法院自接到起诉状后,应当对案件是否针对侵权的具体行政行为提起、是否有明确的被告行政机关、是否有具体诉讼请求与事实根据、本院是否有管辖权,应当在7日内立案或者裁定不予受理。应当注意的是,程序法中时间期限是非常重要的内容,可以说,司法程序本身是依附在时间上推进的一种司法活动。

第七章规定了"审判和判决"。第43条规定,立案之日起5日内人民法院应当将起诉状副本发送给被告行政机关,被告则应当在收到起诉状副本之日起10日内提交作出具体行政行为的有关材料以及答辩状(不提交答辩状不影响审理),法院收到答辩状之日起5日内应当将答辩状副本发送给原告行政相对人。第44条较为特殊,规定诉讼期间不停止具体行政行为的执行,以及其三种例外,即(1)被告主动主张停止的,或者(2)原告申请停止且法院依照损害程度以及公共利益原则裁定停止的,或者(3)法律法规规定应当停止的。第46条至第49条规定了合议庭制度、回避制度、原告不到庭视为撤诉、被告不到庭缺席审判、对于妨害行政诉讼审判进行司法惩罚或者刑事追责的具体规定。第50条较为重要,"人民法院审理行政案件,不适用调解",由此排除了行政诉讼中的司法调解。第51条规定,遇到原告主动撤诉,或者被告变更具体行政行为后原告同意并撤诉的情形,由法院裁定是否准许。第52条、第53条规定了行政审判的法律法规依据以及参考资料(如规章等)。第54条、第61条分别规定法院在一审、二审中的裁判类型。第55条规定,人民法院判决被告重新作出具体行政行为的,被告不得以同一的事实和理由作出与原具体行政行为基本相同的具体行政行为,由此逃避法院裁判的约束力,进而继续维持对行政相对人合法权益的侵害。

第56条规定，在法院发现行政机关负责人违纪、违法以及犯罪的情况下，应当向上级行政机关、监察机关、人事机关、公安检察机关移送相关材料。第57条、第60条规定，法院原则上应当在立案之日起3个月内作出一审判决；上诉案件原则上在二审法院收到上诉状之日起2个月内作出终审裁判；特殊情况则可以申请上一级法院批准延长期限。第58条、第59条、第60条规定上诉与二审，当事人不服一审判决和一审裁判，应当在裁判文书送达之日起15日内向上一级法院上诉，逾期不上诉则一审裁判生效；如果事实清楚，法院可以书面审理。（见表9－7）

表9－7　《行政诉讼法》关于一审、二审裁判的规定

判决、裁定	一审裁判（第54条）	二审裁判（第61条）
判决维持	具体行政行为证据确凿，适用法律、法规正确，符合法定程序的	原判决认定事实清楚，适用法律、法规正确的，判决驳回上诉
全部或部分撤销并重新作出	具体行政行为：（1）主要证据不足的；（2）适用法律、法规错误的；（3）违反法定程序的；（4）超越职权的；（5）滥用职权的	原判决认定事实不清，证据不足，或者由于违反法定程序可能影响案件正确判决的
判决其在一定期限内履行	被告不履行或者拖延履行法定职责的	—
判决变更	行政处罚显失公正的	（1）原判决认定事实清楚，但适用法律、法规错误的；（2）原判决认定事实不清，证据不足，或者由于违反法定程序可能影响案件正确判决的

第八章为“执行”，共计两条，规定了行政相对人、行政机关必须履行法院生效裁判。值得注意的是，本条是本法中唯一一条使用“必须”这一极具强制性、司法权威性的法律条文。对于各方当事人拒不履行生效裁判或者具体行政行为，另一方当事人或法院可以按照以下方式进行处理。（见表9－8）

表9－8　《行政诉讼法》关于拒不履行的规定

当事人	拒不履行的事项	对应措施
行政相对人	法院生效裁判	行政机关可以向第一审人民法院申请强制执行，或者依法强制执行
行政相对人	具体行政行为	行政机关可以申请人民法院强制执行，或者依法强制执行
行政机关	法院生效裁判	第一审人民法院可以：（1）对应当归还的罚款或者应当给付的赔偿金，通知银行从该行政机关的账户内划拨；（2）在规定期限内不履行的，从期满之日起，对该行政机关按日处五十元至一百元的罚款；（3）向该行政机关的上一级行政机关或者监察、人事机关提出司法建议；（4）拒不履行判决、裁定，情节严重构成犯罪的，依法追究主管人员和直接责任人员的刑事责任

第九章“侵权赔偿责任”是对于合法权利受到行政机关及其工作人员所作出具体行政行为侵害的行政相对人所拥有和行使的赔偿请求权进行的专章规定。1954 年《宪法》中早已确认过人民获得国家赔偿的权利,1982 年《宪法》第 41 条亦有确定此规定,“由于国家机关和国家工作人员侵犯公民权利而受到损失的人,有依照法律规定取得赔偿的权利”。这一专章是对公民宪法权利的文本化、具象化、确定化、规范化及可操作化。本章规定行政相对人对于损害赔偿应当先经过行政解决这一前置程序,对于行政处理不服则可以向法院提起赔偿诉讼。与一般行政诉讼案件不适用调解的原则(本法第 50 条)不同,赔偿诉讼可以适用调解。赔偿责任由作具体行政行为侵权的行政机关承担,但是行政机关完成赔偿后,应当责令有故意或者重大过失的行政机关工作人员承担部分或者全部赔偿费用。费用由各级财政支出。本专章是国家赔偿法形成的良好开端,但是美中不足的是“只是建立一个侵权赔偿诉讼机制,而没有对赔偿范围、程序、方式和标准等作出明确规定”。[40]

第十章“涉外行政诉讼”则规定了涉及外国人、无国籍人、外国组织、外国法院的相关内容。涉及外国人、无国籍人、外国组织在本国进行行政诉讼,适用本法,享有与本国行政相对人同等的权利义务,委托律师代理诉讼的应当委托本国律师进行行政诉讼。但是,值得注意的是,中国法院对于限制中国公民行政诉讼权利的外国法院,实行权利限制对等主义,“外国法院对中华人民共和国公民、组织的行政诉讼权利加以限制的,人民法院对该国公民、组织的行政诉讼权利,实行对等原则”。在法律适用上,如中国参与或缔结的国际条约与本国法规定不同,则适用国际条约,但是中国声明保留条款除外。

1989 年《行政诉讼法》标志了中国行政法制构建事业的起步。尽管其中也有需要完善之处,但确实是从无到有的重要步骤。自此,行政审判不再依赖《民事诉讼法》,正式确立了一种崭新的司法制度,有效解决了大量行政纠纷,有力保障行政诉讼中公民、法人和其他社会组织的合法权益,防止行政权对于公民合法权益的无端侵害,建立起对政府的监督、规范以及制裁机制,推动了行政法治事业与责任政府建设的发展进程。《行政诉讼法》出台意义重大。[41]

二、2014 年《行政诉讼法》

2014 年《行政诉讼法》展开修正,是因为立法者已经充分认识到在 1989 年《行政诉讼法》施行之后,行政案件长期存在“立案难、审理难、执行难”的现实状况。因

---

〔40〕 沈岿:《行政法变迁与政府重塑、治理转型》,载《中国法律评论》2018 年第 5 期。

〔41〕 参见罗豪才:《中国特色行政诉讼制度的发展——在纪念〈行政诉讼法〉颁布 20 周年座谈会上的发言》,载《行政法学研究》2000 年第 3 期;顾昂然:《行政诉讼法的制定对我国社会主义民主政治和法治建设有重大意义》,载《中国法学》1989 年第 3 期。

此,本次修正着手解决此问题。这是行政诉讼现实困境对于行政诉讼立法活动形成倒逼机制,促进了行政诉讼立法的完善与进展。

另一方面,法治政府建设活动的需求也对行政诉讼立法提出了新的要求。2008年国务院发布了《关于加强市县政府依法行政的决定》。2014年中共十八届四中全会作出了关于《中共中央关于全面推进依法治国若干重大问题的决定》。[42] 因此,有学者指出,“行政诉讼不是简单的‘民告官’,而是明确指向‘责任政府’的目标”。[43]

(一)2014年《行政诉讼法》的修正过程

2013年10月,第十二届全国人大常委会出台立法规划(共68件)中就有《行政诉讼法》修改的规划。[44] 2013年12月16日,全国人大常委会委员长张德江在北京人民大会堂主持召开第十二届全国人大常委会第十四次委员长会议,决定第十二届全国人大常委会第六次会议12月23日至28日在北京举行。[45]

2013年12月23日下午,全国人大常委会法制工作委员会副主任信春鹰受委员长会议委托,作了关于《行政诉讼法修正案(草案)》的说明。[46] 第十二届全国人大常委会第六次会议初次审议了《行政诉讼法修正案(草案)》,并于12月31日将《行政诉讼法修正案(草案)》在中国人大网公布,向社会公开征集意见。[47] 此外,全国人大常委会法制工作委员会将草案印发地方人大常委会和国务院部门、部分高等院校、科研机构征求意见。全国人大法律委员会、内务司法委员会和全国人大常委会法制工作委员会联合召开座谈会,听取全国人大代表以及最高人民法院、最高人民检察院、国务院有关部门、律师界、企业界和专家学者的意见。全国人大法律委员会、全国人大常委会法制工作委员会还召开部分省、自治区、直辖市人大常委会和政府法制机构、人民法院、人民检察院参加的座谈会,听取意见,到北京、浙江、江苏、吉林等地进行专题调研。各方面对于行政诉讼法修正草案的评价较高,认为草案认真总结多年来的行政审判经验,着力解决“立案难、审理难、执行难”等实践中存在的突出问题,从保障当事人诉讼权利以及完善管辖、诉讼参与人、诉讼程序

---

[42] 参见应松年:《中国行政法发展的创新之路》,载《行政法学研究》2017年第3期。

[43] 沈岿:《行政法变迁与政府重塑、治理转型》,载《中国法律评论》2018年第5期。

[44] 《第十二届全国人民代表大会常务委员会立法规划(共68件)》,载中国人大网:http://www.npc.gov.cn/npc/xinwen/syxw/2013-10/31/content_1812101.htm,最后访问日期:2019年6月14日。

[45] 《张德江主持召开十二届全国人大常委会第十四次委员会会议》,载中国人大网:http://www.npc.gov.cn/npc/wyzzy/2013-12/17/content_1817110.htm,最后访问日期:2019年6月14日。

[46] 《信春鹰作行政诉讼法修正案草案的说明》,载法制网:http://www.legaldaily.com.cn/ztpd/content/2013-12/23/content_5150895.htm?node=56930,最后访问日期:2019年6月14日。

[47] 《行政诉讼法修正案(草案)条文》,载中国人大网:http://www.npc.gov.cn/npc/xinwen/lfgz/flca/2013-12/31/content_1822050.htm,最后访问日期:2019年6月14日。

等方面进行了修改,总体赞成草案的修改内容,同时,也提出了一些修改意见。全国人大法律委员会、全国人大常委会法制工作委员会就草案中的主要问题与最高人民法院、最高人民检察院、国务院法制办公室交换意见,共同研究。全国人大法律委员会于 7 月 31 日召开会议,根据常委会组成人员的审议意见和各方面意见,对草案进行了逐条审议。最高人民法院、最高人民检察院和国务院法制办公室有关负责人员列席了会议。8 月 18 日,全国人大法律委员会召开会议,再次进行审议。[48]

第十二届全国人大常委会第十一次会议于 2014 年 10 月 28 日上午,对《关于修改〈中华人民共和国行政诉讼法〉的决定(草案)》进行了分组审议。大多数意见认为,草案已经比较成熟,建议进一步修改后,提请本次会议通过。同时,有些常委会组成人员还提出了一些修改意见。全国人大法律委员会于 2014 年 10 月 29 日下午召开会议,逐条研究了常委会组成人员的审议意见,对草案进行了审议。最高人民法院、最高人民检察院、国务院法制办公室的负责人列席了会议。全国人大法律委员会认为草案是可行的,并于 2014 年 10 月 31 日向全国人大常委会作了全国人大法律委员会关于《全国人民代表大会常务委员会关于修改〈中华人民共和国行政诉讼法〉的决定(草案)》修改意见的报告,同时在其中提出 10 条修改意见。在最后,全国人大法律委员会汇报了有的常委会组成人员、代表和最高人民检察院提出的构建人民检察院提起行政公益诉讼的建议,但国务院法制办公室提出,在《行政诉讼法》中规定公益诉讼制度,有一些理论和制度问题尚需深入研究。由此埋下 2017 年《行政诉讼法》修正的伏笔。[49] 2014 年 11 月 1 日上午,第十二届全国人大常委会第十一次会议举行,会议以 152 票赞成、0 票反对、5 票弃权,表决通过了关于修改《行政诉讼法》的决定。

(二)2014 年《行政诉讼法》修正的主要内容

《全国人民代表大会常务委员会关于修改〈中华人民共和国行政诉讼法〉的决定》共计 61 条,本次修正体现出对于行政机关更为严格的限制与对于行政相对人合法权利更为强力的保护。如第 1 条"立法目的"将"维护和监督行政机关依法行使行政职权"重的"维护"一词删除,仅留下"监督",从而强化了行政诉讼立法对于行政机关的规范与控制。如对 1989 年《行政诉讼法》第 33 条"在诉讼过程中,被告不得自行向原告和证人收集证据"进行完善,将原本禁止自行取证的"被告"行政机

[48] 全国人民代表大会法律委员会:《关于〈中华人民共和国行政诉讼法修正案(草案)〉修改情况的汇报》,载中国人大网:http://www.npc.gov.cn/npc/lfzt/2014/2014-08/31/content_1876868.htm,最后访问日期:2019 年 6 月 14 日。

[49] 全国人大法律委员会:《关于〈全国人民代表大会常务委员会关于修改《中华人民共和国行政诉讼法》的决定(草案)〉修改意见的报告》,载中国人大网:http://www.npc.gov.cn/wxzl/gongbao/2014-12/23/content_1892445.htm,最后访问日期:2019 年 6 月 14 日。

关扩大至“被告及其诉讼代理人”,将保护的“原告和证人”增补至第三人,不仅明确了保护行政相对人、严格限制行政机关的价值取向,而且使得条文中的内容更为周延。

第六章为“起诉和受理”。第46条将原本规定的“公民、法人或者其他组织直接向人民法院提起诉讼的,应当在知道作出具体行政行为之日起三个月内提出”的起诉期限扩展至“六个月”,并增加不动产行政诉讼案件起诉期限为自作出行政行为20年,其他案件为5年。修改第40条为第48条,因为不可抗力或者其他客观原因延误起诉期限的时间不计算在期限内,但是障碍消除后10日可以申请延长期限,是否准许由法院决定。为了配合立案登记制的实施、完善法院立案活动,将第42条拆分,修改为第51条、第52条两条,从49个字扩展到390余字,由此将立案活动各个环节及当事人对于立案结果的不同处理模式等方面,都进行详实规定,进而极大丰富了立案规范。

第七章“审理和判决”中,增加第三节“简易程序”较为重要。第67条将被告行政机关接收到起诉书副本后,向法院提交的内容由“作出具体行政行为的有关材料”改为“作出行政行为的证据和所依据的规范性文件”,并将提交时限从10日延长到15日。第56条,将裁定停止行政行为继续执行的情形,在原来的基础上增加了“人民法院认为该行政行为的执行会给国家利益、社会公共利益造成重大损害的”,并增加第2款规定当事人对于该裁定不服的可以申请复议一次。第60条对原第50条“行政案件不适用调解”的原则进行了完善,补充特殊情形以及相应规范,“行政赔偿、补偿以及行政机关行使法律、法规规定的自由裁量权的案件可以调解。调解应当遵循自愿、合法原则,不得损害国家利益、社会公共利益和他人合法权益”。将原第54条的规定改为第69条、第70条、第72条、第77条共4条,在驳回原告诉请的情形中增加了“原告申请被告履行法定职责或者给付义务理由不成立的”,在判决全部或部分撤销、判决重新作出行政行为的情形中增加了“明显不当的”,删除判决被告在一定期限内履行的情形中“拖延履行”,将判决变更行政处罚的情形修改为“行政处罚明显不当,或者其他行政行为涉及对款额的确定、认定确有错误的”;将原第55条修改为第71条安置于此间。第81条将原第57条规定的一审判决应在3个月内作出修改为6个月内。

本章第三节规定“简易程序”,规定一审行政案件,如果法院认为事实清楚、权利义务关系明确、争议不大的,可以适用简易程序,包括三种情形,即被诉行政行为是依法当场作出的、案件涉及款额2000元以下的、属于政府信息公开案件的,此外当事人各方同意适用简易程序的,也可以适用。同时也确定了两种明确不得适用简易程序的情形,即发回重审与按照审判监督程序再审的案件。适用简易程序审理的行政案件,由审判员一人独任审理,并应当在立案之日起45日内审结。但是,人民法院在审理过程中,发现案件不宜适用简易程序的,应当裁定转为普通程序。

本章规定的二审程序,第 61 条修改为第 89 条,即对一审判决或裁定分别处理的内容,增加第 4 项“原判决遗漏当事人或者违法缺席判决等严重违反法定程序的,裁定撤销原判决,发回原审人民法院重审”,并规定原审法院对发回重审的案件作出判决后,当事人上诉,二审法院不得发回重审,以及法院对于上诉案件改判的同时应当对于被诉行政行为也作出判决。在本章二审程序中,首先修改了行政案件上诉可以实行书面审理的规定,修改为“人民法院对上诉案件,应当组成合议庭,开庭审理。经过阅卷、调查和询问当事人,对没有提出新的事实、证据或者理由,合议庭认为不需要开庭审理的,也可以不开庭审理”。

第 91 条至第 93 条完善了再审程序,当事人、本院院长、上级法院或者最高法院以及检察院可以启动再审程序。其中当事人可以申请再审的情形如下:(1)不予立案或者驳回起诉确有错误的;(2)有新的证据,足以推翻原判决、裁定的;(3)原判决、裁定认定事实的主要证据不足、未经质证或者系伪造的;(4)原判决、裁定适用法律、法规确有错误的;(5)违反法律规定的诉讼程序,可能影响公正审判的;(6)原判决、裁定遗漏诉讼请求的;(7)据以作出原判决、裁定的法律文书被撤销或者变更的;(8)审判人员在审理该案件时有贪污受贿、徇私舞弊、枉法裁判行为的。

原“侵权赔偿责任”一章删去,转由 2012 年出台的《国家赔偿法》进行规定。“执行”“涉外行政诉讼”两章也进行了一定程度的修改与完善。“执行”一章吸收对于调解书的执行。“涉外行政诉讼”中增加了 7 条。“涉外行政诉讼”一章中删除原第 72 条,即“中华人民共和国缔结或参加的国际条约同本法有不同规定的,适用该国际条约规定。中华人民共和国声明保留的条款除外”。

本次《行政诉讼法》修正中严格了对于行政机关的责任与义务,并强化了对于行政相对人合法权利的保护。主要致力于解决“立案难、诉讼难、执行难”的问题。从 2014 年至 2015 年的一审案件数量变化就能够从一定程度上反映出《行政诉讼法》修改后,2014 年行政诉讼一审案件数量“已达 141880 件……《行政诉讼法》(2014 年)实施后,2015 年全年的行政一审案件达 220398 件,陡增 55.34%。此后两年也维持在大致水平”。[50] 除此之外,走向法治政府与责任政府的时代使命,也是《行政诉讼法》得以修善的重大动力与价值追求。

三、2017 年《行政诉讼法》

2017 年《行政诉讼法》再度修改。此次修改的目的是建立检察机关提起行政公益诉讼制度,由此监督和促进政府在生态环境和资源保护、食品药品安全、国有财

〔50〕 沈岿:《行政法变迁与政府重塑、治理转型》,载《中国法律评论》2018 年第 5 期。

产保护、国有土地使用权出让等领域积极履行职责。

(一)2017年《行政诉讼法》的修正过程

2014年10月20日至23日,十八届四中全会顺利召开,审议并通过了《中共中央关于全面推进依法治国若干重大问题的决定》。2014年10月29日,习近平总书记作了关于《中共中央关于全面推进依法治国若干重大问题的决定》的说明,其中第九点具体论述了行政公益诉讼的内容,体现了党中央对于建设检察机关提起行政公益诉讼制度的高度重视:

"探索建立检察机关提起公益诉讼制度。现在,检察机关对行政违法行为的监督,主要是依法查办行政机关工作人员涉嫌贪污贿赂、渎职侵权等职务犯罪案件,范围相对比较窄。而实际情况是,行政违法行为构成刑事犯罪的毕竟是少数,更多的是乱作为、不作为。如果对这类违法行为置之不理、任其发展,一方面不可能根本扭转一些地方和部门的行政乱象,另一方面可能使一些苗头性问题演变为刑事犯罪。全会决定提出,检察机关在履行职责中发现行政机关违法行使职权或者不行使职权的行为,应该督促其纠正。作出这项规定,目的就是要使检察机关对在执法办案中发现的行政机关及其工作人员的违法行为及时提出建议并督促其纠正。这项改革可以从建立督促起诉制度、完善检察建议工作机制等入手。

"在现实生活中,对一些行政机关违法行使职权或者不作为造成对国家和社会公共利益侵害或者有侵害危险的案件,如国有资产保护、国有土地使用权转让、生态环境和资源保护等,由于与公民、法人和其他社会组织没有直接利害关系,使其没有也无法提起公益诉讼,导致违法行政行为缺乏有效司法监督,不利于促进依法行政、严格执法,加强对公共利益的保护。由检察机关提起公益诉讼,有利于优化司法职权配置、完善行政诉讼制度,也有利于推进法治政府建设。"[51]

2014年《行政诉讼法》第一次修正的时候,就已经开始考虑与讨论建立检察机关提起行政公益诉讼制度了。2014年10月31日,全国人大法律委员会在作《关于〈全国人民代表大会常务委员会关于修改中华人民共和国行政诉讼法的决定(草案)〉修改意见的报告》的最后就已经对本问题展开说明:

"有些常委会组成人员、代表和最高人民检察院提出,针对行政机关失职、渎职致使社会公共利益受到损害的情况,应当建立行政公益诉讼制度,加强对行政机关的监督。最高人民检察院提出,在行政相对人不确定或者行政相对人不愿意提起诉讼的情况下,可以由人民检察院提起行政公益诉讼。法律委员会认真考虑了上

[51] 习近平:《关于〈中共中央关于全面推进依法治国若干重大问题的决定〉的说明》,载中共中央党校(国家行政学院)网:http://www.ccps.gov.cn/xxsxk/zyls/201812/t20181216_125657_3.shtml,最后访问日期:2019年6月15日。

述意见,并就最高人民检察院的具体建议征求国务院方面的意见。国务院法制办公室提出,在行政诉讼法中规定公益诉讼制度,有一些理论和制度问题尚需深入研究:一是行政公益诉讼与行政诉讼法第二条规定的原告应当是其合法权益受到行政行为侵害的相对人的要求不一致;二是如何确定行政公益诉讼的范围,除社会比较关注的环境资源和食品安全等领域外,政府管理的其他领域都涉及公共利益,情况很复杂,是否都可以提起行政公益诉讼;三是行政诉讼'民告官'的制度定位与行政公益诉讼'官告官'的关系如何处理;四是在行政管理实践中,人民政府是公共利益的代表,人民政府和人民法院、人民检察院都在人民代表大会及其常委会监督下工作,检察机关提起行政公益诉讼、起诉行政机关、由法院作出判决,这几个方面的关系尚须深入研究。法律委员会经研究认为,党的十八届四中全会提出探索建立检察机关提起公益诉讼制度,具有重大意义。可以通过在实践中积极探索,抓紧研究相关法理问题,逐步明确公益诉讼的范围、条件、诉求、判决执行方式等,为行政公益诉讼制度的建立积累经验。建议本法暂不作规定。"[52]

在中央层面的支持与鼓励之下,各方积极探讨与探索之下,检察机关提起行政公益诉讼开始进行试点工作。2015 年 7 月 1 日,第十二届全国人大常委会第十五次会议通过了《关于授权最高人民检察院在部分地区开展公益诉讼试点工作的决定》。7 月 2 日,最高人民检察院发布了《检察机关提起公益诉讼改革试点方案》。2015 年 12 月 16 日,最高人民检察院第十二届检察委员会第四十五次会议通过了《人民检察院提起公益诉讼试点工作实施办法》。2015 年最高人民检察院在《关于深化检察改革的意见》(2013—2017 年工作规划)中就行政公益诉讼特别明确提出,要"探索建立检察机关提起公益诉讼制度"。2016 年 2 月 22 日,最高人民法院审判委员会第 1679 次会议通过了《人民法院审理人民检察院提起公益诉讼案件试点工作实施办法》。[53] 在这些探索的过程中,本制度运行的经验与规范逐渐积累并成熟起来,成为《行政诉讼法》第二次修改的重要资源。

(二)2017 年《行政诉讼法》修正的主要内容

根据 2017 年 6 月 27 日第十二届全国人大常委会第二十八次会议,以 148 票赞成、1 票弃权通过《关于修改〈中华人民共和国民事诉讼法〉和〈中华人民共和国行政诉讼法〉的决定》。[54] 对《行政诉讼法》作出修改,第 25 条增加 1 款,作为第 4

---

〔52〕 全国人大法律委员会:《关于〈全国人民代表大会常务委员会关于修改《中华人民共和国行政诉讼法》的决定(草案)〉修改意见的报告》,载中国人大网:http://www.npc.gov.cn/wxzl/gongbao/2014-12/23/content_1892445.htm,最后访问日期:2019 年 6 月 15 日。

〔53〕 参见黄学贤:《行政公益诉讼回顾与展望——基于"一决定三解释"及试点期间相关案例和〈行政诉讼法〉修正案的分析》,载《苏州大学学报》(法学版)2018 年第 2 期。

〔54〕 参见郑博超、王治国:《全国人大常委会通过修改民诉法行诉法决定,检察机关提起公益诉讼制度正式确立》,载《法制日报》2017 年 6 月 28 日版。

款："人民检察院在履行职责中发现生态环境和资源保护、食品药品安全、国有财产保护、国有土地使用权出让等领域负有监督管理职责的行政机关违法行使职权或者不作为，致使国家利益或者社会公共利益受到侵害的，应当向行政机关提出检察建议，督促其依法履行职责。行政机关不依法履行职责的，人民检察院依法向人民法院提起诉讼。"本决定自 2017 年 7 月 1 日起施行。

第四节　调解、仲裁和其他程序法

诉讼法是程序法中的主要部分，诉讼也是解决法律纠纷的重要手段。但是，应当明确的是，诉讼绝对不是解决社会纠纷的唯一方式。较之于诉讼手段，调解、仲裁等纠纷解决机制则具有更为高效快捷、便民易行、节约司法资源等特点，在此分类下有《仲裁法》《劳动争议调解仲裁法》《人民调解法》《农村土地承包经营纠纷调解仲裁法》。此外，中国现行的程序法中，还存在一些特殊的程序法，如《海事诉讼特别程序法》《引渡法》《国际刑事司法协助法》等内容。

一、调解法与仲裁法

事实上，中华人民共和国的调解与仲裁法律制度早在根据地时期就开始展开探索。中华苏维埃工农兵第一次全国代表大会于 1931 年 11 月制定及于 1933 年修订颁布的《中华苏维埃共和国劳动法》中就确立劳动仲裁法律制度。在抗日战争期间，1941 年 4 月山东抗日民主政府公布的《山东省调解委员会暂行组织条例》、1942 年 3 月晋西北行政公署公布的《晋西北村调解暂行办法》、1942 年 4 月晋察冀边区政府公布的《晋察冀边区行政村调解工作条例》、1943 年 6 月陕甘宁边区政府颁布的《陕甘宁边区民刑事案件调解条例》、1943 年晋察冀边区行政委员会颁布的《晋察冀边区租佃债息条例》（专章规定"调解与仲裁"的内容），均对调解与仲裁进行了不同程度的规定。新民主主义革命时期的人民调解兼具法院调解与行政调解的因素，其中著名的"马锡五审判模式"就非常重视司法调解的作用，强调在依靠人民群众的基础上实现审判与调解相结合。而此期仲裁制度则有范围较窄（限于劳资、租佃、借贷等争议）、调解仲裁机构未严格区分而往往合二为一、因机构设置于政府中而行政性质较强、各根据地或解放区的仲裁制度不统一等特征。[55] 由此可见，中华人民共和国的调解与仲裁制度在根据地时期就已经进行了较为长久的探索与积累。

---

〔55〕 参见谭兵主编：《中国仲裁制度研究》，法律出版社 1995 年版，第 3、4 页；常怡主编：《中国调解制度》，法律出版社 2013 年版，第 10—12、20 页。

在“调解”与“仲裁”相提并论时,一般将“调解”放在“仲裁”之前,但是事实上《仲裁法》立法比《人民调解法》立法早 16 年。因此,本章将《仲裁法》置于《人民调解法》之前进行论述。

(一)准司法机制:《仲裁法》的制定及其完善

仲裁是一种具有自愿性、专业性、保密性、独立性、灵活性、快捷性、经济性、民间性的民商事争议解决机制,且兼具司法性、契约性、自治性。[56] 中华人民共和国成立以来,仲裁制度逐渐开始建立健全。其中,经济合同仲裁制度、劳动争议仲裁制度、涉外仲裁制度较为完善。总体而言,以上制度均经过了建立、中断、恢复的历程。其中经济合同仲裁经历了“只裁不审”(中华人民共和国成立初期到 1966 年以前,只由主管部门仲裁,不由法院审判,此后中断)、“两裁两审”(1979 年至 1982 年,两级仲裁,两级审判)、“一裁两审”(1983 年至 1995 年,实行一次裁决制度)、“一裁终局”(1995 年《仲裁法》实施之后,当事人只能在仲裁和诉讼中选择一种方式,一裁终局后裁决作出即发生法律效力)四个阶段;[57] 劳动仲裁制度于 1956 年,劳动部出台《市劳动争议仲裁委员会组织及工作规则》与《关于劳动争议解决程序的规定》,但因社会主义改造运动完成、劳资关系日趋单一化、劳动争议日益减少,劳动部于 1957 年 7 月发布《关于撤销劳动争议仲裁委员会的通知》,劳动争议改由政府信访部门处理,其间仲裁发展中断,直到 1993 年出台的《企业劳动争议处理条例》《劳动争议仲裁委员会办案规则》《劳动争议仲裁委员会组织规则》,以及 1994 年通过的《劳动法》都标志着劳动仲裁制度的恢复与重建;中国国际经济贸易仲裁与中国海事仲裁均建立于 20 世纪 50 年代中后期,国务院分别在 1954 年和 1958 年作出在中国国际贸易促进委员会内设置对外贸易仲裁委员会和海事仲裁委员会的决定,并于 1956 年 3 月与 1959 年 1 月公布两个机构的运行程序暂行规则,此后中断,并在 20 世纪 80 年代先后恢复,1988 年 9 月通过《中国国际经济贸易仲裁委员会仲裁规则》与《中国海事仲裁委员会仲裁规则》,并于 1989 年 1 月 1 日起实施。[58]

1991 年 8 月,全国人大常委会法制工作委员会着手《仲裁法》起草工作,多次召开有仲裁委员会、有关部门、法院、法律专家参加的座谈会,并到一些地方调查研究,听取意见,在总结仲裁工作实践经验的基础上,根据建立社会主义市场经济体制的要求,借鉴国外仲裁制度的有益经验和国际通行做法,起草了《仲裁法(征求意见稿)》,于 1993 年 3 月印发部分地方人大常委会、中央有关部门、法律教学研究单位征求意见,根据各方面意见又作了修改,形成《仲裁法(草案)》。1994 年 6 月 28 日,

---

〔56〕 参见马德才:《仲裁法学》,南京大学出版社 2016 年版,第 2— 4 页。

〔57〕 也称作“只裁不审”“先裁后审”“可裁可审”“或裁或审”四阶段,概括不同而内容一致。参见马德才编著:《仲裁法学》,南京大学出版社 2016 年版,第 17—18 页。

〔58〕 参见谭兵主编:《中国仲裁制度研究》,法律出版社 1995 年版,第 4—7 页。

在第八届全国人大常委会第八次会议上，顾昂然针对制定统一《仲裁法》的目的进行介绍："仲裁是解决经济纠纷的一种重要方式，具有当事人自愿、程序简便、迅速等特点。我国采取仲裁方式解决经济纠纷的越来越多，据不完全统计，已有14个法律、82个行政法规和190个地方性法规，作出了有关仲裁的规定。为了进一步完善仲裁制度，更好地解决当事人的经济纠纷，维护社会经济秩序，发展社会主义市场经济和开展国际经济贸易往来，有必要制定统一的仲裁法。"他对仲裁范围、实行或裁或审和一裁终局的制度、仲裁的自愿原则、仲裁委员会和仲裁员以及法院对仲裁的监督五个方面进行了介绍。[59] 经过讨论与修改，统一的《仲裁法》最终在1994年8月31日第八届全国人大常委会第九次会议通过，同日国家主席江泽民以主席令第三十一号公布，自1995年9月1日起施行。

1994年通过的《仲裁法》共有八章80条。第一章为"总则"，包括立法目的、适用范围及其例外、仲裁机构的选定以及仲裁的基本原则。本法主要适用在平等主体的公民、法人和其他组织之间发生的合同纠纷和其他财产权益纠纷，但涉及婚姻、收养、监护、扶养、继承等带有人身属性的纠纷以及依法应由行政机关处理的行政争议不得仲裁。基本原则包括自愿仲裁原则、或裁或审原则、依据事实和法律仲裁原则、独立仲裁原则、一裁终局原则。第二章对仲裁委员会的设置、设立条件、独立性、组成成员及其聘任条件、中国仲裁协会进行规定。仲裁委员会不按照行政区层层设置，而由省级政府所在市或者有需求的其他设区的市政府组织有关部门和商会共同组建。仲裁员应当符合以下条件之一：(1)从事仲裁工作满8年的；(2)从事律师工作满8年的；(3)曾任审判员满8年的；(4)从事法律研究、教学工作并具有高级职称的；(5)具有法律知识、从事经济贸易等专业工作并具有高级职称或者具有同等专业水平的。仲裁委员会独立于行政机关，与行政机关没有隶属关系。仲裁委员会之间也没有隶属关系。第三章为"仲裁协议"，规定了仲裁协议的形式与内容、无效情形、仲裁条款效力独立性、内容不明的仲裁协议的处理、仲裁协议异议的处理。第四章为"仲裁程序"，分为申请与受理、仲裁庭的组成、开庭与裁决三节内容。第五章为"申请撤销裁决"，规定申请撤销裁决的条件与期限、人民法院撤销与否的期限、申请撤销裁决的后果，其中第58条规定申请撤销裁决的条件："当事人提出证据证明裁决有下列情形之一的，可以向仲裁委员会所在地的中级人民法院申请撤销裁决：(一)没有仲裁协议的；(二)裁决的事项不属于仲裁协议的范围或者仲裁委员会无权仲裁的；(三)仲裁庭的组成或者仲裁的程序违反法定程序的；(四)裁决所根据的证据是伪造的；(五)对方当事人隐瞒了足以影响公正裁决的证

---

〔59〕 顾昂然：《关于〈中华人民共和国仲裁法(草案)〉的说明》，载中国人大网：http://www.npc.gov.cn/wxzl/gongbao/2001-01/02/content_5003212.htm，最后访问日期：2019年6月17日。

据的;(六)仲裁员在仲裁该案时有索贿受贿,徇私舞弊,枉法裁决行为的。人民法院经组成合议庭审查核实裁决有前款规定情形之一的,应当裁定撤销。人民法院认定该裁决违背社会公共利益的,应当裁定撤销。”第六章为“执行”,规定了一方当事人针对另一方当事人的不予履行裁决的行为可以依法向法院申请执行,受申请的法院应当执行;法院不予执行仲裁裁决的情形;裁决中止、终结与恢复执行。第七章为“涉外仲裁的特别规定”。第八章为“附则”,附则中规定有新旧仲裁机构的衔接过渡值得关注:“本法施行前在直辖市、省、自治区人民政府所在地的市和其他设区的市设立的仲裁机构,应当依照本法的有关规定重新组建;未重新组建的,自本法施行之日起届满一年时终止。本法施行前设立的不符合本法规定的其他仲裁机构,自本法施行之日起终止。”至此,《仲裁法》总体已经定型,其后两次修正仅仅是在此基础上进行的微乎其微的调整与变动。

2009年8月27日,第十一届全国人大常委会第十次会议通过了《关于修改部分法律的决定》,并于当日由国家主席胡锦涛以主席令第十八号公布,自公布之日起施行。本次《仲裁法》修改,是随2007年《民事诉讼法》修改而进行,因此本次修改的内容为:“95.将《中华人民共和国仲裁法》第六十三条中的‘民事诉讼法第二百一十七条第二款’修改为‘民事诉讼法第二百一十三条第二款’;第七十条、第七十一条中的‘民事诉讼法第二百六十条第一款’修改为‘民事诉讼法第二百五十八条第一款’。”

2017年9月1日,第十二届全国人大常委会第二十九次会议通过《关于修改〈中华人民共和国法官法〉等八部法律的决定》,同日由国家主席习近平以主席令第七十六号公布,自2018年1月1日起施行。本次《仲裁法》修改的背景是2018年起司法考试制度调整为国家统一法律职业资格考试,根据《国家统一法律职业资格考试实施办法》第2条规定:“国家统一法律职业资格考试是国家统一组织的选拔合格法律职业人才的国家考试。初任法官、初任检察官,申请律师执业、公证员执业和初次担任法律类仲裁员,以及行政机关中初次从事行政处罚决定审核、行政复议、行政裁决、法律顾问的公务员,应当通过国家统一法律职业资格考试,取得法律职业资格。”因此《仲裁法》中规定涉及仲裁员选任资格的内容应当相应调整,因此修改的内容为:“六、对《中华人民共和国仲裁法》作出修改:将第十三条第二款第一项修改为:‘(一)通过国家统一法律职业资格考试取得法律职业资格,从事仲裁工作满八年的’;将第三项修改为:‘(三)曾任法官满八年的’。”

(二)“东方经验”的法律化:《人民调解法》的孕育与诞生

人民调解是指人民调解委员会通过说服、疏导等方法,促使当事人在平等协商基础上自愿达成调解协议,解决民间纠纷的活动(《人民调解法》第2条)。人民调解委员会是群众性自治组织,而非审判机关或者行政机关,因此人民调解委员会没有司法权或者行政权,无法使用司法性的或者行政性的强制手段。但是,与其他民间调解不同的是,人民调解制度是中国人民司法制度的重要组成部分,“是中国人民司法工作的第一道防线”。[60] 此外,人民调解是一项具有中国特色的化解矛盾、消除纷争的非诉讼纠纷解决方式,被国际社会誉为化解社会矛盾的“东方经验”,《人民调解法》可谓是“东方经验的法律化”。[61]

中华人民共和国成立以来的人民调解制度发展到2010年《人民调解法》出台,大致经历了五个阶段。第一阶段是1949年至1954年《人民调解委员会暂行组织通则》出台之前,这一阶段的人民调解活动主要由各省自行探索,其法律依据为各省、自治区和直辖市出台的相关条例、章程、指示或者办法,例如云南省人民政府出台《关于逐步建立和健全区乡调解制度的指示》、甘肃省出台《建立区乡调解机构的指示》、西南军政委员会出台的《关于区乡调解工作的指示》等文件,本阶段探索明确了调解协议的效力,调整了调解与诉讼的关系,确认调解不是诉讼必经阶段。第二阶段是1954年3月《人民调解委员会暂行组织通则》颁行到改革开放之前,《人民调解委员会暂行组织通则》明确了人民调解委员会的性质,即群众性组织,从而改变了过去其作为政府部门或者政府人员参与的状况,明确了调解范围,确认调解活动仅适用于公民之间的纠纷及轻微刑事纠纷,不适用于涉及劳资关系等纠纷,纠正了调解范围过宽的弊端;据统计,该通则颁行后到1955年年底,全国已经在70%的乡、街设立了17.04万个人民调解委员会,调解委员人数约100万人,作为处理人民内部矛盾重要手段的人民调解极大促进了人民调解活动的发展与民间纠纷的解决。第三阶段为改革开放之后到1989年国务院颁布《人民调解委员会条例》,1980年7月全国人大常委会重新公布《人民调解委员会组织暂行通则》,1982年3月《民事诉讼法(试行)》颁行,在此基础上1989年5月国务院通过了《人民调解委员会组织条例》,该条例进一步规定了调解委员的选任条件,删除了人民调解委员会调解轻微刑事案件的内容,并强化了基层人民政府对于人民调解的指导职能。第四阶段为1989年至2002年最高人民法院、司法部发布《关于进一步加强新时期人民调解工作的意见》,1993年司法部召开第三次全国人民调解工作会议,制定了《关于建立健全企业事业单位人民调解组织的几点意见》《跨地区跨单位民间纠纷调解办法》《人民调解委员会及调解员奖励办法》等规章,推动了人民调解制度的发展,最高人民法院、司法部分别在2002年1月1日、9月16日、9月26日发布了《关于进一步加强新时期人民调解工作的意见》《关于审理人民调解协议民事案件的若干规

[60] 常怡主编:《中国调解制度》,法律出版社2013年版,第79—80页。

[61] 《人民调节法亮点频现》,载中国人大网:http://www.npc.gov.cn/npc/c199/201008/11a4f2876e734f6997ebf8c13fbd6310.shtml,最后访问日期:2019年6月19日;《人民调解法让“东方之花”更加绚烂绽放》,载中国人大网:http://www.npc.gov.cn/npc/c199/201008/4168f0d539c743859a0cfaa45479054e.shtml,最后访问日期:2019年6月19日。

定》《人民调解工作若干规定》,9月27日联合召开全国人民调解工作会议,强调人民调解、行政调解与司法调解协调发展。第五阶段是2002年至2010年《人民调解法》出台,2006年中共十六届六中全会通过了《中共中央关于构建社会主义和谐社会若干重大问题的决定》,其中明确指出"实现人民调解、行政调解、司法调解有机结合,更多采用调解方法……把矛盾化解在基层、解决在萌芽状态",2007年7月财政部、司法部联合发布《关于进一步加强人民调解工作经费保障的意见》,2007年8月最高人民法院、司法部联合发布《关于进一步加强新形势下人民调解工作的意见》,2009年最高人民法院发布《关于建立健全诉讼与非诉讼相衔接的矛盾纠纷解决机制的若干意见》,为2010年《人民调解法》出台进行了有益的实践探索、奠定了坚实的政策基础,2010年8月28日第十一届全国人大常务委员会第十六次会议审议通过了《人民调解法》,该法是中国第一部全面规范人民调解工作的法律,为指导管理人民调解工作、依法通过人民调解方式化解矛盾纠纷提供了坚实法律保障。〔62〕

2010年6月22日上午,第十一届全国人大常委会第十五次会议举行第一次全体会议,司法部部长作关于《人民调解法(草案)》的说明。该说明指出:"目前,全国共有人民调解组织80多万个,人民调解员490多万人,形成了覆盖广大城乡的人民调解工作网络。2009年,人民调解组织调解民间纠纷767多万件,调解成功率达97.2%。经人民调解又诉至法院的纠纷仅占调解纠纷总数的0.7%,被法院裁定维持调解协议的比例高达86.9%。人民调解与司法调解、行政调解等共同构成的'大调解'体系,为预防和减少民间纠纷、化解社会矛盾、维护社会和谐稳定发挥了重要作用。"根据全国人大常委会和国务院立法工作计划,司法部在认真总结中华人民共和国成立以来特别是《人民调解委员会组织条例》实施以来人民调解工作经验的基础上,起草了《人民调解法(草案送审稿)》,于2009年4月报请国务院审议。国务院法制办在广泛征求意见的基础上,会同司法部反复研究修改,形成了《人民调解法(草案)》。该草案以《宪法》、《民事诉讼法》为依据,以1989年《人民调解委员会组织条例》实行以来的实践经验为基础,系统规范了人民调解的组织、人员、程序、协议等内容,于2010年5月5日国务院第110次常务会议讨论通过。经过审议与修改,2010年8月28日第十一届全国人大常委会第十六次会议以143赞成、2票反对、7票弃权,表决通过了《人民调解法》,并由国家主席胡锦涛以主席令第三十四号予以公布,自2011年1月1日起施行。〔63〕

《人民调解法》分为六章,共计35条。第一章"总则",规定了立法目的、基本概

---

〔62〕 常怡主编:《中国调解制度》,法律出版社2013年版,第18—30页。

〔63〕《人民调解法获表决通过,全国人大代表实有2979人》,载中国网:http://www.china.com.cn/news/2010-08/28/content_20813950.htm,最后访问日期:2019年6月19日。

念、基本原则和基本制度，规定调解活动应当平等自愿、依法依规、尊重当事人权利，调解纠纷不收取费用，政府指导人民调解工作，法院对人民调解工作进行业务指导，国家鼓励和支持人民调解工作。第二章"人民调解委员会"，规定了人民调解组织的属性是"依法设立的调解民间纠纷的群众性组织"，村委会、居委会设置人民调解委员会，企业事业单位可以按照需要进行设立，并对人数（3—9人）、性别（应有妇女）、民族（多民族地区应有少数民族成员）、选举（村民会议、居民会议以及职工大会选举产生）、任期（3年，可以连任）内容进行规定，并明确村民委员会、居民委员会和企业事业单位应当为人民调解委员会开展工作提供办公条件和必要的工作经费。第三章为"人民调解员"，担任条件为"由公道正派、热心人民调解工作，并具有一定文化水平、政策水平和法律知识的成年公民"，如有偏袒一方、侮辱当事人、索取收受财物或者其他不正当利益、泄露当事人隐私或商业秘密的，由其所在的人民调解委员会给予批评教育、责令改正，情节严重的，由推选或者聘任单位予以罢免或者解聘，并规定了对于负责勤勉的人民调解员应当给予适当的误工补贴等待遇。第四章规定了"调解程序"，规定鼓励、引导当事人选择人民调解方式解决纠纷，但是不得强制调解。第21条、第22条规定，人民调解员调解民间纠纷，应当坚持原则，明法析理，主持公道，并及时、就地进行调解，防止矛盾激化；根据纠纷的不同情况，可以采取多种方式调解民间纠纷，充分听取当事人的陈述，讲解有关法律、法规和国家政策，耐心疏导，在当事人平等协商、互谅互让的基础上提出纠纷解决方案，帮助当事人自愿达成调解协议。第23条规定当事人享有的权利：（1）选择或者接受人民调解员；（2）接受调解、拒绝调解或者要求终止调解；（3）要求调解公开进行或者不公开进行；（4）自主表达意愿、自愿达成调解协议。第五章为"调解协议"，规定了调解协议的制作（可以制作调解协议书或采用口头协议并由人民调解员记录）、调解协议载明事项（当事人基本情况、纠纷主要事实、争议事项、各方责任、达成协议的内容、履行方式以及期限）、调解协议达成即生效、调解协议具有法律约束力、一方不履行另一方可以向法院提起诉讼等内容。第六章为"附则"。

2018年4月27日，司法部举行"人民调解员队伍建设"主题新闻发布会，司法部负责人在发布会上介绍，近年来，全国人民调解组织每年调解各类矛盾纠纷达900万件左右，调解成功率在96%以上，全国共有人民调解委员会76.6万个，村（社区）人民调解委员会65.7万个，行业性、专业性人民调解组织4.3万个，派驻有关部门调解室1.6万个，全国有人民调解员366.9万人，其中专职调解员49.7万人，初步形成了一支专兼结合、优势互补的人民调解员队伍。人民调解是在继承和发扬中国民间调解优良传统基础上发展起来的一项具有中国特色的法律制度，具有方法灵活、程序便捷、不伤感情、不收费用等特点，在中国矛盾纠纷多元化解机制中发挥了基础性作用。人民调解员是人民调解工作的具体承担者，肩负着化解矛盾、宣传法治、维护稳定、促进和谐的职责使命。[64]

（三）专门关照保护劳动者与农民群体的调解仲裁法:《劳动争议调解仲裁法》与《农村土地承包经营纠纷调解仲裁法》的出台

《劳动争议调解仲裁法》与《农村土地承包经营纠纷调解仲裁法》是调解仲裁法中非常特殊、具有较强针对性的立法。《劳动争议调解仲裁法》是专门为劳动争议调解组织与劳动争议仲裁委员会依法解决劳资纠纷而制定的法律。《农村土地承包经营纠纷调解仲裁法》则是专门为农村土地承包经营纠纷的调解组织与仲裁委员会解决农村土地承包经营纠纷而制定的法律。两部法律均旨在关照、保护弱势群体(劳动者与农民),且体例上亦有较大相似性,名称上也均为《调解仲裁法》,因此置于一处一并予以论述。

1. 专门保护劳动者的程序法:《劳动争议调解仲裁法》

为妥善解决劳动争议与劳资纠纷,保护劳资双方当事人合法权利,制定专门的《劳动争议调解仲裁法》势在必行。2007年8月30日,第十届全国人大常委会第二十九次会议对《劳动争议调解仲裁法(草案)》进行了初次审议。法制工作委员会将草案印发各省(区、市)、中央有关部门等单位征求意见。全国人大法律委员会和全国人大常务委员会法制工作委员会联合召开座谈会,并到地方进行调研。全国人大法律委员会于9月28日召开会议,根据常委会组成人员的审议意见和各方面的意见,对草案进行逐条审议;财政经济委员会和国务院法制办、劳动保障部、全国总工会的负责人列席了会议,为审议提供专业性支持。10月22日,全国人大法律委员会召开会议,再次进行了审议。10月24日,全国人大常委会第三十次会议上,全国人大法律委员会副主任委员胡光宝作了全国人大法律委员会关于《中华人民共和国劳动争议调解仲裁法(草案)》修改情况的汇报,并针对草案提出了4条修改意见。[65] 经过二次审议与三次审议,草案最终在2007年12月29日第十届全国人大常委会第三十一次会议通过,同日由国家主席胡锦涛以主席令第八十号公布,自2008年5月1日起实施。

《劳动争议调解仲裁法》分为四章,54条。首章为"总则",对立法目的、适用范围、基本原则、基本制度等内容进行规定。其中第2条规定,本法适用的范围如下:(1)因确认劳动关系发生的争议;(2)因订立、履行、变更、解除和终止劳动合同发生的争议;(3)因除名、辞退和辞职、离职发生的争议;(4)因工作时间、休息休假、社会

---

[64] 《司法部:人民调解组织每年调解各类矛盾纠纷达900万件左右》,载澎湃新闻网:https://www.thepaper.cn/newsDetail_forward_2099419,最后访问日期:2019年6月19日。

[65] 《全国人大法律委员会关于〈中华人民共和国劳动争议调解仲裁法(草案)〉修改情况的汇报》,载中国人大网:http://www.npc.gov.cn/wxzl/gongbao/2008-02/23/content_1462432.htm,最后访问日期:2019年6月20日。

保险、福利、培训以及劳动保护发生的争议;(5)因劳动报酬、工伤医疗费、经济补偿或者赔偿金等发生的争议;(6)法律、法规规定的其他劳动争议。第二、三两章分别是"调解"与"仲裁",对关于劳动争议的调解与仲裁的人员组织、运行程序、文书效力等内容进行规定,"仲裁"一章设有"一般规定""申请和受理""开庭和裁决"三节。第四章为"附则",其中第 53 条规定,"劳动争议仲裁不收费。劳动争议仲裁委员会的经费由财政予以保障",体现了对于弱势群体——劳动者的关照与保护。

2. 专门保护农民的程序法:《农村土地承包经营纠纷调解仲裁法》

2008 年 12 月 22 日,第十一届全国人大常委会第六次会议上农业部部长受国务院委托作了关于《中华人民共和国农村土地承包经营纠纷仲裁法(草案)》的说明。该说明首先介绍了制定本法的必要性,制定本法是实施农村土地承包经营制度的必要保障,是保障农民土地承包经营权的有效措施,是维护农村和谐稳定的重要途径,还是规范土地承包仲裁工作、将仲裁法和农村土地承包法有关规定落到实处的客观需要。在拟定草案的过程中,坚持了如下几项原则:第一,强化指导,坚持政府对仲裁工作的指导和支持;第二,构建多元化解纷机制,重视运用调解、仲裁双渠道化解纠纷;第三,注重社会实际,建立符合中国实际的农村土地承包经营纠纷仲裁制度;第四,重视做好协调工作,妥善处理仲裁制度和司法制度的关系。〔66〕值得注意的是,该说明的对象是《农村土地承包经营纠纷仲裁法(草案)》,在介绍具体内容时,也仅介绍关于仲裁的内容,而并无关于调解的内容。

事实上,本草案到 2009 年 6 月 23 日全国人大常委会委员、全国人大代表及其他与会者就草案进行第三次审议期间,方才新增"调解"一章,对农村土地承包经营纠纷的调解活动予以规定,并将草案更名为《农村土地承包经营纠纷调解仲裁法(草案)》。〔67〕索丽生委员指出:"根据我参加的调研,土地承包经营纠纷调解、仲裁的大多数案例确实是以调解告终的。但对农民来讲,这样的形式还是容易接受的。农民有不少纠纷,希望通过调解或者比调解更正规的仲裁来解决,但是并不希望告到法院去。所以,调解和诉讼之间有一个仲裁制度,符合我们的现实情况……这部法开始叫'仲裁法',现在叫'调解仲裁法',我认为是完全可以的。现在把'调解'的分量写得更重了,并把'调解'写入法律名称中,是为了强调应该更多地注重调解程序,这是完全可行的。农村土地承包经营纠纷调解仲裁法草案经过三审,现在已

---

〔66〕《关于〈中华人民共和国农村土地承包纠纷仲裁法(草案)〉的说明》,载中国人大网:http://www.npc.gov.cn/wxzl/gongbao/2009 - 10/28/content_1543770.htm,最后访问日期:2019 年 6 月 20 日。

〔67〕《正在三审的农村土地承包经营纠纷仲裁法草案名称作出更改》,载正义网:http://www.jcrb.com/zhuanti/szzt/djchy/tdcb/200906/t20090623_234923.html,最后访问日期:2019 年 6 月 20 日。

经比较成熟,赞成本次常委会会议交付表决。”〔68〕2009 年 6 月 27 日,第十一届全国人大常委会第九次会议通过了《农村土地承包经营纠纷调解仲裁法》,同日由国家主席胡锦涛以主席令第十四号予以公布,自 2010 年 1 月 1 日起施行。

与《劳动争议调解仲裁法》的体例基本一致,《农村土地承包经营纠纷调解仲裁法》也分为四章(“总则”“调解”“仲裁”“附则”共四章),共计 53 条(见表 9－9)。第一章“总则”,对立法原则、适用范围、基本原则与制度进行规定,其中第 2 条规定了适用范围:“农村土地承包经营纠纷调解和仲裁,适用本法。农村土地承包经营纠纷包括:(一)因订立、履行、变更、解除和终止农村土地承包合同发生的纠纷;(二)因农村土地承包经营权转包、出租、互换、转让、入股等流转发生的纠纷;(三)因收回、调整承包地发生的纠纷;(四)因确认农村土地承包经营权发生的纠纷;(五)因侵害农村土地承包经营权发生的纠纷;(六)法律、法规规定的其他农村土地承包经营纠纷。因征收集体所有的土地及其补偿发生的纠纷,不属于农村土地承包仲裁委员会的受理范围,可以通过行政复议或者诉讼等方式解决。”第二、三章分别对“调解”和“仲裁”,规定了调解与仲裁的人员组织、运行程序、文书效力等内容(总体仍然与《劳动争议调解仲裁法》一致),“仲裁”一章设置“仲裁委员会和仲裁员”“申请和受理”“仲裁庭的组成”“开庭和裁决”四节。第四章为“附则”,第 52 条规定了仲裁不收费的制度,“农村土地承包经营纠纷仲裁不得向当事人收取费用,仲裁工作经费纳入财政预算予以保障”,亦与《劳动争议调解仲裁法》的相关规定保持一致。

表 9－9　两部“调解仲裁法”目录对照

劳动争议调解仲裁法	农村土地承包经营纠纷调解仲裁法
第一章　总则	第一章　总则
第二章　调解	第二章　调解
第三章　仲裁 第一节　一般规定 第二节　申请和受理 第三节　开庭和裁决	第三章　仲裁 第一节　仲裁委员会和仲裁员 第二节　申请和受理 第三节　仲裁庭的组成 第四节　开庭和裁决
第四章　附则	第四章　附则

2009 年 6 月 27 日,人大常委会办公厅举行新闻发布会介绍《农村土地承包经营纠纷调解仲裁法》等修改情况。农业部经管司司长孙中华在回答记者提问时说:

〔68〕《“调解”写入法律名称,更多地注重调解程序》,载正义网:http://www.jcrb.com/zhuanti/szzt/djchy/tdcb/200906/t20090624_235108.html,最后访问日期:2019 年 6 月 20 日。

"2008年全国农村基层土地承包管理部门受理的土地承包经营权纠纷有15万件。农村土地承包经营纠纷调解仲裁法的颁布,对公正、及时解决农村土地承包经营纠纷,维护当事人的合法权益,促进农村经济社会的发展和稳定,有着十分重要的意义。"全国人大常委会法制工作委员会民法室副主任贾东明向记者解释:"解决农村土地承包经营纠纷,有四种途径:和解、调解、仲裁、诉讼。2004年农业部在27个省、市、自治区进行调解工作试点,其中有244个示范区开展了这项工作。"调解与仲裁各有优势,但是更应当注重调解与仲裁的配合,"调解可以在双方自愿的基础上进行,更加平和,仲裁过程中也要注意调解。仲裁裁决的优势是有更强的法律效力。注重调解,充分发挥仲裁的作用,是这部法律的基本原则"。此外,他认为:"刚刚通过的这部法律的第52条明确规定,'农村土地承包经营纠纷仲裁不得向当事人收取费用,仲裁工作经费纳入财政预算予以保障'。仲裁不收费是这部法律的一个亮点。"这一条款的设置是基于关照农民群体的考量,"法律的这项规定是立足于中国农民收入水平总体不高的实际,着眼于减轻农民负担而设立的法律规定,体现了国家对农民群众的关心与保护"。〔69〕对于工人与农民的关爱与照顾,彰显了中国特色社会主义的属性。

二、其他程序法

在非诉程序法中,除了调解仲裁法律一类之外,还有《海事诉讼特别程序法》《引渡法》《国际刑事司法协助法》,这些法律也是非诉程序法的重要组成部分。由于《海事诉讼特别程序法》不仅涉及国际海事纠纷的处理,还涉及对海事国际公约的对接问题,而《引渡法》与《国际刑事司法协助法》本身就是为打击国际犯罪、加强刑事司法领域的国际合作而制定的,因此,本部分介绍的三部程序法均带有较为明显的国际属性。

(一)海事诉讼的专门立法:《海事诉讼特别程序法》

据统计,1984年至1999年上半年,中国海事法院共受理海事海商案件25,000余件,其中涉外案件3746件,案件的当事人涉及73个国家和地区,受到各国法律界、航运界和贸易界的关注。1993年7月1日开始施行的《海商法》亦需要一部配套的专门诉讼程序法。根据第八届全国人大常委会的立法规划,最高人民法院组成《海事诉讼特别程序法》起草小组。经过4年多的时间,通过大量国内调研工作与域外海事诉讼立法比较研究,反复征求了有关部门和专家的意见,形成13个草案,经过最高人民法院审判委员会讨论,形成《海事诉讼法(草案)》。1999年8月

〔69〕《人大常委会办公厅举行新闻发布会介绍农村土地承包经营纠纷调解仲裁法等修改情况》,载人民网:http://npc.people.com.cn/GB/9554637.html,最后访问日期:2019年6月20日。

24日,在第九届全国人大常委会第十一次会议上,最高人民法院副院长李国光作了关于《中华人民共和国海事诉讼特别程序法(草案)》的说明。制定本法具有必要性,即制定专门的《海事诉讼法》是保障海商法实施的需要,是履行国际公约规定义务的要求,是对民事诉讼法的必要补充。〔70〕经过讨论与修改,终于在1999年12月25日第九届全国人大常委会第十三次会议通过,同日由国家主席江泽民以主席令第二十八号公布,自2000年7月1日起施行。

《海事诉讼特别程序法》分为12章,共计118条。第一章为"总则",规定了立法目的和适用范围以及海事法院受理案件范围。第二章为"管辖",规定了海事诉讼的地域管辖与海事法院的专属管辖以及其他管辖问题。第三章为"海事请求保全",即海事法院根据海事请求人的申请,为保障其海事请求的实现,对被请求人的财产所采取的强制措施,包括"一般规定""船舶的扣押与拍卖""船载货物的扣押和拍卖"三节。第四章为"海事强制令",即海事法院根据海事请求人的申请,为使其合法权益免受侵害,责令被请求人作为或者不作为的强制措施。第五章为"海事证据保全",即海事法院根据海事请求人的申请,对有关海事请求的证据予以提取、保存或者封存的强制措施。第六章为"海事担保",包括本法规定的海事请求保全、海事强制令、海事证据保全等程序中所涉及的担保。第七章为"送达",规定"适用《中华人民共和国民事诉讼法》的有关规定,还可以采用下列方式:(一)向受送达人委托的诉讼代理人送达;(二)向受送达人在中华人民共和国领域内设立的代表机构、分支机构或者业务代办人送达;(三)通过能够确认收悉的其他适当方式送达。有关扣押船舶的法律文书也可以向当事船舶的船长送达"。第八章为"审判程序",下设"审理船舶碰撞案件的规定""审理共同海损案件的规定""海上保险人行使代位请求赔偿权利的规定""简易程序、督促程序和公示催告程序"。第九、十、十一章均是海事诉讼的特别程序,分别是"设立海事赔偿责任限制基金程序""债权登记与受偿程序""船舶优先权催告程序"。第十二章为"附则"。

在2000年前后,改革开放、香港和澳门回归是《海事诉讼特别程序法》出台的重大时代背景。此时,中国的海上运输事业迅速发展,海洋开发利用事业如火如荼,海上经济活动日益兴旺。在此时机,制定《海事诉讼特别程序法》这样一部既符合中国海事审判实际需要,又与国际海事处理规范相适应的海事诉讼程序法,对于促进海运和对外经贸事业的发展,维护改革开放的胜利成果,保护中国海上经济层面的国家利益,与有关海事方面的国际公约相衔接,展示中国海洋大国地位,均具有

〔70〕 李国光:《关于〈中华人民共和国海事诉讼特别程序法(草案)〉说明》,载《全国人民代表大会常务委员会公报》1999年第7号。

十分重要的意义。[71]

（二）打击国际犯罪：《引渡法》与《国际刑事司法协助法》

《引渡法》与《国际刑事司法协助法》均涉及打击国际犯罪的内容，具有鲜明的国际性质，这是两者之间较为明显的共性。从内容上看，两者调整了不同的法律行为；从时间上来看《引渡法》2000 年通过，而《国际刑事司法协助法》出台晚了 18 年，于 2018 年通过；从体例上看，《引渡法》主体为“外国向本国请求引渡”和“本国向外国请求引渡”两章（目录的一级标题），下设具体的程序，前后为总则与附则，而《国际刑事司法协助法》则将国际刑事司法协助的流程作为主线（分为七章，即七个主要程序），将“外国向本国请求国际刑事司法协助”和“本国向外国请求国际刑事司法协助”两个板块分布在不同流程之下（作为目录的二级标题），在体例结构上呈现出较为明显的差异性。

《引渡法》由第九届全国人大常委会第十九次会议于 2000 年 12 月 28 日通过，同日由国家主席江泽民以主席令第四十二号予以公布，自公布之日起施行。《引渡法》分为四章共计 55 条。第一章“总则”，规定了立法目的、基本原则、用语含义等。第 1 条、第 2 条规定，为了保障引渡的正常进行，加强惩罚犯罪方面的国际合作，保护个人和组织的合法权益，维护国家利益和社会秩序，制定本法；中华人民共和国和外国之间的引渡，依照本法进行。第 3 条规定平等互惠原则与保护主权原则：“中华人民共和国和外国在平等互惠的基础上进行引渡合作。引渡合作，不得损害中华人民共和国的主权、安全和社会公共利益。”第二章为“向中华人民共和国请求引渡”，主要规定了外国向本国请求引渡的程序，下设“引渡的条件”“引渡请求的提出”“对引渡请求的审查”“为引渡而采取的强制措施”“引渡的执行”“暂缓引渡和临时引渡”“引渡的过境”七个小节。第三章为“向外国请求引渡”，第四章为“附则”。

《国际刑事司法协助法》颁布较晚，由第十三届全国人大常委会第六次会议于 2018 年 10 月 26 日通过，同日由国家主席习近平以主席令第十三号予以公布，自公布之日起施行。《国际刑事司法协助法》有九章共计 70 条。第一章为“总则”，第 1 条规定立法目的：“为了保障国际刑事司法协助的正常进行，加强刑事司法领域的国际合作，有效惩治犯罪，保护个人和组织的合法权益，维护国家利益和社会秩序，制定本法。”第 4 条规定了国际刑事司法协助应当遵循平等互惠、尊重与保护主权、不违反法律等原则进行。第二章为“刑事司法协助请求的提出、接收和处理”，包括“向外国请求刑事司法协助”与“向中华人民共和国请求刑事司法协助”两个小节。第三章为“送达文书”，包括“向外国请求送达文书”与“向中华人民共和国请求送达文书”两

[71] 李国光：《关于〈中华人民共和国海事诉讼特别程序法（草案）〉的说明》，载《全国人民代表大会常务委员会公报》1999 年第 7 号。

小节。第四章为“调查取证”，包括“向外国请求调查取证”与“向中华人民共和国请求调查取证”。第五章为“安排证人作证或者协助调查”，包括“向外国请求安排证人作证或者协助调查”与“向中华人民共和国请求安排证人作证或者协助调查”。第六章为“查封、扣押、冻结涉案财物”，包括“向外国请求查封、扣押、冻结涉案财物”与“向中华人民共和国请求查封、扣押、冻结涉案财物”。第七章为“没收、返还违法所得及其他涉案财物”，包括“向外国请求没收、返还违法所得及其他涉案财物”与“向中华人民共和国请求没收、返还违法所得及其他涉案财物”。第八章为“移管被判刑人”，包括“向外国移管被判刑人”与“向中华人民共和国移管被判刑人”。

后　　记

中华人民共和国的成立是中国历史上的一件大事，也被视为20世纪世界历史上的一件大事。中华人民共和国成立以来，中国为实现国家富强、民族复兴、人民幸福进行了不懈的探索，走过了艰难曲折而又波澜壮阔的发展历程，在政治、经济、文化、社会等各领域取得了举世瞩目的成就。

在国家建设的实践中，中国执政党、中国政府和中国人民逐渐找到了一条全面依法治国、建设法治国家的道路。历史的经验和教训证明，法治兴则国兴，法治强则国强，法治程度和一个国家治乱兴衰的命运紧密相连，必须把法治贯穿到国家发展的各领域和全过程。法律是治国之重器，良法是善治之前提，法治的完善离不开相应的法制基础，立法在全面依法治国、建设法治国家的过程中起到基础性的作用。

2019年是中华人民共和国成立70周年。中国人有"逢五小庆，逢十大庆"的传统，在中华人民共和国成立70周年大庆前夕，在法律出版社的支持下，我们组织编著了这部《中华人民共和国立法史（1949—2019年）》，对中华人民共和国成立70年的立法历程进行了回顾，分专题对中华人民共和国宪法、宪法相关法、行政法、民法、商法、经济法、社会法、刑法、诉讼与非诉程序法制定、修改和完善的过程进行了全面梳理，对宪法和相关法律的立法背景、立法特色和立法影响进行了简要分析。

本书的编著和出版得到法律出版社社务委员、法律教育分社社长丁小宣老师的悉心指导和无私帮助，责任编辑刘琳老师也为此付出了大量心血，表现出崇高的专业精神和负责态度，我们对此深表感谢。

由于作者水平和精力的限制，本书难免还有一些令人遗憾之处。我们希望本书能成为一部引玉之作，就教于学界同仁和社会各界朋友。如果能为相关领域研究和实践之完善而略尽绵薄，则诚所愿也。

是为记。

张　生　田纯才

二〇一九年八月

图书在版编目(CIP)数据

中华人民共和国立法史:1949—2019年 / 张生主编.
-- 北京 : 法律出版社, 2020
ISBN 978-7-5197-3995-9

Ⅰ. ①中… Ⅱ. ①张… Ⅲ. ①立法-法制史-中国-现代 Ⅳ. ①D929.7

中国版本图书馆CIP数据核字(2019)第224765号

中华人民共和国立法史(1949—2019年)
ZHONGHUA RENMIN GONGHEGUO
LIFASHI (1949-2019 NIAN)

张 生 主编

责任编辑 丁小宣 刘 琳
装帧设计 凌点工作室

出版 法律出版社
总发行 中国法律图书有限公司
经销 新华书店
印刷 中煤(北京)印务有限公司
责任校对 李景美
责任印制 沙 磊

编辑统筹 法律教育出版分社
开本 710毫米×1000毫米 1/16
印张 34.5
字数 720千
版本 2020年4月第1版
印次 2020年4月第1次印刷

法律出版社/北京市丰台区莲花池西里7号(100073)
网址/www.lawpress.com.cn
投稿邮箱/info@lawpress.com.cn
举报维权邮箱/jbwq@lawpress.com.cn
销售热线/400-660-8393
咨询电话/010-63939796

中国法律图书有限公司/北京市丰台区莲花池西里7号(100073)
全国各地中法图分、子公司销售电话:
统一销售客服/400-660-8393/6393
第一法律书店/010-83938432/8433
西安分公司/029-85330678
重庆分公司/023-67453036
上海分公司/021-62071639/1636
深圳分公司/0755-83072995

书号:ISBN 978-7-5197-3995-9
定价:128.00元